증보판
鼎山宗師法說

정산종사탄생
100주년기념
수필법설집

증보판

鼎山宗師法說

정산종사 법설

오선명 엮음

원불교출판사

정산 송규 종사
1900 - 1962

연보(年譜)

정산 송규 종사

원기	서기	주요 행적
원기전 16	1900	• (음 8. 4.) 경북(慶北) 성주군(星州郡) 초전면(草田面) 소성동(韶成洞)에서 구산(久山) 송벽조(宋碧照) 대희사와 준타원(準陀圓) 이운외(李雲外) 대희사의 3남매 중 장남으로 탄생, 본은 야성(冶城) 송(宋)씨, 휘(諱)는 추(樞), 족보명은 홍욱(鴻昱), 호적명은 도군(道君), 법명(法名)은 규(奎), 법호(法號)는 정산(鼎山).
원기전 10	1906	• 조부(祖父) 사숙(私塾)에서 한문수학(漢文修學).
원기전 8	1908	• 『통감(通鑑)』 수학, 장부사(丈夫事)를 자각함.
원기전 6	1910	• 사서(四書)를 읽으며 웅지(雄志)를 품고, 옛 성현(聖賢)·영웅(英雄)들의 명패(名牌)를 봉안, 기도함.
원기전 4	1912	• 여청운(呂淸雲)과 혼인.
원기전 3	1913	• 공산(恭山) 송준필(宋浚弼) 문하의 백세각(百世閣)에서 수학.
원기전 1	1915	• 유학(儒學)으로는 구세(救世)가 불가능함을 자각하고, 성리(性理)와 수도(修道)에 관심이 깊어짐.
원기2	1917	• 여처사(呂處士)를 찾아 가야산(伽倻山)에 3차례 왕래하며 3개월 입산기도(入山祈禱), 송찬오(宋贊五)를 만나기 위해 전라도행(全羅道行) 결심. • 전라도 정읍의 차천자교(車天子敎) 교주 차경석(車京石)을 만난 후 정읍의 증산생가(甑山生家)에 머물다, 모악산(母岳山) 대원사(大院寺)로 옮겨 기도수행(祈禱修行)함.

원기	서기	주요 행적
원기3	1918	• 봄 정읍(井邑) 화해리(花海里) 김해운가(金海雲家)로 옮겨 기도생활(祈禱生活)을 계속하던 중, 김광선(金光旋)의 방문을 받음. • 소태산(少太山) 대종사(大宗師)의 방문을 받고, 형제지의(兄弟之義)를 맺음. • 김광선(金光旋)의 안내로 영광으로 행하여 소태산(少太山) 대종사(大宗師) 문하에 들어 부자지의(父子之義)를 맺음. • 규(奎)라는 법명(法名)을 받고 원불교(圓佛敎) 수위단(首位團) 중앙단원(中央團員)이 됨. • 교단창업(敎團創業)의 방언역사(防堰役事)에 참여함.
원기4	1919	• 법인성사(法認聖事)에 참여하여 정산(鼎山)이라는 법호(法號)를 받음. • 부안 봉래산(蓬萊山)에서 교강(敎綱) 마련 및 교서편찬(敎書編纂)을 보좌.
원기9	1924	• 중앙총부 교정원(敎政院) 총무부장(總務部長).
원기12	1927	• 서울교당 교무. • 장녀 영봉(靈鳳) 출생.
원기13	1928	• 영산지부장.
원기18	1933	• 중앙총부 교무부장. • 차녀 순봉(順鳳) 출생.
원기19	1934	• 중앙총부 교정원장(敎政院長).
원기21	1936	• 영산지부장 겸 교감.
원기27	1942	• 중앙총부 교감. • 장녀 영봉(靈鳳) 출가(出家).
원기28	1943	• 중앙총부 총무부장. • (6월 1일) 소태산(少太山) 대종사(大宗師) 열반(涅槃)으로 법통(法統)을 계승하여 종법사위(宗法師位)에 오름.

원기	서기	주요 행적
원기30	1945	• 조국 해방으로 〈귀환전재동포구호소〉를 설치하고 구제사업을 시행함. • 서울보화원 설립.
원기31	1946	• 한글보급운동·문맹퇴치운동 실시. • 유일학림(唯一學林) 설립.
원기32	1947	• 재단법인(財團法人) 원불교(圓佛敎) 등록.
원기33	1948	• 『원불교(圓佛敎) 교헌(敎憲)』제정·통과. • 교명(敎名)을 「원불교(圓佛敎)」로 선포.
원기34	1949	• 중앙총부에 대종사(大宗師) 성탑(聖塔)을 건립·유해 봉안(遺骸奉安). • 원광사(圓光社) 발족.
원기36	1951	• 원광대학(圓光大學)·원광중학교(圓光中學校) 설립.
원기37	1952	• 도양고등공민학교·신룡양로원·전주양로원 설립. • 『예전(禮典)』[임시판] 발간.
원기38	1953	• 제1대 성업봉찬대회(聖業奉贊大會) 개최, 소태산(少太山) 대종사(大宗師) 성비(聖碑) 건립. • 동산선원(東山禪院)·이리보육원(裡里保育院) 개설. • 차녀 순봉(順鳳) 전무출신 출가.
원기39	1954	• 원광고등학교(圓光高等學校) 설립.
원기40	1955	• 원광고등공민학교(圓光高等公民學校) 설립. • 영산성지(靈山聖地)의 정관평(貞觀坪) 재방언공사.
원기41	1956	• 중앙선원(中央禪院) 개설. • 원광여자중·고등학교(圓光女子中·高等學校) 설립.
원기42	1957	• 육영 장학회(育英獎學會) 발족.
원기43	1958	• 정화사(正化社) 설립. • 대종경편수위원회(大宗經編修委員會) 결성. • 『정전(正典)』 수정, 『대종경(大宗經)』 편수에 착수하고, 『세전(世典)』·『성가(聖歌)』·『교사(敎史)』 편찬 추진.

원기	서기	주요 행적
원기46	1961	• 법인재단 설립.「삼동윤리(三同倫理)」선포.
원기47	1962	• (1.-24.)열반(涅槃), 세수(世壽) 63세, 법랍(法臘) 44년, 법위(法位)는 대각여래위(大覺如來位). • 선진유고선집① 『정산종사법설집(鼎山宗師法說集)』 출간.
원기56	1971	• 정산종사성탑(鼎山宗師聖塔) 건립.
원기57	1972	• 『정산종사법어(鼎山宗師法語)』[『세전(世典)』・『법어(法語)』] 출간.

(초판) 발간사

보은 성업에 일단 정성

  새 회상 창립의 초석으로, 만생령 구원을 위해 생애를 다 바치셨던 정산 종사님. 이제 그 탄생으로부터 1백 년의 세월이 흘러 우리는 모두 합장 공경하며 교단적으로 전개하는 기념사업의 결실을 향해 여념이 없게 되었습니다.

  언제나 평상심으로 살아갈 것을 당부하시고 "마음공부 잘하여서 새 세상의 주인 돼라."라고 간절히 부촉하셨던 성음을 받들어 재가·출가 교도들은 보은성업에 온 정성을 다하고 있습니다.

  정산 종사께서는 어려운 시대, 간고한 교단을 이끄시면서 만대의 기초를 다지기 위해 교재정비, 기관확립, 정교동심, 달본명근의 4대 경륜을 펴시고 일원주의 실현을 위해 삼동윤리를 제창하셨던 이 회상의 법모(法母)이셨습니다.

  저희 〈월간원광사〉에서도 보은의 일단으로 정산 종사께서 생전에 설하신 법문을 모아 이번 탄생백주년을 기해 발간하게 되었습니다.

  그동안 많은 일들이 교단적인 의지로 추진되면서 기념성업에 만전을 기하려 하고 있습니다. 이러한 기념 사업이 진행되는 가운데에서도

〈월간원광사〉는 정산 종사님에 대한 감회가 남다르다고 생각되어 융타원 김영신 대봉도님의 친필로 남겨진 미발표 법문들과 편집 기자들이 취재를 통해 수집한 법문 등을 발굴하여 편집, 『정산종사 법설』이란 제목으로 한 권의 법설집을 출판하게 되었습니다.

이러한 작업은 본사 오선명 편집장의 각고의 노력과 기자들의 합력으로 엮어지게 되었으며, 많은 출가·재가 교도님들의 공부와 사업에 보감이 되기를 염원하면서 발간 작업을 서둘렀습니다.

그러나 막상 편집이나 법문 수록에 있어서 여러 가지로 부족한 점들이 있을 것으로 여겨집니다. 이에 대해서는 격의 없는 충언이 있으실 것으로 믿으며, 다음 재판(再版)을 하게 될 때 수렴하려고 합니다. 많은 관심과 지도를 부탁드립니다.

다시 한번 말씀드리면 이번 법설집 발행으로 저희 〈월간원광사〉는 『원광』 발간의 시초가 정산 종사님의 크신 경륜에 바탕하였고, 오늘날까지 이어올 수 있음에 깊이 감사드리면서 미흡하나마 보은의 정성으로 정산 종사 탄생백주년 기념성업에 참여하고자 하였습니다.

재가·출가 교도 여러분들의 따뜻한 시선으로 이 한 권의 법설집을 소중하게 보아주시고, 새 시대의 주인으로 새 회상 영겁법자로 거듭나시기를 염원합니다. 따라서 이 법설집이 그 길잡이 역할에 많은 도움이 될 것을 바랍니다.

금년은 교단창립 제3대 제2회의 출발 해입니다. 이 시점에서 정산 종사 탄생백주년 성업과 함께 교단 대내외적으로 계획했던 모든 일들이 이루어지고 우리 모두 다 함께 구도 역정에 실질적인 힘이 함축되어 제생의세의 큰 서원을 이루어 가는 바탕이 될 것을 다짐합니다.

원기85년(2000) 7월에

박 혜 명

원로교무 / 전 월간원광사 편집인

(초판) 책머리에

새 회상 법모(法母)이시니

    정산 종사 탄생백주년 기념 성업(聖業)이 출가(出家)·재가(在家) 전 교도님들의 보본(報本) 정신에 힘입어 거룩하게 진행되고 있습니다. 이 탄백의 기념성업은 원불교의 경사이요, 인류가 함께 축복하는 큰 법잔치입니다.
    정산 종사님은 어떠한 분인가요. 잘 알려진 대로 어릴 적에는 범상(凡常)을 벗어나 남다른 구도(求道)와 경세(經世)에 뜻을 두시었고, 새 회상 일원대도(一圓大道)의 주세불(主世佛)이신 소태산 대종사님을 친견하신 후에는 고금 불변의 신의(信義)로써 회상 창립의 대업(大業)을 보필하시고 봉대하셨으며, 주세 경륜(主世經綸)의 혜명(慧命)을 이으시어 종법사(宗法師) 위(位)에 오르신 십구 개 성상은 시국(時國)의 혼란과 환후 침중한 중에서도 교단을 반석 위에 세우시고 일원대도의 법등(法燈)을 드높이 밝히신 개벽의 아성(亞聖)이시요, 자비(慈悲)의 어머니시며, 제법(制法)의 법모(法母)이시요, 새 회상 대각여래위(大覺如來位)이십니다.
    필자는 『정산종사 법설』을 세상에 내놓으면서 지난 수년 동안 화두

(話頭)처럼 궁굴려온 '정산 종사님은 과연 어떠한 분이신가'에 대한 답답하고 무거웠던 짐을 잠시 내려놓고 독자 제현들의 아낌없는 지혜의 가르침을 경청하고자 합니다.

그동안 『원광』을 통해 『정산종사 법설』 발간의 의의에 대하여 몇 차례 밝혔습니다만 이 법설집은 열반 15주기를 맞는 융타원 김영신 대봉도께서 50여 권의 법설 관련 수필(受筆) 노트를 필자에게 남김으로써 비롯됩니다.

김영신 대봉도께서는 원불교 최초의 여자교무이요, 공타원 조전권 종사와 함께 정녀(貞女) 1호입니다. 초기 교단 시절, 경기여고를 졸업하신 엘리트 여성이었던 김영신 대봉도께서는 이모이신 구타원 이공주 종사와 함께 소태산 대종사님의 눈과 귀가 되고 손발이 되어 각종 교단 창건 사업의 중추적 역할을 수행하면서 소태산 대종사님·정산 종사님·대산 종사님 등, 세 여래불(如來佛)의 법문 수필, 교리 해설, 시가(詩歌), 산문, 회계 관련 문건 등 교단사의 중요한 발자취를 남겨 놓으셨습니다.

서원일념(誓願一念)으로 평생 기록하신 그 많은 내용 가운데 정산종사 탄생백주년 기념성업의 일환으로 정산 종사님의 법설 부분을 정리하여 『정산종사 법설』이라는 제목으로 이 세상에 빛을 보게 되어 미약하나마 후진(後進)의 도리를 할 수 있게 되었습니다.

정산 종사님의 인품은 필설로 표현할 수 없는 지고지순(至高至純) 그 자체이시요, 드높은 경세(經世)의 가르침은 후천개벽(後天開闢) 시대의 대전환기에 유(儒)·불(佛)·도(道)·기(基)의 진리를 법고창신(法古創新)하셨습니다.

그러나 열반하신 지 39년, 이러한 측면의 전모를 체득(體得)하고 밝히기가 쉽지 않습니다. 더욱 『원불교 전서』에 합본 된 『정산종사 법어』 발간의 편찬요강 6항에 "총건수는 대체로 『대종경』 건수를 훨씬 넘지 않도록 한다."라는 분량의 잠정적 한정을 명시하여 추진되었던 관계로 지금에는 정산 종사님의 인품·사상·경세관 등을 밝히는 데에 사뭇 공식적인 자료에 국한될 수밖에 없지 않은가 하는 안타까운 심경이 있었음을 고백합니다.

이러한 점에서 『정산종사 법설』은 기존 각종 발표된 자료를 보완하는 몫에서 기대해 봅니다. 이 법설집은 대략 원기25년경부터 원기47년 열반까지의 공식·비공식 법문 수필한 것을 정리한 것으로 특히 종법사 즉위 전 영산과 총부 교감 재직시, 또는 지방 교당에서 설법 법사로 초빙되어 설법하신 미발표 법문이 많기에 앞으로 교학(敎學) 연구에 도움이 될 것으로 봅니다.

　이미 『정산종사 법어』나 기타 자료에 발표된 법문도 함께 『정산종사 법설』에 포함한 것은 김영신 대봉도께서 수필하신 법문 또한 불경(佛經) 결집(結集)의 여시아문(如是我聞)일 수밖에 없는 까닭으로 상황성과 시사성을 높여준다고 판단되었기 때문입니다. 곧 기존의 법문들이 어떤 점에 있어서는 지나치게 축약되고, 또 도덕적 훈육(訓育)에 중점을 두어 인물과 상황에 동떨어진 별개의 법문을 하나의 법문으로 엮은 것이 없지 않기에 이를 명확히 하고자 한 것입니다.

　물론 논쟁의 여지가 없지 않을 것입니다. 그러나 기존의 공식 법문에 어떠한 비판적 시각이 아님을 밝힙니다. 필자는 자료집 성격의 이 법설집이 미발표 법문에 있어서는 교단에서 공식적인 기구가 구성되어 재조정하였으면 하는 바람이요, 기존 발표 법문의 상황성 법문을 포함시킨 것은 후학 연구자들을 위한 것이므로 앞으로 더욱 옥석(玉石)을 가리는 작업이 주어졌다고 생각합니다.

　사실 이 법설집은 향후 교단에서 어떠한 의지를 갖고 있느냐에 따라 가치의 경중이 판가름 난다고 봅니다. 원불교의 교서편찬 업무를 맡았던 〈정화사(正化社)〉가 원기62년(1977)에 해체된 이후 23년이 지난 지금까지 거의 공식적인 교서편찬이 간과되어 초기 교단의 원불교에서 가장 두드러지게 강조되었던 기록문화, 그중에 특히 각종 교서편찬 및 선진유고 발간 등의 중차대한 분야에 소홀한 점은 없는가 하는 반성과 안타까움이 있습니다.

〈정산 종사를 모신 인물〉이라는 단락으로 1백여 명을 선정하여 『원광』에 취재·연재를 하면서 느낀 점이라면 언제부터인가 '역사의 기록' 분야가 퍽이나 미흡하지 않은가 하는 것이었습니다. 교단의 종사위(宗師位) 등 크신 어른들에 대한 경륜과 업적, 평생 남기신 자료 등에 대하여 수집과 검토, 정리와 영구보존 및 유고집 발간에 이르기까지 손길이 제대로 미치지 못하고 있다는 점입니다. 물론 '소태산 대종사 박물관' 옆에 별관이 준공되고 관계 부서나 기관에서 이러한 점의 중요성을 인식하여 계획을 세워 추진한다면 어렵지 않게 해결할 수 있는 일이겠지만 현재는 거의 가시적 성과가 없는 듯합니다.

『한국의 지성과 원불교』라는 책을 기획하여 본사 박혜명 편집인을 모시고 정치·경제·사회·문화·종교 등을 대표하는 60여 분과 인터뷰하는 중에 고은 시인께서 정산 종사님에 대하여 이렇게 회고하셨습니다.

"정산 종사님은 보름달이셨습니다. 첫눈에 도인(道人)이셨고 규모를 짐작하기 어려운 큰 그릇이셨습니다. 남루한 저의 모습을 보시고 먼저 옷 두 벌을 주셨으며, 가까이 오게 하여 아주 자세히 세세 곡절 물으셨습니다. 선객(禪客)처럼 몇 마디 탁 던지시는 것이 아니라 따뜻한 어머니 품속같이 이것저것 하나도 빠짐없이 물으셨습니다. 감동 그 자체였습니다. 제가 임자를 제대로 만난 것입니다."

숭실대의 안병욱 전(前) 교수도 정산 종사님 열반 1년 전쯤 교무강습[훈련] 때 '현대 사상'을 강의하기 위해 총부에 왔다가 정산 종사님을 뵙고는 "얼마나 수양을 하셨으면 저렇듯 화열(和悅)이 넘치실까." 하며 감동하여 『아름다운 창조』라는 책에서 '아름다운 얼굴'이라는 제목의 글을 남긴 것은 잘 알려진 한 편의 드라마 같은 이야기입니다.

'규모를 짐작하기 어려운 큰 그릇, 화열의 자비불 정산 종사님!' 그런데 필자는 유감스럽게도 단 한 번의 만남으로 영원한 감동을 얻는 기연(機緣)이 없었습니다. 정산 종사님을 생전에 뵙지 못하였습니다. 다만 초등학교 시절, 형[오응선]으로부터 선진유고선 제1권 『정산종사법설집』을 선물 받아 붓글씨 연습의 글귀로 삼았던 것이 기연이라면 기연입니다.

당시 이렇다 할 붓글씨의 글귀를 구하지 못한 필자는 이 책이 유일한 것이었고 더욱 법문에 감동되어 중·고등학교 때에는 거의 외울 정도가 되도록 쓰고 또 썼습니다. 어린 시절에 붓글씨 글귀로 받들었던 정산 종사님의 법설들은 그 후 출가(出家)의 계기가 되었습니다. 비록 뵙지는 못했지만 '정산 종사님을 닮아가자'는 각오와 '정산 종사님은 과연 어떠한 분이신가'하는 일념이 뇌리를 떠나지 않을 정도로 관심을 가지게 되었고, 눈길을 떼지 않았습니다.

사실 『정산종사 법설』은 이러한 관심에서 비롯됩니다. 융타원 김영신 대봉도님의 법문 수필 노트를 얻게 되는 경위와 『원광』에서 〈정산 종사를 모신 인물〉 기획·연재, 정산 종사님에 관련된 각종 특집이나 기획 기사 등 절대 쉽지 않은 일들에 오랫동안 매달려 왔습니다.

이 『정산종사 법설』은 정산 종사님의 표현 방식과 당시의 상황성을 이해하는 데 도움이 되는 조어(造語) 등을 가능한 그대로 살렸습니다. 또한 제1편 마음공부에서 제9편 『불교정전』 의해로 나눈 것은 편의상 법문의 성격별 분류일 뿐, 이 법문들이 어떠한 순서나 계획에 의해서 내려진 것이 아니기에 독자 제현들께서 양지(諒知)해 주시기를 바랍니다. 법문의 내용상 인물, 지역, 풍습, 인거한 예화 등에 대한 해설 관련 사항은 필자가 『정산종사 법설』 발간 이후 또다시 주해(註解) 성격의 참고 자료 책자를 통해 보완하고자 합니다.

『정산종사 법설』 발간에 이르기까지 많은 분의 성원과 힘이 모아졌습니다. 특히 산타원 고현종 원로교무님께서 유일학림[현 원광대학교] 당시 정산 종사님을 모시고 받들었던 법문 수필 노트를 주시어 많은 법문을 추가시킬 수 있었고, 더욱 융타원 김영신 대봉도님과 함께 받들며 수필 하신 부분은 내용의 명확성을 확인할 수 있었기에 큰 도움이 되었습니다. 깊이 감사의 말씀을 드립니다. 또한 교정원 교화부에서 수집한 법문들과 필자를 비롯해 오정행·정도연 교무, 천지은 기자가 함께 엮은 『원광』의 〈정산종사를 모신 인물〉이라는 단락에서 수집한 법문들도 포함했음을 밝힙니다.

아울러 융타원 김영신 대봉도 선진유고발간위원회 위원장이신 이혜정 교무님[대전·충남교구 교구장]과 지타원 전기철 원로교무님께도

감사드립니다. 약 5년의 작업기간 중에 물심양면으로 지원해 주시어 오늘의 법설집 발간이 있는 것 같습니다.

　전산과 교정을 맡아준 김수진 선생, 양해성 선생, 정천경 교무, 심광숙 선생, 신상도 선생, 전은숙 선생 그리고 〈월간원광사〉의 박혜명 편집인을 비롯하여 임직원 여러분들에게 감사드립니다.

원기85년(2000) 7월에
엮은이 오 선 명
교무·문산교당 / 전 월간원광사 편집장

증보판을 내며

『정산종사 법설』 증보판 발간에 즈음하여

정산 종사 탄생 1백주년 기념으로 발간된 『정산종사 법설』은 25년이라는 세월 속에 출가·재가 교도님들의 호응과 관심을 받으며 실증되고 보완됐습니다. 일제 강점기를 지나 광복 후 혼란한 시국 상황에서 미래의 교단 주역이 되는 유일학림생들에게 『불교정전』을 기본 교서로 하여 자구 하나하나의 뜻을 새겨주신 법설들은 드높은 인품, 유·불·도·기를 꿰뚫은 빛나는 사상, 시대를 통관하는 경세관, 혼란한 시국 상황 속에 간고한 초기 교단을 이끄는 통절의 심경 등을 가슴 가득 받들 수 있습니다.

소태산 대종사 열반 후 유일학림생들은 정산 종사의 법설을 받듦으로써 희열에 벅찬 신심과 공부심을 돈독히 하였습니다. 제국주의 횡포가 극에 달했던 태평양전쟁이 종식되고, 해방 후 이념과 정쟁의 갈등이 난무, 특히 동족상잔 6·25가 발발함으로써 한 치 앞길도 예측할 수 없는 침울한 암흑기에 정산 종사는 교재정비·기관확립·정교동심·달본명근의 사대경륜을 펴시며 원불교를 선포하고 교단을 굳건하게 다지셨습니다.

『정산종사 법설』 초판 발행 후 증보판 발행까지 오랜 세월이 흐른 것은 초간 발행 후 필자가 〈월간원광사〉를 떠나 영세 교화 현장에서 인고의 과정이 있었던 탓도 있지만, 어려운 교화 상황을 극복하면서 『정산종사 법설』 한 구절 한 구절, 한 대목 한 대목을 새기면서 체득하는 나날이었기에 이제야 미발표 법문을 세상에 내놓게 되었습니다. 지금 어려운 교당과 기관의 상황도 생존과 교화 발전의 기초적인 극복이 선행되듯, 펜을 놓고 노동 현장을 전전하면서 온전히 전념할 수 있는 마음의 여백이 부족하였음을 고백합니다.

　더욱 초판 『정산종사 법설』을 좀 더 세심히, 조밀하게 논증과 교정을 해야 할 부분과 촘촘한 검토와 보완이 과제로 남았기에, 증보판 발간의 엄습하는 중압감보다도 교화 현장의 어려운 현실에 후순위로 밀려 늦어졌음을 가슴 깊이 죄송한 마음입니다.

　증보판 『정산종사 법설』은 수필 노트를 근간으로 하여 오늘날의 국문으로 바꾸는 작업인 만큼 어려운 문제가 많았습니다. 당시의 상황, 시대적 여건, 교단적 위치 등 법설의 진체를 바로 파악할 수 있는 종합적인 상황을 전제 함에도 직접 청법한 당사자가 아니기에 완벽하게 이해할 수 없는 한계를 가질 수밖에 없었습니다. 또한 정산 종사께 직접 청법하였던 당시의 유일학림 선진 원로 교무님들께서 대부분 열반하시어 법설의 많은 대목을 명확하게 파악하는 데 어려움이 없지 않았습니다. 다행히 『원광』을 통해 〈정산종사를 모셨던 인물들〉 제하의 연재 기록과 자료들이 있었기에 『정산종사 법설』의 증보판 발간에 큰 도움이 되었습니다. 당시 〈월간원광사〉 기자였던 오정행 교무, 정도연 교무, 천지은 기자 등 이분들의 노고에 감사드리며, 이 증보판 발간에 큰 도움이 되었음을 밝힙니다. 더욱 열반하신 양혜성 선생님께서 초간 『정산종사 법설』 교정 등에 큰 도움을 주셨고, 동진주교당 전 교도회장님이셨던 충산 최은수 교도님의 면밀한 검토에 힘입어 초간본 『정산종사 법설』의 보완 작업이 일단락되고, 다시 증보판 『정산종사 법설』을 발간하게 되었습니다. 독자 제현들께서 이 점을 양지해 주시기를 바랍니다. 그러나 이러한 법설의 자료화 작업은 무엇보다 원불교적 법문의 연원을 밝히는 중요한 몫을 차지하기에 비록 미흡한 측면이 있을지라도 후진들에게 그 역할을 기대합니다.

지금 원불교는 교단 4대 1회의 문턱에 섰습니다. 갑자 개벽 1백주년을 동반하는 교단 4대의 화두는 무엇일까요? 소태산 대종사께서 정산 종사를 새 회상 법모(法母)라 하셨는데, 독자 제현들께서 이 『정산종사 법설』에서 교단 4대의 화두를 잡고 갑자 개벽의 새 시대, 새 문명의 공부길과 종교적 해답을 찾으셨으면 합니다.

    정산 종사께서는 주지하는 바와 같이 유년 시절 때에는 공산 송준필 선생의 문하에서 유학, 즉 성리학을 배우셨습니다. 이러한 연유로 『정산종사 법설』에서도 『사서·삼경』을 중심으로 한 공맹(孔孟)의 사상과 철학이 수없이 나타납니다. 특히 주역(周易), 논어(論語), 맹자(孟子)를 비롯하여 조선시대 성리학의 골격을 이루고 있는 이기동정(理氣動靜), 심성정의(心·性情意) 등의 우주 본체론과 인간 심성론을 일원상의 진리로 귀결시켜 유일학림생들에게 가르칩니다.

    또한 중국 명재상들의 가르침과 조선시대 성리학자들의 수신강요(修身綱要) 등을 소개하여 보감 삼게 하셨습니다. 언뜻 송자오현(宋子五賢)의 정신과 조선 성리학의 도맥을 이은 도학자의 풍모를 느끼게 합니다. 그러나 놀랍게도 일원상 진리로 회통(會通) 하며 현실적인 생명을 불어넣고, 원불교의 주체성을 세웁니다.

    원불교의 교리는 불교와 어떤 관계일까요. 소태산 대종사께서는 불법을 주체로 완전무결한 회상을 건설하겠다는 뜻을 천명하셨는데, 지금의 원불교는 불교와 어떤 관련성을 가지고 있으며, 새 시대, 새 종교의 표면화에 교단적 혼란과 모호성은 없는가 하는 과제를 안고 있습니다. 특히 불법의 주체이자 완전무결한 회상 건설을 천명하신 소태산 대종사의 사상과 경륜에 대한 해답은 『정산종사 법설』을 통해 그 방향을 찾아야 한다는 당위성이 있습니다. 이는 원불교의 정체성 등을 비롯해, 현 원불교의 교단 제4대 제1회 방향과 맞물려 교단 발전과 중흥을 이루어 그 위상이 우뚝 서야 하지 않을까 하는 간절함이 있습니다.

정산 종사께서는 놀라울 정도로 사상적 태도가 단호합니다. 초기 교단 때 『수양연구요론』으로 번역·발간된 도장(道藏)의 서책인 『수심정경』의 원문에 첨삭의 뜻을 담았을 뿐만 아니라 『금강경』조차 적의히 수정, 보완하여 발표합니다. 『정산종사 법설』에 소개하는 정산 종사의 불교관은 원시 『아함경』 중심의 불교사상과 중관(中觀), 유식(唯識), 법화(法華), 화엄(華嚴)은 물론 선종(禪宗)에 이르기까지 통관하고 있습니다. 특히 소태산 대종사의 불법 주체라는 표현과 원불교의 생활 종교, 실천 종교를 근원적으로 연결하고 있습니다. 원불교가 영육쌍전 이사병행 등 현실적이고 합리적인 실천 종교로 개교하여, 기성 종교의 종교적 권위와 제도, 시대와 사뭇 동떨어진 교단주의 경향을 벗어날 수 있는 길을 가르칩니다. 오늘날 불교와의 정체성과 관계를 모색하고 해결하는 열쇠를 『정산종사 법설』을 통해 찾았으면 합니다. 초기 교단의 '불법연구회'와 원불교 선포 당시 교단 1대 내에 맥맥히 흐르는 정신을 재확인할 수 있는 법설이 수없이 나타납니다.

정산 종사의 도교적 사상과 수양론, 기독교적인 입장, 민족 종교 등에 이르기까지 언급하신 법설들을 받들 때 놀라움을 금할 수가 없습니다. 특히 법회 석상뿐만 아니라 유일학림생들을 대상으로 유·불·도·

기 등 전통 종교 사상과 교리, 근대 서구 문명의 철학과 종교에 이르기까지 두루 섭렵하시어 가르쳤습니다. 도교의 내단학(內丹學)과 영·기·질(靈·氣·質)론의 사상, 특히 무위자연의 도(道)를 밝히고 수양론을 불교의 해탈론과 연계하여 가르칩니다.

또 정산 종사는 지도자로서 솔선수범하여 깊은 감동을 주는 대목이 많습니다. 그 예로써 동족상잔의 6·25가 터져 물밀듯 쳐내려와 지금의 '원불교 중앙총부'가 공산군들의 점령하에 사령부 주둔지가 되었을 때 제자들을 지방으로 피난시키고 스스로 총부를 지키겠다는 결연의 각오로 양철 지붕의 '유일학림' 본 건물 지하실에서, 대각전 뒤 골방에서 생활하시는 등 미군의 폭격기 폭탄 세례와 북괴군의 만행이 자행되는 위험천만한 경각의 상황 속에서도 피난을 떠나지 않고 죽음을 불사하면서 총부를 지키셨던 분입니다.

남원 운봉교당 지역에 밤이면 공산군들이 민가를 습격하여 살상을 일삼는 위험천만한 사지(死地)에 교당의 교무로 따님인 송영봉 원로교무를 파견하셨습니다. 죽음을 불사하면서 총부를 지키셨고 혈연의 친밀함을 떠나 먼저 몸소 희생을 감내하셨던 분입니다. 교단의 중대사건, 곧 삼창공사 등으로 위기에 당면했을 때 위암 선고를 받았고, 절실히 요양이 필요했을 때도 시봉인 한 사람을 대동하였을 뿐 장수수양원에서 어렵게 생활하셨습니다.

열반을 얼마 앞둔 회갑식 때 출·재가 교도들이 시봉금을 올렸는데 그 시봉금으로 법은사업회를 만들어 전무출신들의 요양과 병원 치료 비용으로 사용할 수 있도록 길을 마련하는 등 그 화열(和悅)의 대자대비심을 필술하기가 어렵습니다.

오늘날, 정산 종사의 대자대비심을 출가·재가들이 잘 본받아야 신심이 돈독하고, 선후진 동지들의 법정이 건네질 것으로 생각합니다.

『정산종사 법설』은 일원정종(一圓正宗) 만세불휴(萬世不休)의 가르침이요, 출가·재가 교도들이 삼세를 통해 성불할 수 있는 설계도라고 봅니다. 편집 과정에서 가능한 수필자의 원문 수필을 현대문으로 바꾸되 정산 종사 특유의 조어나 당시의 상황을 살필 수 있는 역사적 근거, 전해오는 예화, 근본 뜻을 잘 이해할 수 있도록 강조되는 표현 등은 그대로 사용하였습니다. 어쩔 수 없이 중복되는 표현이나, 근거가 불확실한 예화 등에서 등장하는 인물 등과 관련하는 내용도 가감을 피하고 그대로 엮었습니다. 혹 역사적 사실과 실재적인 인물의 이야기가 차이를 보이는 대목도 없지 않았지만, 법설의 본뜻을 이해하는 데 도움이 될 듯하여 표현 그대로를 살리고자 하였습니다.

또한 『원불교 전서』에 있는 『정산종사 법어』와 『한울안 한이치에』에 소개된 법설의 내용, 교단 초기 《회보》나 『원광』, 《교고총간》 혹은 공식적인 자료에 있는 법설들과도 약간 차이점이 있는 법설도 함께 엮었습니다.[초판본 『정산종사 법설』의 재판 때 정산 종사님의 시자(侍子)를 지낸 범산 이공전 종사님, 이산 박정훈 종사님 두 분의 교정이 큰 힘이 되었습니다. 더욱 이산 박정훈 종사님은 3일 밤낮으로 교정에 큰 가르침을 주셨습니다.] 이것은 후진들이 더욱 검토하고 연마하여 정산 종사의 법설을 정리하는 데 도움을 줄 수 있는 자료집의 성격을 담고 있기 때문입니다. 출가·재가 중에서 청안(淸眼)의 지혜로운 분들이 더욱 보완해 주시기를 희망합니다.

초판본 『정산종사 법설』의 가치와 위상을 후진들에게 정립해주신 원광대학교 류성태 원로교수님, 염관진 교수님, 미주 선학대학원대학교 하상의 교수님께 감사드립니다. 또한 법문수필 원문 노트를 출가교화단 때마다 함께 봉독하며 뜻을 새겨주시고 발간에 이르기까지 도움을 주신 이용정 원로교무님, 박혜명 원로교무님, 융타원 김영신 대봉도님의 은녀(恩女)이신 이혜정 원로교무님께 감사 말씀드립니다. 더욱 발간에 이르기까지 심적·물적 지원을 아끼지 않으신 김도승 교무님, 박진명 교무님, 박순도 교무님, 전은숙 선생님, 김수진 교도님, 그리고 원불교출판사 주성균 교무님, 천지은 편집장님 등 모든 분께 감사드립니다.

원기110년(2025) 10월에

오 선 명

교무·문산교당 / 원광촌공동체마을개척

차 례

정산 송규 종사 연보 · 007
(초판) 발간사 · 011
(초판) 책머리에 · 014
증보판을 내며 · 022

제1편 | 마음공부

1. 영생의 보물 039 | 2. 정심(正心)은 만사의 근본 039 | 3. 선하다는 한 생각에 039 | 4. 어리석은 사람은 040 | 5. 인내 040 | 6. 장벽 같은 심지(心地) 041 | 7. 마음이 낙원과 고해를 만든다 041 | 8. 마음의 눈 042 | 9. 무진장의 보고(寶庫) 043 | 10. 저 농부들이 044 | 11. 죄복(罪福) 045 | 12. 원수를 만나 046 | 13. 상생과 상극 046 | 14. 마음의 생일 046 | 15. 예회에 빠지지 말라 047 | 16. 세상의 보물 047 | 17. 놀고먹지 말라 049 | 18. 마음이 모인 곳에는 050 | 19. 정심(正心) 051 | 20. 무한동력(無限動力) 052 | 21. 심전경작(心田耕作)의 농부 053 | 22. 『정전』 공부를 열심히 하자 055 | 23. 일체가 마음의 조

화 056 | 24. 백은 선사(白隱禪師)와 부동심(不動心) 060 | 25. 경계(境界) 061 | 26. 유일(唯一)의 보물 061 | 27. 송죽(松竹)의 절개 063 | 28. 자신의 허물을 먼저 살피라 064 | 29. 반조(返照) 065 | 30. 이소성대(以小成大) 066 | 31. 진급 향상하는 사람이 돼라 067 | 32. 불보살이 되어 가십니까 069 | 33. 마음의 개량법 071 | 34. 여덟 가지의 토전(土田)과 심전계발(心田啓發) 080 | 35. 우주는 복덩이 086 | 36. 무형한 마음 088 | 37. 형상 없는 마음 089 | 38. 실행 091 | 39. 제도 092 | 40. 언덕(言德) 093 | 41. 일상생활에 주의 사항 094 | 42. 평상심을 가지라 094 | 43. 명(名)과 실(實) 096 | 44. 무형한 심고의 위력 096 | 45. 이타(利他)의 근본 099 | 46. 인내의 방법 099 | 47. 무형한 창고 100 | 48. 병든 이를 제도하는 법 103 | 49. 애착·탐착을 여의라 105 | 50. 회향(回向) 105

제2편 | 공도의 주인

1. 불보살의 서원 109 | 2. 세상에 어려운 일 109 | 3. 소인이 되지 말고 대인이 돼라 110 | 4. 지도받는 자는 주견(主見)을 없애자 111 | 5. 우리는 대종사님의 분신 112 | 6. 교단의 법맥(法脈) 113 | 7. 태허공(太虛空)과 같은 마음 113 | 8. 종교 전문가의 책임 114 | 9. 제일 큰 이익과 제일 큰 해독 114 | 10. 세상의 대죄(大罪) 115 | 11. 유일의 참뜻 116 | 12. 유일학림의 특색 117 | 13. 미래의 도인 118 | 14. 외형에 끌리지 말고, 실력을 양성하라 119 | 15. 교운 121 | 16. 교목세신(喬木世臣) 123 | 17. 연화(蓮花)가 돼라 124 | 18. 서원과 욕심 125 | 19. 제군들은 도덕의 행위를 하라 128 | 20. 수도인의 사·농·공·상 129 | 21. 공전(公田)·사전(私田)·물전(物田)·심전(心田) 133 | 22. 신의를 존중히 하라 135 | 23. 불변의 절의(節義) 136 | 24. 안위불망(安危不忘)·추원보본(追遠報本) 140 |

25. 사필귀정(事必歸正) 142 | 26. 먼저 총부를 생각하라 144 | 27. '수계농원' 원훈 144 | 28. 본분을 잃지 말라 144 | 29. 심신은 공물(公物)인 줄 알라 145 | 30. 송구영신(送舊迎新) 146 | 31. 외빈내부(外貧內富) 147 | 32. 공부의 기회 149 | 33. 성인(聖人) 재세 시에 태어난 기쁨 150 | 34. 형식을 주장하지 말라 151 | 35. 사리본말(事理本末)의 일치 153 | 36. 단합(團合)의 본질 154 | 37. 이순신의 정신 155 | 38. 방촌 황희의 관용과 엄격 156 | 39. 후영(候嬴) 156 | 40. 사람을 교화하는 세 가지 길 158 | 41. 죄짓는 사람이 되지 말라 159 | 42. 도둑질하지 말라 161 | 43. 새로운 마음의 근원 161 | 44. 공부를 등한시하지 말라 163 | 45. 제군들은 만월(滿月)이 되지 말고 반월(半月)이 돼라 164 | 46. 대기만성(大器晚成) 165 | 47. 육근(六根)의 상부상조(相扶相助) 167 | 48. 장강(長江)의 정신 167 | 49. 제군들은 용맹정진하라 170 | 50. 우리는 부처 될 자신이 있다 175 | 51. 참 마음을 지키자 176 | 52. 책임감 184 | 53. 외화내암(外華內暗) 185 | 54. 인욕 186 | 55. 전무출신 기념식 187 | 56. 맥맥상통(脈脈相通) 188 | 57. 결제 훈사 191 | 58. 공동생일 기념 법설 195 | 59. 인과(因果) 196 | 60. 지도자와 피지도자 198 | 61. 최초의 기점 198 | 62. 단합의 요결 199 | 63. 참다운 이익[眞利] 200 | 64. 출가인의 두 가지 경계[二戒] 201 | 65. 서원과 인연 201 | 66. 창립의 공(功) 202 | 67. 공동 기념의 뜻 203 | 68. 본교 창립주 기념 봉행 시 법설 204 | 69. 챙겨야 할 처지와 그렇지 않은 처지 206 | 70. 결제식 설법 207 | 71. 원단 법설 209 | 72. 제1회 교무강습 211 | 73. 최후 승리 하는 법을 알라 214 | 74. 신년 법설 216 | 75. 유일학림 1기생 개강식 216

제3편 | 도덕천하

1. 용맹 221 | 2. 호오(好惡)의 구분을 놓고 보라 222 | 3. 진정한 인격을 만들어라 223 | 4. 남녀(男女)의 도 224 | 5. 노소(老少)의 도 224 | 6. 처세법 226 | 7. 도(道)는 226 | 8. 도인(道人)은 226 | 9. 대인(大人)은 227 | 10. 정기(正氣)를 타라 227 | 11. 신문지로써 변을 닦지 말라 229 | 12. 인격(人格) 229 | 13. 대인과 소인의 심경 230 | 14. 도덕과 자비 230 | 15. 최후 승리 231 | 16. '동화병원' 개원식 법문 232 | 17. 처사(處事)의 도(道) 232 | 18. 물의 5칙(五則) 233 | 19. 겸의(謙義) 233 | 20. 인격의 기준 234 | 21. 구시화복지문(口是禍福之門) 236 | 22. 공부인의 오복(五福) 237 | 23. 자신의 부족함을 알자 238 | 24. 큰 덕 239 | 25. 선행(善行) 닦는 세 단계 241 | 26. 허공을 체득하라 242 | 27. 자모(自侮)치 말라 243 | 28. 깊은 마음·무거운 입 244 | 29. 길일이 따로 없다 246 | 30. 이용법(利用法) 247 | 31. 부자 되는 방법 249 | 32. 허공을 잘 이용하라 251 | 33. 세상 사람들이 252 | 34. 피란처(避亂處) 253 | 35. 정해년 선물 법설 253 | 36. 심교(心交) 255 | 37. 스승과 제자 사이 256 | 38. 요제임천(潦霽任天) 257 | 39. 부처님의 이해(利害) 258 | 40. 광복절 기념사 259 | 41. 천작(天爵)과 인작(人爵) 260 | 42. 공덕(功德) 263 | 43. 적공 267 | 44. 최후의 5분 267 | 45. 대인은 만성(晩成) 268 | 46. 자유성 270 | 47. 혼자는 살 수 없다 271 | 48. 대인의 금도(襟度) 271 | 49. 명실(名實)을 같이하라 274 | 50. 법을 듣는 공부법 274 | 51. 살리는 법과 죽이는 법 276 | 52. 진취성 277 | 53. 원인을 잘 생각하라 278 | 54. 중생의 진·강급 보는 방법 281 | 55. 학선(學善)의 근본 282 | 56. 참다운 보물은 무엇인가 282 | 57. 세상에 잘난 사람과 못난 사람은 어떤 사람인가 285 | 58. 수도인의 삼사(三師) 285 | 59. 세상의 온갖 바람 286 | 60. 열(烈)에 대하여 288

제4편 | 하나의 세계

1. 선천기운과 후천기운 293 | 2. 새 운수 받는 도 Ⅰ 293 | 3. 새 운수 받는 도 Ⅱ 295 | 4. 문명(文明) 298 | 5. 미륵불(彌勒佛) 298 | 6. 대전이 한밭이라 300 | 7. 무궁화(無窮花)와 태극기(太極旗) 300 | 8. 우리의 정견(政見) 301 | 9. 평화 훈련 303 | 10. 진정한 평화 304 | 11. 공산주의는 305 | 12. 유심(唯心)과 유물(唯物) 305 | 13. 큰 사업 두 가지 307 | 14. 현실의 안목과 진리의 안목 309 | 15. 협조 310 | 16. 새 시대의 삼강 오륜(三綱五倫) 312 | 17. 피난하는 비결 312 | 18. 새 시대·새 기운 315 | 19. 우리 종사주님 317 | 20. 서방 정토 극락이란 318 | 21. 정신문명과 물질문명의 극치 319 | 22. 광명의 세계 320 | 23. 교운의 전망 322 | 24. 무궁화와 태극기 323 | 25. 아침 심고 325 | 26. 저녁 심고 326

 제5편 | 자비하신 스승님

자비하신 스승님 329

 제6편 | 생사대사

1. 송충이 영가 천도문 361 | 2. 영(靈)의 입태(入胎) 시기 362 | 3. ○○ 영가시여! 363 | 4. ○○ 영가에게 363 | 5. ○○선생 영가시여! 364 | 6. 4·19 희생 영령이시여! 364 | 7. 49재 천도 법설 366 | 8. 호도래(好道來) 호도거(好道去) 367 | 9. 생사대사(生死大事) 368 | 10. 인생대사(人生大事) 370 | 11. 자신 천도

(薦度)는 되었는가 371 | 12. 천도의 방법 372 | 13. 회향, 49재식 법설 377 | 14. 불의에 부동 378 | 15. 추도(追悼) 법설 379

제7편 | 불법대해

1. 불교의 요지(要旨) 383 | 2. 불(佛)의 의의 385 | 3. 삼신불(三身佛) 385 | 4. 육도와 사생 386 | 5. 삼귀의(三歸依) 388 | 6. 사홍서원(四弘誓願) 393 | 7. 팔정도(八正道) 395 | 8. 육바라밀(六波羅蜜) 396 | 9. 보시(布施) 397 | 10. 금강경의 대요(大要) 401 | 11. 사상과 법상·비법상 402 | 12. 소승사과 406 | 13. 부처님 성도일 406 | 14. 부처님의 지행을 체득하라 408 | 15. 사선락 410 | 16. 사념처 413 | 17. 반야바라밀다심경(般若波羅蜜多心經) 416 | 18. 휴휴암좌선문(休休庵坐禪文) 426 | 18. 삼보(三寶)를 체 받는 법 441 | 19. 참회법 441 | 20. 출세의 제1 낙(樂) 442 | 21. 부처님과 중생의 견해 444 | 22. 정견(正見) 444 | 23. 불법의 혜택을 알라 446 | 24. 부처님과 중생과 견해 450

제8편 | 편편교리

1. 분별과 깨달음 455 | 2. 대도정법을 함부로 말라 455 | 3. 호생의 덕 456 | 4. 무주상(無住相) 456 | 5. 지극한 소원이 있어야 456 | 6. 법문을 듣는 도 457 | 7. 설법과 청법 459 | 8. 설법삼류(說法三流)·청법삼류(聽法三流) 460 | 9. 종교를 신앙하는 이유 460 | 10. 정신의 다섯 가지 양식 463 | 11. 공적영지(空寂靈知) 464 | 12. 일원상의 특징 465 | 13. 법신불 봉안의 의미 467 | 14. 공·원·정(空圓正) 469 | 15. 진선(眞善) 472 | 16. 진리의 상별 472 | 17. 진리재판

(眞理裁判) 473 | 18. 영단(靈丹)을 키우라 476 | 19. 좌선의 요결 478 | 20. 수양의 종류 480 | 21. 수양의 중량 480 | 22. 현실의 불멸(不滅) 482 | 23. 근기(根機)에 대하여 483 | 24. 오욕(五慾) 484 | 25. 솔성의 세 단계 485 | 26. 불공 485 | 27. 염불 486 | 28. 인성(人性) 486 | 29. 곡식을 얻고자 할진대 486 | 30. 견성(見性)의 단계 487 | 31. 견성은 무엇이며, 견성을 하면 좋은 것이 무엇인가 488 | 32. 고(苦)에 대하여 491 | 33. 참회와 원망 492 | 34. 삼세인과 494 | 35. 수라보(修羅報) 495 | 36. 불가의 십계에 대한 이중과보(二重果報) 495 | 37. 제일 무서운 진리 496 | 38. 인연과(因緣果)의 법칙 497 | 39. 일원상과 삼대력 505 | 40. 대인격 506 | 41. 무시선·무처선의 공부법 507 | 42. 석존성탄 기념 법설 508 | 43. 유무 초월의 심경 510 | 44. 치(恥) 511 | 45. 회향(回向)의 필요 512 | 46. 불공 513 | 47. 인과를 깨야 자력양성 514 | 48. 옹담샘과 대해의 차이 517 | 49. 일상 수행의 요법 520 | 50. 법문 듣는 도 524

제9편 | 『불교정전』의해(義解)

1. 『불교정전(佛敎正典)』이란 529 | 2. 심고와 기도 533 | 3. 사대강령 534 | 4. 표어 개요 542 | 5. 문답 552 | 6. 불법연구회의 설립 동기 555 | 7. 과거 조선 사회의 불법(佛法)에 대한 견해 559 | 8. 일원상 서원문 569 | 9. 일원상 법어 582 | 10. 일상수행의 요법 589 | 11. 계문 603 | 12. 솔성요론(率性要論) 628

제1편

마음공부

제1편
마음공부

1. 영생의 보물
　정산 종사 말씀하시기를 "영생(永生)의 보물 네 가지가 있으니, 첫째는 덕(德)이요, 둘째는 청정심(淸淨心)이며, 셋째는 불변의 신(信)이요, 넷째는 대공심(大公心)이니라."

2. 정심(正心)은 만사의 근본
　정산 종사 말씀하시기를 "바른 마음은 일만사(一萬事)를 이루는 근본이 되나니, 바른 마음으로써 하는 학문은 옥을 비단으로 싸는 것과 같으나, 악한 마음으로써 하는 학문은 도적에게 칼을 주는 것과 같나니라. 일체의 사상과 주의도 오직 정심(正心)이 근본이 되나니, 민주주의가 좋다 하나 잘못 쓰면 모두가 더 불행해지고, 공산주의가 좋다 하나 또한 잘못 쓰면 더 불행해지나니라."

3. 선하다는 한 생각에
　정산 종사 말씀하시기를 "선하다는 한 생각에 악의 뿌리가 일어나는 것이니, 남이 알아주지 않으면 속으로 끓여 결국 악의 싹이 돋아나는 것이니라. 그러므로 선과 악의 관념에 얽매이지 말라.

인연의 착(着)을 끊으려면 일심(一心)이라는 것도 놓아 버려야 하나니라. 경계에 응하여 그릇되지 않는 것이 동(動)할 때 일심이요, 정(靜)할 때 일심은 잡념만 없애면 일심이니라."

4. 어리석은 사람은

정산 종사 말씀하시기를 "어리석은 사람은 남이 저를 믿어주기를 바라나, 지혜 있는 사람은 저 스스로 믿음을 갖추고 있음으로써 자연적으로 남이 금은보화(金銀寶貨)라도 맡기려 하며, 믿고 의지하고자 하나니라.

무릇 불법(佛法)의 대해(大海)는 신(信)으로써 능(能)히 들어가나니, 도가(道家)에서 신(信) 없는 사람은 죽은 나무에 거름하는 것과 같아서 새 움이 돋지 않나니라.

그러나 처음 발심(發心)에는 충천의 신심이 생길지라도 시일이 오래고 보면 풀어져 중단되나니, 특히 권리·빈한(貧寒)·자녀·화락(和樂)·지위·명망(名望) 등에 변고가 있으면 신(信)에도 또한 변화가 생기나니라."

5. 인내

정산 종사 말씀하시기를 "인내(忍耐)에는 세 가지가 있으니 첫째, 내인(耐忍)이라, 진심(瞋心)을 억지로 참는 것이요 둘째, 안인(安忍)이라, 인과의 업인(業因)을 돌이켜 감내하는 심경으로 참는 것이며 셋째,

체인(諦忍)이라, 공(空)한 이치에 비추어 넉넉하고 한가롭게 참는 것이 니라."

6. 장벽 같은 심지(心地)
정산 종사 말씀하시기를 "외면으로 능히 인연을 쉬고, 내면으로 다툼의 헐떡임이 없이 심지(心地)가 장벽같이 되면 가히 도를 얻을 것이니라."

7. 마음이 낙원과 고해를 만든다
정산 종사 말씀하시기를 "세상이 낙원이라는 말도 있고 고해라는 말도 있으니, 그러면 이 세상은 과연 낙원인가 고해인가. 이에 대하여 냉정히 생각하여 본다면 세상 자체는 낙원도 아니요, 고해도 아니며 오직 우리 사람의 마음이 세상을 낙원으로 만들기도 하고 고해를 만들기도 하나니라.

그러면 만든다는 것은 어떠한 말인가. 이는 곧 하늘이나 땅이나 사람이나 만물이나 기타 세상에 나열한 모든 법을 우리가 다 순하게 보면 은혜를 발견하고 좋게만 응할 것이요, 바르게 이용한다면 동서남북 어느 곳에 당하든지 서로서로 기운이 통하고 뜻이 화하여 일이 순(順)하고 마음이 평안하여져서 온 세상이 다 봄 동산의 꽃으로 화할 것이니, 이것이 곧 낙원을 만든다는 말씀이니라.

또는 그와 반대로 하늘이나 땅이나 사람이나 만물이나 기타 세상에 나열한 모든 법을 우리가 다 거슬러 보고, 원한으로 해석하며, 나쁘게만 응하고 악하게 이용한다면 동서남북 어느 곳에 당하든지 서로서로 기운이 막히고 뜻이 상통하지 못하여 마음이 괴롭고 원수가 맺어져서 온 세상이 다 가을 서리와 같이 싸늘하여지고 모든 상대가 서로 불안을 주게 될 것이니, 이것이 곧 고해를 만든다는 말씀이니라.

그런즉 우리는 이 낙원과 고해 두 가지 중에 어떠한 법을 취하는 것이 나도 좋고 저 사람도 좋고 필경은 국가·사회가 다 같이 좋아지는 선한 결과를 얻을 것이며, 어떠한 법을 취하는 것이 나도 해롭고 저 사람도 해롭고 국가·사회가 다 같이 악한 결과를 얻게 될 것인가를 연구해 보아야 할지니라.

여기에 있어서는 다시 세상 여러분들에게 진공(眞空)한 각오와 정확한 판결에 부치는 바이니라." 〈『법어』응기편 39. 법문 보완〉

8. 마음의 눈

정산 종사 말씀하시기를 "사람에게 가장 중요한 것은 눈이니, 눈이 있음으로써 세상 모든 것을 분별하여 알 수 있나니라. 그러므로 맹인(盲人)은 불구자 중에도 가련함이 더하다고 말하나니, 삼라만상(森羅萬象)의 기묘한 것과 부모·형제 또는 모든 동포의 아리따운 군상(群像)을 전혀 분별하지 못하니 그 가련함이 더하지 않겠는가.

그러나 이것은 나타난 육안(肉眼)이요, 그 무형한 심안(心眼)에 있어서랴.

이 심안에 대해서는 세상 사람들이 잘 알지 못하나니 우리에게는 일찰나간(一刹那間)이라도 없어서는 안 되는 것이 심안이니라.

심안은 즉 마음의 눈으로, 심안이 열리지 못하면 삼라만상과 은혜로써 지극히 얽힌 만유(萬有)가 도리어 죄악의 근원이 되나니, 이 세상에 사리(事理)가 역연(歷然)하건마는 그 사리를 바로 볼 수가 없어서 일체를 전도(顚倒)하고, 그릇 인식하여 일거수일투족(一擧手一投足)이 모두 죄악으로 화하고 말 것이니라.

제군들이여! 만일 일(事)에 대한 시비이해(是非利害)와 이(理)에 대한 대소유무(大小有無)며, 인과보응(因果報應)의 이치와 불생불멸(不生不滅)의 이치를 알지 못한다면 어찌 그 사람의 앞길이 평탄하랴. 육안이 어두워 함정(陷穽)에 빠지는 것과 같이 오직 죄악과 악도뿐일 것이니라.

슬프다. 심안의 어두움이여, 제군들은 심안의 맹인이 되지 않고자 발심(發心)하였으니, 영원한 세상을 두고 삼세를 달관하여 매매사사(每每事事)에 미래를 위하여 일일시시(日日時時)로 반성하고, 나아가 실천에 옮기어 현재의 모든 행동을 도덕적 규범(規範) 아래 행하여 진실한 생활을 개척(開拓)할지니라."

9. 무진장의 보고(寶庫)

정산 종사 말씀하시기를 "세상 사람들이 말하기를 '부자 방망이가 있어서 이 부자 방망이는 써도 써도 다함이 없는 무진장(無盡藏)의 보고(寶庫)라.'하며 그것을 구하고자 하나 세상에 있는 것은 반드시 없어지는지라, 그 유형(有形)한 것은 무진장이 될 수 없으며, 오직 무형(無形)한 천연적 보고만이 우리의 영원한 무진장의 보고가 될 것이니라.

그러므로 이 무진장의 보고에는 두 가지가 있으니, 하나는 안으로 삼대력(三大力)을 갖추는 것이요, 둘은 밖으로 무념 공덕(無念功德)을 쌓는 일이니라. 안으로 삼대력, 즉 일심과 알음알이와 실행력을 얻으면 생사의 자유와 죄복의 자유와 육도(六道)에 자유를 얻게 되나니, 이 밖에 다시 구할 것이 무엇이며, 무진장의 보고가 또 어디 있겠는가.

또한 밖으로 무념 공덕을 쌓으면 세상이 덕으로써 화(化)하여 그 덕에 화피초목 뇌급만방(化被草木 賴及萬方)할지니, 가는 곳마다 은혜의 꽃이요, 은혜 속에서 서로 사랑하고 서로 위하는 지상 천국이 될 것이라, 이 어찌 무진장의 보고가 아닌가.

우리가 만일 이 진리를 깨쳐 안으로 삼대력을 얻고 밖으로 무념 공덕을 쌓으면 영원무궁토록 극락을 수용할 것이니라."

〈『법어』 무본편 35. 법문 보완〉

10. 저 농부들이

정산 종사 말씀하시기를 "저 농부들이 모를 심으며 노래를 부르되 일심정력(一心精力)을 다 들여서 '석 고르게 잡아서, 방 고르게 잘 심세.'[『대종경 선외록』 초도이적장 2절]라고 하였나니, 과연 일심의 위력이 극히 크고 두렵도다. 일심만 된다면 만사가 성공이요, 그 위력의 신기함은 헤아릴 수 없으니, 고래(古來)로 충신열사의 기적을 탐지할 때 과연 기이하다고 할 것이니라.

가장 비근하게 예를 든다면 우리 구인(九人) 선배님들의 혈인(血印)이 그 대표적 증명이니, 구인 선배들은 오직 일심뿐이요, 일체의 고락이 돈절(頓絶)하였고, 생사를 초개(草芥)와 같이 여기셨던 분이니라. 곧 구인 선배님들이 생명을 희생할지라도 일체 생령을 구제할 수 있다면 사무여한(死無餘恨)이라 하셨으니, 거기에는 일호(一毫)의 사량계교(思量計較)가 끊어진 일심의 지극처(至極處)이니라. 그러한 공덕으로 혈인의 기적을 닦아 놓으셨고, 오늘의 일원대도(一圓大道) 회상의 초창기에 그 기초를 닦아 놓으신 것이니, 이를 비추어 볼 때 제군들의 책임이 지극히 무겁고 일거수일투족이 지극히 중하고 어려운 것이니라.

그러나 오직 공부와 사업 간에 일심으로써 받들어 행한다면 목적하는 바를 이룰 것이니, 공부할 때는 그에 일심이 돼라. 그러면 일체의 경계와 사심망념(邪心妄念)이 감히 엿보지 못할 것이며, 도리어 그것으로 인하여 낙도(樂道)하여 구도의 환열(歡悅)이 일일증장(日日增長)할 것이니라.

또한 사업을 할 때에도 일심만 된다면 모든 고역(苦役)과 시비책망(是非責望)이 좋은 감미(甘味)로 화(化)할 것이요, 어떠한 트집도 없을 것이니, 무난히 소원을 성취할 수 있나니라.

그러므로 오직 수도의 일심과 사업의 일심으로써 우리는 기쁨을 느끼며, 모든 고락(苦樂)의 경계로써 낙도를 얻으면 그것이 곧 일심지덕(一心之德)이요, 이에 나툴 바는 그 위력이 여천지(與天地)로 합(合)할지니라."

11. 죄복(罪福)

정산 종사 말씀하시기를 "남이 나를 알아주지 않을 때도 무작정 원망할 것이 아니라, 죄복(罪福)의 권능자임을 알아서 불공(佛供)으로 대처해야 하나니라.

더욱 자기 일만 잘할 뿐 남이 알아주지 않는다고 허물치 말 것이니, 법신불을 상대할 뿐 사람으로 상대처를 삼으면 그 마음이 요란해져서 육도(六道)가 하루에도 몇 번씩 바뀌게 되나니라."

12. 원수를 만나

정산 종사 말씀하시기를 "원수를 만나 나에게 역경을 주면, 빚졌다 갚듯이 그것을 잘 받고, 다시는 새로이 짓지 않기로 하면 구업(舊業)은 사라지고 신업(新業)은 짓지 않게 되나니라."

13. 상생과 상극

정산 종사 말씀하시기를 "상생(相生)의 마음은 복(福)을 부르고, 상극(相克)의 마음은 화(禍)를 부르나니라."

14. 마음의 생일

정산 종사 말씀하시기를 "영겁(永劫)을 놓고 보면 어느 날 생일 아닌 날이 없을 것이나 그러나 현실 나타난 바로써는 육신의 생일이 있고 마음의 생일이 있나니, 육신의 생일은 육신이 태어난 날이요 마음의 생일은 대도(大道)에 발심(發心)이 나서 입교(入敎)한 날이며, 타락했던 마음과 들뜬 마음이 다시 향상의 길로 살아날 때이니라.

여러분들은 항상 신심이 살아나고, 공심이 살아나고, 자비심이 살아나고, 희생심이 살아나서 세상에 유익 주는 사람이 되는 동시에 또한 세상에서 받들어 생일을 대접받는 사람은 될지언정 한 가정에 희생하여 몇 식구가 챙겨주는 생일을 대접받는 사람은 되지 말라.

금수(禽獸)에게 생일도, 제사도 안 챙겨주는 것은 세상에 아무런 유익을 주지 못하기 때문이며 또한 이를 섭섭히 알지도 못하나니, 그러므로 만물의 영장이라는 인간으로 태어나 세상에 유익을 주지 못하고 생일을 대접받는 것은 부끄러운 일이라, 우리는 무슨 방면으로든지 세상에 유익을 주는 동시에 부끄러움이 없는 생일을 대접받아야 하나니라.

　옛 말씀에 '생일을 잘 차려 먹어야 부자로 산다.'라고 하였으나 이는 세상에 복을 많이 지어놓아야만 생일을 잘 차려 먹을 수 있다는 말로 바꾸어 들어야 하나니라." 〈『법어』무본편 47. 법문 보완〉

15. 예회에 빠지지 말라

　정산 종사 말씀하시기를 "물건도 주인을 잘 만나야 하나니 이용을 잘못하면 소용이 없는 것과 같나니라. 공부인들도 야회·예회를 당하여 볼 줄을 모르는 이가 있나니, 이것은 야회·예회를 이용하지 못하기 때문이요, 그러므로 실행도 없나니라.

　이 야회·예회를 잘 이용한다는 것은 『정전』에서의 법문 한 가지만이라도 잘 듣고 실행하여, 그날 얻은 바를 집에 돌아가 10일 동안이라도 실행하면 얻은 소득이 5만 원만 할 것인가. 이런 좋은 법을 만나고도 이용할 줄 모르면, 알지 못해 이용하지 못하고 굶주리는 사람과 다름이 없나니라."

16. 세상의 보물

　정산 종사 말씀하시기를 "세상의 보물이 무엇인가, 학문이 많아도 보물이요, 기술이 있어도 보물이며, 금은이 많아도 보물이요, 재산이 많아도 보물이지만 그러나 제일의 보물이 되는 것은 마음을 잘 쓰는 것이니라.

　옛날에 허석계라는 양반이 있었는데 그 누님은 너무나 가난하여 주림을 견디지 못하고 아들을 외삼촌 집으로 보내어 무엇을 좀 얻어오기를 바라고 보냈다고 하노라. 그러던 어느 날 외삼촌이 생질을 데리고 해변에 나가서 조수(潮水)를 구경하는데 해가 기울고 조수가 나간 뒤에 '네 맘대로 돌을 하나 집어 가져라.'라고 하여서 그중에 조그마한 돌을 하나 집어넣고 돌아왔을 뿐 이날이나 무엇을 좀 주시려나, 저 날이나 무엇을 좀 주시려나 기다려도 아무것도 얻지 못하자 하루는 외삼촌에게 가서 '이제 집으로 돌아가겠습니다.'라고 하였더니 그냥 '잘 가거라.'고 할 뿐이라, 할 수 없이 집으로 돌아간즉 어머니께서 무엇이나 좀 얻어 가지고 오기를 고대하다가 아들이 빈손으로 오는 것을 보고 '외삼촌이 아무것도 좀 안 주시더냐.'고 물으니 '아무것도 주신 것이 없습니다.' 하여서 너무나 믿어지지 않고 섭섭하여 '그래, 정말 아무것도 안 주시더냐.'고 재차 묻자 '조수 구경을 가자더니 바닷물이 다 빠져나간 뒤에 돌 하나를 집어 가라고 하셔서 그것을 가지고 온 것밖에는 없습니다.'라고 하지 않는가.

　이 사람은 할 일이 없어 그날그날을 지내다가 하루는 배고픔을 견디지 못하고 특이하게 생긴 돌이 혹시나 주림이라도 면하게 해줄까 하여 돌을 가지고 시장으로 나가 아무리 팔려고 하였지만 사겠다는 사람이 없었는데 해는 석양에 이르고 기갈은 심하여 견디기 어려울 지경에 한 사람이 오더니 '그것을 내가 살 터이니 값은 얼마나 주면 되겠소?' 하는 것이 아닌가. '아무튼 마음대로 주시오.' 하니까 그 사람이 '5만 냥만 주겠소.' 하는지라, 워낙 큰돈이요 어이가 없어서 묻기를 '도대체 그것이 무슨 돌이기에 값을 그리 많이 준다고 하십니까.' 하니 '그 돌은 오금(烏金)이라는 것인데 1천 년 만에 한 번씩 조수에 밀려 나오는 것을 값으로 말하면 10만 냥은 넉넉히 되기에 이것을 내가 사서 다시 팔면 당신도 5만 냥을 얻고 나도 5만 냥을 벌게 되는 것입니다.'라고 하지 않는가.

형상 있는 것은 한정이 있어도 정신으로 짓는 복은 한정이 없나니, 다른 사람들에게 인과보응의 진리라든지, 삼십계문(三十戒文) 등을 일러주어 무량한 복락이 쌓이면 이렇듯 부지불각(不知不覺) 간에 천록(天祿)을 받게 되나니라."

17. 놀고먹지 말라

정산 종사 말씀하시기를 "사람이 세상을 살아가자면 일심(一心)이 제일이니 일심이 아니면 어떠한 일도 성공하는 법이 없나니라. 공부에도 일심을 들여야 하는 것이요, 사업을 할지라도 일심을 들이지 아니하고는 아니 되나니, 곧 도학(道學) 공부를 할 때에도 일심을, 밥을 먹을 때에도 일심을, 길을 걸어갈 때에도 일심을, 농사를 지을 때에도 일심을, 남자들이 소변 통을 지게에 질 때에도 일심을, 여자들이 구정물에 손을 넣고 설거지를 할 때에도 일심을 들여야 하나니라.

시국이 이때처럼 헤쳐 나가기 힘든 난관을 당했지마는 여러분들이 일심만 들인다면 모두 돌파하고 나갈 수 있으니, 우리 남녀 대중이 일심으로 합력하여 나가기를 진심으로 바라노라.

옛날에 한산(寒山)·습득(拾得)이란 사람이 있었나니 평생 일심을 놓지 아니하고 적공을 하였건만 겉으로는 바보도 같고, 거지같이 밥도 얻어먹고 다녔나니라. 하루는 구월산에 어떤 절이 있었는데 한산·습득이가 시장에 가서 소 십여 마리를 몰고 와서 절 앞에다가 줄을 세워

놓고는, 주지 스님 이하 여러 스님을 다 불러놓고 말하기를 '이 소들을 보라, 너희들도 공부한다고 절에 와서 시주한 것만 먹고 살면서 공부도 일심(一心)의 힘이 없고 편히 살기를 주장하니, 이 소들을 보고 깨우침을 얻으라.'하고 소 있는 곳을 향하여 '주지 스님 나오너라.'하고 크게 부르니 그 가운데 소 한 마리가 고개를 들고 나오거늘, 또 '○○ 스님 나오너라.'하니, 또 소 한 마리가 나오는 등 차례로 각기 스님의 명호를 부른즉 그 소들이 차례로 나오기 시작하였다고 하노라. 스님들이 다 출가하여 공부를 잘못하고 시주만 먹고 편히 살기를 좋아하다가 소가 되었다는 비유담이니라.

그렇다고 여러분들에게 분수 밖의 일을 하라는 것은 아니니, 저마다의 적당한 일부터 하라는 것이요, 나더러 백정이 하는 일을 하라면 못할 것이라, 그러므로 정신으로든 육신으로든 자기의 기술대로, 자기의 능력대로 일심을 들이면 안 되는 일이 없을 것이니라.

매사에 일심을 들이지 아니하면 성공할 수 없나니 어떤 일이든지 일심을 놓지 말고, 당하는 대로 일심을 들여야 하겠노라."

〈원기31년 11월〉

18. 마음이 모인 곳에는

정산 종사 말씀하시기를 "마음이 모인 곳에는 가히 금석(金石)을 뚫을 것이니 예로부터 일심지도금석가투(一心至到金石可透)라는 말이 있나니라.

그러나 일심의 힘이란 오늘날 과학자들이 상상하지 못할 위대한 힘이 있는 것이지마는 이를 믿을지는 알 수 없나니 보라! 본회 창건기(創

建期)에 구인(九人) 선배들이 백지(白紙)에 혈인(血印)을 남긴 것은 오직 티 없는 순진(純眞)한 일심의 하나이요, 수억겁(數億劫) 버려진 바다를 막아 옥토(玉土)로 일군 것도 심력을 뭉쳐 이룬 것이니라.

하지만 이보다 더 큰 위력이 있으니, 우주의 운행은 천지자연이나 그 조화는 부처님의 위력이니라. 비결(秘訣)에 '남조선에 큰 배가 하나 있어 일심을 가진 자가 그 주인이 된다.'라고 하였나니 제군들도 연구해 보라."

19. 정심(正心)

정산 종사 말씀하시기를 "어떤 이름난 화가가 '인물화에 있어서 명화의 기이한 공(功)은 그 용모 가운데 눈에 있다.'라고 하였나니, 눈이 사람의 용모 중에 가장 중요하기 때문이니라.

그러면 우리 인생에는 그 무엇이 가장 중요한가. 그것은 곧 마음이라, 이 마음이 바르고 곧은가, 아니면 그르고 굽은가의 사용 여하에 따라 그 인생의 가치가 나타나나니라. 개인·가정·사회·국가·세계 어느 곳을 물론하고 그 마음이 바른 데에서 완전한 인격을 이룰 수 있으며, 그를 경영하고 지도하는 이들의 마음이 정심(正心)에 입각하여 지도함으로써 가권(家眷)이나 국민(國民)이 따라서 정심으로 돌아가 완전한 이상을 실현하며 나아가 그 목적을 달성할 것이니라.

그러므로 우리는 일에 쫓기면 반드시 정심에 입각하여 정심을 좇아야 하며, 일을 처리함에도 반드시 정심으로써 바르게 처리하여야만 미로(迷路)에 방황함이 없이 참다운 수행을 쌓을 수 있으며, 참다운 우리 회상을 이룰 수 있을 것이니라." 하시고 주자 선생의 관서유감(觀書有

感)을 읊어주셨다.

반무방당일감개(半畝方塘一鑑開)
천광운영공배회(天光雲影共徘徊)
문거나득청여허(問渠那得淸如許)
위유원두활수래(爲有源頭活水來)

반 두둑 모난 연못에 한 거울을 비치니
하늘빛이 구름 끼어 함께 배회하도다.
묻노라, 어떻게 이렇게 맑은 것을 얻었는가.
근원의 머리에 산 물이 있어 오더라.

20. 무한동력(無限動力)

정산 종사 말씀하시기를 "현재 우리의 세상은 마(魔)의 덩어리요, 돌아오는 세상도 역시 마의 세계이니 이 모든 마를 항복한 후에야 도를 이룰 수 있을 것이요, 예수님이 황야를 방황한 것도 다 이 한없는 마를 조복(調伏)하시기 위함이었나니라.

그러므로 이 모든 마를 항복 받을 힘은 무한동력이라야만 하나니 무한동력, 이것이야말로 범부를 성인으로 만들고, 마를 조복하여 자신의 이용물을 만들 힘이니라.

노인은 노인이니까 어서 항복시켜야 하고, 빈곤한 자는 빈곤하니까 어서 항복시켜야 하며, 부자는 부자니까 어서 항복시켜야 하고, 순경(順境)에 처하면 순경이니까 어서 항복시키며, 역경(逆境)은 역경이니까 어서 항복시켜서, 고(苦)에 처하더라도 자기(自棄)하여 주저앉아 버리지 말고, 낙(樂)에 처해도 거기에 만족하여 걸려버리지 말며, 역경도 순경도 시험기로써 삼아 한없이 정진하는 것이 무한동력이니라."

21. 심전경작(心田耕作)의 농부

정산 종사, 『아함경(阿含經)』에 나오는 '신심위종자(信心爲種子)하고, 고행위시우(苦行爲時雨)하며, 지혜위여액(智慧爲黎軛)하여, 참괴위심원(慚愧爲心轅)하노라.'에 대하여 말씀하시기를 "신심(信心)으로써 도의 종자를 삼고, 실천궁행의 고행(苦行)으로써 그 종자를 윤생(潤生) 시키는 시우(時雨)를 삼으며, 그 종자를 잘 길러내는 지혜로써 밭 갈고 제초(除草)하는 보습과 호미의 도구를 삼고, 부끄러워하는 참회심으로써 밭을 가는 소의 멍에와 수레의 채를 삼나니라." 하였나니, 심전경작(心田耕作) 하는 수행 적공의 공부인들에게 절실한 법문이니라.

오늘은 세존(世尊)과 농부(農夫)라는 예화를 들려주고자 하니 제군들은 잘 들어라.

농부들이 오전의 일을 끝내고 점심을 먹고 있는데 세존께서 밥을 빌었다. 이에 농부가 말하기를 '일을 하지 않고 걸식(乞食)을 구하니 줄 수가 없습니다.'

세존: '나도 농부의 한 사람이니라.'

농부: '무슨 말씀, 거짓말을 하지 마시오.'

세존: '그래도 나는 밥을 빌겠소.'

농부: '일을 하지 않은 자에게는 밥을 줄 수가 없습니다.'

세존: '나도 농부의 한 사람이라오.'

농부: '망어(妄語)를 하지 마시오.'

세존: '지금도 농사를 짓고 있건만 그대가 알지 못할 뿐입니다.' 하며 세존께서 한 농부와 이야기하는데, 시간이 흐르자 다른 많은 농부도 모여드니, 세존께서 '때는 이때다.' 하여 기회를 놓치지 않고 조금 높은 언덕 위로 오르시어 말씀하시기를 '여러분들이나 내가 동일한 농부로되, 나는 세계 인류의 머리 가운데 있는 심전경작의 농부이니라. 사람의 육체는 여러분들이 심고 가꾸는 오곡으로 된 음식을 요구하는 반면 사람의 정신도 역시 양식을 구하나니 그것은 바로 진리요, 법이요, 정의요, 도덕이요, 종교요, 철학이요, 신앙이니라. 이러한 까닭에 그대들은 토전(土田)을 경작하지만, 나는 그대들의 심전(心田)을 경작하나니라.

미맹(迷盲)과 우치(愚癡)를 제거하고, 지혜와 정견(正見)을 넣어주며, 파렴치한 자에게는 참괴(慚愧)의 정신을 넣어주고, 불의(不義)한 자에게는 정의를 가르치며, 미신자(迷信者)에게는 정신(正信)을 지도하고, 탐욕스러운 자에게는 무욕(無慾)의 방법을 가르쳐서 고(苦)를 벗어나 낙(樂)을 얻게 하고 길이 안심입명(安心立命)을 얻게 하려고 풍우(風雨)를 불피(不避)하고, 한서(寒暑)에 불관(不關)하며, 남선북마(南船北馬)에 편안할 날이 없이 다니노라.' 하신 후 또 『명심보감(明心寶鑑)』에 '양자불교(養子不教)면, 여양려(如養驢)이요, 양녀불교(養女不教)면, 여양저(如養猪)이니라.' 하고 말을 마치니 모여든 농부 중에 감심(感心)하지 않는 자가 없었다고 하였나니라. 아들을 낳아 가르치지 않으면 당나귀를 기르느니만 못하고, 딸을 낳아 가르치지 않으면 돼지를 기르느니만 못하다는 옛 말씀이니라.

제군들도 기왕 심전경작의 농부가 되었으니 실농자(失農者)·폐농자(廢農者)는 되지 말지니라."

22. 『정전』 공부를 열심히 하자

정산 종사, 경성에서 환가(還駕)하시어 "여러분들을 수십 일간 보지 못하여 할 말이 있노라." 하시고 하명(下命)하시자, 학원생 수십 명이 환희에 넘쳐 조실로 모여들었고, 여러 가지로 훈화가 계신 후 "지금에 있어서는 무엇보다 실력을 완비(完備)하여야 하며, 또는 공부하는 데도 요령을 잘 잡아서 특히 필요한 것을 먼저 해야 하나니라." 하시고 말씀하시기를 "제일 먼저 중요하게 공부해야 할 것은 『정전(正典)』이니 우리의 『정전』을 숙어로나 문법으로나 진리로나 막힘이 없이 능수능란(能手能爛)하게 안다면 제아무리 석사·박사가 질문할지라도 거기에 막힘이 없을 것이며, 따라서 교화에도 지장이 없이 잘할 것이니라." 하시고, 『정전』 가운데 '천업(天業)을 임의로 한다'와 '정업(定業)은 면치 못한다'라는 법문에 대하여 말씀하시기를 "천업은 천지 대자연의 진리 즉 육도(六道), 인과, 생사 이와 같은 것 등이요, 정업은 그중에서도 지으면 지은 대로 호리도 어김이 없이 받는 것이니라. 그러나 천업은 자유가 나에게 있고 정업은 자유가 저 사람에게 있으므로 나는 아무리 면하려 해도 면치 못하고 결국 받게 되나니라.

무릇 인생이 진급(進級)의 길을 밟기로 하면 다섯 가지 조건이 있으니 그대로 잘 실행하라. 그렇다면 필연코 진급되어 부처의 지경에 이를 것이니라.

그 진급하는 다섯 가지는 첫째, 자포자기(自暴自棄)를 하지 않고 굳은 결심으로 적공하며, 둘째, 신심(信心)으로 어떠한 순·역 경계에서도 흔들리지 않으며, 셋째, 이상덕지인(以上德智人)을 숭배하고, 넷째, 이하인(以下人)을 능멸치 않으며, 다섯째, 공부·사업에는 항상 부족감을 느끼고 수용품은 항상 만족을 가지는 것이니, 그런다면 천하에 대성현 군자가 될 것이니라. 제군들이여! 이 말을 건성으로 듣지 말고, 명심하기 바라노라." 하시었다. 〈『법어』원리편 38. 법문 보완〉

23. 일체가 마음의 조화

정산 종사 말씀하시기를 "세상에 떠도는 이야기가 있나니 합천 해인사에 해인(海印)이 있어서 그 해인을 얻으면 조화(造化)를 얻는다고 하노라. 그러나 알고 보면 해인은 각자의 마음에 있으므로, 이 부자 방망이 같은 해인인 우리의 마음 조화가 가장 무서운 것임을 알아야 할 것이니라.

내가 어릴 적에 들은 이야기 중에 '옷 나오라, 뚝딱!' 하면 옷이 나오고, '돈 나오라, 뚝딱!' 하면 돈이 나온다고 하므로 그것을 얻기 원하여 방법을 물으니, 도깨비가 메밀죽을 좋아하므로 메밀죽을 쑤어 주면 얻을 수 있다고 하여 지극 정성으로 메밀죽을 쑤어 놓고 얻으려 하였으나 도깨비는 나타나지 않았나니라.

우리의 마음 조화는 참으로 무섭나니 의복이 나오고, 밥이 나오고, 돈이 나오는 것이 다 마음의 수작으로, 훌륭한 사람이 되는 것도 마음, 대우를 받는 것도 마음, 고통을 받는 것도 오직 자기 마음의 조화이니라. 이것은 누가 시킨 것도 아니요, 하나님이 주신 것도 아니며, 부처님께서 주신 것도 아니니라.

부처님께서 생로병사를 해탈하신 것도, 부왕께서 만류하셔도 다 그만두고 당신이 알고자 하는 바를 깨치셨나니, 6년간 설산(雪山)에서 고생하신 것을 만약 누가 하라고 시켰으면 화가 날 것이고 안 할 것이다. 그러나 당신이 마음 따라 알고자 하신 것이기에 결국 불생불멸(不生不滅)의 진리를 깨치신 것이니라.

위인(偉人)·달사(達士)와 대종사님, 각 철인(哲人)이 된 것도 다 자기 마음의 조화이기에, 만일 고통과 좌절 속에 생활하는 사람이 있다면 '한번 살아보리라'하고 굳게 결심하면 살게 될 것이나, 개미와 베짱이 이야기처럼 마음이 놀고 있으면 못 하는 것이니, 공부도 하려고 하면 되고, 안 하려고 하면 되지 않나니라.

부처님께서 일체(一切)가 유심조(唯心造)라 하셨나니 과거·현재·미래의 삼세(三世)를 통하여 보면 얼굴이 잘생긴 것도 마음, 축생이 되는 것도 본인의 마음 조화(造化)라, 천만사(千萬事)가 나에게 있는 것을 알아 하나님이나 부처님께서 죄복을 주신다고 하는 것이 다 어리석은 말이로다. 하나님이 죄를 지은 사람에게 복을 주고자 하신다면 하나님이 아니라고 할 것이니, 부모도 잘하는 자손에게 복을 주는 것이며, 동포와 법률도 다 자기가 지은 대로 주는 것처럼 일체 만사가 다 내게 달려 있으며 내가 지은 것이니라.

서양의 어떤 대학생 둘이 있었나니 졸업식을 마치고 한 학생은 종교 방면으로 종사하고, 한 학생은 도박판을 좇아 놀았다고 하노라. 그리하여 십여 년 후에 종교가로 나선 이는 대통령이 되고, 도박판을 즐기던 이는 도적이 되지 않았겠는가. 하루는 감옥에서 대통령 당선인이 누구라며 떠들고 야단인데 어떤 한 죄수가 구석에 앉아 그 말을 듣고 눈물을 흘리고 있자, 간수가 '왜 우느냐.'라고 물으니 그 죄수가 과거에 한 일들을 다 말하며 '지금 대통령 당선인이 과거 나의 친구'라고 말하는 것이 아닌가. 한 사람은 대통령에 당선되고 또 한 사람은 죄수가 되어 감옥에 갇혀있게 되는 이것도 오직 마음의 조화가 아니고 무엇이겠는가.

한 마음 발(發)할 때 출발점을 잘 들면 천당이요, 잘못 들면 지옥이라, 자동차 운전도 오직 마음이 들어 하는 것이요, 세상도 마음이 들어 만드는 것이니라.

사람의 성질이 관대(寬大)하여 경계를 당하여 돌파하는 것도 마음이니, 그 경계만 초월하면 극락이요, 뛰어넘지 못하면 지옥이니라. 원수도 본래는 없는 것이나 마음이 들어서 은인(恩人)도 되고, 마음이 들어서 원수도 되나니라.

그러므로 어떠한 이유로 설혹 악의를 품었던 사람도 마음 한 번 돌이키면 도리어 은혜를 발견할 수 있으나 이러한 경우는 마음공부를 하는 사람에 있어서이요, 보통의 세상 사람들은 누구를 물론하고 자기에게 불행한 일이 돌아오면 남을 원망하나니, 여자가 시집을 잘못 가도 부모를 원망하게 되나니라.

그런즉 이러한 진리를 아는 사람들은 이 세상에서 행복을 누리고 살고 있으면 '내가 과거 전생에 어느 때라도 복을 지었구나.'하고 영원히 받을 수 있도록 더욱 많이 지어야 하며, 환경이 나쁜 처지인 사람이라면 그것을 전감(前鑑) 삼아서 다시는 죄를 짓지 아니하면 길이 복을 수용하게 될 것이니라.

또한 돈이라는 것은 그것을 잘못 사용하면 큰 재앙이 따라붙고, 잘 이용하면 큰 복을 짓게 되나니 예를 들어 부모를 봉양하고, 자녀를 가르치고, 들판에서 옷이 없어 헐벗고 굶주리며 떠돌아다니는 이에게 한 술 밥이라도 주고 한 가지 옷이라도 준다면 그 얼마나 떳떳한 일이냐. 이것도 또한 마음의 작용이니라.

또 아무리 학식을 갖추었다 하여도 이것을 잘못 사용하여 사기죄나 범하고 보면 자기의 몸을 망칠 것이나, 그 학식을 잘 이용하여 사회에 나아가 활동을 하여 눈이 있어도 못 보는 자를 가르치고, 손이 있어도 쓰지 못하는 자에게 글을 깨치게 한다면 그 얼마나 보람된 일인가. 지위와 권리와 명예를 얻는 것도 오직 무형(無形)한 마음이 들어서 조화를 부리는 것이니라.

술을 빚을 때 세 가지 물질이 썩어 오직 거기에서 진미(珍味)를 맛보는 것과 같이, 설혹 어떠한 낮은 일도 마음의 조화임을 알아 잘하고 보면 선이 나올 것이니 일체가 유심조라고 부처님께서 말씀하신 마음의 조화를 간과하지 말지니라.

이 마음을 잘 쓰기로 하면, 일조일석(一朝一夕)에 되지 않으나, 한 번 좋은 마음으로써 하여 보고, 두 번 세 번을 하여 보면 능(能)이 날 것이라, 도덕가에서는 마음의 소종래(所從來)를 알고, 마음 쓰는 법을 배우는 곳이니라. 이것은 한 시간 두 시간에 못 하나니, 기술도 짚신 삼는 것과 같이 작은 기술은 하루만 배워도 되려니와, 기차나 자동차의 운전에는 많은 시일이 걸려야 하듯이, 마음 잘 쓰는 법은 인생에 가장 소중한 것으로 일 년, 십 년, 후생(後生), 내후생(來後生)을 두고 닦아나가야 하나니라.

이 세상에 사람이 많은 것 같으나 다음 생에 사람으로 태어나기는 어려우며, 불구자가 되지 않은 것은 다행이며, 그중 부처님 회상을 만나는 것은 더욱 어렵나니 부지런히 마음공부 하여야 하나니라.

　어느 스님이 생전에 항상 '바쁘다, 바쁘다.' 하니까, 죽고 나서 남들이 놀리기를 '오늘도 바쁜가?' 하니 허공에서 '그러면 아니 바빠, 지금은 더 바쁘다.'라고 하였다 하나니, 아무리 돈이 많고 출세한 자녀가 많다 하여도 저세상으로 갈 때에는 하나도 가져갈 것이 없나니라. 오직 정신의 수양력을 얻고, 사리의 연구력을 얻으며, 취사(取捨)를 잘하여 불의·정의를 분석하여 죄를 짓지 않는 것이 참으로의 내 것이니, 이 일이 얼마나 바쁜 일인가. 영원한 나의 살림을 장만하는 것은 오직 마음 닦는 것이니 부지런히 준비하라."

24. 백은 선사(白隱禪師)와 부동심(不動心)

　정산 종사 말씀하시기를 "백은 선사(白隱禪師, 1685~1768)는 일본의 고승(高僧)이시요, 선승이시니 언제나 부동심(不動心)을 양성하여 억 천만 경계를 지내되 조금도 마음의 요동이 없으시어 그 일생에 일화가 많나니라.

　백은 선사께서 사시는 그 절 부근에는 늑대가 많았나니 밤이면 마을에 내려와 짐승은 물론 사람까지 해하는지라 선사는 이를 염려하여, 늑대가 자주 나타나는 산꼭대기에 올라가시어 좌선을 시작하신바, 늑대의 무리가 달려들어 흔들고 건드리고 밀어뜨리고 잡아 뜯고 하기를 3주야를 계속하되 이 스님께서 조금도 요동함이 없자 할 수 없이 물러갔다고 하여 이것을 보고 군랑후리(群狼後裏)의 선(禪)이라고 하였나니라.

부동한 정력에는 어떠한 해악의 미물이나 늑대도 물러가는 법이니라.

이와 같이 우리 공부인도 어떠한 폭격, 어떠한 공습이 몰아친다고 할지라도 심신의 부동심을 양성하여야 하나니라.

그럼 우리는 폭탄하선(爆彈下禪)이라 할까, 하여간 우리는 심신의 부동심을 양성하여 백은 선사께서 늑대들을 쫓으시듯, 도력(道力)으로 이 어지러운 세상을 평온한 세상으로 만들만한 실력 즉 부동심을 많이 양성하여 일심불란(一心不亂)의 경지에 도달하기를 바라노라."

25. 경계(境界)

정산 종사 말씀하시기를 "옛날 어느 나라 재상의 수염이 두 자나 되었나니 하루는 임금이 '경의 수염은 두 자나 되니 잠잘 때는 어찌하고 자는가?'하고 묻자, 평소에 되는 대로 잤을 뿐 전혀 기억나지 않았으나 그 말을 들은 후로는 마음에 경계가 생겨, 수염을 이불 속에 넣고 자도 편하지가 않고, 이불 밖으로 내어놓고 자도 편하지를 않았다는 이야기가 있나니라.

그러므로 사람마다 순역 경계를 당해 보면 마음이 불안하고 고민이 되는 것도 이와 같다고 생각하노라."

26. 유일(唯一)의 보물

정산 종사 말씀하시기를 "세상에서는 금은보패(金銀寶貝)를 가장 귀중한 보물이라 생각하고 그것을 취하기 위해서 노력하나 『금강경』에 이르기를 '범소유상(凡所有相)이 개시허망(皆是虛妄)이라.' 하였나니, 이 세상에 나타나 있는 모든 물건은 그 자체가 유한하여서 필히 멸하여 없어지는 날이 있나니라.

　금은의 보물 역시 유한한 것이요, 생(生)의 시(始)가 있기 때문에, 반드시 멸(滅)의 종(終)이 있을 것은 번언(煩言)이 필요 없는 인과의 규칙(規則)이 아닐 수 없도다.

　그러나 이 세상은 그 유한한 것을 무한한 것으로 오인(誤認)하여 그것을 구하기 위해서 온갖 죄악(罪惡)을 저지르고, 인생의 본질까지도 말살(抹殺)시키나니, 어찌 이 세상에 나타나 있는 금은보패가 유일(唯一)의 보물이 될 수 있을 것인가.

　그러므로 인생의 유일한 보물은 두 가지가 있으니

　첫째, 진심(眞心)이라, 이는 영원불멸하여 없어지지도 않으며, 그중에는 무량묘미(無量妙味)가 갚아있어 일체 만유를 능히 생(生)하나니라.

　둘째, 정법(正法)이니, 이 정법은 앞서 말한 진심을 찾아 그 진심을 행할 수 있는 바른 법으로서, 이 정법이야말로 인생에 둘도 없는 보물이며, 동시에 세계 인류 내지 일체중생까지라도 구제할 수 있나니라.

　이와 같이 진심(眞心)의 묘유(妙有)는 지묘(至妙)하여 일체 부귀 빈천(富貴貧賤)의 근원이요, 선악 죄복(善惡罪福)의 비롯이라, 일체사(一切事)가 이를 따라 근원하였나니, 만일 이 진심을 찾아 깨치면 이목지소위(耳目之所爲)와 심지지소락(心志之所樂)을 자유로 할 수 있을 것이요, 나아가 생사에 해탈을 얻고 일체중생을 선도(善導)하여 극락정토를 이룰 수 있을 것이니라.

　그러나 이 진심을 찾는 데에는 오직 정법을 만남으로써 이룰 수 있고, 마음의 자유와 생사의 자유를 얻는 법을 배워 그대로 실천함으로써 진심을 체득(體得)하게 되나니, 진심과 정법은 수레의 두 바퀴와 같아서 뗄 수 없는 관계가 있나니라.

그러므로 안으로는 진심(眞心)이요, 밖으로는 정법(正法)이니 이밖에 다시 보물이 있다면 찾아볼지니라. 오직 이뿐이로다.

제삼 제군들은 각성할지니 세상에는 진심과 정법이 아니면 처세(處世)하기 어려우리라."

27. 송죽(松竹)의 절개

정산 종사 말씀하시기를 "송죽이라 하는 것은 세상에서 말하기를 '만목지중최고군자(萬木之中最高君子)라.' 하며 모든 사람이 흠모하나니 그러면 무엇이 있기 때문에 명가(名價)를 나투는지 아는가.

송죽이란 서리와 눈을 맞아야 그의 절개(節介)를 알 수 있나니, 오뉴월에는 일체 초목이 푸르기 때문에 그 절개를 알 수가 없으나 경상경설(經霜經雪) 후에는 그 절개를 알 수 있나니라. 이러한 까닭에 팔장부시(八丈夫詩)에 '설만궁한(雪滿窮寒)에 고송특립(孤松特立)은 장부지절개(丈夫之節介).'라는 말이 있는 것이니라.

공부인도 평소에는 그의 공부 정도를 알 수가 없으나 경계에 대하여 그 사람의 공부가 어느 정도인 것을 알 수가 있나니, 돈을 버는 사람은 돈을 주어 보면 그 사람의 청렴한 정도를 알 수가 있듯, 봉비천인(鳳飛千仞)에 기불탁속(飢不啄粟)은 장부(丈夫)의 마음가짐이라고 주장하고, 또는 공심(公心)을 부르짖어도 일을 당해 보아야 그 사람의 수양 정도를 알 수 있음이라, 물건의 경계를 지내야 그 사람의 청렴(淸廉) 정도를 알고 절개를 알 수 있나니라.

현대 세상도 그렇나니 해방 이후로 공산(公産)을 해야 한다며 이때

'한번 잘살아 보자.' 하고 온갖 자행자지를 하는 이들이 많았나니라. 그러나 '잘 살 때가 이때다.' 하였으나 모든 것을 문란하게 만들고 있을 뿐이니 우리 공부인도 이러한 때, 또한 법이 없어 혼란한 이때에도 선심(善心)을 가져야 그 사람의 평소 심경을 알 수 있나니라.

공자가 어디를 가다가 분투지경(奮鬪之境)을 만나서 7일간 굶주림에 처하였는바 그때 한 제자 '이것이 복입니까?' 하니 또 한 제자 말하되 '너는 대도를 모르는 탓이라.' 하니 공자 말하되 '매운바람이 불어야 그 물(物)의 절개를 알고, 설상(雪霜)을 지내야 송죽의 절개를 알 수 있듯이 너희들은 이때가 공부할 때이니 공부 잘하라.'라고 하자, 제자들이 모두 그 말씀에 재미를 일으켜 옥중(獄中)에서도 노래를 부르니 모든 사람이 놀랐다 하노라.

우리는 공부를 무엇 하려고 하는가. 오직 경계를 잘 지내야만 공부의 가치와 인생의 가치가 나오게 되나니, 저 개도 항상 점잖으면 개라고 부르지 않는 것처럼, 경계를 대하더라도 평탄할 때처럼 그대로의 마음을 가져야 그 사람의 절개를 나툰 것이니라."

28. 자신의 허물을 먼저 살피라

정산 종사 말씀하시기를 "금년에는 제군들이 이 말을 명심하여 일평생을 살아가는 데 보감을 삼아라. 옛날 육조 대사께서 '상견자과(常見自過)하고 불견타인과(不見他人過)하라.' 하신 말씀과 같이 제군들도 금년에는 자신의 허물을 살필지언정 다른 사람의 과실은 말하지 말라. 진보적 생활을 하는 사람은 낙관적이고 행복스러운 사람이지만 반대로 퇴보적 생활을 하는 사람은 비관적이고 불행한 사람이니라.

예를 들면 진보적 생활을 하는 사람은 이러한 대도회상에 입회(入會)하여 항상 꾸준히 공부심이 나지마는, 진보적이지 못한 사람은 처음 입회할 때는 '어쩌다가 이런 회상을 인제 와서야 참예(參詣)하게 되었는가.' 하면서 죽고 못 살 것같이 하다가도 조그만 경계만 당하면 그것을 못 이기고 '공부하는 사람도 별수 없구먼. 이러한 회상에 다니면 자손에게 이익이 있을 줄 알았더니 도리어 불행이 돌아왔다.' 하며 신심이 떨어지나니 제군들도 다른 사람의 허물이 보일 때에는 먼저 자신의 허물을 돌아보며 진보적 생활을 하는 데 명심할지니, 이러한 사람도 공부의 큰 선생으로 삼을지어다." 〈원기33년 1월 1일〉

29. 반조(返照)

정산 종사 말씀하시기를 "공양(供養)에는 두 가지가 있으니, 바로 육신 공양과 정신 공양이라, 설이 돌아오건만 형편이 어려워 음식 공양을 하지 못하고 오늘은 법공양이나 할까 하노라. 부처님께서도 육신 공양보다 정신 공양을 중요시하였나니라.

눈이 밝으나 제 눈을 못 보고, 거울이 맑으나 제 거울을 못 비추나니, 이와 같이 자기가 자기를 모르고 왜 못 보느냐 하면 내가 나에게 가려서 나를 모르고 못 보는 것이니라. 그러나 시비(是非)를 볼 때에는 이와 반대로 자신의 시비는 못 보면서 다른 사람의 시비는 눈앞에 삼연(森然)히 보나니, 청년은 청년의 흉을 모르고, 노인은 노인의 흉을 모르며, 남자나 여자가 다 자기 자체에 가려 제 몸이 흉한 줄 모르나니라.

우리도 우리 자체에서는 나에 가려서 보이지 않으나, 불안(佛眼)으로 볼 때에는 일체중생이 다 자체에 가려서 그름을 모르나니라.

제군들은 다른 사람의 그름을 보고 시비가 눈에 보이거든 그것을 돌이켜서 자기의 몸에 시비를 가려야 할 것이니라.

진리를 반조(返照)하라. 공덕을 심어 놓으면 반드시 공덕이 돌아오고, 악을 심어 놓으면 반드시 악이 돌아오는 것이라, 집에서 서울에 가면 돌아올 때도 다시 그 갈 때의 길로 돌아오는 것과 같나니라.

그러므로 '금설타인과(今說他人過)나 명일(明日)에 회두론아구(廻頭論我咎)라.'고 하였나니라. 남의 허물을 내 허물 같이 알며, 남의 시비를 내 시비와 같이 알아서 반조하고 보면 진정 광명이 앞에 나타날 것이니라." 〈원기33년 1월 26일〉

30. 이소성대(以小成大)

정산 종사 말씀하시기를 "얼음이 얼게 되는 것도 날이 일정하게 추워야 얼음이 얼게 되는 것처럼, 날이 추웠다 더웠다 하면 얼음이 얼지 않게 되나니, 날이 추우면 얼었다가도 날이 풀리면 또 녹게 되나 엄동설한을 만나 극도에 이르러 일정하게 추우면 조화가 생겨나서 얼음이 단단히 얼어 빙고가 뜨게 되는 것이니라.

이와 함께 얼음이 풀리고 만물이 소생하는 봄날도 일정하게 따뜻해야 싹도 나고 꽃도 피는 것이지 더웠다 추웠다 하면 꽃이 아니 피는 것이니, 일정하게 날이 따뜻하고 더워야 모든 조화가 나서 꽃도 피고 새 싹도 나는 것이니라.

큰 바다로 말하더라도 물이 한 방울 두 방울 모이고 모여서 된 것이니 대해(大海)가 되고 보면 물의 힘이 굳센지라 파도도 생겨나며 배도 띄우고 화물선과 군함까지도 다니며, 물의 힘이 일정한 까닭에 모든 조화가 나서 물속에는 무궁무진한 어족(魚族)들이 다 사는 것이니라.

산으로 말하더라도 흙과 모래, 돌 등 온갖 것들이 모이고 모여서 쉬지 않고 일정하게 많이 모인 즉 태산이 되는 것이니, 이와 같이 일정하게 계속 모여지게 되면 모든 조화가 나고 산 위에는 온갖 나무며, 풀이며, 수많은 짐승과 벌레가 생겨나는 것이니라.

사람으로 말하더라도 공부하는 것이 한두 시간 좌선하는 것으로 과연 참다운 수양이 될 것인가. 좌선할 때도 일정한 생각으로, 염불할 때도 일정한 생각으로, 밥을 먹을 때도 일정한 생각으로, 말을 할 때도 일정한 생각으로, 일을 할 때도 일정한 생각으로 오래오래 계속하면 박넝쿨이 처음에는 조그마하다가 차차 자라는 것이 눈으로 보려야 볼 수도 없을 만큼 점점 자라서 커지는 것처럼, 수양하는 것도 망념을 멀리하고 일심으로 하루 이틀, 한 해 두 해 점진적으로 오래오래 계속하면 망념은 물러가고, 일심이 되고 보면 무궁한 조화가 생겨나는 것이니라.

그러므로 이 일심의 무궁한 조화는 생로병사도 알게 되고 인과보응도 알게 되며, '삼십계문'을 범하지 않게 되고, '솔성요론 16조'를 원만히 실행하여 결국 사중보은(四重報恩)을 하게 되는 것이니라."

31. 진급 향상하는 사람이 돼라

정산 종사 말씀하시기를 "육도윤회(六道輪廻)에 진급(進級)과 강급(降級)이 있으니, 우리 공부인은 어떻게 하면 진급이 되고 어떻게 하면 강급이 되는 이치를 알아서, 강급에 있는 사람은 강급이 되지 않도록 하며, 진급에 있는 사람은 더욱 진급되어 퇴전(退轉)하지 않도록 노력해야 할 것이니라.

내 이제 현실에 비추어 진급에 있는 사람은 어떠한 사람이며, 강급에 있는 사람은 어떠한 사람인가를 대략 들어서 말하여 줄 테니 자세히 들어 보라.

인자하고 겸손하고 근실하며, 공(空)한 마음으로써 굴기하심(屈己下心)하고 경외지심(敬畏之心)을 가지고 항상 남을 공경하며, 덕화(德化)로써 상하를 두루 포용하고 공부와 사업을 하는 성격을 가진 사람은 진급에 있는 사람이요, 성질이 거칠고 포악하여 공경심(恭敬心)이 없으며, 시기하고 질투하고 이기주의에 젖어 자기의 욕심만 채우려 하며, 학식이 조금 있다든지 재산이 넉넉하다든지 권세가 있다든지 기술이 있다든지 한 가지라도 능한 것이 있으면 그 상(相)이 마음 가운데 가득 차서 더 용납할 수 없는 사람을 일러서 강급에 있는 사람이라 할 것이니라.

그러나 대도 회상을 만나 수도를 하면 강급될 만한 사람이 진급되고, 진급에 있는 사람은 더욱 진급될 것이니, 우리 수도인들은 한 마음을 놓고 공(空)한 마음으로써 공경심을 놓지 아니하고, 이상 어른들을 공경하며, 선배를 숭배하고, 과거 성현 모두를 숭배하는 마음을 가지며, 그 성현이 내놓으신 법을 배워 행해야 할 것이니라.

만일 이러한 마음으로써 수도에 정진하면 진급·향상할 것이며, 그렇지 못하고 수도에 해태(懈怠)하고 보면 강급됨을 면치 못할 것이니, 그러므로 도덕 회상을 만나서 수도하는 여러분들은 이에 각성하여 더 한층 수도에 정진하며, 나아가 무상대도(無上大道)를 깨쳐 육도사생을 자유자재(自由自在)할 만한 능력을 갖춰야 할 것이니라.

그러나 그 경지에 이르기로 하면 먼저 무아봉공으로써 진급하되 진급에 상(相)이 없으며, 우리의 육명부법계(六名簿法階·法位等級)인 교선(敎選)·교정(敎正)·정사(正師)·원정사(圓正師)·대원정사(大圓正師) 등의 지위에 있으되 그 상이 없는 것이 참으로 그 위에 있는 사람이며, 또는 우리의 교무(敎務)들도 제일의 교무는 교무라는 상이 없어서, 교무 아닌 교무가 참다운 교무라 할 수 있으니, 그러한 분이 참으로 위없이 향상하는 인물이며, 무상진급(無上進級)하여 퇴전(退轉)하지 아니할 위(位)의 사람이라, 그 최상(最上)의 지경에 이르고 보면 육도사생을 자유할 능력을 얻게 될 것이니라.

여러분들은 이 경지를 목표로 매진하여 진급이 될지언정 강급이 되지 않는 동시에 불퇴전(不退轉)의 지경에 이르기까지 정진(精進)·불퇴(不退)하기를 바라노라." 〈원기34년 1월 27일〉

32. 불보살이 되어 가십니까

원기38년 6월 11일 오후 8시 30분에 남녀 대중이 공회당(公會堂)에 집합하여 수개월 적적하던 선방(禪房)이 다시금 새로워졌다. 이 모임은 다름이 아니라 정산 종사께서 대회 전부터 환후(患候)로 계시다가 시급한 병증은 좀 나으신 듯하나 정신이 너무나 쇠약(衰弱)해지시어 선망후실(先忘後失)이 되고 장시간 대화는 불가능하시어 부득이 휴양하셔야 하므로 부산 다대교당에서 모시겠다고 항공표까지 보내와 '이리선원'에서 약 1주일간 머무시고 부산으로 가시는 모임이었다.

정산 종사, 부산으로 떠나시며 대중에게 말씀하시기를 "조실(祖室)

에서 생각할 때는 부탁할 말이 많은 듯하더니 두 달이나 병고로 시달려서인지 오래간만에 대중을 대하니 할 말이 또한 없는 듯하노라.

대저 우리의 공부를 대단히 어렵게 생각하고 요원(遙遠)하게 생각하나 실은 어려운 것도 아니요, 또한 먼 것도 아니며 오직 쉽고 가까운 것이라, 공부하려면 언제든지 육근(六根)을 동작할 그때그때 일심을 놓지 말고, 그 일 그 일을 잘하여 후에 뉘우침 없게 되면 공부가 잘 되어 가는 사람이니라.

또 세상 사람들은 서로 만나면 친척(親戚)은 물론 타인까지라도 인사를 할 때 '진지 잡수셨습니까?', '안녕히 주무셨습니까?'라는 등 육체를 주(主)로 삼아 인사를 하게 되지만, 우리는 일보 더 나아가 정신상의 인사까지 하는 것이 좋을 듯하나니 그래서 나는 '진지 잡수셨습니까?'도 하지만, 정신면으로 보아 '불보살이 되어 가십니까?'라고 하고 싶고 이를 권하노라.

내가 총부를 떠나 설사 부산에 간다고 할지라도 나의 정신이 총부를 떠날 수 없고, 또한 여러분들이 매일 같이하는 일을 내가 또한 다 알고 있을 것이니, 너무 염려 말라. 나는 이번에 부산에 가서 정신을 수양하여 수양력(修養力)을 키워 가지고 올 것이니 여러분들은 여러분들의 수양력을 더욱 키우도록 노력해 주기 바라노라. 그리하여 내가 부산에서 올라와 서로 만났을 때는 '안녕하셨습니까.'보다는 '그간 불보살이 되시었습니까.'라고 인사를 나누고 싶노라.

공부란 책에만 있는 것도 아니요, 불조(佛祖)의 어록(語錄)에만 있는 것이 아니며, 또 나 하나에게만 배우는 것이 아니요, 오직 각자가 여러 선생님을 대할 때마다 그 선생님의 신앙·수행상 제일 마음의 숭배가 되고 나로서는 불급(不及)할 놀랄만한 점이 있어 그 선생님의 한 가지라도 취할 점만 발견하여 배우며, 언제나 육근(六根) 동작마다 배워갈 만한 분을 우리는 사표(師表)로 모실 줄 알아야 하나니라.

보이는 그때, 들리는 그때 그곳이 배울 장소인 줄을 알며, 열 가지 잘못은 다 버리고 한 가지 잘한 것을 발견하여 배울 줄만 안다면 공부의 길을 아는 사람이요, 도가 가까워지는 사람이며, 수양할 줄 아는 사람이라고 하겠노라.

이런 말이 있나니, '심성(心誠)하면 수부중(雖不中)이나 불원의(不遠矣)니라.' 모두가 불보살이 되도록 속 깊은 공부를 하는 데 힘쓸지니라."

33. 마음의 개량법

정산 종사 말씀하시기를 "이 지구에 살고 있는 모든 식물은 본래 종자가 있으되 과거에는 미개하여 그대로 심고 가꾸었으나 시대의 변천을 따라서 식물도 차차 개량하여 좋은 꽃과 많은 실과(實果)를 수확하는 것과 같이, 우리의 마음도 시대의 변천을 따라 개량하여야 하나니라.

무릇 한 생각 최후 일념을 잘 가지는 것이 내생 종자이요 습관이 되는 줄을 알아야 하나니, 그러나 최후 일념 청정은 별 수고 없이 누구나 다 마음대로 되는 것이 아니라 평소 부단한 노력의 적공이 쌓이고 쌓여야 하나니라.

내생의 종자 곧 습관은 필연성이 아니요 자유성인 관계로 방법을 알아서 노력하면 되나니, 기술(技術)의 제일(第一)은 인화(人和)하는 기술이요, 공장(工場)의 제일은 마음 개량하는 도량(道場)인 까닭은 선인

(善人)과 도인(道人)을 만들기 때문이니라.

　첫째, 지심탕탕여허공(持心蕩蕩如虛空)이라, 일찍이 대종사께서 일반 대중에게 물으시기를 "일본의 어떤 지휘관이 말하기를 '황국흥폐(皇國興廢)는 차일전(此一戰)에 있다.' 하고서 '그 승리는 최후 5분에 있다.' 하니 무슨 말인가 말하여 보라." 하시자 형섭(亨燮)이 "팔년 풍진(八年風塵)에 소진장의 옥퉁소올시다."라고 대답하고, 한 남자는 "마음을 긴장시키기 위함입니다."라고 대답하자 그 말씀을 듣고 말씀하시기를 "무슨 일이든지, 또 말이든지 아홉 번을 잘하다가도 한 번을 잘못하면 다 소용이 없나니라." 하셨나니라.

　예로 어떤 선승이 소나무 밑에서 도를 닦는데 항상 솔가루가 떨어지는 것을 성가시게 여기더니 최후 일념 시(時)에도 그 성가신 그대로 죽어서 후생에 독사의 몸을 받았다는 이야기가 있나니, 일생을 선승으로 수도를 하였건마는 최후 일념을 성가시게 여긴 까닭에 그 착(着)으로 악도(惡道)에 떨어진 경우이니라.

　또 어떤 스님 한 분이 산전(山田)에다 메밀을 갈아 놓고 '이제 메밀묵은 먹어 놓았다.' 하니 상좌(上佐)가 듣고 '스님! 자셔야 자신 것이지….' 하자 스님이 '메밀을 갈아 놓았으니 먹을 것 아니냐?'라고 하였는바, 그 후 메밀을 베어다 타작한 후 묵을 쑤려고 거르면서 스님이 '이제 메밀묵은 먹어 놓았다.' 하니, 또 그 제자가 '스님! 자셔야 자신 것이지….' 하자 스님은 그만 화가 천동(天動)같이 나서 제자를 때리려 하다가 메밀 거르는 통을 깨트려버리고 말았나니, 그 상좌는 스님한테 매를 맞을지언정 '자셔야 자신 것이지, 어디 자셨는가요?' 하며 말하였다고 하는 이야기가 있나니라.

그 제자의 말이 맞기는 맞았도다. 아무리 대소사간(大小事間)에, 오랜 시일과 적공(積功)을 들이던 일도 시종여일(始終如一)하게 마음을 가지고 나가야 그 성과를 보는 까닭에 최후 일 분까지 방심해서는 만사불성(萬事不成)인 것은 이치의 당연함이니라.

또 지금으로부터 2백여 년 전 광해군 시대에 청렴한 학자가 계시니 이름은 이우경 선생이시다. 그 시대는 간신의 무리가 득세하고 충신은 역적으로 몰리는 판이었나니 이때 소인(小人) 간신의 무리가 이우경 선생에게 벼슬하기를 청한 바 사실은 이우경 선생의 입이 곧아 비록 진사(進士) 벼슬에 있었으나 고관대작(高官大爵)까지라도 그의 바른 말에는 꼼짝달싹도 못 하고 쩔쩔맬 지경이어서 대단히 어렵게 여기고 있던 차였노라.

그래서 이우경 선생을 소인의 간신 무리가 모셔다가 높은 벼슬을 드리려 하였으나 선생은 굳이 듣지 않고 빈한(貧寒)한 살림만을 하고 있었는데 이럭저럭 8~9년이란 긴 세월을 지내오는 중 9년째 되던 섣달그믐에 이웃집은 다 설을 차리느라고 떡방아도 치고 옷도 짓고 하건만, 이우경 선생의 집만은 먹을 것도 입을 것도 없는 청빈한 선비의 집이라 아이들은 밥 달라고 철없이 조르니, 할 수 없어 선생의 부인이 이웃집에 가서 일을 해주고 쌀을 한 되 얻었으나 나무가 없어 밥을 지을 수가 없어, 자기 집 기둥을 깎아서 나무를 장만하려나 할 줄 모르는 낫질과 신세 한탄을 하다가, 그만 낫으로 자기 손을 베어 유혈이 낭자하여 아픔과 설움에 못 이겨 울고 고민하는 아내를 본 이우경 선생도 할 수 없이 소인의 간신 무리에게 벼슬을 하겠다는 편지를 하니, 소인들은 이 청빈하고 고준한 학자를 당장에 경상감사(慶尙監事)를 맡기지 않겠는가.

 약 4개월간은 그래도 호강했으나 운수불길(運數不吉)하여 소인의 무리가 역적(逆賊)으로 몰리는 판에, 이우경 선생도 그만 옥(獄)에 갇히게 되자 옥중에서 가만히 생각하니 후회막급(後悔莫及)이 아닐 수 없었다고 하노라.

 곧 내내 참고 잘하다가 최후 일념(最後一念)을 잘못하여 전날에 잘한 것은 수포(水泡)가 되고 천추만대(千秋萬代)에 역적의 역사(歷史)를 남기게 되었으니 어찌 후회스럽지 않겠는가.

 사람과 사람끼리 잘 사귀며 좋게 지내다가도 어떠한 일시적 환경과 감정으로 찰나지간(刹那之間)에 일생을 그르치고 마나니 다정하던 사이가 원수(怨讎)가 되고, 가까운 인연이 멀어지는 것이 다 일찰나(一刹那)가 무량겁(無量劫)이 되는 것이요, 무량겁의 시초는 일찰나라, 우리 공부인은 일생을 잘 살고 무량겁을 잘 살려거든 일분·일각·일초·일찰나를 방심해서는 안 되며, 일생을 그르치는 것도 일찰나의 실수로 일생 내지 무량겁을 그르치게 되나니 어찌 지심(持心) 공부를 아니 하겠는가.

 제군들이 잘 아는 박문수(朴文秀) 어사(御史)는 암행어사로 덕망이 유명하고 아주 훌륭하신 분이건만 조태채(趙太采)와 대대로 내려오는 수원지간(讎怨之間)이라, 그래서 태채라는 그 이름조차 듣기 싫어 어떻든 콩나물을 먹게 되면 콩나물 대가리를 잘라 먹으면서 '조태채 목을 이 콩나물 대가리 자르듯 해야 한다.'라고 하며, 항상 죽이려는 마음을 가지고 있을 정도였나니라.

 그러던 어느 해 큰 난리가 일어나 대장감을 고르게 되어 임금이 박문수에게 대장감을 선택하라는 명령을 내리자 모두 조태채도 훌륭한 대장감이나 본래 박문수와는 원수지간이라 뽑지 않을 것이라 하고, 상하 인심이 소란한 그때 박문수는 서슴지 않고 생각지도 않은 듯이 바로 원수로 여기던 조태채를 뽑아내니, 모두 놀라서 박문수에게 묻기를 '평소에 원수로 여기던 조태채를 대장으로 택하니 그 이유를 알고 싶습니다.' 하자 '조태채는 나 문수 개인과 원수일 뿐 나랏일에는 그 사람이 적임(適任)이니, 나라와는 원수가 아니거늘 어찌 그 사람을 택하지 않으리오.' 하였다 하나니 그 얼마나 거룩한 결정인가.

그 당시는 물론 박문수의 수하에는 조태채에 못지않은 장수(將帥)가 있었으나 조태채가 더 나았기에 뽑았던 것이라, 천하의 인심이 박문수가 자기의 수하를 대장으로 뽑을 줄 알았으나 조태채를 뽑은 까닭은 곧 지심탕탕(持心蕩蕩) 여허공(如虛空)하였기 때문이니라.

둘째, 명심교교여일월(明心皎皎如日月)이라, 태온공(太溫公)이라는 분은 중국의 재상으로 불교를 독실하게 믿고 또 불사(佛事)도 많이 한 분으로서 환갑(還甲)이 돌아와 잔치를 그 근방 호숫가에서 하게 되어 30여 명 가족을, 선유(船遊)를 보내고 막둥이 아들과 남아 둘이 함께 집을 보게 되었는데 30여 명이 탄 배가 파선(破船)이 되어 선유는커녕 몰사(沒死)를 당하게 되었나니라.

회갑(回甲) 후 고독(孤獨)이 된 부자(父子)는 1년이 지난 후 수중고혼(水中孤魂)들을 천도(遷度)하다가 또 막둥이 아들마저 빠져 죽었는데 이에 태온공은 세상을 비관(悲觀)하고 무상(無常)을 느낀 나머지 재산을 하인들에게 다 나눠주고 노비(路費)를 장만하여 집을 맡기고 정처 없이 길을 떠돌아다니다가 얼마만큼 가는 도중에 사미승 하나를 만나서 상좌가 되겠다고 하여 함께 다니게 되었나니라.

그런데 어느 날 태온공이 옛 친구인 부잣집을 찾아가게 되었는데 그 친구는 옛적 호강하던 태온공이 이렇게 과객이 된 일을 가엾게 생각하여 방 하나를 치우고 태온공과 사미승을 편히 후대(厚待)하였으나 며칠 되지 않아 그 집에서 제일 무가(無價)의 보물을 잃어버리는 일이 생기지 않았는가. 태온공은 미안하기 짝이 없어 그 집을 나와 정처 없이 떠돌다 또 다른 옛 친구의 집에 들르게 된바 친구가 어찌나 푸대접하고 '옛적에 그렇게 살더니 왜 이렇게 되었는가?'하고 홀대를 하는데도 불구하고 하루만이라도 재워달라며 애걸복걸하여 겨우 하루를 지내고 세 번째 친구의 집을 찾게 되나니, 이 친구의 집에서는 친구의 얼굴이나 보고 길이라도 물을 겸 찾았건만 그 친구가 깜짝 놀라 반기며 들어 오라 하였다. 태온공은 '내가 지금 길을 가다 몰라서 들어 왔으니, 길만 좀 가르쳐 달라'고 한 즉, 그 친구는 머슴 하나를 같이 가게 하여 길을 인도(引導)하게 하였나니, 세 사람이 함께 어디만큼 가다가 외나무다리를 건너게 되어 태온공은 다리를 넘어가고 머슴이 건너려 할 때 사미승이 잘못하여 머슴을 물에 빠뜨려 죽이는 것이 아닌가.

그러자 태온공은 그만 화가 나서 그 사미승을 때리며, '첫 번째 부잣집의 친절한 친구 집에서는 무가의 보물을 도적질하고, 두 번째 그 불친절한 집에다 보물을 놓고 오고, 세 번째 길 가르쳐 주는 머슴은 죽여 버리니 이것이 어찌 된 일이냐.'라고 화가 너무 천동(天動)같이 나서 기절해 버렸나니라.

그런데 한참 동안 까무러쳤다가 깨어보니 사미승은 간곳없고 점잖은 노인 한 분만이 서 계시는데, 태온공에게 말하기를 '태온공은 본래 불심(佛心)이 장하였으나 삼족이 멸할 죄업이 있어서 30명 식구가 몰사의 죽임을 당한 것이요, 첫 번째의 친절한 친구는 앞으로 큰 도적 맞을 재앙(災殃)이 있어서 보물 하나를 잃은 것으로써 주의하여 큰 손해를 막게 하여준 것이며, 두 번째 불친절한 친구 집에 가져다준 것은 이 사람은 욕심이 많고 보시심(布施心)이 적은지라 그런 무가지보(無價之寶)를 갖다줌으로써 친구는 이렇게 귀한 물건도 그냥 주고 가는데 하물며 내 것만 챙기는 욕심만 부려서 못 쓰겠다고 깊은 참회를 하게 한 것이요, 세 번째 머슴을 죽인 것은 이 머슴이 불량하여 언제든지 자기 주인을 죽이고 주인 마누라하고 살려고 기회를 엿보고 있었기에, 남을 죽이려는 놈이라 자기가 죽여 마땅하기로 죽인 것이니 그리 알라.' 하고는 또 '너의 막둥이 아들은 물에 빠졌으나, 그때 바로 어부의 구원(救援)으로 지금 너의 집에 살고 있노라.' 하지 않는가.

　태온공이 집에 돌아오니 아들은 잘 지내고 있었고 떠나올 때 재산을 50석 준 사람은 1백석 꾼이 되고, 1백 석을 준 사람은 2백석 꾼이 되어 다 각각 부자가 되어 잘 살고 있었다는 이야기가 있나니, 사람이란 지은 대로 선한 일은 선과(善果)로 받고, 악한 일은 악과(惡果)로 받아 호리(毫釐)도 틀림이 없이 소소영령(昭昭靈靈)하여 속이지 못하는 까닭에 아는 사람은 앞날에 돌아오는 일들을 일월 광명의 빛같이 알게 된다는 것이니라.

　셋째, 운심한한여유수(運心閒閒如流水)라, 관용(寬容)과 겸허(謙虛)가 이 얼마나 이 시대·이 땅에서 요구되는 인격인가. 이 세상에는 잘나고 못나고 부(富)하고 귀하고 할 것 없이 자기 자랑을 못 해 전전긍긍하고 있음을 똑똑히 보나니, 조그마한 재산, 조그마한 권리가 있다고 할지라도 그것을 자랑 못해 애를 쓰고 못 알아줌을 애통해하고 있는 자가 헤아릴 수 없이 많아 아수라장 같은 세상이 아닌가.

옛 성현의 말씀에 '있어도 없는 것같이 하고 실(實)해도 허(虛)한 것같이 하라.'고 하였고, '남이 알아주지 못함을 근심치 말고, 설 바를 알지 못함을 근심하라.' 하였나니 이 어찌 오늘날 우리 인류에 남기신 통철하신 교훈이 아닌가. 나 또한 이를 배우고자 하였으되 능치 못하니 옛사람의 자취를 찾아 배우고자 하노라.

지금부터 약 300년 전에 태평성대를 자랑하던 조선 중엽 당시의 노재상(老宰相) 류상국(柳相國) 선생은 일찍이 나라의 중직을 역임하였으나, 몸이 노쇠하여 한가한 정양을 위하여 향리인 안동 우천(愚川)에 머무를 때 마침 여름철이라 동리 앞으로 흐르는 냇물에 발을 담그고 앉아, 낚싯대에 눈을 두고 낚아 올린 고기를 다시 물에 놓고 또다시 낚는 것으로 소일을 삼고 있었노라.

이때 연기(年期) 방장한 청년 한 사람이 그 냇가에 다다르자, 다리가 없어서 건너지 못하고 어정거리다가, 마침 낚시질하는 노인을 발견하고 호기 있게 달려가 소리 지르며 말하되 '여보시오, 나 좀 월천(越川)하여 주게.' 하지 않는가. 그러자 류상국은 흔연히 낚싯대를 놓고 일어나 청년을 등에 업어 물을 건네주는바, 청년이 노인의 등에 업혀 물을 건너다가 머리 위를 보니 의외의 옥관자(玉冠子)가 붙어 있어 깜짝 놀라 눈을 궁굴리며 다 건넌 뒤에 곁눈으로 노인을 다시 엿보니 그 생김이 범상치 않은지라 가슴을 두근거리며 마을을 향하여 걸어가고 노인도 아무 일이 없었다는 듯이 다시 낚싯대를 추켜들 뿐이었나니라.

청년이 그 마을 주점(酒店)에 들러 주인에게 그 노인의 내력을 물으니 어찌하리오. 일국(一國)을 호령하는 노재상 류상국 선생이 아닌가. 청년은 대경둔색(大驚吨色)하며 몸 둘 곳을 몰랐으나 이미 저지른 죄라 처벌을 기다릴 수밖에 다른 도리가 없었으므로 그날 밤늦게 주점 주인을 앞세우고 류상국 선생의 집으로 찾아가 노재상을 뵈옵고 사유를 아뢰며 석고대죄하니, 노재상은 크게 웃으시며 온화한 말로 '어허 이 사람 그럴 것 없네. 그대가 나를 알고 그랬다면 모르거니와 모르고 한 이상 무엇이 죄 되리오. 행인이 물속에 발을 담그고 있는 사람에게 월천해 달라는 것이 일상의 일이거늘 무엇을 죄라 하는고. 그리 말고 물러가게.' 하며, 주점 주인을 향하여 '저 사람이 공연한 소리를 했구먼.' 하며 탓하고 '자, 어서 물러가 편히 쉬게.' 하며 나가기를 재촉하니 청년은 황송하여 백배사죄하고 물러갔다는 이야기가 오늘날까지 전해 오나니 이 어찌 만인의 스승이 아니며 만대의 거울이 아니리오.

요즘의 세상에서는 권리 있는 자는 권리를 남용하여 온갖 기세를 부리고 약자를 착취 약탈하며, 부귀한 자는 부귀를 의세(倚勢)하고 남용하여 오만(傲慢)을 부리고 빈천한 자를 멸시하여 착취함을 일삼고 있으며, 뿐만 아니라 없는 자가 도리어 있는 것같이 하고, 허(虛)한 자가 실(實)한 것같이 하여 자기를 드러내고 광고하는 것을 명예로 알고 있지 않은가.

류상국 선생에게서 배울 바가 참으로 크도다. 제군들이여! 아무리 높은 지위, 무서운 권리를 가졌고 세상에서 제일가는 부와 귀를 향유하고 있다고 할지라도 여기에서 좀 더 겸허하고 관용하며 한 걸음 양보하여 저 사람에게 은혜와 복리를 끼쳐주는 그 덕을 우리는 힘써 배워야 하며 한 번 더 활용해 보아야 하겠노라.

그럼으로써 천하에는 은혜가 서리고 자비가 흘러 만인이 한가지로 갈망하는 평화 안락한 이상적 세계가 전개될 것이니라."

34. 여덟 가지의 토전(土田)과 심전계발(心田啓發)

정산 종사, 영산성지의 정관평 방언답에서 땀 흘리며 일하는 임직원들을 위로·격려하시며 말씀하시기를 "수선(修禪)의 목적은 심전계발(心田啓發)에 있고, 심전계발을 하자는 것은 우리의 마음 밭을 잘 개척하여 복(福)과 혜(慧)만 나오게 하여 복과 혜의 주인공이 되자는 것이니라.

그러므로 전농자(田農者)는 천하지대본(天下之大本)으로 일신의 신락(身樂)을 건설하는 근본이 되고, 심농자(心農者)는 영생지대본(永生之大本)으로 영생의 심락(心樂)을 얻게 되는 근본이 되자는 것이니라.

그러나 전농(田農)은 용지유진(用之有盡)이요, 심농(心農)은 용지무진(用之無盡)이라, 1년 농사라 하는 것은 한정이 있는 일이지만 영생의 농사인 심전계발은 써도 써도 다함이 없기에 심전계발에 힘써야 복과 혜를 마음대로 수용할 수 있으므로 이 사람이 세상에서 제일 잘 사는 사람이 되나니라." 하시고 여덟 가지의 토전(土田)에 비유하여 심전계발에 대한 법문을 내려주셨다.

"밭의 종류를 크게 토전(土田)과 심전(心田)으로 구분한다면 토전(土田)에 있어서 보통 밭에는 여덟 가지가 있나니, 자갈이 많아서 종자가 잘 눌리는 석전(石田), 모래가 많이 섞여 거름기가 없는 사전(沙田), 홍수나 사태로 무너지고 깎인 경전(傾田), 찬 기운이 어려있는 냉전(冷田), 잡초가 무성하여 곡식이 자라지 않는 잡전(雜田), 밭의 모양이 비뚫어져 보기도 남부끄럽고 가꾸기도 어려운 횡전(橫田), 아무리 가꾸어도 수확이 적은 박전(薄田), 묵은 땅을 개간한 기름진 옥전(沃田)이 있나니라.

그러면 심전(心田)에 있어서 석전(石田)은 무엇인가. 이것은 항상 원망과 불평이 많아 마음이 시끄럽고 불안하여 다른 사람의 어떠한 충고도 들리지 않으며 또 대질리면 싸움도 서슴지 않고, 신경질을 부리는 경우의 마음 밭을 말하나니라. 그래서 석전을 가꿀 때 자갈을 잘 골라내는 것처럼 심전을 가꾸는 방법은 먼저 자신의 잘못을 발견하고 남의 잘못을 용서하는 마음으로 매사에 은혜를 발견하고 감사 생활을 하는 한편 염불과 좌선, 기도를 통해 뜬 마음을 안정시켜 본성(本性)을 올곧게 해야 하나니라.

옛 성인의 말씀에 '예(禮)로써 그 사람을 대했으나 본 체도 하지 않을 때는 어떻게 해야 하는가. 도리어 자신의 공경스러움이 부족했는가를 반성하라. 그 사람에게 사랑으로 대했으나 역정을 낼 때 어떻게 해야 하는가. 도리어 자신의 어짊이 부족했는가를 반성하라. 정당한 지도로써 그 사람을 대했으나 고치지 않을 때 어떻게 해야 하는가. 도리어 자신의 지혜가 부족했는가를 반성하라.'는 말씀이 있나니, 마음 밭에 자갈이 많은 사람은 이 점에 유의해야 하나니라.

심전(心田)의 사전(沙田)은 무엇인가. 좋은 법문이나 좋은 충고를 듣는다고 할지라도 들으면서 모두 잊어버리는 마음이니, 한 귀로 듣고 한 귀로 흘려버리는 '총알 귀'를 가진 사람이 사전의 경우이니라. 이 사전을 가꾸는 방법은 기름진 논흙이나 진흙, 돼지 똥거름을 자주 주고 또 단비가 내려야 비옥하게 되는 것처럼 심전을 가꾸는 데도 법문을 자주 듣고, 마음을 항상 반성하며, 얼마만큼 실천하고 있는가를 잘 살펴야 하나니라. 백화(百花)가 병들지 않고 만수(萬樹)가 위풍당당한 것은 그 토양이 얼마나 기름지고, 단비가 제때 내리는가에 달려 있나니, 감로(甘露)의 법문을 자주 들으면서 마음 밭을 기름지게 해야 하나니라.

심전(心田)의 경전(傾田)은 무엇인가. 마음이 어디로 끌리고 흘러가는 것을 말하는 것이니, 비가 쏟아질 때 경전을 보라. 어떤 때에는 밭의 형체도 알아보지 못할 정도로 떠내려가고, 깎여버리는 것처럼 우리의 마음도 어디로 기울어지고 흘러가 버려 본심(本心)을 찾을 수 없을 때이니, 보는 대로 가지고 싶고, 먹고 싶고, 가고 싶어지는 허영심이 심전의 경전이니라.

술, 담배, 노름, 춤, 극장, 애인 등 갈피를 잡지 못하고 본심을 흘려버리는 이 마음을 가꾸기 위해서는 어떻게 해야 하는가. 경전을 가꾸기 위해서는 제방과 돌담을 쌓아 홍수나 빗물에 깎여 내려가지 않도록 하는 것처럼 먼저 마음에 검문소와 파수병을 세워서 아닌 마음이 일어나지 않는지 비춰보는 관심(觀心) 공부로 '안으로 근본 마음을 살펴 바깥 경계에 휩쓸리는가[內不放心]'를 항상 반조하는 공부를 하며, 또 그 일 그 일에 담담한 맛을 길들여 부동심(不動心)을 양성하는 무심(無心) 공부를 계속하여 바깥 경계가 본심을 흔드는 경우가 줄고 줄어[外不放心] 시일이 오래되고 적공의 힘이 쌓이면 마음을 잡고 놓아도 법에 어긋나지 않아 큰 자유의 힘을 얻게 되나니라.

어떤 여자는 춤바람이 나서 자식도 남편도 불고하다가 결국 패가망신(敗家亡身)이 되었다고 하나니, 어디에 마음을 흘려보내고 있는가를 살피고 또 살피는데, 먼저 마음 검문소의 담을 높이 쌓아서 사심 잡념이 못 들어오게 하라.

심전(心田)의 냉전(冷田)은 무엇인가. 곧 누구와 한 번 막히면 '꽁'하고 절대로 풀지도 않고, 말하지도 않는 것을 말하나니, 이 마음이 오래가면 자신부터 기운이 통하지 못해 혈압이 높아지고, 어떤 경우에는 중풍에 걸리기도 하며, 후생에는 말 못 하는 과보를 받아 벙어리가 될 수도 있나니라.

마음이란 미묘한 것으로 심하게 막히면 독사처럼 표독스러워질 수도 있기에 부처님께서도 '마음은 부처를 만들기도 하고, 금수를 만들기도 한다.'라고 하신 것이니라.

이 심전의 냉전을 가꾸는 방법은 먼저 불공법(佛供法)으로 막힌 기운을 풀어야 하나니, 저 따스한 태양이 중천에 떠야 꽁꽁 얼어붙은 땅이 풀리는 것처럼 진리 불공과 당처 불공을 통해 풀어야 하나니라. 또 자기의 잘못으로 기운이 막혔든, 다른 사람의 잘못으로 막혔든 전세의 업(業)으로 알고 참회와 기도, 관용의 심법을 가짐으로써 막혔던 기운을 풀어가야 하나니라. 또한 나 자신이 되갚을 차례에 참으며 용서하는 마음으로 감싸야 하나니, 용서하는 사람이 어른이니라.

심전(心田)의 잡전(雜田)은 무엇인가. 저 밭에 풀인지 곡식인지 도무지 섞여서 분간할 수 없을 때이니, 마음에는 탐·진·치의 삼독심(三毒心)이 있고, 시기심·질투심·나태심·아만심·교만심·허영심이 있으므로 이 마음이 보시심·지계심(持戒心)·인욕심·정진심·선정심·지혜의 마음과 뒤섞여 버림으로써 양심도, 선심(禪心)도, 공심도 볼 수 없게 되나니라.

이 잡전, 곧 묵정밭은 자타(自他)를 망치는 거친 마음이지만 또한 풀을 뽑고 매주어 곡식만 자라게 하면 오히려 기름진 밭이 될 수 있으니, 그 방법은 악심(惡心)을 뿌리째 뽑아버리고 선심(善心)만을 잘 길러 복과 혜가 쏟아져 나오게 하는 것이니라.

무릇 악심은 이기심(利己心)에서 비롯되나니, 이 이기심을 먼저 버리는 마음을 비롯하여 이타심(利他心)의 대공심(大空心)·대공심(大公心)을 가져야 하나니라. 세상에 무서운 죄를 짓고 극형을 받는 것을 보면 '세세생생 저러한 과보를 받지 않고 사는 것만으로도 큰 복이구나.' 하는 생각을 가질 때가 있을 것이니, 더욱 마음공부로 죄짓는 마음을 돌려 복을 짓는 마음을 가지게 되었으므로 우리는 얼마나 행복한가. 그러나 이러한 근본 원인이 한마음에 있음을 알아야 하나니라.

심전(心田)의 횡전(橫田)은 무엇인가. 이것은 원·근·친·소에 끌리고 희·노·애·락에 치우친 마음이니, 바르게 보고 바르게 판단하여 바르게 취사하지 못하고, 미운 것을 보면 미운 것에 끌리고 예쁜 것을 보면 예쁜 것에 끌려 도무지 무엇이 옳은지 그른지를 분간하지 못하는 마음이니라.

이 심전의 횡전을 가꾸는 방법은 곧 일원상(一圓相)과 같은 원만구족(圓滿具足)하고 지공무사(至公無私)한 마음을 가지는 것이라, 어떠한 인연이나 어떤 경우에도 항상 마음이 반듯하고, 편벽되지 않도록 하라.

횡전은 경지 정리를 하여야 제대로 농사를 지을 수 있듯 우리의 마음 밭도 묵은 습관과 친불친에 끌리지 아니하고 항상 원만하게 쓸 수 있도록 다스려야 하나니라.

심전(心田)의 박전(薄田)이란 무엇인가. 마음에 의욕이 없고 죽어 있는 경우이니, 성격이 우유부단하여 용단력이 부족하고 마음공부에 별 재미를 느끼지 못하는 상태가 박전의 마음이니라.

이 마음을 가꾸는 방법은 향상심과 분발심이라, 비록 한때에 실수나 실패를 하여 그 마음을 살리기가 쉽지 않지만, 이 박토를 가꾸기 위해서는 특별한 각오와 결심으로 분발심을 내어야 하며, 또 마음을 일으켰으면 끊임없는 정성심을 들이대어야 하나니, 무슨 일이나 성공을 볼 수 있는 것은 정성심이니라.

그러면 심전(心田)의 옥전(沃田)은 무엇인가. 이러한 사람은 과거 전생부터 현생에 이르기까지 잘 지었고, 잘 닦았으며, 잘 타고난 사람으로서 마음이 너그럽고, 원만하며, 착한 성품으로 복 짓기를 좋아하고, 틈나는 대로 마음공부에 적공하는 사람이니라. 법문을 들으면 듣는 대로, 경전을 보면 보는 대로 복과 혜를 장만하는 실천을 하며, 자신도 심락(心樂)이 넘쳐흐르지만, 다른 사람의 마음에도 심락을 얻게 해주는 사람이니라.

일찍이 대종사님께서 '이런 사람은 떡 반죽 잘 된 것과 같아서 마음대로 주물러 불보살 성현을 만들 수 있다.'라고 하셨나니, 근본적으로 사심·악심(惡心)·욕심이 적고, 신심·공심·자비심·관유심(寬柔心)을 가지고 있는 사람이니라.

이 여덟 가지 토전(土田)의 예로써 수도인의 심전계발(心田啓發)에 대하여 말하였나니, 불보살 성현들은 세세생생, 이 심전을 묵히지 않고 잘 계발하고 개척하여 심전에서 복과 혜가 무진(無盡)하게 쏟아져 나와 무량한 낙 생활을 얻고, 중생들은 이 심전을 삼독오욕(三毒五慾)

으로 묵혀 황무지가 되게 하여 빈곤과 무지, 질병을 면하지 못하고 고해(苦海)에서 헤매고 있으니, 이왕 수도에 뜻을 두었으면 이 심전계발에 힘써 복과 혜가 구족한 불보살이 되도록 하라." 하시며 더욱 심전계발에 정진할 것을 촉구하셨다.

35. 우주는 복덩이

정산 종사 말씀하시기를 "미꾸라지가 많은 곳에서도 한 마리조차 못 잡을 수 있듯이, 법문도 아무 까닭 없이 많이 듣기만 하면 이것도 저것도 아무 얻음이 없을 수 있나니라.

모든 것이 다 구하는 자에게 있는 것이니, 모든 사람이 다 복과 혜는 많이 바라지만 얻지 못하는 것은 정당하게 구하지 아니하기 때문이니라. 부처님의 지경에 가는 것은 부처님이 되고자 하는 구함이 있어서 부처님이 될 정당한 길을 닦음으로써 불과(佛果)를 이루는 것이니라.

부처님이 견명성오도(見明星悟道) 하셨는데 우리는 왜 별을 보고도 견성(見性)을 못 하는가, 별이 깨쳐주는 것이 아니라 모든 사물을 대할 때 자기의 마음을 끊임없이 생각하고 있는 지성(至誠)한 마음에서 연구한 결과이니라. 곧 범인들이 무심히 보는 별 하나조차도 무심히 보지 않는 그 연유에서 득도(得道)한 것이니라.

대저 정성스럽게 구하면 못 구할 것이 없나니라. 아무리 높은 산이라도 오르려고 하면 오를 길이 있나니, 이와 같이 세상에 복이 충만하여 있으니 구하는 자마다 얻을 것이니라. 하지만 얻지 못하는 자는 비록 지극히 구할지라도 진리에 어긋나면 구해지지 않을 것이니라.

예컨대 타인에게 신용이 있고, 진실하면 자연히 명성이 오르고 물질 곧 돈이 들어오는 것과 같나니라.

　농사를 짓고 상업을 함에 있어서도 먼저 자본이 들어가야 이익이 나오는 것과 같이, 복을 받는 것도 먼저 복을 지어 놓아야 복을 받을 것이며, 짓지 않은 복은 받지 못하나니라. 남을 도우면 반드시 타인이 나를 돕는 것이요, 이 천지에는 복이 꽉 차 있어서 사람에게 공을 들이면 그곳에서 이익이 나오는 것과 같나니라.

　내가 잘만 하면 천지가 금은보패로 화(化)하고, 내가 진리에 어긋나면 천지가 화(禍)로써 화하는 것이라, 복을 지을 자리가 있고, 부처님이 될 요소가 있다고 할지라도 구하지 아니하고 정당한 실행이 없으면 아니 되나니라.

　이러한 까닭에 첫째는 구하는 희망을 품고 실행해야 하나니 일파재동만파수(一波纔動萬波隨)라, 한 파도가 일어나매 수많은 파도가 따라서 일어나도다, 하신 말씀과 같이 한 행동은 만 행동이 되나니라. 화정덕성(華亭德誠) 선사(禪師)의 선거우의(船居寓意)를 연마해 보라."

　　천척사륜직하수(千尺絲綸直下垂)
　　일파재동만파수(一波纔動萬波隨)
　　야정수한어불식(夜靜水寒魚不食)
　　만선공재월명귀(滿船空載月明歸)

　　일천 척의 긴 낚싯줄 곧게 던지니,
　　한 파도가 일어나매 수많은 파도가 따라서 일어나도다.
　　밤은 고요하고 물조차 차가운데 고기들은 입질하지 않는구나.

배 가득 허공을 싣고 달빛에 돌아오도다.

36. 무형한 마음

정산 종사 말씀하시기를 "형상 없는 마음으로 '조석심고'를 드리는 것이 무슨 위력이 있을 것인가 하는 의심이 날 수도 있을 것이니라. 과학에서는 마음이 있는지 없는지 모른다고 하나 우리 원불교에서는 이 마음의 작용을 매우 중요시하노라.

마음 가운데 선악이 보이지 않을 것 같으나, 행동으로 나타나지 않을지라도 심중에 미워하는 마음을 가지면 그 용모가 흉해지고 싫어지는 것이다. 이러한 까닭에 개백정이 지나가면 우치한 개일지라도 무섭게 짖어대고, 소백정을 보면 소가 공포에 떠는 것은 오롯이 무형한 마음의 작용이니, 그러므로 무형한 심고(心告)일지라도 지성으로 드리고 보면 큰 공덕(功德)이 되나니라.

예를 들면 러·일전쟁 때 일본인 어머니가 자식을 위하여 기도를 드렸는데 그 자식이 전쟁터에서 러시아의 적병을 탐지하다가 다리 밑에 등불이 반짝하여 노병의 정체를 보게 되어 사경을 면하였다는 이야기가 있는데, 그 당시에 어머니의 기도 도량 등불이 깜빡거렸다는 것이니라. 이차돈의 사(死)나, 진안 회원 중에 홍수가 난 개울을 무사히 건너간 예를 살필 때 그 마음의 위력을 잘 알 수 있을 것이니라.

오롯한 마음으로 공(公)을 위하고, 회중을 위하고, 국가를 위하여 심고를 올리면 복이 돌아오나니, 사람은 짓지 않은 복을 받지 않으며, 진리는 죄 없는 사람에게 벌을 내리지 않나니라. 사람을 속일지라도 무형한 진리는 속일 수 없나니라.

마음이 덕스러우면 말이 덕스러워지고, 말이 덕스러우면 행동이 덕스러워질 것이니라." 〈원기36년 3월 19일〉

37. 형상 없는 마음

정산 종사 말씀하시기를 "모든 일에 있어 취미가 없는 자는 지루하고 괴로울 것이니, 이 예회를 보는 가운데에도 뜻이 있고 의식 있게 지내는 사람은 재미가 있는 까닭에 지루하지 않는 것과 같나니라.

그러나 아무 의식 없이, 무심히 두 시간을 보낸다는 것은 참으로 무료할 것이니, 우리가 이 세상을 살펴 나가는 데 있어서 무엇이 제일 무서운가? 그것은 저 형상 있는 원자탄보다도 형상 없는 가장 무서운 그 무엇이 있나니라.

봄이 오면 꽃이 피고, 가을이 되면 낙엽이 지는 것도 그 나무 자체에 있는 것이 아니라 무형한 우주의 기운 작용에 있는 것이니, 우리의 이 눈에 보이는 육신에는 아무런 권리가 없나니라.

아무리 세상에 태어나기 싫어도 태어나며, 아무리 늙기 싫어도 날이 가고 달이 가고 해가 가면 자신도 모르게 늙어가는 육신의 형상을 볼 때 형상 없는 이치의 힘이 얼마나 무서운가를 잘 알 수 있을 것이니라.

한 걸음 더 나아가 성·주·괴·공(成住壞空)도 그 운전권은 한갓 기운에 있는 것으로써, 모든 형상 있는 것은 형상 없는 그 힘에 끌려가는 것이요, 그 자체의 움직임은 없나니라.

그러나 이 세상 사람들은 형상 있는 물질을 구하는 것에는 온 힘을 다하려고 하나, 이 물질을 지배하는 무형한 정신의 양식은 있는지 없는지조차 몰라서 구하려는 생각조차 없는 자가 많으니 한심한 노릇이로다.

　성현의 말씀에 죄짓기 전이 더 무섭다고 하였나니 과연 그런 것이라, 죄를 범하여 법망에 걸려 감옥에 가는 것보다 그러하게 한 짓이 더 무서운 것이니라.

　또 복을 지음에 선행이 나타날 때도 그 행동의 뿌리, 곧 『금강경』의 가르침인 복덕성(福德性)이라는 말이 있는데, 이 복덕성이라는 것은 현재 물질적인 복을 짓지 못한다고 할지라도 남의 마음을 즐겁게 하고, 공익심을 장려하는 것 등이 복의 요소가 된다는 뜻이니라.

　곧 우리 인생의 요도 사은(四恩)으로 말할 것 같으면 행복의 원천이 되는 법으로써 네 가지 은혜가 세계에 드러나는 날, 비로소 세계 평화가 올 것이요, 서로서로가 은혜를 발견하여 감사 생활을 하게 되면 그 사회, 국가, 개인이 다 행복해질 것이니, 우리의 사은은 참으로 복덕성인 것이니라.

　악한 행동을 하는 것보다도 그렇게 하게 하는 마음이 더 무서운 것이니 비유컨대 때리는 남편보다도 말리는 시어머니가 더 밉다는 말처럼 그렇게 하게 하는 원인의 힘이 더 무서운 것이니라.

　우리는 복을 짓게 하는 사은을 발견했으니 이 위에 더 행복스러운 도리(道理)가 어디에 있겠는가. 이 세상에 평화가 오는 날은 곧 은혜를 발견하고 실행하여 가는 데에서 올 것이니라.

　우리 집이 먼저 사은 법칙의 실행이 아니고는 영원한 세계 평화는 오기 어렵나니, 아무리 미운 사람도 그중에서 은혜를 발견하여 감사 생활을 해 나가야 행복이 올 것이니라.

　최고의 영지(靈知) 자리는 어디인가. 차별과 증애가 없는 곳이 곧 복덕성이라, 희·노·애·락을 떠나 오직 깨끗하고 청정한 그 자리를 보존하지 못한 까닭에 중생이 되었나니, 이 자리를 지킴으로써 행복한 생활을 계속할 수 있을 것이니라." 〈원기37년 10월 26일〉

38. 실행

정산 종사 말씀하시기를 "배움이 문자에만 있는 것이 아니니 과거 성현 또는 현재 스승님의 일용 행동을 본받아 실행에 힘쓸지어다. 한 서당에서 학생 하나가 문장 공부를 하지 않는지라 그 선생이 물은즉 대답하되 '저는 날마다 공부합니다. 그 방법으로 선생님께서 부모님을 비롯해 어른들에게 공경하며, 동포에게 우애(友愛)하며, 천하에 애박(愛博)함을 가르쳐 주셨기에 그렇게 공부하나이다.' 하였다 하나니라.

사람을 평함에 신·언·서·판(身言書判)으로 판단하나니 판이란 곧 실행이라, 언·서보다 실행에 힘쓰라. 속인들은 오랜만에 만나면 말하기를 '그동안 몸 편안했느냐.'고 하지만 도학자는 안부를 묻되 '마음이 얼마나 컸느냐.' 하나니, '내가 산동에 가서 정양하고 돌아올 때는 모두 불보살이 될 수 있도록 마음의 자람을 대조하라.' 하시며 한 글귀를 내려주셨다.

'심식불망[心誠]이면 수불중(雖不中)이나 불원의(不遠矣)이니라. 마음이 정성스러우면 적중하지는 않으나 그리 멀지는 않다.' 하시고, 또 '기소불원 물시어인(己所不願 勿施於人)하라. 내가 원하지 않는 것을 다른 사람에게 권하지 말라. 그리고 성(誠)으로써 마음을 닦으라.' 하시니라."

〈초간본 『정산종사 법설』 32. 불보살이 되어 가십니까 pp. 53~55. 보완. 남원 정양 목적으로 가시는 길에 내려주신 법설. 원기38년 6월 1일〉

39. 제도

　정산 종사 말씀하시기를 "왜 이렇게 일들을 하는지, 김장한다, 밭을 간다는 등 누가 한번 말해보라. 참 한번 생각해 볼지어다." 하시니 대현 답하기를 "성불 제중을 목적으로 일을 합니다."라고 답하자 말씀하시기를 "그 답이 옳게 나왔다." 하시고, "똘똘 몰아 말하자면 공부하려니까, 성불제중을 하려니까, 이곳에서 일을 하는 것이니라. 그러나 잘못하면 근본을 잃게 될 수도 있으니, 우리가 공부는 왜 하는가, 이것을 배워서 사람을 제도하려니까 공부하는 것이니라. 그러나 근본에 있어서는 마음공부 하나 잘하자는 데 있나니라.

　우리가 근본을 잃고, 먹고 사는 데에만 마음이 끌리게 된다면 어떻게 될 것인가. 그렇다고 해서 공부만 한다고 가만히 앉아 있을 수는 없나니, 그러므로 공부와 사업을 병진해 가는 인물이 되어야 하나니라.

　마음공부란 과학 공부와 같이 외형에 나타난 것이 아니요, 마음을 챙기는 무형의 자리에 있는 것이라, 똥에 냄새가 나고 꽃에 향기가 나는 것과 같이 마음을 늘 챙기고 챙기라. 챙기고 또 챙기면 공부는 자연히 순숙해지나니라.

　사업을 하여도 그것의 근본에 있어서는 곧 대승(大乘) 공부라, 꽃이 떨어지고 향기가 사라지는 격(格)이 되어서는 아니 되나니라.

　최고봉의 제도에는 세 가지의 비유가 있으니 ① 개천을 건너는 법 ② 강을 건너는 법 ③ 바다를 건너는 법이니, 참 제도는 태평양 같은 큰 바다를 건너는 법이라야 하나니라. 선악 경계를 당하더라도 신심이 불퇴전하고 죄복의 이치, 미오(迷悟)의 이치, 인과의 내역을 내 마음속으로부터 확연히 깨우쳐야 하나니라.

실행에서도 타인이 역(逆)으로 대하더라도 편안할 수 있는 마음의 자주력을 갖췄을 때 선악을 초월하고 안심력을 얻어 자유자재로 하면 제도를 받았다고 할 수 있나니라.

남보다 나의 실행이 중요하나니, 부처님의 사업이라면 조그마한 일이라도 제도라고 할 수 있나니라."

40. 언덕(言德)

정산 종사 말씀하시기를 "무슨 말이든지 같은 말이지만 상대자에게는 장단점이 있으니, 그 단점만 드러내는 것은 언덕(言德)이 없는 것이요, 저 사람을 두호하는 말이나 장점이 깊어 있는 말을 하는 사람은 언덕이 있는 사람이니라. 부득이하게 단점을 말하게 될 경우에는 먼저 저 사람의 장점을 말한 후 조심스럽게 단점을 말해야 하나니라.

언덕이 없는 말이란 먼저 저 사람을 능멸하게 여겨 말하는 것이니, 예를 들면 서툰 글씨체를 보고 비웃는다든지, 또는 자기보다 문장이 뛰어난 사람을 보고 '그까짓 것' 하는 등 상대방을 능멸하게 여기는 말투 등 이것이 모두 언덕이 없는 사람들이 함부로 하는 것이라, 우리는 언덕을 존중히 여겨야 한다는 마음가짐을 한순간도 놓아서는 아니 되나니라.

언덕의 말씨에 값이 드는 것이 아니니, 항상 말씨에 조심하여야 하나니라.

성현 달사의 위대한 교훈이나 법문 등을 듣기 좋아하고, 또한 다른 사람에게는 순한 말, 남을 존중히 여겨서 장점만 드러내는 말을 하기에 힘쓰라."　　　　　　　　　　　　　　　〈원기37년 4월 23일〉

41. 일상생활에 주의 사항

정산 종사 말씀하시기를 "일상생활에 참다운 수행의 방로(方路)를 발견해서 적의(適宜)한 공부법을 알아 행하여야 하나니라. 같은 공부를 하면서도 지혜 있는 사람과 우치한 사람이 있으니, 지혜 있는 사람의 공부하는 법은 각자의 분수에 안분할 줄 아는 사람이라, 정신적으로나 육체적으로나 적당하게 최선을 다할 뿐이니라.

즉 어떠한 성정(性情)의 습성(習性)이 있어서 인내하기가 도저히 어려우면 차라리 그 경계를 놓고 피하는바, 힘을 헤아려 경계에 끌려 인내하지 못할 정도라면 미리 그 경계를 피할 것이니라.

이와 같이 생활 속에서 어떤 의심 경계가 생겼을 때도 스스로 대조하되 힘써 극복할 정도이면 수용하여 공부 삼아 수행을 쌓아가고, 만일 공부의 힘이 부족할 때는 차라리 그 의심의 경계를 피하여 어느 정도의 실력을 길러서 대처해 나갈 것이니라.

그러나 우치한 자는 무조건 모든 의심의 경계를 극복하고 제거하려고만 하므로 심신만 괴롭힐 뿐이요, 아무런 효력이 없을 것이라, 그러므로 같은 공(功)을 쌓을 때도 제군들은 오직 지혜 있는 법으로 수행하라."

42. 평상심을 가지라

정산 종사 말씀하시기를 "본 회의 교리에 입각하여 충심으로 활동하여 요즘 많은 신용을 얻고 있다면 그는 반드시 지금까지 근실한 사람이었을 것이니라.

그러나 보통 사람들은 신용을 얻도록까지, 신용을 얻기 위해서 근실하다가, 일단 신용을 얻은 뒤에는 방심하여 불의를 감행할 수 있나니, 이 점에 각별히 주의하라. 그러므로 제군들은 신용을 얻은 뒤에도 그 신용을 잘 지키라.

공자님과 맹자님께서 군자의 평상심에 대해 말씀하셨나니라.『논어』학이편(學而編)의 내용과『맹자』이루편(離婁編)의 내용을 소개하노라.

자공왈(子貢曰) 빈이무첨(貧而無諂)하며 부이무교(富而無驕)하되 하여(何如)입니까?
자왈(子曰) 가야(可也)나 미약빈이락(未若貧而樂)하며 부이호례자야(富而好禮者也)라.
자공왈(子貢曰) 시운(詩云)
여절여차(如切如磋)하며 여탁여마(如琢如磨)라 하니 기사지위여(其斯之謂與)인저,
자왈(子曰) 사야(賜也)는 시가여언시이의(始可與言詩已矣)로다.
고저왕이지래자(告諸往而知來者)이로다.

자공이 여쭙기를 '가난해도 아첨하지 않고 부유해도 교만하지 않으면 어떠합니까.'
공자 말씀하시길 '옳도다. 가난하지만 삶을 즐거워하고 부유하면서 예를 좋아한 이만 못하도다.'
자공이 묻기를 '시경(詩經)에서 말한 절차탁마가 이를 두고 한 말입니까.'
공자 말씀하시길 '사(賜)야! 비로소 너와 더불어 시(詩)를 말할 수 있겠

도다.'

'과거를 말해주면 미래를 아는 자로다.'

군자유종신지우(君子有終身之憂)
무일조지환(無一朝之患)

군자는 죽을 때까지 백성과 나라의 안위를 걱정하는 근심은 있지만, 하루아침의 근심거리인 권력과 욕심에는 초탈하나니라.

군자는 항상 평상심으로써 일이관지(一以貫之) 하시나니라."

43. 명(名)과 실(實)

정산 종사 말씀하시기를 "사슴이 평소에 잘생긴 뿔은 존중하고 못생긴 발은 싫어하다가, 어느 날 포수에게 쫓기어 나뭇가지에 뿔이 걸려 죽을 뻔했는데, 발의 덕택으로 죽음을 면하여 비로소 발의 공을 알았다는 이야기가 있나니라.

인생에도 현재 화려하고 쾌락한 명예와 형식에만 도취하여 실력과 내용을 등한하기 쉽나니, 오직 내용을 충실히 하고 실력을 갖추어야만 그것이 참으로 나를 살리는 것이요, 제도하는 것이니라."

44. 무형한 심고의 위력

정산 종사 말씀하시기를 "심고를 올릴 때 형상이 없는 까닭으로 제군들은 위력이 있는가, 없는가 하는 의심이 생기지 않는가. 마음이란 기기묘묘(奇奇妙妙)한 것이라 우리 눈에는 보이지 않지만, 부처님께서는 내 마음 자체로 모든 일을 헤아리시나니라. 그러나 우리 중생은 무슨 위력이 있겠는가 하는 의심으로 인하여 심고에 정성이 부족하고 소홀하기가 쉽나니라.

연전(年前)에 여러 대중이 선(禪) 시간에 좌선하고 앉았는데 춘풍(春風) 씨가 무엇인가 중언부언(重言復言)하는 것을 듣고, 좌선이 끝난 다음 그 말의 뜻을 물었더니 자기는 아무 말도 한 일이 없으나 생각한 일은 있었다고 하였나니, 이것은 무형한 마음자리이지만 내 귀에는 분명 들렸던 것이니라. 곧 우리들의 마음 한번 먹은 것이 허공 법계에 들리게 하였다고 볼 수 있나니라. 그래서 암실기심(暗室欺心) 신목여전(神目如電)이라는 말씀이 있는 것이니라.

지난날 우리가 난리를 겪은 일들을 생각해 보면 참으로 일심 모은 곳에 큰 위력이 있었다고 볼 수 있는 일이 한두 가지가 아니었나니라.

마음 가운데 남을 해(害)치려는 마음을 가지고 있으면 반드시 밖으로 다 나타난다고 볼 수 있나니, 보라! 개장수가 가만히 개 앞을 지나가도 공포에 질려 몹시 짖거나, 또는 소가 도살장에 들어갈 때 슬퍼하며 눈물을 흘리는 것 등 알음알이가 나타나지 않았지만, 진리는 다 알게 되는 것이 이렇게 감응(感應)하는 이치가 있기 때문이니라. 그러므로 무슨 일이든지 나타나기 이전을 두려워해야 하나니라.

우리 공부인은 조석심고 만이라도 정성껏 잘 올리면 그 사람의 공부는 잘되었다고 볼 수 있나니라.

일정 시대에 출정 군인의 어머니가 절에서 그 아들의 무운(武運)을 기원하면서 항상 등불을 켰는데, 어느 날 기도를 올리는 중 바람도 불지 않았건만 등불이 가는 곳을 모르게 없어졌나니, 그때 그 아들은 전지(戰地)에서 적의 잠복병을 찾기 위하여 어느 다리 위에 도착하였는데 달도 없는 캄캄한 밤이라 어떠한 위험에 직면했는지 모르고 정찰하였나니라. 그런데 난데없는 등불이 비쳐 다리 밑에 숨어 있는 잠복병을 발견하여 이를 사로잡아 후일에 승리를 거두고 돌아왔나니라.

훗날 전장에서 돌아와 어머니로부터 그 등불이 없어졌다는 이야기를 들었는데, 그 등불 없어진 시간이 바로 아들이 잠복병을 잡은 시간이지 않았는가.

또 충신열사 민충정공의 충정과 오죽(烏竹), 이차돈의 혈유(血乳)가 뿜어져 나온 이야기라든지, 가깝게는 마령교당 교도 박혜련화(朴慧練華) 씨가 여름 장마 때 순일한 마음으로 예회를 보러 갈 때 큰 냇가에 수해가 났는데도 불구하고 예회를 본다는 일심 아래 그 냇가를 무사히 건너왔기에 집에서나 교당에서나 모두 놀란 일이 있었다고 하나니, 참으로 묘한 것은 마음의 일심이라 할 수 있나니라.

1백 명 대중이 일심으로 회중(會中)을 위한다면 무슨 일이든지 다 성공할 줄 믿을 수 있으니, 지난번 6·25 사변 때 우리 총부가 무사하였던 것도 모든 회원이 '총부가 무사하여지이다.' 하고 일심으로 심고를 모신 결과라고 볼 수 있나니라. 무형한 마음 가운데 일심으로 심고를 올린 효과가 이렇게 무서운 것이니라.

또 죄를 지으면 역시 무형한 가운데에 벌을 받는 것처럼, 하늘은 죄를 짓지 않는 사람에게 벌을 주지 않고, 복 짓지 않은 사람에게 복을 주지 않나니라.

우리 공부인은 언제나 무형한 마음 가운데에 복의 씨를 심을지언정, 죄악의 씨앗을 뿌리지 말지어다. 무형한 진리는 소소영령(昭昭靈靈)하여 다 알게 되나니, 남을 좋게 하려는 마음을 간직하라. 마음이 착하면 말도 덕스럽게 나오고, 말이 덕스러우면 행동도 덕스럽게 행하여 복덕이 무량할 것이니라.”

45. 이타(利他)의 근본

정산 종사 말씀하시기를 "남에게 이익을 주는[利他] 길이 많으나 좋은 마음 하나 일어나게 하는 것보다 승(勝)함이 없나니, 물질이나 권리로 준 이익은 써서 다할 날이 멀지 아니하나, 한 생각 바른 마음은 그 사람의 영생에 선(善)의 종자가 될 수 있는 까닭이니라.

남에게 해(害)를 주는 길이 많으나 나쁜 마음 하나 일어나게 하는 것에 더함이 없나니, 물질과 명예로 준 해독(害毒)은 보상할 길이 있으려니와, 한 생각 나쁜 마음은 그 사람의 영생에 악(惡)의 종자가 될 수 있는 까닭이니라.” 〈『법어』무본편 15. 법문 보완〉

46. 인내의 방법

정산 종사 말씀하시기를 "충국열사(忠國烈士) 이순신을 보라. 그 당시 한 사람도 그 심경과 역량을 알지 못하고 억울하게 사형을 받았으나 정탁(鄭琢, 1526~1605)의 상소로 사형을 면하였고, 권율(權慄, 1537~1599) 장군의 막하(幕下)로 들어가 백의종군하며, 일개 마부가 되었으나 일호도 원망이 없었으니 성장(聖將)이 아니고 무엇인가.

어찌하여 이와 같은 마음이었는가. 성인의 말씀에 일심이 가장 무섭다 하였나니, 충무공은 오직 민족을 위한 일심으로 그와 같이 한 것이니라. 개인의 명예와 욕심을 버리고 오직 민족을 어떻게 건지느냐의 일심이었으므로 그와 같이 안분하였으며 원망이 없었던 것이니라.

　전무출신도 개인의 사리사욕과 명예를 버리고 오직 원불교를 위한 일심만을 가지면 아무리 억울하고 난경(難境)이라 할지라도 능히 해탈하고 오직 만사에 성공할 수 있을 것이니라.

　그러므로 오직 이 공부, 이 사업을 만족하게 알고 일심으로 한다면 능히 억울한 경계도, 몰라주는 경계도 해탈할 것이니, 일심이 되었는가만 반성하라.

　이 일심이란 진리를 믿는 마음이 철저해야 하나니, 모든 경계를 당하여 진리는 소소하여 죄복 간 시비는 다 알 것이므로, 그것을 확실히 믿고 내 마음에 잘못이 없으면 안심하고 진리를 표준 삼아 진리에 의지하며, 진리에 대한 자신력을 가지고 살면 천만 경계를 해탈할 수 있으며 봉사할 수 있다고 하리라."

47. 무형한 창고

　정산 종사 말씀하시기를 "옛날 어느 나라에서 신하가 어전(御前)에 가서 '형상 있는 창고를 채우리까, 형상 없는 무형한 창고를 채우리까' 하고, 또한 '왕께서 어떻게 피난하게 할까요?' 하며 뜻을 받들자, 왕이 '네 마음대로 하라.' 하였더니, 그 신하가 한 고을에 가서는 창고에 식량을 많이 채우고 돌아왔기에 칭찬하였는데, 한 고을에 가서는 창고에 쌀 한 톨도 채우지 않고 돌아왔기에 왕이 묻기를 '어찌하려고 창고에 쌀 한 톨 채우지 않고 왔느냐.' 하니 그 신하가 '염려하지 말라.'라고 하였나니라.

그 후 전란이 일어나 왕이 피난하려 하므로 신하가 '식량이 차 있는 창고 반대로 가시라.' 하니 왕이 듣지 아니하고, 식량이 차 있는 창고 있는 데로 가자 하였으므로 할 수 없이 그 지방을 갔는데, 그때 그 지방 백성들이 창고의 것을 다 가져가고 왕을 환영하지 아니하여 어쩔 수 없어서, 다시 빈 창고가 있는 지방으로 갔더니 그곳에서는 가는 곳마다 식량이 들어오고 대환영하는지라 왕이 신하에게 곡절을 물으니 '형상 있는 창고란 없어질 날이 있으나 무형의 창고를 채운 것은 영원하나이다.'라고 대답하였나니라.

그러므로 형상 있는 곳간을 참으로 알아서는 아니 되는 것이요, 무형의 곳간을 채움은 실물(失物)할 염려도 없고 무한한 것이 생기는 것이니라.

상지이신의위보(上智以信義爲寶) 중지이명리위보(中智以名利爲寶)

하지이물화위보(下智以物貨爲寶)

물화지보(物貨之寶) 허사부운(虛似浮雲) 위여누석(危如累石)

명리지보(名利之寶) 외사영광(外似榮光) 내무진실(內無眞實)

신의지보(信義之寶) 여도합일(與道合一) 기수무강(其壽無疆)

내외통철(內外通徹) 명물구언(名物俱焉)이라.

상지는 신의로써 보배를 삼고, 중지는 명리로써 보배를 삼고,

하지는 물화로써 보배를 삼나니,

물화의 보배는 허망하기 뜬구름 같고 위태하기 누석 같으며,

명리의 보배는 밖으로는 영광스러운 듯하나 안으로 진실이 없으며,

신의의 보배는 도로 더불어 합일한지라, 그 수한이 한없고
안과 밖이 통철하여 명리와 물화가 함께 하나니라.

　무릇 각자의 견지에 따라 물화(物貨)로 근본을 삼아 물화에 얽매여 사는 사람도 있고, 이름, 나이, 견지가 높은 자는 명예에 살고, 명예에 집착하는 것이니라. 인은 물화보다 나은 견지이나, 이것 역시 허망한 것이요, 오직 도성(道性)이라야 할 것이니라.
　그러므로 형상 없는 창고 즉 각자의 마음 가운데 담아둔 곳간 또는 세간 각처에 둔 곳간이라야 영원한 곳간이요, 아무리 뺏으려 하여도 뺏지 못할 것이니라.
　그런데 이 곳간 중에도 대소와 호오(好惡)가 있을 것이니 먼저 공중과 사사를 구분하여야 하나니라. 사삿일이란 곳간이 불과 얼마 되지 않으며, 공중사를 할 사람은 시방세계를 포함한 공중 곳간을 저축하는 것이요, 이 곳간에는 어떤 사람이라도 저축할 수 있나니라. 이것은 민족을 위한 정치가보다 복덕이 더 클 것이니, 그 까닭은 정치가는 그 민족을 벗어나지 못하지만, 도덕과 종교에 노력한 자는 세계 어느 곳을 가나 다 나의 곳간이요, 복이요, 환영을 받을 것이니라.
　그러므로 정신·육신·물질 삼방면으로 누구나 저 무정물까지도 은혜를 베풀면 시방세계가 다 옹호하여, 들에 가나 산에 가나 다 옹호를 받을 것이니라.
　그 전에 현재 내가 복을 지었으나 알아주지 않는다고 한탄하지 말라. 복을 짓고 칭찬을 받으면 복은 반만 받을 수 있나니라. 복 짓는 것이 부족한 것을 생각할지언정 복 받지 못함을 생각하지 말라. 그러므

로 오직 형상 없는 복 짓기에 노력하라."〈『법어』근실편 21. 법문 보완〉

48. 병든 이를 제도하는 법

정산 종사 병든 가정과 치료법을 새겨 나가시는데 김영신이 여쭙기를 "회원이 꼭 고쳐야 할 병이 있는데 만일 그 사람이 말을 안 들으면 그때는 어떻게 하여서 지도하오리까 알고 싶습니다." 정산 종사 말씀하시기를 "이 세상 모든 중생을 제도하려면 그 제도하는 방법이 여러 가지가 있으니, 대강을 들어 말하면 언교(言敎), 행교(行敎), 법교(法敎), 방편교(方便敎), 자연교(自然敎) 등이니라.

첫째, 언교라 함은 과거 제성(諸聖)의 선행을 들어 악을 선으로, 믿음이 없는 자를 발심이 나도록 설교하는 것이요,

둘째, 행교라 함은 부지 중 행실로 가르치는 것이니라. 예를 들면 전주 예수교 신자에게 전실 작은 조카가 있었는데 그 외삼촌을 대하여도 공경심이 없어서 인사도 하지 않고, 이웃집 어른만도 못 하게 대하였기에 항상 외삼촌 생각에 버릇을 고치고자 하였나니라.

어느 날 외삼촌이 방에 있는데 조카가 방에 들어오는 것을 알고 드러누웠다가 일어나는 것 같이 공경스러운 태도로 공손히 조카에게 인사를 하였더니 조카도 어이가 없는지라, 그 후부터는 외삼촌에게 조금씩 버릇이 고쳐졌다는 이야기를 들었노라. 말을 안 들을 때에는 행실로 고치는 것이니라.

셋째, 법교라 함은 모든 법을 내어 그 법에 의지하게 되어 병을 고쳐 나감을 이름이니, 성현들이 밝혀 놓은 법을 듣고, 보고 하여 환희심이 나서 모든 병을 고쳐감을 이름이니라.

넷째, 방편교라 함은 방편으로써 그 사람을 가르쳐 감을 이름이니, 가령 아무리 하여도 듣지 않고 오지도 않는 회원에게는 그분의 친한 사람이 있으면 그분에게 오지 않는 병이 있는 회원의 안부도 다정히 물으며, 또한 그분 귀로 들을 수 있도록 기쁘고 반가운 말을 하며, 기도에 정성도 들이고, 또는 어려운 난경에 처할 때 도와주고, 어린아이도 있으면 귀여워하고 돌보아 주기도 하며, 교화받는 자에게 알지 못하는 사이에 교화를 받게 하는 방법이니라.

　다섯째, 자연교라 함은 오지도 가지도 않는 병든 회원을 이러니저러니 할 것도 없이 오직 나 할 일만 꾸준히 하고, 나의 도리만 어그러지지 않게 하며, 실례가 되지 않을 정도로 멀리 떨어져 두고 보면 나중에는 자연히 돌아오는 수가 있나니라.

　또 우리가 처음 익산 총부 창설 시 엿 장사를 할 때 '엿목판을 들여놓아라.'라는 종사주님의 주의도 몇 번 받았건만 그냥 두고두고 하였더니 어느 날은 도적놈이 들어와서 그 엿목판을 다 가져갔는지라 종사주님께서 말씀하시기를 '말로 가르쳐도 안 들어서 그냥 두었더니 도적이 와서 가르쳤다.' 하셨나니라. 이후로는 들여놓지 말라고 하여도 들여놓고 조심하게 되었으니, 이것이 행교이니라.

　법만 정법이면 육도(六道) 윤회(輪廻)를 하다가도 감화를 받아 올라오는 날이 있으니 이는 자연적인 진급의 이치이니라.

　또 범부는 남의 비밀과 허물을 들추어내며 타인에게 참지 못하고 전파하지만, 불보살 성현들은 그 비밀과 허물을 덮어 방편으로써 교화에 힘쓰나니 어찌 다르지 않으리오.

　이상과 같이 하면 아무리 병든 사람도 조만은 있을지언정 치료 못한다고 할 수는 없으니, 그러므로 부처님의 교화 방편인 천만 능력을 배우면 어떤 병자라도 치료할 수 있나니라." 〈원기29년 1월 22일〉

49. 애착·탐착을 여의라

정산 종사 말씀하시기를 "일을 할 때 끌리고 보면 실수가 생기나니라. 급하고, 느리고, 높고, 낮고, 좋고, 싫은 데에 끌리고 보면 실수가 있게 되나니라.

여러분도 생각해 보라. 특히 청년들은 하고 싶은 것이 많은 만큼 끌리는 경우가 많으니, 냉정한 두뇌로 생각하여 급하게도, 느리게도 하지 말며, 이것저것에 흔들리거나 치우치지 말고 중도(中道)를 잘 잡아라.

어느 하나, 어느 한 곳에 끌리는 것은 수양이 부족한 소치이니 수양의 힘으로써 끌리지 않는 공부를 하자. 매사에 냉정한 두뇌를 들이대어 판단하고, 행동하라. 더욱 애착, 탐착은 불교에서 영혼을 제도하는 데 큰 금물이니라."

50. 회향(回向)

정산 종사 말씀하시기를 "초목은 그 토질의 좋고 나쁨에 따라 육성의 잘잘못이 한정되나니, 오직 좋은 토질을 만나야만 그 초목의 번성을 볼 수 있나니라.

그러나 좋은 토질을 만났다고 해서 당장에 그 초목이 무성해지는 것이 아니요, 날이 가고, 달이 갈수록 그 효능이 발휘되어 초목의 무성함을 볼 수 있으니 그 당장에 효능이 없다고 한탄할 것이 없도다.

이와 같이 사람에게는 오직 회향(回向)의 정부정(正不正), 선불선(善

不善)으로 미래를 판정할 수 있나니, 정법에 귀의하여 성불제중의 대원(大願)에 회향하라.

그러나 회향을 잘했다고 해서 직전에 그 목적을 달성할 수는 없는 것이요, 오직 이에 회향하여 영원무궁토록 닦아 행하면 반드시 목적을 성취할 날이 있을 것이니, 그러므로 현재의 우열을 탓하지 말 것이니라. 항상 정법에 회향 유무(有無)를 대조하여 오직 덕을 닦고, 선을 쌓을 따름이니라.

이를 비유하면 새벽에 닭이 울 때를 보라. 닭이 한 번 울고, 두 번 울어 차츰차츰 동쪽 하늘이 밝아 오고, 날이 새는 때가 오는 것과 같이 우리 공부인도 회향 적공을 하지 않았으면 포기하지 말고, 공부심을 추워 잡아 성불제중을 향하여 하루에 한 가지씩 닦고 닦으면 반드시 대오(大悟)의 서광이 비칠 것이니라."

제2편

공도의 주인

제2편
공도의 주인

1. 불보살의 서원
정산 종사 말씀하시기를 "대저 지식과 재물과 얼굴, 부귀가 많으면 불보살이 되기 어려우나 이러한 환경에서 발심(發心)이 나는 사람은 전세에 깊은 인연을 맺은 불보살이니라."

2. 세상에 어려운 일
정산 종사 말씀하시기를 "부처님 말씀에 삼난(三難)이 있다고 하셨나니, 하나는 사람 몸 얻기가 어렵고, 둘은 결함 없는 몸 얻기가 어려우며, 셋은 부처님 회상을 만나기가 어렵다고 하심이라, 나는 여기에다 몇 가지를 더 말하고 싶노라.

인연은 걸었으되 참다운 발심(發心)과 굳은 신념(信念)을 세우기 어렵고, 주위 환경이 전무출신(專務出身)을 하여 정신·육신·물질을 다 바쳐 공도에 힘쓰기가 어려우며, 더욱 3년이라는 단기간이라도 온전한 마음으로 속 깊은 공부 잘하기가 어렵나니라. 또한 연원을 달았으나 형식이 아니라 진정으로 우러나는 참 마음에서 분향(焚香) 하나라도 하게 하기가 어렵고, 열반할 때 최후 일념 청정(淸淨)하기가 어려우며, 일생 덕(德)을 닦아 다시 내생을 위한 원대한 서원을 세우기가 어려우니라.

만일 일심청정(一心淸淨)과 서원이 합한다면 그대로 될 것이니 이와 같이 하면 부처님의 경지에 오르리라."

3. 소인이 되지 말고 대인이 돼라

정산 종사 말씀하시기를 "모기는 아무리 잘 나나 삼례까지는 날아가지 못하는 것이니 그 날아가는 것은 사람보다 나으나, 삼례까지 날아가지 못하는 것은 무슨 일인가 연구해 보라.

이는 다름이 아니라 소견 따라 되는 것이라, 세상이 이 동리를 떠나 또 있는가 생각해 볼지니 마찬가지로 키가 큰 사람은 누구나 대인인가, 키가 크고 몸이 커서 대인이라고 하는가.

소인(小人)은 평생 생각이 다음과 같나니,

첫째, 자기 몸에 대한 고집을 두고 있는 이는 가장 소인이요,

둘째, 가정에 대한 고집을 가진 이는 조금 큰 소인이며,

셋째, 동네에 대한 고집을 가진 이는 조금 더 큰 소견을 가진 소인이니라.

그러나 대인(大人)이신 부처님은 시방세계 중생을 내 권속으로 아시며, 일체 생령을 품 안에 안으시어 고에서 낙으로 인도하시려 고심·노력하셨으며, 공자님도 키가 커서 대인이 아니라 곧 마음이 커서이니, 마음은 넓힐수록 커져서 천하를 배 속에 넣어도 차지 아니하나, 좁게 가지면 겨자씨만큼 작아지기도 하나니라.

우리의 공부는 무엇을 하기 위해서인가. 곧 마음을 크게 가지고 싶어 공부하는 것이니라. 또한 내가 나를 무시하는 자가 제일 소인이니, 마음을 점점 키워가면 언젠가는 부처가 되나니라. 이는 한량없이 넓고 넓은 부처님의 광(廣)의 세계이요, 또 부처님의 사업은 영원한 세상에 다할 날이 없는 장(長)의 세계라, 하루살이는 1년을 모를 것이나 부처님과 대인의 계획은 한량이 없기에 시일이 오래 걸리나 그 대신 이익과 수확은 많나니, 그러므로 여러분들은 넓은 생각과 먼 생각을 가지라."

〈원기36년 9월 1일〉

4. 지도받는 자는 주견(主見)을 없애자

정산 종사 말씀하시기를 "옛적에 다정한 친구 두 사람이 있었나니 어느 날 친구 한 사람이 다른 친구를 청하여 음식을 많이 장만하고 놀다가 그 부인을 불러내어 '이런 다정한 친구가 오셨으니 마누라는 어디 춤이나 한번 추어 보시오.' 하자 그 부인이 조금도 서슴지 않고 춤을 덩실덩실 추지 않는가.

또 자부(子婦)를 불러 춤을 추라 하니 그도 역시 춤을 추었으며 아들이 밭에서 소를 몰고 돌아오는지라 아들을 보고 '그 소를 용마름에 매어라.' 하니, 그 아들 역시 아무 말도 없이 짚단을 태산같이 높이 쌓더니 소가 짚을 밟고 오르게 하여 용마름에 매는 것이 아닌가.

손님의 친구가 자기도 집에 돌아와서 그와 같이 해 보려고, 대접받은 그 친구를 청하여 먼저와 같이 음식을 장만하여 서로 재미있게 먹으면서 그 부인 보고 '춤을 추라.' 하니 부인이 노발대발하며 '미쳐도 분수가 있지, 친구 앞에서 춤을 추라 하시오.' 하고 춤을 추지 않았으며, 그다음은 자부에게 '나와 춤을 추라.' 하니 웃으며 나오지도 않았으며, 그다음에 아들 보고 '소를 용마름에 매어라.' 하니 '아버님께서 정신에 고장이 났기에 저런 말씀을 하시지, 그렇지 않고서야 어찌 이러한 말씀을 하실 수가 있습니까.' 하고는 말을 듣지 않았나니라.

처음 친구의 가정은 각자의 주견을 세우지 않고 지도인의 명령에 복종한지라 집안이 온순하고 화목하며, 나중의 가정은 각자의 주견을 세우며 지도인의 명령에 불복한지라 집안이 불목이요 불평이라, 우리 회상에 동참한 공부인들도 지도인의 지도하에 절대복종하여야 바른 지도를 받아 제도를 받나니라."

5. 우리는 대종사님의 분신

정산 종사, 지방 교무 송별(送別) 때에 부촉하시기를 "첫째, 우리의 몸은 곧 대종사님의 유(遺)요, 본회(本會)의 분신(分身)인 것을 항상 명심할지니, 우리가 잘함으로써 곧 대종사님의 위덕(威德)이 드러나고, 우리가 잘못함으로써 곧 대종사님의 위덕이 무력(無力)해지며, 우리가 잘함으로써 곧 본회 전체의 명성이 드러나고, 우리가 잘못함으로써 본회의 전체에 오예(汚穢)를 받게 되나니, 우리는 개인의 몸이 아닌지라 절대로 각자의 몸을 쉽게 알아서는 안 될 것이요,

둘째, 회원을 교화하는 데는 소소한 일이라도 먼저 몸으로써 성의(誠意)를 다해 시범을 보여야 할 것이니, 그렇지 아니하고는 인중(人衆)을 잘 교화하지 못할 것이며,

셋째, 회원을 통치하는 중에는 불편불의(不偏不倚)의 태도를 보여야 할 것이니, 만약 교무로서 혹 편당시비(偏黨是非)에 들게 된다면 원만

하게 대중을 통치하지 못할 것이요,

 넷째, 교무가 모든 회원을 접응(接應)할 때 만약 진실에 결함이 있다든지 또는 포용력이 부족하다면 회원의 신임을 얻지 못할 것이며,

 다섯째, 교무가 만약 총부와의 연락에 힘쓰지 아니하고 자기에게 신앙이 집중하도록 힘쓴다면 통일적 교화가 되지 못할 뿐만 아니라 그 회상은 반드시 병들고 말 것이니라.

 아울러 인내(忍耐), 근민(勤敏), 정직(正直), 관대(寬大), 불류세속(不流世俗)의 표어를 주나니 힘써 행하라."

6. 교단의 법맥(法脈)

 안이정이 법맥(法脈)의 계승에 대하여 정산 종사를 뵙고 여쭙기를 "저희 교단의 법맥은 역대 종법사로부터 이어지는 것으로 생각됩니다만 그 관계를 알고 싶습니다." 하거늘 정산 종사 말씀하시기를 "우리 교단의 법맥은 법통(法統)과 종통(宗統)으로 이어지나니, 법통은 새 회상 주세불이신 대종사님의 정통 법맥을 바로 잇는 것이요, 종통은 교단 통제의 주법(主法)을 맡은 종법사의 계승을 이름하나니라. 그러나 종통보다 항상 법통이 주(主)가 되어 운영되나니, 앞으로 우리 교단은 이 법통과 종통으로 영원히 이어져 나가게 되리라." 하시었다.

7. 태허공(太虛空)과 같은 마음

 정산 종사, 종법사 취임을 앞두고 대중들에게 말씀하시기를 "대공(大空)과 같은 마음을 가져라. 태허공(太虛空)과 같은 마음을 가져라. 우주 만물 가운데 가장 큰 것은 대공과 같이 호호탕탕(浩浩蕩蕩)한 큰 심

중을 가지는 일이니라. 대종사님께서 게송에 밝혀주신 바와 같이 우리의 마음은 지극히 공한 것이며, 지극히 원만한 것이며, 지극히 구족한 것이라, 학식 상에 걸린 사람, 사업 상에 걸린 사람, 공로 상에 걸린 사람, 예쁜 상에 걸린 사람, 미운 상에 걸린 사람, 이 모든 상이 일체 죄악의 근본이 되고 고(苦)의 근본이 되나니라."

8. 종교 전문가의 책임

정산 종사 말씀하시기를 "우리는 종교 전문가로서 책임을 다해야 하나니 늘 우리의 본분을 잊지 말아서 다른 곳에 너무 깊이 빠지지 않도록 하라."

9. 제일 큰 이익과 제일 큰 해독

정산 종사 말씀하시기를 "세상에 남 이익 주는 일이 여러 가지가 있으나 선심(善心) 일으키는 것과 같은 큰 이익이 없나니, 물질이나 명예 등으로 남에게 이익 주는 것은 다할 때가 있고 자칫 잘못하면 변복(變福)이 될 수도 있으나 남에게 선종자(善種子)를 일으키는 것은 그 사람의 영생에 한없는 복락을 심어주는 것이니라.

또한 남에게 해독을 주는 일이 많이 있으나 물질로써 주는 해독은 회생할 길도 있고 각자 마음에 따라 채울 수도 있으나 나쁜 종자를 일으키는 것은 영생의 악종자가 되어 한없는 재화(災禍)의 종자를 심어 주는 것이 될 것이므로 이는 해독 중에 가장 큰 해독이 되나니라.

그러므로 물질적 원조도 좋으나 좋은 마음이 주가 되어 좋은 행실을 하게 하여 영생의 복락을 가져오게 하는 것이 가장 큰 이익을 주는 것이니라.

　『금강경』에서 '삼천대천 세계에 가득 찬 칠보(七寶)로써 보시하는 공덕보다 반야(般若)의 법문 한 구절 설(說)하는 것이 훨씬 그 공덕이 크다.'라고 하였나니 그와 같이 형상 있는 보물은 쓰면 다할 날이 있으며, 또한 잘못 쓴즉 그것으로 재화(災禍)를 초래할 수가 있으나 법문 한 구절을 진정 그 사람을 위하여 설해준다면 큰 복이 될 것이니라.

　우리가 우선 먹기는 곶감과 떡이 맛이 있으나 뜻있는 자는 과일나무 한 그루를 심어주나니, 그러한즉 그 이익은 자식, 손자에게까지 미치게 되나니라.

　이와 같이 가장 큰 이익은 선심이 일어나게 하는 것이요, 가장 큰 해독은 악심이 일어나게 하는 것이라, 큰 이익은 생(生)하게 할지언정 큰 해독은 생하지 않게 하여 영생을 개척하는 큰 방법을 삼아서 대원정각(大圓正覺)을 성취하도록 부탁하노라."

10. 세상의 대죄(大罪)

　정산 종사 말씀하시기를 "사람마다 복을 좋아하고 죄를 싫어함은 인지소욕(人之所欲)이거늘 그러나 죄(罪)를 짓는 자는 많으나, 복을 짓는 자는 희귀(稀貴)하나니, 세상은 할 수 없이 고락상반(苦樂相半)의 세상이니라.

　그리고 죄 중에도 대소(大小)가 있으며, 흔히 범하기 쉬우면서 그 내면에 있어서는 지극히 중죄(重罪)가 될 수 있으니 그 대죄(大罪)란 과연 무엇인가. 바로 정법을 비방하고 정법 회상(正法會上)을 파괴하는 자(者)들의 죄이니라.

먼저 우리 부처님을 들어 생각해 보자. 부처님은 삼계(三界)의 대도사(大導師)이요, 중생의 자부(慈父)시라, 오직 삼계 모든 중생을 대자대비(大慈大悲)의 모든 방편과 갖은 방법으로 선도(善道)에 인도(引導)하시는 어른이시니라. 또한 정법(正法)은 부처님이 제정(制定)하신 법이라, 이 정법으로써 모든 중생을 구제하나니, 이는 일체중생의 구제선(救濟船)이니라.

그러므로 정법을 비방하는 자는 그 구제선의 방향을 방해하는 자이며, 정법 회상을 파괴하는 자는 그 구조선을 파괴함과 같나니, 모든 미(迷)한 중생들에게 영원한 악도에 윤회(輪廻)하여 고계(苦界)를 면치 못하게 함이니 그 어찌 대죄가 아니랴.

제군들은 정법을 신봉하고 정법 회상을 두호하는 사람은 될지언정 정법을 비방하고 정법 회상을 파괴하는 대죄인은 되지 말라."

11. 유일의 참뜻

정산 종사 '유일학림' 개강식에 말씀하시기를 "지금 70여 명의 유일학림생이 지공무사(至公無事)한 심경(心境)으로 공부를 잘하여 행·주·좌·와·어·묵·동·정(行住坐臥語默動靜)간 법도에 맞게 하면 세상은 자연히 공심(公心)의 세계로 화하고, 지혜가 명철하여 막힘이 없으면 이르는 곳마다 '아! 저분들이 학림생(學林生)들이로구나. 원불교의 법우(法雨)를 맞은 청년들이구나.'라고 하게 되므로 세상은 자연히 제도가 되고 이상의 세계가 될 것이니라.

제군들은 유일(唯一)의 참뜻을 알아 유일한 목적과 유일한 행동과 유일한 성과를 얻어라. 유일한 목적은 제생의세(濟生醫世)이요, 유일한 행동은 무아봉공(無我奉公)이며, 유일한 성과는 일원세계(一圓世界) 건설이니라.

끝으로 한마디 부탁할 것은 과학이란 잘못하면 청년의 심경을 그르칠 수가 있고, 과학에만 치우치면 도(道)가 멀어질 것이니, 앞으로는 영웅호걸이나 높은 지위 그 무엇보다 진실과 공심이 승리하리라는 이 말을 명심하여 잊지 말라. 더욱 여러분들은 어떠한 처지, 어떠한 경우에도 앞에서 밝힌 '유일학림(唯一學林)'이라는 명자(名字)를 잊지 말며, 유일학림의 본분을 잃지 말며, 유일학림의 성과를 잊지 말라."

〈원기31년 5월 1일〉

12. 유일학림의 특색

정산 종사 말씀하시기를 "우리 유일학림(唯一學林)은 초창기가 되어서 외관이나 형식 등이 아직 구비되지 못하고 내용에서도 아직 뜻과 같이 완실(完實)하지 못하였으나 다른 데서 보지 못할 가장 장래성 있는 특색 세 가지가 있으니,

첫째, 형식 간판보다 실력을 본의로 하는 것이요,

둘째, 과학 지식보다는 신앙과 도덕을 취입(取入)하는 진리를 본의로 하는 것이며,

셋째, 일신(一身)이나 한 가정을 위한 개인 본의의 학업이 아니요, 제세(濟世)의 대이상(大理想) 아래 공도(公道)를 본의로 하는 학문이기 때문이니라.

이 세 가지 특색은 그대로 미래 세상의 필연적 요구이니, 형식의 주장이 극하면 실질을 찾을 것이요, 과학 지식이 극하면 도덕을 찾을 것

이니, 이렇게 되면 우리 유일학림은 실질, 도덕, 공도 이 삼 요소를 준비하여 세상 사람들의 선도자를 길러내는 오직 하나뿐인 학림의 존재가 되나니라."

13. 미래의 도인

정산 종사 말씀하시기를 "조선에 있어 불교의 융성 시대는 신라 법흥왕 때 이차돈 성자로 비롯하여 대흥왕(大興旺)하였나니, 그때는 가가봉불(家家奉佛)하고, 인인작례(人人作禮)하였다고 하나니라.

그러나 조선시대에 와서는 변퇴(變退)하였으니 그 원인은 어디 있는가. 이것은 너무나 세력에 끌려 권리를 남용한 까닭이니라.

하지만 하늘의 운수로 인하여 돌아오는 세상에는 무등등(無等等)한 도인이 많이 날 것이며, 세상에서도 이러한 도인을 찾게 될 것이니, 앞으로의 도인과 세상에서 찾게 되는 도인은 어떠한 자격을 갖추고 있겠는가. 그러한 도인은 물욕에 담박(淡薄)하고, 명예에 초연(超然)한 도인이니, 이러한 도인이라야 세상에서 알아줄 것이니라.

도인이 매사에 권리를 탐하여 기획(企劃)한다든지, 또는 명예로써 사업을 한다든지, 또는 물욕에 초연(超然)하지 못한 행동을 하거나 관심을 가진 자는 아무리 금은옥설(金銀玉說)을 한다고 할지라도 신임(信任)을 얻지 못할 것이니라.

예를 들어 앞으로 우리 도인이 지방 순회를 한 번씩 하고 나면 무등(無等)의 재물과 대우가 있을 것인바 만일 그것을 바라고, 또는 그를 이용하기로 위주(爲主)한다면 도인이 아니니라. 받은 그대로 형편 따라 그 지방에 희사하든지, 또는 더 못한 지방에 보내고 빈 몸으로 돌아온다면 방방곡곡에서 환영할 것이며 도인이라 할 것이니라.

　권리나 명예심도 공(空)한 심경으로써 오직 대중을 위하고, 자비와 사랑하는 마음으로써 행동하는 자이어야만 앞으로의 도인이니라."

〈원기33년 11월 20일〉

14. 외형에 끌리지 말고, 실력을 양성하라

　정산 종사 말씀하시기를 "'작작원중화(灼灼園中花)는 조발환선위(早發還先萎)요, 지지간반송(遲遲澗畔松)은 울울함만취(鬱鬱含晚翠)라, 춘(春)아, 춘아, 태평춘(太平春)아, 사시상천(四時上天) 태평춘아, 동원도리(同源道理) 편지춘(遍地春)아, 녹음방초 우거진데 아니 놀고 무엇하랴.' 하고 노래를 불렀나니, 여기에 심상한 뜻이 있나니라.

　활짝 핀 정원의 꽃 빨리 피워 일찍 떨어지고,
　천천히 자란 시냇가 소나무 울창하게 이루어 늦도록 푸르도다.

　지금의 사람들은 잘난 자는 명예(名譽), 못난 자는 이기(利己)가 문제라, 어린아이도 잘하지 못했으나 잘한다고 하면 좋아하는 것은 바로 명예심이 깔아 있기 때문이니라.

　요즘 정치(政治)에 나서서 떠들고, 과학을 배워야 한다며 떠드는 자의 십에 팔구는 명예에 끌린 자들이니, 근본적 진리에 입각하여 활동하는 자는 많지 않나니라.

　그러나 실지로 진리적인 도덕이 없고 형식으로 하는 명예는 상설(霜雪)을 이겨낼 수가 없나니, 그래서 명예나 권리가 있으면 존재하나, 그 명예와 권리가 떠나가면 따라서 마음마저 없어지는 것이 보통이니라.

본회도 7개소(七個所)의 신문에 나고 회(會)가 드러나 여망이 있으니까 입회하여서 거기에 의지하거나, 개인이 명예를 믿고 활동하다가 명예가 없어지면 믿지 않는 것과 같나니 이것이 곧 작작원중화(灼灼園中花)이니라.

명예와 권리를 쫓아다니는 것은 불보살 세계에서 보면 한때의 꿈과 같나니, 도인들은 중생을 위하여 권리가 없으면 안 될 경우에만 혹 권리도 얻으나 개인의 명예는 조금도 얻고자 하지를 않나니라.

그러므로 제군들도 과거 불보살들이나 요순현(堯舜賢)의 마음을 조금이라도 따라가면 깊은 실력을 얻을 것이나, 그렇지 않고 겉으로 나타난 그림자와 같고, 물거품과 같고, 꽃과 같은 것들을 갈구하지 말지니라.

또한 문자는 형식이라 이를 구하기에 급급하지 말고, 불보살의 마음을 천분의 일이라도 닮아 가고 익혀가는 것이 자신의 진정한 실력이 될 것이니라.

고문(古文)에 '유실무실오동실(有實無實梧桐實)이요, 유사무사양류사(有絲無絲楊柳絲)라' 하는 구절이 있으니, 이는 한때 풍월객(風月客)의 희작(戲作)임이 틀림없으나 돌이켜 생각하면 통절(痛切)한 처세의 비구(秘句)라 하겠도다. 오동나무 열매와 버드나무 실이 어디에 쓰이겠는가, 아무 쓸모가 없나니라.

이 세상에 어떠한 국가나 사회나 가정을 물론하고 처음의 발정(發定)은 다 그럴듯한 성행(誠行)을 보이다가 지속하지 못하고, 그 실을 드러내지 못한 채 유명무실이 되고 마는 일이 허다하나니, 이 실이란 다음 세상에 그 자체를 지속해 주는 종자이니라. 한 국가나 사회나 가정의 골수된 정신을 체득한 후 대(代)를 이을 인물이 그것이라, 그 인물의 후속이 국가·사회의 번영을 의미하기 때문이니라.

그러한 인물은 오직 부동여태산(不動如泰山)의 신근(信根)을 가져 선대의 끼친 정신에 철두철미한 사람일 것이니, 이는 전구(前句)의 비유요, 후구(後句)는 세상 사람들이 어떠한 학문이나 사업을 하는 것 같아도 그 실이 없는 사이비(似而非)의 인물을 비유한 것이니라.

겉으로는 무엇인가 하는 것 같이 말로써나 글로써나 성자인 것 같으나, 실(實)인즉 그를 역이용하여 세상을 기만하고 사람을 착취하는 도구를 삼나니, 이것이 즉 유사무사(有絲無絲)이니라.

옳은 학문을 하고 바른 사업을 하려거든 그 자신이 먼저 실천역행(實踐力行)하여, 그 체험 그대로 일동일정(一動一靜)이 세상에 공헌을 끼쳐질 수 있는 사람이라야 할 것이니라.

그러므로 제군들은 유실무실(有實無實)의 사람이 되지 말고, 유사무사(有絲無絲)의 사람이 되지 말아서, 실이 있는 종자가 되어 후세 만대에 전전상속(轉轉相續)할 착실한 종자가 되어, 자기를 완성하고 세상에 유익을 주는 실다운 실천역행(實踐力行)의 인물이 돼라."

〈『법어』 유촉편 15. 법문 보완〉

15. 교운

정산 종사, 교무선(敎務禪)을 주재하시며 훈시하시기를 "각 지방 교무 여러분들과 각 기관의 책임 임원 여러분들이 각기 그 일터에서 정성들을 다하고 또한 다 같이 중앙에 알뜰한 힘을 모은 결과로 금년도를 통하여 교단 각 부면에 현저한 발전을 보게 되었고, 우리 회상의 면목이 점차로 더욱 드러나서 우리가 장차 세계에 진출할 모든 기운과 터전이 더욱 성취되어 가고 있음을 심히 흔쾌히 여기는 동시에 또는 감사를 금치 못하노라.

이번 교무선 결제를 당하여 교무 여러분들과 일반 선원(禪員) 여러분들에게 내가 다시 한번 말하고자 하는 바는 우리가 다 같이 양양한 우리 교운을 더욱 기쁘게 전망하는 동시에 다 같이 이 좋은 교운의 알뜰한 주인공이 되기를 다시 거듭 서원하자는 것이니라.

대종사님께서 우리 회상 초창 당시에 친히 구술(口述)하신 가조(歌調) 가운데 '사오십 년 결실(結實)이요, 사오백 년 결복(結福)이라.'는 말씀이 있었나니 이것은 우리 회상의 전도를 예언하심이었노라. 결실이란 열매를 맺는다는 말씀이니 씨를 뿌린 그 국토에서는 분명한 결과를 보게 될 것으로 의미하심이요, 결복이란 복을 맺는다는 말씀이니 그 좋은 종자들을 온 세상이 서로 취하여다 심어서 다 같이 복락의 결과를 얻게 될 것으로 의미하신 것이니라.

그러므로 우리 회상은 창립 사오십년대에 이 나라에서는 완실(完實)한 결과를 볼 것이요, 사오백년대에는 온 세상에 편만하여 일체 생령이 한가지 귀의하는 바가 될 것이라, 세계에 값을 묻는 것이 우리의 목표이니 조금 이루어 놓은 것에 만족하지도 말고, 목전의 소소한 파란에 실망하지도 말 것이니라.

일대(一代) 기념총회 이후, 팔구 년간에 계속해서 밀려오는 기운만 살펴보아도 우리가 완실한 기운을 탈 날이 목첩(目睫)에 임했음을 알 수 있으니, 천지의 운수도 철 바뀌는 것과 같아서 정이월의 남은 추위에 아직 봄이 아득한 듯하다가도 삼월 동풍이 한 번 불어오면 문득 천지에 봄이 가득함을 보는 것이니라.

우리 회상 교운도 또한 이와 같으므로 원불교의 간판을 짊어지고 그 진실한 공심으로 활동만 하면 이 회상의 기운이 그 사람에게 통해져서 모든 일이 무난히 성취되며, 따라서 대중의 옹호와 우대가 저절로 돌아올 것이니라.

그러나 만일 공(公)을 빙자하여 사(私)를 경영하거나 믿음과 정성이 부족하면 그 일도 잘되지 않으려니와 부지중에 그 앞길이 막힐 것이니, 아무쪼록 더욱 지극한 정성과 알뜰한 공심으로 꾸준히 계속하여 능히 천지의 큰 기운을 움직이며 천지의 큰 기운을 인수해서 이 좋은 교운의 알뜰한 주인공이 되기에 노력하기를 부탁하노라.”

〈원기46년 1월 3일〉

16. 교목세신(喬木世臣)

정산 종사, 학인들에게 물으시기를 "『맹자』에 교목세신(喬木世臣)이라는 말이 있으니 아는 자는 말해 보라." 하시니 이때 종옥이 대답하기를 "대대로 유명한 인물이 나는 것을 이름하여 교목세신이라 합니다."라고 하였다.

정산 종사, 다시 말씀하시기를 "어느 시장 또는 큰 동네를 들어서면 아름드리 교목(喬木)이 있어서 이 나무를 보고 옛터라고 인증을 하게 되나니, 세신(世臣)이라는 말은 나라에서 쓰는 문자로서 그 신하 가운데 나라와 생명을 같이 할 사람을 일러 세신이라 하나니라. 그러므로 나라의 운명을 물을 때에는 '세신이 몇이냐.'라고 묻게 되나니라.

우리는 원불교와 생명을 같이할만한 자가 세신이니라. 이 회상·이 법을 위해서는 과거 이차돈(異次頓)과 같이 삼세를 통해 놓고 고락과 근심을 함께 하며, 내 개인이나 내 가정에 근심이 있으면 걱정하듯이 이 회상에 대하여 실지로 걱정하고 실지로 근심해서 어느 방면으로든지 회상의 근심이 없도록 하며, 또는 회상에 기쁜 일이 있으면 내 개인에게 기쁨이 있듯이 실지로 기뻐하고 실지로 자랑하고 실지로 즐거워해서 회상의 진퇴(進退)를 내 몸의 진퇴로 알지니 이것이 우리 회상의 세신이니라.

이 법이 없어지면 내 생명도 없어지고, 이 법이 흥하면 이 몸도 흥하는 것으로 알아서 생명과 대신하는 인물이 많이 나면 날수록 이 회상은 흥할 징조이니라.

옛날 백제 시대에 미약한 나라를 건질 때 10인(十人)의 세신이 있었으므로 십제(十濟)라 하고, 나중에 1백 명의 세신이 되었으므로 백제(百濟)라 이름하여 그 나라를 유지했다고 하였나니, 우리도 천(千)이면 천, 만(萬)이면 만이 전부 원불교와 생명을 같이해서 천하의 권리로도 흔들지 못하고, 금옥보패(金玉寶貝)로도 흔들리지 않을 전무출신이 많다면 우리 원불교는 영원히 흥할 것이니, 이것이 신(信) 있는 자라 할 것이니라."
〈『법어』 공도편 7. 법문 보완〉

17. 연화(蓮花)가 돼라

정산 종사 말씀하시기를 "옛날 예수께서는 제자들에게 '그대들은 소금이 돼라.'라고 하셨으나 나는 제군들에게 연화가 돼라고 하노라. 이 연화는 옛날 부처님이 가장 사랑하셨던 꽃이요, 모든 경전에도 연화의 찬양 말씀이 많으니, 이는 오직 그 성(性)이 비록 더러운 진중(塵中)에 묻혀있다 할지라도 그 꽃은 진흙 속에 초출(超出)한 미(美)를 가짐이니라.

그와 같이 이 세상은 오욕 번뇌로 오염(汚染)된 오탁(汚濁) 세계이니라. 그러나 이 오탁 세계에서도 가장 깨끗하게, 아름답게 살 수 있다면 곧 지상천국(地上天國)이 될 것이니, 곧 일심이 청정하면 시방 국토(十方國土)가 실개청정(悉皆淸淨)이니라.

우리는 먼저 연화가 되어야 할지니, 연화는 깨끗하고도 진계(塵界)에 초출한 것이니라.

그러기 위해서는 먼저 깨끗하고, 진계에 오염되지 않는 마음을 가져야 할지니, 모든 티끌세상의 유혹(誘惑)에 흔들리지 않기 위해서는 마음에 정력(定力)을 길러야 할 것이니라.

또는 연화와 같이 깨끗하고 명백(明白)한 행위를 할지니, 이 티끌세상에 처하여 살더라도 깨끗한 양심을 지켜, 티끌 한 점 없는 순결청백(純潔淸白)한 생활을 하여야 할 것이니라.

또한 내 마음을 베풀어 쓸 때는 뭇 중생을 대하되, 오직 연화 같은 순실(純實)한 마음으로써 사량계교(思量計較)가 돈공한 순량(順良)한 양과 같은 마음이 되어 그들을 위하여 뜨겁게 온 생을 바칠지니라."

〈원기31년 10월 14일〉

18. 서원과 욕심

정산 종사 말씀하시기를 "서원(誓願)과 욕심(慾心)이 출발점에 있어서는 비슷하나 그 근본에 있어서는 천지현격(天地懸隔)을 이루나니, 서원이라는 것은 나를 떠나서 요구하는 마음이요, 욕심은 나를 중심으로 알아서 요구하는 마음이니라.

그러므로 서원의 끝에는 선과(善果)가 쌓이고, 욕심의 끝에는 악과(惡果)가 쌓이는 것이니, 나를 떠나서 대중을 위하고 사회를 위하는 것은 부처님의 대원(大願)이요, 서원의 발현이며, 나를 중심으로 사욕(私慾)을 채우기 위한 것은 범부 중생의 감정이요 욕심이니라.

또한 나를 위한다는 것은 남을 해롭게 하여서라도 나를 위하게 되나니, 저 사람이 해를 입는 동시에 또한 그로 하여금 나에게도 해롭게 되는 것이지만, 남을 위한다는 것은 저 사람이 좋아하는 동시에 그로 하여금 나에게 선으로 대할지니, 이 천지자연의 공리(公理)는 상생상극(相生相克)으로 음양상승(陰陽相勝)의 이치이니라.

이러한 까닭에 나를 떠나 대중을 위하는 서원이 인생에 가장 귀한 것이라, 우리 전무출신 하는 사람들은 서원이요 욕심이 아니며, 남을 위하여 생사를 바친 부처님의 대원(大願)이니, 말할 나위도 없이 일체의 욕심을 떠난 지순지극(至純至極)한 서원의 발현인 것이니라.

제군들은 이처럼 지극한 서원을 발하였으니, 안으로 공부하여 나갈 때에도 오직 서원에 입각하여 그 원을 달성하기까지 매진이 있을 뿐이며, 욕심에 끌려 근본의 서원을 망각하지 말 것이니라.

각자가 하는 공부는 근본심리(根本心理)에 있어서 나를 중심으로 한 사욕을 버리고 대의를 위하여 할 것이요, 내가 만일 특별한 공부를 하여 '특별한 사람이 되리라.' 하는 마음이 생기면 서원이 아니라 욕심이니, 오직 무사무욕(無私無慾)의 청정무구(淸淨無垢)한 불구(不垢)의 공부를 해라.

서원은 무사이요 무욕이라, 그래서 옛사람이 말하기를 '대욕(大慾)은 무욕(無慾)이라.' 하였나니 이는 무사무욕 함으로써 나타나는 대욕을 이름이라, 부처님과 성현들 중생제도의 고통은 그 내면에 있어서 대욕인 것이니라.

그러므로 서원은 도심(道心)이며 정심(正心)이요, 따라서 정행(正行)을 나투게 되는 것이나, 욕심은 인심(人心)이요 사심(邪心)이라, 결국은 사행(邪行)을 짓게 되는 것이니라.

제군들은 처음 일보(一步)를 나아갈 때 극히 명심하라. 만물이 다 그 근본의 정(正)·부정(不正)을 따라 현실의 정·부정을 나투게 되는 것이니, 그 근본의 정·부정을 깨쳐 내 중심의 욕심을 버리고 대중을 중심으로 하는 서원을 발하여 옳게, 바르게, 씩씩하게 나설지어다."

※ 정산 종사 말씀하시기를 "서원과 욕심 두 가지가 있으니, 서원은 어떤 것이며 욕심은 무엇을 말하는 것인가. 서원은 남을 위하여 원을 세우는 것이요, 욕심은 내가 어떻게 하면 좀 더 잘 먹고 잘 입으며, 좋은 집에서 살고 재산이 많으며, 권리가 있고 위가 높을 것인가 등의 개인 하나만 잘살자는 것이니라. 아미타불께서 사십팔원을 세우시고 부처님께서 왕궁가의 부귀를 버리시고 유성출가(踰城出家) 하시어 악도중생(惡道衆生)을 건지시려고 6년 고행을 하시면서 생사윤회의 진리를 깨치신 그것은 일체중생을 위하신 서원이니라.

그러나 비록 서원이라 할지라도 한 단체나 국가에 국한한 것이 있으니, 불보살들의 서원과는 차이가 있노라.

안중근 의사가 이토 히로부미를 총살한 것이라든지, 김구 선생이

해외에서 온갖 역경·난경을 당하고서 독립운동을 한 것 등은 비록 무아봉공(無我奉公)의 표본을 보여 주셨으나, 불보살들의 인종·풍속·국경을 초월한 드높은 서원에는 미치지 못하노라."

19. 제군들은 도덕의 행위를 하라

정산 종사 말씀하시기를 "제군들이여! 자고(自古)로 세력과 권리 밑에는 반드시 원망과 위태함이 따르게 되나니, 언제나 도덕의 행위 즉 겸손하고 굴기하심(屈己下心) 하는 도인이 돼라.

국가도 과한 세력과 심한 권리를 남용하면 그 국가는 망하는 것이며, 종교단체도 그 법을 이용해서 일신의 영욕을 바란다든지 또는 권리나 명예나 세력을 써서 과한 행을 하고 보면 그 종교단체 역시 망할 것이니라.

제군들은 교만하지 말라. 앎이 있을수록 더욱 굴기하심하고, 명예가 높을수록 더욱 겸손해서 언제나 덕인이 되고, 영원히 쇠하지 않는 개인이 되고 단체가 되고 국가가 돼라.

보라! 일본인이 한때 너무 권리를 남용하여 모든 백성을 도탄 속에 밀어 넣더니 결국 망국(亡國)이 되지 않았는가. 또는 유교인(儒敎人)들이 너무 과히 양반의 세력과 유세(有勢)로 상민(常民)을 무시하더니 오늘날 별 좋은 일이 없게 되었으며, 과거에 불교가 너무 득세(得勢)해서 많은 속인(俗人)을 해(害)하더니 결국 불교가 배척을 받아 산중으로 밀려나서 유야무야(有耶無耶) 중에 들게 된 원인이 오직 여기에 있다고 생각하노라.

제군들은 명심해서 혹 지방에 간다고 할지라도 교무라는 유세(有勢)

를 버리고, 일체의 일을 공사로 할 것이며, 또는 그 지방 유력자(有力者)들과 친(親)하여 피자(彼者)에게 압박을 주지 말라. 혹 그때는 그 일이 성립될지 모르나 결국 결과가 좋지 못할 것이니라.

또한 교제를 한다고 하더라도 저쪽에서 범하지 못할 정도는 좋으나, 이쪽에서 무리한 권리를 부리지 말라. 내가 들으니 어떤 교무는 부교무(副敎務)를 하인 같이 부린다는 말들이 있으니, 그것은 교무의 올바른 행동이 아니니라. 성품 자리는 원래 상하가 없고, 지우(智愚)가 없는 것이거늘 무엇 때문에 그토록 무시하는가. 이 이치를 잘 알아서 교만하고, 권리 부리고, 지위를 다투는 심경을 버려라."

20. 수도인의 사·농·공·상

정산 종사 말씀하시기를 "율곡 선생이 하루는 제자 두 사람을 불러 '너희들이 출세할 때가 돌아왔으니, 세상에 나아가서 제일 좋은 것을 가져오라.'라고 하였거늘 그러자 한 제자가 생화(生花)를 가지고 와서 드리니 율곡 선생께서 보시고 '너는 세상에 나아가면 부귀를 누리게 되리라. 그러나 그 영화(榮華)를 조심하라.' 하셨으며, 또 한 제자는 지화(紙花)를 가져왔는지라 '너는 바로 부귀는 이루지 못하나 한번 부귀를 이루면 영원히 멸하지 않고 담담한 진미(眞味)를 보리라.' 하시었나니, 어떠한 연고인가.

생화는 그 당장은 아름다움이 고상해서 많은 사람으로 더불어 즐겨 하지 않는 사람이 없고, 구하려 하지 않을 사람이 없으며, 따라서 사랑하고 귀히 여기지 않을 사람이 없을 것이나, 그 아름다움이 오래 가지 못하고 섭섭하게 사라지게 되므로 생화를 가진 사람은 영화를 누리되 간단(間斷)이 있다고 하셨던 것이니라.

　지화란 종이인지라 그 꽃이 심히 아름답지 못한 것은 사실이나, 무릇 종이란 영존(永存)하는 성질이 있는지라 그 지화의 본질에 따라 바로는 부귀를 이루지 못할지라도 영원성이 있는 까닭이니라.

　보라! 저 음식도 맛이 쌈박한 감주나 꿀은 위태롭고 쉽게 변하나, 담담한 냉수는 언제나 불변의 진리를 갖고 있지 않는가. 제군들은 생화 같고 감주 같은 영화에만 집착하지 말고, 냉수 같은 수도에 전력하여 영원무궁토록 출신(出身)의 복락을 누릴지어다.

　이 세상은 사·농·공·상의 네 가지 생활 강령이 있어, 우리 인생으로서는 면할 수 없는 직무이요, 피할 수 없는 생명수이니라. 또한 우리 수도인들이 가질 업(業)이 있으니, 그것은 사·농·공·상의 업을 가지되 영원불멸의 업을 가지라는 것이니라.

　먼저 사(士)는 선비이니, 사는 가르치고 배우며, 정신으로 운전하는 것은 모두 선비라고 하겠으나, 선비 가운데서 어떠한 것이 제일 시들지 아니하고 영원한 선비일까. 물론 문학 같은 것도 영원한 선비 아닌 것은 아니나 그중에도 도덕을 가르치고 배우는 사람이 제일 불멸의 선비요, 물맛 같은 선비이니라.

　그러면 이 불멸의 업을 가진 분은 누구인가. 바로 과거 부처님을 비롯한 제불제성(諸佛諸聖)이시요, 새 세상의 주세불이신 대종사님이니라.

　보라! 수천 년을 두고 오늘날까지 각처에 사원(寺院)을 두고 만중생과 더불어 도덕을 가르쳐 영원무궁토록 행복을 누리게 하는 그 결과는 부처님을 비롯한 제불제성과 같은 선비이니, 그러므로 우리는 이 도덕을 배우고 가르치는 것을 최고 불멸의 업(業)임을 알고, 이러한 회상에 참예(參詣)한 것을 만족으로 알며 다행으로 여겨야 할 것이니라.

다음은 농(農)이니, 예로부터 농자(農者)는 천하지대본(天下之大本)이라 하지 않았는가. 농사로 인하여 만류(萬類)의 배를 불리고 힘을 얻게 하니 어찌 크지 아니하랴.

그러나 여러 가지의 농사 중에도 사람 농사가 제일 근본이 되며, 영원의 흥진(興進)을 짊어지고 씩씩한 역사를 만고에 빛내는 것이니라. 한 가정에서도 흥망이 그 자녀손(子女孫)의 정신에 달렸으며, 한 사회·한 국가·세계에 있어서도 후진(後進) 인재를 따라 흥망이 따르게 되지 않는가. 그러므로 자녀 없는 가정, 후진 없는 사회·국가는 결국 파멸하고야 말 것이니, 어찌 인재 양성이 크지 않으며, 소홀히 여길 문제로 미루어 둘 것인가.

가정, 사회, 국가, 세계가 영원히 행복하고 빛나려면 인농(人農)을 대본(大本)으로 알고 그에 주력해야 할 것이니라.

다음은 공(工)이니, 공은 만물을 제조하여 만드는 것으로 우리 생활에 수용품 공장이 없다면 살 곳이 없게 되므로, 또한 인생 생활에 피할 수 없는 업(業)이니라. 그러나 그중에도 물품을 제조하는 공장보다 마음 제조의 공장이 제일 불멸의 업이니라.

근일(近日)에 유물론자(唯物論者)들이 말하되 '세상이 평정되고 행복을 누리려면 먼저 물질이 주가 되어 풍부한 물질만 있다면 전쟁과 악이 스스로 없어진다.'라고 말을 하나, 과거로부터 현재까지의 역사를 보면 돈 많은 사람들은 송사(訟事)가 많고 불의가 많으며, 가정에서도 재물이 풍부하면 그 가정은 큰 인물이 될 자녀를 두기 어렵고 화목하기 어려웠던 경우가 많았나니, 물론 물질이 필요치 않은 것은 아니지마는 물질을 만드는 공장보다 먼저 마음의 공장을 잘 다스려야 어떠한 처지에 있더라도 마음이 항상 편안하고 안정을 얻을 것이니라.

그러므로 공업 중에는 마음 공장이 영원한 공업이며, 제일의 공업이 되나니라.

다음은 상(商)이니, 상은 이곳의 물건을 저곳으로 옮겨주며, 원거리에서 근거리로 옮겨 누구나 다 그 물건을 쓸 수 있도록 하는 것이니라. 그러므로 또한 우리 생활에 상업이 없다면 수많은 인류가 편리를 얻지 못할 것이며, 그 물건의 진가를 모르게 될 것이니 어찌 상업의 공(功)이 크지 않겠는가.

그러나 그중에도 영원불멸한 상업은 법(法) 장사이니라. 고해에 빠진 만중생(萬衆生)이 수천 년 전에 인도에서 펴신 불법(佛法)으로 인하여 지금 수억이 넘는 인류에게 팔려나가 모든 죄악을 놓고 선을 실행하는 복전(福田)을 만들었으니 그 공덕이 또한 크지 않은가.

그러니 우리는 대종사님의 사은사요(四恩四要)를 온 세상에다 널리 펴서 한 중생도 불은(佛恩)을 입지 아니하는 사람이 없도록 하여 온 세상에 원망 생활이 없고 항상 감사 생활로, 화피초목(化被草木) 뇌급만방(賴及萬方)에 이르기까지 일원대도의 세상을 만든다면 그 복덕은 무루(無漏)의 복이 되어 삼세를 통해서 한없이 받게 될 것이니라.

우리는 사업(士業)을 하되 도덕 선비가 되고, 농사를 짓되 인농(人農)을 하고, 공장을 하되 마음 다스리는 공장을 하고, 장사를 하되 법(法) 장사를 하면 영원불멸의 업으로 세세생생에 무량한 복을 수용하게 될 것이니라.

여러분들은 우리 '유일학림'을 양철지붕 작은 집으로 알지마는 나는 몇 층 양옥보다도 우월하게 보며, 십여 명이 앉아 있는 선방(禪房)을 어설프게 알지마는, 나는 수천, 수만 명이 차지하고 있는 강당이나 궁전보다도 우월하다고 보나니라." 〈원기33년 10월 6일〉

21. 공전(公田)·사전(私田)·물전(物田)·심전(心田)

정산 종사 말씀하시기를 "사람이 세상에 살아갈 때 처음 무엇을 먼저 하여야 할 것인가. 농부가 농사를 시작할 때 종자를 잘 내는 것이 그 시작인 것처럼 인간 생활에도 종자를 잘 골라 심어야 하나니라.

그러나 같은 종자라도 어떤 사람은 산속에서나 숲속에 심어 놓으면 아무리 좋은 종자라도 결실이 적을 것이며, 또는 때를 가리지 않고 추운 겨울에 얼음 위에다 심는다면 결실이 없을 것이니, 이와 같이 우리들도 같은 일을 할 때 어떠한 종자를 어떠한 때에 심을 것인가 생각하여 볼지니라.

영원성 있고 무궁한 종자는 무엇인가. 외적으로는 공전(公田)과 사전(私田)이 있나니라.

공전은 곧 부처님의 사업이니, 일상생활을 할 때 부처님은 세계를 당신의 소유로 전력(專力)하실 뿐, 당신의 사전(私田)을 다 포기하시고 공전을 가꾸어서 사람의 교화를 종자로 아시어 세계를 밭으로 설사(設使)를 해 놓으셨기에 중생의 자부(慈父)이시요, 삼계의 대도사(大導師)라 하시는 것이니라.

그러나 보통 사람들은 조그마한 밭에 일생의 힘을 다 들이나 별 공이 없으니, 제군들은 공전과 사전을 비교하여 생각해 보라.

또 내적으로 물전(物田)과 심전(心田)이 있나니, 보통 사람들은 형상 있는 물질, 재산, 명예, 권리 이것들을 자기의 소유로 삼아 일생의 공력을 들이지만 진정 내 마음에다 공을 들이는 사람은 많지 않나니, 제군들도 일 년 동안 심전(心田)의 공을 얼마나 들이며, 물전에다 얼마나 들이는가를 생각해 보라. 예회 보는 것은 심전에다 공을 들이는 것이니라.

제군들 중에 1년에 5분의 4는 물전에 공을 들이는 사람이 많을 것이니, 그러나 물전에 들이는 공은 그때에는 사실 같으나 몸이 떠날 때는 재산과 처자 권속과 육신까지도 소용이 없는 까닭에 『금강경』에서는 '범소유상(凡所有相)이 개시허망(皆是虛妄)이라.' 하였나니라. 단 1시간의 선법문(禪法門)을 듣고 경전을 보는 것도 심전에 공을 들이는 것이기에 미래 세상에 나를 이끌어 주나니라.

이 종자(種子) 중에 또 당년초(當年初)는 수지(收支)가 많지 않았나니, 과수원도 10년이 지나야 많은 수확을 하는 것처럼 심전도 오래 갈수록 효과가 나타나나니라. 계문(戒文) 하나를 외우면 그때는 외운 사람이나 안 외운 사람이나 별 차이가 없으나, 죄의 움이 돋아나올 때는 계문을 지킨 자와 지키지 않은 자의 차이가 있나니라.

좌선(坐禪)도 처음에는 별것이 아니나 오래오래 계속하면 생사자유(生死自由)를 얻을 것은 영겁(永劫)을 통해서 나타나며, 부처님을 볼 때 지혜와 수양력이 많으신 것은 여러 겁생(劫生) 동안 심전에 공을 들여 금생에 나타난 것이니라.

대한민국 정부를 승인한 것도 어제오늘 이룬 것이 아니라, 일제의 압박(壓迫)을 당할 때부터 애국지사들이 국내와 해외에서 활동한 결과이니, 완전한 국가가 되고자 할진댄 이러한 근원적인 농사를 계속하여야 하나니라.

또는 금생의 부귀(富貴)도 이와 같으며, 한갓 얌전하다는 신용 얻는 것도 역시 이와 같나니, 공부하는 것도 일조일석(一朝一夕)에 되는 것이 아니기에 제군들은 『정전』에 더욱 정성을 들이고, 계문 하나 실행하는 것도 불(佛)의 종자가 되므로 각자가 원(願)을 크게 세우고 영생의 심전 농사를 잘 지을 것이니라.

결론적으로 말하면 사전(私田)은 제일 수확이 적고, 공전은 세계를 내 밭 삼기 때문에 세계에서 수확을 얻으며, 물전(物田)도 좋으나, 심전(心田) 농사에 공을 들여야만 무궁한 세월에 나타나나니라.

더욱 공전은 수량으로 볼 때 무한무루복무루지(無限無漏福無漏智)이요, 사전은 유한유루복유루지(有限有漏福有漏智)가 되나니, 제군들은 1개월 중의 27일은 사전을 하고, 3일은 불일(佛日)의 심전 농사에 전력하라." 〈원기33년 12월 16일〉

22. 신의를 존중히 하라

정산 종사 말씀하시기를 "고구려 평강왕에게 딸이 있어 사랑스럽고 귀여워서 울 때에는 조롱의 말로 근처의 '바보 온달에게로 시집을 보내리라.' 하였나니, 딸이 점차 장성하여 혼처를 구하거늘 딸이 부왕에게 여쭙기를 '부왕께서는 항상 말씀하시기를 온달에게로 시집가라 하시더니 왜 혼처를 다른 데로 구하시나이까?' 하자 부왕은 '그것은 어릴 때 조롱의 말이라.' 했건만 공주는 따지듯이 말하기를 '저도 그런 곳으로 시집갈 생각은 없으나 부왕의 존엄하신 위(位)에 한마디의 말

쓸일지라도 신의를 지켜드리기 위함이니, 곧 저는 이 육신을 희생하겠습니다.' 하고 공주의 몸을 일개 거지에게 희생하였나니라.

우리 전무출신들도 꼭 평강공주의 정신을 가져야 하나니, 한번 전무출신을 하겠다고 말로 하고, 글로 쓰고, 허공 천지에, 대종사님께, 대중에게 서원을 고했거든 그 신의를 꼭 지켜야 할 것이니라.

'천하 사람이 다 이 공부를 하지 않는다 하더라도 나는 꼭 하리라.' 하고, '천하 사람이 다 비평하고 조소할지라도 나는 이 정신을 굽히지 아니하리라.'라는 굳은 결심과 서원으로 일관해야 하나니라. 그뿐만 아니라 언어·동작(言語動作)이 언제나 신의로써 생활해야 하나니, 보라! 천지가 신의가 있으므로 사시(四時)의 순환이 무시겁래(無始劫來)로 지금까지 한 때도 어김없이 순서를 그대로 밟고 있나니라.

또는 죄를 지으면 벌을 주고, 복을 지으면 복을 주는 것이 소소영령(昭昭靈靈)하여 전혀 원·근·친·소에도 끌리지 않고 자기가 지은 대로 죄복을 주는 천지의 신의가 있으니, 땅에 콩을 심으면 콩이 나고, 팥을 심으면 팥이 나는 철천(徹天)의 신의가 아니면 무왕복래(無往復來)로 어찌 어김이 없으리오. 우리는 천지의 신의를 본받아 인간의 신의를 지키고 밝혀야 하나니라."

23. 불변의 절의(節義)

정산 종사, '공회당(公會堂)'에 출석하시어 청년 남녀들에게 무궁한 세상에 보물이 되고, 성공의 가장 좋은 사다리가 되는 신의(信義)에 대하여 다방면으로 간곡히 말씀하시기를 "조선시대 19대 숙종 대왕이 인재를 구하려고 평복하고 돌아다니던 중에 어느 촌가에 노인 하나가

짚신을 삼고 있으므로 대왕은 여러 차례 심리(心理)를 조사하여 보니 과연 군자(君子)이므로 대왕은 매일 다니면서 가히 심간(心肝)을 통할 만한 지경까지 이르자 의형제를 맺어 생사(生死)를 같이하자고 하였나니, 그러던 어느 날 하루 대왕이 말하기를 '우리가 힘을 합쳐 숙종을 퇴위시키고 자손만대의 영락(榮樂)을 누리자.'라고 하거늘, 노인이 대노(大怒)하여 말하기를 '신하로서 군주를 훼손함은 불충(不忠)이라 아니할 수 없고, 형의 말을 듣지 아니함은 의형제의 신의가 아니므로 양반이라 할 수 없으니, 이 자리에서 생사를 같이하자.' 하고 단도(短刀)로써 달려들거늘, 대왕이 겨우 잘못을 빌어 생명을 부지하고 돌아와서 후일에 신하를 보내 '노인을 부르라.' 하니 노인이 경황(驚惶)하며 무슨 영문인 줄도 모르고 어전(御前)에 당도하니, 그동안 심간(心肝)을 통해 왔던 그 사람이 아닌가.

대왕이 말하되 '나는 어제까지 의형제를 맺은 형이었으니 오늘부터는 나와 함께 나랏일에 힘써 달라.' 하고는 대장(大將)의 위(位)를 하사하였다고 하노라.

그 후 대왕이 병중에 있을 때 그 장 대장(張大將)이 정기(正氣)로써 병을 물리쳐 왕의 명(命)을 연속한 일도 있으니, 이 얼마나 장한 신의이며, 의절(義節)인가. 그 당시 장 대장(張大將)의 하늘을 꿰뚫는 신의가 아니었더라면 후일에 어찌 대장이 되었으리오.

또 병자호란(丙子胡亂) 때에 임경업(林慶業)의 부인은 국란으로 인하여 온갖 악독한 위협을 당하고 그들이 갖가지 꾀를 써서 그 마음을 굴복시키려 하였으나 태산철석(泰山鐵石) 같은 신의로써 끝까지 그 위협과 보복을 막아냈으니 그 얼마나 무서운 신의인가.

우리 종교인들도 또한 그런 무섭고 매운 신의가 있어야 하나니, 한번 도문(道門)에 발을 들여놓았거든, 더욱이 중차대한 임무(任務)를 가진 우리 전무출신(專務出身)들은 중생무변서원도(衆生無邊誓願度)의 신의와 기필코 성불하여 부처의 지경에 이르기로 한 신의를 존중히 하여야 할 것이니라.

옛날 대원군(大院君) 통치 시절, 국력으로써 천주교를 파멸시키려 할 때에 가지가지의 박해와 위력으로써 그 신자들의 신의를 꺾으려 했으나 '한번 하나님께 바친 마음 천지가 무너진들 어찌 굴하리오.' 하고, 2만여 명의 신자가 신의로써 생명을 바치지 않았는가. 그야말로 무겁고 거룩한 신의가 아니면 행하기 어려운 일이라, 여러분들에게도 그러한 경계를 당하면 굴(屈)하지 아니할 사람이 몇이나 될지 모르겠노라.

과연 그렇도다. 예로부터 대인(大人)은 그 어느 분을 물론하고 그 일에 금강철석(金剛鐵石) 같은 굳은 신의가 있었기 때문에 만고에 대인의 말을 전하게 되는 것이라, 그러므로 5백 년 전에 송도 일우(松都一隅)에서 충의의 피를 흘려 만고절의(萬古節義)의 표본을 삼은 정몽주(鄭夢周)와 1천여 년 전에 불교의 전파를 위하여 목숨을 바쳐 절(節)과 대신한 이차돈(異次頓) 같은 분이 오늘날까지 그 영명(榮名)이 천추에 영전(永傳)하는 것은 다만 그 신의가 꿋꿋한 까닭이며, 남원 일우(南原一隅)에 혹독한 문초에도 굽히지 아니한 춘향(春香)의 송죽(松竹)과 같은 절의(節義)가 만고에 빛남도, 오직 녹죽(綠竹) 같은 곧은 절개로 생명을 바친 신의를 가졌기 때문이니, 신의란 이처럼 중대한 것이며 우리 인생의 떳떳한 가치를 능히 이룰 수 있나니라.

그러면 우리도 공부·사업 간에 크나큰 사명을 양어깨에 짊어졌으니, 먼저 이 금강(金剛) 같은 신의를 바탕으로 해야 그 사명을 결함 없이 이루어낼 것이므로, 우리는 진실로 무섭고 큰 사명감이 있는 자들이라, 마음은 영부(靈父) 전에 바쳐 위없는 불도(佛道)를 이루며, 몸은 사계(斯界)에 바쳐 위로는 사중은(四重恩)에 보답하고, 아래로는 삼고도(三苦道)의 중생들을 제도하여, 일체 생령과 더불어 한 가지 낙원에 이르기로 종주부(宗主父) 전에, 허공 법계(虛空法界)에, 대중에게, 고(告)한 전무출신으로 가입하였나니라.

그러므로 먼저 이 금강 같은 신의의 토대가 완전히 서야 할 것이니, 어찌 일국(一國)을 향한 정몽주, 성삼문(成三問) 같은 신의에만 그치며, 한 사람을 위하여 생명을 바친 춘향의 신의에만 그치며, 장 대장의 신의에만 비유하겠는가.

우리는 서원부터 크고, 일부터 호대(浩大)하기에 어떠한 역경·난경과 파란곡절이 있다고 할지라도 끝까지 불굴의 정신을 놓지 말고, 또한 부귀공명(富貴功名)과 비평조소(批評嘲笑)가 있다고 할지라도 금강이도(金剛利刀)로써 능히 단멸(斷滅)하여 의기(義氣) 있게 전진한다면 우리가 바라는바 목적지에 도달할 것이요, 소인의 자리를 물러나서 대인의 지경에 오를 것이니라.

그러나 이것은 모두 마음 한 번 돌이키는 데 있으니, 그 쭈글쭈글하고 폭풍에 낙엽처럼 기세(機勢)를 보아 따르는 정신은 용맹 있게 단멸하고, 내 손으로 쓰고 내 입으로 부르짖은 우리의 서원서(誓願書)에 굳은 신의가 아니면 어찌 크나큰 이 서원을 달성하겠는가. 우리가 누구보다 먼저, 무엇보다 먼저 가져야 할 제일의 과제이니라.

그러므로 대의절(大義節)을 가지려면 작은 신의부터 존중히 알아야 할 것이니, 장부일언(丈夫一言)이 중천금(重千金)이라 함과 같이 작은 일을 가벼이 여기면 어찌 대의(大義)를 가지리오.

우리는 기필코 가져야 하나니, 영생의 보물이요, 성공의 기초인 하해(河海)같이 속 깊은 신의, 태산같이 울 높은 신의, 추월(秋月)같이 깨끗한 신의로써 개인, 가정, 사회, 국가, 세계에 신의의 광명이 빛나도록 신의(信義) 속에서 살다가 신의로써 죽어야 할 것이니라."

24. 안위불망(安危不忘)·추원보본(追遠報本)

정산 종사 말씀하시기를 "대인은 난경시(難境時)와 곤궁시(困窮時)에도 추원보본(追遠報本)의 정신을 잃지 않으니, 자기가 훌륭한 벼슬을 얻을수록 안위불망(安危不忘) 하여 옛일을 생각하나니라.

반대로 소인은 자기가 극히 곤궁하다가도 넉넉해지면 옛일은 잊고 잘난 체하는 아상(我相)을 내나니, 어느 학생은 방학이 되어 집에 도착하여 차에 내리자, 그 아버지가 나와서 계시다가 반겨 맞으니, 옆에 있던 친구가 '누구시냐.' 하니 못난 아버지를 부끄러워하여 '우리 집 머슴'이라고 하였다는 얘기가 있으니, 이 얼마나 근본을 잃은 말인가. 서울 창신정(昌信町)에 사는 박종상이라는 사람은 조상의 사당(祠堂)에 지게를 구하여 놓았다고 하나니, 그는 본래 시조(始祖)가 소금 장사를 하여 모은 재산으로 성공하였기에, 그 자손이 시조(始祖)의 근본을 불망(不忘)하는 의미라고 하노라. 이것은 근본을 잃지 않는 착한 일이로다.

우리도 대종사님과 선진님들의 피땀으로 이루어 놓으신 근본을 결코 잊어서는 아니 되나니, 어떤 선진께서는 변산에 계시는 대종사님을 뵈려고 왕래하면서 자리 장사까지 하시며 노자(路資)를 마련하시었나니라.

본회(本會)의 창립 과정을 생각하면 흙 한 줌, 기둥 하나가 다 대종사님과 선진님들의 정력으로 쌓은 피땀의 결정체인 것을 명심하여 아끼고 허비하지 말지니라.

한 가정의 존망흥패(存亡興敗)도 그 자손에게 있는 것과 같이, 본회의 장래와 대운도 오직 후진인 청년 남녀가 유업을 받들어 계속할 때 가능하나니, 선진들의 지행(知行)을 추모하여 어떠한 고난이라도 무난히 돌파하여 영원히 흥왕하게 하라.

작은 티끌이 모여 태산이 되고, 개울물이 모이고 모여 대해장강(大海長江)을 이루는 것이 이치의 당연함이나, 한 가정에서도 허리끈을 졸라매고 재물을 모으는 데는 성공을 하였으되, 그 자손들이 근본을 망각하면 패가(敗家)하는 것과 마찬가지로 본회도 근본을 망각하면 이 대도회상의 사업도 성공할 수가 없나니라. 일본이 조선을 합병하고 만주 전체를 빼앗으려다가 결국 패망국(敗亡國)이 되지 않았는가. 패(敗)하고 흥(興)하는 이치는 천지의 자연한 이치인 바 그런데 소인은 재물이 있으면 고개가 한 치나 높게 빠지고, 권리를 남용하다 없어지면 고개가 들어가나니라.

옛날 중국 한(漢) 나라의 광무제(光武帝)에게 한 공주가 있었노라. 공주에게 혼인(婚姻)을 물으면서 '대신(大臣) 중 누가 마음에 드는지 보라.' 하니, 그 중 송홍(宋鴻)이란 사람이 마음에 든다고 하여, 왕(王)이 하루는 조회 끝에 송홍을 불러 말하되 '부(富)하면 아내를 고친다는 말이 있으니, 그 말이 어떠한가.' 한즉 송홍이 대답하길 '빈재지교(貧財

之交)는 불가망(不可忘)이요, 조강지처(糟糠之妻)는 불하당(不下堂)입니다.'라고 하였나니라. 광무제는 곧 공주에게 '틀렸다.' 하였나니 가히 송홍의 뜻을 뺏지 못한다는 것을 알았기 때문이니라.

제군들도 어떠한 처지에서도 근본을 잃지 않는 후진들이 돼라."

〈『법어』 공도편 10. 법문 보완〉

25. 사필귀정(事必歸正)

정산 종사 말씀하시기를 "옛말에 이르기를 사필귀정(事必歸正)이라 했으나 나는 사필귀정(事必歸定)이라 하고 싶노라. 인생이 일을 시작하면 방해와 장애가 많이 따르지 않을 수 없으나 결정적으로 삼세(三世)를 통해 끝까지 '이 일로써 공부하리라.' 하고 작정한 사람은 그 일에 설사 방해가 따른다고 할지라도 굳은 결심과 호대(浩大)한 결정에 항거하지 못하게 하나니라.

보라! 과거 부처님께서도 천만사(千萬事) 가운데 오직 시방세계(十方世界) 일체중생(一切衆生)을 고해(苦海)에서 낙원(樂園)으로 인도하리라는 굳은 결심과 불도무상서원성(佛道無上誓願成) 하리라는 큰 서원에 작정하였으므로 중간에 가리왕(歌利王)의 가지가지 고역에도 불고하시고 결국 삼계대도사(三界大導師)요, 우주의 주인공이 되시지 않으셨는가.

제군들의 결정은 어떠한가. 천지도 시시(時時)로 우로상설(雨露霜雪)을 내리지마는 일월의 광명과 태허공(太虛空)의 자체는 여여(如如)하나니, 우리 인간에게도 일에 방해가 따르지 않을 수 없으나 그것을 끝까지 극복하고 나아가면 천지도 그 기운을 이기지 못하나니라.

사람도 한번 예쁘게 보려면 저 사람이 어떠한 행위를 하더라도 끝까지 그 뜻을 받아 주고 사랑하라. 그러면 자연히 나의 감정이 전해지고 그 사람도 받아 가게 될 것이니라.

　또는 공사(公事)를 하는 가운데 그중에서도 물론 괴로운 일과 뜻에 맞지 않는 일이 많을 것이나, 그 소소한데 끌려 굴복하지 말고 끝까지 결정적으로 나아가라.

　또한 내 몸, 나 자신에 비추어 생각하여 중생들을 사랑하라. 부모가 자녀를 위해서 사심 없이 사랑하는 심경으로 끝까지 위하라. 서울의 어떤 어미 쥐가 그 새끼 쥐를 위해 제 몸을 희생한 교훈을 잊지 말며, 그러한 심경으로 도중생(度衆生)하라.

　순(舜)임금이 불의(不義)한 아버지 고수의 뜻에 순응하는 심경으로 일체 일을 추진하라. 속담에 '사흘을 굶으면 남의 집 담을 넘지 않을 이가 없다.'라고 했으나, 마음공부를 하는 이는 목숨조차 불고하고 그 올곧음을 지키며 일반의 사람들도 양심적 생활을 하려고 노력하는 이가 많나니라.

　우리는 양심의 생활을 끝까지 하기로 결심할지니, 설사 시국이 혼란하고 생활이 곤궁하더라도 청렴한 심경, 양심적 생활을 놓지 않아야 하나니라.

　제군들은 내 말을 일시적 이야기로 알지 말고, 일생 내지 영생을 유의해서 이 회상, 이 법, 이 심경을 갖는다면 모두가 성공의 세계에 이를 것이니라."

26. 먼저 총부를 생각하라

정산 종사, 이철행에게 말씀하시기를 "너는 항상 먼저 총부를 생각한 다음에 개인이나 가정일을 생각하라. 그렇게 일을 처리하면 두 가지 일이 다 잘 이루어지는 동시에 너의 심법(心法)도 큰 살림을 하는 큰 일꾼으로 자랄 수 있게 될 것이니라."

또 말씀하시기를 "항상 신맥과 법맥을 먼저 튼튼히 하고 공부에 적공을 하라. 그리하여야 시일이 지나면 지날수록 자연히 일원회상 큰 주인의 그릇으로 크고, 일원대도의 튼튼한 법자가 될 것이니, 만일 그렇지 아니하면 시일이 지날수록 껍질만 되고 말 것이니라."

또 말씀하시기를 "평상심과 평범한 것으로 수행에 정진·적공하라. 재주와 특이함으로 도를 구하면 기술에 능하여져 대도에 들기가 어려울 것이니라."

27. '수계농원' 원훈

정산 종사, 삼례과원(三禮果園)을 '수계농원'으로 이름을 바꾸어 주시며 원훈(園訓)을 내려주시기를 "앞으로 수계농원에서 신심(信心)·공심(公心)·공부심(工夫心)을 진작시켜 많은 인재를 기르게 하라." 하시었다.

28. 본분을 잃지 말라

정산 종사, 야회(夜會)에서 말씀하시기를 "사람이 세간(世間) 생활을 하는 가운데에는 반드시 주심(主心)과 객심(客心)이 있어야 하나니 우리의 주심은 과연 무엇인가. 우리가 이곳에 와서 사는 것이 돈을 얻고

자 함인가, 명예를 얻고자 함인가, 기타 여러 가지 오욕락(五慾樂)을 얻고자 함인가, 그 아무것도 아니니라.

성불제중을 목적한 우리가 만약 주심을 놓고 객심에 사로잡혀 주객이 바뀌게 된다면 그 앞길은 어찌 될 것인가.

그러므로 우리는 항상 주심을 철석같이 가져서 객심을 잘 사용할지언정 객심이 도리어 주심을 사용하게 하지는 못하게 하여야 할 것이니라.

세상에서 무서운 것은 각자심(各自心)과 지사(志士)의 열심(熱心)이라고 할 수 있으나, 여러분들이 세상에서 제일 중요한 것은 교화(教化)의 대기술(大技術)이니, 교화의 대기술이란 곧 정법(正法)으로 널리 사람을 잘 교화하는 것으로 그 방법은

첫째, 항상 당파에 초월할 것이요,

둘째, 항상 친소(親疏)에 끌리지 말 것이며,

셋째, 항상 대하는 곳마다 진실한 정성을 다할 것이요,

넷째, 항상 질병, 재난, 애·경사 등에 그 인사의 시기를 놓치지 말 것이며,

다섯째, 항상 상하를 물론하고 공경으로 대할 것이요,

여섯째, 항상 상·중·하 교제에 결함 없는 법을 연구할 것이니라."

29. 심신은 공물(公物)인 줄 알라

정산 종사 말씀하시기를 "어떤 마을에 샘이 있었나니, 그 샘을 팔 때에는 동리 사람들이 공동의 샘으로 팠건만, 어떤 사람이 날이 가물어 물이 부족해지자 자기 혼자 다 길어다 놓고 이웃 사람들은 먹지도,

빨래도 못 하게 하거늘 결국 동리 사람들이 들고 일어나 쫓아내 버렸나니라.

　이 사람은 동리 우물이 공물인 줄 모르기 때문에 혼자 독차지하려다가 자기 자신이 쫓겨난 것이라, 이와 같이 우리의 심신도 공변된 줄 알아야 하나니, 몸은 부모로부터 혈육을 받았고, 먹고 사는 것·집 짓고 사는 것·공기를 마시고 사는 것 등 모든 것이 사은(四恩)의 공물로써 된 것임을 알아야 하나니라.

　샘으로 인하여 동리에서 쫓겨났듯이, 이 몸도 공물인 줄을 모르고 사중보은(四重報恩)도 아니 하며, 중인(衆人)의 도움만 받고 공물(公物)의 대가(代價)가 없으면 사람에게 배척, 가정에서 배척, 동리에서 배척, 나라에서 배척, 세계에서 배척을 받아 나중에는 사생육도(四生六道)와 진리에서 배척을 받게 되나니라."

30. 송구영신(送舊迎新)

　원기44년 1월 1일 아침 7시 30분경에 종소리가 울리어 총부 대중이 종법실에 모여 먼저 대종사님 영정 전에 분향 세배를 올린 후 정산종사께 세배를 올리니 말씀하시기를 "오늘이 특별한 날이 아니건만 묵은해가 가고 새해가 왔다 하여 세상 사람들은 송구영신(送舊迎新)이라 하며 부모·친척·사장(師長)을 찾아뵙고 세배도 드리고 덕담(德談)도 받들게 되나니, 그러한 뜻에서 제군들에게 몇 마디 일러줄 것이 있노라.

　대저 물도 고여 있기만 하면 썩으나 끊임없이 생수가 솟아나서 묵고 더러운 물을 흘려보내면 언제나 맑고 깨끗하나니, 이것은 물의 송구영신이요, 정치도 묵은 정치와 널리 이행되지 못하는 법(法)은 모두 폐지한다거나 다 치워버리고 민중들이 환영하는 새 정치의 법으로써 시행하는 것은 정치의 송구영신이며, 우리 공부인에 있어서는 마음 가운데에 나쁜 습관은 좋은 습성(習性)으로 모든 업장은 새 선업으로 바꾸는 것이 공부인의 송구영신이니라.

진리에는 변하는 이치와 불변하는 이치가 있나니, 우리 공부인이 한번 세운 서원으로 여여자연한 자성을 회복할 때까지 꾸준히 나아가는 불변의 진리가 있고, 육도사생을 제도하고도 남을 대종사님의 불변 진리가 있나니라.

그러나 변하는 이치와 불변하는 이치가 둘 아닌 것을 알아야 하며 우리 회상도 천만년의 세월이 흐른다고 할지라도 끊임없이 변하는 가운데 불변의 이치가 있음을 알아야 하나니, 그러므로 우리 공부인은 몹쓸 마음, 몹쓸 습성을 자꾸자꾸 좋은 마음, 좋은 습관으로 변화시키고 원대한 서원으로 대중잡는 마음은 불변하여야 변·불변의 이치를 아는 공부인이니라."

31. 외빈내부(外貧內富)

정산 종사 말씀하시기를 "어제가 별 날이 아니요, 오늘이 별 날이 아니건만 1년이라 이름하고 365일이라 정하여 1년이 지나면 지났다고 하면서 새해라 이름하여 새해·새 희망으로 새출발하는 것이니라.

우리 원불교에서도 원기42년(1957)이 저물고 원기43년이라는 새해를 맞이하였고, 우리 국가로는 8·15 해방 후 일제의 탄압이 지났는가 하였더니 또 6·25사변이 일어나서 뜻하지 아니한 비참한 전란으로 38도 선이 아직도 남북에 가로 놓여 있으며, 우리 회세(會勢)로 보아서는 외부로 드러나게 대학 건물이 석조(石造) 3층으로 솟아 있고, '동화병원'도 1천5백만 원이라는 거금으로 신축되었으며, 남녀 중·고등학교도 설립되었고, 인쇄소 '원광사'도 설립되었으며, 고아원이며 양로당 등 이와 같이 외부로는 부(富)한 것 같으나 각 기관을 맡은 책임자로서는 애로 사항과 고충이 많으리라 예상하노라.

대학의 건물은 건립되었으나 아직 유리창도 못 해 달고, 동화병원이 신축은 되었으나 내부 설비를 갖추지 못했으며, 원광여자중·고등학교는 교사(校舍)가 없어서 그 고충이야말로 말할 수 없다고 하니 걱정이 아닐 수 없노라.

대종사님 생전 당시에는 외빈(外貧)하고 내부(內富)하였으나, 지금은 외부가 확장되어 외부(外富)한 것 같으나 내부가 모두 부족하여 내빈(內貧)이라 밖에 볼 수가 없노라.

그러므로 금년 일 년 중에 이 모든 미비한 부분을 전부 성취하고 또한 각자에게 있어서도 무시선·무처선으로 공부를 쉬지 말고, 정진하여 동정불리(動靜不離)가 되어 부처님과 같이 혜(慧)를 닦아 혜족(慧足)을 만들고, 사사불공·처처불상으로 복(福)을 지어 복족(福足)을 만들어 양족존(兩足尊)이 되도록 하며, 삼대력을 같이 얻어 삼득난(三得難) 가운데 인신(人身)의 몸을 받아 건강한 몸으로 정법을 만나 성불의 고개만을 넘으면 될 것이라, 이 고개 하나를 넘기 위하여 부지런히 공부하여 성불제중하기를 신년 벽두에 다시금 서원하고 새출발을 할지니라.

중국의 어떤 복 많은 사람은 아무런 걱정이 없으니까, 몸이 바짝 마르는 등 도저히 이렇게만 살 수 없다고 생각하여 담장을 허물어 놓고 그 근방에서 아이들이 놀면 혹 다칠까 염려하는 걱정이라도 만들어 걱정을 삼았다는 이야기가 있나니, 사람이 걱정 없이는 못 사는 까닭이라, 개인이나 교단이 많은 걱정 속에 있지만 새해, 새 다짐으로 힘차게 전진할지니라."

32. 공부의 기회

정산 종사 말씀하시기를 "우주에는 음양(陰陽)의 이치와 상생상극(相生相克)의 도가 있으니, 사시(四時)의 변천과 주야 바뀌는 것도 다 음양의 도(道)이니라.

이러한 이치에 따라 극하면 변하여 과거 반상차별(班常差別)이 최고도에 이르니 지금은 민주주의가 실행되고 있으며, 적서(嫡庶)와 남녀 차별이 다 지금에 와서는 평등이 되었으니, 이것이 우주의 이치이니라.

또는 열녀의 수절(守節)을 억지로 하면 창기(娼妓)가 되는 경우도 있으니, 무슨 연고이냐 하면 열녀가 수절할 때 근본적으로 인생의 본능이라는 생각으로 종신(終身)하면 이는 곧 진급이 되나, 고통을 억지로 견딘다든지 그 마음속에 항상 부부의 생각을 여의지 못하고 체면에 끌려서 근근이 일생을 보낸다면 이는 반드시 내생에 창기 등 악도에 떨어져서, 수절하던 그때의 고(苦)는 모두 수포로 돌아가게 되나니라.

또는 전무출신 남녀 청년들에게도 두 가지 수절하는 길이 있으니, 하나는 전무출신을 서원하였으나 근본적인 각성이 없이 억지로 사는 사람이라, 만일 전무출신을 하는 가운데 고통을 억지로 견디고 아무런 근본정신에 대하여 반성이 없으면 차라리 재가(在家)로서 신심을 다하여 회중사(會衆事)에 음적(陰的)으로 도와주는 것이 악도에 떨어질 위험성이 없을 것이니라.

또 하나는 비록 완전히 공부의 재미를 얻지는 못했으나 기쁘게 공사에 임하는 사람이라, 비록 순·역 경계에서 그 고통은 받으나 대의명분을 세워 날로 반성하고 스스로를 살피고 기쁜 마음으로 공사를 실천하면 이러한 사람은 반드시 어려움을 극복하고 한 단계 한 단계 불지(佛地)에 이르게 될 것이니라.

대저, 수도인이 수도에 만족함이 없이 세속의 생각을 잊지 못한다면 반드시 그 과보로 삿된 곳에 떨어지는 것이 이치의 당연함이라, 오늘날 우리나라가 이처럼 무질서한 상태를 보이는 것이 어떠한 까닭인 줄 아는가. 그것은 일제의 탄압적 구속을 받고 살다가 이제 자유를 얻어 그 마음에 무질서를 초래하는 것이니, 제군들은 명심하여 본래의 그 서원과 공부심을 놓지 아니하고 순·역의 경계가 시험할 때마다 공부할 기회가 왔다고 생각하여 정진하라.”

33. 성인(聖人) 재세 시에 태어난 기쁨

정산 종사 말씀하시기를 "'성인(聖人)이 나시기 전에는 도(道)가 천지에 있고, 성인이 나신 후에는 도가 성인에게 있으며, 성인이 이미 가신 후에는 도가 경전(經典)에 있다.'라고 하시었나니, 도가 천지에 있을 때는 아득한 창공에 사다리가 없는지라 근기(根機)가 하열한 사람으로서는 쉽게 저 현묘(玄妙)한 진리를 더위잡기 어려운 것이요, 도가 경전에 있을 때는 광막(曠漠)한 교해(敎海)에 향할 바를 모르는지라, 지각(知覺)의 힘이 약한 사람으로서는 희망하는 저 피안(彼岸)의 언덕에 도달하지 못할 것이나, 오직 도가 성인에게 있을 때는 가장 쉽고 간단한 교법(敎法)과 편리한 방침으로써 진리의 앞길을 열어주시고 어두운 정신을 일깨워 주시나니, 어느 시대를 막론하고 성인재세(聖人在世)를 만나서 직접 구전심수(口傳心受)로써 대도(大道)의 훈련을 받게 되는 사람들은 참으로 행복하다 하리라."

34. 형식을 주장하지 말라

정산 종사, 학림생들의 방학을 맞아 훈화의 법설로써 말씀하시기를 "과거에 대종사님께서 항상 예언하시기를 '돌아오는 세상에 형식을 주장하는 자는 필연코 허망한 세상을 볼 것이다.'라고 하시던 것이 불과 몇 년이 안 되어서 그 말씀이 시대에 적합하므로 때때로 뼈에 사무치게 느껴지노라.

과연 그렇도다. 과거에는 형식으로만 생활하였으되 그대로 유지를 했으나, 그러나 지금은 덕과 공심과 진실과 언행과 겸손이 겸비한 사람이라야 세상에 이름을 나타내고 득세를 하게 되었나니라.

얼마 전 '보육원'에 갔던바 마침 정부에서 13개 단체의 고아들을 소집시켰던 경과를 들려주었나니, 보육원에서는 길남(吉南)이라는 6세 된 아이를 데리고 갔었는데 길남이는 그 장소에 가서 아이들의 천진을 그대로 보이자, 그것을 본 어떤 신부(神父)가 '다 보았다.' 해서 '무엇을 다 보았는가.' 하였더니 원불교의 '보육원' 고아가 1등이라는 것이니라. 곧 보육원에서 부모와 같은 자비를 그대로 베풀어 주었기 때문에 그 아이가 천진을 발하게 되었다는 것이니라.

타자녀(他子女)라도 오직 자식과 같이 기른 까닭이니, 그러므로 앞으로의 생활하는 무기는 오직 다음 내용의 진실과 내충실(內充實)이니라.

첫째, 신(信)이라, 앞으로는 진실한 신앙생활을 해야 하나니 이 신이 견고해야 만사를 성취하게 되므로, 신이 근본이 되어 천만 경계 속에서 백천사마(百千邪魔)를 만난다고 할지라도 부동의 신을 가질 것이니라.

둘째, 공심(公心)이니, 아무리 지식이 충분하고 인물이 원만하다 할지라도 남을 위하는 공심이 없으면 가는 곳마다 해물(害物)이 될 것이라, 오직 사리사욕(私利私欲)이 없는 공중주의(公衆主義)라야 인생으로 취급하게 될 것이니라.

보라! 과거에 공맹정주(孔孟程朱)도 오직 이 공심으로 그 이름이 만고에 빛나고, 국가에서 충신이라 이름한 자들도 오직 나라를 위하는 공심으로 충신의 이름을 듣지 않느냐. 그러므로 공심이란 참으로 우리의 보물이니라.

셋째, 덕(德)이니, 만류만생(萬類萬生)을 포용할 만한 울 높은 숲이 되고, 대해장강(大海長江)이 되어야 만인의 자모(慈母)가 되어 중인(衆人)을 포용할 것이니라.

그러므로 우리 인생에서는 이 덕이 근본이 되므로 덕이 없는 인생이란 냉풍(冷風)이 돌고 덕이 없는 세상이란 위험성이 많은 것이니라. 만고에 성현으로 추앙되는 말을 듣는 것도 오직 덕의 근원에서 비롯되나니, 제군들은 시방세계를 포용할 만한 대덕(大德)을 양성하라.

넷째, 활력(活力)이니, 발발(勃勃)한 힘으로 공부·사업 간에 힘 있게, 열(熱) 있게 나아가는 것이니라. 보살도 활력의 보살이 있고 흐느적대는 보살이 있으니, 만약에 공부·사업 간에 활력이 없이 흐느적거린다면 큰 공부·큰 사업은 이룰 수 없으므로 오직 어떠한 일이라도 열로써 힘 있게 박차고 나아가야만 큰 성공을 볼 것이니라.

다섯째, 학문이니, 이 학문과 기술은 인격을 갖추는 데 꽃이 되나니라. 과거에는 혹 학문만 있어도 세상에 득세하였으나 현대에는 학문만 가지고는 도저히 세상을 움직이지 못하게 되었나니라.

그러나 학문 중에도 차별이 있나니, 사·농·공·상 중 다 각기 익히는 바를 쫓아야만 그 일에 성공할 수 있으며, 또 공맹(孔孟)이나 부처님께서는 비행기를 만드는 데는 별 재주가 없으셨지만, 특히 부처님은 일체중생을 고해에서 낙원으로 제도하시고, 육도(六道)를 초월하시며 생사를 자유로 하시는 것은 오직 부처님이라야 하시게 되었나니라.

여러분들도 이러한 목적하에 사는 인생인 만큼 항상 안으로는 삼대력(三大力)을 이루고, 밖으로는 『불교정전(佛敎正典)』을 익혀서 도학과 과학을 겸비한 큰 인물이 되어라."

35. 사리본말(事理本末)의 일치

정산 종사 말씀하시기를 "대범, 일과 이치를 본말(本末)로 구분할 수 있으니, 이 본과 말에서 본은 이(理)이요 말은 사(事)이지만, 상호 인식(認識)이 된 동일체(同一體) 즉 본시말(本是末)·말시본(末是本)으로 사즉리(事卽理)·이즉사(理卽事)하여, 본이 되고 말이 됨이 각각 정연한 것이니라.

우리 종교가에서 일체를 도덕적으로만 말한다는 것은 어떻게 생각하면 허무한 것이라고 할 수 있겠으나 그 근본에 있어서는 반드시 이치에 부합되지 아니함이 없으니, 성현들이 도덕을 마련하실 때 이치의 대소유무(大小有無)로써 인간의 시비이해(是非利害)를 정연무위(整然無

違)하게 건설하신 까닭이니라.

곧 나를 위하고자 할진대 다른 사람을 위하라고 하셨으나 이것은 한갓 도덕적 권장의 방편이 아니요, 그 근본에 있어서 천리(天理)의 원칙에 합치한 진리이니라.

천지에도 음양이 있어 오행(五行)이 순환하고 상생상극(相生相克)으로써 끝없이 변화하는 법칙 아래, 금목수화토(金木水火土)가 상생은 상생으로 대해 주고, 상극은 상극 그대로 각각 나투고 있으니, 이 천리에 의하여 우리 인간사도 내가 상생으로 대하면 저쪽에서도 나를 상생으로 대하여 주고, 내가 상극으로 대하면 저편에서도 내게 상극으로 대하는 것이 어찌 천리와 인간사가 어긋남이 있으랴.

그러나 인간은 원래 상생을 좋아하는 것이니, 모든 도덕을 마련할 때도 상생지덕(相生之德)으로써 제법(制法)을 하였나니라.

그러므로 제군들은 인간의 모든 시비이해가 범연(凡然)한 가운데 되지 않았음을 깨닫는 동시에, 모든 것이 천리의 불변지칙(不變之則)에 호리도 틀림이 없음을 알아서 인사(人事)를 지으라."

36. 단합(團合)의 본질

정산 종사, 남녀 금강단(金剛團) 연합회에 참석하시어 말씀하시기를 "오늘날 제군들의 단합(團合)은 지극히 반가운 일이나 오직 형식적 단합을 운위(云謂)치 말고 진정한 단합이 있기를 바라나니, 먼저 단합의 본질을 밝히노라.

단합의 본질은 물과 허공이니, 어떠한 까닭인가 하면 그것은 낯이 없기 때문이라, 물과 허공은 그 자체로 낯이 없어 한 뭉치 한 덩어리로

나눌 수 없기 때문이니라.

　제군들이 만일 단합하고자 할진대 먼저 마음 가운데 낱을 없애라. 그리하여 개인 개인의 개체를 부수고, 오직 하나에 귀속하여야 하나니, 이러한 단합에는 남녀와 노소며, 부귀와 빈천이며, 증애와 원근이 없나니라.

　그러므로 일체를 초월한, 낱을 찾아볼 수 없는 혼연(渾然)한 동체(同體)가 되어서야 비로소 한 단체를 조성(助成)시키고 그 합한 단체의 힘은 우주의 원리와 합치되므로 그 위력이 천지와 더불어 동등(同等)하리로다.

　제군들은 먼저 이 단합의 본질을 알아서 그 본질에 부합된 진정한 단합을 하고 앞날의 주동력(主動力)이 돼라."

37. 이순신의 정신

　정산 종사 말씀하시기를 "충무공 이순신의 정신은 첫째, 충성(忠誠)이요 둘째, 위공망사(爲公忘私)이며 셋째, 굴기하심(屈己下心)이요 넷째, 무아봉국(無我奉國)이라 할 수 있나니, 나라를 위하여서는 명리를 초월하였고, 정견(正見)을 굽혀 아첨하지 않았으며, 자신을 위해서는 공(功)을 몰라줄 뿐만 아니라 도리어 거듭 박해를 당하였건만 원망이 없었나니라.

　또 자신을 위해서는 사혐(私嫌)을 버리고 나아가 그 공을 이용하여 국사를 바르게 하였고, 나라를 위해서는 지위의 상하를 불문하였나니, 이는 위공자(爲公者)로서 마땅히 사표(師表)가 될 것이니라."

38. 방촌 황희의 관용과 엄격

정산 종사 말씀하시기를 "방촌 황희(厖村黃喜, 1363~1452)는 고려의 신하로서 조선에 불사(不仕)하여 비록 사(仕)하되 녹(綠)을 받지 아니한 절조(節操)와 또 민족과 국가를 위하여 누명을 무릅쓰고 대중을 위하여 사(仕)하는 위공심(爲公心)을 가졌으며, 집에 있을 때는 소가 쥐구멍으로 들어간다 해도 시인(是認)하는 온후(溫厚)의 장자(長子)가, 김종서(金宗瑞)에 대하여 국재(國材)를 만들기 위해서는 일호(一毫)의 용서가 없었던 엄격(嚴格)은 위공자(爲公者)의 사표(師表)가 되기에 넉넉할 것이니라."

39. 후영(候嬴)

정산 종사, '공회당'에서 3학년 개학식에 참석하시어 말씀하시기를 "옛날 중국에 후영(候嬴)이라는 사람이 있어서 그는 역량과 재주가 장(壯)하여 그의 이름과 영명이 세상에 떨쳤으나 그의 업(業)은 매일 동리(洞里) 문을 지키는 일이었니라.

그때 천하 사람들은 매우 놀라 말하기를 '그 동리의 문은 대체 무슨 문이며 얼마나 장한 문인가.' 하고 누구나 우러러보지 않은 자가 없었으나 나중에 자세히 알고 보니 동네의 조그마한 문이라고 역사적으로 나타나 있나니라.

과연 그렇도다. 작은 문, 별스럽지 않은 문이건만 역량이 많고, 재능(才能)이 있으며, 명망(名望)이 있는 분이 지킴으로써 그 문이 드러났도다.

현재의 우리 유일학림(唯一學林)도 또한 그렇나니, 작은 양철집에 1백

명 이내의 수효에, 규모 없는 교복, 간판 없는 모자라, 현대형(現代形)을 좋아하고 간판 좋아하는 자는 누구나 업신여기지 않을 수가 없고, 귀하게 여기지를 않을 것이니라. 그래서 유일학림 설립 당시도 간판을 얻으려고 혹은 서울로 가는 자도 있었으나 나는 그를 의심하였노라.

왜 그러냐 하면 우주의 대세(大勢) 돌아감이 형식과 외형은 이미 넘어가고, 앞으로는 실지의 실력과 행이 주(主)가 되며, 어떠한 사람이라도 그 처지와 환경은 어떠하든 간에 실력이 풍부해야 알기도 실지로 알고, 행하기도 실지로 행하며, 정열적이고 실천적으로 그의 공효(功效)가 세계에 나타나게 되므로 세상에서 이 사람을 찾게 될 것이라, 또한 이러한 사람이라야 세계의 평정도 하게 될 것이기 때문이니라.

나는 근일(近日), 어떤 정객(政客)의 선거 운동하는 것을 보고 느낌이 없지 않았노라.

처음 시작할 때는 열이면 열 명 전부 자기가 정치인이 되려고 천만 방편과 가지가지의 재산을 다 들여 아첨과 부끄러움을 무릅쓰고 선전하는 것을 보았나니, 만일 자신 명예만을 얻기 위하여 온갖 힘을 다하여 선출되어 정사(政事)를 하게 된다면 결코 바른 처사가 나오기 어려울지니라.

진리란 속일 수 없는 법, 아무리 부(富)가 많고 재산이 많아서 쉴 새 없이 선전한 자라도 참다운 진리에는 항거하지 못하였나니, 비록 떨어진 의복과 돈이 없어 선전을 제대로 하지 못하였을지라도 그의 실력이 풍부하여 좌우 인의 명망(名望)을 받고, 사상이 고상해서 정사(政事)에도 바른 처사를 하게 될 것으로 인정되어 추천된 것을 보면 세상 사람도 이 대세의 진리를 아는 듯도 싶고, 내가 평소에 누차 역설하던 말이 맞게 되어 크게 신기한 생각조차 드니 이런 경사가 또 어디 있겠는가. 앞으로 바른 정치가 서게 될 것을 제군들도 오늘로부터 알게 될 것이니라.

　제군들이여, 내 말을 명심하라. 만일 사각모자라야 출세하고, 명문대학의 간판이라야 이름을 날린다면 나무로 깎아서라도 하나 쓰고 내걸고 싶으나 그것은 대인(大人)의 참다운 성공에는 별문제 되지 않으니, 제군들의 정신 지시를 따로 하노라.

　보라! 평상 하는 말이지만 병원도 전문이 따로 있어서 내과, 외과, 안과 등 각 전문을 해서 성공을 하지 않는가. 우리도 종교인이기 때문에 전문으로 해야 할 것이라, 다른 외학(外學)은 부속으로 상식으로 하고, 종교에 전력해서 한 과목 한 경전을 배울 때 요령부득(要領不得)하게 배우지 말고, 먼저 요령을 알고 실행에 전력을 해야 하나니, 그래야만 지방으로 흩어져 간다고 할지라도 한 가지의 부족함이 없고, 한 일도 실행하지 못함이 없게 되리라.

　세상 사람들이 우리의 '유일학림'을 부르짖으며, 시방세계에서 우리 유일학림에 거는 기대와 우월감이 저 중국의 후영(候嬴)이 조그만 마을의 문을 지키어 그 문이 세상에 드러난 것같이 하기를 바라나니, 말하자면 여러분들은 실지로 알고, 실지로 말하고, 실지로 행하는 자가 되어 세상에 적당한 인물이 되어 훈훈한 덕화(德化)를 펴기 바라노라."
〈『법어』근실편 16. 법문 보완〉

40. 사람을 교화하는 세 가지 길

　정산 종사 말씀하시기를 "사람을 교화하는 이는 먼저 사람을 다스리는 세 가지 길이 있음을 알아야 할 것인바, 개인을 다스리는 데에도 세 가지 길이 있고, 가정·사회·국가·세계를 다스리는 데에도 또한 세 가지 길에 벗어남이 없으니, 무엇이 세 가지냐 하면 도(道)로써 다스리는 도치(道治)가 그 하나이요, 덕화(德化)로써 다스리는 덕치(德治)가 그 둘이며, 정사(政事)로써 다스리는 정치(政治)가 그 셋이니라.

첫째, 도치라 하는 것은 모든 사람으로 하여금 각각 자성(自性)을 각득(覺得)하게 하여 불생불멸(不生不滅)의 대도(大道)와 인과보응(因果報應)의 원리로써 무위이화(無爲而化)의 불언지교(不言之敎)를 받게 하는 것이며,

둘째, 덕치라 하는 것은 어느 곳을 당하든지 서로 겸손하고 사랑하며 남을 위하고 사랑하는 미덕을 장려하여 가정·사회·국가·세계에 감화를 주어서 항상 평화와 안락을 얻게 하는 것이며,

셋째, 정치라 하는 것은 시비와 이해를 밝혀서 안녕질서를 유지하여 각 방면의 생활 문명을 향상케 하는 것이니라.

어느 시대·어느 장소를 물론하고 이 세 가지 길을 겸비하면 원만한 세상이 되는 것이요, 세 가지 길에 결함이 있을 때는 원만을 이루지 못하는 것이니 여러분들은 이 세 가지 길에 매(昧) 하지 말고 이 세 가지 길에 근원해서 개인을 상대할 때나 가정·사회와 국가·세계를 상대할 때나 항상 이 세 가지 길을 잘 병진하여 한량없는 대도 사업의 훌륭한 주인공이 되어주기를 부탁하노라." 〈원기41년 9월 26일〉

41. 죄짓는 사람이 되지 말라

정산 종사 말씀하시기를 "보통 사람들은 말하기를 '나는 죄가 없는

사람이며, 또는 죄를 짓지 않는 사람이다.' 하고 스스로 태연자약(泰然自若)한 경우가 있나니, 그것은 죄짓는 것이 무엇인지 몰라서 그러하다고 생각하노라.

예를 들면 단체 생활에 처한 사람이 공변된 규칙을 자기 혼자 자행자지(自行自止)하여 규칙을 크게 문란하게 하고, 그 사람으로 인하여 대중을 타락시켜 죄를 저지르게 한다면 그 사람의 죄가 어찌 작으리오. 또는 한두 사람의 감정으로 인하여 회중(會中) 전체를 예로 들어가는 곳마다 악선전(惡宣傳)하여 모든 사람으로 하여금 신심을 타락시킨다든지, 또는 회중사(會中事)에 방해를 놓는다면 그 죄가 또한 살·도·음(殺盜淫)의 죄보다 오히려 크노라.

또는 인과도 쓸데없고 불생불멸의 도(道)마저도 다 쓸데없다고 하며, 스스로 아는 체하여 그것을 다른 사람에게까지 전달하여 공부·사업에 열중하는 자들에게 '쓸데없다. 그만두어라.' 하고 모든 사람의 주의심을 버리게 한다든가, 복혜족족(福慧足足)의 두 가지 밭을 파멸시키는 사람이 있다면, 이는 영겁을 통하여 천만 죄악이 줄줄이 열리게 될 것이니라.

또한 신념과 공심을 장려시키지 않고 은근히 형식과 외모로 인식(認識)을 넘어 지도하게 되면 법신불(法身佛)께서 위에 계시어 벌을 내리시니, 이러한 이치를 알지 못하고 '나는 죄짓는 사람이 아니다.'라고 말하지 말고, 자신의 심리를 잘 고찰하여 주의할지어다.

여러분들이 진리를 잘 알지 못함으로써 눈앞의 일만 보고 그 일을 해결하지 말지니 진심(眞心)을 가지는 자, 가심(假心)을 가지는 자, 또는 공부하는 자, 복을 짓는 자, 죄를 짓는 자 등 호리지차(毫釐之差)에 천지현격(天地懸隔)일 것이요, 공심 있고 없는 사람의 차이 또한 천양지판(天壤之判)이라, 제군들은 명심하여 매사에 주의심을 놓지 말고, 정심정어(正心正語)로써 오직 죄짓는 사람이 되지 말지어다."

42. 도둑질하지 말라

정산 종사 말씀하시기를 "모든 물질은 다 임자가 있기에 우리 도덕을 배우는 자들은 산에는 도적이 없고, 길에는 흘린 물건을 줍지 않는 것을 주장하는 것이니라. 그런데 공부하는 사람들이 남들에게는 '도둑질하지 말라.'고 가르치는 처지에서 도둑질을 어찌하리오.

그러나 중생의 욕심이 있는 이상에는 도둑심이 떨어지지 않는 것이니, 누구나 이 욕심의 마음이 성하기 전에 도둑의 마음을 항복시켜야 하나니라.

시방 삼계를 내 것으로 아는 경지가 되어야만 도둑질을 안 하는 것이니라."

43. 새로운 마음의 근원

정산 종사 말씀하시기를 "진리에 있어서는 신구(新舊)가 따로 있는 것이 아니요, 사시 순환을 따라 어제는 거년(去年)이며, 오늘은 신년(新年)이니라. 이러한 까닭에 진리는 고금(古今)이 없으나 그 변화하는 이치는 항상 순환하고 있나니, 저 식물도 새 움이 돋아나오고, 저 원천의 샘물도 새로운 샘물이 흘러나오는 것이니라. 그리하여 옛것은 가고 새로 오는 머리에 생활할 때 새 기분이 드는 것이니라.

그러므로 우리도 심리 공부하는 데 있어서 구심(舊心)을 버리고 새 계획을 세울 것이며, 지난 경과(經過)를 회고(回顧)하여 잘한 일은 보감(寶鑑)으로 삼고, 못한 일은 더욱 깨쳐 새로운 마음으로 공부나 사업에 활약하고 보면 우리 인생이 새롭고, 또한 우리 회중(會中)도 새롭고, 나아가 세계가 새로울 것이니라.

그렇다면 이 새로운 마음의 근원(根源)이 있어야 하나니, 근원이 없고 보면 새롭지 못할 것이니라. 그러므로 먼저 철저한 대신심(大信心)에 근본 하여 대공심(大公心)과 대자비심(大慈悲心)을 가질지니라.

첫째, 대신심이란 무엇인가. 여러분들이 본교에 입교한 후 신심이 없는 자는 어느 조그만 경계를 당하면 흔들릴 수가 있으니, 좋을 때는 믿고, 나쁠 때는 믿지 아니하여 간단(間斷)이 있다면 어떠한 역경·난경(逆境難境)을 당하더라도 이러한 집단생활을 못 할 것이니라.

그러나 신심이 철저한 사람은 역경·난경을 당하여도 소요부동(逍遙不動)하여 금은보화(金銀寶貨)로도 그 마음을 빼앗아 가지 못하고, 무기와 권세로도 능히 그 마음을 빼앗아 가지 못할 것이니, 설혹 이 집단생활을 못 하게 된다고 하여도 나 혼자라도 능히 믿을만한 그 신념을 가진 자는 대체적 신심을 가진 자이며, 더 나아가 일이 비록 소소하다 할지라도 인과(因果)라든지, 또는 대종사님의 말씀이라면 흰 것이 검다 하여도 믿으며, 그 어른의 말씀이라면 추호도 의심이 없는 자는 대신심을 가졌다 할 것이니라.

둘째, 대공심이란 무엇인가. 대체적으로는 공심을 가져야 한다고 말하나, 범부에게 있어서는 소소한 일에 있어서 자아주의(自我主義)에 끌려 온갖 사량(思量)을 하게 되나니, 불보살의 믿음이 선 사람은 나(我)라는 것을 놓아 명리(名利)와 지위(地位)를 다 포기하고, 오직 대중을 위하여 대중이 좋다는 일은 내 몸이 닳도록 의무감으로써 희생을 감내하며, 회중(會中) 물건을 내 것 같이, 대중을 내 몸과 같이 아끼는 것이 대공심이니라.

셋째, 대자비심이란 부모가 자녀를 생각하는 마음이요 부처님이 중생을 생각하시는 것이니라. 보통 범부는 남이 잘하면 시기하고, 못하면 하시(下視)를 하게 되며, 남이 공부나 사업 간에 잘하면 그 사람을 질시하거나 시기하고 미워하나, 부처님께서는 오직 칭찬하고 어여삐 여기시며, 또는 못하고 모르고 멍청한 자를 보실 때는 하시는 고사하고 눈물을 흘리시며 불쌍하게 여기시니 이것이 대자비심이니라."

〈원기34년 1월 1일〉

44. 공부를 등한시하지 말라

정산 종사, '공회당(公會堂)'에 출석하시어 야회에 참석한 사람이 많지 않음을 크게 근심하시고 꾸짖으며 말씀하시기를 "직접 울 안에 살면서 공부를 등한시하고 마음이 풀어진 자는 제도하기가 심히 어렵나니라.

어찌 된 연고이냐 하면 이는 법을 너무 가까이함으로써 법의 소중함을 알지 못하고 법을 능멸하게 여기는 마음이요, 인생이란 귀한 것은 좋아하나 항상 법 속에서 살게 됨으로써 법이 또한 귀한 줄을 모르는 연고이니, 이 근처에 살면서 법을 중히 알지 않는 사람은 실로 걱정을 아니 할 수 없나니라.

그러나 비록 입회(入會)는 아직 하지 않고 예회(例會)는 참석하지 못한다고 할지라도 그 사람은 오히려 제도하기가 쉽나니, 과거부터 어려서 승(僧)이 된 사람은 진승(眞僧)이 되기 어렵다고 한 것이 이러한 이유이니라. 자기가 법을 그리워할 때, 또는 다 커서 의견을 얻은 후에 비로소 법을 듣게 되면 속히 제도를 받게 되나니라."

45. 제군들은 만월(滿月)이 되지 말고 반월(半月)이 돼라

정산 종사 말씀하시기를 "제군들이여, 반달과 보름달을 비교하면 어느 달이 좋은가 말하여 보라. 물론 누구나 다 보름달이 좋다고 말할 것이나 나는 만월(滿月)보다도 반월(半月)을 즐기노라. 왜 그러냐 하면 만월은 반드시 이지러지는 때가 있을 것이나 저 반달은 점점 둥근 달을 향해 나아갈 것이기 때문이니라.

만월은 원만으로부터 부족으로 향하고, 반월은 부족으로부터 원만해지는 것이기에 매 월초경에는 장차 달이 밝음을 기대하고 있으나, 15일경이 되면 달의 마지막을 한탄하는 것이니라.

저 꽃에서도 만개화(滿開花)가 되지 말고, 머무른 꽃이 되어라. 머무른 꽃은 앞으로 만화가 될 힘이 있지마는 아주 핀 만개화는 그날부터 시들기 시작하나니라.

우리 인간도 그렇나니, 위(位)도 최고에 있는 것보다 내면의 실력을 갖추는 것이 진취성이 있는 것이라, 만일 명예가 실력보다 더 드러나면 여망(餘望)이 없이 다 핀 꽃과 같으나, 명예보다도 실력을 충분히 갖추어 놓으면 그것은 머무른 꽃이 되나니라.

너무나 호사(豪奢)하기를 좋아하고 풍부한 생활을 하여 근검저축할 줄 모르는 가정은 빈천의 고통이 앞으로 닥쳐올 것이요, 검박 절약(儉朴節約)하는 가정은 내면이 충실하여 덜 핀 꽃과 같이 장래성 있고 씩씩한 기운이 뜰 것이니라.

　또 권리를 잡았으되 남용하지 않는 자는 덜 핀 꽃이며, 권리를 남용한다면 다 핀 꽃과 같나니라.

　또는 복을 받기만 하고 짓지 않는 것은 다 핀 꽃과 같고, 복 짓기를 좋아하는 자는 덜 핀 꽃과 같으며, 공부도 내면으로 실력을 주장하는 자는 머무른 꽃과 같고, 실력 없이 외면만 주장하는 자는 다 피어버린 꽃과 같나니라.

　실력을 기르고 도를 기르는 이는 저축 있는 생활을 하여 외면으로 드러난 것보다도 실력이 더 크기를 힘쓰며, 밖으로 드러나기를 싫어하나니라.

　다시 한번 부탁하나니 이 말을 귓가로 흘려듣지 말고, 명심 또 명심해서 머무른 꽃과 반달이 되어 앞으로 실력 있고 여망(餘望) 있는, 내용이 충실한 큰 인물이 되기를 두 번 세 번 부탁하노라."

46. 대기만성(大器晩成)

　정산 종사 말씀하시기를 "대기(大器)는 늦게 이루어 지나니라. 보라! 기술도 작은 기술이란 단시일에 배울 수 있고, 작은 그릇이란 몇 시간에 만들 수 있으며, 적은 재산은 며칠 사이에 이룰 수가 있지만 큰 기술·큰 그릇·큰 재물이란 오랜 시일이 걸려야 이루게 되나니, 그래서 대익만득(大益晩得)이라 하나니라.

　요사이 1백 원을 벌려면 1일만 남의 집에 가서 품팔이를 하면 벌 수 있나니, 그러나 대리(大利)란 수년 만에야 비로소 얻게 되는 것이니라.

　그런데 세상 사람들은 그 이치를 알지 못하고 순서를 넘어서 구하나니 어찌 한심하지 아니하랴. 저 박흥식(朴興植) 〈동아일보〉 지물 사건에서 알 수 있듯, 우리의 공부도 자성(自性) 자리를 비추어 대각성불(大覺成佛)을 하기로 하면 장구한 시일이 필요한데도 며칠 염불이나 좌선으로써 견성(見性)을 바라고 실력을 바라나니, 이는 그 진리를 모르는 까닭이니라.

하나에 하나를 합하면 둘이 되는 것은 원칙이라, 하나에 하나를 합하여 열이 되는 것은 없나니, 자기의 습관도 한 번 끊기로 하면, 한 번 끊고 두 번 끊어 오랜 시일을 끊어 즉 불식지공(不息之功)을 쌓으면 결국 모두 끊게 되는 날이 있을 것이나 그 이치를 모르고 한 번 해서 안 되면 낙망을 하나니, 이 또한 가련(可憐)한 일이로다.

금생의 업(業)이란 전생 습관이 전하여진 것이요, 학업(學業)도 과거의 업을 청산하고 새 습성을 익히는 것이 그 원리이니라.

여기에 한 공부인이 진리에 연구 착안(研究着案)하기 시작하였다고 했을 때, 시작은 새벽에 닭이 우는 소리와 같나니, 닭이 울었다고 바로 날이 새는 것은 아니듯 점점 연구에 연구를 쌓으면 아침 해가 먼동을 틔우다가, 먼 산으로부터 점점 태양이 솟아오르기 시작하여 중천에 오르면 온 천지가 밝은 것과 같이, 지혜의 문(門)도 하나둘 알게 되다가 마침내 우주의 본체 자리를 투명하게 알게 되는 것이며, 습성도 또한 이와 같나니 제군들은 날로, 달로 불식지공(不息之功)을 쌓아라.

제군들이여! 이 공부에 앞서 무슨 공부의 성공이 있으랴. 이러한 큰 성공은 대리(大利)이기 때문에 시일과 공력이 많이 걸리나니 정진에 불식(不息)하라."

47. 육근(六根)의 상부상조(相扶相助)

정산 종사 말씀하시기를 "오늘은 너희들의 직접 관계가 깊은 선생을 알려주려 하나니 명심하라. 가령 눈[眼]은 보는 책임이 있고, 입[口]은 말하는 책임을 졌고, 귀[耳]는 듣는 책임이 있으며 그 밖에도 육근이 각각의 책임이 다 다르나 눈이 아프면 입이 즉시 방송하여 의사를 청하고, 또 입이 병들면 눈이 즉시 보아서 발을 보내 약을 구하나니 이것은 책임이 각각 다를지라도 그 상부상조하는 것이야말로 크게 긴밀할 뿐만 아니라 눈이다, 입이다, 귀다, 발이다, 이름만 각각이요. 책임만 각각 다를 뿐이며, 서로 생각하는 이치야말로 둘이 아닌 하나임을 알 수 있나니라.

그러므로 제군들은 이를 본받아야 할지니 대중의 각자 책무가 비록 다를지라도 틈 없는 심경으로 상부상조하여야 할 것이니라.

만일 손이 병들었으나 발이 돌아보지 않는다든지, 발이 아팠을 때 눈이 보아주지 않는다면 필경 그 육신이 멸망하고야 말 것이니, 제군들이 지금 함께 모여 각기 책임을 맡고 사는 것이 이 육근과 같으므로, 이 상부상조의 이치를 잘 알아, 여러 몸을 한 몸으로 알고 여러 재주를 다 나의 재주로 알아서 서로 깊이 생각하고 깊이 사랑하라. 그런다면 자신의 공부도 더욱 성(盛)할 뿐만 아니라 우리 회중사(會中事)에도 별 폐단이 없을 것이니 이를 절대 잊지 말고 명심하라."

48. 장강(長江)의 정신

정산 종사 말씀하시기를 "제군들은 여선원(女禪院)에 다음과 같은 글귀가 붙어 있는 것을 보았을 것이니라.

협수징청야수혼(峽水澄淸野水混)
상봉촉처노성훤(相逢觸處怒聲喧)
장강유유포용력(長江猶有包容力)
휴도창명불구흔(携到滄溟不垢痕)

산골짜기에 흐르는 맑은 물과 들녘의 혼탁한 물이
서로 만나 부딪쳐 요란하고 시끄럽도다.
장강은 오히려 포용력이 있나니,
창해의 심천에는 그 더러움 보이지 않네.

  사람에 있어서도 대인(大人)은 흔적이 없으나, 그와 반대로 소인(小人)은 소리가 나기 쉽나니, 곧 대인은 학식이 많고, 말을 잘하며, 부귀하고 권리를 가졌으되 그 가졌다는 흔적이 없고 상(相)이 없으나, 소인은 그 반대로 무엇이나 조금 잘하면 또는 조금 나은 점이 있으면 흔적을 내고 상(相)을 단번에 내어 서로 다투고 싸우게 되나니라.
  머리 기른 어떤 사람이 나에게 말하기를 '해방(解放) 전에 머리를 길렀지 않았습니까? 저는 해방이 될 줄 미리 알고 머리를 길렀습니다.'라고 하며 자기가 가장 잘 안다고 자랑하는 말을 들었나니 보통 소인은 다 이런 심경을 가졌나니라.
  공자의 문인 중에 증자(曾子: BC505~435)는 말하기를 '이능문어불능(以能問於不能) 이다문어과(以多問於寡) 유약무(有若無) 실약허(實若虛) 범이불교(犯而不敎) 석자오우(昔者吾友) 상종사어사의(嘗從事於斯矣)라.' 하였나니, 이 말은 안회(顔回)를 두고 하는 말이나 대종사님께서도 평소 말씀하시기를 '안회를 찬탄할 줄 아는 증자(曾子)가 그 지경에 도달한 사람이라.'라고 말씀하셨나니라.

 능력이 있으면서도 능력 없는 사람에게 묻고,
 많이 알면서도 조금 아는 사람에게 물었으며,
 있으면서도 없는 듯하고, 꽉 차 있으면서도 텅 빈 듯하며,
 남이 자기에게 잘못을 범해도 잘잘못을 따지지 않았나니,
 옛날 나의 벗이 이를 실천하며 살았도다.

 우리 학원생들도 지식이 쌓이고, 말도 잘하고, 무엇이든지 잘하면 잘할수록, 빈 것 같은 심경과 장강(長江)의 정신을 가져야 하나니라.
 부처님은 삼세를 통하신 분이요, 삼계의 대도사(大導師)이시지마는 흔적이 없으니, 부처님 말씀에도 '애착(愛着)·탐착(貪着)을 떼라' 하셨으므로, 그에 집착하면 악도(惡道)에 떨어지기 때문에 역설하신 것이니라.
 중생들은 한 번 끌리면 앞뒤도 돌아보지 아니하고 염치와 시비를 불고하나니, 물고기가 낚시에 걸린 것은 식탐(食貪) 즉 식착(食着)이 들어서 그것을 먹으려다가 잡힌 것이며, 주인이 개에게 밥을 주어 잡아먹으려 하지만 개는 그것을 알지 못하고 밥을 탐해 제 생명을 재촉하는 것과 같이, 사람이 애착·탐착에 집착함도 이와 똑같나니라.
 남녀의 경계도 그러하나니, 한 번 마음이 쏠리면 규칙 위반이 되는 것과 타인이 어떻게 보든지 돌아볼 줄 모르고, 자신이 어떠한 처지에 있는가도 불고하며, 마치 낚시에 걸리는 물고기와 같고 잡아먹으려고

밥을 주면 맛있게 먹는 개와도 같아서 제 신세를 스스로 망치나니라.

전무출신한 제군들은 언제나 마음이 어디로 제일 많이 쏠리는가를 조사해서 이 공부·이 사업, 정의(正義) 외에는 쏠리지 않도록 하라. 그렇지 않으면 제군들의 근본 목적에 어긋날 뿐만 아니라 큰 화를 만날 것이니라.

돈에 착이 되어 쓰고 싶으나 구하지 못할 때는 온갖 죄를 짓게 되고, 또한 죄악의 구렁으로 제가 스스로 기어들어 갈 때는 아무리 건져주려 하나 건져줄 사이도 없이 들어가 버리고 마나니, 명예욕도 이와 같나니라."

49. 제군들은 용맹정진하라

정산 종사, 교무강습 결제식 때에 말씀하시기를 "얼마 전까지만 해도 동(冬)·하(夏) 6개월간이나 선[禪·정기훈련]을 났지마는 지금이 비상시(非常時)라 지난해부터 시국에 순응하는 관계로 시일이 대단히 축소되어 우리의 공부 시간이 줄게 되었나니라.

그러나 무릇 공부라 하는 것은 사람의 마음 먹기에 달린 것이라 기관의 형편에 따라 어떤 경우엔 1년 만에 할 것을 6개월 만에 할 수 있고, 시일이 단기간이라도 잘만 하면 6개월간에 했던 공부를 3개월 만에 하고, 3개월 만에 할 것도 1개월 만에 하며, 1개월 만에 할 것도 1주일 만에 하며, 1주일 만에 할 것도 단 하루 만에도 능히 할 수 있다고 생각하노라.

옛날 어느 부처님은 사십겁(四十劫) 전에 나시어 닦으신 후 성불(成佛)을 하셨는가 하면, 사십겁 이후에 나셨지만 수도에 힘쓰시어 성불하셨다는 말씀도 있으니, 이는 다 용맹정진한 까닭이니라.

　제군들이 잘 알고 있는 조선에서 제일 가는 옥토인 김제의 만경평야와 익산·전주 등지의 들판으로 말하면 곡출로 보나, 품질로도 조선 제일이니라. 그러나 생각건대 이런 옥토에 사는 사람들은 다 부자요 다 많은 전답의 소유자일 것 같으나 웬일인지 그런 옥토에 사는 사람들 가운데 많은 사람의 전답이 자기의 소유요, 부자가 되는 자가 많지 않으니, 그것은 무슨 까닭인가.

　또한 그 반면에 박토(薄土)에 사는 사람은 다 굶어 죽고, 가난하고 소유 토지가 전혀 없을 것 같은데 오히려 잘 살며, 토지를 가진 자가 많으니 또 이것은 무슨 까닭인가.

　이것은 다름이 아니라 옥토에 사는 사람은 옥토만 믿고 그냥 되는 대로 살았기 때문이요, 박토에 사는 사람은 원래가 박함으로 생활에 대한 용맹정진이 평소 그런 방면의 준비와 예산이 있었던 연고이니, 옥토에 사는 사람은 근검절약을 아니 하고 부족을 모르고 살았지만, 박토에 사는 사람은 그렇게 해서는 살 수 없다는 것을 미리 각오하여 용맹정진한 까닭이니라.

　이와 같이 우리 공부인도 이러한 시국을 당하여 6개월 선(禪)도 3개월로, 3개월 선조차도 다시 3주일로 축소하더라도 낙망하거나 포기하지 말고, 능히 장기간 공부하듯 그 가치만 있게 하기를 바라노라. 모진 비바람과 세찬 서리를 맞으며 자란 초목은 한설(寒雪)을 무서워하지 아니하나, 같은 초목이라도 인공을 가하여 방안이나 온실에서만 자라 모진 폭풍우 속에서 기르지 않은 것은 조그마한 서리와 비만 와도 죽게 되나니라.

이것은 밖에서 자란 것은 고생이 많아 능히 모든 것을 이길 힘이 있고, 온실이나 방에서 곱게 자란 것은 한설(寒雪)과 풍우(風雨)를 이겨낼 힘이 없는 연고이니, 이와 같이 우리도 생활이 긴박(緊迫)하고 고생도 많고, 더욱 우리의 힘이 약할 때 태산같이 믿고 의지하며 살았던 종주부[宗主父: 대종사]님마저 이별한 이 처지에 더욱 공부를 잘할 결심을 굳게 가지지 않으면 안 될 것이니라.

　우리는 고아이니라. 그러므로 우리는 어떠한 경우에도 더욱 용맹정진하지 않으면 안 되나니라.

　옛적 영산회상 시대 아난 존자(阿難尊者)가 49년간 부처님의 총애를 받고 항상 모시게 되므로 법문도 제일 많이 듣게 되어 다문(多聞) 제일이라고 하였으나, 얼마 안 되어 부처님께서 열반하시면서 가섭(迦葉) 존자에게 정전(正傳)의 심인(心印)을 전하는지라 아난 존자 생각에 '가섭 존자가 아무리 심인을 받았으나 경전(經典)을 결집(結集)하는 데에는 반드시 나를 상좌(上座)로 모실 수밖에 없으리라.' 하고 혼자서 자만하고 있었는데 가섭 존자는 벌써 아난 존자의 심리(心理)까지 잘 알고 있었기에 아난 존자를 절대 청(請)하지 않았나니라.

　이에 아난 존자는 기다리다 못하여 자진(自進)하여 '내가 아니면 경전의 결집을 못 할 것이다.'라고 하며 큰소리를 쳤으나, 가섭 존자는 전혀 들은 체도 않고 오히려 아난 존자를 쫓아내 버렸나니라.

　아난 존자는 하도 기가 막히고 쫓겨난 분함을 참을 수 없어 7일(日) 7야(夜)를 용맹정진했는데 오히려 그것이 원인이 되어 마침내 견성(見性)을 이루게 되었다고 하나니, 어찌하였든 내적(內的) 공부로나 외적(外的) 생활로나 책만 많이 읽는 것이 공부가 아니라 부단(不斷)한 노력으로 용맹정진하는 데 있나니라.

 또 옛적 어떠한 부자가 자기 아들을 학문이 높은 가난한 친구에게 보내어 가르쳐 달라고 맡긴 일이 있나니, 그런데 그 친구의 말이 '가르치는 일은 어려운 일이 아니지만 10년 동안 찾아오지도 말고, 데려가지도 말고 오직 나에게 맡겨만 두라.'라고 하면서 '약조하라.' 하였나니라.

 그 가난한 친구는 부자의 아들을 데려간 후 단 한 자의 글도 가르치지 않고 매일 밭으로, 논으로 데리고 다니며 일만 시키는데 마치 자기의 머슴을 삼은 듯 일만 시켰기에 그 곱던 손은 다 터지어 갈퀴처럼 되었고, 제대로 못 먹어 부은 얼굴은 입으로 말하기 어려울 정도였나니라.

 부자 친구는 50여 리 거리였지만 그래도 8년 동안을 잘 참고 견디며 가지 않는데 하루는 불현듯이 아들이 보고 싶고 그동안 무엇을 배웠는지 여러 가지로 궁금증이 나서 많은 음식을 장만하고 좋은 말에 의관을 차려입고 풍채 좋게 아들이 사는 마을 입구에 들어서니 뜻밖에도 자기 아들과 친구가 밭에서 일을 하는데 그 손이며 얼굴, 옷차림 등 무엇하나 그 꼴을 차마 볼 수가 없지 않겠는가.

 이 부자는 화가 천동(天動)같이 나서 친구를 원망하며, 너무 일만 시킨 것이 분하기도 하여 '내가 10년 동안을 맡긴다고 약조했으나 많이 가르쳐 놓은 것이 없으면 데리고 가리라.' 결심하고 아들에게 '그간 무엇을 배웠느냐?' 하니 아들 하는 말이 '제가 집에서 배우고 온 사략(史略)밖에 더 아는 것이 없습니다.' 하니 그 아버지는 말할 것도 없이 데리고 가기로 내정(內定)하였나니라.

그 모양을 본 친구는 아들을 시켜 '벽장에 쌓여 있는 책 중에 아무 것이라도 가지고 오너라.' 하여 그 자리에서 읽히니 못 읽는 책이 없는 지라, 부자 친구는 그만 놀라 사과하며 10년을 채우지 못하고 8년 만에 그만 둔 것을 후회하였나니라. 그리고 처음 약속과 같이 2년만 더 데리고 있기를 간청하였더니 그 친구가 하는 말이 '2년을 더 둔들 마찬가지라, 그동안 8년은 저 아이가 일호의 사심이 없이 일심(一心)뿐이었지만 이제 자네를 본 뒤로부터는 집에 갈 사심과 호화로운 데로 마음이 흔들리어 일심(一心)은 어긋났으니, 여기에 있으나 없으나 더 이상의 진보는 없을 것이니 데리고 가시오.' 하며 '내가 장차 세계의 인물로 키우려 했는데 조선의 인물은 될 것이네.' 하며 돌려보냈다고 하는 이야기가 있나니라.

  이와 같이 우리 집 공부도 책을 여러 가지 많이 보는 것이 공부가 많이 되는 것처럼 생각할 수 있으나 그런 것보다도 교강 9조[教綱九條: 일상수행의 요법 9조]만 통달한다면 이것 한 가지로도 능히 성불(成佛)할 수 있고, 아무리 전무출신(專務出身)을 하여 집에서 아니 하던 고생을 하는 것 같으나 일심(一心)만 되면 힘든 일도 기꺼이 즐겁게 할 수 있을 것이니라.

  염불(念佛)도 속 염불과 껍질 염불이 있으니 이 짧은 선 기간이지만 그간에 깊은 진리와 알게 된 지혜로 궁행실천(窮行實踐)하여 10년을 1년, 1년을 단 하루에 하도록 용맹정진할지니라. 전쟁으로 말하여도 전쟁이 일어날수록 문명이 발달하고 기기묘묘(奇奇妙妙)한 기술이 생기기도 하나니라.

  세상이 매우 긴박하나니, 한설(寒雪)이 있어야 송죽(松竹)의 절개(節

介)를 알 수 있듯이 우리도 10년에 할 공부를 1년으로, 1년에 할 공부를 단 하루로 축소해서 할 각오로 용맹정진해야 하겠노라."

〈원기30년 1월 9일〉

50. 우리는 부처 될 자신이 있다

정산 종사, 경전(經典) 공부 시간에 참석하시어 말씀하시기를 "이 세상에 와서 육조 대사(六祖大師)와 같이 『금강경』 읽는 소리만 듣고 깨치신 분으로 말하면 다생(多生)에 많이 닦으신 연고이니라. 또한 이 세상에서 많이 닦으신 분은 내생에 조금만 수행해도 깨치게 되는 것이 이치의 당연함이니라.

불가(佛家)의 전통으로는 견성(見性)이 곧 각(覺)을 일컬어 왔지만, 견성(見性)도 사십팔통(四十八通)을 하여야 활연대오(豁然大悟)라 하나니, 그러나 만일 금생에 깨치지 못하면 내생(來生)에 힘이 더 들게 되므로 어떻게 하든지 여러분들은 금생에 부지런히 적공하여 깨고나 볼 일이니라.

대종사께서 오도(悟道)하시니 천지의 순환불궁(循還不窮)한 이치며, 만물의 불생불멸(不生不滅)한 이치며, 인과보응(因果報應)한 이치가 훤히 드러나 가히 한 생각을 넘지 않으셨다고 하며, 그리고 이 이치를 깨치시고 어찌나 기쁘시던지 굽 높은 나막신을 신으시고 높은 산으로 돌아다니셨다는데 신통이 나타나 그렇게 근동의 산을 오르내리셨건만 옷이나 나막신 굽에 전혀 눈이 묻지 않으시었다고 하노라.

그러니 우리도 이처럼 좋은 경(經)을 보고 해석하며 공부하는 것은 그 첫째가 알자는데 있고, 안 뒤에는 실용(實用)할 줄 알아야만 참다운 가치가 있을 것이니라. 나도 전에는 춤 잘 추고 노는 사람들을 보게 되면 그냥 구경은 했으나 그 사람들과 같이 재미는 없었고 오직 무상(無常)한 이치, 인생의 진리가 퍽이나 궁금하더니 지금에 와서는 죽을 먹어도, 누더기를 걸치고 있어도, 남이 알아주나 몰라주나 어떠한 경우에도 앞길이 환하게 보이니 이런 재미가 또 어디에 있겠는가.

옛 성현들의 도(道) 깨닫는 것을 보면 부처님께서는 새벽에 뜬 별을 보시고 문득 깨치셨고, 어떤 분은 들판의 벼가 바람에 물결치는 것을 보시고, 또 어떤 분은 대나무 가지가 움직이는 것을 보시고 도를 깨치셨다고 하였나니 그런데 왜 우리가 날마다 볼 수 있는 별을 보아도 못 깨치고, 해마다 들판에서 벼들이 물결치는 것을 보아도 못 깨치고, 어디를 가나 볼 수 있는 대나무밭을 보아도 못 깨치는 것은 무슨 이유인가. 그것은 성현들이 하신 그 적공(積功)이 없는 연고이니라.

내가 자신 있는 도가(道家)의 공도(公道) 생활을 하게 된 것은 대종사님의 큰 은혜라, 우리는 누구나 다 도(道)를 깨달을 수 있다는 자신(自信)이 있으니 부지런히만 하라. '영산회상(靈山會上)에서는 일여래천보살(一如來千菩薩)이라.' 하였지만 미륵회상(彌勒會上)에서는 '천여래만보살(千如來萬菩薩)이라.' 하였나니, 우리는 자신 있게 공부만 힘쓸지어다."

51. 참 마음을 지키자

정산 종사, 총부 야회에서 말씀하시기를 "여러분들은 모든 바람에 날리지 말지니, 곧 수본진심(守本眞心)을 잘하라. 이것이 수도인이 이 공부심을 놓지 않는 길이니라. 열녀가 열녀로 드러난 것도, 충신이 충신으로 드러난 것도, 성현이 성현으로 드러난 것도 근본의 참 마음이 진심(眞心)을 잘 지켰기 때문이니, 오늘 야회에서는 토인(土人)과 목인(木人)의 비유로써 여러분들에게 수본진심 하는 수도인의 공부심에 관하여 이야기하고자 하노라.

어느 날 목인이 토인을 보고 하는 말이 '나는 너를 볼 때마다 걱정이 된다. 왜냐하면 너의 몸이 흙으로 되었기에 곧 무너질 것만 같아 염려하지 않을 수 없구나.'라고 하자, 토인이 목인에게 말하기를 '내가 너를 보면 걱정이 된다. 왜냐하면 내가 아무리 무너진다고 하여도 흙에서 생겼다가 다시 흙으로 돌아가는 것뿐이다. 그러나 네 몸은 나무로 되었기 때문에 만일 큰비가 와서 홍수가 지면 포박사해(泡博四海)하여 부지하처부(不知何處腐)하리니 걱정하지 않을 수 없다. 네 몸이 물거품처럼 사해에 둥둥 떠돌아다니다가 어느 곳에서 썩어 없어질지 모를 것을 생각하면 참으로 걱정이 된다.'라고 하였노라.

우리 수도인들은 이 이야기를 범연히 생각할 수가 없으니, 과연 이 세상에서 제일 불쌍한 사람이 누구인가 하면 육신이나 정신이나 안주처가 없이 둥둥 떠서 떠돌아다니는 생활을 하는 사람이라, 아침 일찍 동천에서 해가 뜰 때 문틈 사이로 햇살에 비치는 조그마한 먼지들이 '우~'하고 떠서 가라앉을 줄도 모르고 둥둥 떠 있는 것과 다를 바가 없도다. 또 순풍이나 역풍이 세게 불면 바람에 못 이겨 약한 가지가 부러져 떨어지고 나뭇잎도 전부 떨어져 시궁창 같은 곳으로 나뒹구는 것을 볼 수 있으니, 이것은 나뭇가지가 견고하지 못하고 나뭇잎이 약하고 가볍기 때문에 둥둥 떠서 날리고 나뒹구는 것이니라.

그러나 뿌리가 깊고 튼튼한 나무나 큰 바위나 저 태산은 어떠한 폭풍에도 꼼짝하지 않는 것을 볼 수 있나니, 이것은 수도인에 있어서 삼대력(三大力)을 얻은 것과 같다 하겠노라.

  수도인이 작은 먼지나 약한 나뭇잎처럼 삼대력을 얻지 못하여 정신수양에 있어서 마음이 중후하지 못하고 경박하다거나, 사리연구에 있어서 마음이 밝지 못하고 어둡다거나, 작업취사에 있어서 실행에 실천력이 없는 사람은 조그마한 경계만 당하여도 이기지 못하여 그 경계의 바람에 날리게 되나니라.

  그러므로 여러분들은 하루속히 삼대력을 얻어 어떠한 바람에도 날리지 않는 사람이 되어야만 모든 고(苦)를 면하고 낙(樂)을 누리는 사람이 될 것이며, 또한 경계를 당할 때마다 나는 어떤 바람에 둥둥 뜬 생활을 하게 하는가를 항상 대조하여 그 바람을 잠재우고 근본의 진심(眞心)을 지킬 것인가를 살펴야 할 것이니라.

  이제 우리 수도인들의 근본 진심(眞心)을 흔드는 바람의 종류와 그 바람을 이겨내는 공부 방법에 대하여 말하려고 하나니, 혹 여러분들 가운데 '저 말씀은 꼭 나 들으라고 하는구나.' 하는 생각을 가지는 사람이 있다면 그 마음을 놓고 '어떠한 바람에도 흔들리지 않는 항마 도인(降魔道人)이 되어야지.' 하는 자세로 들었으면 하노라.

  바람의 종류는 세 가지가 있으니 곧 내가 좋아하고 경계에 끌리는 순풍(順風), 내가 싫어하고 끌려다니는 역풍(逆風), 유행에 끌려다니는 시대풍조풍(時代風調風)이니라.

  첫째, 순풍(順風)에 날리는 사람은 어떠한 사람인가. 먼저 술을 좋아하는 사람의 예를 들어보면 술친구만 만나도 반갑고, 술 냄새만 맡아도 기분이 좋고, 술집만 보아도 마음이 끌리어 기어이 한잔해야 하는 사람이니, 술 석 잔에 갈증을 푸는 사람이 있는가 하면 미치광이가 되는 이도 있어서 '부어라, 마셔라' 하며 참 정신을 잃어버리는 사람이 술의 순풍에 날리는 사람이니라. 처음에는 사람이 술을 마시지만 나중에는 술이 술을 마시고 좀 더 지나면 술이 사람을 마시게 되어 돈도, 논밭도, 자식도, 마누라까지도 잃게 되는 사람이 어찌 한둘인가. 안타까운 일이로다.

  잡기를 좋아하는 사람은 설혹 술에는 마음이 끌리지 않을지라도 잡기 하는 친구를 만나거나 노름방을 알게 되면 그만 정신을 잃고 처자도, 살림도, 잠잘 줄도, 날 새는 줄도 모르고 잡기에 빠져들어 결국 논·밭을 팔고 집을 저당 잡히다가 패가망신(敗家亡身)하는 꼴을 보게 되나니, 나도 일전에 '하루마' 게임을 해보니 제법 재미있더라. 특히 요즘 어떤 여자들이 춤에 빠져 남편과 자식도 몰라보는 사람이 많다고 하니 큰 걱정이 아닐 수 없도다.

  재물욕이 많은 사람은 술이나 잡기쯤은 설혹 마음에 끌리지 않는다고 할지라도 재물을 보면 어찌할 바를 모르고 눈이 활짝 뒤집혀서 갖은 추태를 부리고, 신용을 다 잃고 심지어 예의염치를 불고하여 사기도, 살인조차도 서슴지 않고 자행하는 경우가 없지 않나니라. 그뿐인가, 신의로 맺은 친구끼리도 배신을 하며, 부모와 자식 간에도 자식이 부모를 죽이기까지 하는, 천륜(天倫)을 어기는 경우도 없지 않으니, 이것은 재물 바람에 날리어 둥둥 떠서 참 본심을 잃어버리는 경우이니라.

  권리욕이 많은 사람은 재물쯤은 안중에 없이 청백할지 몰라도 권리를 보면 권리 바람에 날리어 권리를 얻기 위해 남을 모략하고, 시기하고, 중상해서라도 자기만 내세우려다가 도리어 큰 죄를 짓고, 위신을 잃고, 결국 타락의 길에 들게 되나니, 이것은 권리의 바람에 둥둥 떠날리는 경우이니라.

또 권리 바람에는 끄떡없는 사람이 명예 바람에 흔들려 절친한 사이가 벌어지는 경우도 있으며, 권리나 명예에는 끄떡없는 사람이 미색(美色)을 보면 가슴이 울렁거리고 그것에만 마음이 끌려 잠도 오지 않고, 밥맛도 없고, 일도 손에 안 잡히며 둥둥 떠서 심하면 유부녀 간통도 하고, 남녀 간 강간죄도 범하여 철창생활을 면하지 못하는 사람도 있나니라. 그래서 세간에 '영웅은 세상을 흔들고 미녀는 영웅을 움직인다.'라는 말이 있으니 참으로 조심해야 할 경계이니라.

이상의 술·잡기·재물·권리·명예·미색의 경계 바람에 흔들려 둥둥 떠다니는 것이 순경을 당한 목인(木人)의 마음이요 생활이니라.

둘째, 역풍(逆風)에 날리는 사람은 어떠한 사람인가. 누가 내 인격(人格)을 몰라주면 그만 화가 나서 '내가 누군데.' 하고 마음이 요란하여 마음이 둥둥 떠서 참 본심을 잃어버리는 사람이니 예로 어떤 후진이 선진을 몰라보고 불경(不敬)한 태도를 보인다든지, 아랫사람이 윗사람을 몰라보고 인사를 안 챙긴다면 그만 괘씸한 생각에 마음이 편치 않은 것도 역풍에 날리는 것이니라.

또 내가 잘한 공(功)을 몰라주며 칭찬은 고사하고 야단을 들을 때에 그만 마음에 분한 생각이 치밀어 올라서 어찌할 바를 모르고 마음이 둥둥 뜨는 것도 역풍에 날리는 것이니라.

또 자신의 실력은 무슨 일이든 맡기면 할 수 있다고 자신하는데 실력을 몰라주고 자신만 못한 사람 밑에서 일을 하게 되면 마음이 꼬불 꼬불 틀어지고 진심(眞心)을 잃어버릴 수 있나니라.

 우리 교단으로 보면 수위단원들이 지금의 청년들보다 지식이나 학식, 경험 등이 훌륭하여 수위단원이 된 것이 아니라 나이가 많고, 연조가 많고, 더욱 큰 실수는 범하지 않았기에 수위단원이 된 것이라, 지금 이 자리에도 인물이나 학식이나 상식이 뛰어난 사람도 많을 것이니라. 생각하면 미안하기도 하고 그 자리에서 물러나고 싶은 사람도 있겠지만 박창기 선생 말대로 '가고 싶어도 살 인연이 남아 있으면 더 사는 것이요, 있고 싶어도 가야 할 인연이라면 가게 되는 것이라.'라고 한 것처럼 못난 사람이 윗자리에 있는 것도 인과로 보아야 하나니라.

 또 자신이 잘못한 일도 없는데 모함을 받아 구렁텅이에 떨어진다든지, 무시를 당한다든지 하면 요란해지는 것도 역풍에 날리는 경우이며, 또 집안 환경이 곤란해서 공부 비용이 없다든지, 먹을 것이 없다든지, 입을 것이 없다든지, 자녀 교육을 못 하게 되었다든지, 빚쟁이들에게 빚 독촉을 받는다든지 하면 마음이 둥둥 떠서 이 역풍의 바람을 이기지 못해 심하면 자살할 마음도 생겨나고 도둑질할 마음도 생겨나서 엄청난 인격 손실을 내게 되는 것도 역풍에 날리는 경우이니라.

 또 몸만 아파도, 일만 고되어도 '돈이 있어야 해, 돈을 벌어야 해, 일 가친척밖에 없어' 하고 외로움을 못 이기는 것도 역풍에 날리는 것이며, 또 미운 사람은 옆에 있기만 해도 보기 싫고, 마음이 요란하여 자신이 어디로 피해 가든지 '산중으로 들어가야지, 자기가 나가든지 내가 나가든지 해야지.' 하면서 '저 꼴 보고는 못살아.' 하고 마음이 둥둥 떠서 찔끔찔끔 우는 것도 역풍에 못 이기고 날리는 경우이니라.

 이 밖에도 억울한 소리만 들어도, 수(水)·화(火)·풍(風) 삼재(三災)만

당해도 마음을 걷잡지 못하고 요란한 것은 역풍에 날리는 것이니라.

셋째, 시대풍조풍에 날리는 사람은 어떠한 사람인가. 곧 유행병에 걸린 사람이니, 수도인은 수도인답게 수수하고 고상하며, 분수에 맞게 살아가는 것이 시대풍조풍에 날리지 않는 사람이니라.

그러나 나날이 변천해 가는 물질문명과 외국 사조에 마음이 흔들려 외국산이 아니면 먹지도 입지도 않고 새것만 나오면 자신이 그동안 가지고 있었던 것이 '시대에 뒤떨어진 것이라.'하고서 자꾸만 새것으로 바꾸려 하는 것이 시대풍조풍에 끌리고 날리는 것이니라.

예로 양산, 핸드백, 시계, 의복, 머리, TV, 다이아몬드 반지, 여우 목도리 등에 온통 마음이 흔들려 둥둥 떠다니는 마음이니라.

물론 '성현도 종시속(從時俗)이라'는 말과 같이 반드시 세상의 풍속을 따라야 할 것은 따라야 하기 때문에 머리 깎는 시대를 만났으니 갓 쓰고 망건 쓰는 것과 양복 대신 도포 자락 휘날리며 생활할 수는 없으나, 유행에 따른다고 하여 처지에 맞지 않는 옷이나 수용품을 갖는 것은 도리어 자신을 욕되게 하는 일이 아닐 수 없나니라.

집 한 채도 없이 전세나 사글세로 살면서 TV를 사놓고 보면 다른 사람들이 속으로 흉을 보는 것은 당연한 일이며, 정녀복을 입어야 할 사람이 세상 유행에 맞추어 양장을 입으면 세상 사람들이 어떻게 생각하겠는가.

이 밖에도 난리 바람에 날리는 사람이 있으니, 난리가 곧 일어날 것처럼 공연히 심장이 뛰고 잠을 못 자며, 무슨 소리에도 깜짝깜짝 놀라는 것은 난리 바람에 날리는 것이니라. 저 태평양전쟁같이 다 당하게 되는 일이 일어날지라도 '은밀한 곳에 굴을 파놓아야 하느니 피난처를 찾아야 하느니.' 하면서 불안에 떨 것이 아니라 먼저 마음을 안정시키고 안심하면서 살 수 있는 근본 방법을 찾아야 편안해질 것이니라.

이상에서 순풍과 역풍, 시대풍조풍(時代風調風)에 날리는 예를 들어 보았나니, 그러므로 우리 수도인은 순풍에도, 역풍에도, 시대풍조풍에도 날리지 않는 공부를 하기 위해서는 끊임없이 평상심(平常心)을 잘 길들여야 하나니라. 이 사람이 수본진심(守本眞心)의 공부를 잘하는 사람이요, 더욱 고(苦)를 없애고 낙(樂)을 누리는 사람이라고 하겠노라.

결론적으로 이러한 모든 바람에 날리지 않는 방법은 언제나 대종사님께서 밝혀주신 무시선(無時禪)·무처선(無處禪) 공부를 시간적으로나 공간적으로 일분 일각도 놓지 말고, 부지런히 닦고 길러서, 안으로 마음을 지키되 청정함은 허공과 같이 하고 밖으로 마음을 쓰되 부동(不動)함은 태산과 같이하여, 동(動)하여도 동하는 바가 없고 정(靜)하여도 정하는 바가 없이 마음을 한결같이 갖는 데 노력하고 적공을 쌓으면 그대로 길이 들고 항상 고요할 것이니라.

어떤 수도인이 말하기를 '인개애주옥(人皆愛珠玉)이나 아역찰나정(我亦利那定)이라.' 하였나니 이 정(定)에도 세 가지의 정(定)이 있나니라.

첫째, 대정(大定)으로 동중정(動中靜)이요,

둘째, 중정(中定)으로 정중정(靜中靜)이며,

셋째, 소정(小定)으로 목석(木石)같이 공(空)에 떨어져서 새가 머리에 집을 지어도, 손가락이 깨어져도 가만히 앉아 있는 것이라, 그러나 소정을 지내야 중정을 얻고, 중정을 지내야 대정이 될 수 있으므로 천만 동작에 참 마음의 핵이 묻어 나올 수 있나니라.

열녀가 열녀로 드러난 것을 보아도 순경에 끌리지 않고 역경에 끌리지 않아서 열녀가 된 것이요, 충신이 충신으로 드러난 것도 역시 그러했으며, 성현이 성현으로 드러난 것도 또한 그러한 것이니, 저 춘향이도 남원의 변사또가 화려한 옷·음식·패물·집 등 순경으로 달랬으나 듣지 않자 큰 칼을 씌워 옥에 가두고, 나중에 형틀에 묶어 30대 곤장을 때렸으되 끝내 응복하지 않아 열녀가 된 것이요, 생육신(生六臣)·사육신(死六臣)도 벼슬을 높여주고 녹(祿)을 준다며 끌어들였으나 끝내 말을 듣지 않자, 역경인 철퇴로 머리를 치고 칼로써 목을 자르며 어떠한 형벌을 가해도 뜻을 옮기지 않았기에 충신으로 드러난 것이며, 부처님이나 예수님도 온갖 마구니가 순경과 역경으로 가지가지로 유혹하고 굴욕을 주어도 꼼짝하지 아니하여 성현이 된 것이니라."

52. 책임감

정산 종사 말씀하시기를 "원불교가 사회적으로 그 명성이 드러날수록 우리의 책임이 무겁나니, 까닭 있는 공부를 하지 않고서는 도저히 돌아오는 운수를 탈 수 없으리라.

형식을 취하는 시대가 이미 지나가고, 앞으로는 실질적으로 도심(道心)이 있고, 진실한 사람이 아니면 세상에서 써 주지 아니하나니, 우리는 그때를 당하여 당황하지 말고, 지금부터 정신을 차려 그 기운을 받아들일 만한 법기(法器)가 되어야 할 것이니라.

첫째, 대종사님께 바친 신성(信誠)을 끝까지 퇴굴하지 말 것이요 둘째, 본교의 규칙을 잘 지킬 것이며 셋째, 수도 생활에 기쁨을 느껴야 담담한 진미(眞味)를 스스로 맛보게 되나니라.

세상은 날이 새어 가나니, 우리도 그에 맞추어 삼강령(三綱領) 팔조목(八條目)의 공부로써 실력을 기르라. 짓지 않고, 공부하지 않는 자에게는 그 복이 올 수 없으니, 착실하고 얌전한 자는 세상이 먼저 찾게 되리라.

이곳에 온 우리 청년의 목적은 무엇인가. 가치 있는 청년이 돼라. 그러면 우리 원불교도 드러나며, 우리 대학도 드러날 것이라, 나 하나라도 규칙을 지키고 범계(犯戒)하지 않으며, 도학을 구하는데 뜻이 굳어 끝까지 지키면 진리는 아나니라. 나의 신성을 독실히 하고, 도를 구하고 배우는 데 집중하면 그 효력은 저절로 나타나리라.

또한 스스로를 구속하지 말고, 자유로이 살아보라. 외부 학교에 다니든지, 나가서 살지라도 심중에 이 공부, 이 사업이 좋거든 한결같이 가치 있는 삶을 살라. 결코 체면에 끌려 구속을 주지 말고 마음껏 자유로이 하라." 〈원기39년 7월 21일〉

53. 외화내암(外華內暗)

정산 종사 말씀하시기를 "옛날 선비들은 『대학』의 궁리(窮理), 정심(正心), 수기(修己)를 닦아 왔나니라. 앞으로 우리나라가 의탁(依託)할 곳은 바로 여러 청년에게 있으니, 여러분들은 나 하나만을 위하는 자가 되지 말고, 국가 민족을 위하는 일꾼이 돼라. 나 하나만의 성공을 계획하는 것은 미개인의 행동이니, 배움의 가치는 대중을 위하여 일할 수 있는 데 있나니라.

혼란한 이 나라를 바로잡기 위해 정치, 경제, 문화를 통해서 올바른 길을 잡아주는 것이 여러분의 사명일 것이니라.

오늘날의 실정을 볼 때 외화내암(外華內暗)의 격(格)이로다. 밝은 밝은데 안은 어둡나니, 물질적으로 보더라도 비누 한 개, 양복 한 벌을 사용하고 입을 줄은 알면서도 만들어 내는 힘은 미약하나니라. 밖으로 꾸미는 형식은 잘 흉내 내지만 생산은 부족한 형편으로 국산품인 한복을 입고서 행동할 수 없으니, 생산은 부족하고, 형식만을 꾸미는 간고한 형편이로다.

개인은 똑똑하지만, 단체는 약하나니, 모래알 같은 사람이 되지 말고, 진흙 같은 사람이 돼라. 외래의 형식에 끌리지 말고, 우리나라 실정에 맞는 생활을 해라."

54. 인욕

정산 종사 말씀하시기를 "부처가 되고자 할진대 반드시 인욕(忍辱) 공부를 하지 않으면 아니 되나니, 사물에 있어서 근원과 뿌리를 먼저 아는 것과 같나니라. 행복한 자를 볼 때 복의 근원을 잘 살펴보며, 고생스러운 자를 볼 때 또한 그 고생의 뿌리를 잘 살필지니라. 현재의 인심을 볼 때 복의 근성(根性)을 살필지니, 범부는 현재의 복을 운운하지만, 그 사람의 마음 사용하는 것을 보면 미래의 복 있는 자와 악한 자를 알 수 있나니라.

현재는 어떻든 간에 죄복의 근원을 먼저 살펴라. 예컨대 나무의 뿌리를 해(害)친다고 하여 바로 나무에 미치는 영향은 크지 않을 것이나 필경은 말라 죽는 것처럼, 아무리 작은 씨앗일지라도 미래에는 아름다운 꽃이 피고 열매가 여는 것을 아는 것이 지혜 있는 자이니라.

현재의 복에 만족하지 말고, 내 마음 가운데 어떠한 싹이 돋아 오르는가를 늘 반조할지니라. 그러므로 첫째, 신심이 어느 정도인가 둘째,

공부심은 어느 정도인가를 살펴라. 진리는 구하는 자에게 주나니라.
셋째, 공심은 어느 정도인가, 몸과 마음을 다하여 남을 기쁘게 하고 남을 위하는 마음이 생겨났는가, 또 나만 좋게 하고 나만 위하는 마음이 생겨났는가, 또 남의 성공을 보고 질투심이 생겨났는가 안 났는가, 또 부모가 자식에 대한 자비심이 생겨났는가 안 났는가 등 항상 이러한 마음가짐을 자세히 살펴야 하나니라.

대자대비는 온 세상 사람들을 다 자기 자식같이 여기는 마음이니라."

〈원기37년 2월〉

55. 전무출신 기념식

정산 종사 말씀하시기를 "세상에 아무리 좋은 보물이 있다고 하더라도 그 보물을 알아주는 사람이 있어야 보물의 가치가 있을 것이니라.

옛날에 어떤 사람이 개천을 건너다가 물속에서 천금(天金)을 하나 주웠는데 그 사람은 천금인 줄을 알지 못하고 집 마당 모퉁이에 그냥 내버려두었나니, 어느 날 그 집에 중국 상인이 와서 마당에 내버려져 있는 돌이 큰 보물인 줄을 발견하고 많은 돈을 주고 사 갔다고 하나니라.

이와 같이 법에서도 아무리 좋은 법이 있다고 하더라도 그 법이 좋은 줄을 알아주는 사람이 있어야 그 법이 드러날 수 있나니라.

또한 부모가 자녀에게 많은 정을 주고 길렀다고 하더라도 그 자녀가 그 정을 몰라주면 정의 가치가 어디 있으랴. 그러니 각자의 전무출신들은 자기의 가치를 알아야 미루어 옛날 돌아가신 전무출신들의 가치를 알 것이요, 후래의 전무출신들이 지금 우리들의 가치도 알아줄 것이 아닌가.

여러 사람은 이 기념을 소홀히 알고 듣는 것 같은데 모두 자신이 전무출신의 가치를 잘 알아들어야 할 것이니라.

　법도 또한 각자의 탐욕심이 물러나야 그 법이 좋은 줄을 알 것이니라. 이것은 모두 내 조상, 내 근본을 알아야 하고 그럼으로써 후인이 자기를 알아주는 것이니, 물도 근원이 있어서 흐르듯 연원이 있으니, 이 사업도 구인 선진님들이 계셔서 이 사업이 있다는 것과 같이 성현의 법도 연원 계통을 잘 알아야 할 것이니라."　〈원기39년 4월 17일〉

56. 맥맥상통(脈脈相通)

　정산 종사 말씀하시기를 "오늘은 휴식일인데 모이게 한 것은 특별히 기억되고 실행시키기 위하여 모이라는 것이니라. 내가 항상 하는 말이지만 심고를 올릴 때는 세상을 위해 먼저 올리고, 그다음에는 교중, 법동지, 각자의 소원, 이러한 차례로 올려라 하지 않았는가. 최령한 인간으로서 자기 몸만 생각한다면 금수와 특별히 다를 것이 없으리라.

　마음은 항상 대중을 위하는 마음을 가지라는 것은 보살심을 양성하자는 것으로, 짐승들은 자기의 몸이나 생각하고 새끼나 조금 생각이 미칠 뿐이지만 우리는 대도 정법을 신봉하고 운전할 법동지들이 아닌가. 항상 법동지들을 생각하는 마음을 가져야 하나니라.

　고락을 같이할 법동지가 어떠한 고생을 하더라도 나만 편안하고 즐기면 그만이라는 마음을 갖지 말라. 어떻게 해야 세상을 좋게 하며, 알뜰한 법동지들을 위하여 편안하게 해주며, 고해에 헤매는 일체중생을 모두 낙원에서 살게 할 것인가, 항상 이러한 마음을 갖고 공중과 법동지의 고락을 내 고락같이 여기지 않으면 결코 평화와 안락을 유지할 수 없을 것이니라.

　한 가정을 두고 보아도 부모, 형제가 모여서 사는데 그 가정에 아무리 못난 자식이라도 그 부모의 지도를 받고 서로 정신이 통하면 그 가정이야말로 화목하고 희망 있는 가정이 될 것이요, 반대로 가정에 잘난 자식이 있어 부모의 지도를 잘 받지 않고 자신이 잘났다고 부모를 하시(下視)하며 부모의 말씀을 순종하지 않을 때 맥과 맥이 서로 통하지 않고 끊어져서 그 가정은 불화하고 희망이 없는 가정이 될 것이니라.

　이러한 예를 들은 적이 있나니라. 부모가 피땀을 흘려 농사를 지어서 자식을 중학교까지 공부시켜 면서기로 취직을 시켰는데 어느 날 지게를 지고 아들이 있는 곳을 지나갈 때 아들의 친구가 '저 어른이 누구시냐.'라고 물은즉 지게를 진 부모님이 창피하였던지 '우리 집 머슴이라.'라고 하였다 하나니, 이 세상에는 이러한 일이 허다한데 이렇게 되면 장차 어찌 될 것인가. 그러므로 우리는 연원 계통을 잘 알아서 도를 지키고 맥이 잘 상통하도록 힘써 행하여야 하나니라.

　우리 원불교의 연원 계통은 종사주님으로부터 8~9인 선배가 계시고 그 후에 여러 선생님을 모시고 있는데, 지금의 청년들이 이와 같은 맥의 상통이 아니 되었으면 우리 대도 정법이 오늘날 이처럼 발전이 되었을 것인가. 이것을 생각할 때 남녀노소 우리 법동지들은 서로 행할 바가 있으니, 청년들에게 있어서는 못났거나, 잘났거나 우리의 선진이라면 마음이 맞지 않더라도 선진님들을 공경하고 존중하는 마음을 갖는 것이 마땅히 지킬 바 도이요, 우리 종사주님을 위하듯 힘닿는 대로 도와드리고, 내 조상, 부모같이 생각해야 할 것이니라.

또 노인들은 청년들을 대할 때 내 자식같이 생각하여 소소한 잘못은 용서하고 귀엽게 보며 사랑해 주어야 하나니라.

그러므로 선진과 후진 사이에, 노인과 젊은이 사이에, 법동지와 법동지끼리 서로서로 연원의 맥이 통하면 우리 교중은 나날이 발전할 것이며, 서로서로 복을 받을 것이니라. 법동지 간에 가령 잘못이 있다고 하더라도 서로가 제 잘못으로 알고 나 자신을 살필지언정 법동지를 원망하고 미워하지 말며, 서로가 이해하고 용서한다면 맥이 이어지고 정신이 통할 것이니라.

진정으로 마음이 통하지 않으면 맥이 끊어진 것이라, 또 어떤 일에 잘못이 있어서 꾸지람을 들을 것 같아도 양심대로 사실 직고를 한다든지, 무엇이라도 기탄없이 말한다면 나는 그 사람은 지도하고 제도하려고 할 것이니라.

법을 듣는 것도 귀하게 알고, 어렵게 알고, 중히 여겨야 맥이 통하는 것이라, 본인이 사실을 말해야 복을 주고, 받게 되는 것이요, 기운이 통하는 것이니라.

과거에 사회와 국가 전반에 걸쳐 맥과 맥이 상통[脈脈相通]되지 않음으로써 어려움이 많았나니라. 지금의 현 시국도 그러하고, 우리 교중 또한 성공을 이루고 있으나 그럴 염려가 없지 않나니, 각자가 서로 맥을 단독으로 짓지 말고, 서로서로 단합하여 원불교 단체에 합일이 되어야 할 것이니라.

이와 같이 합일되려면 개체의 맥만을 내세우지 말고, 법동지들을 내 몸과 같이 여기며, 내 비위에 맞지 아니하더라도 과거의 잘못을 용서하며, 각자가 참회하고 서로서로 사랑하면 맥과 맥이 상통하는 기운이 통할 것이니, 이러한 공부를 잘하라." 하시니라.

또 말씀하시기를 "내 개인의 몸을 저 하나인 줄로 알지 말라. 내 몸이라도 공중의 몸인 줄로 알라. 우리 한국 대표가 잘못한 것 같으면 국민이 다 잘못한 것이요, 잘하게 되면 한국 국민이 다 잘한 것과 같으니, 이와 같이 우리 전무출신 한 사람이 잘하는 것이 원불교가 잘한 것이니, 아무쪼록 우리 교단의 공부하는 남녀노소가 많아서 법도 있고, 줄 맞는 규칙 생활을 해야 할 것이니라.

단체는 규칙과 계율로써 운영되나니 개인 개인이 절대로 어기지 말고, 잘 지켜 도덕의 바람을 불려라. 총부를 비롯하여 지방 지방의 전부가 도덕의 바람이 훈훈하게 불면 세계를 다 제도할 것이니라.

아무리 별스러운 도덕, 철학, 윤리 등을 각각 다 배웠다 하더라도 실천이 없으면 아무 소용이 없나니, 여러 방면으로 공부, 사업을 잘해야 종사주님 사업이 헛일이 되지 않을 것이니라. 청년 남녀들은 그 책임이 무겁고 크나니 큰 노력으로써 공부, 사업 잘하기를 바라노라."

57. 결제 훈사

선 결제식에 종사주님께서 다음과 같이 당부의 훈사를 하셨나니라. "학교에서 공부하는 것이나 가정에서 살림살이하는 것을 보면, 누구든지 자기의 할 바를 알아서 거기서 낙을 얻는 사람은 기도 생활 등을 통해 고의 경계가 있을지라도 낙으로 알고 돌리며, 따라서 그 사람은 질서가 있고 유익이 생기며 살림살이도 늘어나나니라.

만일 같은 살림을 하면서도 자기의 할 바를 모르고, 일을 그르치며, 잘못되는 때에는 모두에게 고와 낙이 있을지라도 낙인 줄 모르고 고

(苦)만을 느낄 것이라, 이렇게 선후가 없음으로써 다만 해(害)만 있게 되어 살림살이도 또한 불어나지 못할 것이니라.

공부 역시 자력을 얻지 못하고, 부모의 명령으로 공부를 하는 사람은 마음의 고와 육신의 고가 많아서 재미를 얻지 못하나니, 학교 공부도 재미를 얻지 못하는 사람은 학교에 가나, 집으로 오나, 일체가 고(苦)로 화하여 자기 공부는 안되고, 타인까지도 괴로움을 주나니라.

우리의 이 공부도 동리 사람들이나, 아니하는 사람들은 웃으면서 '공부하는 사람이 더 좋은 것도 없고, 우리는 공부하지 않아도 낮은 일도 없더라.'하고 웃을 것이니라.

그러나 우리의 24시간 기거 생활이 겉으로 보기에는 자유가 없는 것 같지만 이것은 각성이 있고, 발심이 있고, 꼭 할 줄 알고 하는 것이니, 물론 매사가 이러한 줄을 알고 왔으니 반드시 진보가 있으리라 믿나니라. 그 반대로 모두가 고로 화하면 이곳에 입선한 지 얼마 안 되어서 되돌아갈 것이니라.

세상 사람들도 불교를 믿으면 도를 통하여 명성이나 잡고, '진묵 대사는 중고기를 먹고 왔다더라.' 하여 그런 것을 바라는 사람들은 중고기가 안 나오면 그만 자기의 목적이 '어긋났구나, 잘못 왔구나, 선생님이 서툴구나.' 하여 불만이 생기고, 공부하겠다는 마음이 그만 사라져 버리나니라.

불법을 잘못 알면 이렇게 백 년을 입선한다고 하여도 소용이 없나니, 진실로 알도록까지 안심하고 공부하기가 참으로 어렵나니라.

가령 불법을 아는 사람이 생사 대사의 과제를 해결한다고 하나 그리 녹록한 일이 아니로다. 보통 마을 사람들은 생사 대사를 알려고 하지도 않고, 자신이 태어난 이치, 자녀가 생긴 이치, 부모, 형제, 처자, 가족 등의 이치에 대하여 그저 심상할 뿐이니라.

그러나 불법에서는 생사 대사보다 더 큰 일이 없나니라. 세상 사람들은 돈을 벌면 자기 생활상에 편리는 도모하지마는, 생사를 알면 무엇 하나, 사생육도(四生六道)가 무엇인지 다 그리되는 줄로만 알뿐, 불교도들은 빈부귀천이며, 육도사생이 다 마음이 들어 만드는 이치를 알게 되나니라. 즉 세상 사람들은 죽고 사는 것도 모르고, 알려고도 아니하나니라.

생사란 주야가 되듯이 날이 가면 밤이 오는 줄을 아는 까닭에, 그 변화됨을 따라 자기의 업보가 되는 이치까지 아는 까닭으로 일각이 여삼추같이 바쁘게 공부해야 하나니라.

세상 사람들은 지은 대로, 받는 대로 아무 생각 없이 살지마는 공부하는 사람들은 자기가 한번 지은 업보는 천년, 만년이 지나가도 꼭 받는 이치를 알기에 참으로 무서운 일로 여겨 조심하고 또 조심하나니라.

또 빈천보나, 구렁이보나, 지옥에 떨어지지 않는 이치를 알며, 다시 짓지 않을 준비를 꼭 해야 하는 줄도 아는 머리는 실로 급하게 정진하나니라.

그러나 이곳에 온 여러분들도 그런 생각을 가지지 못한 사람들은 중인의 의뢰를 입고, 사무실이나, 식당, 여러 사람의 신세를 입어가며 생활하면서도, 무엇을 하는 줄도 모르고, 엄병덤벙 시간만 보내게 되면 참으로 큰 죄를 짓나니라.

참 까닭을 잡아 공부를 잘하는 사람은 삼계의 대권을 잡는 복록을 받나니라. 아니하려면 모르지만, 기왕 공부하기로 온 이상 눈을 부릅

뜨고, 두 손을 꼭 쥐고, 한번 마음먹고 잘하여 보라.

그러나 나의 말을 듣고 으레 훈사 하는 말로만 들으면 그것은 별 효과가 없게 되고, 오직 종만 치면 아무 까닭 없이 생활하다가 그 시간이 모두 지나가 버리면 각자의 공부도 성공이 되지 않고 말 것이니, 미리 꼭 이러한 이치를 잘 알아두라. 죽는 것도 그와 같아서 열반 혹은 입적이라고 불교에서 말을 하나 죽음은 참 죽음이 아니요, 주야로 보더라도 자는 것이 입적이나 다름이 없나니라.

그러므로 인생의 360일은 입적이요, 360일은 출정이라, 이러한 까닭에 『음부경』에서 생은 사의 근본이요, 사는 생의 근본이라는 말씀이 있나니라. 입적(入寂)이나, 입정(入定)이나, 입선(入禪)이나 모두 같나니라.

병으로 앓아 죽을지라도 언어도단(言語道斷)하고 심행처(心行處)가 멸(滅)하는 경지에 이르면 온갖 천상락을 다 받지마는 사심, 망념을 품고 살면 육도사생으로 흐르고 마나니라.

사진을 찍을 때 잘 찍으려면 눈과 입과 몸을 자유로이 하지 않고 부동하여야 하듯이, 우리의 생사 거래도 온갖 사심, 망념으로부터 부동심이 길러져야만 거래(去來)에 걸림이 없나니라.

비공부인은 마치 부친상을 당한 아이가 배가 고파 어미에게 젖 달라는 것과 같나니, 어미는 남편이 죽어서 울고 있는데 철없는 아이는 배가 고픈데 빨리 젖을 안 준다고 떼쓰는 것과 같나니라. 그러므로 성인과 범부는 이와 같은 차이가 있나니라.

또 보통 사람들은 내 것을 남이 가져가면 속이 아리고, 심히 잃어버린 것을 찾을 생각이 계속 나지만, 남의 것을 내가 가져오면 재수가 좋다고 하는 것이며, 남에게 맞으면 기가 막히고 분하고 잠이 오지 않지만, 내가 남을 때리고 보면 재미가 있고 상쾌한 것 같나니라. 이는 모두 이치를 모르는 연고이니라.

내가 부안 산중에 있을 때 도성[主山 宋道性]이 보고 한 말인데, '지금 멧돼지가 포수에게 쫓겨 무한히 슬프고, 포수는 멧돼지를 잡으면 좋지만, 후일에는 멧돼지가 좋고, 포수에게 낮은 것이 돌아오나니라.' 하였나니라.

무릇 모든 것은 상생(相生)과 상극(相克)이 있고, 음지(陰地)와 양지(陽地)가 있고, 흥망성쇠(興亡盛衰)가 있는 것이요, 좋으면 밤낮 좋고, 나쁘면 밤낮 나쁜 것이 아니니라. 또 금년으로 말하면 선객(禪客)이 적은 것은 시국이 시국인 만큼 각처의 선객들에게 통지를 아니한 연고라, 그러니 선객이야 많든지 적든지 기왕 가사(家事)를 처결하고 왔거든 안심하고 안거생활(安居生活) 하기를 바라노라."

〈소태산 대종사 미발표 법문. 정산종사 수필 법문〉

58. 공동생일 기념 법설

정산 종사 말씀하시기를 "기념(紀念)이라는 말은 기록해서 생각한다는 뜻으로, 개인이나 단체에서는 무엇이든지 기념할 만한 일이 있어야만 기념식을 행하는 것이니라. 그러므로 사회나, 정치나, 단체에서도 흥망이 서로 있으니, 혹 공자님 같으신 성현의 제사라 할지라도 가치가 있어야 기념할 수 있나니라.

개교기념일은 우리 몇 사람에 한한 기념이라면 작은 일이려니와, 시방세계 삼세를 통해 기념할 만한 큰 기념일이라, 또한 큰 가치가 있는 기념일이니라. 인종의 차별도 없고, 국토의 국한도 없이, 유·무정 모든 진리가 합하여 기념하는 일이니라.

이 자리에 모인 우리들이 공부와 사업을 잘하여 육도사생의 중생이 모두 춤을 추게 만들어야 하나니, 이것이 우리의 책임이라, 그러지 못하면 이 기념도 별수 없는 기념일이 되고 말 것이니라.

오늘 개교기념일, 여기에 그칠 것이 아니라 세세생생에 빛이 나도록 공부와 사업을 잘 하도록 하여야 할 것이니, 생일 기념도 종사주님 정신에 비추어서 이 기념일을 정한 것이니라. 가정에서도 생일상을 차려서 주어야 그 생일을 지낼 수 있는 것처럼, 공덕이 미쳐야 생일 기념을 잘 차려놓게 되나니, 저 축생들은 기념을 못 하는 것과 같이 가치가 없는 생일이란 무의미한 것이니라.

그리고 기념의 가치가 있는 사람일수록 음식이야 어떻든, 세상에서 보기에 가치 있는 생일이라고 보아줄 만한 의식 있는 기념일이 되어야 할 것이니, 자손에게도 이 기념의 인식을 주려고 하면 어떠한 일에서도 공중에 유익을 줄 만한 일을 해야 할 것이니라."

59. 인과(因果)

정산 종사 말씀하시기를 "옛날에 딸 셋을 둔 어떤 사람이 그 딸들을 시집보낼 때 나락 한 말씩을 각각 나눠 주었는데, 큰 딸은 그 나락으로 한꺼번에 밥을 지어 잘 먹어 버렸고, 둘째 딸은 그 나락을 부모님이 주신 것이라 밥을 해 먹기에는 죄송하다 하여 천장에 매달아 두고 항상 보고만 있었으며, 셋째 딸은 그 나락을 심어 큰 부자가 되어 살고 있었다고 하나니, 이 세상 사람들도 이 육신 받고 나온 것이 나락 한 말씩을 가지고 온 것과 같나니라.

 어떻게 하면 큰 딸과 같고, 어떻게 하면 둘째 딸과 같고, 어떻게 하면 셋째 딸과 같은 것인가, 사람이 세상에 나올 때 크고 적으나 다 같이 복과 혜(慧)를 가지고 나왔나니, 비유하면 부모님에게서 나락을 받고 나온 그것과 같다고 볼 수 있나니라.

 큰 딸로 말하면 정신수양도, 공부법도 없이 가지고 나온 혜로써 주색잡기를 어지럽게 하고, 복도 막 먹고 막 지내는 사람으로 후일을 생각하지 않는 사람이라, 사후에도 빈천보나 악도에 떨어지게 되나니라.

 둘째 딸로 말하면 자기의 정신을 지키면서 남에게 죄악은 짓지 않으나 다만, 복을 짓지 않는 사람이니라.

 셋째 딸로 말하면 정신을 잘 단련시키고, 밖으로는 박학·박식의 법문도 잘 듣고 지혜를 잘 닦으며, 안으로 연구도 잘하여 전세의 정신력이 콩알만 하였다면 현세의 정신력은 집채만 하게 큰 정신력이 밝아지는 길을 아나니, 여러분들은 이러한 딸들의 교훈을 잘 새겨서 잘 닦으라.

 대저 우물물도 쓸수록 생수가 나오는 것과 같이 복도 그 길을 알아 정당한 곳에 적당히 쓰면 그 복의 종자가 되어 큰 복이 되나니라. 사찰 등에 시주나 헌공을 한다든지, 살림하면서 절약, 절미하는 것 등은 옛날부터 복의 종자를 심어 놓는 한 방법이니라.

 이 세상에서 내 몸을 편히 하는 것은 복을 써버리는 것과 같은 것이며, 공중사에 노력하는 것은 복을 심어 놓는 것과 같나니라. 내 몸이 복전(福田)이라는 것을 잘 알아야 할 것이니, 이 세상에 참 부자는 복과 혜를 많이 가진 사람으로서 그가 참 부자인 것이니라.

우리 각자는 모두 조상에서 받은 복과 혜를 얼마나 지키고 있는지 생각해 보라. 사람의 몸을 받은 좋은 복의 밑천을 가지고 복과 혜를 닦고 심어가야 함을 명심할지어다. 그리고 이 회상 만난 것이 또한 복전 만난 줄 알고 공부와 사업에 힘쓰라." 〈『법어』무본편 57. 법문 보완〉

60. 지도자와 피지도자

정산 종사 말씀하시기를 "지도자나 피지도자가 다 함께 어려운 것이니, 지도자는 피지도자를 지도할 만한 지덕(智德)을 구비하여야 하며, 피지도자 역시 일단 지도를 받고자 할 때에는 그 지도에 절대복종하여야 할 것이니라.

즉 지도자는 먼저 지도할 만한 지덕을 갖추어 피지도자에게 절대적 심봉(心奉)을 받을 만하여야 할 것이요, 피지도자는 일단 지도자를 정하여 지도의 서원(誓願)을 밝혔거든 절대로 심봉하고, 그 명령에 절대로 수순(隨順)하며, 지도자의 통솔함에 절대로 이의가 없어야 하나니라.

요컨대 지도자와 피지도자의 사이에서 발령 이전에는 자유의사를 기탄없이 먼저 말할 수 있으나, 발령 이후에는 일체를 포기하고 지도에 수순하는 통제가 정연하여서만이 각각 입장을 완수하였다 할 것이니라."

61. 최초의 기점

정산 종사 말씀하시기를 "측량하는 사람의 말을 들으면 측량에 제일 중요한 것이 그 기점 잡는 데 있다고 하나니, 이와 같이 우리도 그 기점 잡는 것이 가장 중요하나니라.

세상에서 일상 하는 말이 '나 같은 사람이 좀 그러면 어때서' 하는 말이 있으나, 이는 본래 선후를 모르는 우치한 사람이니라. 오직 개인에 있어서는 자심(自心)이요, 사회에 있어서는 자아(自我)가 그 기점이 되어 인류 사회가 건설된 것이니, 개인에 있어서는 반드시 심리적으로 도덕적 판단을 받아 마음을 잘 추진(追進)함으로써 만이 개인을 완성할 수 있을 것이요, 사회에 있어서는 오직 각자가 기점이 되어 각자의 완성을 이룸으로써 만이 완전한 사회를 이룰 수 있을 것이니라.
　그러므로 우리는 먼저 우리 자신이 철저한 신앙과 건전한 수행으로써 완성의 역(域)에 도달할 때 법동지들의 호응도 할 수 있으며, 본교의 발전을 볼 수 있는 것이니라.
　나 스스로부터 원만구족하고 지공무사한 마음을 닦아 기르며, 우리의 교단을 잘 발전시킴으로써 세상의 구제도 할 수 있을 것이니라.
　그러므로 제군들은 각자 각자가 세상을 구제 교화하는 교주(敎主)가 될 것이요, 나아가 태양과 같은 지고지명(至高至明)한 광명의 그 빛을 세상에 비추어 세계의 대업을 완수하라."

　　　　　　　　　　　　　　　〈『법어』 무본편 13. 법문 보완〉

62. 단합의 요결

　정산 종사 말씀하시기를 "우리가 가장 쉽게 우리의 육체를 놓고 생각할 때 육체는 육근이 들어서 운전해 나가는 것을 알 수 있으니, 만일 육근(六根)의 일부만 결함이 있어도 그는 완전한 사람이 못 되는 것이요, 불구자에 지나지 못하나니라.
　언제나 육근은 할 일을 당해서는 단합이 되나니, 각각 그 소신은 비록 다를지라도 일을 달성하기 위해서는 상부상조해서 그 일이 끝마칠 때까지 단합하여 완성을 기(期)하나니라.

즉 육근 중 어느 한 부문에 일이 생기면 다른 부문에서는 그 일에 대한 소신이 아닐지라도 총력을 집중하여 협심(協心) 노력하며 그 부문에 공(功)을 세워주나니, 그러면 자연히 그 일이 잘 됨을 따라 육근 전체의 공이 드러나게 되나니라.

이와 같이 한 단체의 단합도 서로서로가 원만하고, 아량 있는 사람이 되어, 한 사람 한 사람이 공을 전체의 공으로 알아서 협조하는 사람이 되어야 하나니라.

육근의 한 부분만 불구가 되면 전체가 병신의 평을 받는 것과 같이 한 단체에서 한 사람이라도 불목하면 전체의 호해분열(互解分裂)을 의미하나니, 이를 알아 스스로가 불목·파괴하는 사람이 되지 말고, 협조·건설하는 사람이 될지어다."

63. 참다운 이익[眞利]

정산 종사 말씀하시기를 "생존경쟁이 격심한 오늘날에 누구나 이해에 극히 날카로워졌으나, 세상은 참으로 이해를 아는 자 많지 않도다.

이(利)에는 그 종류가 있으니 과거 불보살들의 취하신 이는 오직 진리적인 순리를 쫓아 얻은 근본적인 이(利)이기 때문에 현재의 이를 취하지 않았을 뿐만 아니라 오히려 해(害)를 입어가면서 사셨나니, 이는 영원무궁한 진리를 득(得)하셨기 때문이니라.

그러나 범부들이 취하는 이(利)는 역리(逆理)로써 지엽적인 것을 구하기 위해서 힘쓰는데 혹 뜻대로 되지 않을 때는 도리어 죄(罪)를 감행하면서까지 얻고자 하기에 이(利)는커녕 해(害)를 입게 되나니라.

　제군들은 이 이(利)의 이치를 잘 알아서 불보살들의 진리를 발견하라. 일찍이 맹자께 양혜왕(梁惠王)이 이국(利國)의 방법을 묻자, 도리어 책(責)하고 '오직 군자는 의(義)할 따름이라.' 하였나니, 이와 같이 참된 이(利)는 오직 정의에 입각한 이, 대의에 어긋남이 없는 이라 할 것이요, 이 이를 취하는 사람에게 일체의 불의한 이는 자멸할지니 모름지기 인(仁)의 법을 체 받아 의(義)에 살아갈지어다."

64. 출가인의 두 가지 경계[二戒]

　정산 종사 말씀하시기를 "출가인의 목적이 세계 정화(世界淨化)라면 이는 나 스스로 하는 것이요, 나만이 할 수 있는 성직(聖職)이기 때문에 일체의 희구(希求)가 없을 것이니라.

　또한 세계 정화가 진정 자아(自我)로부터 건설되는 것이므로, 이는 어디까지나 자동(自動)이니라.

　그러므로 현재 나를 알아주지 않음을 근심하지 말 것이요, 또한 나에게 대우 없음을 성내지 말라. 이것이 출가인의 두 가지 큰 경계할 바이니라."

65. 서원과 인연

　정산 종사 말씀하시기를 "우리가 영겁을 통하여 공부하는 방법은 서원과 인연이니, 서원은 불(佛)의 대각(大覺)을 얻어가는 방향로를 결정해 주는 길이요, 인연은 우리가 서원한 것을 수행하는 데 있어서 지도 편달해 주는 것이니, 이 두 가지를 언제나 명심불망(銘心不忘)할지어다.

　서원에는 대체로 성불제중의 원(願)과 부분적으로는 각자의 습성을 개과(改過)하는데 요긴한 조목을 세워서 해[年]를 더하고, 생(生)을 더할 때 더욱 견고해지는 큰 공부로 알 것이니, 그렇다면 반드시 대기(大器)를 완성할 날이 도래(到來)할 것이니라.

　인연에는 첫째로 스승을 결정하여야 하나니, 원근고금(遠近古今)을 통하여 지성(知性)이 우등(優等)한 이를 정하여 언행을 체득하고, 숭배흠모(崇拜欽慕)하라. 그리하면 반드시 언젠가는 음덕(陰德)으로 그들과 인연이 맺어지는 동시에 제도를 받을 수 있을 것이니라.

　둘째, 벗을 접하여 친근하여야 할 것이니, 이도 역시 지성이 나보다 나은 사람을 선택하여 그를 가까이 흠모하라. 그리하면 일체 사람으로 더불어 은의(恩義)가 맺어져서 영생을 통하여 음조(陰助)를 입으며, 벗의 착함을 체(體) 받을 수 있나니라.

　제군들은 서원과 인연의 도움으로 정진하여 대각을 성취하고, 중생을 제도하는 사도가 돼라."

66. 창립의 공(功)

　정산 종사 말씀하시기를 "인생에 3요소가 있으니, 첫째는 마음이요, 둘째는 육신이며, 셋째는 물질이라, 이 3요소가 합할 때 한 인간으로 비로소 출세할 수 있나니라.

　이와 같이 우리 회상에도 3요소가 있으니, 첫째는 선(禪)의 대진리인 열반묘심(涅槃妙心)에 근본하여 수행 정진하는 공부인이 있어야 할 것이요, 둘째는 그 진리의 표현이요 진체(眞諦)가 담긴 교법이 있어야 할 것이며, 셋째는 그 교법을 선양(宣揚)하고 포교(布敎)하는 사업 기관이 있어야 할 것이니라.

우리 교단은 이제 이 3요소를 구비하였으니, 앞으로 오직 이 3요소를 확장하고 운전하는 창립 용사가 절실히 필요하나니라. 그러므로 우리 회상의 창립 공인(功人)은 회상의 교운(敎運)과 더불어 그 공이 무량할 것이니라.

이러한 연원 계통이 있는 도덕 회상은 그 골자인 진리와 교훈(敎訓)이 존속한 이상 영원 무궁토록 중생으로 하여금 불인(佛因)을 맺어주어 당래세(當來世)에 불과(佛果)를 얻게 함이니, 그 사업의 큼과 동시에 창립의 공(功)은 불가사량(不可思量)이니라."

석규한천불식류(石竅寒泉不息流)
성강성해자양양(成江成海自洋洋)
돌 틈새 맑은 물 쉬지 않고 흐르니,
강이 되고 바다 되어 대양이 되도다.

67. 공동 기념의 뜻

정산 종사 말씀하시기를 "재래의 가족적인 제사 기념을 모시는 것은 그 근본 조상을 추모하여 서로의 은혜를 느끼게 하자는 것이요, 원근 가족이 한곳에 모여 정의를 돕고 화목을 하자는데 있나니라.

그러나 이 공동 기념의 뜻은 그보다 호대하나니 첫째, 각 성(姓)이 공동하여 기념을 모심으로써 각 성이 화목해지고, 둘째는 정법 회상의 불제자들과 여러 대중이 심고(心告), 축원(祝願)함으로써 불인(佛因)을 맺게 하며, 셋째는 각 성이 서로서로 인연의 화합을 이루어 세세생생 서로서로 도움이 될지니, 그 의의가 심히 크도다.

공동 기념일을 모실 때마다 오직 정성을 다하라. 그리하면 대복(大福)을 얻게 되나니라."

68. 본교 창립주 기념 봉행 시 법설

정산 종사 말씀하시기를 "모든 물리(物理)가 저 창해(滄海)를 보더라도 근원이 있어서 장하(長河)가 되었고, 나무를 보더라도 저 뿌리가 있어서 무성한 나무를 보는 것이니라.

종교가에서도 옛날부터 춘추로 조상의 제사를 모시고 옛 성인들의 추모 정성을 다하고 있으며, 가정에서도 생존 시 부모에게 효도하고, 돌아가신 후에는 제사를 모시는 것이 뿌리가 있고, 근원이 있는 것과 같은 것이니라.

제사는 우리 교단의 근원인 선진 조상님들에게 추원보본의 정성을 다하는 날이로다. 가령 한 가정에서 희생한 사람은 노년에 대우를 받고, 사후에 제사를 받는 것이 떳떳한 일인 것과 같이, 우리 교단으로 말하더라도 내외상유(內外相有)하여 안으로는 전무출신들의 노고가 있고, 밖으로는 선진 어른들이 계셔서 음으로, 양으로 도와주시어 오늘에 이른 것이니라. 선인은 후인에게 전수하고, 선진자는 후진자에게 전수하여 그 근원을 이루는 것이니라.

우리는 은혜를 알아서 정성껏 추원보본을 다 해야 하나니, 한 나라를 보더라도 그 나라의 어른을 숭배하고 공덕인을 높이는 생각이 머리에 있어야만 그 나라가 융성해지는 것과 같나니라.

이런 단체의 제사 때 물질을 많이 차려 놓는 것도 중요하지만, 그보다 깨끗한 마음으로 정성을 다해야 우리 교단의 교운이 융성해질 것이니라.

오늘날 시국 관계상 외식(外飾)은 성대하게 못 한다고 할지라도, 이 제사를 맞이하여 지성으로 모시고, 또 매년 그러한 마음으로 정성을 들여야 하나니라. 그래야만 열반하신 조상님들께서도 낙원을 찾아가고, 서광이 비칠 줄로 믿나니, 사람의 깨끗한 마음으로 정성을 들였는데 어찌 천도가 되지 않겠는가.

옛날 부안 실상사에 '창 도감'이라는 산지기가 있었는데, 산지기 하는 일을 심하게 하여 마을 사람들이 미워하였다고 하노라. 그래서 직접 대할 수는 없으니까. 창 도감을 짚과 나무 등으로 등신(等身)을 만들어 볼기를 쳤는데, 창 도감의 볼기에 알지 못하는 틈에 부스럼이 생겨서 난치의 지경에 이르렀다고 하였노라. 그사이에 창 도감이 소문을 듣고 깨우쳐 촌인들을 찾아 자기의 옛 잘못을 참회하고 떡과 과일을 장만하여 공양하였고, 그래서 촌인들은 등신보고 창 도감이 참회하였으니 부지런히 낫게 해달라고 기원을 하니 그 부스럼이 완치되었다고 하노라. 여러 사람의 말이란 이렇게 무서운 것이니라.

이 제사도 이와 같이 여러 대중이 모여서 지극한 정성을 다하는 것이라, 망인(亡人)들에게는 옛 악연이 있을지라도 다 녹고 지금은 어느 곳에 계시든지 낙원을 수용할 수 있으리라고 믿나니라.

또한 설사 형편상 외식은 없다고 할지라도 조상님들을 위하는 마음, 정성을 다해 기념의 마음으로 일심으로 모시면 그 공덕이 또한 같나니라.

그리고 후인들로서는 이 제사 지내는 이치를 알고, 직접 자기 조상은 아닐지라도 대중을 위하여 노력하신 분이라는 것을 알았으니, 우리도 이와 같이 대중에게 유익을 주는 노력자가 되기로 다짐하고, 그대로 실행에 옮기도록 힘써야 할 것이니라."

69. 챙겨야 할 처지와 그렇지 않은 처지

정산 종사 말씀하시기를 "스승과 제자 사이에 또는 동지와 동지 사이에 챙겨야만 할 처지와 안 챙겨도 좋은 처지가 있으니, 챙기지 않으면 사이가 생겨 반드시 챙겨야 할 처지는 마음을 연하고 기운이 상합하는 알뜰한 사이가 되지 못하나니라.

그리고 스승이 제자를 가르칠 때 사랑과 방편으로써 변두리를 울리어서만이 대할 수 있는 자가 있고, 또는 배우는 자에 있어서도 무슨 말을 들음으로써 비평을 일삼는다든지, 도무지 가르침의 훈육을 듣지 않는 경우가 있으니, 이러한 자를 서로서로 일깨워, 법맥(法脈)이 통하는 법문 권속(法門眷屬)으로 인도하기 위해서는 많은 공력이 필요하나니라.

그러나 우리는 이러한 법문 권속이 많음으로써 원불교를 융성시킬 수 있을 것이니 다 함께 정성을 다해야 할 것이니라.

또는 우리가 공부 사업을 해나가는 데 있어서 스승이나 동지가 알아주든지, 몰라주든지 간에 오직 진리로부터 여일(如一)하게 합하여서 변심 없이 관통하여야 할지니, 이러한 이가 공중의 주인이 될 수 있나니라.

여기에 종종 이순신 장군의 얘기를 했지만, 어느 때에는 참소를 당하여 사형까지 받았다가 겨우 죽음은 면하고, 일개 마부가 되어 백의 종군(白衣從軍)하였음에도 거기에 조금도 불만이 없었으며, 다시 나라의 위급을 당하여 삼도통제사(三道統制使)를 명하니, 우국충정(憂國衷情) 하나로 나아가 혁혁한 전과를 거두시었고, 순직의 순간까지 위공망사(爲公忘私)의 정신을 지켰으니, 그 아니 장하신가. 일본인 학자조차도 이충무공에 대하여 만고 충신이요, 성무(聖武)라고 하셨나니라.

비유해 말하자면 밭에 잡초가 많이 나면 농부가 늘 뽑듯이, 좋지 못한 곡식은 손을 더 대는 것과 같아서, 사람도 변덕과 사심이 많은 자는 스승의 공력이 더 필요하나니라.

형식적으로 인사도 차리고, 특히 어떠한 제자에게 친절히 하는 것은 그의 마음을 이끌어 한 권속으로 만들기 위함이니, 그렇지 않고서도 심리(心理)가 통하는 자, 즉 의리와 인정이 자재(自在)하는 자 등은 법문 권속으로 공력(功力)을 들이지 않아도 공중의 주인이 되고, 훌륭한 지도자가 되나니라.

다시 말해 불구의 자식을 부모가 더 챙기고, 가엾이 여기는 것은 그 자식이 마음을 의지하게 함이니, 동지 중 공부길을 찾지 못해 대중과 뜻을 합하지도 않고, 더욱 나 혼자만이 잘나고 똑똑해서 동떨어진 길을 걷는 자는 특히 스승이 많이 챙기고, 다독거리며 이끌어 주시나니라."

〈『법설』pp.171~172.『대종경』교단품 21.『법어』응기편 1. 법문 보완〉

70. 결제식 설법

정산 종사 말씀하시기를 "옛날 극히 빈한(貧寒)한 자가 있어 이웃 부자에게 돈을 꾸어달라고 하였는데 그 부자가 본즉 비록 곤궁하여 돈을 꾸어달라고 하지만 기상이 늠름함으로 잘될 것 같은지라 5백 냥을 선뜻 꾸어주었고, 아들이 옆에서 보고 '뭣 때문에 빌려주셨습니까?' 하고 여쭌즉 '그 사람의 거동을 자세히 보라.'라고 하였다 하노라.

그 빈한한 자는 돈을 빌려다가 고기와 쌀을 사서 잘 먹음으로 아들이 돈 받을 것을 걱정하여 또 그 아버지께 고한즉 '그 돈을 다 쓰는가 만 보아라.' 하여 지켜본즉 그 사람이 2백 냥은 잘 먹는 데 쓰고 3백 냥은 장사를 하였는데 장사가 잘되어 바로 그 빚을 갚게 되었다 하나니, 이때 아들이 '아버지는 어떻게 잘 아시고 돈을 빌려주셨습니까?' 하니 '돈을 벌려면 먼저 잘 먹고 기운이 있어야 하는 것이니, 기운이 없이는 장사를 하지 못한다.'라고 하였다 하노라.

이와 같이 현재 우리는 사리(事理) 간 일이 많은지라 먼저 그 정신이 튼튼해야 다 할 수 있을 것이며, 만일 정신이 쇠약하면 아무 일도 할 수 없을 것이니라. 그런즉 돈을 벌려면 잘 먹는 것과 같이 단기간이나마 정신의 양식을 먹어 수양과 지혜를 닦아서 모든 경계와 싸워야 하나니라. 이 싸움은 마음으로 싸우는 것이니, 만일 힘으로써 싸운다면 사람보다 소가 더 잘 싸울 것이니라.

그러면 어떤 사람이 바르며, 잘 싸울 것인가. 이는 삼대력을 가진 자이며, 이 사람이라야 잘 싸울 것이니라. 저 자동차를 보라. 비록 잘 달릴 수 있으나 그 운전자가 없으면 달릴 수 없으니, 이와 같이 내 마음이 들어서 모든 운전이 되나니라.

대저, 모든 기관의 주인공은 내 마음이요, 또한 공부심에도 최고의 공부는 마음공부이니라. 현재 최고도로 발달한 물질을 이용하려면 먼저 마음공부를 잘 해야 할 것이니, 그러면 이 선[禪. 훈련]이란 무엇인

가. 바로 무시선이니, 이 선 중에 일심으로 삼강령 공부를 잘하여 세상의 모든 경계에 응해야 할 것이니라."

71. 원단 법설

종사주님께서 특별히 내리신 당부의 법설을 정산 종사 말씀하시되 "오늘로 말하면 1년의 가장 처음 되는 날이요, 금년[壬午]의 대표적인 날이라 할 수 있노라. 오늘을 당하여 제군들은 마땅히 과거 신사년(辛巳年)을 회고하여 스스로 반성하고 돌이켜 보되, 이제까지 행하여 오던 이래 끊어버릴 일은 끊고, 계속할 일은 계속하고, 새로 진행할 일은 진행할지니 곧 끊을 일은 용단 있게 끊고, 계속할 일은 다시 한층 결심을 북돋울 것이요, 요사이 하루 계획한 과목은 용맹하게 새출발의 결심을 굳게 하고 일을 시작하여야 하나니라.

비가 오는 새벽에 한 꿈을 꾸었으니 어떤 친구가 나를 찾아와서 말하되 '행여나 남을 경멸히 여기지 마소서. 지금 불법연구회로 말하면 별로 실패한 일이 없고 무슨 일이든지 순조롭게 잘 되니 자연 방심하기 쉽고 남을 능멸히 여기기가 쉬울 것입니다. 무슨 사업이든지 그 사업이 순조롭게 잘 되지 못하게 되면 자연 조심하고 남을 멸시하지 아니하나, 그 사업이 잘되고 보면 방심이 되고 남을 능멸하기 쉬운 것인데, 남을 능멸한 끝에는 좋은 일이 없는 것입니다.' 하는 경계의 꿈을 꾸었노라.

꿈을 깨고 나서 생각해 보니 오늘이 원단(元旦)이요, 비록 꿈이란 허망한 것이라 하지만 의미심장한 이날에 당하여 이와 같은 꿈을 꾼 것은 범연한 일이 아닐 것 같아서 조식 후에 곧 사무실 중요 임무를 모아

꿈꾼 이야기를 하여 주고 우리 사업이 순조로이 된다고 하여 방심하거나 남을 능멸하게 알지 말기를 부탁하였고, 또 이제 제군들에게도 이 말을 들려주노니, 앞으로 360일을 두고 심신 작용을 할 때 나의 이 말을 잘 활용하고 보면 많은 이익이 있을 줄을 믿는도다.

과연 무슨 일이든지 순조로이 잘 되면 자연 방심하고 남을 능멸하게 여기나니, 우리는 더욱 이때 주의하여야 할 줄 알고 특히 주의할 바는 재래 승려에 대하여 그 제도를 업신여긴다든지 그들의 학식을 업신여긴다든지 말지니라.

우리는 다 같이 불제자요 다 같은 불법으로 다만 그 제도만을 혁신하는 것이니라. 또한 그들이 혹 우리의 제도를 오해하여 우리를 비방한다고 하더라도 우리에게 부족함이 있는가를 발견할지언정 도리어 반박할 생각은 내지 말라.

또 하나 말하여 줄 것은 관청 명령에는 절대복종할 것이니, 관청에서 지도하는 바는 모두가 우리에게 이익이 있는 것을 시키는 것이라, 비록 각자의 생각에는 당연치 못한 일 같이 생각이 들지라도 그것은 우리 지견이 미치지 못함을 알고, 이에 주재소 소사(小使)에서 백사(百司)의 소사에 이르기까지라도 우리의 가령 장관(長官)임을 염두에 잊지 말고, 여하간 관청 명령에는 수하라도 불피할지니라.

지난번에 나와 친한 의사가 와서 말하되 '올겨울 해동이 되고 봄기운이 돌아올 때는 이 세상에 악질이 유행하여 많은 동포가 질고를 받게 되는데 그중에 마음이 허영에 날뛰는 바가 없고 항상 바른 마음을 가지고 나라에 충성하여 삼재(三宰)에 부끄러움이 없을 만한 바른 사람은 능히 병마가 침범하지 못할 것이다.'라고 하는 말을 들었노라. 그 말로 말미암아서라도 제군들은 항상 굳센 정신, 바른 마음을 가지고 이 세상을 대처하여 나가라.

 위에 말한 바를 강령적으로 말하면 첫째로 국가에 순응해야 하는 법은 조금도 위반됨이 없을 것이며, 혹 국가에서 자신의 몸이나, 자손이나, 토지나, 재물이 필요하다고 명령이 있을 때는 이를 경사로 알고 바칠 것이요, 둘째는 아무리 못난 자, 자기가 부리는 하인에 이르기까지도 능멸히 여기지 말 것이요, 아무리 허물없는 친한 벗이라도 함부로 말하지 말고 조심할 것이며, 혹 나에게 어떤 일의 처리 건이나 감정을 얻을 때 내가 조심할 일이라고 한번 말하거든 반드시 조심할 것이며, 셋째로 수양력이 있어야 할 것이며, 정의를 가리되 바른 일은 사지(死地)에 이르더라도 정의를 놓지 아니할 것이니라.

 만약 이상과 같이 잘 행하면 이른바 참다운 국가의 국민이요, 참다운 회원이라 할 것이니라. 그러니 제군들은 이 법을 잊지 말고, 360일을 두고 필요하게 활용할지어다." 하시더라.

〈『대종경』교단품 25. 법문 보완. 원기27년 1월 1일〉

72. 제1회 교무강습

 제1회 교무강습 때에 종사주님께서 직접 진행하시면서 문답·감정을 하셨는데 다음과 같다. "제1회 교무강습 시작일에 종사주님께서 직접 죽비를 잡으시고 설명 기도를 올리신 후 말씀하시기를 '선원 각자와 강습원 각자가 건강한 몸으로 강습하여 모든 사람의 지침이 되겠다고 제군들이 먼저 심고를 올리라.' 하시고 '금년은 특별히 정기선과 강습을 하게 되었으니, 정기선은 어떤 것이며, 교무강습은 무엇인가를

말하여 주리라.'

 이어 말씀하시기를 '첫째, 정기선은 어떤 사람이든지 본회에 입회하여 교과서 중 자자구구(字字句句)의 음송(音誦)과 음지(音旨)까지 새기며 순서에 따라 훈련하는 것이요 둘째, 교무강습은 현재의 교재 혹은 회원이라도 기초 지식이 있고 교과서에 있는 본회의 교리와 제도를 상식적으로 알리기 위하여 각자를 주체로 한 것이 아니라 타인이나, 사회나, 관청 사람에게 능히 말해 줄 만하게 준비하며, 실지로 교제하는 사람을 상대로 하여 오후에는 교과서 강습을 하는데 의심처가 있으면 적어놓았다가 그다음 날 경전 시간에 물어보라.' 하셨다. 또 '묻기도 쉽고 가르치기도 빠르게 강령적으로 묻되 만일 알리지도 못하고, 묻지도 않는 사람에게는 반문하여 등급으로 정하리라.' 하시더라.

 또 말씀하시기를 '단 30일간은 교리강습을 하고, 10일은 제도나 본지부 거래상 긴박한 상황을 강습하기로 하노라.' 하셨다.

 또 말씀하시기를 '교무의 자격 첫째는 신용이 있고, 계행이 청정하고, 공심을 주장하노라. 둘째, 교과서 강습에 갑반이 된다고 하여도 이상 조건이 부족할 때는 교무의 자격이 없노라. 셋째, 교과서는 될 수 있는 데까지 암송으로 하나니, 곧 명의일수록 의서를 외우는 것과 같나니라.' 하셨다.

 타인이 묻기를 '재래 불교와 불법연구회의 다른 점은 무엇입니까.' 종사주님 대답하시기를 '재래 불교는 출세간 생활을 주체로 삼아서 사·농·공·상의 원 직업을 놓아버렸지만, 불법연구회는 교리와 제도가 출세간 생활을 주체 삼아 사·농·공·상 어떠한 직업이든지 직업에 종사하면서도 믿어 나가는 것이니라.'

타인이 묻기를 '불법연구회는 타종교와 같이 한정할 것이 없습니까.' 종사주님 답하시기를 '나는 이렇게 물으면 대답은커녕 반문하고 싶다. 다른 점이 무엇이냐고.' 타인이 묻기를 '그러면 그 사람은 요령을 잡지 못할 것입니다.' 하니 종사주님 말씀하시기를 '그렇다면 다음과 같이 말하여 주려 하노라. 불교에서는 부처님이 신앙의 대상이라 하여 복을 지으면 극락을 가고 죄를 지으면 지옥을 간다고 하며, 예수교에서는 하나님을 신앙의 대상으로 하여 복을 지으면 천당을 가고 죄를 지으면 지옥에 간다고 하며, 신교(神敎)에서는 신사(神祠)를 마련하여 놓고 신을 대상으로 하여 복불복(福不福) 죄불죄(罪不罪)를 신에게 빈다고 하는 것 같이 불법연구회에서는 등상불을 대상물로 모시지 않고 일원상을 숭배하여 허공 법계 천지 만물이 부처 아님이 없다는 것을 증명하겠노라.' 하셨다.

　　또 종사주님 대중을 향하여 '이상의 말한 가운데 의심이 있거든 물어보라.' 하셨다. 이때 조갑종이 묻기를 '재래에 숭배하던 등상불을 아니 모시고 일원상을 모시는 것은 무슨 뜻이냐고 사람들이 물으면 무엇이라고 대답하오리까.' 종사주님 대답하시기를 '우치한 사람은 등상불을 숭배하는 머리에 무진장 우치하여지고, 지자(知者)는 부처님이 49년 설법하신 인과보응이며 생사 대사 등의 진리는 미처 보지 못하고, 알지도 못하고, 무조건하고 등상불을 믿지 않게 되나니, 즉 우치한 사람은 무진장 우치하여지고, 지자는 믿지 않게 됨으로써 악화가 되며 오전(誤傳)이 되어 폐단이 생김으로 우리 불법연구회에서는 천지 만물 허공 법계가 부처 아님이 없는 일원상을 모시고 신앙처를 정한 것이라고 말하여 주노라.' 하셨다."

〈원기23년 12월 11일 교무강습〉

73. 최후 승리 하는 법을 알라

　오전 정전 강의 때 사리연구의 사(事) 종목을 새기다가 시비이해(是非利害)에 대하여 여러 말이 있고 난 뒤, 정산 종사 말씀하시기를 "시비라 함은 글자 그대로 옳고 그르다는 말인데 예를 들면 인사 하나 하는 것도 옛적에는 갓을 쓰는 것이 옳고 안 쓰면 실례라 하였으나, 지금은 썼던 모자를 벗는 것이 옳고, 안 벗는 것은 옳지 않다고 하여 여기서도 시비가 있게 되나니라. 전에는 남자들도 머리카락이 있어야 옳고, 머리카락을 자르면 신체발부수지부모(身體髮膚受之父母)라 하여 대단한 잘못으로 알았는데, 지금은 여자들도 머리카락을 자르게 되어 오히려 남자가 머리카락이 길면 시대에 맞지 않는다고 흉을 보게 되니 이것도 역시 시비이니라. 그때 맞으면 옳고 맞지 않으면 그른 것이니, 말이나 행동이나 글이나 다 같나니라.

　이해(利害)로 말하자면 이롭고 해로운 것의 구분함을 이름이니, 즉 말하자면 이로운 일을 하고 해로운 일을 하지 말자는 것이니라. 그러나 마음에는 그런 발원이 있어도 그 뜻대로 못 하게 되는 것은 옳은 것, 그른 것을 모르는 소치라, 말하자면 참 이해를 아는 자가 최후 승리를 하나니라.

　옛날 여불위(呂不韋, ?~B.C235)라는 사람이 장사를 하러 나갔는데, 진나라 자초(子楚) 황자가 무슨 일로 쫓겨가는 것을 보고 황자를 구원하기 위하여 장사 밑천을 쫓아오는 사람에게 주어 황자를 살리고 자기 집으로 들어가니 부인이 말하되 '장사하러 가서 얼마나 남았느냐.'라고 묻자, 여불위 답하기를 '말로는 표현할 수 없는 이익을 얻었다.'라고 하였다 하노라.

그러한 일이 있고 얼마 지나지 않아 황자는 무사하게 되었고, 여불위의 은혜를 갚기 위해 많은 금전이며 비단이며 벼슬을 내리니 이것이 큰 장사가 아니고 무엇인가. 이와 같이 부처님은 큰 장사꾼으로 정신·육신·물질을 다하여 시방세계에 바치셨으니, 그러므로 나중에 이익도 또한 한량없는 이(利)가 돌아오고, 우리 보통 사람들은 골라잡아 15전 장사밖에 안 되니 무슨 이(利)가 있다고 하리오.

  또 이기는 사람은 지는 사람이요, 지는 사람은 이기는 사람이 되나니, 예를 들면 술김에 이웃 어른을 때리면 자기는 술김에 이긴 것 같으나 그다음 날에 온전한 생각으로 생각해 보면 어른을 때린 일이 대단히 잘못되어 잘못을 빌게 되나니, 곧 이긴 것이 진 것이요, 진 것이 이기는 이치가 되나니라.

  그러나 우리 전무출신은 육 척 미만의 한 몸을 바쳐서 시방 회원을 사고, 부처님은 일신을 희생하여 시방세계를 사시는 장사를 하시는 분이시니라.

  소소한 것이라도 내 몸을 안 아끼고 각자의 직무를 잘하여 신용을 얻으면, 타인이 쉬라고 하는데 자연적으로 득운(得運)을 하며, 그 방면에 편안하여지려고만 하고 게으르면 일을 하는 사람을 주인이 쉬자고도 않고, 일을 안 시키고 하여, 그 사람은 점점 타락의 인물이 되기 쉬우리라.

  불공으로도 삼천 년 전은 불공이나 동령이 맞지만, 그 법만 가지고 살 수 없고 안 맞나니라. 사람을 가르치는데도 나무랄 일은 나무랄 줄도 알고, 칭찬할 사람은 칭찬할 줄도 알아야 하나니, 이것을 모르면 최후에 승리를 모르는 사람이니라."

74. 신년 법설

정산 종사 말씀하시기를 "근래 학자들이 진리를 말할 때 절대성 원리를 말하고 있는데 우리는 주객의 이치와 인연을 알지니라. 이 세상에 주가 있어야 객이 있으며, 인이 있어야 과가 있나니, 초목도 그 주인이 살고 있기 때문에 봄기운을 받아 잎도 피고 꽃도 피는 것이니라. 복이 오고 좋은 결과를 거두고 성불하는 것도 다 주인공인 나의 연마가 있어야 하는 것이니라.

그러므로 부처님이 견명성오도(見明星悟道) 하신 것도, 종사주님께서 진리를 대오하신 것도 오로지 연구를 거듭하여 공을 들였기 때문에 마침내 그와 같은 깨달음의 서광을 발하신 것이니라.

송구영신(送舊迎新)도 그 사람의 마음에 따라 가치가 있는 것이지, 마음에 각성이 없는 자는 천만번 송구영신한다고 하더라도 진보가 없을 것이니라.

그러므로 세월을 가치 있게 보내는 것이나 무가치하게 보내는 것이 다 주인공에게 달린 것이니, 불보살들은 삼라만상과 시간을 잘 활용하여 가치 있게 활용하신 분이니라.

여러분들은 주인공이 복을 탈 만한 일이 있는지 매사에 살필지어다. 복을 타게 하고 해(害)를 따르게 하는 것은 오직 주인공의 힘이니, 수행·정진에 매진하여 광명을 비추게 하고 길이 부처님의 성지에 살게 할지니라." 〈원기38년 1월 1일〉

75. 유일학림 1기생 개강식

정산 종사 말씀하시기를 "십여 년 전부터 인재양성을 하려고 종사주님께옵서 선언하시어 왔으나 모든 경제나 시대가 맞지 아니하여 실현하지 못하셨고, 덧없이 도솔천궁을 향하셨기에, 남은 우리가 항상 희망과 비애 속에 지내다가 다행히 때가 와서 유일학림을 오늘에야 열게 되었도다.

이날을 맞아 우리의 심경은 일희일비(一喜一悲)하나니, 종사주님 계시지 않으시어 쓸쓸함과 비애를 금할 길 없는데, 더욱 얼마 전에 침식을 망각하시고 노력하시던 주산 선생조차 영별하여 쓸쓸히 개강식을 하게 되었으니, 우리의 박복과 비애는 이루 말할 수 없도다.

그러나 종사주님과 주산 선생의 무량 법문과 희망 양양한 안심 법문에 의지하여 꿋꿋하고 씩씩하게 나아가자."

〈초판 『법설』 pp.77~79. 법설 보완〉

제3편

도덕천하

제3편
도덕천하

1. 용맹

정산 종사 말씀하시기를 "용(勇)은 용맹(勇猛)이니, 모든 일을 당하여 주저함이 없이 전진불퇴(前進不退) 하는 용맹스러운 기력이니라.

그러나 이 용에는 세 가지가 있으니 첫째, 만용(蠻勇)이라, 이는 일의 시비는 고사하고 다만 혈기(血氣)로써 처단(處斷)하는 완만(頑慢)한 용맹이니, 만일 이를 쓰면 당하는 곳마다 원망이요, 필경에는 신체가 위태할 것이니라.

옛날 공문(孔門)의 제자 자로(子路)가 이웃 나라의 부자간(父子間) 싸움에 끼어들어 죽게 되자 공자가 탄식하여 가로되, '슬프도다, 이것이 만용이라' 하셨나니, 그러므로 만용은 지극히 위태한 것이며, 일대 금물이니라.

둘째, 의용(義勇)이라, 의를 위하여, 또는 대의를 밝히기 위해서는 생사(生死)를 불허(不許)하고 전진하는 용감한 힘이니라. 이러한 이를 일러 의사(義士)라 하고 충신이라 하나니, 일체의 이해를 돈망(頓忘)하고 의를 위하여 죽임을 당하는 단종조(端宗祖)의 사육신(死六臣) 같은 용맹으로 세상의 불의를 경계(警戒)하고, 정의를 세우는 동력이니라.

셋째, 도용(道勇)이라, 이는 불교의 대자대비요, 유교의 인이며, 기독교의 박애이니라. 만중생과 더불어 의를 세우게 하고, 의를 행하게 하되 그 덕화가 만방에 화하게 하며, 그의 마음에는 어떠한 천병만마(千兵萬魔)와 태산고악(泰山高嶽)이 능히 굽히지 못하는 대용(大勇)이 있으니, 그러므로 도용은 화이불류(和而不流)·중립이불의(中立而不依) 하는 것이라, 제군들은 이 도용(道勇)을 바탕으로 하여 의용(義勇)을 나투도록 하라."

2. 호오(好惡)의 구분을 놓고 보라

정산 종사 말씀하시기를 "옛말에 '악장제거무비초(惡將除去無非草)이요, 호취간래총시화(好取看來總是花)라.' 하는 말이 있으니, 이는 쓸 만한 사람이라도 나쁘게 보면 다 나쁘고, 좋게 보면 다 쓸모 있다는 뜻이라, 나는 이 글을 볼 때마다 진실로 감탄하노라.

과연 그렇도다. 이 세상을 원망과 악으로 해석하면 일체가 다 악이요 원망일 것이나, 이 세상을 또한 은혜와 감사로써 해석한다면 한 가지도 은혜 아님이 없나니라.

보라! 천지·부모·동포·법률의 은혜가 아니면 우리가 한 때도 이 몸을 세상에 나투지 못할 것이니, 천지가 아니면 어찌 이 몸을 운전하며, 부모가 아니면 어찌 이 몸을 세상에 나투며, 동포가 아니면 어찌 도움을 얻고 살 것이며, 법률이 아니면 어찌 안온(安穩)한 생활을 할 수 있으랴. 그러므로 이 큰 은혜를 생각하면 호천망극(昊天罔極)하고 감사를 헤아리면 하해(河海)가 다 함이 없나니라.

그런데 오늘날 시국을 비추어 보면 망극한 은혜의 소종래(所從來)는 알지 못하고, 발견치 아니하며, 그저 한두 가지 소소한 일의 감정으로 원망하고, 때로는 원수를 맺어서 개인·가정·사회·국가가 살기(殺氣)를 띠어 악풍(惡風)이 돌게 되니 어찌 세상이 참혹하지 아니하랴.

그러므로 제군들은 소소한 원망을 놓고 근본이 되는 큰 은혜를 발견하라. 그런다면 호취간래총시화(好取看來總是花)의 세계가 되어 가는 곳마다 평화의 꽃이 필 것이니라."

3. 진정한 인격을 만들어라

정산 종사, '공회당'에 출석하시어 일반 청년들에게 말씀하시기를 "지금 현상을 보면 사람의 인격을 판단할 때 거꾸로 하고 있는 듯하여 내 지금 그 인격을 준비하는 데 대하여 자상히 말하려 하니 제군들은 명심하라.

인격을 양성하는 데에는 세 가지 계급으로 논할 수가 있으니 첫째, 그 인물과 풍채를 보고 둘째, 말과 학식을 보고 셋째, 그 마음을 보나니라.

누구나 처음에는 물론 인물을 보게 되나니, 그 사람이 인물을 크게 잘 타고났으나 그 마음이 불량하고 민족과 가정을 파괴하는 심경을 가졌다면, 아무리 잘난 인물이라도 침을 뱉을 수 있음이라, 그러므로 인격의 결정소는 다만 마음이니라.

그뿐만 아니라 종교도 그와 같아서 어느 종교나 그 종교의 내면이 공(公)을 이롭게 하는 순일한 공심적(公心的) 종교라야 훌륭한 종교이니라. 지금 세계의 대운(大運)이 진실과 천진(天眞)이 제1위를 점령하게 될 것이므로 심중에 대의와 희망을 품고 있는 제군들은 무엇보다 먼저 진실을 양성하여 소원을 성취하고 세계의 큰 인물이 되기를 바라노라."

4. 남녀(男女)의 도

정산 종사 말씀하시기를 "이 세상은 원래 음과 양으로 구성되어 인간에게는 곧 남녀로써 조직이 되었으니, 여기에는 반드시 도가 있어야 하나니라. 그러나 남녀의 도가 이미 옛 윤리로 지나가 버렸으니 논할 필요도 없고, 이 새 시대에 서로 활동하며 지켜야 할 남녀의 도 세 가지를 말하려 하노라.

첫째, 공경의 도(道)이니 양자가 서로 인격을 존중히 하고, 온공(溫恭)한 태도로써 대하여 압이불손(狎而不遜)하는 일이 없는 것을 이름이요,

둘째, 근신(謹愼)의 도이니 근신이야말로 남녀 간 예의(禮儀)요 이성 교제의 지혜라, 근신을 잊어버린 이성 교제는 방종이 되나니라. 그러므로 남녀는 언제나 엄정한 예의와 경건한 태도로써 대하여야 할 것이며,

셋째, 언제나 서로 양보하는 아량을 잊지 말아야 할 것이니, 이것을 양보의 도라 하나니라."

5. 노소(老少)의 도

정산 종사 말씀하시기를 "지금은 낡은 윤리와 새 윤리가 교대(交代)하는 시기가 되어서, 현재의 사회인들은 중간에 처하여 신구법(新舊法)을 잘 조절하여 이용하지 않으면 안 될 것이니, 노소의 도에서도

그리하나니라. 곧 지난날의 과엄(過嚴)한 윤리만을 따르다 보면 지나치게 엄격함으로써의 결함이 됨이 있고, 오늘날의 신사고(新思考)·새 윤리만을 좇다 보면 새 생각의 지나친 예도(禮道)의 점이 결함이 되므로 우리는 그 중간을 잘 본받아서 노소간의 도의(道義)를 보존할 것이니라.

처사(處事)에 있어서는 지자본위(智者本位)로써 하더라도 맹자께서 말한바 향당(鄕黨)에 들어서는 노오노(老吾老)하여 이급인지노(以及人之老) 하는 소년의 도리와, 유오유(幼吾幼)하여 이급인지유(以及人之幼) 하는 노인의 도리를 다하면 천하를 손바닥 위에서 운영할 수 있을 것이라[天下可運於掌] 하신 뜻을 깊게 새겨서 실천해야 하나니라.

> 내 집 어른을 어른으로 섬기는 마음을
> 남의 집 어른에게 미치게 하고,
> 내 집 아이를 사랑하는 마음을
> 남의 집 아이에게 미치게 한다면
> 천하를 손바닥 위에서 운영할 수 있도다.

그러므로 소년이 노인을 대하여 행할 바 세 가지 도가 있으니 첫째, 경어(敬語)이요, 둘째, 예의(禮儀)이며, 셋째, 동정(同情)이니라.

또한 노인이 소년에 대하여 행할 바 세 가지 도가 있으니 첫째, 애어(愛語)이요, 둘째, 예의(禮儀)이며 셋째, 애정(愛情)이니라.

일찍이 맹자께서 '천하에 통하는 세 가지의 높은 것이 있으니, 벼슬과 나이와 덕이라. 조정에서는 벼슬 같은 것이 없고, 향당에서는 연령 같은 것이 없고, 세상을 돕고 백성을 교화하는 데에는 덕 같은 것이 없다[天下有達尊三 爵一齒一德一 朝廷莫如爵 鄕黨莫如齒 輔世長民莫如德]'고 하셨던 말을 잘 체득하여, 사회 처사(處事)에는 노소를 가리지 말고 오직 지혜(智慧)를 본위로 하되, 향당(鄕黨)에 들어서는 존장(尊長)을 높이는 도리를 잊어버리지 않는 것이 소년의 취할 바 길이며, 노인의 처지에서도 또한 덕으로써 소년을 잘 대하여 지난날의 완고함은 버릴 것이니라."

6. 처세법
학인이 정산 종사께 여쭙기를 "위선(僞善)을 잘하는 사람을 보고 수도도 잘하고 도인이라고 하는 경우가 있어서 표준을 잡기가 어렵습니다." 정산 종사 말씀하시기를 "그렇게 하는 것도 처세법(處世法)의 하나이니라."

7. 도(道)는
정산 종사 말씀하시기를 "길은 수륙공계(水陸空界)에 연(連)하지 않은 바가 없고, 도(道)는 삼천대천(三千大千) 세계에 통(通)하지 아니한 바가 없나니라."

8. 도인(道人)은
정산 종사, 도인(道人)의 법도 있는 생활에 대해 말씀하시기를 "무상(無相)의 공부법이 보살의 길로 들어가는 첫걸음이니 그러기 위해서는 겸양이 가장 중요하나니라. 벼는 잘 익을수록 머리를 숙이듯 심력은 안으로 갖추어야지 밖으로 으스대면 안 되나니라. 내가 실력을 갖추는 것이 중요하지, 남이 나를 알아주고 알아주지 않고는 그리 중요한 문제가 아니니라. 상이 없이 겸양할 때 거기에 큰 도가 들어있나니 실력 있는 사람이 사양하고 겸손하면 그 덕이 드러나고, 내가 잘났다고 으스대면 사람들이 나를 깎아내리려고 하는 것이 우주의 진리니라."

9. 대인(大人)은

정산 종사, "대인은 너그럽되 중정(中正)을 잡고 화하되 세속에 흐르지 않는다." 하시고 말씀하시기를 "화이불류(和而不流)라는 것은 신성이 좋아서 여러모로 잘 화하는 반면, 나쁜 곳에 흐를 염려가 있기 때문에 언제든지 화하면서도 중정을 취해야 하나니라. 사람은 호대하고 크기도 해야 하나 중정이 되어야만 사람들의 환영을 받고 나쁜 류에 흐르지도 않는 법이니라." 하시었다.

10. 정기(正氣)를 타라

정산 종사 말씀하시기를 "세상 사람들은 보통 '성인과 영웅들은 정기(正氣)를 타고났다.'라고 말하나니, 그러면 그 정기(正氣)란 무엇인가, 이는 곧 천지의 기운을 바르게 탔다는 것이니라.

무릇 천지에는 정기가 있고, 사람에게는 인의(仁義)가 있나니, 주자의 말씀에도 '천지도유음여양(天之道有陰與陽)하고, 지지도유유여강(地之道有柔與剛) 하며, 인지도유인여의(人之道有仁與義)라.' 하였나니라. 이와 같이 하늘에 음양(陰陽)의 두 기[二氣]나, 땅에 유강(柔剛)의 두 기나, 사람에 있어서 인의(仁義)의 두 기가 서로 공통되는 원리가 있어서 성인과 영웅은 이 정기를 갖춘 사람이니라.

그러므로 사람에게는 인(仁)과 의(義)가 정기가 되나니, 그러면 인이란 무엇이며 의란 무엇인가. 먼저 인은 어질다는 말이라, 부처님의 대자대비심(大慈大悲心)이요, 예수의 박애정신(博愛精神)이며, 또한 이 인에 두 가지가 있으니, 진인(眞仁)과 가인(假仁)이 있나니라.

첫째, 진인(眞仁)은 일체의 사량계교(思量計較)가 돈절(頓絕)한 불교에 있어서 무아(無我)의 경지(境地)요, 유교에 있어서 무욕(無欲)의 지경(至境)을 말하나니, 즉 어린아이가 우물에 빠지려 할 때 그를 구하려고 달려가는 그 찰나의 심경이니라. 모든 인(仁)을 베풀 때 곧 자비로써 일체의 모든 중생을 구제하며, 박애(博愛)로써 모든 인류를 구원하되 털끝만큼의 계교도 없고, 사욕이 없어서 적나라한 마음으로써 그것을 활용하는 것이니라.

둘째, 가인(假仁)은 진인(眞仁)의 반대로 모든 인(仁)을 베풀고 자비로써 행하되, 사욕이 충만하고 사의(私意)에 집착하여 거짓의 인을 행하고 거짓으로 자비로운 체하며, 사욕을 채우는 것이니라.

의(義)라는 것은 무엇인가. 의는 옳은 것이니 억천사리(億千事理)에도 천도(天道)에 거슬리지 않고, 인도(人道)에 어긋남이 없는 행이니, 이것이 정의(正義)이니라. 이 의(義) 또한 일체의 사량계교(思量計較)를 초월하여야 하나니, 각자의 사욕과 사의(私意)를 버리고 오직 옳은 것에 입각하여 생사를 다 하는 것이니라.

만일 사리사욕에 집착하여 의를 행하면 그것은 의가 아니요, 사리(私利)며, 사욕(私慾)이니라.

그러나 인(仁)만 있고 의(義)가 없으면 그는 세상에 무능(無能)한 인자(仁者)요 무용(無用)한 우자(愚者)일 것이며, 의(義)만 있고 인(仁)이 없으면 세상에 서지 못한 고독한 의인이며, 역시 우자(愚者)이니라.

그러므로 너희들은 인과 의를 함께 갖추어야 하나니, 만물을 덮어도 오히려 남음이 있는 인의 덕화(德化)를 바탕으로 하여, 백천마군(百千魔軍)을 한칼에 무찌르고, 엄연(嚴然)할 만한 의기를 마음대로 부려 쓸만한 의를 갖추어서 원만한 의기(義氣), 원만한 인(仁)을 갖춘 대도인이 될지어다." 〈『법어』경의편 57. 법문 보완〉

11. 신문지로써 변을 닦지 말라

정산 종사, 수선(修禪) 대중에게 말씀하시기를 "신문지로써 변(糞)을 닦는 데 사용하지 말라. 혹시라도 부처 불(佛)이라는 글자가 있을지도 모르나니, 부처님을 제일 존경하는 사람이 부처님이니라." 이 법설이 있고 난 뒤 총부의 대중은 신문지로써 변을 닦는 것을 금하고 시멘트나 비료의 포대로 사용한 안쪽의 종이를 사용하기로 하였다.

12. 인격(人格)

정산 종사 말씀하시기를 "인격의 진체(眞諦)는 형상과 모양, 언어, 학식, 기술에도 있는 것이지만 그 중 근본의 진체는 용심(用心)에 있나니라.

사람의 병이 수족과 사지 같은 외부에 있는 것은 즉시 그 생명이 위험하지는 않지만, 병이 내부에 있고, 그중에도 만약 심장이 놀지 못하면 즉시 생명을 잃게 되나니, 마음병 중에도 모르는 가운데 또는 습관상으로 외부에 착오된 과실은 즉시 위태한 일은 아니지만, 만약 속마음을 속이고 그중에도 양심상 가책 되는 행동을 하되 조금도 뉘우침이 없어서 양심에 꺼리지 않는 이는 즉시 죽는 자라 할 것이니라.

또 한 가지는 어른이라 하는 것은 남을 꾸짖는다고 어른이 아니요, 남을 잘 용납하는 이가 어른이니, 용납을 받는 사람은 어린 사람이니라.

그러므로 우리는 용납하는 사람이 될지언정 용납받는 사람이 되지 말며, 남을 위하는 사람이 될지언정 남에게 위함만 받으려는 사람이 되지 말며, 복을 짓는 사람이 될지언정 남에게 복을 구하는 사람은 되지 말아야 할 것이니라.

이기는 것 또한 강으로만 이기기로 하면 최후 승리자가 되기 어렵나니, 부드러운 것으로써 지혜롭게 지게 되면 최후 승리자가 되는 법이 있으니, 물이 지극히 부드러운 것이로되 능히 산을 뚫는 이치가 있나니라."

13. 대인과 소인의 심경

정산 종사 말씀하시기를 "대인(大人)의 심경(心境)은 광대 무량하여 평상일여(平常一如)하고 화평유여(和平有餘)하나, 소인(小人)의 심경은 편협단촉(偏狹短促)하여 변화빈빈(變化頻頻)하고 불평불만 하나니라. 그리하여 대인은 그 주심(主心)의 부동(不動)함이 태산과 같아서 천고(千古)에 불변하나니라."

14. 도덕과 자비

정산 종사 말씀하시기를 "도(道)라는 것은 바른 것을 아는 것이요, 덕(德)은 바른 것을 행한 결과이며, 자(慈)는 만생(萬生)을 사랑으로 보는 것이요, 비(悲)는 악도 중생을 불쌍히 여기는 것으로 이 도덕과 자비가 많은 사람은 이것으로써 다생(多生)의 공부를 삼고 직업을 삼아서 천지로 더불어 생사를 같이하며, 일월로 더불어 밝음을 같이하며, 사시로 더불어 왕래(往來)를 같이하며, 음양으로 더불어 성쇠(盛衰)를 같이하여, 생멸고락(生滅苦樂)에 끌리지 아니하는 대지행(大知行)을 얻어 복혜양족(福慧兩足)의 주인공이 되나니라.

정각(正覺)으로써 정행(正行)을 하며, 자비와 사랑으로써 불쌍한 이들을 제도하는 것이 과거 제불조사(諸佛祖師)의 지행(知行)이요 그 업(業)인 동시에, 그와 반대로 범부와 중생은 탐·진·치에 끌려서 바른 진리를 알기가 어렵고, 바르게 행하기가 어렵고, 만생(萬生)을 자비와 사랑으로 보기가 어렵고, 악도 중생을 불쌍히 여기어 제도하기가 어렵게 되므로 서로 만나는 대로 원망을 주고받게 되나니 어찌 죄악이 없으리오."

15. 최후 승리

정산 종사 말씀하시기를 "사람은 감정의 소유물(所有物)이라 승리를 가장 좋아하고, 승리를 얻기 위해서 무기와 권세를 다투며, 심지어 생명까지도 버리고 투쟁하나니, 이처럼 승리야말로 인지상정(人之常情)이니라. 그래서 이 승리를 싫어하는 사람이라면 약자요, 혹은 병자, 혹은 낙오자의 무리라고까지 말하나니라.

그러나 범용한 사람들은 이 승리 얻는 방법을 알지 못하고, 그저 권세와 무기를 남용하나니, 이 어찌 참다운 승리가 있으랴.

오직 최후의 승리를 얻는 것은 정법(正法)뿐이라, 제아무리 경천동지(驚天動地)하는 영웅이나 옛날 석숭(石崇) 같은 부자라도 이 정법에는 굴복하고 마나니, 이것이 승리 획득(勝利獲得)하는 방법이니라.

  개인으로부터 국가에 이르기까지 정의에 입각하여, 정의로써 다스리는 그 개인 내지 국가만이 영원히 유지할 수 있으며, 이 세상 전반이 역시 제아무리 어지럽고 요란하더라도 이러한 난세를 다 지내면 정법을 찾게 되고, 그 정법만이 세상을 구제하는 진정한 주인공이 될 것이니, 그러므로 정법만이 최후의 승리자로다."

16. '동화병원' 개원식 법문

  정산 종사, 동화병원(東華病院) 개원식에 말씀하시기를 "앞으로 이 병원이 발전하기 위해서는 먼저 임직원 모두가 참된 인격을 갖추어야 하고, 시설이 구비되어야 하며, 환경이 좋아야 하고, 화합을 이루어야 하며, 환자를 내 몸같이 아끼고 사랑해야 하나니라.

  참된 인격은 자비의 심법이 제일이요, 그다음이 지식, 경험, 기술이니 직원 일동이 기관을 발전시키기 위해서는 참 인격에 바탕을 두어 단결과 화합을 이루라."

17. 처사(處事)의 도(道)

  정산 종사 말씀하시기를 "인생이 세상에 처하여 만사를 처리하는 데 세 가지 요령이 있나니, 이 요령을 명심하여 실행하면 자기의 인격을 세상에 우월하게 만들 뿐만 아니라 공중에 큰 유익을 주는 큰 인물이 될 것이니라.

  첫째, 공평정직(公平正直)이니 법규에 탈선됨이 없고, 친소(親疏)에

편착(偏着)함이 없는 처사이요,

둘째, 대국적(大局的) 처사(處事)이니 소아(小我)를 놓고 대아(大我)에 나아가며, 가까운데 얽매이지 않고 먼 곳을 관찰할 줄 아는 처사를 이름이며,

셋째, 여유 있는 처사이니 변변불망(變變不忘) 하는 인정과 덕으로써 촉(觸) 됨이 없이 화합하면서 밝게 처사하는 것을 이름이니라."

〈원기31년 8월 17일〉

18. 물의 5칙(五則)

정산 종사 말씀하시기를 "물에는 다섯 가지 법칙이 있으니

첫째, 스스로 씩씩하게 움직임으로써 남을 살리는 것이요,

둘째, 늘 갈 길을 찾아서 쉬지 않고 나아감이요,

셋째, 어려운 고비를 만날수록 더욱 굳세어지는 것이요,

넷째, 맑고 깨끗하여 모든 더러움을 씻어주는 것이요,

다섯째, 넓고 깊은 바다를 이루며, 뒤돌아 와서는 이슬·비·눈이 되고 수정 같은 얼음이 될지라도 물의 본 바탕을 잃지 않나니라."

19. 겸의(謙義)

정산 종사 말씀하시기를 "옛날 공자님께서 자로(子路)를 보고 탁거고마(卓車孤馬) 경의불치자유야(輕衣不恥者由也)라 하며 칭찬하셨으며, 또한 차경석도 강증산(姜甑山) 선생이 보통 사람으로 보이지 않아서 제자의 의(義)를 청하자, 강증산이 "네 옷과 갓을 버리고 저기 흉악한 거지 옷이 있으니 그 옷으로 갈아입어라." 하셨다 하나니, 이러한 교훈

을 방간시(放看視)하지 말라.

지난번에 한국 공사(公使)의 넓은 아량을 들은 적이 있나니, 미국의 시내에서 황인종이요 작은 키에 큰 옷과 또 큰 갓을 쓰고 있어 아이들이 이상히 여기고 돌팔매질을 하였으나 전혀 화를 내지 않자 이에 동행한 미국인이 아이들을 크게 야단을 치고는 '대해(大海)와 같은 아량으로 용서하소서.' 하였다고 하나니 이것은 대인의 아량이요, 겸의(謙義)이니라."

20. 인격의 기준

정산 종사 말씀하시기를 "옛 말씀에 '사람이 사람이면 사람이냐, 사람이 사람다워야 사람이다.'라고 하여, 사람의 인격(人格)을 논함에 있어서 신(身)·언(言)·서(書)·판(判)으로 판단해 왔으나, 이 또한 인체(人體)와 인심(人心)을 두고 논란이 많았나니라.

그러나 인체에 있어서 '구설부정(口舌不正)의 무인(無仁), 이목부정(耳目不正)의 무의(無義), 용모부정(容貌不正)의 무례(無禮), 수족부정(手足不正)의 무지(無智)라는 말을 들을 때 정인(正人)이라 할 수 없고, 인심에 있어서 측은심(惻隱心)·수오심(羞惡心)·사양심(辭讓心)·시비심(是非心)의 사단심(四端心)이 없을 때 또한 정인(正人)이라고 할 수 없다.'라고 하였나니, 비록 유가(儒家)의 전통에 의하여 인격의 척도를 밝혀 놓은 것이나, 인심을 더욱 중요시한 것은 일리가 있나니라.

이퇴계 선생이 관직(官職)에 있을 때 하루는 이방(吏房)이 도적을 잡아 오자 말하기를 '예-끼, 사람 같지 않은 놈.'하고는 '내 보내라.' 하거늘 이방이 생각하기에 죄벌이 너무 경(輕)한 것 같아 그 이유를 여쭈니

'사람을 보고 사람 같지 않다고 한 것보다 더 무서운 중벌(重罰)이 어디 있겠느냐.'라고 하였다고 하노라.

또 왕절 선생이라는 분이 있었나니, 이웃에 도둑이 들어 그 주인이 잡아서 죽도록 두들겨 패자 도둑이 곧 죽어가면서도 '나는 죽어도 좋지만, 이 사실을 왕절 선생에게는 알리지 마십시오.' 하고 간청하는지라, 그 주인이 이를 이상히 여겨 왕절 선생을 청해 도둑이 한 말을 물으니 말하기를 '나에게 알리지 말라고 하는 것은 내가 알게 됨으로써 부끄러워하는 마음 즉 양심이 있기 때문이니, 도둑질한 것은 잘못이지만 양심을 가지고 있는 자라 그 상으로 벼 1가마를 주노라.' 하자, 그 도둑은 도둑질한 것을 깊이 개과(改過)하고 좋은 사람이 되겠다고 맹세했다고 하노라.

이러한 일이 있고 난 뒤 많은 세월이 흘렀는데 어느 날 그 주인이 보검(寶劍) 한 자루를 잃어버리고 찾던 중 어떤 도복(道服)을 입은 사람이 찾아주기에 이름을 물었으나 대답하지 않고 떠나 버리기에 이상히 여기던 중 나중에 알고 보니 오래전 자신의 집에 도둑으로 들어왔다가 죽도록 매를 맞은 그 사람이라는 것을 알았다고 하는 이야기가 지금껏 전해오고 있나니라.

이와 같이 한 때에 중죄(重罪)를 지었을지라도 진심으로 개과하면 군자(君子)가 될 수 있나니, 인류에게 있어서 가장 희망적이고 좋은 소식은 양심의 부활이라 이를 어떤 사람은 춘래소식(春來消息)이라고까지 하였노라.

무릇 사람으로서 사단심(四端心)과 양심을 잘 지키고 양성한다면 세세생생(世世生生) 악도(惡道) 악사(惡死)를 면하게 되리라.

또 『시전(詩傳)』에 나오는 이야기로 소공이라는 사람은 어찌나 덕(德)이 많았던지 돌아가신 후에도 소문이 자자하였나니, 어떤 마을에 정자나무가 있어 사람들이 베려 하거늘 노인들이 말리며 말하기를 '이 정자나무는 소공이란 어른이 쉬셨던 나무라 어찌 베려 하느냐.'라고 못 베게 하는 내용이 전해오고 있나니라.

이것은 무엇을 말하는 것인가. 모두 덕이 남아 있는 증거이니라. 우리 보통 사람들도 말 한마디에 원수를 맺고, 말 한마디로 1만 냥 빚도 갚는다는 말과 같이 같은 말이라도 마음공부 하는 사람이라면 정(情)이 뚝 뚝 떨어지고, 소금을 살살 뿌리는 말을 하여 다른 사람의 속을 상하게 하고 눈물을 흘리게 하며, 신분을 떨어뜨리게 하고 심중에 병이 들게 하며, 심하면 원수가 되어 악연(惡緣)을 맺게 하지는 않아야 하나니, 이것은 인격자(人格者)가 처세하는 유여(有餘)의 심법(心法)이 되지 못하나니라.

우리 수도인들은 항상 넉넉한 말, 자타(自他)가 해롭지 않은 큰 덕(德)을 써야 완전한 인격을 이루나니라." 〈『법어』 근실편 11. 법문 보완〉

21. 구시화복지문(口是禍福之門)

정산 종사 말씀하시기를 "고인(古人)은 구시화문(口是禍門)이라 하였으나, 나는 구시화복지문(口是禍福之門)이라고 하고 싶나니, 이 입을 잘못 사용하고 보면 입으로 인하여 불평불화(不平不和)를 이루기 때문이니라. 예를 들자면 이 입으로써 공중을 불화(不和)하게 하고, 공사(公事)를 불의(不義)하게 하거나, 위선적 맹결(盟訣)로써 진리를 속이려 하는 등 죄악의 가장 큰 밑천이 되기 때문이니, 따라서 이때의 입은 재화

(災禍)를 불러들이는 화문(禍門)이니라.

그러나 이 입으로써 바른말, 진정한 말, 선한 말, 덕언(德言)을 하여 만인이 그 말을 듣고 공부를 하고, 사업을 하며, 자비심(慈悲心)을 일으킨다면 이 입은 복을 불러들이는 복문(福門)이 될 것이니, 제군들은 이 입을 쓰는 데 있어서 각별히 주의하여 복을 불러들이기에 힘쓰도록 노력할지어다."
〈『법어』법훈편 39. 법문 보완〉

22. 공부인의 오복(五福)

정산 종사 말씀하시기를 "오복은 보통 수(壽)·부(富)·귀(貴)·강녕(康寧)·다남자(多男子)를 말하는데 인간의 수(壽)로 말하면 1백세 미만이요, 부(富)로 말하면 몇만 석, 몇천 석의 국한이 있으며, 귀(貴)로 말하여도 면장이나 군수나 도지사나 총독이나 한 나라의 황제가 제일 귀하며, 강녕(康寧)으로 말하여도 일평생 무병(無病)으로만 살 수가 없으며, 다남자(多男子)로 말하여도 자녀 20여 명을 두기가 어렵나니, 그러므로 이를 우리 공부인들의 입장에서 바꾸어 생각해 보아야 하겠노라.

곧, 수(壽)로 말하여도 생사(生死)의 진리를 오득(悟得)하여 불생불멸(不生不滅)하는 것이 무량수(無量壽)라 할 것이요, 부(富)로 말하여도 부족함이 없는 부처님께서 왕궁의 부귀를 버리시고 칠가식(七家食)을 통해 온갖 만행을 닦으실 뿐, 아쉬울 것이 전혀 없는 심경이 무진부(無盡富)라 할 것이며, 귀(貴)로 말하여도 일체 생령에게 받는 귀가 제일 큰 귀이기에 삼천 년 전 석가모니 부처님으로 말하면 경치 좋은 데에는 다 부처님의 법당이요, 존숭을 받아도 제일 귀한 분은 부처님이며, 강녕으로 보면 일체의 번뇌와 착심에서 비롯되는 심병(心病)을 물리치시어 무루(無漏)의 강녕을 누리셨으며, 다남자로 말하여도 태·란·습·화 사생(四生)이 다 부처님의 자손이라, 육도사생(六道四生)을 한 집안, 한 권속을 삼으셨나니라." 〈『법어』 무본편 48. 법문 보완〉

23. 자신의 부족함을 알자

정산 종사 말씀하시기를 "옛날 어떤 선생님이 제자들을 가르치시고 사시는바 그 동리 부자(父子)끼리 싸움을 하였는데 처음에는 아버지가 노기가 등등하여 쫓아와서 아들 험담을 하고 갔으며, 조금 후 또 아들이 와서 아버지 흉을 보며 부자가 서로 송사(訟事)를 하는지라, 제자들이 그 부자를 보낼 즈음 선생님께서 무엇이라 말씀하시었는지 부자간에 통곡하다가 갈 때에는 아들이 아버지를 업고 가지 않는가.

이것을 본 제자들은 그 내용이 궁금하여 '선생님으로부터 어떠한 말씀을 듣고 저렇게 아버지를 업고 갑니까? 그 아들에게 하신 말씀이 듣고 싶습니다.' 하자, 선생님께서 답하기를 '아무 말도 하지 않고 다만 부자의 말을 들은 후 이 세상 제일 불효자는 순(舜)이요, 선하기로 이 세상 제일은 고수라 하였더니 그만 울고 갔다.'라고 하였나니라.

천하 제일가는 효자라고 순을 말한 것은 순임금 자신이 소문을 낸 것이 아니라, 부모에게 효성이 부족하여 아버지가 세 번이나 죽이려고까지 하였지만, 항상 내가 불효하거니 하는 부족감을 느껴 효도를 다한 까닭에 천하에서 그를 일러 천하제일의 효자라 한 것이니라.

타인들이 효자다, 부처다 할지라도 각자의 마음 가운데는 항상 부족감이 있는 까닭이니 이와 같이 조금이라도 잘났다든지, 안다든지, 착하다든지, 높다든지, 양반이라든지 하는 만족감이 들어 있으면 더

장양하지 못하나니라.

  덕행이나 지혜가 있으면 있다고 자만할 것이 아니라 그 장점을 아는 그 마음을 뽑아버리고 항상 부족을 느껴야 향상하며 하심(下心)이 될 것이니라.

  우리의 심리를 보면 나보다 윗사람을 대하면 머리를 숙이고 하심이 되지만, 나만 못한 사람을 볼 때 머리가 숙어지지 않나니, 이러한 인물은 정금미옥(精金美玉)의 인격이 못 되나니라.

  우리가 하시하는 인물 가운데 부처와 보살이 될 종자가 있는 줄 뉘 알리오. 심지어 비금주수(飛禽走獸)에 이르기까지 경홀(輕忽)히 하지 말며, 각자의 마음을 대조하여 항상 부족감을 가져야 성공하나니라."

24. 큰 덕

  정산 종사 말씀하시기를 "세상에 덕(德)의 크고 큼이여! 덕은 우주를 덮고도 남음이 있으며, 만법의 원천이 되도다. 이 덕을 본받아 나투신 이는 오직 부처님이시요, 우리 대종사님이시니 이분들은 오직 나를 떠나서 여러 대중을 구하시기 위하여 온 마음과 온몸을 바치었으니, 그 덕은 일체 모든 중생이 다 같이 입었으며, 그 덕의 덕택으로 우리 어리석은 중생은 전미개오(轉迷開悟)하고 중선봉행(衆善奉行)할 수 있나니라.

  그러므로 부처님의 대법(大法)은 일체 모든 중생의 따뜻한 자모(慈母)의 품 안과 같도다. 이를 우리의 육체에 비교하여 본다면 그 덕이야말로 몸의 중간 흉부이니, 밖으로 달린 이목구비(耳目口鼻)와 수족 등은 모두 이 흉부에 의지해서 각자의 기능을 발휘할 수 있는 것과 같이 이 덕은 일신의 주장이요, 한 가정의 주장이며, 나아가 사회·국가·세계의 주장이요, 만법의 주장이 되므로 대덕(大德)은 대법(大法)이니라.

이 대덕을 얻기로 하면 먼저 부처님과 대종사님 같으신 분들처럼 도를 닦고, 나아가 덕을 길러서, 우주에 충만하고 일체 모든 중생에게 고루 미치고 다 힘 입힐 수 있는 대덕을 베풀진대, 이러한 대덕에 대하여 일찍이 강증산 선생이 읊어 가로되,

천용우로지박(天用雨露之薄) 즉필유만방지원(則必有萬邦之怨)
지용수토지박(地用水土之薄) 즉필유만물지원(則必有萬物之怨)
인용덕화지박(人用德化之薄) 즉필유만사지원(則必有萬事之怨)
천용지용인용(天用地用人用) 통재어심(統在於心) 심야자(心也者)
귀신지추기야(鬼神之樞機也) 문호야(門戶也) 도로야(道路也)
개폐추기(開閉樞機) 출입문호왕래도로신(出入門戶往來道路神)
혹유선혹유악(或有善或有惡) 선자(善者) 사지(師之) 악자(惡者) 개지(改之)
오심지추기문호도로대어천지(吾心之樞機門戶道路大於天地)

하늘이 우로(雨露)를 박하게 내리면 만방에 원성이 나오고,
땅이 수토(水土)를 박하게 쓰면 만물에서 원성이 나오며,
인간이 덕화(德化)를 박하게 쓰면 만사에 원성이 맺히나니,
하늘·땅·인간을 씀에 모두 마음에 달렸나니라.
마음이란 귀신의 중요기관이요, 출입하고 왕래하는 길이라,
여닫는 중요기관의 신(神)은 혹 선하고 혹 악하나니,
선한 것은 스승으로 삼고 악한 것은 고칠지니라.

내 마음의 중요기관인 신이 출입하고 왕래하는 길이라
천지보다 크도다.”

25. 선행(善行) 닦는 세 단계

정산 종사 말씀하시기를 "『논어』에 '안이행지자(安而行之者) 상야(上也), 이이행지자(利而行之者) 차야(次也), 곤이행지자(困而行之者) 하야(下也)라.' 하였나니, 이는 사람의 지혜를 말한 것이니라.

이와 같이 선(善)을 닦는 데도 세 단계가 있으니 첫째, 좌우의 현철(賢哲)한 스승님과 좋은 벗으로 인하여 직접 권(勸)함을 받고, 또 간접적으로 그 행(行)을 본받아, 알고도 행하고 모르고도 행하는 선(善)이며, 억지로 선을 행하게 하여서 비로소 행하는 선이니 이것은 곤이행지자(困而行之者)이요,

둘째, 스승이 아니라도 스스로 선(善)의 필요성을 자각하여 그 시비이해를 청산(淸算)한 후 자기의 이로움을 취하여 선을 닦고 선을 행하는 것이니, 이것은 이이행지자(利而行之者)이며,

셋째, 선(善)을 행할 때 시비이해(是非利害)를 떠나서 오직 일체의 선행을 의무적 당연지사(當然之事)로 자각하고 보은·감사의 생활을 하며, 설사 다른 사람이 알아주지 못해도 결코 불원(不怨)하는 선행이니, 이러한 공부인이 안이행지자(安而行之者)니라.

그러므로 제군들은 선행을 닦을 때도 그 본질을 알아서 부처님의 대승선(大乘善)을 닦아 행할지니라.”

26. 허공을 체득하라

제군들은 허공이 돼라. 보라! 허공은 텅 비어 있으므로 큰 사람, 큰 물건 내지 일체 유정(有情)·무정(無情)을 소유하지 않느냐. 우리 인생도 대인이 되고 덕인이 되려면 허공이 되어야 하나니라.

한 가정에서도 그 가정이 모범적 가정이 되려면 빈 마음으로써 치가(治家)를 해야 하나니, 자녀나 친족을 거느릴 때 증오(憎惡)하는 마음이 있다든지, 원근친소(遠近親疏)가 있어서 편심(偏心)·편행(偏行)을 하면 반드시 원만하고 공정한 처리를 하지 못하게 될 것이며, 상(相)과 공치사가 나와 결국 원망으로 화하고 불목(不睦)으로 화할 것이니라.

또는 지식 있는 사람이 그 얕은 지식을 크게 고집하여 그것에 만족을 느끼고 무식 대중을 능멸하며, 또는 권리나 명예나 지위나 재산이 있으면 '나는 이런 사람이거니' 하는 상(相)이 있어 남 보기에도 눈에 거슬리는 행동을 하고 편벽된 행동을 하게 되는 등, 이외에도 여러 가지 처사(處事)를 그르치고, 신용이 타락되며, 소란을 꾸미는 것이 모두 허공과 같은 심경을 가지지 못한 까닭이니라.

그러므로 부모가 자녀를 교육하되 빈 마음으로 기르고, 자녀가 부모에게 효도하되 빈 마음으로 봉양할 것이며, 임금이 나라를 다스리되 빈 마음으로써 할 것이요, 동지와 형제 사이에도 일체를 빈 마음으로 하면 그것이 충(忠)이요 대효(大孝)가 되나니라. 신하와 백성들은 어진 임금의 말을 빈 마음으로써 듣고, 동지·형제는 빈 마음을 가짐으로써 격의 없는 사이가 되고 매사에 상이 없으며, 원근이 없고, 증오가 끊어져서 세상은 평화 안락할 것이요, 우리 공부인은 부처와 성현이 될 것이니라.

보라! 지금 세상에서 '부처다, 성현이다.'라는 말을 듣게 되는 것은 오직 허공과 같은 심경으로, 한량이 없는 법 배우기를 좋아하고, 일체의 상(相)과 공(功)을 부수며 정도(正道)를 행하였기 때문이니라.

정(正)은 곧 허공(虛空)이니 유형지물(有形之物)은 국한이 있어 한 물건도 포용하기 어려우나, 허공은 한 물건도 없지마는 우주 만유를 다 포용하고도 남음이 있나니라.

그러므로 빈 마음을 가진 분은 일체중생을 제도(濟度)하고도 건졌다는 상(相)이 없으며, 부처님께서 49년간 설법을 하셨건마는 법을 설하셨다는 상이 없이 '일찍이 한 법도 설함이 없었노라.' 하셨나니, 우리가 크다고 부르짖는 항하(恒河)나 태산(泰山)도 허공 속에 한 티끌에 지나지 못하므로 어찌 허공이 크지 않은가. 지극히 겸손하면 어리석은 것 같으나 참으로 똑똑하다 함이 될 것이니, 제군들은 이 허공 같은 마음을 잃지 말라."

27. 자모(自侮)치 말라

정산 종사 말씀하시기를 "맹자가 말하기를 '자필자모이후(自必自侮而後)에 인이모지(人以侮之)하고, 가필자훼이후(家必自毁而後)에 인이훼지(人以毁之)하며, 국필자벌이후(國必自伐而後)에 인이벌지(人以伐之)라' 하였나니 이는 자기가 자기를 모욕하는 것이요, 자기가 자기의 가정·국가를 벌(伐)하는 것이지, 다른 사람이 들어 그러함은 아니라는 말이니라.

그러므로 제군들은 자기의 인격을 스스로 경멸하지 말라. 내가 나의 인격을 귀하고 존중하게 여김으로써 그 인격을 향하여 진보하여 가는 것이며, 다른 사람이 경멸치 못하나니라. 세상에서 그 인격의 고하를 말하나 그것은 다만 외형적인 것에 불과한 것이니라.

대저 인격에는 두 가지가 있나니 첫째, 외적 인격이요 둘째, 내적 인격이라, 외적 인격은 외형에 나타난 인물과 학벌이며, 지식을 말함이니, 이는 사회적 인격이요, 내적 인격은 외적으로 나투지 않은 무형한 것이니, 설사 그 인물이라든지 학식이나 학벌은 없다 할지라도 안으로 양심에 부끄러움이 없는 순일무사(純一無私)한 양심만 양성한다면 그 사람은 영원히 불멸하는 자가(自家)의 인격을 소유할 것이니라.

수목에서도 그 지엽(枝葉)을 가꾸는 것은 잠깐의 외형이요, 그 뿌리가 굳건히 박힘으로써 장차 움이 돋고 싹이 터서 길이 그 생명이 보존될지니, 사람도 역시 그 근본이 된 양심을 바로 잡아 내적 인격을 양성하여야 큰 인물·큰 도인이 되리라.

외적 인격은 한 때의 허무한 것이니, 제군들은 모름지기 그 근본을 배양해야 진정한 인격자가 될 것이며, 그 인격의 유무를 보아 안으로 자기의 인격을 존중히 하고, 밖으로 겸손하며, 세상의 허명(虛名)으로 인(因)하여 자모(自侮)치 말지니라."

28. 깊은 마음·무거운 입

정산 종사 말씀하시기를 "옛말에 '심심창해수(心深蒼海水)요, 구중곤륜산(口重崑崙山)이라.' 하였나니, 이는 마음을 쓰되 창해와 같이 깊어서 가히 헤아릴 수 없게 하고, 입을 지키되 곤륜산처럼 무겁게 하라는 말이니라.

그러므로 사람의 근량(斤量)을 말할 때 그 마음의 양을 헤아리나니,

어떤 사람은 천하의 부귀와 권세로써 그 마음을 달래어 갈 수 있으나, 어떤 사람은 천하의 부귀와 권세로도 능히 그 마음을 흔들지 못하고, 무력으로도 능히 달래어 가지 못하는 만척창해수(萬尺蒼海水)와 같은 마음의 심량을 가진 자도 있으니, 전자는 소인이요, 후자는 대인이며, 전자는 범인이요, 후자는 성인이니라.

옛날 증자(曾子)의 말씀에 안자(顔子)를 찬(讚)하여 가로되, '이능(以能)으로 문어불능(問於不能)하고, 이다(以多)로 문어과(問於寡)하며, 유약무(有若無)하며, 실약허료(實若虛了)한다.' 하였나니, 이로써 보면 성현의 심량(心量)을 가히 알 수 있노라.

안으로 완전한 사람이 될수록 그 심량을 헤아리지 못하나니, 비하건대 작은 그릇에 물을 부으면 넘쳐흐르나, 큰 그릇은 물이 비록 많으나 항시 여유가 있어서 넘쳐흐르지 않는 것과 같이 심량이 깊은 사람은 그 능한 바를 헤아릴 수 없을 것이요, 심량이 얕은 사람은 소소한 능력만이라도 능히 넘쳐흐르는 것이라, 그러므로 마음을 갖되 창해수와 같이 깊이가 있고, 곤륜산과 같이 무게 있게 하여 쓸지니라.

옛말에 구시화문(口是禍門)이라는 말이 있으나, 이보다 나는 구시화복지문(口是禍福之門)이라 함이 적절할 것인 바 한 번 입을 놀림으로써 일체의 모든 앙화(殃禍)를 초래할 수 있으며, 반면에 일체의 복락을 초래할 수도 있기 때문이니라.

입은 말하는 것이요 말은 그 마음의 표현이니, 그러므로 귀중한 시간에 귀중한 입을 사용하려거든 화문(禍門)을 피하여 복락지문(福樂之門)을 전개할 말을 하여야 할 것이며, 절대로 근거 없는 말, 확실하지 않은 말은 하지 말라.

불가피하게 바르게 하려거든 그 사실을 조사해서 확실히 안 연후에 직접 본인에게 충고하든지, 그렇지 않으면 그의 윗사람에게 고(告)하여 처리하도록 하라. 또한 한 번 입을 열고, 두 번 말하게 될 때 그 공덕이 한 줌 쌓이고, 두 줌 쌓이게 하여라. 그러므로 입을 가지되 곤륜산과 같이 무겁게 가지라고 한 것이니라." 하시고 입을 경계하는 경구시(警句詩)를 내리셨다. 〈『법어』 권도편 53. 법문 보완〉

「좌수집ㄱ(左手執ㄱ)하고, 우수견ㅇ(右手牽ㅇ)하면,
세간시ㅣ(世間試ㅣ)하니, 부지획ㅇ(不知獲ㅇ)이로다.」

29. 길일이 따로 없다

정해년 1월 1일 정산 종사, 대중들에게 '새해 선물이라.' 하시고 말씀하시기를 "사람은 마땅히 마음 하나로 사는 듯하나, '금년은 좋아지겠지, 내년에는 좋아지겠지.' 하면서 앞으로 나아질 일만 바라다보고 희망만 바라는 것보다는 금년(今年)에도 복을 짓고, 금월(今月)에도 복을 짓고, 금일(今日)에도 복을 짓되 말로도 남을 이롭게 하는 말을 하고, 육신으로도 다른 사람을 위해서 움직이며, 정신을 쓸 때도 세계 사람을 제도하는 데 공(功)을 들여야 하나니, 복은 받을 때보다 지을 때가 더 재미가 있는 것이니라.

이와 같이 매일·매월·매년 복을 지을 것 같으면 앞길에 한량없는 복혜가 늘어날 것이니라.

옛날 은나라 주왕(紂王)이 갑자년·갑자월(甲子年·甲子月)에 즉위하였기에 즉위 연월이 길(吉)해서 천자가 되었다면 같은 연월의 걸왕(桀

王)은 빼앗겼으니, 갑자년이라고 사람마다 좋은 것은 아니니라.

복을 날로 짓고, 달마다 짓고, 해마다 지어 놓으면 앞으로 돌아오는 것은 좋은 일만 돌아올 것이며, 계행(戒行)을 잘 지키고 못 지키는가에 따라 복도 자신이 짓고, 운수도 자신이 지으며, 고통 또한 자신이 짓는 것이라, 이 점에 대하여 깨우침이 있어야 할 것이니라.

옛날 구인 선배 중에 오산 박세철 님이 키가 작고 여러 사람 중에 점잖으시다고 어떤 분이 그렇게 말하니 이런 대화를 들으신 대종사님께서도 '나도 오산이 제일 얌전하다고 생각하노라.'라고 하셨나니라.

우리가 대종사님 법을 몰랐더라면 무슨 재미로 살 것인가. 내가 아홉 살 때에는 울기도 많이 하고, 앞길을 생각할수록 천지조차 원망스러웠는데, 잠을 자면 보이는 것이 큰 바다에 배 뜨고 돛대 단 것이 보이더니 영광을 가서 보니까 회관 앞 바다가 꿈인 듯 자주 보았던 바다였나니라. 제군들도 오늘의 내 말을 잊지 말고, 명심하여 보감을 삼을지니라.

30. 이용법(利用法)

정산 종사 말씀하시기를 "옛날에 한 사람이 문장가가 되기를 원하고 힘을 쓰던바 혹인(或人)이 말하되 '문장이 되고 싶거든 공을 들이라.' 하는지라 그 사람은 지성불식(至誠不息)의 정신으로 부지런히 공부하여 문장이 되었다 하노라.

이와 같이 우리도 무엇이나 힘써 행하면 되는 것이니 내가 하는 말을 명심하여 듣고 실행할지어다." 하시고, 이용법(利用法)에 대하여 말씀하시기를 "이용이란 낮은 이용이 아니라 좋은 이용으로 이 이용을 잘하여 선도(善道)에 나아가라는 것이니, 이용을 잘하신 분은 부처님이나 성현님이며 이용을 잘못하면 중생이니라.

중생들은 육근으로써 이용을 잘못하여 해독을 입고 죄악의 구렁으로 들어가지만, 부처님이나 성현님은 이 육근을 잘 이용하시기에 그 이용을 잘하심으로써 일체가 복으로, 선으로 화하게 되나니라. 만물 중에 인간이 최령(最靈)한 것이라, 이 잘 타고난 육근을 살림으로써 남에게 해독을 주지 않고 이익만 주어야 할 것이니라.

부모가 자식에게 자산(資産)을 분배하여 주었다고 하여도 그 이용 여하에 잘 살고 못 사는 것이니, 저 금수는 아무리 해도 도가 없지마는 최령한 인간은 잘 타고난 이 육근 살림으로써 만족감을 느끼고 이용을 잘해야 할 것인바, 죄복의 밑천은 육근이니라. 육근을 잘 이용함으로써 복이 나오고, 이용을 잘못함으로써 죄가 나오나니, 형상이 있는 물건이란 필(畢)할 날이 있으나 나에게 저 하찮은 기술이라도 있으면 그것은 밑천이 되나니라.

그러나 이 역시 다할 날이 있으니, 영원한 보물이란 나의 마음, 곧 진리적 생활하는 것이 참 보물이 되나니라. 과거에는 뇌수 미발달(腦髓未發達)로 인하여 이용함이 더디었으나 현재는 삼라만상을 잘 이용함으로써 복이 나오고 잘못 이용함으로써 죄가 나오나니라.

하지만 이용을 잘못하는 원인은 그 이용 방법을 모르거나 혹은 욕심으로 하는 것으로써 죄화(罪禍)가 따르지만, 부처님의 이용은 오직 자리이타(自利利他)이니라. 곧 중생들의 이용은 욕심에 의한 이용으로 자해(自害), 타해(他害)가 되나니 예의와 염치임에도 불구하고 진리와 인과임에도 불구하고 욕심껏 당장 되기를 원하기 때문이니라.

그러므로 참 이용이란 내가 이용을 당해서 이용하라. 그것은 부모에게 효(孝) 하면 부모가 나에게 잘할 것은 물론이니 이것이 진리적 이용이니라. 과수나무에 비료를 잘하면 과물(果物)이 많이 열려 나에게 이익을 주고 가축도 잘 기르면 또한 이익을 주나니, 금수 초목도 그렇거든 최령한 인생에 있어서랴! 내가 이익을 진리적으로 이용만 하면 무위이화(無爲而化)로 나에게 복이 오나니 이것이 진리적 이용 방법이니라." 〈원기36년 8월 11일〉

31. 부자 되는 방법

정산 종사 말씀하시기를 "무엇이 제일 무섭고 강한 것인가. 그것은 곧 저축이니라. 물이 심히 약한 것이나 모이고 모여 바다가 되어 고기들이 살게 되었으며, 태산도 적은 먼지가 모여서 태산이 되었고 지구도 역시 먼지가 모여 되었으며, 하늘도 공기가 저축되어 허공이 된 것과 같이 부자(富者)나 장자(長者)도 돈을 모아서 대우를 받고, 박사도 지식이 쌓인 관계로 박사가 되었으며, 부처님이나 성현(聖賢)들도 지식과 각성(覺醒)이 있고 선행이 쌓였으므로 부처님이요 성현님이시니, 이러한 지식, 재물, 지각 등 모든 것이 쌓이고 쌓여 이루어지나니라.

그러면 제군들은 여러 부(富) 가운데에 어느 부를 취하겠는가. 부자도 철인도 부처님도 박사도 다 무한한 저축의 힘 아래 이뤄지며 삼대력 얻는 것도 일시에 되지 아니하나니, 생사 자유와 인과해탈(因果解脫)을 얻는 데에 1~2년의 수도 적공이 아니라 일생 내지 다생을 통해 수도 적공하여야 얻게 되나니라.

지각이 열리고 교리에 대해서 아는 것도 예회에 1~2차 다녀서는 아니 되나니 많이 다녀 들어야지 어찌 한두 번 다녀야 하겠는가. 꾸준히 끊임없이 참석함으로써 가능하나니라.

복혜(福慧)의 부자이신 부처님 같은 무진(無盡)의 부자가 되기 위해서 어떠한 저축을 해야 하겠는가. 첫째, 정신 저축이요 둘째, 지혜 저축이며 셋째, 실행 저축이니 이 세 가지를 저축하면 무진의 부자가 되나니라.

유형한 물건은 다함이 있나니 굳게 믿지 말라. 이 육신도 내 것이 아니요, 진정 나의 것이라면 왜 자유롭게 못 하는가. 모든 물질은 내가 임시 수용하는 도구이나 수양·연구·취사의 힘만이 오직 영원한 내 것이니 제군들은 명심(銘心)하여 삼대력 얻는 데에 저축이 있기를 바라노라.

첫째, 정신수양의 방법은 무엇인가. 그것은 인내력이요 둘째, 사리연구의 방법은 무엇인가. 그 지혜의 방법은 배우고 가르치는 것이며, 셋째, 작업취사의 방법은 바로 복 짓는 방법을 잘 알아서 실행하는 것이니라. 이갑용이라는 사람은 경상도에 가서 장사를 하고 오는 중에 홍수가 져서 돈 열네 냥으로 아이를 살린 일이 있으니, 영생의 복을 장만하는 한 방법이니라.

그러나 중생과 소인들은 털끝만치의 복을 짓고 바라기는 크게 바라나니, 이것이 아귀보이니라. 공(功) 없이는 모든 것을 바라지 말라. 나의 복전은 다른 사람이요, 부처님의 복전은 시방세계의 중인(衆人)에게 있나니라."

〈원기36년 8월 26일〉

32. 허공을 잘 이용하라

정산 종사 말씀하시기를 "옛글에 '무어상봉(無語相逢)에 정야월(情 也月)이라'는 글이 있나니, 말없이 만남에 정이 밝았더라 함이니, 오직 내 마음도 이와 같도다. 각 지방에서 공부의 뜻을 세우고 각처에서 모여 공부하는 일을 생각하면 참으로 기쁘도다.

그러나 내 몇 가지 부탁하려고 하는 말은, 옛 성현의 말씀에 성·경·신(誠敬信)이 있으니 부연하고자 하노라.

첫째, 성(誠)은 계교사량(計較思量)이 없는 순일한 일심이 된 자리요, 진실무망(眞實無妄)의 자리며, 일호의 사심이 없이 간단히 없는 자리요, 천지의 이치이니 즉 천지도 오직 진실무망(眞實無妄)이요, 무간단(無間斷)이니라. 그러므로 성현도 일심으로 간단없이 공부하신 분이니라.

둘째, 경(敬)은 공경이니 정성이 주가 되어 만물을 공경하는 것이며,

셋째, 신(信)은 성경(誠敬)을 바탕하여 끝까지 믿어 가는 것으로 몰아 말하면 성(誠) 자 하나이니, 오직 이 성(誠)에 주력하라. 성은 천지 만물의 뿌리이며 만사성공(萬事成功)의 바탕이 되나니, 일일시시로 마음이 일이관지(一以貫之)하는가 조사하여 공력을 쌓을지어다. 공부할 때나 정치할 때나 오직 성에 근본하라.

그러나 이 뿌리는 오직 허공이니, 그러므로 비행기, 기차 등 천만 기술이 다 허공의 조화라, 이 허공이 천하 만물의 주인이니라.

또한 사람에 있어서는 형상 없는 마음이 주인이라 이 마음을 이용하고, 천지는 허공을 이용하나니 여러분들은 이 마음을 잘 이용할 줄 알아야 물질 이용도 잘하게 되는 것이요, 불보살 성현들도 이 허공을

이용함으로써 중생을 제도하시나니라.

 이 선(禪)은 허공 이용하는 법을 가르치는 대학(大學)이라고 할 것이니, 마음 허공을 잘 이용하는 자가 되어야 세계에 드러나는 주인공이 될 것이요, 개인이나 국가나 세계 문화가 오직 이 허공 이용을 잘하는 데 따라 흥망이 있는 줄 명심하여 공부에 정진하라."

〈원기39년 1월 8일〉

33. 세상 사람들이

 정산 종사 말씀하시기를 "세상 사람들이 처사(處事)하는 것을 보면 많은 대중에게 전부 '나의 주의와 나의 사상을 따르라.'하고 외치며 그렇지 않으면 온갖 무력과 야심을 가져 당을 만들고 가지가지로 세상을 어지럽게 하고 있으니 안타까운 일이 아닐 수 없도다. 그러므로 내 주의를 버리고, 공(公)을 우선한 사람의 주의를 따라야 세상은 결국 사불범정(邪不犯正)이 되어 자연 정당한 주의가 세상을 지배할 것이니라.

 그러나 세상 사람들은 이 이치를 알지 못하고 먼저 자기주의만 앞세우나니, 예를 들면 자기가 옳은 사상을 가졌거든 저 사람의 주의는 그만두고 내 사상만 정당한 법으로 키우면 자연 그 사상이 드러날 것이며, 부당한 저 사상은 저절로 물러난다는 것을 잘 알지 못하고 있나니라.

 예를 들어 어두운 방에다가 밝은 불을 켜면 그 어두운 것이 자연 물러나는 것처럼 우리 인생도 자기가 옳은 실력만 양성하면 저절로 그 사람의 인격이 드러나고, 저쪽의 부도덕한 사람은 물러나게 되는 것이 이치의 당연함이니라.

종교도 당연히 서로 적대시할 것이 아니라 그 내면을 충실히 양성하면 자연히 모든 인류가 그 교법에 복종하게 될 것이요, 우리 수만 명 회원, 몇천 명 전무출신이 전부 자기의 주의를 부수고 전적으로 회중(會中)만 위한다면 이 회상은 수천, 수만 년이 지난다고 하더라도 파(派)가 없이 꾸준히 발전하여 언제나 만화방창(萬化方暢)할 것이니라.

그러므로 어느 단체, 어느 사회를 막론하고 가장 무섭고 두려워하는 것은 각자 각자의 주의 주장과 당파이니, 제군들은 항상 이 점에 주의하여 서로 양보하고 사양해서 공도 주의로 나아가야 하나니라. 유(柔)가 강(强)을 이기고, 물이 불을 이기는 것이므로 나의 내면만 충실하면 저절로 그 법, 그 주견이 드러나게 될 것이니라."

34. 피란처(避亂處)

정산 종사 말씀하시기를 "제군들은 시국이 혼란한 만큼 첫째, 당(黨)에 입참(入參)하지 말 것이요 둘째, 의(義) 아닌 재산을 구하지 말 것이며 셋째, 권리를 남용하지 말 것이요 넷째, 구업(口業)을 주의할 것이며 다섯째, 인심을 잃지 않도록 유의할 것이요 여섯째, 심축(心祝)하라. 언제나 법신불(法身佛)께 성심(誠心)으로 기원하되, '항상 정의의 행(行)으로 동정(動靜)하게 하여 주십시오.'라고 심축하면 술집에 술꾼이 따르듯이 일체의 일마다 쌓은 정력(定力)의 정도에 따라 항상 상생(相生)·선연(善緣)의 진리가 응할 것이니라." 〈원기33년 12월 6일〉

35. 정해년 선물 법설

정산 종사 말씀하시기를 "오늘부터 병술년(丙戌年)은 지나고 정해

년(丁亥年, 1947)을 맞이하였나니, 세상 사람들은 오늘 마음으로 심축 (心祝)하기를 '금년 정해년은 모든 액운(厄運)이 다 물러가고 좋은 운수로 매사에 성공이 열리게 하여 달라.'고 하는 뜻으로 정성껏 축원하게 되겠으나 나는 오늘 마음으로 심축하는 데만 길흉이 있는 것도 아니요, 정해년에 길흉이 있는 것도 아니며, 다만 그해의 길흉은 그 사람의 심리 작용 여하에 달린 것이라고 말하노라.

만일 오늘 아침에 금년 1년을 길운(吉運)으로 보내게 해 달라는 뜻으로 심축만 하고 그대로 자행자지한다면 모든 일에 흉사가 따를 것은 분명한 일이니라.

또는 금년 정해년에 길년(吉年)이나 흉년(凶年)이 달린 것이 아니니, 과거 무왕(武王)이 걸왕(桀王)을 파멸시켰을 때, 무왕의 나라 제후국에서는 그해 갑오년(甲午年)·갑오일(甲午日)·갑오시(甲午時)가 길년이라 하여 만백성이 만세 소리로 천하를 울렸으나, 걸왕의 천자국(天子國) 하(夏)나라는 제후국인 무왕의 손에 들어가게 되었으므로, 갑오년은 대흉년(大凶年)이라 하여 나라가 패하였나니라.

이것을 살펴본다고 하더라도 그해에 있어서 길흉이 있는 것이 아니요, 심중에 달린 것이며, 또는 오늘 아침 심축에만 있는 것이 아니요, 일 년 삼백육십오 일을 두고 하루하루를 지내면서 삼대력(三大力) 공부를 놓지 말아야 할 것이니라.

그러므로 말하되 착한 말을 하고, 마음을 가지되 착한 마음을 가져서 복을 쌓아가야만 금년이 길년이 되는 것이요, 길운이 따라오는 것이니라. 나의 이 말을 허튼 이야기로 알지 말고, 잘 들어서 영원한 선물을 가질지어다." 〈원기32년 1월 1일〉

36. 심교(心交)

정산 종사 말씀하시기를 "전해오는 근묵자흑(近墨者黑)이라는 말은 한갓 속담이지마는 보통 사람들은 반드시 주위 환경의 지배를 받기에 그 친근자(親近者) 즉 벗의 선불선(善不善)이 일대(一大) 중요한 문제가 되나니라. 그러므로 벗의 사귐에도 여러 가지가 있으니, 익자삼우(益者三友)요, 손자삼우(損者三友)라는 옛 말씀이 있나니라.

곧 나를 이롭게 하는 벗이 셋이라 첫째, 진우(眞友)요 둘째, 우량(友諒)이며 셋째, 우다문자(友多聞者)라 하였나니, 진우(眞友)는 진정한 벗인 동시에 모든 일을 바르게 충고하여 내가 바른길을 걷게 하는 벗이요, 우량(友諒)은 신실(信實)하여 자비로써 화(化)하는 벗인 동시에, 내가 진실하여 거짓이 없고 자비로써 화하게 하는 벗이며, 우다문자(友多聞者)는 사리에 박람박식(博覽博識)한 벗이니, 지식이 풍부한 벗인 동시에 내가 지식을 넓히고 향상하는 벗이니라.

만일 이러한 벗이 있다면 자기도 모르는 가운데 그와 같은 인격을 완성할 수 있을 것이니, 그러므로 익자삼우(益者三友)라고 한 것이니라.

나를 해롭게 하는 벗이 셋이라 첫째, 우편벽(友偏僻)이요 둘째, 우선유(友善柔)이며 셋째, 우편녕(友偏佞)이라 하였나니, 우편벽(友偏僻)은 편벽된 자로서 내가 편벽되게 하는 벗이요, 우선유(友善柔)는 뼈가 없는 인간 같아서 인간적으로는 좋은 사람이나 정당한 노선(路線)으로 인도할 수 없는 무골지우(無骨之友)이며, 우편녕(友偏佞)은 편벽되면서도 간사하여 아첨하는 자이니, 이는 자신을 그르치는 동시에 대아(大我)를 실각(失脚)하게 하는 벗이니라.

그러므로 같은 벗이지만 이러한 벗은 나를 함정으로 이끄는 벗이니, 하물며 우리 회상의 동지들이 그러할까.

동지(同志)라는 것은 뜻이 같다는 말로써, 뜻이 같은 사람은 삼세(三世)를 통하여 숙연(宿緣)이 쌓이고 쌓여 삼세의 윤기(倫氣)를 받은 동지이니 어찌 소중하지 않은가.

제군들은 서로 바르게, 옳게, 인도하고 충고하여 진정 진실한 동심동체(同心同體)의 동지가 돼라."

37. 스승과 제자 사이

정산 종사 말씀하시기를 "스승과 제자 간이나 동지지간에 있어서 꼭 챙겨야 할 만한 처지와 안 챙겨도 좋은 처지가 있나니, 꼭 챙겨야만 할 처지는 안 챙기면 틈이 생길 우려가 있는지라, 서로 마음을 통할 수 있는 알뜰한 권속(眷屬)이 되지 못한 것이요, 안 챙겨도 좋은 처지는 챙기지 않아도 의리와 인정에 구애 되지 않는지라, 마음을 통할 수 있는 알뜰한 권속이 되나니라.

잡초가 잘 나는 밭은 농부의 손이 자주 가야 하는 것과 같이 변덕이 많고 사(邪)가 많은 제자는 스승이 더욱 많은 공력을 들여야 한다고 대종사님께서도 말씀하셨나니, 이는 스승의 마음에 편심(偏心)이 있는 까닭이 아니요, 그만한 공력을 들이지 않으면 버리기 쉬운 연고이니라.

그러므로 스승이 많이 접촉해 주며 인자스러운 말로 대중 가운데서 칭찬해 주는 자는 대중에게 배척받는 자로서 아직 알뜰한 권속이 못 되므로 공을 들이는 중인 것을 알아야 할 것이며, 대범스럽게 상대하되 의리가 그중에 자재(自在)함이 있거든 그 사람은 알뜰한 권속이 되어서 그러는 줄 알라.

우리가 사업을 할 때 위에 계신 선생님이나 동지들이 사정을 알아주면 계속할 마음이 생기지만, 몰라주면 퇴굴심이 생(生)하여 알뜰한 공심을 말살시키기가 쉬우며, 공부할 때도 자기는 많은 적공을 들여 공부가 된 것 같으나 남이 몰라주면 퇴굴심이 나기 쉽나니, 이는 참으로 공부가 된 알뜰한 권속이라 할 수 없노라. 그러므로 우리 원불교도 남이 알아주나 몰라주나 공부·사업 잘하는 알뜰한 권속의 수가 많아야 융창할 것이니라." 〈원기39년 1월 28일〉

38. 요제임천(潦霽任天)

정산 종사, 정양을 위하여 김대거, 박장식, 박광전 등과 몇몇 시봉인으로 산동(山東) 백우암(白牛庵)에 행가하셨으나 3일 만에 김대거, 박장식 등이 익산 총부로 돌아갈 즈음 일우일천(一雨一天)으로 일기가 좋지 않아 출발을 미루고 하루를 더 쉬게 되자 이때 정산 종사 말씀하시기를 "이는 천사(天事)라, 비가 오고 안 오는 것은 하늘에 맡기고 법회나 열자." 하시어 법회를 열었는바, 다른 법회와는 다르게 일언첩(一言帖)을 만들기로 결정하고 참석한 대중들이 한 구절씩 쓰기로 했다. 이때 정산 종사께서 먼저 '요제임천(潦霽任天)'이라 쓰시고 말씀하시기를 "비가 오고 개는 것은 하늘에 맡겼나니, 나의 신병(身病)과 시국(時國)의 천시(天時)도 다 천사(天事)에 맡기노라." 하셨으며, 김대거는 '천지정기(天地精氣)가 어사이정(於斯而定)이라.' 하고서 "삼계(三界)의 주(主)께서 이곳에 정양 중(靜養中)이시니 천지의 기운이 이 백우암(白牛庵)에 정(定)하도다." 했으며, 박장식은 '천지지화응지(天地之和應之)' 곧 "천지의 화기(和氣)가 이곳에 응(應)한다."라고 했으며, 이공전은

'경운종월(耕雲種月)이라.' 곧 "구름을 갈아서 달을 심겠다."라고 했다.

그 후 정산 종사, 남원에 행가하시어 우연히 일언첩(一言帖) 중에서 요제임천(潦霽任天)을 보시고 "말이 다 갖추지 못했다." 하시고 "요제(潦霽)는 임천(任天)하고 가색(稼穡)은 유인(由人)이라, 천사(天事)라 하여 내버려둔즉 죽을 것이니, 씨뿌리고 거둬들이는 것은 사람의 일이라 하는 '가색유인'의 사자(四字)를 더해야 산 법구(法句)가 되리라." 하시었다. 〈원기39년 1월 21일〉

39. 부처님의 이해(利害)

정산 종사님께서 '공회당'에 참석하시어 대중에게 물으시기를 "부처님께서도 이해(利害)를 가리셨는가?" 하시니 두세 명이 대답한 후에도 확실한 대답이 나오지 아니하므로 이어서 말씀하시기를 "부처님과 중생이 이해를 가리는 것이 차이가 있으니, 부처님께서는 순리(順理)로써 이해를 취하시고, 중생은 역리(逆理)로써 취하는 것이 다르나니, 보라! 부처님께서는 자신의 명예를 위해서는 조금도 힘쓰신 바가 없건마는 그 분에게 모든 중생이 옹호와 우대를 하며 대복전(大福田)이 돌아오게 되었나니 이것이 진리이니라.

『맹자(孟子)』에 맹자께서 양나라 혜왕을 찾아가니 왕이 말하기를 '선생께서 천 리를 멀다 않고 오셨으므로 장차 나라를 이롭게 할 수 있겠습니까.' 하자 맹자께서 대답하기를 '왕께서는 하필 이(利)만을 말합니까? 인과 의가 있을 뿐입니다[孟子, 見梁惠王, 王曰, 叟不遠千里而來, 亦將有以利吾國乎, 孟子 對曰, 王何必曰利, 亦有仁義而已矣].'라고 하였나니, 이는 먼저 인의(仁義)를 세우신 것이니라.

호암(湖岩) 선생도 '최상의 선비는 오직 도의(道義)를 구할 뿐이요, 그다음 선비는 명리(名利)를 구하고, 가장 낮은 선비는 식색(食色)만을 구한다[大有上者 唯道義 上品者 有名利 下者 食色已矣].'고 하셨나니, 대인은 인의만 힘쓰면 온갖 명예도, 복락도, 안일도, 재물도, 은연중 따라오게 되는 것이거늘, 소인들은 이 진리를 알지 못하고 눈앞의 이욕(利慾)만 찾으니, 이것이 역리(逆理)의 이(利)가 아니고 무엇인가.

역리의 이(利)는 반드시 죄해(罪害)가 따르게 되나니, 제군들은 부처님의 이해(利害)를 찾아라."

40. 광복절 기념사

정산 종사, 광복절을 기념하여 기념사를 내리시니 "오늘은 우리 선열과 애국지사들의 숭고한 항쟁과 연합군의 위대한 승리로 일본 제국주의의 식민지적 통치에서 해방되어 민족의 자유를 회복하고 자주독립을 전제(前提)한 민족의 열광적인 기쁨의 날이요 감격의 날입니다.

과거 일본 제국주의는 우리에게 자치(自治)의 기회를 봉쇄하고 강력한 중앙집권 통치하에서 한반도를 지배하여 우리는 천부(天賦)의 인권을 유린당한 채 총칼로써 인종(忍從)만이 강요됐으니, 8·15해방 전의 나날은 얼마나 슬프고 굴욕적인 생활이었습니까.

그러나 우리에게 해방과 함께 광명은 돌아왔습니다. 잃었던 강산을 찾고, 잃었던 인권을 찾고, 잃었던 자유를 회복하였습니다. 그러나 독립의 환희에만 도취하여 완전한 자립의 체제를 이룩하지 못한 채 국토의 양단(兩斷)인 6·25의 참화 등을 빚어내었으며, 아직도 서구 민주주의 제도의 형태만을 모방한 채 정치·사회·경제의 부패 도가니에서 헤어나지 못하고 있는 속일 수 없는 사회적 현실입니다.

위기일발의 국민 각자의 자각이 촉구될 즈음에 5·16혁명이 분연히 일어났으니, 지금에 정치·경제의 안녕과 질서를 회복해 가며 참신하고도 과감하게 혁명 과업이 진전되어 가는 일 등 실로 국가의 경행(慶幸)이라 하겠습니다.

하지만 아직도 혁명이라는 비상사태에 놓인 우리는 정신의 재무장이 무엇보다도 시급하다 하겠으니, 국민이 혼연의 단합으로써 지난날의 독립투쟁에 비교할 수 없는 생활 혁명과 정신 혁명에 완전을 기하는 데 매진하여야 하겠습니다.

진리는 스스로 돕는 자를 돕는다는 말이 있습니다. 우리는 스스로 광명을 찾아야 하겠습니다. 내일의 영광을 위해서는 오늘의 고난을 참아야 하겠으니 잃었던 민족정기를 다시 살려서 자율 정신을 진작하고 저마다 맡은 바 책임을 다할 줄 아는 국민이 되어 한국 민주정치의 결실을 보고 복지사회가 이룩될 때까지 총매진할 것을 다 같이 기필(期必)하는 동시에 오늘 광복절을 맞이하여 조국의 앞길에 광명이 있기를 기원하면서 기념사에 가름합니다."

41. 천작(天爵)과 인작(人爵)

정산 종사 말씀하시기를 "무릇, 작위(爵位)를 바라는 것은 인지상정(人之常情)이라, 도대체 작(爵)은 무엇 때문에 구하고자 하는가. 작위는 곧 영화(榮華)이니, 작을 얻음으로써 영화를 누릴 수 있기 때문에 구하나니라.

그러나 이 작에도 인작(人爵)은 현실의 관리 등이니 이는 사람이 들어서 주는 것이기에 사람이 다시 빼앗을 수도 있는 것이며, 또한 유한의 것이기에 다할 날이 있으나, 천작은 하늘이 들어서 주는 작으로 곧 진리가 들어서 주는 작이라, 안으로 인의예지(仁義禮智)의 사덕(四德)을 갖춤이요, 우리의 삼대력(三大力)을 갖춤이니라.

안으로 정신을 수양하여 수양력을 얻고, 사리를 연구하여 연구력을 얻으며, 작업을 취사(取捨)하여 취사력을 얻는다면 이는 진리와 더불어 합한 것이요, 능히 진리의 조화를 임의로 사용할 수 있으니, 이것이 천작이니라.

이 천작은 주고받는 것이 없이 스스로 증득(證得)하는 영원 무한의 것으로, 옛날 부처님과 성현 군자들께서는 이 삼대력을 얻는 것으로써 영화(榮華)를 삼았고, 낙도(樂道)하였으므로 천작을 누린 분들이라, 외적으로 널리 그 덕화(德化)가 미쳐 찬덕칭송(讚德稱頌)하였나니 그래서 작이라 하는 것이니라.

그러나 인작은 천작만 얻으면 저절로 오는 것이라, 먼저 천작을 닦아 안으로 삼대력만 충실하게 되면 영원무궁토록 법륜(法輪)에 상수(常隨)를 누릴 수 있을 것이니, 제군들은 오직 안으로 삼대력을 얻음으로써 천작을 삼고, 밖으로 일원대도를 확장해 나감을 천작으로 알아서 정진하라."

※ 정산 종사 말씀하시기를 "사람이 세상에 살아가자면 두 가지가 있으니, 하나는 천작(天爵)이요, 또 하나는 인작(人爵)이라, 인작은 글을 잘 쓴다든지 잘 짓는다든지, 말을 잘한다든지, 반장이나 이장이나 군수나 도지사나 총독 같은 것으로 사람이 정해주는 것이기에 몇 해를

한다든지, 몇십 년을 한다든지, 평생 한다든지 하는 한도가 있나니라.

  그러나 천작이라 하는 것은 계문(戒文)을 잘 지켜도 다생겁래의 천작이요, 삼강령(三綱領) 중에서 정신수양을 잘하여 일심(一心)을 얻어도 천작이요, 사리연구 공부해서 대소유무나 시비이해를 알아도 천작이요, 작업취사 공부해서 불의와 정의를 분석하여 판단력이 있는 것도 천작이라 하나니, 석가모니 부처님이 왕궁 가에서 탄생하시어 왕위를 이어받았다면 일국의 왕에 지나지 못하시고 그 나라에서만 살았을 것이지만 일체 생령을 위하여 유성 출가하시어 성도(成道)하시니 한도 끝도 없이 누리는 천작이요, 우리 대종사님께서 모든 교법을 내놓으신 것도 무궁한 천작이니라.

  좀 더 알기 쉽게 말하자면 우리『정전』의 6단계 법위등급이 천작이니, 보통급으로부터 특신급에 올라가서 법마상전급에 오르며, 또 공부하여 법강항마위, 또 공부의 벼슬이 높아져서 출가위, 출가위도 지나 대각여래위에 오르고 보면 공부의 벼슬이 제일 높다고 할 것이니라.

  부처와 조사도 다 이와 같은 천작의 벼슬을 하셨으니 석가모니 부처님도 삼천 년의 세월이 지났지만, 세월이 지나갈수록 더욱 빛이 나고, 우리 대종사님께서도 앞으로 무궁한 세월이 지나갈수록 드러나실 것이니라.

  이 자리에 앉아 있는 여러분들도 이러한 천작의 벼슬을 다 얻도록 힘써 적공하라. 사람이 주는 벼슬은 평생 한다고 하더라도 목숨이 마치는 날이면 그만이지만, 하늘이 주는 벼슬은 육신을 버리고 세상을 떠나도 천작은 남아 있으니, 이러한 천작은 세월이 지나갈수록 더욱 생생히 드러날 것이니라."

42. 공덕(功德)

 정산 종사 말씀하시기를 "무정지물(無情之物)인 초목(草木)도 어떤 나무는 무성하고, 어떤 나무는 무성하지 못하나니 어떠한 까닭인가. 그것은 공연(空然)히 그러한 것이 아니라 땅이 박(薄)하다든지, 또는 공(功)을 덜 들인 소치(所致)일 것이니라.

 사람도 부귀(富貴)와 빈천(貧賤)이 있고, 금생에 직접 짓지도 않았으나 좋은 일이 돌아오는 일이라든지, 자녀들에게 똑같이 재산을 분산(分産)하여 주었다고 할지라도 나중에 보면 차별이 생기니, 그것은 인과(因果)도 있으나 자기의 역량과 절약의 노력에 있는 것이라, 아무런 역량이나 수완이 없는 자는 결국 가난해지기 마련이니라.

 무릇 일체의 차별되는 형상은 이유 없이 그냥 되는 것이 하나도 없으며, 잘 되고 못 되는 것이 다 공(功)을 들이고 들이지 않은 데에 있으니, 법신불과 하나님께서 증애(憎愛)가 있어서 그렇게 하는 것이 아니니라.

 그러므로 모든 것이 자기 노력의 대가이며, 이 세상에 영화를 누리며 잘 사는 것도 공덕(功德)이 없이는 절대로 되지 않으니, 무정지물(無情之物)도 오히려 그러한데 하물며 사람에 있어서랴.

 이러한 까닭에 복(福) 받기만을 원하는 자는 농사는 안 짓고 쌀 나오기만을 바라는 격이라, 곧 노력 없이 돈만 나오기를 바라는 격이니, 노력 없이는 어떠한 대가도 오지 않나니라.

 그러면 무루(無漏)의 공(功)을 쌓는 공덕에는 어떠한 것이 있겠는가. 곧 공덕에는 삼종(三種)이 있나니라.

 첫째, 심공덕(心功德)이라, 형상 없는 마음으로 공덕을 심음이니, 예를 들면 '도덕천하(道德天下)하고 광제창생(廣濟蒼生) 하소서.' 하는 간절한 마음으로 비는 것도 심공덕이니라. 또한 마음으로 빈다는 것도 개인을 위하여 비는 것과 일체중생을 위하여 비는 것의 차이가 있으니, 만약에 개인을 본위로 한다면 진리도 복을 적게 줄 것이지만, 같은 마음으로 비는 것이라도 회중(會中)을 위하여 빈다면 음부(陰府)의 공덕은 말할 수 없이 클 것이니라.

우리 회중(會中)의 경제적인 어려움 등에도 사심 없이 공심(公心)으로써 빈다면 점차 큰 문제 없이 해결될 것이나, 만약 사(邪)가 침노하고 일심 정력을 들이지 않으면 쉽게 해결되지 않을 것이니라.

마음으로만 위하여도 큰 공덕이 되는 예를 들어본다면, 보라! 살생을 하지 않는 도인이 지나가면 짐승들도 놀라 도망가지 않는 것을 보지 못했는가. '종법실' 앞뜰에서 꿩이 놀다 가고, 꾀꼬리가 노래하며, 나비는 춤을 추면서 자기들의 유희장으로 알고 놀고 있지 않는가.

그것은 살생(殺生)하려는 마음이 없기 때문이니, 제 몸을 해(害)하려고 하지 않기 때문에 심령(心靈)이 통한 것이니라. 그런데 도한[개를 잡는 사람]이가 지나만 가도 개들이 꼬리를 내리고 도망을 가며, 소를 도살장 가까이만 끌고 가도 눈물을 흘리나니 이것은 무슨 이유이겠는가.

옛날 군자(君子) 한 분이 강가에서 날마다 시간을 보내면 해오라기가 날아와서 얼굴과 손, 머리 등에 앉아 놀자, 그의 아버지가 '내일 저 해오라기를 잡아 오도록 해야 하겠다.'라고 마음에 다짐했는데 어떠한 이유인지 그다음 날은 한 마리도 오지 않았다고 하나니, 바로 무언중(無言中)에 생각한 것도 심리(心理)는 서로 통하여 자기들을 해(害)하려 한 것을 안 것이니라.

내가 저 사람에게 말은 하지 않아도 지극히 생각하면 정(情)이 들게 되고, 겉으로는 아무리 잘한다고 하여도 내심(內心)에 실지(實地)로 생각하지 않는다면 정(情)이 솟아나지 않는 것도 같은 이치이니라.

그러므로 우리 공부인은 좋은 마음으로써 저 사람을 위하여 좋은 생각을 한다면 그 공덕이 음부(陰符)에 심어져 결국 좋은 결과를 가져올 것이니, 진리는 남을 위한 만큼 내게로 돌아오는 것이라, 남을 위한 것이 결국 자기를 위함이 되나니라.

그러므로 하루를 지낼 때마다 내가 남을 위하는 마음을 얼마나 가졌으며, 또 원망은 얼마나 하였으며, 시기는 또 얼마나 하였는가를 잘 살펴보아야 하나니, 자기가 생각한 대로 음부(陰符)에 그대로 기록될 것이니라.

둘째, 행공덕(行功德)이라, 자기의 육근(六根) 작용으로 공덕을 쌓음이요, 자기 소유의 물질로써 보시하여 공덕을 쌓음이니라. 무릇 세상은 한편 허망(虛妄)한 것이니 눈을 밝게 뜨고 세상을 보아라.

내가 소유하고 있는 것으로 남에게 무슨 이익을 주고 있는가, 귀로 소리를 들어 남에게 얼마나 귀를 열어주고 있는가, 입을 열어 말하여 남에게 좋은 일을 얼마나 하고 있는가. 만약에 육근(六根)의 문(門)을 열어 남에게 이익을 주지 못하고 해(害)를 주면, 그 죄(罪)가 깊어질 것이니라.

육근(六根) 동작을 움직여 죄를 지었느냐, 공덕을 쌓았느냐는 일생을 다 지내고 보면 자기 스스로가 잘 알게 될 것이니라.

셋째, 법공덕(法功德)이라, 심공덕과 행공덕은 개인사업과 같고 법공덕은 주식회사와 같나니, 같은 노력에도 개인사업은 1백 원을 벌면 주식회사는 1만 원을 벌게 되는 경우처럼 법공덕은 무루(無漏)의 복전(福田)을 만남과 같나니라.

그러나 이러한 대도(大道) 회상(會上)을 만나야만 법공덕이 쌓일 수 있으니, 부처님 사업은 삼세(三世)를 달관(達觀)하고 시방(十方)을 감싸 안은 불사(佛事)이기에, 일체 생령이 다 포함된 큰 복전(福田)이니라.

이러한 대도회상에 대하여 직접은 말할 것도 없지마는 간접적으로 칭찬만 하여도 큰 공덕이 심어지며, 부처님의 회상이라도 초겁기(初劫期)이기 때문에 노력의 대가가 더 많나니라.

더욱이 계문(戒文) 하나만 잘 지켜도 개인적으로 1백 생(一百生)을 닦는 것보다 더 나으며, 돈 1만 원이 다른 사람의 10만 원과 같은 공덕을 쌓게 되나니, 이것은 대도회상이라는 복의 바탕이 크기 때문이라, 일판도 커야만 나오는 것도 많으며, 부잣집이라야 떨어지는 것도 있고 먹을 것도 많기 때문이니라.

이와 같이 시방세계(十方世界)를 범위한 불사(佛事)이기에 공덕이 큰 것이므로 이런 큰 회상을 만나 공덕을 심지 못한다면 대단히 큰 한(恨)이 될 것이니라.

우리의 육신은 허망하나 그 업(業)은 남아 있나니 어떠한 사람이 모래 위에 집을 지으려고 동서(東西)에서 원망을 사고, 남북(南北)에서 빚을 얻어 집을 지어 놓으니까, 하룻저녁에 비가 와서 다 떠내려가고 집은 온데간데없으나 사방에 빚과 원망만 남아 있더라는 이야기가 있나니라.

그러므로 죄업(罪業)이 아닌 공덕을 심어 놓는다면 또한 어떤 경우에도 없어지지 않을 것이니, 자신의 기능과 역량으로 정신·육신·물질

삼 방면으로써 공덕을 심는다면 몇 배나 더 큰 복(福)이 돌아올 것이라, 여러분들은 이 큰 공덕을 잊지 말고, 순일한 공심으로 공덕생활을 하며 공덕심(功德心)을 심을지니라." 〈원기33년 6월 26일〉

43. 적공

정산 종사 말씀하시기를 "사물을 볼 때 그 근원을 추구해 보면 하찮은 것이니, 산(山)은 먼지가 모여서 되고, 천(川)은 물방울이 모여서 되며, 성현은 작은 선(善)이 모여서 되셨나니라.

옛사람이 말하기를 "작은 선이라도 행하지 않으면 안 되며, 작은 악이라도 행하지 말라"고 하셨나니, 작은 선악을 구별하는 마음을 가지지 않으면 큰 선악이 되는 줄을 모르는 까닭이니라.

요즘 익지도 않은 과실을 다 따 먹는 모양인데, 수도 도량에서 용서하지 못할 일이로다.

영국의 어떤 상인은 정가만 붙여 놓으면 사 가는 사람이 상자에 돈을 넣고 가져간다고 하고, 한 일본인이 돈을 넣지 않고 먹고 나서 주인의 거동을 보니 아주 실심(失心)한지라 이유를 물으니 '우리 품성의 악화가 두렵다.'라고 했다고 하나니라.

또 말씀하시기를 '작은 돈을 아껴야 큰돈이 생겨나리라.'" 〈원기37년 9월 14일〉

44. 최후의 5분

정산 종사 말씀하시기를 "일본 동조(東照)가 '황국의 흥폐는 최후 5분에 있다.'라고 하였나니 이는 참 격언(格言)이니라. 천하만사가 다 최후까지 공부심을 놓지 않아야 하나니라.

　진심(嗔心)이 날 때도 아홉 번 참다 참다 최후 찰나는 못 참아 진심을 내고, 공부도 젊을 때는 잘하다가 최후 일념까지 이르지 못하는 이가 있으니, 최후 순간까지 방심(放心)을 놓지 않아야만 성공이라 하겠도다. 농사도 최후까지 방심하지 않아야 하는데 다 지어 놓고 비를 맞혀 썩힌다든지 하면 안 되는 것과 같나니라.

　예컨대 스님과 제자의 팥죽 이야기가 있나니라. 또 옛날에 어떤 학자가 지조를 지켜 오다가 기둥까지 장작으로 쓰는 아내를 보고 마음을 굴하여 경상감사를 했다가 2, 3개월도 못 되어 죄인으로 전락하여 '내가 찰나만 참았더라면.' 하고 후회했다고 하나니라. 찰나가 무량복을 결정짓나니, 찰나를 중히 여겨야 하나니라.

　천하만사가 다 최후의 찰나 간에 있다고 해도 과언은 아닐 것이니, 공익사업을 할 때에 찰나 간 '다 쓸데없다.'라고 한탄해 버리면 그만이니라. 우리의 공부를 하더라도 끝까지 잘하며, 사람을 좋아해도 끝까지 좋아하여 최후의 찰나에 주의하면 천하만사가 태평할 것이니라."

〈원기37년 7월 6일〉

45. 대인은 만성(晩成)

　정산 종사 말씀하시기를 "하루 품팔이꾼은 금방 대가가 나오지마는 좀 더 큰 사업인, 농사짓는 일 같은 것은 1년 만에야 이익이 나오는 것이며, 그 이익은 하루 품팔이보다 많나니라. 우리의 수도 생활도 담담하여 아무 이익이 없는 것 같으나 나오는지 모르게 이익이 나오나니라.

　제일 큰 것은 형상이 없는 것으로, 하루 품삯 얼마는 금방 나오나 농사는 금방 이익을 볼 수 없는 것과 같나니라.

　우리의 수도 생활도 형상 없는 가운데에 지극히 큰 것이 들어 있어서, 복을 가질만한 요소를 가진 자라야 무량한 복을 짓는 것이요, 돈 몇백 원 가진 자보다도 돈을 벌 수 있는 힘을 가진 자라야 더욱 많은 돈을 벌 수 있나니라.

　사람 가운데에는 같은 환경에 처해서도 시끄럽고 해(害)를 끼치는 사람이 있는가 하면, 또 가기만 하면 조용해지고 만나는 사람마다 유익을 주는 사람이 있으니, 이 사람을 대복자(大福者)라 하겠도다.

　무릇 당장에 이익이 없다고 이익이 없는 것으로 알지 말고 후일에 큰 이익이 있음을 알아야 하며, 대중을 위하여 일을 하고 공을 모른다고 조급증을 내지 말고 음덕(陰德)이 더욱 큰 덕이 되는 것을 알아야 하나니라. 죄도 작은 죄는 금방 나타나나 큰 죄는 늦게 벌을 받게 되는 것이니, 지금 나타나지 않는다고 없는 것이 아님을 알아야 하나니라.

　한국 사람의 동작은 날쌔지만, 영국 사람의 동작은 무겁고 느린 것과 마찬가지로 대도의 성숙은 많은 역사가 필요하며, 또한 소소하고 신기묘묘(神奇妙妙)한 것은 길지 못하나니, 진리를 가르치고 도덕을 가르치는 담담한 정법은 바로 복이 아니 온다고 하더라도 후일에는 큰 복이 오리라.

　주인의 심경과 머슴의 심경은 다르나니, 회중(會中)에 주인의 심경으로 일하는 자는 아무리 큰 일을 했을지라도 상(相)을 내지 아니하고 치하를 받으려 하지 않을 것이나, 머슴의 심경인 자는 작은 일에도 보수를 바랄 것이니라."

46. 자유성

정산 종사 말씀하시기를 "요즘 세상에 자유라는 말이 유행하고 있나니, 사실 자유성(自由性)이란 우주 진리의 근본이 자유인 것이니라. 이 세상에 잘 살고 못 사는, 또 비천하고 부귀함의 차별도 이 자유성에서 온 것이요, 훌륭하고 신용 있고 또 천대받고, 못 되고 잘 되는 것이 모두 자신의 자유성에 있는 것이지 남이 시키고 주는 것이 아니니라.

죄를 지어 벌을 받는 것도 경찰이 죄를 만들어 주는 것이 아니라, 자신이 지은 죄 때문에 벌을 받는 것이니라. 즉 자기 자신이 능히 나쁘게도 할 수 있고 좋게도 할 수 있는 것이라, 자신의 자유성에 있는 것이니라. 잘 되고 못 되는 것이 모두 자신의 자유성에 있는 것인지 모르고 육신의 자행자지를 자신의 자유인 줄 알고 있는 것은 큰 모순이니라.

동쪽의 끝이 서쪽이 되고, 낮의 끝이 밤이 되는 것과 같이 자행자지의 극단은 구속이 올 수밖에 없나니라. 그러므로 합법적인 구속은 합법적인 자유를 초래하나니, 비합법적인 자유가 합법적인 자유를 얻음에는 심적인 정신 공부가 필요한 것이니라.

니체라는 철학자는 자연과학과 정신과학의 구별에서 원리를 외부에서 구할 것이 아니라 내부에서 구할 것이라고 주장하였나니, 우리의 내부를 돌이켜 살펴보면 그곳에는 자연의 세계와는 별개의 세계가 발견되나니라.

자연계는 어디까지나 인과 법칙의 지배를 받기에 무자유의 세계라, 우리 내부에서 발견되는 세계는 의지와 사고가 자유로이 활동하는 자유성의 세계이니라.

이와 같이 볼 때 자연의 세계는 외적 세계이요, 정신의 세계는 내적 세계로 귀착하나니, 외적 세계는 외부적인 경험 곧 감각을 통해서 간접적으로 인식되는 것이요, 내적 세계 즉 자유의 세계는 감각을 통하지 않고 반성(反省)에 따라서 직접적으로 인식하고 발견하는 세계이니라."

〈원기38년 11월 7일〉

47. 혼자는 살 수 없다

정산 종사 말씀하시기를 "개인 생활은 불가능한 것이니라. 천지, 부모, 동포, 법률의 은혜로움으로 함께 살아가나니, 이 은혜 가운데 성현님들의 은혜가 가장 중하나니라.

자기 자식을 가르쳐서 효도하게 하는 것도 역시 성현님들이 가르치신 은혜이니, 사람을 제도하는 법도 과거 성현님들의 가르치심을 체받아, 법도(法道)와 교화에 힘입어 오늘날과 같은 도덕심이 남아 있는 것이니라.

이와 같이 은혜를 입었으니 그 은혜를 어떻게 갚을 것인가. 곧 교화, 교육, 자선으로써 은혜를 갚는 것이니라.

교화는 일원대도 회상으로 인도하는 것이요, 교육은 사회와 국가를 가르침으로 진화시키는 것이며, 자선이란 항상 상대의 마음을 즐겁게 하는 것이요, 자신을 희생하여 타인을 이롭게 하는 것이니라. 그러므로 자신을 이롭게 하려거든 다른 사람을 먼저 이롭게 하라."

〈원기36년 11월 5일〉

48. 대인의 금도(襟度)

정산 종사 말씀하시기를 "형상이 있는 물건이나, 사람의 육체는 한

번 타고 나온 것은 변동하기 어려운 것이지만, 마음이란 얼마든지 개조할 수 있는 것이라는 격언(格言)이 있나니라. 의학상으로는 육신의 일부를 개조할 수 있으나, 마음은 전체를 완전히 개조할 수 있나니라.

옛날 어떤 사람이 '저와 같은 사람도 요·순 같은 사람이 될 수 있나이까?' 했는데 『맹자』라는 책에 요·순임금의 언행을 배우고 익히면 요·순임금이 될 수 있다는 교훈이 있나니라.

우리는 부처님의 공부를 하고, 부처님이 되어야 하겠다고 생각하며, 부처님의 행을 그대로 본받으면 곧 부처가 되나니라. 마음 가운데 부처님이 되겠다고 자신을 가진 자가 있는가. 부처님을 사모하고, 숭배하고, 행을 본받으면 부처님이 되는 것은 틀림이 없으리라.

무릇 사람의 마음이란 크기로는 허공 법계를 덮을 수 있고, 작기로는 겨자씨 같으며, 밝기로는 일월의 광명 같고, 어둡기로는 침통(鍼筒) 같나니라.

이 말을 하는 것은 우리 마음을 늘 챙기고 깨우쳐야만 부처님이 될 수 있다는 것인데, 그렇지 않으면 혼몽이 이끄는 대로 행할 수밖에 없기에 중생을 벗어나기 어렵나니라. 그러자면 옛 대인들의 높은 경륜과 교훈을 자주 들어야 할 것이니라.

오늘도 옛날 대인의 아량 쓴 이야기를 몇 가지 하겠으니 잘 들으라. 옛날 조선에 맹사성이라는 명재상이 있었는데 검소한 사람이라 늘 말을 타고 다니지를 않고 걸어서 산길 다니기를 좋아하는 사람이었나니라. 하루는 주막에 머물러 있는데 보초를 서는 병사 일행이 온다는 기별을 주막 주인이 알려주었기에, 뒷방으로 몸을 피하였는데 나중에는 한 병사에게 들켜서 머뭇거리자, 그 병사가 누구인 줄도 모르고 '장기를 두자'고 청을 하여, '그렇게 하자.'고 하였나니라.

그래서 맹사성과 병사가 장기를 두는데 옆에서 구경하는 사람들의 입에서 맹사성이라는 말이 튀어나옴으로써 결국 이 병사가 듣고 놀라 자기의 소졸(疏拙)함을 사죄하였나니라. 그러나 맹사성은 웃으며 용서하고 '마음에 두지 말라.' 하면서 '다시 장기를 두자.'고 말하였으나 병사가 떨려서 장기를 못 두었다 하였는데 이것이 맹사성의 마음 쓰는 법이니라.

또 중국에 광무제(光武帝) 유수(劉秀)라는 인물이 있는데 조한(趙漢)의 황제 왕랑(王郞)과 전쟁을 하게 되자 불리하여 패하게 되었는데 우연히 전세가 바뀌어 적병을 물리치고 보니 막사에서 편지 궤짝을 발견하게 되었나니라. 그 편지 궤짝 속에는 한번 전세가 불리하였을 때 부하들이 적과 내통한 비밀 편지들이었는데 부하들은 그것을 들켰으니 아주 목이 달아날 것으로 알고 벌벌 떨고만 있었지만, 광무제 유수는 부하들을 불러 모아 아무 말도 없이 그 편지 궤짝에 불을 붙여 없애 버렸다고 하나니라. 그 후 대신들과 부하들은 안심이 되어 그 아량을 흠모하며 더욱 충성을 다하였다고 하나니라.

당시 광무제의 신임이 두터운 풍이(馮異) 대수장군(大樹將軍)은 또 어떤 사람이었던가. 싸움에 승리하고 돌아온 후 모든 장수들은 그 공을 비교하고 공을 앞세우는 데 여념이 없었으나 풍이 장군은 그러한 일에 있어서는 공을 다투지 아니하려니와 오히려 큰 나무 밑에서 가만히 앉아만 있은 까닭에 대수장군이라고 하였나니라. 한단(邯鄲)이 격파되어 부대를 재편·변경하여 여러 장수에게 다시 배속시킬 때 군사들이 모두 말하기를 '대수장군 휘하에 속하기를 원한다.'라고 할 정도로 겸손하고 말없이 수고하는 사람의 미담으로 오늘날까지 전해오나니라.

계교심이 적은 까닭에 청년들은 이러한 아량이 큰 선인들을 본받아 본인들의 금도(襟度)로 삼아 그대로 행하여라. 그리고 이순신 장군의 드높은 아량 등 선인들의 금도를 체 받아 공부하기에 힘쓰라."

49. 명실(名實)을 같이하라

정산 종사 말씀하시기를 "사람은 누구나 이름 얻기를 좋아하고 동시에 그 이름을 알리고자 하는데 그 이름을 알리기는 쉬우나, 그 실상(實相)을 알리기는 어렵나니라. 아는 데도 명자(名字)는 알기 쉬우나, 그 진리를 운전하기는 어려우며, 행(行)에서도 일시에 드러나는 선행은 쉬우나, 그 근본적 선행은 어렵나니라.

명상(名相)이라는 것은 허망한 것이라, 우리에게 어떠한 중요함이 못 되나니, 오직 실상(實相), 곧 진리를 알아 진리에 뿌리 하여야 그것이 참으로 큰 취득이니라."

50. 법을 듣는 공부법

정산 종사 말씀하시기를 "고기를 잡는 사람이 방죽에 물을 전부 퍼내자, 밑에 고기가 너무 많아서 어느 놈을 잡아야 좋을지 모르는 것처럼, 법도 이와 같아서 듣고 난 후에 어느 말씀을 새겨듣고, 추워 잡아야 좋을지 모를 때가 많을 것이니라.

그러므로 우리가 법을 구할 때는 먼저 법을 마음에 잘 새겨 구하고, 구하였거든 잘 연마하고, 그다음에는 실천으로 잘 행하여야 할 것이

니라.

　모든 법은 구하는 자에게 있는 것이라, 세상을 살아가는 가운데 보통 복 짓는 공부를 해야 하겠다고 하지만 일순간에 그치고, 또한 그 복이 세세생생 이어가는 복이 되는 법을 모르는 것은 간절하게 구하지 않은 까닭이니라.

　복도 그렇거니와 혜(慧)도 이와 같나니, 부처님께서나 종사주님께서는 견명성(見明星) 오도(悟道)하셨다 하고, 어떤 도인은 바람 부는 소리를 듣고 도를 깨달았다는데 같은 눈, 같은 귀로써 별을 보고 바람 부는 소리를 듣건만 도를 깨닫지 못하는 이유가 어디에 있는가. 깊은 의심을 발하여 의단(疑團)을 뭉치지 않았기 때문이니라.

　생로병사의 이치, 죄복의 근원, 길·흉·화·복의 이치 등을 알고 싶은 마음이 철저하고, 구하는 마음이 철저하여야 깨달음을 얻을 수 있나니라. 보라, 옛 봉건시대에도 하열한 지위에서 도 공부를 구하여 정성스럽게 연마하고, 수행하여 도를 얻고 높은 학덕을 이룬 사람이 많았고, 조선시대의 퇴계 선생과 율곡 선생 같은 대학자들은 간절히, 지극히 학문에 전념하셨기 때문에 대학자가 되셨나니라.

　오늘날 자유주의 시대에 있어서 자기가 구하고, 배우기만 하면 못 얻을 것이 무엇인가. 간절히 구하면 어떠한 것도 얻을 수 있나니라. 그러나 얻지 못하는 경우도 있으니, 얻지 못하는 것은 진리에 어긋나게 구하기 때문이니라.

　　진리적으로 구함이란 무엇인가. 예를 들면 부자가 되려고 하는 사람이 자기 개인의 욕심만 채우고, 주위 사람들에게 신용을 잃으면 부자가 될 수 있을 것인가. 또 복을 짓는 것도 꼭 돈으로만 짓는 것이 아니요, 육근의 정신, 육신으로라도 내가 먼저 공덕을 드러내야 자기가 대우받는 사람이 되고, 복이 돌아오게 되나니라.

농사짓는 사람이 먼저 거름이나 퇴비 등 밑천을 들여놓아야 농사가 풍작이 되고 그 값이 나오지 않는가. 제군들은 온 천지가 복을 지을 복전(福田)이요, 자료(資料)인 줄 알아서 복 짓기에 힘을 쓰라. 자기가 먼저 복을 지었기 때문에 복이 돌아오는 것이니라.

만일 그와 반대로 이치에 어긋난 일을 하면 죄 역시 돌아와 벌을 받을 것이니라."

51. 살리는 법과 죽이는 법

정산 종사 말씀하시기를 "사람에게 손도 대지 않고 죽이는 법과 회중(會中)을 무기로써 파괴하지도 않고 멸망시키는 법은 과연 어떠한 방법이 있는가.

사람사람을 가까이할수록 자신도 모르게 공부심이 생기고, 사업심이 일어나며, 원망하는 마음이 점점 풀어지고, 원수도 스스로 푸는 사람이 있나니, 이는 은혜로 돌려서 향상·진급의 길을 믿고 실천하는 사람이니라.

반대로 가까이하면 할수록 자신도 모르게 공부심, 사업심이 없어지고, 친하던 친구 사이도 멀어지게 하는 사람이 있나니, 무슨 마음가짐 때문에 이러한 일이 생기는가.

두 가지 유형의 삶이 있나니, 예를 들면 서로 합의하지 못하는 것을 보고 어떤 사람은 어떤 말을 해서라도 이간시키려는 사람이 있는가 하면, 두 사람 사이를 화합하게 하는 사람이 있는데 두 사람 사이를 화합하게 하는 사람이 살리는 사람이요, 두 사람 사이를 별리(別離)시키는 사람은 죽이는 사람이니라.

또 모든 일을 감사로 돌리는 사람은 살리는 사람이요, 원망으로 돌리는 사람은 죽이는 사람이니라.

결국 살리는 사람은 복이 무궁할 것이요, 죽이는 사람은 죄 덩어리가 될 것이니, 항상 다른 사람에게서 그 장점을 취[取其長]하고 그 단점을 버리[捨其短]는 마음가짐을 가질 때 모든 사람을 살리는 사람이 되나니라."

52. 진취성

정산 종사 말씀하시기를 "진취성(進就性)이 있는 사람은 항상 마음에 깨우침을 얻고, 그 아는 바를 정성껏 닦나니라. 옛날 어느 마을에 30살 먹은 총각이 있었는데 하루는 산중 승려가 이 총각의 마을을 지나다가 총각을 만나서 이 얘기 저 얘기 하는 끝에 소원을 물은즉 '후생에 임금 되기를 원합니다.'라고 대답을 하자, 스님이 그 말을 듣고 '소원을 이루려거든 지금부터라도 복을 부지런히 지어라.' 하셨다 하나니라.

그 말씀의 뜻을 새겨들은 총각은 그때부터 근동의 높은 재를 넘는 사람들의 편리를 돕기로 다짐하였는데, 여름에는 무거운 짐을 지고 오는 사람들에게 몸소 우물을 파서 물을 떠다 주고, 수박이나 과일을 심어서 대접도 하며, 또 짚신을 삼아 복 짓기를 하는 등 힘닿는 대로 정성을 다해 재를 넘는 사람들에게 편리를 주었다고 하노라.

어느 날 마침 박문수 어사가 이곳을 지나다가 그 모양을 보고 찬탄하여 묻기를 '그대의 소원은 무엇인가.' 하니 총각이 대답하기를 '후생에 임금 되기를 원합니다.'라고 대답하는지라, 박 어사는 이 대답에 심히 괘씸히 여겨 볼기를 쳤다고 하는데 박문수가 떠난 후 그 총각은 얼마 지나지 않아 죽었나니라.

그 시대는 숙종 대왕 때였고 마침 태자를 낳으셨는데 태자가 자라면서 박문수만 보면 깜짝 울고 하는지라 숙종 대왕이 이상히 여겨 하루는 박문수에게 묻기를 '어사로 다닐 때 혹 무슨 특별한 일이 있었느냐.'라고 물으니, 박문수는 지난날 어떤 마을의 재를 넘다가 이상한 총각의 원을 듣고 괘씸하여 꾸짖고 볼기친 이야기를 하였다고 하노라.

숙종 대왕이 하루는 시험 삼아 태자 앞에서 박문수를 몹시 꾸짖고 야단을 쳤더니 어린 태자가 싱글벙글 웃는지라 그래서 임금은 이 두 사이에 맺힌 전세의 감정을 풀어주기 위하여 나중에 태자의 스승으로 박 어사를 삼아 주었나니, 이 총각은 진취성 있는 복 짓는 일을 스님에게서 듣고 알았기에 몸소 행하여 그 복을 받게 되었는데, 우리 공부인도 이러한 진리를 잘 알아서 진취성 있는 마음가짐으로 살아야만 후생에도 또한 진취성 있는 복된 삶이 될 것이니라."

53. 원인을 잘 생각하라

정산 종사 말씀하시기를 "말을 아니 하는 것이 공부하는 데 도움이 되기도 하지만 때로는 도리어 방해가 될 때도 있나니, 오늘은 말을 아니 하는 것이 공부하는데 방해가 될까 두려워하는 마음으로 제군들에게 이야기하노라.

옛날 어떤 스님이 친한 스님과 오랜 법연을 맺어 오면서 자주 도담

(道談)을 나누셨는데, 그 제자들이 궁금해하기를 '만나시면 얼마나 재미있는 얘기를 나누실까.' 하고 시봉할 때 살펴보았다고 하노라.

어느 날 두 스님이 길에서 서로 만나게 되었는데, 두 스님이 반가운 인사는커녕 함께 걸어가시면서 재미있는 도담(道談)은 고사하고, 한 스님은 손을 들 뿐이요, 한 스님은 잠깐 눈을 깜박거릴 뿐이었나니라.

그 제자들이 이를 보고 화두를 삼아 공부하였고 결국 도를 깨달았다고 하는데 우리 공부인이 세상을 살아가면서 모든 일의 그 근본 원인을 잘 알고 살아야 할 것이니, 돈을 벌고자 하는 사람이 돈을 버는 원인을 잘 알아야 잘 벌 수 있는 것과 같나니라.

사람이 대우받기를 좋아하나 그 대우가 어디서부터 오는가를 잘 생각해야 할지니, 다른 사람으로부터 대우를 받고, 나를 좋게 해주는 원인을 잘 알아야 하나니라.

부처님께서는 언제나 한결같이 남을 좋게만 해주시는 분이라, 결국 부처님 자기 자신을 위한 일이니라. 부처님께서는 진리의 힘을 얻으신 분이시라, 결국 자기 자신과 모든 사람을 좋게 해주시는 일만 하시는 분이시니라.

천지·부모의 무한 자비와 길흉 없는 법을 체 받아서 내가 부모님에게서 사랑을 받고 싶거든, 내가 부모님에게 잘하여라. 내가 부모님에게 잘하는데 부모님이 내게 잘못할 일이 있으랴.

내 부모님이 열반하셨거든 타 부모님일지라도 내 부모님처럼 잘하라. 내게 아들딸이 없거든 남의 어린 아들딸을 내 아들딸같이 사랑하라.

형제간에 서로 우애하고 내가 먼저 형제에게 우애하는 생각을 가지라. 형제가 없을 때는 내 동무에게라도 친형제같이 대하라.

어느 곳, 어느 사람들에게도 항상 대우받는 사람이 되고 싶거든 공중에 힘을 다하라. 내가 먼저 양보하고, 이해하며, 배려하여 대중을 위하는 마음을 항상 쓰라.

부처님께서는 일체 대중을 위해서 가없는 사랑과 자비를 베푸셨기 때문에 대중들이 모두 다 부처님을 우러러보는 것이니라.

또 내 부모님의 함자(銜字)도 내가 함부로 부르지 못하는 것과 같이, 남의 부모님 함자라도 함부로 부르지 말라. 남의 부모님 함자를 함부로 부르면 그것이 내 부모님의 함자를 해(害)하게 되는 원인이 되나니라.

나 홀로 높아지려 하면 도리어 그 반대로 낮아지고, 남을 존대하면 반대로 내가 높아지나니라. 또 남을 미워하면 나를 미워하는 사람이 있고, 남을 헐뜯으면 나를 헐뜯는 사람이 있게 되나니라.

공중사에 10년 이상을 종사했다고 할지라도 자기가 자기 일을 한 것이라, 남이 알아주든 몰라주든, 대우를 받든 못 받든, 상(相)을 내지 말라. 큰 공부는 자타구망(自他俱忘)이요, 천상천하유아독존(天上天下唯我獨尊)이라, 어떠한 처지에서 어떠한 일을 하든, 어떠한 때 어떠한 인연을 만나든, 근본 원인을 잘 살피고 연마하여 진리를 깨닫는 공부인의 자세를 잃지 말라.

세상의 이치는 마치 숨을 내쉬면 반드시 들이쉬어야 하는 것처럼, 깨닫고 보면 너무나 쉽고 간단하나니, 나무에 거름을 직접 주지 않고 그 둘레를 파고 주변에 주는 것처럼, 근본 원인의 이치를 잘 생각하여 매사에 공부심을 놓지 말지어다."

54. 중생의 진·강급 보는 방법

정산 종사 말씀하시기를 "제군들은 진급의 단계에 있는 사람과 강급의 단계에 있는 사람을 어떻게 보고 알겠느냐."라고 물으시자, 몇몇 사람이 대답하기를 진급의 단계에 있는 사람은 첫째, 자비심 둘째, 청렴 셋째, 원만한 포용성 넷째, 복을 지을 줄 아는 사람 등등의 대답을 올리자 정산 종사 말씀하시기를 "여러분들의 말이 대개 옳다." 하고 말씀하시기를 "사람에게는 사람이 행할 바 도가 있고, 축생에게 있어서는 그 축생의 행할 바 도가 있을 것이라, 동지에서 하지에 이르는 사시 순환의 이치나, 무간지옥에서 인간 세상에 오르게 되는 것은 모두 천지자연의 도이요, 인과보응의 이치, 이러한 도와 이치로써 인간 세상에 살 수도 있을 것이요, 또 무간지옥으로 떨어질 수도 있나니라.

그러므로 우리 공부인은 불보살들과 인연을 잘 맺어 공부한다면 천상까지 얼마든지 올라갈 수 있나니라. 우리가 강급의 단계에 들지 않는 방법은 첫째, 불보살의 인연을 잘 만나서 절대적 신념하에 공부하고 사업을 할지니, 특히 불보살 성인들을 경(輕)하게 알지 말며, 또 그 법을 존중히 하여 순응하고, 경전의 법문과 가르치는 법 등을 존중히 따르라. 그리고 그 법을 존중히 아는 동시에 둘째, 나보다 나은 사람에게는 절대적으로 복종을 하며, 특히 시기심을 내지 말지니라. 남을 존중히 알면 내가 남에게서 존중함을 받는다는 것을 알고, 반대로 나보다 하위에 있는 사람을 없이 여기지 말고, 가벼이 대하지 말라. 셋째, 사람을 대할 때에는 내가 잘 안다는 아상(我相)을 없이 하라. 넷째, 항상 자기가 부족하다는 부족감을 가지라. 부족감을 가지면 향상의 원동력이 되나니라. 이와 같이 정성껏 정진하면 제군들은 결코 강급은 되

지 않고 항상 진급만 될 것이니라." 〈『법어』 원리편 38, 39. 법문 보완〉

55. 학선(學善)의 근본
정산 종사 말씀하시기를 "선인(善人)이 되고자 하는 자는 먼저 남의 선을 좋아하는 공부[學善]를 하여야 하나니, 만일 남의 선을 좋아하지 아니하면 선인들이 나에게 가까워지지 못할 것이요, 선인들이 나에게 가까워지지 아니하면 선인들이 밝혀 주시는 도(道)와는 자연히 멀어지리라. 그러므로 『주역』의 수괘(隨卦)와 은악양선(隱惡揚善)의 가르침이 일깨워 주는 변화와 진취, 인덕(仁德)의 교훈은 수행조도(修行助道)의 중요한 덕목이 되나니라."

56. 참다운 보물은 무엇인가
정산 종사 말씀하시기를 "이 세상 모든 만물이 다 좋아하는 바가 있어서 좋은 것을 보물 혹은 보배라고 하는데 이 보배는 같은 형상의 보배만이 아니라, 사람사람이 보는 견지에 따라서 달라지나니라.

부처님 법을 믿는 자는 불·법·승을 삼보라 하나니, 이 삼보를 참으로 보배로 아는 자는 드물도다. 철없는 어린아이에게 돈과 그림을 놓아두고 가지라고 하면 대부분 돈을 놓고, 그림을 가지려고 할 것이라, 이것은 돈의 가치를 모르고 가지고 놀 수 있는 그림을 좋아하기 때문이니라. 나 또한 어렸을 때 은수저로 식혜 한 그릇을 바꿔 먹은 일이 있나니, 그것은 식혜가 더 맛있고 좋게 보였기 때문이니라.

또 어떤 사람은 견지가 조금 더 높아 돈하고 생명을 바꾸기도 하나니, 영광의 어떤 사람은 탄광에서 돈을 많이 벌기 위하여 위험 지대를 자원하여 작업을 하다가 불행하게도 돈은 만져보지도 못하고 사고로 죽었다는 이야기가 있나니라. 더욱 돈을 번다고 생명을 바꾸는 자가 많고, 그뿐만이 아니라, 부모 형제도 모르고, 자행자지하여 사방의 배척물이 되어 죽은 목숨과 같은 자도 있나니라. 이것은 돈을 보배로 여기는 사람의 경우이니라.

또 육신을 자기의 보물로 삼아 일생을 살아가는 사람이 있는데, 대저 이 색신(色身)은 시가(是假)라, 유생유멸(有生有滅)이 있으며, 진심(眞心)과 자기의 마음만이 참다운 보물이요, 보배임을 확실히 알아야 하나니라. 세상 사람들은 대부분 육신을 보배로 삼아 보호하면서 온갖 죄악을 저지르고 있으나, 마음은 보배로 삼아 살피지 않고, 귀하게 여기지도 않나니라. 자신의 육신을 벗어나 마음 보물을 알지 못하는 까닭에 형상 있는 돈과 유한한 육체를 보물로 알고 있나니라.

돈과 이 육체는 보물같이 귀하게 보이고, 법은 형상이 없는 까닭에 보물같이 생각하지 않나니, 더욱 법은 들어도 쉽게 잊어버리는 까닭에 쓸 데가 없다고까지 하는데, 마음의 보물인 이 법은 들을수록 나에게 소중한 보물이 되고, 보배가 되나니라. 특히 새겨서 잘 들으면 잊어버리는 것이 아닌 까닭에 글도 배워두면 언제든지 요긴하게 쓸 수 있는 것과 같나니라.

혹 글을 배웠다고 할지라도 경우에 따라 또 잊어버리듯이 법도 모든 것을 기억할 수가 없지만 생활 속에서 문득 깨달을 수가 있나니라.

무릇 형상 있는 사물을, 견지(見地)에 따라 돈과 육신도 소중한 보물이라 할 수도 있으나 마음이 제 일의 큰 보물이라, 돈이 없으면 살 수 없는 까닭에 필요한 것이지만, 그 실상(實相)은 허망한 것이요, 애지중지하는 육신도 죽음의 길에는 항거하지 못하나니라.

저 한무제가 천자가 되어 세상을 오래 살려고 하였으나 죽음을 못 면하였고, 항우장사도 마찬가지였나니, 특히 진시황제는 불사약(不死藥)을 구하려고 동남(童男), 동녀(童女) 5백 인을 파견하여 구하였건마는 죽음을 면하지 못하였나니라.

오직 참다운 보물은 자기의 진심(眞心)이며, 본래면목(本來面目)이니라. 정신을 깊이 수양하고, 연구로써 지혜를 단련하는 것이 이 참다운 보물이로다.

세상에 살면서 재물과 명예가 좋은 까닭에 그것을 쫓아 구하지만 결국 온갖 고통을 받게 되는 경우가 허다하나니, 이것은 마치 사슴의 뿔과 다리에 비유되는 이야기로 자기의 진심을 담고 있는 마음 곧 사슴의 발은 자기의 생명을 살려주나, 사슴의 뿔 곧 화려하고 아름답게 여기는 물질과 명예는 생명을 위태롭게 하고, 지옥으로 가게 되는 연유가 되나니라.

오직 자기의 마음을 살피고 챙겨서 물질과 명예에서 허우적거리지 말며, 진심의 본래면목을 일깨워 자기를 극락으로 올려보내는 데 전념할지어다.

저 유명한 루스벨트 대통령을 비롯해 손문, 장개석 등 영웅, 호걸, 위인, 달사들은 일상생활 속에서 무규칙하게 재물을 몰래 쌓아 두고, 또 명예를 얻으려고 온갖 수단 방법을 쓰지 않았나니라. 제군들도 규칙 생활을 질서정연하게 하여 언제나 마음을 닦고, 좋은 습관을 길들여야 하나니라.

어떤 스님이 계(戒)를 범하여 술과 고기를 먹고 사는데, 취중에도 아침이면 좌선을 반드시 하였다고 하나니라. 하루는 병이 들어 죽게 되어 꿈도 아니요, 생시도 아닌 데 가시밭에 앉아서 온갖 고통을 느끼고 있었는데 아침 좌선을 알리는 범종이 울려 그래서 선(禪)을 하고 있으니까 그 가시밭이 모두 없어지고 갑자기 연화세계로 화하였다고 하나니라. 그 후로 더 한 층 수행 공부에 정진하였다고 전해지는데, 이에 여러분들도 각별한 노력을 하여 심리 공부의 도를 잘 길들이는 자가 되어라."

57. 세상에 잘난 사람과 못난 사람은 어떤 사람인가

정산 종사 말씀하시기를 "이 세상에서 제일 잘난 사람은 어떤 사람이며, 못난 사람은 어떤 사람인가? 즉 잘난 사람은 남보다 높은 지위에 있어서 나보다 낮은 사람에게 뜻을 맞춰 주고 아끼고 공경하는 사람이며, 못난 사람은 나보다 낮은 사람을 무시하고 협박하는 사람이니라.

그러므로 지식 혹은 지위로나 권리, 재산 등 일체 모든 것에 있어서 나 이상의 사람에게 공경하고, 협조하고, 가르쳐주고, 불쌍히 여겨 잘난 사람이 될지언정 이 하인을 무시하고, 협박하고, 천대하는 못난 사람이 되어서는 아니 되나니라. 이러한 까닭에 잘 생각하여 남의 인격을 존중히 하는 잘난 사람이 될지어다."

58. 수도인의 삼사(三師)

정산 종사 말씀하시기를 "수도인에게 세 가지 스승이 있으니, 인사(人師), 우주사(宇宙師), 양심사(良心師)이니라.

직·간접으로 나를 말로나, 글로나, 행동으로 가르치고 인도해 주시는 것은 인사이요, 눈앞에 삼연(森然)한 실재(實在)가 우주사이며, 스스로 획책(劃策)을 끊고 악심(惡心)을 극복하는 것이 양심사이니라."

59. 세상의 온갖 바람

정산 종사 말씀하기를 "세상에는 사방에 표류하여 떠돌아다니는 사람이 가장 불쌍한 사람이니라. 아침에 동이 훤히 트고 해가 솟아오르면 온갖 먼지가 햇빛에 날리는 것이 보이나 바람만 불면 자취도 없이 날아가 버리지 않는가. 또한 초목은 그 바람에 조금 흔들리기는 하나 뿌리는 뽑히지 아니하며, 더욱 저 산악 지대의 바위 등은 아무리 거센 바람이 불어도 끄떡하지 않으니, 이것이 공부인의 수양력과 흡사하나니라.

이와 같이 조금이라도 근거가 있는 물건은 바람에 약간 흔들리기는 하나 그 근본 뿌리는 뽑히지 아니하지만, 기운이 약한 저 참새나 하루살이 등은 거센 바람이 불면 꼼짝을 못 하거나 죽게 되나니, 가을에 떨어지는 낙엽을 보라. 바람이 불면 우수수 다 떨어져 버리지 않는가.

공부인에게 있어서도 수양력이 없는 사람은 조그마한 일에도 끌려 꼭 바람에 날리는 낙엽과 같나니, 이 세상에는 주풍(酒風)에 날아가는 사람, 주색잡기에 날아가는 사람, 재풍(財風)에 끌려다니고, 돈에 예의염치를 잃고, 양심을 버리며, 정신을 못 차리고 날아가는 사람이 많이 있나니라. 또 사익풍(私益風)에 예의염치를 망각하고 날아다니는 사람, 명예풍에 날아다니며 못된 생각을 일으키어 살아가는 사람 등 이러한 바람에 날아다니지 않는 사람이 심히 드물고, 그러한 사람을 찾기가 어렵나니라.

특히 역풍의 경우가 많은데 가령 화를 내어 그 사람의 마음을 상하게 하거나, 일상의 경계에서 마음이 심히 상하여 그만 그것에 정신이 날아가 버리는 경우가 있으니, 이것이 공부인의 수양력을 시험하는 경계이니라.

그러므로 우리는 전무출신으로서 어떠한 뜻 아래, 큰 원을 세운 사람이니, 이러한 경계를 당하여 마음이 상한다고 본래의 마음을 지키지 못하고 있다면 어디에 그 본분이 있겠는가.

또한 시대풍이 있으니 요사이 서양풍이 들어와 자기 분수에 넘치는 행동을 하는 이가 있는 것을 볼 때, 특히 걱정이 되나니라.

우리가 가장 많이 생각하는 우리 종사주님 법은 장차 동서양의 으뜸이 될 것이라, 어리석은 우리들이라도 가히 잘 알고 있나니, 일원상의 진리와 사은 사요의 도리가 얼마나 적절하고 좋은 법인가. 모두가 자기 것은 좋은 줄을 모르고 남의 것에 정신이 팔리는 것은 남의 장단에 춤추는 격이라, 조금 전 서 선생의 말처럼 자기 집 하나 못 다스리고 부모 봉양 못 하는 사람이 어찌 사회, 국가의 큰 일을 할 수 있겠는가.

요사이 민족주의를 말하는데 이 주의는 자기 한 나라에 국한되어 그 범위가 좁은데, 하지만 모두 처음에는 자기 민족을 먼저 알아야 하나니, 자기 민족도 모르고 어찌 다른 일을 할 수 있겠는가.

여기에 또한 세찬 바람이 있으니 피난 바람이라, 난리가 났다고 온 나라 국민이 짐을 싸고 무엇을 한다고 하며 야단법석이니라.

우리는 항상 안정을 얻어서 난리가 나도 그 마음이요, 난리가 나지 않아도 그 마음을 지킬지니, 이러한 마음으로 천만 경계를 대하고, 순역 경계의 바람이 불더라도 거기에 조금도 꼼짝하지 않는 수양력을 쌓아야 하나니라.

 그러므로 우리가 경계를 대할 때마다 공부할 때이니, 무슨 일을 할지라도 첫째로 수양 깊은 신근(信根)이 있어야만 일생 살아갈 때 꿋꿋하게 살아갈 수 있을 것이라, 철저한 신근이 근본이 되나니라.

 둘째, 수양 공부에 정성을 다할 것이니, 새벽에는 짧은 시간이라도 좌선을 끊임없이 계속하면 부지불식간에 수양력이 쌓아지게 될 것이니라.

 내가 처음 말한 세상 사람들의 바람에 날리는 생활은 수양력이 없는 사람으로 항상 정처 없이 그 마음이 떠돌아다니는 것이라, 깊은 수양력이 있는 사람은 아무리 모진 경계를 당하더라도 끄떡하지 않는 것과 같이, 공부의 가장 근본이 되는 신근을 깊이깊이 뿌리 박는 수양력을 쌓으면 어떠한 바람에도 꿋꿋하게 이길만한 능력을 갖추게 되나니라.

 우리 공부인은 경계 경계마다 내 마음을 빼앗아 가는 바람은 어떠한 바람인가를 항상 조사하여 주의하고 대조하기를 부탁하노라."

〈초간본 『법설』 pp.130~137 참 마음을 지키자. 법설 보완〉

60. 열(烈)에 대하여

 정산 종사, 충·효·열(忠孝烈)에 대하여 설법하신 후, 특히 열(烈)에 대하여 부연하시기를 "열은 생명으로도 바꾸지 않나니라. 한번 해보려는 마음이 끝까지 변하지 않는 그 마음을 열이라고 하나니라. 우리 전무출신도 한번 정남·정녀(貞男貞女)가 되기로 서원을 세웠으면 그 자리에서 서릿발 같이 맹세(盟誓)를 굳게 하고, 굳은 의지력을 가져라. 또 전무출신을 모두가 하지 않겠다고 할지라도 나 혼자만이라도 하려는 마음가짐이 열이니라.

　충·효·열이 무너지면 천지가 무너지는 것이요, 그 가정과 사회도 따라서 무너질 것이니 충·효·열 이 셋은 대가(大家)의 기둥과 같도다. 이것을 먼저 굳게 세우고, 공부를 해야 하나니라. 세상이 충·효·열보다 별스러운 자유를 부르짖더라도 이 기둥이 없으면 아니 되나니 명심하라.　　　　　　　　　〈『법어』 경의편 58~61. 법문 보완〉

제4편

하나의 세계

제4편
하나의 세계

1. 선천기운과 후천기운

　정산 종사 말씀하시기를 "선천기운(先天氣運)은 지나간 세상을 이름이요, 시대에 뒤떨어지는 정신을 말하나니, 천지의 운행을 보면 선천기운과 후천기운이 언제나 돌고 있나니라.
　예로써 거년에 피었던 감나무잎이 금년 새봄에 새잎이 나면 옛 잎은 어쩔 수 없이 떨어지고 새잎이 득세하는 것과 같이, 과거 인지(人智)가 미개했을 때 가졌던 이기욕(利己慾)이나 미신(迷信)을 가진 자는 현 시대에서 거년의 나뭇잎처럼 결국 세상에 붙어 있을 길이 없이 낙망하고야 말 것이니라.
　그러므로 제군들은 이 시대에 있어서 후천기운을 잘 받아, 가는 곳마다 환영받는 인물이 되기를 지극히 바라노라."

2. 새 운수 받는 도 Ⅰ

　정산 종사 말씀하시기를 "앞으로 새 천지의 운수가 돌아오고 있으나 그 운수를 받고 못 받는 것은 자기의 적공(積功) 여하에 있는 것이니, 마치 풍년이 돌아오면 만인이 기뻐하나 그중에 농기(農期)를 잘 이용하지 못한 자는 그 풍년이 과히 기쁠 것이 없으며, 수신(受信)하는 사람이 교신조제(交信調制)를 잘 못하면 방송을 들을 수 없는 것과 같나니라. 그러므로 우리도 새 운수를 받아들이기 위해서는 받아들일 준비가 있어야 할 것이니라.

그러면 새 운수란 무엇인가. 첫째, 진실한 기운이라, 실이 없고 허장성세(虛張盛勢)만 일삼는 자는 어쩌는지 모르게 앞길이 막히나니, 말과 실행이 다른 자나 숨은 인격이 겉 인격만 못한 자나 이름만 드러났지, 실이 없는 자는 앞으로의 진실한 세상에서는 절대 쓰이지 않을 것이니라. 그러나 꾸밈과 거짓이 없고 실에 적공을 들인 자는 세상에서 마음껏 소리치고 새 기운을 흡수할 수 있을 것이니라.

둘째, 새 기운은 화합하는 기운이라, 개인이나 단체나 국가 간에 너무 약삭빠르고 경우 없고 모질어진 자는 자연히 앞길이 막히며 새 시대에서 후퇴하게 되나니, 앞으로는 너그럽고 덕기(德氣) 있고 누구나 잘 화합하는 자가 세상의 영도자가 될 것이요, 기운 흡수를 잘할 수 있을 것이니라.

셋째, 새 기운은 공변된 기운이라, 공심이 있어 대중에게 유익을 주는 자는 자연히 권리와 지위가 돌아올 것이요, 욕심만 부리어 대중에게 해독을 주는 자는 자연히 시대의 대열에서 낙오자가 될 것이니라.

그러므로 새 세상에는 자기 출세를 위해서도 공중사업(公衆事業)을 하게 될 것이니, 과거에는 부처와 성현들이 초의목식(草衣木食)으로써 빈천을 스스로 달게 받아 가며 은거 생활을 하였으나, 앞으로는 도인이 현달(顯達)하는 세상으로서, 도가 있을수록 부귀가 스스로 따르게 되나니, 도인이 오죽 못났으면 의식을 걱정하며 세상에 쓰이지 않을까 근심하랴.

다만 앞날의 도인은 벼슬보다 수도(修道)를 자랑삼나니, 벼슬은 남에게 사양할 것이요, 사치(奢侈)보다 청초(淸楚)를 영광으로 생각하여 돌아오는 물질도 공중사업에 쓰게 될 것이니라.

그러므로 우리는 마음 가운데 이상 세 가지 기운을 양성하기에 노력하여 오는 세상의 주인으로 뽐내기를 부탁하노라."

〈원기39년 1월 19일〉

3. 새 운수 받는 도 Ⅱ

정산 종사 말씀하시기를 "석가모니 부처님께옵서는 정법·상법·계법 시대를 지나, 삼천 년 후에는 새로운 부처님이 출세하리라 하셨고, 최수운 선생은 가사(歌詞)로써 오는 세상의 운수는 참으로 화려하고 거룩할 것이라 하셨으며, 강증산 대신사는 모든 운수가 조화선경(造化仙境)을 이루어 표현하기조차 어려운 세상이 올 것이라 하셨으며, 종사주님께서도 돌아오는 세상의 운수와 그 찬란함을 말씀하셨는데 특히 선사(先師)들의 새 운수를 종합적으로 정리하시어 강조하시기를 '새 운수의 기운은 각자가 짓는바 수행에 따라 다를 것이니, 천지의 좋은 운수가 돌아온다고 할지라도 그 운수를 받고 못 받는 것은 오직 자기의 적공에 있다.'라고 하셨나니라.

비유컨대 '중앙방송국'에서 방송한다고 하더라도 청취자가 라디오를 틀지 아니하면 방송을 듣지 못하는 것과 같이 새 운수가 돌아오건만 그 운수를 흡수할 만한 적공이 없으면 못 받을 것이요, 또 풍년에도 뭇사람이 다 좋아하지만, 불농자(不農者)는 종자를 뿌리지도 않고, 혹 뿌렸다 할지라도 아무런 노력의 공이 없었기 때문에 풍작의 혜택을 입지 못하는 것과 같이, 새 기운이 돌아오는 이때 새 기운을 탈 만한 수신조절(修身調節)을 반드시 잘하여야만 그 기운을 탈 것이니라.

　새 운수는 어떠한 것인가. 우리 심중에 그 새 운수를 받아들일 만한 수양 공부를 하고 있는가, 성찰과 반조의 수양 공부를 철저히 해야 할 것이니라.

　그러면 새 운수란 무엇인가. 첫째, 진실(眞實)된 기운이니라. 가장(假裝)이 많고, 위선적이며 허장성세만 일삼는 자나, 말은 좋고, 행동이 올바르지 못한 자나, 외형만 꾸미고 내심이 허한 자나, 명망(名望)은 있고 실속이 없는 자 등은 새 운수의 그 기운을 타지 못할 것이니, 곧 명망과 실속이 다른 개인, 단체, 국가는 자연히 새 운수의 성쇠(盛衰)에서 후퇴하게 될 것이니라.

　그와 반면에 실다운 힘, 허장 없는 실질적인 인물이라면 가만히 있어도 때에 따라 발전이 되며, 새 기운을 타서 자연 드러나게 될 것이요, 세상에서 마음껏 소리치고, 새 기운을 흡수하며 당당히 설 수 있을 것이니라.

　둘째, 화합하는 기운이라, 강증산 대신사도 돌아오는 시대를 해원시대(解寃時代)요, 모든 해원을 해야 한다고 하셨고, 종사주님께서도 원망 생활을 감사 생활로 돌리자고 하시면서 사은(四恩)의 지중한 은혜를 밝히지 않으셨는가. 이러한 까닭으로 너무 모난 행동 하고, 약삭빠르고, 경우가 없고, 모질어진 자를 비롯하여 자신의 이익만을 취하려고 하는 자는 자연히 앞길이 막히며, 새 기운을 타지 못해 새 시대에서 후퇴하게 되나니, 앞으로는 너그럽고, 덕기(德氣) 있고, 모든 사람과 잘 화합하는 사람이 세상의 영도자가 될 것이요, 새 시대의 새 기운을 잘 흡수할 수 있을 것이니라.

특히 덕기(德氣)가 있고, 공심이 있어서 모든 사람의 유익을 위하여 산다면 돌아오는 새 시대의 새 기운을 타서 자연히 서게 될 것이니라.

셋째, 공변된 기운이라, 어느 방면으로든지 타인에게 유익을 주는 사람이라야 새 기운을 타나니라. 공심이 있어서 대중에게 유익을 주는 자는 자연히 권리와 지위가 돌아올 것이요, 욕심만 부리어 대중에게 해독을 주는 자는 자연히 시대의 대열에서 낙오자가 될 것이니라.

과거에는 부처와 성현들이 초의목식(草衣木食)으로써 빈천을 스스로 달게 받아 가며 은거 생활을 하였으나, 앞으로는 도인이 현달(顯達)하는 세상으로서 도가 있을수록 부귀가 스스로 따르게 되나니, 도인이 오죽 못났으면 의식을 걱정하며 세상에 쓰이지 않을까 근심하랴. 즉 과거는 도인이라면 숨어 살기에 힘쓰고, 옷도 누더기나 입고, 먹는 것도 험식(險食)을 해 왔으나 앞으로의 도인은 숨어 살래야 숨어 살 수 없어 세인(世人)이 존대할 것이요, 모셔야 할 것이며, 의식 문제는 생각지 않아도 자연히 해결될 것이니라.

또 새 세상에는 자기 출세를 위해서도 공중 사업을 하게 될 것이니, 곧 자기의 체면을 유지하기 위해서라도 공중사를 할 것이며, 중인을 위한 이타심을 갖게 될 것이니라.

다만 앞날의 도인은 벼슬보다 수도를 자랑삼나니, 벼슬은 남에게 사양할 것이요, 사치보다 청초(淸楚)를 영광으로 생각하여 자신에게 돌아오는 물질도 공중에 쓰게 될 것이니라.

이 세 가지만 갖추면 그가 곧 도인이요, 이러한 도인은 세상의 주인으로 한량없는 존대를 받을 것이니라.

현재는 도인보다 면장 하나라도 사회적인 지위를 가져야 위인으로 알지만, 앞으로 어떠한 높은 지위보다도 진심(眞心)을 기르기에 힘쓸 것이니라." 〈초간 『법설』 pp.185~187. 원기39년 1월 19일〉

4. 문명(文明)

정산 종사 말씀하시기를 "금년 표어로써 문명(文明)이라는 두 자를 주노라. 현 세상은 현실 문명이 주장되어 외화(外華)가 심하나니, 좋은 거처 등을 구하지 않으면 아니 된다고 야단들이나 마음먹은 대로 구할 수 없고, 일이 잘못되면 남을 원망하고 전후좌우로 원망과 불평과 분노로써 사람들을 대하니 걱정이 아닐 수 없도다.

그러므로 허영만 찾고 구하는 데에서 앞으로는 내적(內的) 문명자라야 하나니, 예의와 체면 그 무엇보다도 실(實)을 주장하는 자라야 문명인이라 할 수 있나니라.

옛날 어느 원님에게 송사(訟事)를 하자 그 원님이 백성을 책망하는 것보다 자신의 덕이 부족하기에 정치가 잘못되었다고 한탄하더라 하였나니, 앞으로는 형식보다도 실을 주장해서 덕 있고 진실한 내적 문명인이 돼라." 〈원기40년 1월 1일〉

5. 미륵불(彌勒佛)

정산 종사 말씀하시기를 "미륵불이란 무엇을 이름하는가. 미륵불은 인도의 말이나, 당나라 말로는 근실(勤實)이라는 뜻이니, 근(勤)이란 의

뢰심을 버리고 오직 자주적 정신으로 만사를 자각하여 행한다는 뜻이니라.

재래에는 종교를 타력에 의지해서 신앙하였나니, 곧 하나님이나 부처님이나 신에게 의뢰하고 염불도 하며 경(經)도 보게 되었기에 일체의 자기 죄고(罪苦)를 하나님이나 등상불(等像佛)에 빌고 염불(念佛)로써 해결해 달라고 하며, 모든 복은 또한 거기에서 이루어주시리라 하여, 자신의 심신은 자행자지(自行自止)하면서 천당으로 갈 것을 힘 있게 의지하고 타력(他力)에 끌려서 종교를 신앙하였나니라.

또는 개인이나 사회에 있어서도 어느 방면으로든지 남을 해(害) 하여서 자기만 이롭게 하려는 이기주의에 눈을 떴으나, 앞으로는 자각적(自覺的) 근(勤)의 정신으로 의뢰심과 타력 정신은 없어지고 자주력(自主力) 정신으로 종교를 신앙하며, 진정으로 정신·육신·물질 세 방면으로 노력하여 남에게 덕(德)과 이(利)를 다 못 주는 것을 근심하게 될 것이니, 이것이 곧 근(勤)이니라.

실(實)은 실다움을 이름이니, 보라! 재래의 경전은 장엄(莊嚴)이 십에 팔구가 되나니라. 그러나 인지가 발달한 지금은 실지(實地)라야 하고, 과학적이고 현실적이라야 하며, 권모술수(權謀術數)는 도중허언(圖中虛言)이기에 오직 정법이라야 출세하게 되나니라.

또 재래에는 하루를 놓고 볼 때 밤 시대와 같아서 어두운 밤 시대에는 장엄과 허언(虛言)이 득세하였고, 방편과 형식이 7, 8할이나 되어 중생을 제도하였으며, 또 권모술수가 세력을 잡았으나, 지금은 실언(實言)이라야 하고 공심(公心)과 정직이라야 하나니 밝은 낮 시대인 까닭이니라.

제군들은 이때를 당하여 외형(外形)보다는 먼저 내면을 충실히 하고, 정직하고 실다워야 후천기운(後天氣運)을 받을 수 있는 큰 인물이 되리라."

6. 대전이 한밭이라

정산 종사 말씀하시기를 "대전(大田)이 한밭이라, 대지(大地)로다. 앞으로 우리나라의 중심 도시가 될 것이니라." 하시자 김법종이 여쭙기를 "서울에는 한강, 평양에는 대동강이 있듯이 예로부터 큰 도시에는 큰 강과 함께한다고 하였는데 대전에는 큰 강이 없지 않습니까?" 하고 여쭙자, 말씀하시기를 "대전에 금강이 있지 않느냐. 대전의 금강이 서울의 한강이나 평양의 대동강 역할을 할 것이니라. 또한 앞으로는 조산(造山), 조강(造江)의 시대라, 인공으로 산을 만들고 강을 만들기도 할 것이니라." 하시었다.

7. 무궁화(無窮花)와 태극기(太極旗)

정산 종사께서 산동 백우암에 정양하시던 중 하루는 정원을 산책하시다가 무궁화 한 그루를 보시고 시봉인을 불러 "저 무궁화에 깊이 있는 깊은 뜻을 알겠느냐?" 물으신 후 "무궁화는 세상의 수많은 꽃 중에 제일 훌륭한 꽃 이름이니라. 무궁(無窮)은 한량없는 것, 변함이 없는 것이란 뜻이요, 화(花)는 아름다운 것, 명랑 같은 뜻으로 무궁화는 한량없는 아름다움과 변함없는 영광(榮光)을 모든 사람이 사랑하게 된다는 뜻이니라. 그 나라의 꽃이란 그 나라의 자랑을 상징하는 것이요, 국민이 사랑하는 것을 의미한 것이니 좋은 이름으로 부르는 꽃 중에는 자랑이 있는 것이니라.

그러나 세상에서 꽃이 아름다우나 그보다 더 아름다운 것은 도덕으로써 드러나는 꽃다운 이름이며, 많은 영화(榮華) 중에 변함없는 영화는 도덕으로써 얻게 되는 지위인 것이니라.

우리나라는 앞으로 도덕으로써 꽃다운 이름을 드러내어 세계 각국에서 사랑하며 아름답게 여길 것이요, 도덕의 근원처가 되었다는 의미에서 한량없는 영광을 몰아받게 될 것이니, 무궁화란 앞으로 도덕이 일어난다는 선지자의 예시라고 할 수 있나니라.

또한 태극기는 수많은 기(旗) 가운데 그 이치가 깊으니, 태극(太極)은 만겁(萬劫)의 조종(祖宗)으로서 우주의 원리며 만물의 부모란 뜻이요, 기(旗)는 여러 사람이 높이 받든다는 뜻이니, 즉 우주의 원리를 부모와 같이 의지하고 높이 받든다는 뜻이니라.

국기는 그 나라의 위신(威信)을 나타내는 것이므로 무엇으로써 태극기가 그만한 위신이 서고 있는가 하면 태극은 우주의 원리요 그 근원은 일원(一圓)이어서, 일원대도(一圓大道)는 천만 사리의 조종(祖宗)이요 만법의 어머니가 되기 때문이니라.

그러므로 일원대도는 장차 전 인류의 유일한 귀의처로서 모두가 높이고 받드는 바가 되며, 만선지(萬善地)인 이 나라가 전 생령의 성지(聖地), 정신적 부모국으로서 함께 받들고 의지하는 바가 될 것을 저 태극기가 창공 높이 펄럭이며 예언하고 있나니라."

8. 우리의 정견(政見)

정산 종사 말씀하시기를 "근래에 우리를 일러 '우(右)'라 하고, 기회주의자라 한다.'고 들었나니 그러면 도대체 우리는 좌(左)인가, 우(右)인가, 또는 기회주의자인가. 이는 그 묻는 자의 인식 부족이며 종교의 대의를 모르는 말이라, 종교는 어디까지나 종교요 정치에 혼합해서는 안 되나니라. 다만 종교 즉 도덕은 정치의 체(體)가 되고, 정치는 도덕의 용(用)이 될 뿐이니라.

그러므로 종교는 우도 아니요, 좌도 아니니, 만일 좌라면 우측을 교화하지 못할 것이요, 우라면 좌측을 교화하지 못할 것이므로 이는 원만한 종교라고 하지 못하나니라.

그러면 우리의 교강(敎綱)을 들어보자. 교강에 무아봉공(無我奉公)이 있으니 이 무아봉공은 고금·좌우를 통해 도덕의 근본이 되며, 또한 정치의 근본이 되나니라.

그러므로 그 주의를 주장함에 세 가지가 있으니 첫째, 진정한 주의자이니, 무아봉공의 이치를 철저히 깨쳐 무아무욕(無我無慾)으로써 봉공하는 자(者)이요,

둘째, 기회주의자이니, 이는 명리(名利)와 권력에 추세(趨勢)하여 자기의 이욕(利慾)을 위하여 부르짖는 자이며,

셋째, 맹종주의자이니, 이는 자기비판과 주견이 없이 다만 맹목적으로 종속하는 자이니라.

한 국가에 있어서도 건설하려면 진정한 주의자라야 할 수 있으니, 우리 종교가의 목적은 이 참다운 주의를 가르치는 곳이므로 좌나 우나 간에 참다운 주의에 바탕을 두어 진정한 국가를 건설할 수 있나니라.

그러므로 우리는 좌우를 초월한 건설자요, 무아봉공 주의에 철저하다 할 것이니, 우주의 근본은 도덕이요, 도덕의 근본은 마음이라, 이

마음을 알고 이 마음을 길러, 이 진심(眞心)을 그대로 수행하는 것이 우리의 정견(政見)이라 하겠노라. 대종사께서도 대명국영성소좌우통달만물건판양생소(大明局靈性巢左右通達萬物建判養生所)라고 본회의 처음 간판을 붙이셨나니, 제군들이 잘 연구해 보라." 〈원기32년〉

9. 평화 훈련

정산 종사 말씀하시기를 "현하 내외의 정세를 살펴보면 혼란 상태를 이루고 있나니, 이는 모두 좌가 옳으니, 우가 옳으니 하여 서로의 주의 주장을 고집하기 때문이니라. 그러나 필연적으로 양편이 조화된 주의 주장과 아울러 정당한 정치가 서게 될 것이라, 이러한 혼란은 모두 세상의 기초를 닦기 위하여 서로 투쟁하고 있는 것이건만 때로는 서로 원망이 맺히고, 원수를 맺게 되나니라.

우리 종교가는 이 모든 기초 공부가 완료된 그때 출현하여 세상의 모든 원수를 풀어주고, 은혜를 발견하도록 하여 오직 보은 감사로써 평화와 은혜의 세계를 만들 것이니라.

그러므로 우리는 지금 그 평화와 은혜를 가져다줄 사도(使徒)의 훈련을 받고 있나니, 우리는 오직 앞날의 크나큰 사명에 이바지할 충분한 자료를 갖추어야 할 것이니라. 또한 그러기 위해서는 먼저 평화와 은혜가 서린 말과 태도와 마음을 쌓아야 할지니, 이러한 말과 태도와 마음이라야 은혜를 넉넉히 가져올 수 있나니라.

만일, 이 평화와 은혜가 서린 말과 태도가 발견되는 날에는 세상에 맺힌 모든 원수는 봄날에 얼음 녹듯 화(和)하여 정토 극락이 될 것이요, 우리는 은혜의 훈련을 받아 앞날에 천국의 사도가 될 것이니라."

10. 진정한 평화

정산 종사 말씀하시기를 "인류는 평화를 사랑하고 갈망한다고 하건만 평화는 실현되지 않고 있으니, 유사 이래로 평화의 시대를 칭하려면 요순시대라 하고, 그 이후로 오늘날까지 인류 전체가 요구하고 갈망하는 평화는 끝내 실현되지 못하고 약육강식(弱肉強食)이라는 투쟁의 역사만을 이어 왔나니 그 원인이 어디에 있는가.

물론 이는 역사적 변천 과정이요, 인류 문화를 형성하면서 필연적 조건이라 볼 수 있겠으나 세계로부터 개인에 이르기까지 평화는 요구하면서도 개인은 개인끼리, 국가는 국가끼리 서로 평화를 가지지 못하는 것은 어떠한 원인 즉 결점과 과오가 있기 때문일 것이니라.

이러한 이유에 대하여 우리 대종사님께서 "은혜를 발견하지 못한 까닭이라." 하셨나니, 일각(一刻)이라도 여의지 못할 지중한 사은(四恩)이 있어서 서로서로 의지하고 거기에서 인류 문화를 이루어 가고 있건마는, 그 근본이 된 은혜의 소종래(所從來)를 알지 못하고, 그 은혜 됨을 발견치 못하면서, 현실에서 불평과 불여의(不如意)로 인하여 원망하고 반목함이라, 곧 강자는 약자를 해(害)하여 자신을 이롭게 하고자 하고, 약자는 강자에게 매취(埋取)를 당하지 않으려고 투쟁이 생기게 되었나니라.

그러므로 먼저 사은의 크고 넓은 은혜를 발견하여 서로서로 그 은혜에 보답하는 보은감사의 생활을 하게 될 때야 비로소 인류 전체에 진정한 평화는 도래(到來)하리라 믿나니, 제군들은 이 말을 건성으로 듣지 말고, 명심하여 잊지 말라."

11. 공산주의는

정산 종사 말씀하시기를 "공산주의는 양잿물과 같아서 일시적으로 큰 개혁을 이루기는 하나 오래가면 양잿물에 빨래가 삭아서 그 옷들을 쓸 수 없게 되듯이 공산주의가 오래는 못 갈 것이니라. 그러나 오랜 구습으로 찌들은 관습들을 일시적으로 청소를 하게 되니 천지개벽의 새 시대를 여는 데 한몫하게 될 것이니라."

12. 유심(唯心)과 유물(唯物)

학인이 묻기를 "거리에 죽어 가는 사람에게는 법을 먼저 들려주어야 하겠습니까? 빵을 먼저 주어야 하겠습니까? 만일 빵이 먼저 필요하다면 유물(唯物)의 세상이 될 것이요, 법이 먼저 필요하다면 유심(唯心)의 세계라 평할 것입니다."

정산 종사, 들으시고 대중을 향하여 말씀하시기를 "제군들은 이런 문제가 있을 때는 어떻게 대답할 것인가? 의견을 말해 보라" 하시니, 이때 몇 사람이 열렬(熱熱)히 대답하되 빵이 필요하다는 대답도 있었고, 그것은 단생(單生)이니 영생(永生)을 보아서는 일시적 빵보다는 법이 필요하다는 이도 있었으며, 혹은 법과 빵이 함께 있어야 한다는 이도 있었다.

5~6인의 대답이 끝난 후, 정산 종사 웃으시며 말씀하시기를 "제군들의 말이 모두 옳은 말이며 해당한 말이나, 나도 거기에 한 말 더하여 할 터이니 제군들의 말과 대조해 보라. 물유본말(物有本末)하고 사유선후(事有先後)라는 말이 있나니, 무릇 물건은 반드시 본말(本末)이 있고, 일은 선후(先後)가 있으므로 이 이치를 먼저 알아야 할 것이니라. 그러

므로 본말과 선후를 가려서 혹은 본이 선(先)이 되는 수도 있고, 혹은 말(末)이 선(先)이 되는 수도 있으며, 반면에 본이 후가 되는 일도 있고, 또한 선이 되는 일도 있으니, 이것을 잘 안다면 세상사를 저절로 알게 될 것이며 이러한 문제도 속히 해결할 수 있을 것이니라.

　예를 들어 말하자면 저 흘러가는 물 한 그릇과 인공이 많이 든 빵 한 개의 가치를 논한다면 반드시 빵의 가격이 큰 것은 피할 수 없는 사실이나, 돈 1천 원 하고 빵 한 개의 가치를 또한 논한다면 1천 원의 금액이 크다는 것을 누구나 인식할 것이니, 원가를 말할 때는 1천 원의 금액은 본(本)이요 빵은 말(末)이며, 죽어 가는 사람을 살리는 데는 빵이 선(先)이 되고 1천 원의 돈은 후(後)가 될 것이니라.

　방금 물은 문제도 이것을 말한 것으로 법과 빵의 가격을 말하자면 법이 근본이요, 빵이 말(末)이 될 것이며, 육신(肉身)을 보호하는 데는 빵이 선이 될 것이요, 법은 후가 될 것이니, 다만 그 처지와 환경에 따라 본말과 선후가 다르게 되나니라.

　물론 물질의 평등에 따라 사회 평등이 된다고 하지만, 그것은 우주의 진리를 잘 알지 못하는 사람에 불과한 것이니, 이 세상은 물질 하나로 조직됨이 아니요, 따라서 인생도 물질에만 국한됨이 아니니라.

　보라! 이 세상은 오욕(五慾)으로써 어지럽게 되나니 물질은 재욕(財慾) 하나에 국한된 것이요, 그밖에 참으로 무서운 색욕(色慾)이나 명예욕(名譽慾)은 오직 물질보다도 마음 조화가 훨씬 큰 것이며, 더 무서운 것이요, 물질로써는 해결할 수 없는 문제이니라.

　그러므로 마음의 탐·진·치를 조복(調伏) 받음으로써 설사 적은 물질로도 보은·감사의 생활을 할 수 있으나 하지만 아무리 평등을 부르짖되 마음에 삼학(三學)의 공부가 없으면, 정의의 물질을 이용할 수 없으며, 따라서 취할 수도 없나니라.

　제군들이여, 사회 평등과 생활 평등을 부르짖거든 그 근본이 되는 우리의 불법(佛法) 가운데서 찾으라. 근본적으로 차별이 없는 불법의 진리를 알아서, 먼저 하시(下視)하고 업신여기는 계급 차별을 없애며, 상생(相生)의 도로써 다 같이 복을 짓고 평등의 원인과 고락의 원인을 알아서, 서로 위하고 서로 은혜를 느끼는 날에야 비로소 세계 평화가 될 것이니라. 어찌 물질의 평등으로만 이 세상을 해결하랴!

　아무리 빈한(貧寒)한 가정도 심락(心樂)을 발견하면 고(苦)도 고가 아니며, 아무리 부유한 가정도 마음에 근심이 많이 있으면 만사가 싫은 고해(苦海)이니라.

　이것은 오직 법으로써 해결해야 하는 것으로 본(本)이 되는 법을 먼저 체(體)로 삼고, 때에 따라 선후를 가려서 물질을 잘 이용하라. 마음의 조화가 무서운 것이지 물질의 평등은 무서운 것이 아닐 듯하니, 제군들도 본말과 선후를 잘 알아서 본말이 위(位)를 바루고, 선후의 차서(次序)를 찾아서 평화의 세계를 만들지어다.”　〈원기33년 12월 11일〉

13. 큰 사업 두 가지

　정산 종사 말씀하시기를 "저 세속(世俗)에서 한 가정의 치산(治産)하는 것을 볼 때에 어떤 사람은 적은 자본을 가지고 크게 이익을 보는 사람도 있고, 어떤 사람은 많은 자본을 가지고도 도리어 손해를 보는 사람도 있나니, 이는 다름 아닌 지혜와 역량의 심천(深淺) 여하에 달린 것이니라.

그러므로 같은 자본을 가지고 같은 노력을 한다면 좀 더 많은 이익과 많은 자본을 만드는 것이 가장 상책이라, 우리 인생도 역시 같은 일생, 같은 노력이면 좀 더 광채 있고 그 공덕이 많이 나타나는 생활이라야 할 것이니라.

무릇 인생의 가치는 그 사람의 덕화(德化)가 얼마나 미쳤느냐에 따라 있다고 할 것이니, 그 사업의 종류를 들어보고자 하노라.

첫째, 구호사업이라, 곤경(困境)에 헤매는 모든 동포를 안락하게, 또는 위경(危境)에서 안전지대로, 시간과 처소를 막론하고 물질로나 육신으로나 기술로써 후원하고 구제하는 사업이니라.

밥이 없어 굶주린 자에게 한 술의 밥을 제공하고, 옷이 없어 추위에 떠는 자에게 한 벌 옷을 주어 방한(防寒)케 하며, 미개한 인류 사회를 문명 이기로써 문화를 향상해 전 인류의 행복을 위하여 노력하는 것이니, 이는 현실 사회를 구제하고 행복하게 하는 사업으로 가히 큰 사업이 되나니라.

둘째, 제도사업이라, 이는 종교의 구경(究竟) 목적이며, 불보살들의 직업이니라. 악한 사람을 더불어 착하게 만들고, 요란한 세상을 평화 안락한 세상으로 만들고자 할진대, 어떠한 물질과 무기나 권세로써는 능히 구원하지 못하나니라. 오직 종교의 힘, 도덕의 힘이라야 구제를 할 수 있는 것이니, 안으로 진리를 각득(覺得)하여 모든 악심(惡心)을 끊고, 고락에 자유를 얻는 것이 비로소 진정한 구제를 받는 것이요, 영원히 안락을 누릴 수 있나니라.

안자(顔子)의 안빈낙도(安貧樂道)는 이에 사표(師表)라, 고락지경(苦樂之境)을 초월하여 죄복의 원리를 깨쳐 알았으므로 영원한 행복과 안락을 얻었다 할 것이니라.

　그러므로 구호사업은 우리의 현실적 구제라, 시간상으로 길지 못하고 잠깐잠깐 나의 한 생(生)을 구제하는 것이나, 제도사업은 나의 한 생을 비롯하여 일체 대중의 영생을 구제하는 것이니, 그 사업의 큼을 가히 알 수 있을 것이니라. 황금의 가치를 알아야 그것의 귀하고 큼을 알 수 있듯이 너희들은 인생의 노력을 헛되이 하지 말고, 그 공덕이 만방에 떨치게 하라."

14. 현실의 안목과 진리의 안목

　정산 종사 말씀하시기를 "현실의 안목으로 우주 만물을 볼 때 봄에는 만물이 생(生)하고, 여름에는 장양(長養)하고 무성하며, 가을에는 쇠하고, 겨울에는 숙살만물(肅殺萬物) 하는 것으로 보이지만, 진리의 안목으로 볼 때는 봄에 만물이 생하는 그 근본이 무엇인가를 연구해 보아야 하나니라.

　서양 철학자 쇼펜하우어는 봄에 고사리가 땅을 뚫고 솟아 나오는 그 힘을 보고 이 우주 만물의 근본 되는 생생 약동하는 기운을 발견하였다고 하나니, 이것은 만물을 진리의 안목으로 본 것이니라.

　그러나 보통의 사람들은 눈으로 보고, 귀로 듣고, 코로 냄새를 맡고, 입으로 말하고, 몸으로 움직이고, 뜻으로 분별하는 것을 나[我]로 보나니, 진리의 안목으로 볼 때에 육근(六根)을 운용하는 그 근본이 무엇인가를 연구하여 보면 그 근본은 다름 아닌 무형한 마음이 들어서 그러한 것인 줄을 알며, 분별심을 떠난 근본 되는 그 마음의 조화인 줄을 깨치게 되나니라.

또 현실의 안목으로 빈부(貧富)·귀천(貴賤)·죄복(罪福)·고락(苦樂)·흥망성쇠(興亡盛衰)를 볼 때에 보통 사람들은 다른 곳에서 구해 오는 줄로 알지만, 진리의 안목으로 볼 때에는 그 근본이 각자의 마음에 지킨 바임을 아는 동시에 빈부·귀천·죄복·고락·흥망성쇠를 유심(唯心)의 소조(所造)로 보나니라.

또는 이 우주 현상에 벌어져 있는 모든 것이 자연의 현상으로만 보이지만, 진리의 안목으로 볼 때는 무형한 진리가 들어서 천태만상으로 나툼을 알게 되며, 또는 현실의 안목으로 현실 사회를 보는 사람은 개인·가정·사회·국가·세계의 혼란함에 대하여 복잡함만 느끼고, 개인을 원망하고 사회·국가·세계를 원망하지만, 진리의 안목으로 보는 사람은 이 세상이 어떠한 이유로서 이렇게 평화롭지 못하고 혼란한 것인가의 그 원인을 연구하여 정신적 교육과 도덕적 훈련이 충분히 보급되지 못한 소치임을 알게 되나니라.

그러므로 개인·가정·사회·국가·세계의 평화와 전쟁이며 흥·망·성·쇠가 오직 이 마음의 수련 여하에 있으므로, 여러분들이 선(禪)을 나는 것은 곧 정신적 교육과 도덕적 훈련을 받음이니, 이 선(禪) 중에 마음 수련을 잘하여 현명한 진리의 혜안(慧眼)을 얻어 일반 사회에, 나아가 세계 평화 실현의 주동 인물이 되어 주기를 바라노라.”

〈원기34년 1월 6일〉

15. 협조

정산 종사 말씀하시기를 "세상의 진리는 현재 약함이 미래에 강함이 될 수 있고, 강한 것이 도리어 약할 수 있나니, 그것은 개인의 힘과 단체의 힘에서 비롯된다고 하겠노라. 개인의 힘이 제아무리 강하나 대적을 방어할 수 없고, 단체에서도 한 개인의 힘은 강하나 대적을 방어할 수 없으니, 그러므로 단체에 있어서 한 개인의 힘은 약하나 합하면 능히 대적을 능가하는 것이 세상의 진리이니라.

조선 민족의 근성(根性)은 근본적으로 개인적 우월감은 세계 인류 중에 비교할 수 없을 정도로 뛰어나나 전체적으로 협조하는 공동의 힘은 부족하나니, 이는 역사적으로 오랫동안 피지배국(被支配國)의 민족이었음이 그 큰 원인인가는 모르겠으나, 역시 그 근성은 특이하게 가지고 있다 할 것이니라. 그 각자 각자가 영웅적 우월감이 강하여, 그 일의 의리와 본말을 생각하지도 않고 각자의 주견에 고집하여 남의 의견은 들을 것도 없이 반대하는 이들이 많나니, 이는 개인으로부터 국가에 이르기까지 일대 병폐가 아닐 수 없나니라.

그러므로 그의 앞에는 가는 곳마다 파괴요 건설을 할 수 없으며, 현 정세(情勢)를 미루어 보아도 잘 알 수 있나니, 국권(國權)도 없는 나라에 정당만이 그 수를 헤아릴 수 없을 정도이요, 국민적 단결과 협조가 부족한 상태에서 어찌 독립된 한 국가의 국권을 회복하랴.

그러나 개인의 힘을 약화하여 공(公)에 미루어 협조하면, 일시적으로 개인의 힘은 약해진다 할지라도 이는 공의 큰 힘을 발휘할 수 있을 것이요, 반대로 비록 공의 힘을 거짓으로 빙자하여 나의 힘에 강함을 드러냈다고 할지라도 협조의 큰 힘을 당해낼 수 없을지니, 오직 영웅적 자기 주견을 버리고, 의리(義理)에 입각하여 공을 위해서 주의주견(主義主見)을 말할 것이며, 모든 주견과 주의를 종합하여 협조의 힘으로써 상호 건설에 노력할지니라.

우리 회중(會中)의 청년들도 더욱 공을 위하고 의리에 입각하여, 영웅적 자기 고집으로써 공(公)을 파괴하지 말며, 서로서로 협조하여 건설하는 청년이 될지어다."

16. 새 시대의 삼강 오륜(三綱五倫)

정산 종사 말씀하시기를 "과거 유가의 삼강(三綱)인 군위신강(君爲臣綱)·부위자강(父爲子綱)·부위부강(夫爲婦綱)은 중심위충(中心爲忠)·보은위효(報恩爲孝)·지조위열(志操爲烈)이라 하여야 미래 세상에 벼리가 되고, 또 오륜(五倫)인 부자유친(父子有親)·군신유의(君臣有義)·부부유별(夫婦有別)·장유유서(長幼有序)·붕우유신(朋友有信)은 부모자녀유친(父母子女有親)·상하유의(上下有義)·부부유화(夫婦有和)·장유유서(長幼有序)·동포유신(同胞有信)이라고 고쳐야 하리라.

또한 세계 평화 삼대 요소는 첫째, 일원주의(一圓主義) 둘째, 공화제도(共和制度) 셋째, 십인일단(十人一團) 제도이니라."

17. 피난하는 비결

정산 종사 말씀하시기를 "옛날부터 많은 비결(秘訣)이 전해오나니, 비결이라는 것은 어떤 도인들이 돌아올 앞날의 대세(大勢)를 미리 보시고 예언하신 것이니라.

영광 법성 지역에도 이러한 비결이 전하여 '돈 실으러 가세, 돈 실으러 가세, 영광 법성으로 돈 실으러 가세.'라고 한 말을 생각해 보면 대종사님의 대회상이 건설된다는 것을 예시하였음을 알 수 있으니 '도(道) 실려 가세, 도 실려 가세, 영광 법성포로 도 실려 가세.'라는 말로 풀어볼 수 있나니라.

또 민요 가운데 아리랑을 보면 '아리랑 아리랑 아라리요, 아리랑 고개를 넘어간다. ….' 라고 하지 않았는가. 이 아리랑 고개는 무식(無識)이 유식(有識)이 되고, 진리를 모르던 사람들이 진리를 듣고 배워서 앞으로 무수한 도인들이 나며, 불법(佛法)이 널리 펴져 인인개개(人人個個)가 성불(成佛)하여 범부의 고개를 넘어 불보살 성현이 되어간다는 뜻이 담겨 있나니라.

또 비결에 '활아자(活我者)는 삼인일석(三人一夕)이요, 살아자(殺我者)는 소두무족(小頭無足)이라.' 하였나니 앞으로 돌아오는 세상은 아만(我慢)과 양반과 벼슬과 세력이 자신을 살리는 것이 아니라 굴기하심(屈己下心)하고 자리이타(自利利他)의 취사(取捨)와 수행의 힘이 없이는 살 수가 없게 된다는 것이요, 근검하여 분수에 안분(安分)하지 못하면 살 수가 없다는 말이며, 당파(黨派) 싸움에는 신명(身命)을 상(傷)하는 세상이 돌아옴을 미리 알려주심이니라.

당(黨)은 당파만이 아니라 무리라는 뜻이 있고 군중이라는 뜻이 있나니, 요사이 말로써는 데모도 당에 속하므로 이러한 비결을 간과하지 말고 혼란한 시국을 피하는 가르침으로 삼을지니라.

또 저 동인(東人)·서인(西人)의 당파 싸움에서 정가산이 동인의 칼에 죽지 않았는가. 그런데 정가산을 죽이면서 '그대가 아니면 장부의 칼을 어디에 써 보며, 내가 아니면 붉은 충성(忠誠)을 어찌 나타내겠는가?' 하며 만사일장(輓詞一章)을 썼었는데 '대인대의(大人大義)는 무병(無病)이요, 대병(大病)은 사물탕(四物蕩) 팔십첩(八十帖)이라.' 하였나니, 이 뜻이 과연 무엇인가.

곧 대인(大人)의 뜻을 가진 사람은 병(病)이 없는 사람이요, 소인(小人)이 되어 소인의 뜻을 가진 사람은 다 병든 사람이니, 이 병은 다른 병이 아니라 탐(貪)·진(瞋)·치(痴)의 대병(大病)이라, 이로부터 당쟁과 혼란이 비롯되었으므로 이 병을 낫게 하려면 사물탕 80첩을 복용해야 한다고 하였나니라.

  그러나 이 대병을 다스리는 사물탕 80첩은 무엇인가. 그 자세한 뜻을 알 수 없어 오늘날까지 비결로 전해왔으나, 무릇 육신의 병자[身病者]는 의사를 가까이해야 그 병이 낫게 되고, 마음의 병자[心病者]는 불보살 성현들의 법을 몸소 실천궁행함으로써 그 병을 낫게 할 수 있으니, 사물탕(四物蕩)은 곧 일원대도(一圓大道) 회상의 사은사요(四恩四要)이요, 팔십첩(八十帖)은 삼학팔조(三學八條)가 아니겠는가.

  이 원만한 법으로써 너도나도 다 수도하여 자신의 심란(心亂)부터 가라앉힐 줄 알면 그 사람은 어떠한 생활면에서나, 경제면에서나, 신병(身病)에서나 뜻하지 않는 변고(變故)가 닥칠지라도 항상 여여(如如)하여 요란하지도 않고, 퇴굴심이 나지도 않으며, 더욱 비관하지 않아서 순·역 경계를 이기게 된다는 대회상(大會上) 교법(敎法)을 예언하신 것이니, 이를 볼 때 불보살 성현들은 혹은 정치로, 혹은 무력(武力)으로, 혹은 성현으로 인도 출현(人道出現)하시어 각 방면으로 세상을 바로잡아 놓으셨나니라.

  혹 배은자(背恩者)의 작란(作亂)으로 인(因)하여 모든 동포가 고해(苦海) 중에 들게 되면 자비 방편을 베푸시어 배은 중생을 제도하게 되나니, 앞으로 구세성자(救世聖者)가 나시어 사물탕 팔십첩으로 인류의 대병(大病)을 고치는 회상이 출현된다는 이 비결의 뜻을 그 누가 알 것인가."

　※ 구타원 종사 기념사업회 발간 법문집 I『一圓相을 模本하라』의 비결 수필 법문에 살아자(殺我者)는 소두무족(小頭無足), 활아자(活我者)는 삼인일석(三人一夕) 우성재야(牛性在野) 진승하야(眞僧下野) 가승입산(假僧入山)에 대한 해석 법문이 소개됩니다. 돌아오는 세상에는 공군란(空軍亂)으로 많은 사람들이 죽게 된다는 뜻. 수도지계(修道持戒)의 진실한 수(修)의 중요성을 예시한 뜻으로 해석하셨습니다. 또 돌아오는 세상에는 수도인이라도 사람들이 모여 살고 있는 도회지[도시], 농촌, 어촌에 교당을 두고 섞여서 같이 살게 된다는 뜻. 또 과거에 도인은 독신으로 불공, 시주, 동령의 원조로 생활하였지만, 돌아오는 세상에는 결혼의 자유, 직업의 자유를 가져 범인들과 같이 불의의 재산을 탐내서 양심에 가책 받을 일을 아니 한다는 뜻으로 해석하셨습니다.
〈원기19년 1월 2일〉

18. 새 시대·새 기운
　이날은 야회 일인바 정산 종사, 법좌에 오르시어 말씀하시기를 "여러분들은 오늘 저녁에 내 말을 허술하게 듣지 말고, 명심불망(銘心不忘)하였다가 훗날에 확인해 보라. 미구(未久)한 장래에 내 말이 옳음을 알게 될 것이니라.
　지금 절기로 말하면 입추(立秋)가 지나고 어제가 말복(末伏)이니까, 허공에는 더위가 가득 찼으나 땅속에는 가을 기운이 움트고 있나니, 그러나 복자(伏字) 그대로 땅속 기운이 오르고자 하나 허공 더위 기운에 눌려서 일어나지 못하여 이때 더위가 더 심한 것은 상생상극(相生相克)의 마찰이 심한 까닭이니라.

이와 같이 시국의 운도 선천지말(先天之末)이요 후천지초(後天之初)여서 날로 민심은 더욱 혼란·흉악해지고, 세계 운명은 위태로운 칼날 위에 선 것과도 같이 한 시각에 운명을 좌우하고 있어 그야말로 아수라장 속에서 칼날을 피해 사는 현 사회(社會)라 할 것이니라.

그러나 반드시 3~4년 이내에 평화의 소식은 전하여질 것이니 그것은 천세(天勢)라, 어찌 우리들이 추측할 수 있는 일이랴. 여름의 새 기운을 타서 한창 무르녹던 녹음도 한결 바람결에 단풍이 들듯이, 지금 지위와 권리에 눈이 어두워서 앞뒤 일을 돌아볼 사이 없이 현실에 날뛰는 자들은 선천의 기운에 사는 자들이요, 후천의 기운을 관(觀)하고 새 마음·새 기운으로 사는 자들은 후천의 기운에 사는 자들이니, 선천의 기운에 사는 자들은 후천의 새 기운이 동방으로부터 비칠 때 양풍(凉風)에 떨어지는 낙엽 신세가 되고 말지니, 그때는 어디 가서 호소하며 누구를 원망하리오.

여러분들이 이에 굳게 결심하여 비록 선천에 살지만 후천 기운에 사는 자신 있는 생활, 힘 있는 생활을 하라. 내 여러분들을 위하여 선천·후천을 밝게 말해 주리라.

앞에서 말한 바와 같이 선천자는 혼몽 중에 사는 자들을 이름이요, 후천자는 새 기운·새 마음으로 사는 자들을 이름이니, 한마디로 말하자면 여러분들은 새 마음·새 기운으로 후천의 기운에 살라는 것이니라.

여러분들도 보아서 아는 바와 같이 잎이 떨어지는 것은 그 자리에 붙어 있을 만한 힘이 없어서 결국은 떨어지게 되는 것이니 후천의 기운에 물러설 자들은 평소에 신심근기(信心根機)가 부족한 자들인지라, 여러분들은 언제나 양심적이고 진리적인 생활을 하며, 설한광풍(雪寒狂風)에도 오히려 씩씩한 기상을 나투고 서 있는 송죽과 같이 양심과 떠날 수 없는 생활, 법에 맞는 생활, 진리를 속이지 않는 생활을 하여서 후천에 부끄럽지 않은 사람, 아니 후천에 나서는 새 일꾼의 선두가 돼라.

세속 사람들은 물론이요, 이 정법 회상을 만난 자일지라도 아무 까닭 없이 살면서 신념을 굳히지 않으면 후천의 기운에 떨어지지 않고 당할 자 누구이랴. 이 세상이 말세가 되면 구세 성자가 나서 혼란한 이 시국을 바로 잡는다고 하셨으니, 유교에서는 9년 만이라 하나, 불교에서는 삼천 년 만이라고 하나니라. 그러나 유가에서 말한 성현은 9년 만에 한 번씩 사바세계에 출현하사 정법 회상의 계통을 이으시나, 참으로 구세 성자는 삼천 년 만에 출현하시나니, 제군들은 새 마음·새 기운으로 후천 시대에 능히 살라."

19. 우리 종사주님

정산 종사 말씀하시기를 "과거에 일원이니, 하나님이니 하여 진리를 말했지만, 이것은 진리를 먼 세상의 이상 세계로 놓고 보았을 뿐이니라. 우리 종사주님의 특징은 이 진리를 우리의 생활에 가장 가깝게 생활시불법(生活是佛法)이요, 불법시생활(佛法是生活)이라 하여 가르쳐 주셨으니 유아(唯我) 종사주님뿐이로다.

하나님이라 하여도 초인간적, 이상적, 이론적인 진리를 운운함에 불과하였고, 또한 과거 현인들의 일원상 말씀도 종사주님의 말씀과는 거리가 있나니라.

현재 종사주님을 한갓 조사(祖師)나 선생님으로 인정하고 있지만, 앞으로 세상이 밝아질수록 종사주님의 공덕과 그 고귀한 법을 사회에서도 알게 될 것이니라. 우리 사은의 윤리를 말할지라도 과거에는 인류에만 제한하였던 것을 일체 유정, 무정을 다 제도하는 큰 법으로 펼쳐 주셨나니라.

계룡산 '정씨왕설'에 '계룡에 닭이 울면 날이 샌다.' 하였나니라. 정씨는 바른[正] 사람이라 할 수 있으니, 어름어름하는 신통으로써는 널리 세상을 제도할 수 없으리라. 인지가 점차 발달하여 우리 종사주님 법이라야만 널리 세상을 제도하리라." 〈원기38년 1월〉

20. 서방 정토 극락이란

정산 종사 말씀하시기를 "서풍이 불기 시작하면 결실을 하나니, 그러므로 가을이 오면 모든 기운이 가라앉아 맑고 청정하여 그 기운이 근본으로 돌아가나니라. 사람에 있어서도 번뇌 망상이 가라앉아야 청정해지나니라.

극락이 다른 곳이 아니라 내 마음이 안정을 얻었을 때요, 지옥은 허비허욕(虛費虛慾)이 많을 때이니라. 극락에서는 복숭아 꽃밭에서 생활하며 새들도 극락조만 있다고 하나 그러한 현실 세계가 있는 것은 아니니라. 내 마음이 청정하고 보면 온 세계가 아름다운 것이요, 내 마음에 안정이 없으면 꽃들도, 좋은 소리도 보기 싫고, 듣기 싫은 것이니라.

내장사에 한 공양주는 보수도 받지 않고 설법만 듣게 해 달라고 하여 생활하게 되었는데, 열심히 공양주 일을 하면서 승속(僧俗) 초월의 경지를 얻었으나, 아무도 알지를 못하였노라. 그러던 중 어느 날 사람들에게 심한 놀람을 당하였고, 얼마 후 서기를 뻗치며 열반에 들었는데, 열반 후 큰 도인이 다녀간 것을 안 대중들은 그를 선사(禪師)라고 받든다는 이야기가 전해 오나니 그 공양주가 숨은 적공을 하여 극락 생활을 하였기 때문이니라." 〈원기38년 1월 15일〉

21. 정신문명과 물질문명의 극치

정산 종사 말씀하시기를 "지금은 추운 동지(冬至)이니 가만히 앉아서 여름 삼복(三伏)의 그 더운 경계를 체득(體得)할 수는 없을 것이니라. 무더운 여름 삼복 때에도 이처럼 추운 동지의 경계를 체득하기 어려울 것이니라.

그와 같이 과학 문명에서도 지금은 원자(原子), 전자(電子) 하는 모든 물질문명과 기계 등이 발달된 것을 알지마는 그 옛날 사람들은 상상도 하지 못하였을 일일 것이니라. 또 이 이후의 물질문명에서도 우리들이 그 극한 발달의 경계 자리를 잘 모를 것이니, 우리의 정신문명도 마찬가지로 그 발달의 극치를 알기는 매우 어려울 것이니라.

그러나 옛날 육조 대사(六祖大師)께서는 어느 날 하루, 도적이 들어와 대사를 죽이려고 하자, 옛 연(緣)에 자신이 돈 아홉 량을 빌려 쓰고 갚지 않은 일이 있어서 지금 자신을 죽이려고 한다는 것을 알았는데 '그 돈 아홉 량을 지금 당장 갚겠다.' 하며 그 도적과의 악연을 풀었다는 이야기가 전해 오나니라.

이와 같이 우리도 수도 생활을 잘하고 깊은 수양력을 얻고 보면, 숙연(宿緣)은 물론이려니와 현재 받는 죄복(罪福)을 비롯하여 미래 세상에 맺게 되는 인연, 주고받는 온갖 일 등을 모두 다 알게 될 것이니라.

또 물질문명과 정신문명이 서로 반반(半半) 시대가 있어서 그 극한 도수(度數)가 바뀔 때는 지난번 같은 6·25 전란이 일어날 수 있을 것이니라.

그리고 오늘날 이러한 혼란은 과거 조선 사회에서 심한 차별 제도로 인하여 억울하게 원심(冤心)을 품고 죽은 그 영기(靈氣)가 뭉치고 뭉쳐 땅에 묻혔다가 선천 후천이 바뀌는 시대에 그 원심들이 머리를 들고 일어나서 서로 죽이고, 해하는 것이라, 우리들도 이 이치를 잘 알아서 어느 세상, 어느 인연을 만날지 모르는 것이니, 서로서로 원수의 척(隻)을 짓지 않도록 노력하라." 〈원기37년 2월 20일 야회〉

22. 광명의 세계

정산 종사 말씀하시기를 "불교의 말씀 중 어느 곳에 가면 일월이 없는 암중 세계가 있다고 하였는데 일월이 없는 세계에서 사는 중생은 얼마나 고통스러울지 생각하면 참으로 불쌍하도다. 또한 광명이 있다고 하더라도 눈이 어두워 노상에서 걸식하는 사람을 보면 참으로 불쌍하도다. 이와 같이 광명이란 좋은 것이니라. 그래서 인도에서는 광명신을 숭배하는 광명 종교가 있나니라.

그러나 광명이 있다고 하더라도 보지 못하는 세계는 그 고통이 어떠할까. 현실에서 본다면 지하에서 사는 중생은 광명 세계를 보지 못하는 암중의 지옥 생활이니라.

또한 지하뿐 아니라 지상에서도 무엇에 가리면 못 보는 것이라, 인간의 마음에 있어서 무엇에 가리면 광명을 보지 못하는 것이니라. 곧 광명의 세계란 따로 있는 것이 아니라 현실에 있으며, 또한 한 걸음 나아가 그러면 마음의 광명을 받고 마음의 광명을 못 받는 원인은 무엇인가. 그것은 통즉명(通卽明)이요, 색즉암(塞卽暗)이며, 유즉색(有卽塞)이요, 공즉통(空卽通)이니라.

가령, 내가 지식이 무던하다는 생각에 가리면 타인의 지식이 들어오지 못하고, 또는 내가 옳다 하면 그 이상 시비의 광명이 들어오지 못하나니라.

그러므로 아상(我相)이란 광명을 가리는 큰 적벽이요, 이 적벽으로 인하여 외부의 공정한 광명이 들어오지 못하나니라. 벗이 충고하나 내가 옳다 하면 시비가 들어오지 않는 머리에 누가 다시 충고하지 않으며, 또한 욕심에 가리면 밖을 보지 못하며, 자기가 하고자 하는 것에 가리면 타인이 아무리 지도하려 하여도 듣지 않는 것이니라.

그리고 특히 진심(嗔心)에 가리면 살림도 부수고, 아내도 때리고 하는 등 체면과 위신의 모든 광명을 보지 못하는 것이니라.

그러므로 일체가 아상의 욕심 등이 가리면 광명이 불통해서 암중 가운데 사는 것과 같나니, 공부하는 우리는 아상을 버리고 공(空)한 심경으로 물건과 타인을 대하며, 무욕심(無慾心) 무착심(無着心)으로, 즉 공(空)하고 통(通)하는 심경으로 보아야 일체에 통하여서 만사를 공변되이 알 수 있으며, 광명을 받을 수 있을 것이니라.

무형한 우리 마음 가운데 아상과 욕심이 가리면 광명을 못 보는 암중 지옥 생활하는 것으로, 인간은 자기가 권세가 있으면 하시(下視)하고 '종놈이다' 하다가 자기가 아쉬우면 아첨하고 '아버지'라고 하기도 하나니라.

오직 평탄한 마음으로 언제나 여여하게 망념됨이 없이 마음을 변치 말라. 즉 마음이 공하고 발라야 일체가 바로 보이는 것이니, 잘 명심하여 암흑에 떨어지지 말고, 광명의 세계에서 살라."

23. 교운의 전망

정산 종사 말씀하시기를 "종사주님께서 득도하신 뒤에 초등 제자를 상대로 가사(歌詞)를 송(頌)하시니 그 이름이 『법의대전(法義大全)』이니라. 이것은 우리 회상의 발전을 암시한 것이 대부분인데 원기5년에 〈신정교강(新定敎綱)〉을 발표한 후 교화하는데 정전(正典)이 되지 못한다고 불태우고 구전으로만 몇 편 남아 있노라.

그 내용 중에 사오십 년 결실(結實)이요, 사오백 년 결복(結福)이라 하는 내용에 대하여 말해 주고자 하노라.

결실이라 하는 것은 한 종자를 뿌리매 성장하여 열매를 맺으니, 씨를 뿌리는 곳에서는 결과를 보고 결실이 된다는 말이니라.

결복이란 말은 그 결과가 그 지방에만 미치는 것이 아니라 여러 곳에 다 같이 그 과를 누리고, 모든 세상 사람이 복으로써 결과를 짓는 것이니, 과거 38년 전에 창전(創傳) 되었으나 사오십 년이 되면 그 나무의 열매를 알 수 있어 저 원불교의 존재가 어떤 것인가를 알게 되나니라. 그 좋은 씨는 모든 사람이 가꾸어 그 씨를 가지고 좋은 열매를 맺게 될 것이니 이것이 결복이니라.

사오십 년 후에 알려지고 사오백 년 후에 전 세계에 드러나게 되나니, 또 온 세계에 법을 퍼뜨리는 것이 우리의 목표라, 조그마한 것에 만족하고, 또 조그마한 일에 실망해서는 안 되나니라.

목전의 잘된 일에 만족하지 말고, 잘 안된다고 실망하지도 말라. 일양(一陽)이 시생(始生)하면 일음(一陰)이 꼬리를 감추는 것이로되, 동지가 지나고 보면 추위가 갈려서 최후 발악을 하기에 더욱 추운 것이니라. 그래서 정 2월에도 동설(冬雪)의 기운이 사라지지 않고 봄이 막연히 바라다보이는 것과 같이, 천지 운수도 이와 같아서 새로운 기운이 싹트되 완전히 때가 오기까지는 그 힘이 미약하여 앞 세력에 압도되어 큰 힘을 타기까지가 어려운 것이니라.

그러나 때가 차면 일일일시(一日一時)를 다투어 큰 발전을 보게 될 것이라, 우리가 대공심으로 나아간다면 회상의 기운과 합치되어 회상의 힘을 개인도 타게 될 것이니, 모든 일이 상상도 못 하게 대성황을 이루고 개인도 복 될 것이니라.

만일 공을 빙자하고 개인의 사익을 도모하는 비공심적 행위를 한다면 그러한 사람의 하려는 일의 실패는 물론이요, 개인의 앞길도 막힐 것이니라." 〈『법설』 p.82. 교운 법설 보완. 원기38년 1월 18일〉

24. 무궁화와 태극기

정산 종사 말씀하시기를 "산동(山東) 백우암(白牛庵)에 한 그루 무궁화를 어떤 교도가 심어 자랐는데 한여름 단 이슬을 흠뻑 머금고 아침 햇볕을 받아서 참 아름답게 보였노라. 백의단심(白衣丹心)을 표한 것이 무궁화의 정격(正格)이로다. 그러나 사실은 참으로 보기에 소박한 꽃이라, 누가 무궁화의 진의(眞義)를 알겠는가. 꽃들이 참으로 많으나 저 무궁화처럼 그 이름이 좋은 꽃은 흔하지 않도다.

무궁화는 비교할 수 없는 아름다운 꽃이요 더욱 변함없는 영광이 있나니라. 곧 무궁(無窮)은 한량없고 변함이 없으며, 화(花)는 아름답고, 영광스럽고 사랑스러운 뜻이 있나니라.

국화(國花)는 그 나라의 자랑을 상징하는 것이요, 그 나라 사람들이 한결같이 사랑하는 것이니, 세상에 아름다운 꽃이 많이 있지만, 그 꽃이 아름답고 뜻이 깊으며 고귀한 꽃은 많지 않나니라. 예수님께서도 한 떨기 나리꽃을 무척 좋아하셨나니라.

그러나 이 세상에는 도덕에서 얻어지는 꽃다운 이 꽃, 무궁화는 변함이 없는 것이라, 이것을 상징하는 국화야말로 자연적으로 우리 도덕이 앞으로 드러날 것을 예증(豫證)한 것이라 하겠도다.

태극(太極)은 그 이치가 무상(無上)이니, 우주의 원리로 만물의 부모이며, 기(旗)는 높이 받들어 부모와 같이 우러러보는 것이니라.

각국의 국기는 뭐니 뭐니 해도 태극에 근본했나니라. 그러므로 국가의 위신은 태극의 원리로써 세워질 것이니, 태극의 조종(祖宗)은 곧 일원대도(一圓大道)니라. 그러므로 앞으로 세계만방에서 높이 받들게 되리니, 이러한 국기를 가진 영광으로 세계만방에서 일원대도를 찾아 높이 받들 것이니라. 이러한 연유를 살펴보면 천기자동(天氣自動)으로 조선이 대한(大韓)이라, 모두 이 회상의 출현을 예시한 것이라 하리라. 부모가 된다는 것은 정신적 부모가 된다는 것이니라.

동방이 새로 밝아 조선 강산이 아닌가.
금강산 법기봉(法起峰)에 무시선당(無時禪堂) 이뤘어라.
태극기로 건당(建幢)하고 일원대도(一圓大道) 강설(講說)하에
삼천세계 일체 대중 무궁화로 공양이라.

인도의 시성(詩聖)이라는 타고르 선생은 일본을 지나 조선을 방문하려고 하였으나 뜻을 이루지 못하셨고, 시 한 수를 남겼노라.

일찍이 아시아의 황금시대에 하나의 등불이던 빛나는 조선,
그 등불 다시 한번 켜지는 날에 너는 세계의 빛이 되리라.

태극기와 무궁화는 천기자동(天氣自動)으로 이와 같이 일원대도 회상의 출현을 예시하고 있으며, 장차 세계만방에 정신적 부모가 되리라는 전망을 밝히고 있나니라." 〈『법어』 국운편 33. 법문 보완〉

25. 아침 심고

정산 종사 말씀하시기를 "산천은 수려하여 나를 보호하고 일월은 찬란하여 앞길을 비추어 주도다. 이 천지 사이에 생을 받아 커 나가게 된 나의 행복함이여, 나의 기쁨이며, 나는 삼난을 돌파하여 부처님 회상에 참예하게 된 한 사람이며, 유구한 역사를 가진 이 나라 이 겨레의 한 사람이 되었으니 쾌연히 정열을 바칠 곳이 이곳이로다. 나는 눈을 감고 마음을 가다듬어 법신불 사은전에 발원하노라. 이 몸을 헛되이 썩히지 않으리라고 다짐한 그 일을 이루며, 그 한 일이 나라의 기초가 되고, 전 인류의 공헌이 되며, 한 걸음 그 한 걸음이 나를 향상해 주며 복전으로 인도하여 주도다. 생의 가치를 찾은 나의 생명이 기이하도다. 오늘 하루 나의 공덕이여, 감사의 마음을 가득히 품고 오늘의 일터로 씩씩하게 나아가리라."

26. 저녁 심고

정산 종사 말씀하시기를 "하루의 일을 기쁘게 마침이 오로지 법신불 사은의 가피(加被)하심이로다. 내일은 새날을 맞아 새로운 마음으로 나아가리니 생이 있는 곳에 활동이 있고 활동이 있는 곳에 일이 이루어지매 광영이 따르도다. 활동과 일은 마음을 기쁘게 하며 몸을 건강하게 하도다. 꽃이 피어나 열매를 맺는 것은 땅속에 숨은 뿌리의 힘으로, 구름 밖에 솟은 고루거각(高樓巨閣)은 튼튼한 주석(柱石)의 힘이로다. 나타난 공덕은 헤아릴 수 있으나 안 보이는 힘에도 다함이 없는 생명, 무루의 복이 쌓이나니, 눈앞의 보수를 바라지 말고 영원의 생명, 무루의 공덕에 내 몸을 불사르리라. 내일도 새로운 마음으로 정성을 다 하리리라. 법신불 사은이 가호하시고 제불이 호념하시옵소서."

제5편

자비하신 스승님

제5편
자비하신 스승님

1. 정산 종사 말씀하시기를 "사람이 80세까지 산다고 해도 긴 세월을 놓고 볼 때 이는 한순간에 지나지 않나니 잠자는 시간, 노는 시간, 아픈 시간 등을 빼고 나면 정작 남을 위해 일하는 시간이나 공부하는 시간은 불과 몇 년도 되지 않나니라. 그러므로 우리 공부인은 시간을 아끼고 살아야 하나니라."

2. 정산 종사, 서대인에게 감사부장직을 맡기시며 말씀하시기를 "감찰기관에서 일을 하려면 모든 일을 공법으로 처리는 하되 사람을 살리는 방향에서 덕으로 하라. 누가 잘못을 했다고 해서 크게 벌을 주어 앞길을 막아버린다든지, 아니면 그 사람의 설 땅을 없애버린다든지 하지 말라. 또 될 수 있으면 벌 줄 일보다는 상 줄 일을 발견하라. 그러면 결국에 가서는 상생의 인연이 되나니라. 그러나 벌을 주는 기관에 있으면 자칫 벌을 잘못 주게 되어 상극의 인연이 맺어져 영생에 곤란을 받게 되나니 아픈 마음으로, 딱한 마음으로, 미운 마음을 갖지 말고 일을 해야 하나니라."

3. 정산 종사, 평소 의복이 사치한 사람을 보시면 "그 옷 입지 말라." 하지 않으시고 "나는 비단옷을 입고 있으면 참 부끄럽더라." 하시며 모든 일에 있어 큰 소리로 꾸중하지 아니하시고 간접적으로 경책을 해 주시었다.

4. 총부의 겨울은 참으로 이상의 낙원이다. 특히 눈이 하얗게 대지를 덮으면 더욱 그렇다. 정산 종사도 이러한 광경을 즐기시는데 어느 날 마냥 탄성을 지르는 박은국에게 말씀하시기를 "다른 사람들은 이 기쁨의 참맛을 잘 모르겠지? 앞으로 우리가 나아가야 할 세계가 이렇게 양양(洋洋)한데 이 공부를 못한 사람들은 이 기쁨을 잘 모르겠지…." 하시었다.

5. 정산 종사, 하루는 장판이 낡아서 떨어져 있는 것을 발견하시어 "풀과 마분지를 가져오라." 하시고 방 바르는 법을 일러주시며 말씀하시기를 "이렇게 젖은 걸레로 먼저 바닥을 닦아서 장판을 축인 후 풀을 칠하여 바르나니, 젖은 걸레로 덮어 놓으면 촉촉해서 잘 붙나니라." 하시었으며, 또 문에 구멍이 나면 "문 창살 따라서 붙여야 보기가 좋나니라." 하시는 등 일상적인 생활 속에서 법문을 해주시지만, 사제지간(師弟之間)이라기보다는 인자하신 아버지같이 알뜰히 챙기시고 가르쳐 주셨다.

6. 정산 종사, 하루는 학원생들과 산초를 따러 가시었는데 한 학원생이 같은 나무에서 산초를 따다가 여쭙기를 "일체 만물이 개유불성

(皆有佛性)이라 하였으니 이 산초나무도 성불(成佛)할 수 있습니까?" 하자 정산 종사 빙그레 웃으시며 말씀하시기를 "이 산초나무 자체가 성불한다는 것이 아니라 수도인들이 이 산초를 먹고 도를 이루면 다 성불을 하는 것이요, 그것이 불성(佛性)이니라." 하시었다.

7. 정산 종사, 평소 작은 생명이라도 소중하게 여기시어 제자들에게 살생을 절대 금하게 하신바, 조실 시계 위에 벌이 집을 짓고 살아도 쫓아내지 않고 내버려두시었는데, 여름철이 되자 모기가 극성을 부리므로 하루는 시자 박정훈이 무심코 모기를 쫓아내기 위해 온 방에 모기약을 뿌리자, 벌이 밖으로 나와 돌아다니는 것을 보시고 정훈에게 말씀하시기를 "저 벌들을 살려 내라. 한 마리도 죽이지 말고, 다 살려 내라." 하시며 크게 꾸중하시었다.

8. 정산 종사, '유일학림' 학원생들에게 말씀하시기를 "부처님을 반대하고 애를 먹이면 제도를 못 받나니, 그래서 부처님 재세 시에 조달이가 그렇게 애를 먹여서 생함지옥에 들어가 제도를 못 받았나니라." 하신 후 이튿날 다시 말씀하시기를 "내가 어제저녁에 꿈을 꾸니 조달이가 왔더라. 그런데 '왜 저는 제도를 못 받습니까? 저도 제도를 받게 해주십시오.' 하여 생각해 보니 진정으로 참회하고 정진하면 누구나 제도를 받을 수 있는 일이라, 어찌 조달이라 하여 예외가 될 수 있으리오." 하시었다.

9. 지방의 교무가 총부에 들러 정산 종사께 그동안의 교화 상황을

보고드리며 "교당에서는 생일 기도나 선조의 제사를 모시는 교도가 많습니다." 하자 정산 종사 말씀하시기를 "그래, 그러면 기도비나 제사 헌공비도 불전(佛前)에 올리는 교도가 있더냐?" 물으시며 말씀하시기를 "기도나 제사의 기념 헌공비는 총부로 보내라. 원력이 뭉치고 소원이 깃들어 있기에 지방에서 쓰는 것보다 총부에서 뜻있고 유용하게 쓰여야 하나니라." 하시었다.

10. 통영교당 개척 당시, 교도들 대부분이 어업(漁業)에 종사하는지라 '고기를 많이 잡기 위해 기도를 모시자.'라고 하는 경우가 많아 이를 고민한 교무가 총부에 들러 정산 종사께 여쭙자 웃으시며 말씀하시기를 "우(禹)임금이 9년간이나 치수(治水)를 하실 때 산야(山野)에서 맹수들이 사람을 해치는지라 할 수 없이 그 맹수들을 잡기 위해 덫을 놓고는 제문(祭文)을 썼나니, 부득이 인간을 살리기 위해서 덫을 놓지만 살고 싶은 맹수는 동서남북으로 달아나고, 꼭 죽고 싶은 맹수만이 덫에 걸려 죽으라는 내용이라, 너도 우임금이 제문을 쓰고 기도를 모셨듯이 그렇게 하면 되나니라." 하시었다.

11. '유일학림' 학원생들이 남녀권리 동일에 대하여 회화(會話)를 하면서 남자 학원생들보다는 여자 학원생들의 의견이 많고 주장을 많이 하는지라 이를 지켜보시던 정산 종사께서 말씀하시기를 "제군들의 의견은 일리가 있으나 여자들이 남자들을 억지로 이기려고 하는 것보다는 자연스럽게 하라." 하시었다.

12. 정산 종사, 승부교당에 오시어 교도회장 유형석, 유철원 등과 함께 마을 뒷동산에 오르시어 근방을 살펴보시고 말씀하시기를 "앞으로 마음공부를 잘하여 큰 도인이 되면 각 교당에서 법사로 초빙하여 좋은 음식으로 대접하고 또 시봉금도 많이 드릴 것이나, 그 법사는 대접은 잘 받아도 시봉금은 교당에 긴요하게 쓰도록 그냥 놓고 갈 것이니라." 하시고 앞산의 봉우리를 가리키면서 "도인들을 헬리콥터로 모시게 되나니 저러한 곳에 내리게 될 것이니라. 복(福) 있는 사람이 도덕 회상에 귀의(歸依)해서 공부하게 될 것이니라." 하시었다. 그 후 유향원(柳香元)이 전무출신을 서원하여 총부에 와서 정산 종사께 인사를 올리니, 말씀하시기를 "네가 큰 일을 해냈구나. 앞으로 너의 뒤를 이어 무수한 인재가 나올 것이니라." 하셨다. 오늘날 18명의 전무출신이 배출되었으니 그 법문이 허언(虛言)이 아니었음을 확인하게 된다.

13. 심혜관이 '동산선원'에 잠시 요양차 행가하신 정산 종사께 하루에 6번씩 지극한 정성으로 시탕(侍湯)을 올리자, 정산 종사 그때마다 조용히 웃으시며 콧노래처럼 "함평천지(咸平天地) 함평천지(咸平天地)…" 하시며 "공부만 잘해라, 공부만 잘해라" 하시면서 따뜻이 맞아주셨다. 심혜관은 함평 출신으로 20세 시 도양교당에서 요양차 오신 정산 종사를 뵈었는데 그것을 잊지 않으시고 알뜰하게 챙겨주신 것이다.

14. 김인철이 건강과 수행을 위하여 단식이나 생식을 하고자 정산 종사께 여쭙자, 말씀하시기를 "대산(大山) 선생이 영산에서 휴양 중이니, 그곳으로 가 보라" 하시고 또 말씀하시기를 "욕심(慾心)이 없어야 큰 공

부를 하고 사심(私心)이 없어야 큰 일을 할 수 있나니라." 하시었다.

15. 정산 종사, 총부 예회 때 말씀하시기를 "기린이란 짐승은 자비(慈悲)가 많아 길고 큰 뿔에 나뭇가지가 꺾여질까 하여 뿔을 움츠리고 조심스럽게 다니며, 소나무는 추운 겨울에도 잎이 떨어지지 않고 그 절개를 지키나니라."

16. 정산 종사, 야회에서 말씀하시기를 "큰 난리가 일어났으나 무슨 일이든 먼저 앞장서지 말고, 특히 언어를 조심하라. 그리고 농사는 천하의 대본(大本)이라 하였나니, 어디로 가든 농사일에 조력하며, 난리 중에도 『교전』을 마음에 소중히 모시고, 또 대종사님을 마음에 모시고 살면 아무 일도 없으리라."

17. 6·25동란이 일어나자, 총부 또한 매우 어려운 상황에 부닥쳤다. 낮에는 비행기 폭격이 계속되었고 정산 종사께서도 '유일정미소'와 '대각전' '유일학림' 등을 왕래하시며 생활하셨을 정도이니 짐작하기 어렵지 않다. 이때 정산 종사, 몇몇 남지 않은 총부 임원들에게 말씀하시기를 "옷차림은 작업복 등으로 검소하게 입어라." 하시고 몸소 삼베옷 등을 입고 완장을 끼신 후 총부 구내를 다니셨다.

18. 6·25동란이 일어나자, 총부 직원들은 종법실의 지하실을 치우고 미숫가루와 물 등을 준비하여 정산 종사를 모시고 지하실에서 은신하였다. 그런데 국군이 후퇴한 지 불과 3~4시간 지난 때에 인민군 선

발대가 총부에 들이닥쳤다. 이때 지하실에 숨어 있던 사람들을 밖으로 내몰고 한 사람씩 검열을 하면서 "혹시라도 국군이 끼어있을지 몰라 확인하는 것이니, 안심하라."고 하였다. 몇 사람의 검열이 끝나고 정산 종사의 차례가 되자 누군가 "이분은 원불교의 대표이신 종법사님이십니다."라고 인민군 장교에게 설명하자, 그 장교가 정산 종사의 위아래를 살펴보다가 그만 고개를 숙이고 공손히 대하는 것이 아닌가.

이때 정산 종사 말씀하시기를 "우리는 다 같은 민족이요 한 형제들이니라." 하시자 인민군들은 크게 감명을 받고 공손히 인사를 한 후 물러갔다. 나머지 사람들은 검열도 하지 않고 인민군 선발대는 물러갔다.

19. 원기35년 8월, 공산군이 총부를 점령하여 계속 '협력하라.'고 강압하자 정산 종사, 제자들에게 말씀하시기를 "조금만 기다려 보자." 하시면서 시일을 미루었는데 얼마 후 9·28 수복이 되었다.

20. 정산 종사, 6·25 전쟁 당시 원평으로 피란을 떠나는 박성경·김성주·전이창 등에게 말씀하시기를 "원평에 도착하면 곧바로 뽕나무로 비녀를 만들어서 꽂은 후, 교도들에게 무명이나 삼베옷을 얻어 입고 너희들의 옷은 땅속에 묻어라."하고 당부하시었다.

21. 조지성이 처음 출가하여 좌포교당 간사로 근무하게 되어 정산 종사께 인사를 올리니, 말씀하시기를 "육조(六祖) 대사께서도 출가하여 나무하고 방아 찧으면서 도를 이루셨고, 우리 회상의 선진들도 남자는 산업부에서 논밭을 갈고 일을 하면서, 여자들은 공장과 식당 일

을 하면서 도를 이루었나니라. 너도 옛 도인들과 선진들처럼 일 가운데 도를 이루어야 하나니라." 이 법문을 새긴 조지성은 6·25동란으로 국군과 인민군이 밤낮으로 바뀌는 위험한 상황에서도 교당을 지키며 근무에 힘썼다.

22. 한정석이 결혼을 하고 정토회원과 함께 인사를 올리니 정산 종사 말씀하시기를 "전무출신은 정토회원에게 돈을 가져다 쓰지 말라는 계문(戒文)을 하나 더 주노라." 하시었다.

23. 어떤 학인이 정산 종사께 "병이 생겼으나 돌팔이 의사가 약을 주어 나았습니다."하고 보고 말씀드리자, 말씀하시기를 "은혜 입은 사람이 그렇게 말을 표현하면 못쓴다." 하시고 시정해 주시었다.

24. 주산 송도성 종사의 급작한 열반에 대중들이 너무나 슬퍼하고 애통해하는지라 정산 종사 말씀하시기를 "주산은 대종사께서 음부공사(陰符公事)로 꼭 필요하시어 불러가신 것이니 너무 슬퍼하지 말라. 주산은 가나오나 이 회상을 위하여 일할 뿐이니라." 하시었다.

25. 정산 종사, 평범한 말 중에서도 "아이고 죽겠네, 난 더 이상 못 살겠다."라는 말에 대하여 특히 경계하셨다.

26. 정산 종사, 한 학인에게 물으시기를 "요즘 공부는 어떻게 하고 있느냐?" 하자, 학인이 "공부의 요령을 잡을 줄 모르겠습니다."하고 대

답하거늘 말씀하시기를 "우리의 『교전(敎典)』을 1백 독만 하여라. 1백 독만 하면 문리(文理)를 얻을 것이니라." 하시었다.

27. 총무부장이었던 정광훈이 정산 종사께 "양혜경이가 졸업하면 총무부로 발령하겠습니다."라고 보고를 드리고, 또 교정원장이었던 이완철이 "박제권이가 전주에서 법당 신축을 하는데 약한 몸이라 건강한 혜경이를 부교무로 보내야 합니다."하고 의견이 맞서게 되자 정산 종사 두 사람의 의견을 끝까지 듣고서 말씀하시기를 "무슨 일이나 경중(輕重)과 완급(緩急)을 보아야 하나니, 전주교당의 공사는 혜경이가 꼭 필요하고 총무부에는 또 다른 사람을 쓸 수 있는 일이니, 총무부장은 기쁜 마음으로 양보하고 혜경이를 전주교당으로 보내라." 하시었다.

28. 음력 설날을 맞이하여 조채기·조정중 형제가 세배를 올리니 정산 종사 말씀하시기를 "너희가 학교에 빠지지 않고 다니듯이 법회 출석도 그렇게 하라" 하시고 "그동안 『정전(正典)』을 몇 번이나 읽었느냐."라고 물으신 후 "마음공부를 잘해야 하나니, 앞으로 마음공부 잘한 사람은 학교 공부 잘한 사람의 스승이 되리라." 하시었다.

29. 여기숙사가 종법실과 가장 가까운 곳에 있었기에 걸핏하면 깔깔거리고 웃는 웃음소리가 종법실에 계시는 정산 종사께까지 들리는지라 박현일을 불러 웃으시며 말씀하시기를 "웃고 사는 것은 아름다운 일이나 너무 크게 웃으니, 손님이 오실 때에는 좀 민망하더구나. 앞으로는 조심조심 작게 웃도록 하라." 하시며 손님 오실 때의 유무념 공

부를 가르쳐 주셨다.

30. 정산 종사, 어느 날 도양교당의 뒷산에 교당 요인 몇 사람과 함께 오르시어 말씀하시기를 "도양교당이 장차 영광지방의 수반지 교당이 될 것이요, 이 자리가 수반지 교당의 대각전이 될 것이니라." 하시었다. 현재 도양교당의 연원으로 목포교당·광주교당·군서교당·군남교당·불갑교당·법성교당·해룡중·고등학교 등이 설립되었다.

31. 지해원이 위병으로 고통스러워한다는 소식을 들으시고 하루는 부르시어 말씀하시기를 "근산! 위가 아픈가. 나는 하나도 아프지 않은 것 같은가."
"그냥 뵈면 하나도 아프시지 않은 듯합니다."
"나도 가슴이 찢어지는 것처럼 아프다네. 나의 이 아픈 것을 다 표현하면 우리 대중들이 얼마나 걱정을 하겠는가. 근산도 참는 공부를 좀 하소." 하시었다.
그 후 지해원은 병마와 싸우면서 정산 종사의 이 법문이 큰 힘이 되었다고 한다.

32. '수계농원'이 운영난으로 원의회에서 방매 처리하기로 결의하고 그 위원에 성정철, 조희석, 이운권, 이완철, 박장식 등이 내정되었다고 보고드리자, 정산 종사 말씀하시기를 "수계농원에서 서광이 충천하는 것을 보았노라. 방매를 중지하라." 하시어 중지되었는데 이듬해 목포 교도 김현관이 수계농원에서 인삼을 심게 되었다. 이때 정산 종

사 또 말씀하시기를 "인삼 농사로 인재를 기르자." 하시고 은산(恩山) 육영재단을 설립하게 하시었다.

33. 학원생이었던 박현일이 어느 날 정산 종사의 진짓상을 가지고 가자 정산 종사 말씀하시기를 "너는 왜 밥상을 자주 안 가지고 오느냐. 나에게 자주 와야 물어볼 것도 있고 할 말도 있지 않겠느냐." 하시거늘 박현일이 "저는 키가 작고 힘이 약해 가끔 진짓상을 올리게 되었습니다."하고 대답하자 이어 말씀하시기를 "앞으로는 절을 많이 하여라. 그러면 내세에는 키가 커지리라." 하시었다. 박현일은 그 후 그 법문을 길이 간직하여 누구를 만나도 인사만은 게을리하지 않았다.

34. '유일학림' 졸업식을 마친 학원생들이 종법실에 들러 정산 종사님을 모시고 종법실을 배경으로 사진을 서로 찍으려고 하자 정산 종사 말씀하시기를 "나는 가만히 의자에 앉아 있을 테니까 너희들만 바꾸어 가면서 찍어라." 하시었다.

35. 심익순이 '동산선원'을 졸업할 즈음 어느 날 정산 종사께서 부르시어 말씀하시기를 "네가 신도안교당 교무로 가야 하겠다." 하시자 심익순이 놀라 "저는 간사 근무도 하지 않았고 부교무 생활도 안 해봐서 아무것도 모르는데 어떻게 교무로 갈 수 있겠습니까?" 하고 감당할 수 없음을 말씀드리자 다시 "너,『대학(大學)』이라는 책을 배웠느냐?" 하시어 "예, 배웠습니다." 하자 "『대학』에 '시운도요요(詩云逃夭夭)여 기엽진진(其葉蓁蓁)이로다. 지자우귀(之子于歸)여 의기가인(宜其家人)

이라 하니 의기가인이후(宜其家人而後)에 가이교국인(可以敎國人)이니라.'는 구절이 있나니라. 『시경』에 이르기를 '복숭아나무의 싱싱함이여, 그 잎새 무성하도다. 아가씨가 시집을 가니 그 집을 화합하게 하리.'라고 하였으니, '그 집안 사람들을 화합하게 한 뒤에라야 나라 사람들을 가르칠 수 있을 것이라.'는 뜻이니라.

처녀가 시집을 갈 때 아기 낳는 연습을 하고 가느냐. 그냥 시집을 가면 모든 것이 다 자연스럽게 되는 것이니 너도 안심하고 가거라." 하시었다.

이에 심익순도 더 이상 뜻을 거스를 수 없어서 "제가 교무 노릇을 잘못하면 어떻게 합니까? 그때는 다 책임을 지셔야 합니다." 하자 정산 종사, "그래, 내가 책임지마." 하시었고 심익순은 첫 교역의 길인 신도안교당에 부임하였다.

36. 심익순이 출가하여 총부에 오니 이성신이 정산 종사를 시봉하고 있었다. 그런데 진짓상이 들어와 정산 종사께서 진지를 어떻게 잡수시나 보고 싶어서 방에서 나가지 않고 있자, 이성신이 자꾸만 나가라고 하였다.

이러한 광경을 보신 정산 종사께서 이성신에게 "가만히 놔둬라. 나 밥 어떻게 먹나 구경하려고 그러는 것이니라." 하시었다.

심익순은 정산 종사께서 진지 드시는 것과 시봉인의 자세 등을 보고 '저 정도면 나도 할 수 있겠다.'라는 생각이 들었는데 그 후 몇 개월 동안 진짓상을 올리게 되었다.

심익순이 정산 종사께 진짓상을 올리면 밥상에 올려져 있는 반찬을 일일이 설명해 주셨는데 어느 날 하루는 심익순에게 "이 세상에서 가장 큰 식물이 무엇인지 아느냐?" 하고 물으셨다. "모르겠습니다." "미역이니라. 미역은 태평양 수만 길 바다 밑에서 뿌리를 박고 물 위까지 올라오는 것이란다. 그리고 김은 해의(海衣)라고 해야 옳고, 조기는 석어(石魚)라고 해야 하며, 배추는 백채(白菜)라고 해야 하나니, 또 청국장은 청국에서 나는 장이니라. 기마 민족이 메주를 끓여서 말안장에 올려놓고 말을 타고 다니면 말 등의 온기와 사람 엉덩이의 온기가 맞닿아 발효되고 스스로 찧어져 먹는 것이 청국장이니라." 하시었다.

37. 심익순이 장수에 행가하신 정산 종사를 뵙고 "제 이름이 순할 순(順)의 익순이온데 성격이 부드럽지 못하고 직선적이기 때문에 덕이 있는 사람이 되도록 이름을 좀 바꿔주십시오." 이에 정산 종사 말씀하시기를 "순할 순(順)을 순임금 순(舜)이라고 하자. 이 세상에서 덕이 제일 많은 분이 순임금이니라."

38. 정산 종사, 어느 날 이혜정에게 물으시기를 "요즘 『교전』 공부를 어떻게 하느냐. 교전을 많이 읽고 외우도록 하여라." 이혜정이 여쭙기를 "뜻도 모르고 외우기만 하여도 됩니까?" 하자 말씀하시기를 "외우다 보면 문리(文理)가 터지는 것이니라." 하시었다.

39. 정산 종사, 어느 날 한 학인을 불러 시자를 시켜 상시일기장 1권을 주시며 말씀하시기를 "일기를 열심히 쓰느냐. 날마다 하루의 일과를 점검해 보아라. 그러다 보면 마음공부의 틀이 잡히나니라." 당시는

아직 상시일기를 시행하지 않을 때였다.

40. 정산 종사, 이혜정에게 말씀하시기를 "앞으로는 정남(貞男)·정녀(貞女)가 귀해질 것이니라." 그때 시자 이공전이 들어오자 가리키시면서 "저 사람이 바로 선관이요, 너는 선녀이니라." 하시며 웃으시었다.

41. 안정진이 출가하여 정산 종사께 인사를 올리니 환후가 침중하신데도 전혀 내색하지 않으시고 온후·인자하심으로 따뜻이 맞아주시며 말씀하시기를 "네가 안혜심화의 질녀라고 했느냐. 오롯한 마음으로 마음공부 잘하여라." 하시었다. 이와 같이 처음 서원을 세워 출가한 제자들에게는 그 집안의 내력까지도 자세히 물으시며 더욱 챙기시고 이끌어 주셨다.

42. 정산 종사, 전무출신 서원서를 올리는 김대관에게 말씀하시기를 "할아버지께서 전무출신을 하고 아버지께서 전무출신을 했다고 해서 그 자손이 꼭 전무출신을 하는 것이 아니요, 다 각자의 서원에서 하는 것이니라." 하시었다.

43. 안이정이 출가(出家) 서원의 뜻을 가지고 있다는 것을 들으시고 정산 종사 말씀하시기를 "우리 인생이 사람답게 살려면 도(道)와 덕(德)을 알고 살아야 하나니, 이 천지에 도와 덕이 있어서 그 도가 행함에 따라 덕을 나투어 천지 만물이 그 혜택을 입어서 살게 되고, 우리 인생에서도 행할 바 길이 있어 그 도를 알아 행하게 되면 덕이 나타나

고 인천대중(人天大衆)의 우대를 받게 되어 그 은덕(恩德)으로 모든 생령이 구제를 받아 다 같이 잘살게 되나니라.

그러므로 과거의 모든 불보살께서 일찍이 이 천도(天道)와 인도(人道)를 깨달으시어 대도대덕(大道大德)을 닦아서 그러한 불보살의 인격을 이루시고 전 인류·전 생령을 위해 큰 일을 하셨기에 그러한 성자가 되신 것이니라.

새 회상 주세불(主世佛)이신 우리 대종사께서는 이 진리를 깨달아 가르쳐 주셨나니, 사람이 만일 사람답게 살려면 이 도와 덕을 알고 살아야 하나니라." 하시었다. 안이정은 이 법문을 받들고 감명이 되어 출가 서원을 결심하게 된다.

44. 전주교당 발령을 받은 교무가 종법실에 들러 정산 종사께 인사를 드리니 말씀하시기를 "전주교당은 총부와 인접해 있는데도 아직 법의 맥이 연(連)해지지 아니하였나니 네가 부임하여 앞으로 교화를 잘하여 법의 맥이 연하게 하라. 이곳 이리(裡里)가 심장부라면 전주는 폐장과 같아서 폐장이 심장을 감싸주듯 앞으로 전주가 이리를 감싸주는 폐장 역할을 하게 될 것이니, 교화 잘하라."

그 후 전주교당 교도들이 정산 종사를 뵙자 말씀하시기를 "전주(全州)는 곧 세계라는 말이니 전주에서 세계적으로 드러날 인물이 많이 날 것이라, 공부 잘하라." 하셨고, 이리교당에서 온 교도들에게 말씀하시기를 "이리라는 뜻을 아는가. 솜리 즉 심장이라는 말이니, 세계의 심장 역할을 할 인물들이 이곳에서 많이 날 것이니, 공부 잘하라." 하시며 이어 말씀하시기를 "새 회상 주세불이신 대종사께서 우리나라에 탄생하시어 이 일원대도를 이리에 자리 잡아 새 도덕을 부활시키는 데 있어서 전주가 배경이 되어 큰 역할을 하게 될 것이니라." 하시니라.

45. 정산 종사 말씀하시기를 "꾸중이라도 같은 처지의 교무나 동무가 하게 되면 화가 나고 못 견디게 분한 생각을 가지게 되나 대종사님께서 꾸중하시면 성도 나지 않고 화도 안 나는 것은 무슨 까닭인가. 화 자체에는 화라는 것이 본래 없나니라."

46. 정산 종사, 한의사에게 뜸 치료를 받으시다가 가슴에 큰 흉터가 생기므로 제자들이 그 의사를 두고 '성인의 가슴에 흉을 만들었으니 큰 과보를 받겠다.' 하는 이야기를 주고받는 것을 들으시고 말씀하시기를 "그런 말은 하지 마라. 그 사람이 나를 위해 치료를 하려다 그랬고, 또 내가 허락한 것이니 과보 받겠다는 말은 하지 마라." 하시었다. 또 송자명이 한 번은 주사를 놓다 실수를 해 어쩔 줄 몰라 하는 것을 보시고 "괜찮다. 너도 힘들어서 그렇구나. 너는 앞으로 건강할 것이다." 하시며 오히려 위로를 아끼지 않으셨다.

47. 송자명이 미국의 한 독신 정치가가 요절하는 것을 보고 "독신자는 오래 살지 못한다는데 정말 그렇습니까?"하고 여쭙자 말씀하시기를 "아니다. 그럴 리가 있겠느냐. 그 사람의 생활 습관에 따라 수명이 달라질 수는 있으나, 독신이라는 이유로 수명이 짧아지는 것은 아니니라." 하시었다.

48. 정산 종사 원기43년 10월 5일, 도치·덕치·정치에 대해 말씀하시기를 "도치(道治)는 신앙을 근본으로 하고, 덕치는 덕화를 근본으로 하며, 정치는 시비를 분명히 하는 가운데 있나니라. 정치가 바로 서려면 국회의원 한 사람 한 사람이 얼마나 청렴한가, 얼마나 공심이 있는가, 얼마나 사리에 밝은가 하는 염공명(廉公明)에 바탕으로 한 인물에 달려 있나니, 선거도 이러한 인물을 선출하는 선거를 해야지 무작정 내가 잘할 수 있다고 주장한다고 해서 뽑아선 안 되나니라. 또한 우리 수행자에게도 지켜야 할 삼치(三治)가 있는바, 도치(道治)는 지공무사한 마음이 근본이요, 덕치(德治)는 화합하는 마음이 근본이며, 정치(政治)는 자기주장만을 내세울 것이 아니라 세상에 맞춰 가고자 하는 마음가짐이 근본이니라."

49. 정산 종사, 원기28년 7월 23일 야회에서 "대종사 성해를 모실 묘소에 다녀오는 길에 인부들이 일을 하는 것을 보고 한 감상을 얻었다." 하시고 말씀하시기를 "이 한여름에 더위를 마다하지 않고 대종사의 묘소를 단장하는 일에 참여하고 있는 인부들을 보니 그 당처에 따라 복락의 크고 작음이 분명하더라. 똑같은 일을 하면서도 그 당처에 따라서 큰 복과가 열리기도 하고 큰 죄과가 열리기도 하는 법이니, 우리는 모두 이러한 이치를 알아 종이 한 장 쓰는 데에서도 소홀함이 없도록 하자." 하시었다.

50. 박지홍이 정산 종사의 밥을 비비다가 너무 조심한다는 것이 그만 밥알을 땅에 떨어뜨리고 말았다. 그러나 떨어진 밥알을 주워 먹기

도 죄송스럽고 해서 밥상 위에 그 밥알을 올려놓자, 정산 종사께서 주워 잡수시며 말씀하시기를 "이 밥을 우리가 먹도록까지 농부의 손이 여든여덟 번[米]이나 가게 되나니, 그러므로 밥알 하나라도 쌀 한 톨도 소중히 여겨야 하나니라."

51. 정산 종사, 동산선원에서 병환을 치료하는데 그때 출가·재가 교도들이 환후를 여쭙기 위해 찾아오면 앉아 계시다가 반드시 내려오시어 인사를 받으시고, 대화를 한 후 손님들이 나가고 나면 다시 의자에 앉으시는지라 시탕(侍湯)을 하고 있던 송순봉이 건강상 어려움이 보여 "그대로 의자에 앉으시어 인사를 받으시면 좋겠습니다."라고 말씀드리자 꾸중하시며 "네가 나를 교육시키느냐!" 하시었다.

52. 정산 종사, 병환으로 진짓상을 보시고도 입맛이 없으실 때는 두 손을 비비시면서 시탕인에게 "좀 비벼봐라." 하시는데 식당에 가서 놋대접에다 참기름과 고추장을 담아와서 비빔밥을 만들어 드리면 간이 어떻게 되었든 "참 맛있다, 맛있다." 하시고는 드셨다. 6·25동란이 일어나 기갈이 혹심하던 때에 총부 송대의 앞 논에서 새를 보고 있는 조정중에게 정산 종사 말씀하시기를 "부지런히 새들을 쫓아라. 그러나 새들을 미워하지는 말라." 하시었다.

53. 정산 종사, 장수에서 요양하실 제 시탕(侍湯)을 맡았던 이혜선이 잠깐 총부에 들렀는데 당시 교정원장이었던 박장식이 불러 정산 종사의 병환을 물은 후 "정산 종사님께서 중앙선원이 개원하면 혜선이

를 공부시키라고 하셨으니 그렇게 알라." 하자, 이혜선은 굳이 "1년 만이라도 더 정산 종사님을 모시고 싶습니다."라고 하거늘 박장식도 어찌할 수가 없어서 "그러면 장수에 가서 정산 종사님께 직접 말씀드리도록 하라." 하여 이혜선은 장수에 돌아가 정산 종사님을 뵙고 여쭙기를 "요즘 종법사님께서 병환이 좋아지시고 더욱 정화사(正化社)의 큰일도 관장하셔야 하시기에 1년만 더 모시고 공부하겠습니다."라고 말씀드렸다.

정산 종사 말씀하시기를 "나는 누가 시탕을 해도 괜찮다. 혜선이의 공부가 늦었으니 공부하도록 하라." 그래도 간청드리자, "우리 교세가 물밀듯이 몰려오면 전무출신만으로는 어려우며, 재가 교도들까지 앞장서야 하는 이때, 어서어서 공부하여 교화해야 하나니라." 그러나 이혜선은 뜻을 굽히지 않고 계속 간청을 드리자, "너의 뜻이 진정 그러하다면 내가 장수에 있을 때만 시탕을 하고 총부에 가면 공부를 하도록 하라." 하시었다.

그 해 '정화사'를 설립한 후 다음 날 정산 종사가 바로 총부에 돌아가시게 되어 이혜선도 약조처럼 공부하게 되었으나 총부에서는 시탕할 사람이 없어서 보류하고 이혜선은 1년간 시탕을 하고 공부를 하게 되었다. 그런데 '중앙선원'에 입학하였으나 장학생 혜택이 어려워 2년으로 수료를 하자 섭섭하여 울자 이를 본 정산 종사 달래시며 말씀하시기를 "혜선아! 섭섭하냐? 작은 선방(禪房) 졸업하는데 무엇이 서러워서 울고 있느냐. 앞으로 큰 선방에 들어가서 공부할 텐데." 하시며 웃으시었다. 이혜선은 중앙선원 수료 후 다시 정산 종사의 시탕을 맡았다.

54. 정산 종사의 환후가 위중하시어 당시 익산에서 하나밖에 없던 이리병원에 입원하시어 치료를 받으셨으나 침대가 불편하여 다시 동산선원에서 치료하고 계실 때 위암의 통증이 매우 심하여 이동진화 등이 의사의 왕진을 시키자, 정산 종사께서 의사의 왕진을 그만두게 하고 꾸중하시며 "의사의 왕진을 논 팔아서 할 것이냐." 하시거늘 이동진화가 "논 팔지 않아도 '법은사업회' 기금이 있어서 의사 왕진의 치료비는 어렵지 않습니다."하고 대답하자 다시 말씀하시기를 "지금 교무들이 지방에서 힘들게 일하고 있으니, 만일 병이 생겨 치료 대책이 없게 된다면 어찌 되겠는가. 나 보고 그 돈 다 써버리라고!" 하시면서 그 심한 통증도 끝내 참으시고 의사의 왕진을 그만두게 하시었다.

55. 열반 시기가 가까워졌을 때 시봉진들이 시탕을 올리면 '안마를 좀 해달라.' 하고 다리를 내밀어 맡기시는 때가 종종 있으셨는데 어느 날 이혜선을 보고 말씀하시기를 "혜선이는 나 없어도 잘 살겠지?" 하시기를 몇 번이나 반복하신 후 "혜선이는 자력(自力)을 세워야 하나니, 혼자서도 꿋꿋하게 살 자력을 세우라." 하시었다.

　그 당시 이혜선은 정산 종사께서 진지를 잡수시면 밥을 먹고 안 잡수시면 함께 굶을 정도로 온통 의지하고 있을 때였다. 얼마 후 대중이 공사를 하여 서울에서 입원 치료를 받게 되신 정산 종사는 그 침중한 병환 중에도 대산 종사가 문병을 오면 바로 보내면서 "대산은 신도안으로 가서 자리를 잡도록 하라." 하시고 발길을 옮겨놓지 못하는 대산 종사를 떠밀다시피 보내셨는데, 정산 종사 열반 하루 전 신도안에 내려가서 자리 잡은 후 열반을 지켰으며, 정산 종사 열반 후에는 바로 장지에서 아무런 준비도 하지 못하고 다시 신도안으로 떠났다.

56. 원기46년 9월 정산 종사 환후가 침중하시자 교무강습에 참여한 대중들이 대각전에서 특별기도를 올리니 "금반 교무강습을 맞이하여 저희들 일동은 삼가 재계하옵고 법신불 영명지하(靈明之下)에 지심고백(至心告白)하옵나이다.

현하 시운은 점차 도덕에 회향 되옵고 교운은 날로 발전의 궤도에 오르고 있사오니 법신불의 자비하옵신 그 위신지력에 감사를 금치 못하오나, 오직 이 교운을 주재하시는 종법사님께서 오랫동안 환후에 계시는 중, 근자에는 그 증세가 더욱 침중하시와 병원의 수술까지 받으시옵고 치료하게 됨을 뵈옵게 되오니 경전 편수와 기관 확립 등 중대하고 시급한 모든 업무를 앞에 두신 채 이러하심은 얼마나 답답하고 민망한 일이옵니까.

이는 필시 저희들의 성심(誠心)이 부족하온 탓으로 자책하옵고 배전의 성력(誠力)을 환후 회복에 다 하기로 서약하는 동시에 법신불의 특별하옵신 가호를 이에 기원하오니 대자대비하옵신 법신불이시여! 더욱 크옵신 은혜와 위력을 내리시와 종법사님의 환후가 하루속히 완전 회복되시어 건교(建敎) 이래로 부하수임(負荷受任)하신 모든 중책을 원만 성취하신 다음 충분하신 수양 기회도 가지시도록 하여 주시옵소서. 일심 봉축하옵고 사배복고 하옵나이다." 이러라.

57. 정산 종사, 화해리에 오셔서 마을 노인들에게 말씀하시기를 "인지위덕(忍之爲德), 곧 참는 것이 덕이니라." 하시었다.

58. 김인용에게 말씀하시기를 "인용이는 말하는 것을 연습하라. 다른 것은 다 잘하는데, 표현을 잘 안 하니 좋은 점이 숨겨지더라. 그러므로 말을 잘하는 데 주력해 보아라. 원고 내용을 열 개쯤 준비하여 총부고, 지방이고 돌아다니며 계속하면 누가 알겠느냐." 하셨다. 부끄러움이 많아 대중 앞에서 말을 잘하지 못했던 김인용 교무를 위해 해 주신 말씀이다.

59. 병중에 있던 어린 성보영에게 말씀하시기를 "너, 아버지 보고 싶지? 내가 바로 네 아버지다. 병에는 육신의 병과 마음의 병이 있나니, 육신의 병은 의사가 하라는 대로 약 잘 먹고, 주사만 맞으면 낫지만, 마음의 병은 이와 달라서 고치기 힘드나니, 너는 정법 회상을 만난 복 많은 사람이라 너무 걱정하지 말고, 마음공부에 힘써라."

60. 원기42년 원광대학 부설 실업중등학원에 부임하는 성보영에게 "주인 정신을 가지고 살아라. 도학에 바탕으로 한 과학교육을 해라."

61. 정산 종사 열반 전, 성보영에게 말씀하시기를 "전만고 후만고에 없는 대도 회상을 만났을 때 공부하라. 아무나 이 회상을 만나는 것이 아니니라. 자식들도 키울 만큼 키워 놨으니 이제는 마음공부를 해야 하나니, 영생을 닦는 공부를 해야지 다른 것은 다 소용없는 것이니라."

62. 정산 종사께서 '정화사'를 설립하시고 시자인 이공전에게 말씀하시기를 "이 경전 결집의 작업이 만고의 대업이라, 어찌 네가 그 만고

의 대업을 맡게 되었느냐. 복전을 만났으니 법열 속에서 일을 하고 정의(情誼)를 서로 나누며 늘 연하는 마음으로 살아라."

63. 정진숙 교무가 군산교당에 있을 때 교당에 화재가 나서 보고를 드리면서 "화재가 난 법당이 예전에는 일본 놈들 미도장[도박장]이었답니다."라고 하자 정산 종사 정색을 하시며 말씀하시기를 "진숙이는 조선 놈들, 조선 놈들 하면 좋겠느냐? 왜 하필 일본 놈들이라고 말을 하느냐. 이왕이면 일본 양반이라고 하면 얼마나 좋은가?" 하시며 크게 주의를 주셨다. 또 한번은 무화과나무를 보시고 말씀하시기를 "무화과는 꽃이 없이 열매가 여는 나무이니라. 사람도 허풍 허세가 있으면 안 되나니, 진짜 마음에 알찬 열매가 있어야 하나니라." 하시었다.

64. 어떤 교무가 "날씨가 극성맞게 춥습니다." 하니 정산 종사 말씀하시기를 "그 말은 천지를 원망하는 말이라, 기왕이면 천지가 순서를 지킨다고 해라." 하시었다.

65. 어떤 제자가 "그릇을 이렇게 이용했으면 합니다."라고 하자 정산 종사 말씀하시기를 "기왕이면 그릇을 활용한다고 해라." 하시었다.

66. 어떤 제자가 "누가 다른 종교를 믿다가 우리 종교로 개종했답니다."라는 보고를 드리자, 정산 종사 말씀하시기를 "기왕이면 개종보다는 진급했다고 하면 더 좋겠노라." 하시었다.

67. 정산 종사께서 영산학원에 계실 때, 돈오점수(頓悟漸修)를 강의하시면서 말씀하시기를 "마음을 닦고 보면 『수심결』 36장의 말씀처럼 무사지지 자연현전(無師之智 自然現前)이라, 곧 일원의 진리를 깨닫고 보면 스승 없는 지혜가 자연히 솟아나나니라." 하시었다.

68. 유일학림생들에게 말씀하시기를 "사람은 성품이 근본이요 육신은 그 끝이며, 세상은 도덕이 근본이요 권모술수는 그 끝이니라. 그러므로 우리가 지금 배우고자 하는 것은 바로 우리의 성품 자리를 알자는 것이니라."

69. 정산 종사, 법신불과 영(靈)·기(氣)·질(質)을 연결하여 말씀하시기를 "부처는 대우주인 영기질과 소우주인 영기질과 합일하신 분을 가리키는 것이요, 범부 중생은 나라는 개체에 얽매여서 대우주에 합일하지 못하는 사람을 말하나니라. 우주 만유 자연현상은 법신불의 체요, 그 형상 가운데 한 기운이 들어서 천변만화를 일으키는 것은 법신불의 용이며, 그 체용 가운데 형상도 없고 소리도 없고 냄새도 없어서 가히 무어라 증거할 수는 없으나 항상 허령불매(虛靈不昧)하여 엄연히 체용(體用)을 주재하는 것은 법신불의 영지니라." 하시었다.

70. 정산 종사 말씀하시기를 "지금 같은 시대에 이 같은 회상, 이 같은 법을 만나기가 쉽지 않나니, 이 법대로만 하면 누구든지 부처가 될 수 있나니라. 지금은 비록 아닌 것처럼 보일지 모르지만, 유일학림이 연희전문, 보성전문보다 나으니라. 연희전문이나 보성전문은 학문

하는 곳이지만 우리 대학은 일원대도를 배우고 연구하고 실천하는 곳이 아닌가. 어쨌든 이 법 만났을 때 공부 열심히 하라. 그러다 보면 너희 마음 가운데 자연히 열리는 때가 올 것이니, 다른 마음 갖지 말고, 큰 희망을 품고 양양한 전도를 향해서 나아가라."

71. 정산 종사 말씀하시기를 "이 우주는 내 마음의 그림자라, 내 마음이 밝으면 우주가 곧 극락이요, 내 마음이 어두우면 우주가 곧 지옥이 되나니라. 마음이 들어서 극락도 이루고, 지옥도 이루는 것이니, 우리가 삼계에서 고통을 받는 것도 마음이 어두워서 그러는 것이요, 부처님이 사생일신의 생활을 하는 것도 다 마음공부를 잘했기 때문이니라. 우리 모두 부처님 같은 대자유, 대해탈 도인이 되도록 할지니 고해 중에 헤매는 중생 구제가 곧 나의 진정한 실력이니라."

72. 정산 종사 말씀하시기를 "어떤 일이 있어도 신심, 공심으로 교리 공부를 잘하여 실력을 쌓아야 하나니라. 지금은 이렇지만 앞으로의 세상에는 사각모[학사, 석사, 박사를 통칭함] 쓴 사람들이 사랑방에 목침 궁굴듯이 궁굴 것이니라. 너희들이 비록 사각모는 못 쓰고 교실이 없어 양잠실에서 공부하지만 『정전』 하나만 열심히 공부하면 어디를 가든지 환영받는 인물이 될 것이니, 인물 잘난 것, 대학 나온 것 전부 소용없을지라, 오히려 여기서 공부를 한 것이 자랑스러울 것이니라. 내 말을 명심하라."

73. 한때 좌선을 하여 도통을 해보려는 이현도 교무에게 말씀하시

기를 "활불(活佛)이 되어야 하나니 좌선을 하더라도 활선(活禪)을 해야 하나니라. 네가 돌이 될래, 나무가 될래? 산부처가 되어야지 죽은 부처가 되면 되겠느냐? 공부를 잘하려면 선(禪)할 때 선하고, 일할 때 일하며, 잠잘 때 잠자고, 쉴 때는 쉬는 그 속에 공부가 들어 있나니라."

74. 이현도 교무에게 말씀하시기를 "나무에 가시가 없어야 그 나무가 크게 자라 큰 재목이 되나니, 집을 짓는데 상량을 올리고 지붕과 기둥을 세우는데도 가시가 없는 나무를 쓰지 않느냐? 너도 가슴속에 가시가 들어 있으면 안 된다. 가시는 나를 지키기 위해서 다른 사람의 마음을 아프게 찌르나니, 가시가 없어야 큰마음이 되고 불보살의 심법을 가질 수 있나니라."

75. 신제근 교무에게 말씀하시기를 "제근이는 영생을 통해 나를 따라다니겠느냐? 똥통을 지게 하고 작대기로 몰아내어도 이 회상을 떠나지 않겠느냐?"라고 물으시고, "세세생생 나를 따라다니며 먼지가 되고 나무 한 토막이 되어서 우리 회상의 먼지가 되고 나무가 되어야 하나니라."

76. 신제근 교무가 회상의 참주인과 신심이 물러나지 않는 방법에 대하여 여쭙자 말씀하시기를 "첫째는 마음에 스승을 떠나지 않아야 하며, 둘째는 법맥과 법통을 흐리지 않아서 공의와 천의로 결정된 종법사에게는 절대복종해야 하며, 셋째는 진리·법·스승에 대한 신심을 가져야 하나니라." 하시었다.

77. 정녀 교무들에게 말씀하시기를 "바늘구멍으로 황소바람이 들어오는 것이라, 조그만 욕심이 사자나 코끼리보다 무서운 업의 뭉치가 되나니라. 그러므로 너희들은 일생 안 난 폭 잡고 열 생만 정녀로 살면 저절로 성불하고 불지에 오를 것이니라."

78. 정산 종사, 병환 중에 계실 때 신제근 교무가 진짓상을 들고 조실로 들어가니 말씀하시기를 "우(禹)임금 시대에 9년 홍수가 난 적이 있었나니, 우임금은 그때 바삐 일을 하느라고 머리를 빗을 틈도 없이 바람으로 머리를 빗으시고, 목욕할 틈도 없이 비를 맞으며 목욕을 대신하셨나니라. 또한 지금의 국무총리 격인 백익이라는 신하가 있었나니, 9년 홍수에 치산치수(治山治水)하면서 많은 생명을 죽였나니라. 오늘날 내가 이렇게 9년간 병석에서 지내게 되는 연유가 있나니라." 하시었다.

79. 정산 종사, 정읍 화해리에 기거하실 때 정산 종사를 가까이서 모셨던 김해운이 훗날 손자 김정용에게 전하기를 정산 종사님은 기침(起寢)과 취침 시간이 비교적 규칙적이었으며, 식생활은 담박·검소하셨고 추운 겨울에도 찬물에 밥을 말아 드시기를 즐겨하시었다. 항상 큰 스승님을 만나시고자 기다리며 매일 같이 정좌(靜坐)·주문(呪文)·산상기도(山上祈禱)를 올리시다가 가끔 정읍역에 나가시는 일도 있었다. 가끔 노천에 음식을 진설하고 "내가 지금 제를 올리는 것은 고혼들의 청에 의한 것이다." 하시며 유령·도깨비·원혼 등을 위로하고 해원하는 제를 올리시기도 하셨다. 또 정산 종사께서는 사람이나 짐승들이

싸우는 소리를 듣거나 험악한 소리를 들을 때면 크게 상심하시고 더불어서 하려던 계획을 취소하시거나 변경하셨으며, 밤중에 큰 짐승들이 정산 종사가 기거하는 곳까지 내려와 배회하면 "지인(知人)들이 큰 일을 하는데 무슨 참견이냐."며 꾸짖어 다스리시었다. 정산 종사께서 방 안에 앉아 주문을 외울 때면 참나무 울타리까지 주문에 맞춰 흔들리는 일도 있었고, 물감을 사 오게 하여 색칠하시면 물감 색의 변화에 따라 하늘빛이 변하는 일도 있었다. 정산 종사께서는 모든 사람을 대할 때 경어로써 대하셨고 짐승이나 초목에 대해서도 함부로 하지 않으시는 등 만 생물을 호생의 덕으로, 인간관계는 물론 천(天)·지(地)·인(人) 만물까지도 자비와 사랑이 통달하는 생활을 하시었다."라고 하였다.

80. 정산 종사, 전북대학교 대학원에 진학하는 류기현에게 말씀하시기를 "도를 구하는 것과 학문을 하는 것이 둘이 아니니라. 서원을 굳게 세우고 도(道)와 학(學)을 겸비한 인물이 될지니라." 하시었다.

81. 원기37년 교무 첫 선(禪)에 참석한 장세진(張世眞) 교무가 정산 종사께 "성품에는 원래 선악이 없다 하였는데 어디서 악이 나옵니까?"라고 여쭙자, 정산 종사 답변 대신에 자비의 미소만 보여주셨다. 그 후 원기45년경 정산 종사께 진짓상을 올릴 때 명탯국을 드시면서 어원에 관하여 물으셨는데 세진 대답하기를 "명천에 사는 태씨(太氏) 성을 가진 사람이 잡았다 하여 지어진 이름입니다."라고 말씀드리자, 정산 종사 말씀하시기를 "참 똘똘하구나." 하고 칭찬하시면서 "후세에 이름을 남기려면 남다른 생활을 하여야 하나니라." 하시고 삼동윤

리(三同倫理)의 법문을 자세히 말씀해 주시며 "마음공부 잘하라." 하시고 크게 격려해 주셨다. 그 후 장세진 교무는 특별한 공부심과 서원으로 늦깎이 출가를 하여 7년을 교무로서 봉직하였다. 그리고 정안신(鄭安信) 교무, 정대안(鄭大安) 교무 두 딸을 출가시켜 공도에 헌신 봉공하게 하였고, 특히 큰 딸 정명숙(鄭明淑) 교도는 미국 뉴욕교당의 창립주로서 미주 지역에 모범적인 신앙 수행과 봉공 활동으로 교화의 초석을 닦는 큰 역할을 하게 하였다.

제6편

생사대사

제6편
생사대사

1. 송충이 영가 천도문

　정산 종사, 총부 임원들과 송충이 퇴치 작업을 마치신 후 송충이들을 위한 천도(薦度) 법문을 내리시니 "송충이 영가여! 사생(四生)이 일신(一身)이라 하였으니 어찌 너희들의 생명이 귀중하지 아니하랴. 생에 대한 감정이 동일한지라 참으로 귀중한 생명이로다. 그러나 만생이 아무리 귀중히 여기는 생명이라도 대중에게 싫어함을 받는 생명은 차라리 없는 것만 같지 못할 것이요, 하루를 살다가 세상을 떠나더라도 대중에게 귀여움을 받는 생명은 세세생생에 그 생명을 잘 보존하는 것이 천리의 원칙이니라.

　오! 불쌍하고 불쌍하도다. 송충이 영가여! 본 도량은 구세주이신 대종사님의 성령이 어려 계시고 천하 선지식의 정맥이 통해 있는 곳인지라 일초일목(一草一木)이 다 슬기로우신 정령(精靈)의 결정처(結晶處)이니라.

　송충이 영가여! 듣고 또 듣느냐. 너희들의 생명을 애석히 여기고 말로 달래보고자 하나 말을 못 알아듣고, 호령하고자 하나 무서워할 줄을 모르며, 위협을 하여 쫓고자 하나 피하여 달아날 줄을 모르는 무명(無明)에 거듭 뭉친 우치한 생령들아, 가련하고 가련하도다. 너희들의 하는 양이 그대로 가다가는 한량없는 죄옥(罪獄)을 면치 못하리라.

이제 대중의 공의(公議)·공명(公命)에 의하여 차마 못 하는 마음으로 부득이 너희들의 생명에 손을 대게 되었나니 그 아프고 따가우며 원망스러움을 깨끗이 잊고 해탈해서 홀연히 중음계(中陰界)에 안주하여 있다가 현실계에 다시 출현할 때는 천하 선지식의 일심 기원하는 법력에 의지하여 진급되기를 바라노라.

법신불 영명지하(靈明之下)에 천도 발원하였나니 송충이 영가여, 이에 응하여 주기를 마음 깊이 바라노라."

2. 영(靈)의 입태(入胎) 시기

김영신이 여쭙기를 "영(靈)이 입태시(入胎時)에 들어갑니까? 출생시(出生時)에 들어갑니까?" 정산 종사 대답하시기를 "입태시에 들어가는 영도 있고, 출생시에 들어가는 영도 있으나, 대개는 입태시에 들어가나니, 성현님들이나 생사를 자유로 하시는 분들은 혹 출생시에 입령(入靈)하나니라.

부령(父靈), 모령(母靈), 아령(我靈)을 일러 삼신(三神)이라 하나니, 이러한 까닭에 성질(性質)이 각각 다르나니라. 그러나 기함영지(氣含靈知) 영지함기(靈知含氣)이요, 기즉영지(氣卽靈知) 영지즉기(靈知卽氣)라, 보통 3주일이 지나야 분별(分別)을 내나니라.

3. ○○ 영가시여!

정산 종사, 천도 법문을 내리시니 "사람의 육신은 흙과 물과 불과 바람 이 네 가지 인연이 모였다 흩어졌다 하는 것이요, 사람의 마음은 기쁨과 노여움과 슬픔과 즐거움과 사랑함과 미워함과 하고자 하는 욕심 이 일곱 가지 뜻이 일어났다 가라앉았다 하는 것이니 이것은 다 거짓된 몸이요 마음이라, 이 가운데 오직 생멸거래(生滅去來)가 없고 본래 맑고 조촐한 참 몸·참 마음이 있나니, 이것이 이른바 자성광명(自性光明)이니라.

○○ 영가시여! 이 자리를 찾아 알으셨는지요. 오직 그곳에 의지하여 미래의 서원(誓願)을 세우시며, 미래의 선업(善業)을 쌓으시기를 부탁하는 바입니다."

4. ○○ 영가에게

정산 종사, 천도 법문을 내리시니 "○○ 영가시여! 성품의 본래 자리에는 와도 왔다 할 것이 없고, 가도 갔다 할 것이 없으며, 그에 따라 따로 슬퍼할 것도 없고, 따로 기뻐할 것도 없으나 현실 나타난 것으로 볼 때에는 또한 오매 온 것이 분명하고 가매 가는 것이 분명하며, 이에 따라 만나매 반갑고 갈림에 섭섭한 정(情)이 또한 없지 아니한 것이로다.

그러나 우리가 한가지 이 대업(大業)을 위하여 한없는 세상을 드나들 때 본래의 그 서원(誓願)과 본래의 그 신성(信誠)을 그대로 지니고 나아가면 우리가 와도 그 일에 벗어나지 아니하고 가도 그 일에 벗어나지 아니하여 오고 감이 오직 본래의 그일 뿐이라 무슨 봉별지회(逢別之懷)가 따로 있으리오.

○○ 영가시여! 오고 감이 없는 가운데 고이 가시었다가 오고 감이 없는 가운데 고이 돌아오시기를 부탁하는 바입니다."

5. ○○선생 영가시여!

정산 종사, 천도 법문을 내리시니 "○○선생 영가시여! 선생께서 이 세상에 나오실 때도 아무런 기약 없이 우연히 오시었고 오늘 ○년 ○월 ○일 떠나실 때도 아무런 기약 없이 우연히 떠나시었나니, 떠나시는 이 길에 서원은 성불제중의 신념을 더욱 굳게 세우시고, 마음은 청정 일념의 때 없고 착 없는 염불 일념으로 떠나시와, 49일 중음(中陰)에 편안히 잠주(暫住) 하시다가 이 공부·이 사업을 원만 성취하시기를 일심으로 축원하옵나이다."

6. 4·19 희생 영령이시여!

정산 종사, 금산 4·19 기념탑의 제막식에 당하시어 말씀하시기를 "세월의 무상함을 억제하지 못한 채 어언 일개 성상을 지내고 4·19의거 1주 기념일을 맞이하여 오늘 의의 깊은 기념탑 제막식을 거행하는 역사적 순간에 축원문을 받들어 삼가 영령께 고하나이다.

오호라! 4·19의거 희생 영령이시여, 천지에 변화가 무상해도 진리는 여여하고, 세상에 흥망이 극심해도 정의는 퇴굴치 않으며, 인간의 생사가 번복(飜復)되나 그 정신은 불사(不死)하는 것이 만고 이래 불역(不易)의 대도이니 누가 이를 억제하리오.

1년 전 오늘, 영령들의 의거와 선혈, 그 최후의 절규는 하늘을 대신하였으며, 우리 온 민족을 대표하여 불의의 총검 앞에서 민족정기를 되살렸으니 오늘 영령들의 공덕을 자손만대에 길이 진모(進慕) 하며 위령(慰靈)할 기념탑 제막이 어찌 한국의 일우(一隅)인 금산(錦山)에 한하리오.

　장하도다, 살신성인(殺身成仁) 신망국활(身亡國活)이여! 학생 제위들의 이름을 청사에 올려 그 공덕을 높이 찬양하고 그 정신을 길이 체득하여 자손만대의 복락과 민족정신의 사표를 삼으며, 나아가 영령들의 영원한 명복을 빌기 위해 오늘 기념탑 제막을 하여 국민 된 성의를 표하나이다.

　돌이켜 상고컨대 멀리는 백제가 망함에 삼천궁녀가 백마강구의 수혼이 되었으나 그 이름은 낙화암과 함께 길이 빛났고, 고려가 망함에 72인이 화염으로 화하였으나 그 이름은 두문동과 함께 길이 빛났으며, 조선이 망함에 민 충정공이 자결하였으나 그 이름은 혈죽(血竹)과 함께 빛났으니 가까이는 왜구(倭寇)에 항거한 열사들이 어찌 오늘에 헛되었사오니까. 이것이 나라에 충이요, 민족 된 정기로서 천지에 일월과 같나니 영령들의 희생이 어찌 한 줌의 흙으로 화하고 차일순(此一瞬)에 그치고 말리오.

　거룩하도다, 영령들이 아니면 어찌 이 나라의 기강이 바로잡혔으며, 민족의 혼백이 다시 살아났으며, 우리 겨레의 복락이 개척되었으며, 역사가 다시 그 빛을 얻었으리오.

　오호라, 4·19의거 희생 존영이시여! 영령들의 몸은 한민족이었으나 그 정신은 전 인류의 빛이 되었으니, 인류의 거울이 아니 오며, 영령들의 수명은 비록 짧았으나 빛나는 죽음이었으니 영원한 청사에 길이 남지 않을까. 그 혁혁한 정신의 광명은 저 일월과 같이 가히 없고 그 거룩한 죽음의 공덕은 천지와 같이 무궁토록 만생령의 복지가 될 것이니, 한 번 죽어서 나라가 살고 민족이 살고 나아가 세계와 인류의 정신이 살았으니, 모든 원한을 풀고 법계에 소요하다가 선연 따라 다시 재현하도록 법신불 존영께 축원하오니 하감(下鑑)하옵소서."

7. 49재 천도 법설

정산 종사 말씀하시기를 "부처님 말씀에 '이 세상에는 세 가지 어려움이 있으니, 하나는 사람의 몸 얻기가 어렵고, 둘은 결함 없는 몸을 얻기가 어렵고, 셋은 부처님 회상을 만나기가 어렵다.'라고 하시었으나 그럼, 나는 여기에 몇 가지를 더 보태어 말하고자 하노라.

첫째, 도가(道家)에 법연(法緣)은 맺었으나 참다운 발심(發心)과 굳은 신심(信心)을 세우기가 어렵고,

둘째, 정법 회상을 만나 전무출신(專務出身)을 서원하여 정신·육신·물질을 온통 다 바쳐 공도에 헌신하기가 어려우며,

셋째, 다만 3년 만이라도 아니면 더 짧은 단기간만이라도 오롯이 전무출신하기가 어렵고,

넷째, 법으로 인도한 사람이 형식이 아닌 진정에서 우러나는 참마음으로 분향(焚香) 하도록 하기가 어려우며,

다섯째, 열반에 이르러 최후일념(最後一念)을 청정(淸淨)하게 갖기가 어렵고 원대한 서원을 세우기가 어렵나니라.

오늘 천도재에 임하는 영가도 만일 일념청정(一念淸淨)과 서원(誓願)이 합(合)한다면 그대로 될 것이니, 이와 같이 하면 불지경(佛地境)에 오르리라."

8. 호도래(好道來) 호도거(好道去)

정산 종사 말씀하시기를 "옛적 부처님 당시에 어떤 국왕 한 분이 부처님께서 무소부지(無所不知)하시고 전지전능(全知全能)하시다는 소문을 듣고서 어느 날 만조백관을 거느리고 부처님을 찾아뵈옵고는 불법(佛法)의 적적(的的) 대의(大意)를 여쭈니 부처님께서 특별한 법문을 하실 것으로 기대했으나 무척이나 기대 이하로 "국왕께서는 호도래(好道來)하시어 호도거(好道去)하소서." 하지 않았는가.

국왕은 부처님의 이 법문을 듣고 얼마나 허망하고 싱거운 법문이며 그 법문을 듣고 돌아가는 국왕 자신도 그렇게 싱거울 수가 없었다고 하였지만, 내가 생각하기엔 실은 그런 큰 법문이 없도다. 훗날 국왕은 부처님의 그 법문에 깨친 바 있어 환희용약(歡喜勇躍)하였다고 하노라.

이 법문은 생각할수록 의미가 깊은데 '사람 몸 얻기가 어려운데 사람의 몸을 얻었을 뿐 아니라, 사람 가운데 결함 없는 몸을 얻었고, 그 중에 국왕(國王)이 되었으니 과거 생을 어떻게 닦았을진대 그렇게 되었는가. 오직 좋은 길로 왔으니 갈 때에도 금생(今生)과 같이 육도윤회(六道輪廻)할 때 인신(人身)을 받고, 더욱 악도타락(惡道墮落)하지 않는 것보다 더 큰 일이 있겠는가?' 하고 생각해 보면 참으로 큰 법문이 아닐 수 없나니라.

그러므로 부처님께서 국왕을 보고 과거 생에도 잘 짓고 왕이 되었으니 곧 호도래(好道來)하였고, '갈 때에도 호도거(好道去)하소서.'라는 말은 금생에 국왕의 고귀한 지위로 있지만 여차하여 인신(人身)을 잃는다면 지은 그대로 육도 윤회할 터이니 '갈 때도 호도거(好道去)하소서.'라고 한 것이라, 의미 깊은 이 법문을 우리는 항상 명심(銘心)할지어다."

9. 생사대사(生死大事)

 정산 종사 말씀하시기를 "생(生)은 태어난 것이요, 태어나면 기쁘고, 사(死)는 죽는 것이요, 죽으면 슬픈 것이니, 이것은 생하면 형상이 있으나 죽으면 그 형상이 없어지기 때문이니라.

 그러나 옛날부터 지금까지 제불조사(諸佛祖師)나 국왕(國王)·재상(宰相)이나 영웅호걸이나 범부 중생이나 남녀 귀천을 막론하고 태어난 것은 다 같으나 죽음의 길은 각양각색·천층만층이 되나니, 나이가 어려서 일찍 죽는 요사(夭死)도 있고, 병(病)이 들어 죽는 수도 있고, 노쇠하여 죽는 수도 있고, 명(命)대로 못살고 횡사(橫死)·악사(惡死)하는 어쩔 수 없는 죽음도 있고, 생명을 바꾸어서라도 국가·민족을 대신하여 할복자살(割腹自殺)하신 이준 선생이나 민 충정공 같은 분도 있고, 삼천대천(三千大千) 세계의 중생들을 위하여 생(生)을 바치시는 불보살·성현들의 열반상이 있나니라.

 또한 한때의 분함을 이기지 못하여, 또는 빚에 쪼들려, 또는 망신(亡身)을 당하여서 음독(飮毒) 자살이나 철도 자살, 생활고(生活苦)에 쪼들려 자신 하나도 어찌할 수 없어 초로(草露) 같은 일생을 마치는 무명무실(無名無實)한 죽음도 있고, 같은 죽음 같은 자살이라도 천추(千秋)에 빛나는 역사를 끼치시는 분도 있나니라.

 무릇, 누구를 막론하고 생(生)은 사(死)의 근본이요, 사는 생의 근본이며, 만나면 반드시 헤어짐이 있고 헤어지면 다시 만나게 되는 것이 우주의 천칙(天則)이요, 자연의 공도(公道)이거늘 어느 누가 이를 거역하고 막을 수 있겠는가.

 하지만 다 같은 죽음이지만 죽은 후에도 여러 가지 종류가 있으니 자기의 일신(一身)만 망신(亡身)하는 죽음, 가족을 망(亡)하게 하는 죽음, 문중(門中)을 망하게 하는 죽음, 구족(九族)을 망하게 하는 죽음, 한 고을을 망하게 하는 죽음, 한 국가를 망하게 하는 죽음이 있으며, 또한 죽어서도 명예스러운 죽음이 있고, 비록 죽었지만, 생전(生前)보다 나은 죽음이 있고, 가족에 유익 주는 죽음, 가문에 명예를 남기는 죽음, 민족 국가를 위하여 천추에 영전(永傳)할 역사를 끼치는 죽음, 삼계(三界) 중생을 제도하고도 남을 불보살들의 불생불멸(不生不滅)하는 열반도 있는 것이니라.

그러므로 우리는 장차 어떠한 죽음이 올지, 죽은 뒤에 어찌 될지, 마음으로나 자신으로나 문중(門中)으로나 큰 손색이 없이 죽고 싶지만, 그것도 알 수 없나니라.

또 병이 들어 죽는다 해도 여러 가지가 있으니, 전염악질(傳染惡疾)이나, 풍병(風病)이나, 정신병이나, 반신불수(半身不隨)나 말단(末端)의 고질(苦疾)이 닥쳐서 긴긴 세월 동안 자기 자신도 고초(苦楚)가 심하거니와 시봉(侍奉)하는 슬하 자손까지라도 싫증을 내고 어서 죽기를 바라는 그러한 죽음도 있고, 죽은 뒤에도 빚을 많이 졌든지, 죄를 많이 지어서 그 화(禍)가 자손까지 미치는 죽음도 없지 않나니라.

그것뿐인가. 우리는 일생일사(一生一死)만을 알지마는 죽음이 종막(終幕)이 아니라 이것으로써 내생(來生)의 종자와 인(因)이 되고 천성이 되는 진리가 있음을 알아야 하겠노라.

죽은 후에 도가(道家)의 문(門)에 들어 법사의 법력(法力)으로 영로(靈路)를 비는 것도 좋지마는 살아생전에 각자가 자신 제도하는 데에 노력하여 나쁜 습관도 고치고, 원수는 풀며, 다른 사람에게 나만 생각해 달라고 하지 않고 내가 남을 위하여 노력할지니, 우리는 어서어서 인연도 좋게 맺고, 자신도 제도하며, 불과(佛果)를 얻어 참으로 생사해결(生死解決)을 하도록 부지런히 공부해야 하겠노라.”

10. 인생대사(人生大事)

정산 종사 말씀하시기를 "세상에서 흔히 인생대사(人生大事)를 말하면서 관혼상제(冠婚喪祭)라 일컫나니 물론 인생에 중요한 일임에 틀림이 없으나 이는 유한(有限)한 현실계(現實界)에만 착안함이요, 옛날 숭유(崇儒)의 관념일 뿐 만일 인생 전부가 관혼상제뿐이라면 그것은 일푼의 가치도 없는 비영장(非靈長)이라, 대저 영장이라고 할 때의 그 이면에는 반드시 어떠한 인생의 목적이 있을 것이요, 그 목적을 달성하는 것이 인생의 대사(大事)일 것이니라.

이 인생의 대사에 두 가지가 있나니, 하나는 생사대사(生死大事)라, 고인의 '생자필멸(生者必滅)이라.' 하는 말과 같이 생(生)함에 반드시 사(死)가 있으니, 따라서 우리 인생에 벗어나지 못할 정로(正路)이니라.

그러므로 누구를 물론하고 생은 기꺼워하고, 사는 두려워하나 누구나 생을 자유로 하고, 사를 자유로 하려는 자가 드물며, 이 생사에 대한 진리를 찾고자 하는 사람은 더욱 많지 않나니라.

그러나 생사는 우리에게 누구를 막론하고 다가오나니, 이 생사의 진리를 각득(覺得)하여 생사에 자유를 얻는 일이 우리 인생에 있어서 일대사(一大事)가 아닐 수 없나니라.

또 하나는 제중 사업이라, 고인이 '인생은 공물(公物)이다.' 한 말과 같이 인생은 과연 공물이며, 둘도 없는 이 육체도 지수화풍(地水火風)

사연(四緣)의 소집(所集)이요, 이 육체의 출현도 역시 자연공리(自然公理)로써 순환도래(循環到來)한 소작(所作)이니라. 더욱 우리의 정신도 우주의 혼연(渾然)한 대진리의 소체(小體)이니, 어찌 공물 외에 무엇이 있으리오.

우리는 공물(公物)이요, 공물이기 때문에 공명(公名)을 위해서 활동하는 것이 보은(報恩)의 도이며, 공물 자체에 모순되지 않아야 하나니, 이러한 까닭에 일체 모든 생령을 위해서 선도(善道)로 인도하는 그 사업이 또한 인생의 의무이요 일대사이며, 안으로 생사의 진리를 각득(覺得)하고 생사에 해탈을 얻는 것이 인생의 의무이요 일대사이며, 밖으로 일체 모든 중생을 제도하는 것이 우리 인생의 의무이요 일대사이니라."

11. 자신 천도(薦度)는 되었는가

정산 종사 말씀하시기를 "예로부터 천도(薦度)란 죽은 영가(靈駕)의 명복을 빌기 위하여 불보살께서 재(齋)를 올려 그 영혼을 정토(淨土)나 천계(天界)에 태어나도록 기원하는 법식(法式)을 말하나니라.

그러나 불설(佛說)에 '전생사(前生死)를 알고자 할진대 금생(今生)에 받는바 그것이요, 미래사(未來事)를 알고자 할진대 금생에 지은 바 그것이라.' 하였나니 어떻게 이 차안(此岸)의 고해(苦海)를 건너 저 낙원의 피안(彼岸)에 이를 수 있겠는가.

또한 천도재의 법식을 통해 악인(惡人)이 점차 선인(善人)으로 바뀌고, 범인(凡人)이 점차 현인(賢人)으로 바뀌며, 현인이 점차 성인(聖人)으로 바뀐다고 하였나니 제군들의 생각은 어떠한가." 하시고 글을 써

주시니 '유대보언(有大寶焉), 옥불가비야(玉不可比也), 금불가비야(金不可比也), 차하보(此何寶), 일생소수지덕 시야(一生所修之德 是也), 유대보언(有大寶焉), 옥불가비(玉不可比), 금불가비(金不可比), 차하보(此何寶), 최후일념 청정시야(最後一念淸淨是也).'

번역하면 '큰 보배가 있나니 옥으로도 못 견줄 금으로도 못 견줄 이 어떠한 보배인가. 일생 닦은 복덕이 이것이며, 큰 보배가 있나니, 옥으로도 못 견줄 금으로도 못 견줄 이 어떠한 보배인가. 최후 일념 청정함이 이것이니라.'

또 말씀하시기를 "백 년의 탐한 물욕(物慾)은 하루아침 티끌이요, 삼일의 수신(修身)은 천년의 보배가 된다고 하였나니, 제군들은 금생에 자신의 천도는 마칠 각오는 되어 있는가." 하시었다.

12. 천도의 방법

정산 종사 말씀하시기를 "무릇 천도(薦度)라 하는 것은 쉽게 말하면 악(惡)한 사람이 선(善)한 사람으로 올라가는 것을 이름이니, 악의 자리에서 선의 자리로 올라가기로 하면 차례가 있나니라.

첫째, 인연(因緣)이니, 부처님도 무연중생은 불가능(無緣衆生不可能)이라 하셨지 않은가. 정법(正法)의 인연이 없고서는 천도를 받을 수 없으므로 정법의 인연이 천도 받는 근본이 되나니라.

둘째, 신심(信心)이니, 천도를 받으려면 신(信)이 있어야 하므로 타력신(他力信)에서 자력신(自力信)으로, 정법(正法)을 확실히 신(信)하여야만 천도의 길에 완전히 들어섰다고 할 수 있나니라.

셋째, 각(覺)이니, 타력신을 자력신으로, 정법을 바로 알아서 선악

(善惡)과 죄복(罪福)의 근본을 자각하여, 미로(迷路)에 방황하지 않고 정로(正路)에 심입(深入)함으로써 정각정행(正覺正行)으로 완전한 천도를 얻게 될 것이니라.

  옛 도인들이 생사 해탈에 대하여 많은 말씀을 남기셨나니 이를 소개하노라.

  생사(生死)는 큰일이나
  세월은 빛과 같이 흐르니 애달프도다.
  무상(無常)이 신속(迅速)하여
  시간은 사람을 기다리지 않는구나.
  인간의 수명도 또한 다함이 없는 것,
  그 어떠한 낙(樂)이 있으랴.

  마땅한 바는 부지런히 정진하리니
  머리에 붙은 불 끄듯
  다만 무상(無常)의 이 한 생각,
  삼가 헛되이 보내지 말라.

  태어남도 온 곳이 없고
  죽음 또한 간 곳이 없어서
  생과 사는 본래 없도다.

  다만 인연으로 비롯하여

제법(諸法)이 이에 따라 일어나고

제법이 이에 따라 멸(滅)하도다.

생(生)은 어디서 왔으며

사(死)는 어디를 향해 가는가.

생은 한 조각 뜬구름 일어나는 것,

사는 한 조각 뜬구름 사라지는 것이라,

뜬구름 자체는 본래 실(實)이 없어

생사거래(生死去來) 또한 이와 같도다.

유독 한 물건 항상 홀로 드러나

담연(湛然)히 생사를 따르지 않으니,

와도 온 바가 없이

밝은 달그림자 일천 강에 비치고

가도 간 바가 없기에

허공의 형상이 가지가지로 나누어지도다.

태어날 때는 적적(寂寂)하나 생(生)을 따르지 않고

죽을 때는 당당(堂堂)하나 사(死)를 따르지 않도다.

생사거래는 뛰어넘지 못하건만

정체(正體)는 당당(堂堂)하여 눈앞에 있으니

사대(四大)가 이루어질 때

한 점 영명(靈明)한 물건은

이룸[生]에 따르지 않고

사대가 무너질 때

한 점 영명한 물건은
무너짐[死]에 따르지 않도다.

생과 사가 이루고 무너지는 것은
허공의 꽃과 같아서
미워하고 사랑하며 맺은 숙업인들
지금 어디 있는가.
태어남은 허공의 전깃불 같고
죽음도 대해의 파도가 사라짐이라
왔다는 것이 어떠한 물건이며,
갔다는 것이 어떠한 물건인가.
오고 감에 본래 한 물건도 없는 것
만약 명명(明明)한
이 참다운 자리를 알고자 한다면
맑은 하늘에 만리(萬里)가 통하도다.

그러나 죽음에 있어서 크게 주의할 것이니, 누구나 무엇보다 제일 먼저 죽음의 일을 해결해 알아야 할 것이라, 불멸(不滅)의 진리가 사실로 있다면 참으로 생각해 보아야 하나니라. '어찌하여 이생은 사람이 되었으며 후생(後生)은 장차 무엇이 될 것인가.' 하는 생각과, '영혼이 있다면 그 덥고 좁은 모태(母胎)를 어떻게 들어가며, 식(識)이 있다면 열 달 동안을 어떻게 들어앉았겠는가, 못 살 것 같지 않은가?' 하며 궁구해야 할 것이니라.

그러면 '식(識)이 없다면 오랜 생활을 어떻게 하며 태(胎)로 어떻게 들어갈 것인가, 어떤 것은 뱀의 태장(胎臟)으로 들어가고, 어떤 것은 돼지 태장으로 들어가는가?' 하며 화두(話頭)로 삼아 해결해야 할 것이니라. 그렇지 않으면 내일 어떻게 될지 모르면서 늠름하게 살고 있는 것과 같나니라.

만일 계(戒)·정(定)·혜(慧) 삼학(三學)을 모르고, 또 불조(佛祖) 정전(正傳)의 심인(心印)을 모르고 보면 영육(靈肉)이 갈릴 때 자력(自力)을 얻지 못하여 꿈 같이 빠져나가나니, 사정(邪正)을 구분 못 하여 바람 부는 대로 끌려다니게 되나니라.

하지만 그때는 지금의 생시(生時)처럼 삼라만상이 그대로 보이느냐 하면 그것이 아니니, 이 삼대력(三大力)이 없는 영혼은 모두 반대로 보이게 되나니라.

대개 태중(胎中)은 색욕(色慾)으로 붙어서 들어가기에 개구리가 좋은 마누라로 보여서 들어가고, 돼지도 또 좋은 마누라로 보여서 들어가며, 논이 좋은 집으로 보이고, 연잎이 몇 층 가옥으로 보이게 되나니라.

그러나 각자가 계·정·혜 삼학으로써 바른 정신을 가지고, 선지식(善知識)의 법문을 항상 떠나지 아니하여 자력을 가진다면 태장(胎臟)에 들어갈 때도 바른 진리로써 들어갈 뿐 업력(業力)에 끌리지 않는지라, 사견(邪見)이 아니고 정견(正見)으로 들어가게 되나니라.

또 사정(邪正)의 구별을 아는 사람은 그 정신 단련이 철저하여 골육(骨肉)이 분형(分形) 되고 생사를 자유로 하기에, 그러한 영혼은 태장으로 안 들어가고 나올 때 영혼이 바로 들어가게 되나니, 이 급한 일을 범연(凡然)히 알고 급한 생각이 없이 사뭇 미신(迷信)으로만 들린다면 참으로 큰 일이 아닐 수 없나니라.

　옛날 화현(化現)하신 성현들은 다 진리를 알아서 삼대력을 단련하신 분들이니라. 그러나 범부·중생들은 정(情)든 사람이 있다면 바로 그쪽으로 가고, 또는 구렁이라도 그 정든 사람으로 보여서 들어가기 때문에 구렁이가 되나니 사정(邪正) 구별이 없이 정든 것으로써 뒤집혀 보이게 되나니라.

　또한 망상(妄想)이 많으면 꿈을 꾸되 번뇌몽(煩惱夢)이 되고, 망상이 없으면 꿈을 꾸되 영몽(靈夢)이 되나니 죽을 때 이 모든 것이 흩어지게 되나니라.

　생사는 대사(大事)라, 그러므로 삼대력을 쌓는 법이 참으로 바쁜 일이니라. 그러나 이러한 일에 대하여 급한 줄도 모르고, 꼭 해야 할 것인지도 모르면서 깨닫지 못하니 어찌하리오.

　또한 견성(見性)을 하고도 삼대력을 얻어야 정견(正見)으로 육도(六道)를 초월할 수 있나니, 항상 자신을 돌아보며 방심(放心)과 나태(懶怠)의 지경에 끌리지 않는가를 살피고 또 살피어 열(熱)을 내어 정진하지 아니하면 어찌 되겠는가.”

13. 회향, 49재식 법설

　정산 종사 말씀하시기를 "회향(回向)이란 마음의 향하는 바를 이름이라, 우리의 마음이 부처님의 세계로 향하면 사람 사람마다 부처님이 될 것이요, 중생의 세계로 향하면 사람 사람마다 범부가 되는 것이니, 호리불차 천리현격(毫釐不差千里懸隔)이란 말씀이 이 뜻이니라.

　두 사람이 길에서 서로 만나 헤어질 때는 처음에는 그 사이가 가까

왔다가 시간이 갈수록 사이가 멀어지는 것과 같이, 우리의 영혼 천도 또한 찰나 간의 회향에 달려 있나니라.

　불(佛)의 세계를 향하는 근량(斤量)을 살펴볼 때 불(佛)과 중생의 전로를 잘 알 수 있나니라. 과거에 중생의 연(緣)이 두터웠다고 할지라도, 이 천도로 인하여 점점 엷어질 것이니, 집안도 우리 교단에서 전부 회원이요, 가정도 전부 회원이며, 열반인 또한 공부심, 사업심이 장하셨기에 생전에도 자기가 자기 마음의 중량을 헤아려 보면 쉽게 알 수 있듯 오늘의 천도재 위력을 아마 눈으로 볼 수 있을 것이니라.

　본래 회향이 잘된 사람이라도 이 기념으로 인하여 더욱더 천도가 잘 되었으리라고 믿나니, 이 천도재로 더불어 부처님의 품 안으로 가까워지고 있으리라. 이곳에 참석한 우리 공부인은 항상 회향과 욕심 중 어느 쪽이 무거운가를 살펴야 하나니라.

　중생이란 욕심밖에 없다고 하지만 공부인의 입장에서 살펴볼 때 욕심 반, 은혜 반이라 할 수 있나니, 만일 이 욕심을 떠나 불(佛)이 되기를 원하고, 인연을 따라서 회향을 잘하면 곧 불이 되고, 이 회상을 잘 만날 줄로 확실히 믿나니라."

14. 불의에 부동

　정산 종사 말씀하시기를 "언제나 불의(不義)에 부동(不動)한 힘을 양성하라. 평화 무사한 때에 가졌던 마음을 잘 지켜서 시대가 혼란하고, 괴로운 일을 당할지라도 그 근본 마음을 변함이 없이하라. 저 허공에 태양 광선이 검은 구름 속에 숨어 있을지라도 태양 광선은 언제나 여여(如如)하게 드러나는 것처럼, 공사를 하는 데에도 어떠한 역경·난경이 있을지라도 마음에 결정한 일이라면 굴복하지 말고, 명심하여 일생의 보감을 삼을지어다."

15. 추도(追悼) 법설

정산 종사 말씀하시기를 "저 무정지물(無情之物)이라도 아직 꽃도 피우지 못하고, 무성한 나무가 중간에 꺾이면 슬픈 일인데, 더욱 유정(有情)은 죽기를 싫어하며 그 가운데에도 사람은 더 죽기를 싫어하나니라.

그런데 사람 중에도 남다른 사업, 남다른 공부를 해보겠다고 포부를 가졌다가 도중에 죽었으니 참으로 애석한 일이로다. 이명훈(李明勳) 영가의 추도(追悼)를 당하여 동지 여러분들이 슬퍼하는 것도 없을 수 없는 일이며, 참으로 가슴이 아플 것이니라.

그러나 육체적 현상으로 보면 슬프고, 아깝고, 애석하지만, 무량한 영적(靈的) 진리의 세계로 볼 때에는 꽃이 항상 피어 있고, 나무의 꺾임 또한 없는 것이니라. 곧 진리 자리로 볼 때에는 생사(生死)도 없고, 거래(去來)도 없어서 영원무궁한 것이 아닌가.

청년의 나이에 요사(夭死)하였다고 하더라도 큰 포부와 거룩한 서원, 신심을 가졌다면 진리적으로 축하할 기쁜 일이 들어 있도다. 더욱 명훈 영가는 결혼도 하지 않고, 오롯이 이 공부, 이 사업을 해보겠다는 깨끗한 몸으로 공중에 헌신할 뜻을 가지고 있다가 생을 마감하였으니, 죽은 명훈이를 말하면 저 세속 사람들의 요사(夭死)와는 전혀 판판인 것이니라. 청년, 남녀, 동지들이 이처럼 슬퍼하고, 뜨거운 눈물을 흘리며, 애석해하는 것이 그 증거로다. 곧 한번 이 공부, 이 사업을 잘해

보리라고 굳은 서원을 품고 아직 실현을 못 하고 죽었더라도 마음먹은 그것이 실현될 것이니라.

　명훈 영가를 생각할 때 서러워하고, 슬퍼하고 하는 것보다 명훈 영가가 더 담당할 힘을 양성하기까지 발원 결심하도록 하는 것이 떠나가는 법동지를 위하는 것이 아니겠는가. 또한 너희들이 이 공부, 이 사업을 깨끗한 마음으로 끝까지 진실되게 한다면 이것이 참으로 명훈 영가를 위하는 마음일 것이니라." 〈『법어』 생사편 16. 법문 보완〉

제7편

불법대해

제7편
불법대해

1. 불교의 요지(要旨)

정산 종사 말씀하시기를 "불교란 무엇인가. 선사(禪師)의 말씀에 '뭇 악을 짓지 말라[諸惡莫作], 많은 선을 받들어 행하고[衆善奉行], 스스로 그 뜻을 청정히 하면 이것이 불법이니라[是諸佛法].'라고 하셨나니 불(佛)은 곧 깨닫는다는 각(覺)을 뜻함으로써, 불법은 어려운 것이 아니라 쉬운 것이요, 먼 곳에 있는 것이 아니라 가까운 곳에 있으며, 또한 알기만 하는 것이 아니라 행(行)하는 것이요, 문자(文字)에만 있는 것이 아니라 마음에 있는 것이니라.

이 세상은 누구를 막론하고 송장이 아닌 이상 고(苦)가 없는 사람은 없나니, 부자는 부자의 고(苦), 가난한 자는 가난한 자의 고(苦), 영리한 자는 영리한 자의 고(苦), 미련한 자는 미련한 자의 고(苦)가 있어서 이와 같이 각종 각색의 형편과 처지를 따라 오욕(五慾)으로 불러오는 고(苦)가 있나니라.

그러므로 불법(佛法)을 공부하는 우리 공부인은 첫째, 이고득락(離苦得樂)하게 할지니, 곧 고(苦)를 떠나 낙(樂)을 얻어라. 괴로운 고(苦)를 당하는 것은 한정이 없나니라. 그러나 고를 떠나 낙이 오도록 하려면 근본적으로 탐(貪)·진(瞋)·치(痴)가 들어서 고(苦)가 되고 낙(樂)을 멀리하게 된다는 원인을 알아야 하나니라. 그러므로 불의(不義)한 일을 짓지 않도록 하는 것도 이고득락(離苦得樂)의 방법이니라.

또한 대소사(大小事) 간에 모욕을 당할 때 스스로 지어 받는 업(業)인 줄을 알아서 고(苦)에 끌리지 말라. 더욱 고락이 돈공(頓空)한 자리를 깨쳐 고락을 초월하면 고(苦)도 고(苦)가 아니며, 고(苦)가 낙(樂)이 되나니라.

그래서 선암 화상이 말씀하시길 '중생은 고(苦)를 버리고 낙(樂)을 구하지만, 고도 버리지 못하고 낙도 얻지 못하며, 불보살들은 고에 처하여 낙을 잊었지만, 고는 스스로 물러가고 낙이 스스로 찾아오나니라 [苦苦而去 苦求樂, 苦不去而樂不來. 苦苦而處 苦忘樂, 苦自去而樂自來].'라고 하셨나니라.

둘째는 전미개오(轉迷開悟)라, 미(迷)한 것을 궁굴려 깨달으라는 뜻이니, 곧 견성(見性)을 하라는 말이니라. 평소 모르는 것도 정신이 온전(穩全)하여 상쾌하고 싱그러울 때 모르던 것이 알게 되고 깨달아지나니 삼학(三學)에서 사리연구(事理研究) 공부이니라.

셋째는 지악수선(止惡修善)으로 모든 악(惡)을 끊고 뭇 선(善)을 닦을지니라. 거짓말도 물론 죄악(罪惡)이나 어머니가 어린아이에게 약(藥)을 먹이려면 쓴 것도 달다고 거짓말을 하며 약을 먹이게 되는데 이것은 죄악이라고 할 수 없나니라. 또 도둑질도 죄악이지만, 적국(敵國)의 병기(兵器)를 훔쳐 오는 것은 죄악으로 볼 수 없나니라. 여하간 악을 그치고 선을 닦으라는 것이니라.

우리는 인과(因果)를 신봉(信奉)하고 도덕에 입각하여 항상 모든 악을 끊고 이타(利他)의 선을 행하게 하는 것이 그 목적이니라."

2. 불(佛)의 의의

정산 종사 말씀하시기를 "불(佛)은 등상불(等像佛), 석가모니불(佛), 제현제성(諸賢諸聖)의 불(佛), 준동함령개유불성(蠢動含靈皆有佛性)의 불(佛), 유정무정(有情無情)의 불(佛), 즉심시불(卽心是佛)의 불(佛)이 있나니라."

3. 삼신불(三身佛)

학인(學人)의 삼신불(三身佛)에 관한 질문에 답하시기를 "법신불(法身佛)은 본연청정(本然淸淨)하여 제법(諸法)이 개공(皆空)한 부처님의 자성 진체(自性眞體)를 이름이요, 보신불(報身佛)은 원만한 영지(靈知)로서 부처님의 자성(自性)에 반조(反照)하는 반야(般若)의 지혜를 이름이며, 화신불(化身佛)은 천백억 방편으로 중생을 교화하신 부처님의 분별심(分別心)과 색신(色身)을 이름이니라.

삼신설(三身說)은 법상종(法相宗)의 종조(宗祖)이신 인도의 세친 보살(世親菩薩)이 말씀하기 시작하였는데 대승불교의 통의(通義)가 되었나니라.

이 법(法)·보(報)·화(化) 삼신설은 그 후 여러 가지 해설이 있어 왔나니, 첫째 법신불(法身佛)은 불(佛)의 성품을 이름이요, 보신불(報身佛)은 불이 성취하신 청정원만(淸淨圓滿)한 마음을 이름이며, 화신불(化身佛)은 불의 육신(肉身)을 이름이니라.

둘째, 법신불은 불의 진여평등(眞如平等)한 무한절대(無限絕對)의 실재(實在)를 이름이요, 보신불은 우주 만물의 개령(個靈)을 이름이며, 화신불은 우주만상(宇宙萬象)에 형형색색(形形色色)으로 나타나 있는 현상 세계를 이름이니라.

셋째, 법신불은 일체 만물이 다 이 성품 가운데에서 생장보존(生長保存)을 하는지라 만물의 봄, 즉 만법(萬法)의 근본이라는 뜻이요, 보신불은 위대한 수행의 힘을 가지고 무명심(無明心)을 부숴서 본래 청정한 체성(體性)을 회복하였다는 뜻으로 보본반시(報本返始)의 뜻[意]이며, 화신불은 사람의 육신이 생·로·병·사로 변화하므로 변화하는 몸이라는 뜻, 또는 부처님께서 일체중생을 교화(敎化)하시기 위하여 인간의 몸을 받으셨다는 뜻이니라.

또 이 삼신불을 달[月]에 비유하면 법신불은 달의 체(體)이요, 보신불은 달의 광명(光明)이며, 화신불은 일천 강에 비치는 달의 그림자[影]이니라.

과거 재래 불교에서는 화신불(化身佛)이신 불(佛)의 등상(等像)을 신앙의 대상으로 모셨으나 우리는 법신불을 신앙의 대상과 수행의 표본으로 삼았나니라. 이러한 삼신불은 이상과 같이 나누어 볼 수 있으나 실제로는 삼신즉일야(三身卽一也)이니, 이를 다시 밝힌다면 일원상(一圓相)이라 이름하나니라."

4. 육도와 사생

정산 종사, 육도(六道)와 사생(四生)에 대하여 말씀하시기를 "재래 불교의 태(胎)·란(卵)·습(濕)·화(化) 사생설(四生說)은 현실적인 유정계

(有情界)의 설명에 그치고 있으나 우리 공부인의 심상계[心常·心上界]에도 역시 사생(四生)의 조화·작용이 있음을 알아야 할지니,

    태(胎)는 침착심(沈着心)의 습성(習性)이요,

    난(卵)은 부동심(不動心)의 미성(迷性)이며,

    습(濕)은 산부정심(散不定心)의 사성(邪性)이요,

    화(化)는 난잡심(亂雜心)의 견취(見趣)를 말하나니, 이 심상(心常)의 조화·작용을 잘 살펴서 일체의 고락(苦樂) 경계와 생사(生死)의 오고 감에 미(迷)함이 없는 힘을 갖출지니라.

    또한 육도(六道)에도 심상계[心常··心上界]가 있나니, 지옥(地獄)은 진심(瞋心)이 치성할 때이요, 대죄(大罪)를 범하여 심중에 공포를 느낄 때이며,

    아귀(餓鬼)는 탐욕심(貪慾心)이 치성할 때이요, 항상 불만과 부족을 느껴서 자족(自足)함을 모르고 갈구(渴求)하는 때이며,

    축생(畜生)은 치심(痴心)이 치성할 때이요, 무지무각(無知無覺)인 본능적 충동으로 윤기(倫氣)를 구분하지 아니하고 도덕을 무시하는 비인간적인 마음이 일어날 때이며,

    수라(修羅)는 산란심(散亂心)이 치성할 때이요, 이럴까 저럴까 결정하지 못하면서 호승지심(好勝之心)으로 가까운 인연을 싫어하고 싸우기를 좋아하는 때이며,

    인도(人道)는 고락상반(苦樂相半)이요, 소선행(小善行)을 지어서 작은 기쁨을 얻을 때이며,

    천도(天道)는 수도인이 대선행(大善行)을 지어서 흔열(欣悅)을 느낄 때이요, 오직 낙(樂)뿐인 여여심락(如如心樂)을 얻을 때이니라.

대종사께서 '우리가 한 집안, 한 울안에 살면서도 중생은 지옥을 만들어서 탐·진·치·애만(愛慢)과 시기·질투로써 하루도 마음 편할 날이 없이 지옥 생활을 하고, 수도인들은 천당을 만들어서 서로 사랑하고, 서로 도와서 웃음 그칠 날이 없이 천상생활(天上生活)만 하나니라.' 하셨나니, 육도사생(六道四生)은 일체 생령의 오고 가는 길일뿐이나, 깊은 마음공부로써 윤회전생(輪廻轉生)의 삼계옥(三界獄)을 벗어나고자 힘쓸지니라."

5. 삼귀의(三歸依)

정산 종사 말씀하시기를 "여러분들은 예회 때마다 삼귀의(三歸依)를 창(唱)하는데 삼귀의에 대한 공부법을 발견하고 실지 공부를 해 나가는가. 글이라 하는 것은 펴놓으면 한량이 없고, 줄여서 그 강령만을 뽑아 놓으면 간단한 말씀 가운데 공부하는 법이 다 들어 있나니라.

귀의불양족존(歸依佛兩足尊)이라 함은 복혜양족(福慧兩足)의 선각자에 의지해서 깊은 공부를 하라는 말이지만 불교에서는 부처님에게 의지하라는 말이니라. 곧 부처님의 광명에 의지해서 살자는 것이요, 우리는 대종사님의 광명에 의지하고, 대종사님의 덕화에 의지하여 살자는 것이니라.

저 무정물인 초목의 종자도 토후(土厚)한 땅을 만나야 뿌리를 단단히 박고 생장할 수 있으며, 만약에 종자가 땅을 만나지 못하고 바위에 걸쳐 있으면 그 종자가 마르고 썩어 버릴 것이니, 그와 마찬가지로 우리는 복혜양족하신 부처님과 대종사님의 광명에 의지하지 아니하면 안 될 것이니라.

종자가 땅을 만나 뿌리를 단단히 박아야 하는 것과 같이, 선각자이신 부처님이나 대종사님께 뿌리를 단단히 박아야 할 것이니 우리 회상에 참예한 교도에 있어서는 이미 뿌리를 단단히 박았다고 볼 수 있나니라.

　그러나 그중에도 심천(深淺)이 있을 것이니, 전적으로 마음과 육신을 상설(霜雪)에 쇠(衰)하지 아니하는 송죽(松竹)의 절개와 같이, 순·역경(順逆境)에 흔들리지 아니하고 남의 비평 조소(批評嘲笑)에 흔들리지 아니할 만한 굳은 신앙에 뿌리를 박아야 할 것이니라.

　또는 더 나아가 우리의 자심불(自心佛)에 의지하여 공부할 줄을 알아야 할 것이니 우리의 자심불은 지극히 청정하여 변함이 없고, 지극히 밝고 지극히 공변되어서 불편불의(不偏不倚)하고 무과불급(無過不及)한 청정 원만한 것이라, 우리는 이 자심불에 의지해서 객진번뇌(客塵煩惱)를 조복(調伏)시키는 공부를 해야 할 것이니라.

　객진번뇌가 주장할 때를 일컬어 중생 세계라 하고, 청정 원만한 자심불(自心佛)이 주장할 때를 일컬어 불국 세계(佛國世界)라 할 수 있나니, 그러므로 우리는 밖으로 선각자의 광명에 의지하고, 안으로 자심불에 의지하여 속 깊은 공부를 해야 할 것이니라.

　귀의법이욕존(歸依法離欲尊)이라 함은 부처님의 법에 의지하여 일체의 욕심을 떠남이니, 사람이 만물 중 최령(最靈)하다는 것이 오직 법도와 규칙을 타고 모든 일을 해 나가기 때문이니라.

　만일, 이 법도와 규칙을 어기면 인도정의(人道正義)에 탈선함이 되어 마치 기차가 궤도를 탈선하면 통행할 수 없는 것과 같이 우리의 인생은 결코 법도와 규칙을 벗어나서 살 수 없나니라. 거미가 줄을 타고 살 듯이 우리 인생은 규칙과 법도를 따라 살게 되나니, 우리는 일동 일정의 일상생활을 하여 나갈 때에 항상 물욕(物慾)·색욕(色慾)·명리욕(名利慾) 등을 떠나 회광반조(廻光返照)하고, 오직 부처님의 법에 의지하여 공부해야 할 것이니라.

귀의승중중존(歸依僧衆中尊)이라 함은 승(僧)에 의지하여 공부하라는 말이니, 승은 사찰에 있는 승려만을 말한 것이 아니요, 보통 착하고, 어질고, 신앙심 있는 사람으로부터 성현에 이르기까지 선지식(善知識)을 이름이니라. 그래서 그 선지식에 의지해서 모든 것을 배우라는 말씀인바, 근묵자흑(近墨者黑)으로 사람은 착한 이와 가까이하면 자연히 나도 착해지고, 악한 이와 가까이하면 자연히 악한 물이 들게 되므로 어진 선지식에 의지해서 공부해야 한다는 말이니라.

그러므로 우리는 항상 삼귀의(三歸依)의 진의(眞義)를 알아서 공부해야 할 줄 믿나니, 이러한 공부심을 가지고 나아가는 사람은 자기의 서원과 목적을 달성할 수 있는 동시에 중인(衆人)을 지도할 만한 큰 지도 인물이 될 것이니라." 〈원기34년 1월 16일〉

※ 정산 종사 말씀하시기를 "우리가 공부할 때는 반드시 자력(自力)과 타력(他力)이 따라붙나니, 타력은 자력을 근본하고 자력은 타력을 의지해서 불가불리(不可不離)의 형태를 이루고 있나니라.

그러나 타력에 편중하여 자력을 잊고, 혹은 자력에 편중하여 타력을 망각하는 사람도 있으니 즉, 부처님을 절대의 신이라 하고 그 부처님의 신력(神力)으로써 성불(成佛)하리라는 절대의 타력신앙을 하는 사람이 있는가 하면, 또는 부처님도 별다른 분이 아니요, 즉심시불(卽心

是佛)이라 하여 계율과 인과를 부정하는 자칭 자력신앙이라 하는 것에 치중하는 이가 있으니, 이 두 가지가 그 결과에서도 한 가지 과불급(過不及)의 착오를 일으키고 있으므로, 제군들에게 삼귀의(三歸依)에 대하여 자타력(自他力) 병진(竝進)의 해석을 들려주고자 하노라.

첫째, 귀의불(歸依佛)이라 하였나니 부처님께 귀의하자는 것이니라. 그러면 부처님은 어떠한 분이신가. 부처님은 오직 선각자(先覺者)이시니 곧 원만구족(圓滿具足)하고 지공무사(至公無私)한 진리의 자리를 먼저 깨치시고 그대로 행하신 분이니라.

그러므로 우리 후진 후생(後進後生)들은 그 부처님에게 귀의하나니 이는 타력이요, 여기에서 한 걸음 나아가 처처불상(處處佛像)의 진리를 깨쳐 부처님과 더불어 합하여 자심불(自心佛)에 귀의하는 것은 완전한 자력이니라.

그러나 이와 같이 자력은 타력으로 인해서 점차로 완성을 얻게 되는 것이며, 타력은 자력을 근본해서 그 목적을 이루게 되나니, 구경(究竟)에 있어서는 자타력이 구망(俱忘)한 부처의 지경에 귀의하여야 하나니라.

둘째, 귀의법(歸依法)이니 법에 귀의하자는 것이니라. 그러면 법이란 무엇인가. 법은 부처님께서 각(覺)을 얻은 실지 경험에 의한 방법이니, 원만구족(圓滿具足)하고 지공무사(至公無私)한 이치를 밝혀놓으신 것이니라.

그러므로 그 방법에 귀의하게 되나니 이는 타력이요, 한 걸음 나아가 만유(萬有)가 대성경(大聖經)임을 알아 원만구족하고 지공무사한 진리의 자리를 아는 것이라, 이는 완전한 자력을 얻기 위한 타력으로, 다시 여기에서 만유(萬有)를 경전으로 삼아 나의 일거수일투족이 법에 합치되는 것이 완전한 자력이니라.

또한 자타력이 구망(俱忘)한 자리에서 우리의 『정전(正典)』을 근본 삼고, 만유를 경전 삼아 원만구족하고 지공무사한 자리를 깨쳐 그 법에 합치하여야 하나니라.

셋째, 귀의승(歸依僧)이니 이는 승에 귀의하자는 것이니라. 승은 부처님을 받들고 법에 의지해서 수행하는 사람으로 수행을 일삼는 선지식(善知識)에 귀의하나니, 이는 타력이요, 한 걸음 나아가 선악(善惡)이 개오사(皆吾師)임을 알아 그대로 행할 수 있으니, 이는 완전한 자력을 얻기 위한 대상이 있는 타력이며, 다시 여기에서 진일보하여 개오사로 인하여 자심(自心)의 스승을 발견하여 양심(良心)이 인심(人心)을 교선(敎善)하는 것이 완전한 자력이니라.

또한 자타력을 초월한 자리에서 밖으로 수도승을 스승 삼고, 선악(善惡)의 경계로써 공부의 기회를 삼아, 일일시시(日日時時)로 자기가 자기를 가르쳐야 하나니라.

이와 같이 일체 만물의 그 됨이 자타력으로 병행되었나니, 우리가 참다운 도를 얻고자 할진대 부처님의 힘과 진리의 힘과 나의 힘이 합함으로써 완전한 삼보(三寶)에 귀의할 수 있을 것이니라.

무릇, 불(佛)은 청정한 마음이요, 법(法)은 공정한 자리이며, 승(僧)은 일일시시(日日時時)로 반조(反照)하여 성성불매(惺惺不昧)한 자리이니, 이 이치를 힘써 궁구하라."

6. 사홍서원(四弘誓願)

　정산 종사 말씀하시기를 "우리가 천 리, 만 리 길을 떠날 때 내딛는 한 걸음 한 걸음이 대단하지 않은 것 같으나 그 한 걸음이 대단히 중대하나니, 그것은 천신만고(千辛萬苦)와 함지사지(陷之死地)를 불구하고 매진하여 결국 자기가 목적한바 목적지에 도달하고 말 것이요, 그러한 용맹과 결심이 없이 내딛는 사람은 중도이폐(中道而廢)가 되고 말 것이니라, 그러므로 먼 길을 떠나는 사람의 첫 출발은 매우 중대하다고 볼 수 있나니라.

　그와 마찬가지로 우리가 도문(道門)에 들어와 공부와 사업을 할 때에 맨 처음의 발심(發心)과 입지(立志)와 서원(誓願)이 굳어야 그 목적을 달성할 수 있을 것이니, 그러한 굳은 서원이 없이는 중생이 변해서 부처가 될 수 없나니라.

　여기에 모인 여러분들은 성불제중의 큰 서원과 목적을 세웠으니 처음 발심부터 굳게 맹세하고 굳게 매진하여, 영원무궁토록 성불제중의 원과 목적을 달성하기 바라노라.

　우리의 원은 크나니, 이 원이 큰 만큼 시일장구(時日長久)하고, 시일이 장구한 만큼 성공도 크나니라.

　우리가 매양 예회 날이면 '사홍서원(四弘誓願)'을 창(唱)하게 되나니, 이를 창할 때마다 우리의 원을 반성해야 할 줄 믿는 바 이 사홍서원은 원(願) 중에 가장 큰 원으로서 이 사홍서원의 뜻을 잘 알아야 할 것이니라.

　사홍서원 가운데 중생무변서원도(衆生無邊誓願度)를 가장 첫머리에 놓은 것은 깊은 의의가 있나니, 고해에 헤매는 중생이 가히 없으니 맹세코 그 고해에서 헤매는 중생들을 다 제도하리라는 것이 부처님의 자비에 넘치는 가장 크나큰 원이요, 이 원이 불보살의 경지에 들어서는 첫걸음이니라. 그러므로 그 원을 세워놓고 그 원을 실현하기 위하여 번뇌무진서원단(煩惱無盡誓願斷)·법문무량서원학(法門無量誓願學)·불도무상서원성(佛道無上誓願成)의 세 가지 원을 더 세운 것이니라.

그러면 그 원을 달성하기로 하면 어떻게 해야 할 것인가. 먼저 자심(自心)의 번뇌와 번뇌 아닌 것을 알아서 끊임없이 끊어서 번뇌를 없애야 하나니, 우리의 마음 가운데에 일어나는 번뇌가 마치 저 곡물 가운데 잡초와 같아서 방심하고 보면 곧 묵어 버리나니라.

그러므로 심전계발(心田啓發)이라는 말도 있거니와 우리의 심전은 조금만 방심하면 곧 묵게 되나니, 이 공부는 금생·후생에 끝나는 것이 아니요, 우리가 영겁을 통하여 꾸준히 끊고 끊어서 없애야 하며, 또는 법문도 무량무변(無量無邊)하며 진리도 무량무변한 것이니, 금생·후생 내지 무량겁(無量劫)을 통하여 배우는 성심(誠心)을 놓지 아니하고 보면 무량한 법문을 다 알 때가 있을 것이니라.

또는 불도(佛道)가 위가 없으니, 영생에 닦고 또 닦아서 최고의 진리를 배우고, 기르고, 때로 일체 만사에 응용한다면 결국 불도를 성취할 때가 도래(到來)하여 육도사생(六道四生)을 자유하는 동시에 성불제중의 대원을 성취할 줄 믿는 바이니, 여러분들은 조급한 생각으로 정진하다가 퇴굴심을 내지 말고 꾸준히 공부해야 할 것이니라.

부처와 중생의 차이가 마치 큰 고목과 이제 돋아나는 싹과 비교할 수 없지마는 시일의 차이가 있나니, 지금 작다고 해서 큰 고목이 될 수 없다고 할 수 없을 것이요, 그 시일이 걸려서 꾸준히 장성하면 그와 같이 못 될 것이 없을 것이니라.

　우리는 지행(知行)이 부처님처럼 원만하지 못하고 부족하지만, 현재의 지행이 부처님과 같지 못하다고 해서 부처님처럼 원만한 지행을 가질 수 없다고 할 수 없나니, 우리도 영원무궁토록 꾸준히 수행해 나아가면 될 것이니라. 부처님도 영원부단(永遠不斷)의 시일을 거침으로써 되신 것이니라.

　그런데 부처가 되고 못 되는 두 가지 이유가 있나니, 바로 하나는 하려고 노력하는 사람이요, 또 하나는 안 하려고 하는 사람이니라. 아무리 어려운 일이라도 하려고 하면 못 할 것이 없으며, 안 하려고 하면 되는 것이 없나니, 그런 만큼 우리는 부처와 내가 둘이 아니라는 결심 하에 큰 서원을 세워놓고 이 사홍서원의 실현에 노력하는 동시에 굳게 매진하면 못 이룰 것이 없다는 각오를 할지니라.

　우리는 지대지고(至大至高)한 원을 모두 세웠으니, 그 원과 목적을 달성하기까지 정진 불퇴(精進不退)하기 바라노라."

7. 팔정도(八正道)

　정산 종사, 팔정도(八正道)에 대하여 말씀하시기를 "정견(正見)은 고(苦)·집(集)·멸(滅)·도(道) 사제(四諦)의 도리(道理)에 밝은 지견(智見)을 가짐이요,

　정사유(正思惟)는 욕심(慾心)을 멀리하고 성냄과 원해(怨害)가 없는 바른 생각이며,

　정어(正語)는 거짓말, 이간하는 말, 쓸데없는 말을 하지 않고 바르고 참된 말을 함이요,

정업(正業)은 살아있는 생명을 죽이지 아니하고 도적질하지 않으며 음행(淫行)하지 않는 바른 행동을 이름이며,

정명(正命)은 출가(出家)한 사람으로서 있을 수 없는 생활의 방도를 쉬고 바른 생활을 이름이요,

정정진(正精進)은 아직 생겨나지 않은 악(惡)은 미연에 막고 벌써 생긴 악은 버리도록 힘쓰며, 아직 생겨나지 않은 선은 생겨나도록 힘쓰고 이미 생긴 선은 크고 원만하게 되도록 면려(勉勵)하고 그 마음을 굳게 함이며,

정념(正念)은 생각이 바르고 마음이 곧아서 몸과 감각과 마음과 법을 일심으로 관찰하여 탐욕과 그것으로부터 일어나는 온갖 걱정을 없애는 것이요,

정정(正定)은 욕심과 악을 버리고 제1선(第一禪)에 들며, 다시 나아가 제2, 제3, 제4선에 들어 머무름이니, 제군들이여! 이 팔정도의 정진으로 마음공부의 큰 힘을 얻어라."

8. 육바라밀(六波羅蜜)

정산 종사, 육바라밀(六波羅蜜)에 대하여 말씀하시기를 "보시(布施)에는 갈진보시(渴盡布施), 포외시(怖畏施), 재시(財施), 분함보시(分咸布施) 등이 있으나 모두 부처님의 자비심(慈悲心)을 행하는 데 있나니라.

인욕(忍辱)은 참는 것이 덕(德)이 되나니, 일체의 순역경계에 태연자약(泰然自若)하자는데 있으며, 지계(持戒)는 지(智)·인(仁)·용(勇) 삼덕(三德)을 갖추자는데 있나니라.

또한 심기(心氣)가 한 곳에 가라앉지 않으면 참다운 지혜(智慧)가 나

올 수 없으며, 한 곳에 제지(制止)하고 일체의 사념난심(邪念亂心)에서 해탈하는 것을 선정(禪定)이라고 하며, 일심정력(一心精力)으로 전진불퇴(前進不退)하여 일체의 악업(惡業)·사업(邪業)을 퇴치하고 순수한 선도(善道)로 향해가는 것을 정진(精進)이라고 하나니라.

그러므로 보살이 되려면 먼저 우주 만물(宇宙萬物)과 동근일체(同根一體)인 것을 깨달아 육도만행(六度萬行)을 해야 하나니라."

9. 보시(布施)

정산 종사 말씀하시기를 "보살(菩薩)의 육만행(六萬行) 중에 첫째인 보시(布施)에 대하여 여러 가지 설(說)이 많으나 대체로 십보시(十布施)라 하여 강조되어 왔나니라.

자신이 먹고 쓰다 남은 것으로 베푸는 분함보시(分咸布施), 정신·육신·물질로 남김없이 다 베푸는 갈진보시(渴盡布施)가 있으며, 또 정신적으로 외로운 사람이나 무자력(無自力)한 사람, 슬픔을 간직한 사람, 정처(定處)가 없는 사람 등을 위로하고 또 전도(前途)를 열어주며 마음을 살려주고 사기를 높여주는 내적보시(內的布施), 육체적으로 전혀 보수 없이 베풀며 명예를 빌려 사업·입학·취직 등에도 도움을 주고, 권리를 빌려 죽을 죄를 지은 사람의 목숨만은 구해주며, 중죄인(重罪人)을 경죄인(輕罪人)으로 그 죄를 줄여주는 등 지위를 빌려 매우 어려운 일을 해결해 주는 등의 외적보시(外的布施), 음으로 양으로 덕(德)을 쌓으며 재력과 권리를 두루 갖추어 저 김성수 선생과 같이 중인에게 베푸는 내외적보시(內外的布施), 마을·학교·고아원·양로당·공장·교당 등 어느 때 어느 곳에서든지 호불호(好不好)와 대소(大小)를 가리지 않고 당하는 대로 정신·육신·물질로 베푸는 일체보시(一切布施)가 있나 니라.

　또한 현재의 복락은 과거에 자신이 지어서 누린다는 자족감이 없고 또 그만 지어야겠다는 타락심이 없이 계속 부지런히 짓고 베푸는 과거보시(過去布施), 현재 복을 짓는 데는 반대하지 않지만, 많은 재산과 높은 권리를 가져야만 짓겠다며 미루는 현재보시(現在布施), 미래의 복 받을 것을 바라고 베푸는 미래보시(未來布施), 정신·육신·물질로 복(福)을 짓되 일체의 상(相)이 없이 무주상(無住相)으로 베푸는 구경보시(究境布施)가 있나니라.

　무릇 우리는 사은(四恩)의 공물(公物)이니라. 보시한다고 생각하지 말고, 사은께 빚을 갚는다고 생각하여 과거에 정신·육신·물질로써 베푼 것들을 잊으며, 현재의 정신·육신·물질이 자신의 소유물이라는 생각도 잊으며, 미래에 정신·육신·물질로써 받을 것을 구하는 마음도 잊어라. 일체의 보시상(布施相)을 떠난 갈진보시와 구경보시가 최상보시(最上布施)니라."

　※ 정산 종사, 또 보시(布施)에 대하여 말씀하시기를 "보시에 여러 종류가 있으니 첫째, 애걸복걸(哀乞伏乞)하여 통사정으로 빌어야 베풀어 주는 하등보시(下等布施)라, 달라고 하지 않으면 베풀지 않으며 베풀고 싶어서 베푸는 것이 아니기에 걸시(乞施)라 하나니라.

　둘째, 유시보시(有時布施)로서 자신이 경영하고 있는 일이 잘 된다든가 어떤 계기로 기분이 좋아 베푸는 보시라, 그러나 자신의 기분이 나쁘다든가 걱정되는 일이 있으면 베풀지 않으며, 저편에서 권하든지 스스로 베풀든지 하여간에 자기 마음에 내키어서 베푸는 보시이니라.

셋째, 상등보시(上等布施)라, 보시를 행한 후 어떠한 후회심이나 교만심, 아까운 마음 등이 전혀 생기지 않는 보시이니, 무릇 불가(佛家)에서는 보시삼공심(布施三空心)이라 하여 시자(施者)의 마음도 비우고, 수자(受者)의 마음도 비우며, 물자(物者)도 비워져서 이 세 가지가 모두 비워짐으로써 청정심을 얻는다고 하여 이 상등보시를 삼륜청정심(三輪淸淨心)이라고 하였나니라.

넷째, 포보시(怖布施)라, 과거 생의 업으로 현생 내지 내생의 과보가 무섭고 두려워 그 과보를 피하고자 베푸는 보시이며, 알고도 짓고 모르고도 지은 숱한 죄업(罪業)을 들고 벗기 위해 베푸는 것으로 심산유곡에 사찰이나 암자를 짓고 또는 무명(無名)의 음덕(陰德)을 쌓는 보시이니라.

다섯째, 보은보시(報恩布施)라, 이는 사람과 사람 또는 사람과 금수 등 서로가 깊은 은혜를 입어서 그 보답으로 베푸는 보시이니라.

여섯째, 구보시(求布施)라, 이는 어떠한 대가와 보수를 바라고 베푸는 보시이니라.

일곱째, 습선보시(習先布施)라, 과거 선조 때부터 해왔기 때문에 후손된 도리로 베푸는 보시이니, 사찰의 중수(重修)나 삼보전(三寶前)의 불공(佛供), 음식 공양 등 집안의 불심(佛心)이 전하여 베푸는 보시이니라.

여덟째, 희천보시(希天布施)라, 자신이 죽어서 왕생극락으로 가고, 인도수생(人道受生) 등 현생보다는 더 나은 진급(進級)을 바라고 베푸는 보시이니라.

아홉째, 요명보시(要名布施)라, 명예를 얻기 위하여 베푸는 보시로 가난한 사람을 돕는다든가, 마을의 냇가에 다리를 놓아준다든가, 샘물을 파 준다든가, 학교를 세워준다든가 등 물질로써도 힘써 베푸는 보시나, 다만 정신·육신·물질로 베풀지만 자신의 소망(所望)을 마음에 두고 베푸는 보시이니라.

열째, 장엄보시(莊嚴布施)라, 불도(佛道)에 뜻을 두고서 깨달음을 얻기 위해서, 보살도(菩薩道)를 얻기 위해서 보시하는 것으로써 전혀 아까운 마음도 없고, 베풀고 주었다는 생각도 없이 보시하는 것이니라."

※ 정산 종사 말씀하시기를 "보시(布施)는 다른 사람에게 정신·육신·물질 등 무엇으로든지 보수를 받지 않고 베푸는 것이라, 그러나 중생들은 천만인을 해(害)하여 자기 자신만이 이(利)를 취하려 하지만 불보살들은 천만인에게 이(利)를 주기 위하여 자기 자신을 희생해 가면서 다른 사람을 위하여 정신·육신·물질 등의 방면으로 노력하며 남에게 베풀게 되나니라.

우리도 공부의 정도가 대승계(大乘界)에 오르려면 육도만행 중에 제일이 보시라, 수양을 쌓고 지혜를 얻었다고 할지라도 보시가 없다면 보살이 못되나니라. 자기득도선도타(自己得道善度他)의 진리가 부처님의 사홍서원(四弘誓願)이라, 부처님께서는 자리이타(自利利他)를 하시다가 뜻대로 되지 않으시면 자해타해(自害他害)라도 하시나, 범부와 중생들은 자리타해(自利他害)를 할지언정 자기 손해나는 일은 아니 하나니라.

보시 가운데에는 재시(財施)·법시(法施)·무애시(無碍施) 등 각종 보시를 끊임없이 행하면 복 또한 끊임없이 받게 되나니라.

그러나 보시 중에 최상은 무념보시(無念布施)라, 그래서 응용무념왈덕(應用無念曰德)이요 불리자성왈공(不離自性曰工)이라 하였나니, 평양의 어떤 부호가 오백 석이라는 큰 재시(財施)를 하여 기념관을 짓는 데 큰 힘이 되자 건축 당시에는 사회객(社會客)들이 친자손 이상으로 친절히 대하고 드나들었으나 막상 기념관의 건축이 끝나자, 태도가 달라지고 소원하게 대하는지라 일평생 죽을 때까지 좋은 대접을 받을 줄로만 알았던 것이 뜻대로 되지 않아 후회한다는 이야기를 대종사님께서 들으시고 '중생들은 자리이타(自利利他)나 자해타해(自害他害)가 되지 못하면 후회를 하나니, 그러므로 너희들은 공부와 사업을 하는 가운데 어떠한 고(苦)가 있더라도 결코 그 전에 한 것을 후회하지 말라.' 하시었나니라.

　또한 희망이 십 장(十丈)이면 낙망도 십 장이라, 대종사님께서 정녀들에게 '너희들도 처녀의 몸으로 일생을 바쳤는데 늙어서 대우가 없다고 하여 후회하려면 모두 일찌감치 보따리를 싸서 돌아가라.' 하시고 또 '인생은 공수래공수거(空手來空手去)라.' 하시었나니 이러한 정신을 밝게 깨우쳐 보시의 공덕으로 무진(無盡)의 복덕(福德)을 닦을지니라."

10. 금강경의 대요(大要)

　정산 종사 말씀하시기를 "여러분들이 지금 『금강경』을 마쳤으니 그 대요와 각자가 특별히 감상된 바를 말하여 보라." 하시고, 선원 일반의 감상을 들은 후 말씀하시기를 "육조 대사(六祖大師)의 말씀이 적절하도다." 하시고, 이어서 말씀하시기를 "금강경의 대요를 말하자면 진리의 최고 경지는 무상(無相)이며, 무주(無住)이니라. 그러므로 무상

무주의 경지는 곧 무상(無上)의 진리요, 무상무주한 그 진리로써 묘유(妙有)를 나툼이 곧 대도(大道)라, 무상대도의 진리를 여실히 나타낸 말이니라.

예를 들어 말하자면 우주가 공허(空虛)하여 낱낱이 없기 때문에 인과보응의 진리가 소소(昭昭)하나니, 그러므로 우리는 그 진리에 계합(契合)하여 공부해야 하나니라.

그러나 우리가 무상대도의 경지를 목표하고 수행하기로 하면 첫째로 상(相) 없는 공부, 즉 사상[四相; 我相, 人相, 衆生相, 壽者相]과 법상(法相)·비법상(非法相)까지 공(空)한 이치를 깨달아 허공과 같은 심경을 가지며,

둘째로는 주(住)함이 없는 공부를 하여 색성향미촉법(色聲香味觸法)에 주함이 없는 심경을 가지며, 이상의 두 가지 원만한 심경을 가져서 무상(無上)의 진리를 증득(證得)함이요,

셋째는 묘유(妙有)의 공부라, 희로애락(喜怒哀樂)과 원근친소(遠近親疎)에 끌림이 없는 지공무사(至公無私)한 마음을 쓰나니, 이러한 마음을 씀으로써 대도를 성취함이 되나니라.

곧 무상무주(無相無住)의 공부를 하는 것은 묘유를 쓰기 위함이요, 무상의 진리를 요달(了達)함은 대도를 행하기 위함이니라."

11. 사상과 법상·비법상

정산 종사, 사상(四相)과 법상(法相)·비법상(非法相)에 대하여 말씀하시기를 "아상(我相)이라 하는 것은 자신의 소아(小我)에 집착하여 아만심을 내는 것이라. 그러나 불교는 근본적으로 무아주의(無我主義)이

니라.

그러면 아(我)라는 존재는 어떠한가. 육신(肉身)을 나[我]라 할진대 이 육신은 사대인연(四大因緣)의 가합(假合)이라 백 년 이내에 갈리면 나[我]가 아니며, 이름을 나라 할진대 이름 또한 고정된 것이 아니요, 형편 따라 바뀌면 달라지는 것이니, 이 또한 참나가 아니며, 분별심(分別心)이 나라 할진대 분별심(分別心) 역시 찰나 찰나(刹那刹那)로 변화되어 항상 그 마음이 아니요 참나가 아니니, 현재 가지고 있는 분별심과 육신도 그러하거든 하물며 거기에 딸린 부귀영화(富貴榮華)는 논설할 것도 없도다.

그러나 어리석은 중생들은 이 진리를 알지 못하는 까닭에 허망한 것에 집착하여 학문이나 기술을 좀 갖추면 고개가 꼿꼿이 솟아 나와 교만하고 자랑을 하여 하염없는 죄를 짓고 있나니라. 허망한 세상살이에서 하잘것없는 몸이 있는 것에 집착하고, 아는 것에 의지하며, 소아(小我)를 참 내 것으로 알고 진아(眞我)를 발견치 못하여 뭇 죄를 짓나니, 일만 죄악(一萬罪惡)은 모두 아상(我相)으로부터 시작이 되나니라.

인상(人相)은 사람이 되었다는 상이니, 본래 자성은 불조사(佛祖師)와 범부·중생이 없건마는 다생겁래(多生劫來)로 무명습관(無明習慣)에 물들고 뒤섞여 불중(佛衆)의 차별이 있거늘, 근본적으로 차별이 있는 줄 알아서 축생은 사람의 이용물이라 하여 불쌍히 여기는 마음이 없으며, 또한 사람끼리도 귀천의 차별을 극히 하여 천인(賤人)을 대할 때에 노예같이 부려 나의 소유로 하려는 심사이니, 자성의 본래가 일체 동일한 줄을 알지 못하는 까닭에 차별적 대우를 하는 것이니라.

중생상(衆生相)은 본래 하나인 자성을 각득(覺得)하지 못하는 까닭에 나는 부처가 되지 못한다고 스스로 퇴굴심(退屈心)을 내는 것이며, 또는 수도자가 성리(性理)에 대한 법문을 많이 들어 안다든지 또는 대강 짐작하여 아는 것으로써 '나는 견성을 했노라.' 하는 상(相)으로써 속인(俗人)을 대하면 하시(下視)하고 자기보다 못한 자를 대할 때에 '내가 제일 잘 아노라.' 하며 상을 내는 것이니라.

　수자상(壽者相)은 육신의 나이를 많이 먹으면 소년을 대할 때 자세(藉勢)하여 어른을 보고 인사를 안 한다는 등, 또는 경험 많은 나에게 매사를 문의(問議)하지 않는다며 불편한 심기를 나타낸다든지, 또는 도문(道門)에 먼저 들어왔다는 것으로 인하여 늦게 온 자에게 공경을 아니 한다는 등, 또는 의당(宜當) 배울 것이 있어도 배우지 아니하며 '내가 제일이다.' 하는 것이 수자상이니라.

　법상(法相)은 사상이 공(空)하다는 법문을 많이 듣고 깨달은 자가 '나는 사상이 공한 공부를 하여 사상이 공하였다.' 하는 상이라, 사상이 공했다는 상이 없거늘 그러나 이 공한 것에 집착하여 참[眞]을 삼는 것이 법상이니라.

　비법상(非法相)은 일원의 진리가 언어도단(言語道斷)하고 심행처(心行處)가 멸(滅)하여 공(空)했다는 생각까지도 공한 진리이거늘 이를 알지 못하는 까닭에 공을 참[眞]으로 삼는 것이 비법상(非法相)이니, 만일 이 상을 벗어나고자 할진대 그 참이라는 공(空)조차도 놓아버려야 하나니라. 언덕에 손을 잡고 두 발을 걸치고 있는 자가 한 발을 놓고, 또 한 손을 놓으며, 다시 한 손을 놓고, 나머지 한 발을 마저 놓는, 사체(四體)를 모두 놓는 것과 같나니라.

백척간두부동인(百尺竿頭不動人)
수연득입미위진(雖然得入未謂眞)
백척간두진일보(百尺竿頭進一步)
시방세계시전신(十方世界是全身)

백척간두에 흔들림 없이 꼼짝하지 않는 수행자여!
비록 득입(得入)의 도를 얻었으나 진경이 아니로다.
그 백척간두의 낭떠러지에서 한 걸음 내디뎌보라.
시방세계가 부처님의 전신이로다.

이상의 사상(四相)과 법상(法相)·비법상(非法相)을 몰아 말하면 자타(自他)·미오(迷悟)·유무(有無)로 볼 수 있고, 또 사상을 탐진치애(貪嗔痴愛)로 볼 수 있으니, 예를 들어보면 다음과 같나니라.

아상(我相)의 결과는 탐심(貪心)이니 나[我]를 중심으로 하기에 만물을 취하려는 욕심이 일어나며,

인상(人相)의 결과는 진심(嗔心)이니 자타(自他)의 차별성으로서 내 뜻을 맞춰주지 않으면 진심이 일어나며,

중생상(衆生相)의 결과는 치심(痴心)이니 스스로 중생이라 하는 머리에 치심이 일어나며,

수자상(壽者相)의 결과는 애(愛)이니 오래 살아 경험이 많다 함으로써 애착(愛着)·탐착심(貪着心)이 일어나나니라."

12. 소승사과

정산 종사, 『금강경(金剛經)』의 소승사과(小乘四果)에 대하여 말씀하시기를 "첫째, 수다원(須陀洹)은 성인의 류(類)에 드는 때이니 마음이 보통 사람보다 뛰어나 세상 사람들이 최고로 희망하는 오욕을 초탈해서 모든 원과 마음이 수도에 전심전력하는 자이요,

둘째, 사다함(斯陀含)은 법(法)과 마(魔)를 일일이 분석하여 오욕삼독(五慾三毒) 경계에 한 번은 마음이 끌려 가되 마군(魔軍)에 끌려간 줄을 알면 다시는 마음이 끌려가지 않는 지경(至境)이니 업적(業的)으로 보아서는 사바세계(娑婆世界)에 왕래할 만한 업(業)뿐인 자이며,

셋째, 아나함(阿那含)은 금은보패와 부귀영화가 그 마음을 유혹하고 달랜다고 할지라도 결코 휩쓸리거나 물들지 않는 심경(心境)이니 육근(六根)이 육진(六塵) 중에 섞여 물들지 않는 지경(至境)인 자이요,

넷째, 아라한(阿羅漢)은 물아일체(物我一体)의 지경(至境)이라, 경계와 내[我]가 둘이 아닌 까닭에 종일분별(終日分別)이 미상분별(未嘗分別)의 경지이요, 자성(自性)을 여의지 않는 원만구족(圓滿具足)하고 지공무사(至公無私)한 심경의 자이니라.

그러므로 이상의 소승사과(小乘四果)는 자신 수행으로는 최고위(最高位)이지만 중생을 제도하지는 못하였으므로 소승사과라 하나니, 우리 공부인도 제상(諸相)이 개공(皆空)한 이치를 체 받아 사과경(四果境)에 오를지니라."

13. 부처님 성도일

정산 종사 말씀하시기를 "우리가 세상을 살아갈 때 어느 날 갑자기

천지가 암흑하여 오랜 시간을 보내고 있다가 만약 구름이 걷히고 안개가 없어져서 태양광선이 비치면 얼마나 좋은가. 칠흑 같은 어둠이 날이 새자 동편으로 환해지면 얼마나 상쾌하며, 기선(汽船)이 대해(大海)를 건너갈 때 암석을 만나지 않고 위험 지대를 무사히 항해할 때 그 선중(船中)의 사람들은 얼마나 재미가 있을 것인가.

오늘은 부처님 성도일(成道日)이라. 부처님께서 오늘에 성도를 하시지 않으셨으면 일체중생은 어찌 되었을 것인가. 우리 중생이 생사(生死)의 길을 헤매고 있을 때 부처님께서 불생불멸의 이치를 가르쳐 주셨으니 우리 신자(信者)는 얼마나 행복스러운 일인가. 우리 인류가 생사에 초월은 못 하였다고 할지라도 영원불멸(永遠不滅)의 진리가 있는 것은 알지 않았는가.

그뿐인가, 우리가 만약 죄복의 근원을 알지 못하고, 인과의 이치를 모르고 산다면 암흑의 밤중에 사는 것이나 무엇이 다를 것이 있겠는가.

또는 마음속에 무수번뇌(無數煩惱)와 탐·진·치의 흑운(黑雲)과 혹무(惑霧)로써 나의 청정한 자성을 엄폐(掩蔽)하여 캄캄한 밤의 생활을 하고 살다가, 불출세후(佛出世後)에야 선인선과(善因善果)의 이치와 무수번뇌와 탐진치를 소멸시켜, 청정한 자성본체(自性本體)를 찾기도 하고 또한 믿게도 되어, 업(業)과 혹(惑)에 소통하고, 사리(事理)에 통달함이 마치 일월이 중천에 떠올라 삼라만상을 구별하여 광명의 세상을 사는 것과 같이 되었으니 이 어찌 다행하지 않은가.

그러나 거성이유원(去聖而愈遠)하면 법구생폐(法久生廢)하게 되나니, 중생의 비감(悲感)이 도래한 이때 불일(佛日)이 중휘(重輝)하고 법륜(法輪)이 상전(常轉)하여, 다시 재림(再臨)하시게 되는 것이 우주의 진리이요 중생이 환희(歡喜)할 바이라, 이 광명의 등불을 잡으신 대종사님께서 병진년 사월 이십팔일에 대각오도(大覺悟道) 하셨으니 우리 중생의 크나큰 행복이 아닐 수 없노라.

그러나 이와 같이 오도(悟道)하시는 것은 하루아침에 된 것이 아니요, 연구에 연구를 거듭하여서 된 것이니, 우리도 이에 공부길을 잡아 만사에 의심을 걸어야만 필경은 각(覺)할 날이 있을 것이니라.

그러므로 대신지하(大信之下)에 필유대오(必有大悟)라, 결코 일시적으로는 되지 않을 것이니 제군들은 진리에 대해 의심하는 동시에 각(覺)할 때까지 노력할지어다." 〈원기32년 12월 8일〉

14. 부처님의 지행을 체득하라

정산 종사, 『금강경』 법신비상분(法身非相分)을 해석하신 후 이어 말씀하시기를 "여러분들이 방금 '삼십이상(三十二相)으로써 여래를 볼 수 없나니, 만약 색상(色相)으로써 나를 보거나, 음성으로써 나를 보면, 이 사람은 사도(邪道)를 행하는 사람이라 능히 여래(如來)를 보지 못한다.'라는 말을 들었으므로 그 뜻에 대하여 이해가 되었는가.

이 말씀만 듣고 여러분들이 다 알기는 어려울 것 같아 내 이제 그 뜻을 알기 쉽게 평범한 말로써 부연하니 들어보라.

사람의 인물됨을 보는 방법이 있나니, 가령 사람의 인물을 볼 때에 외모만을 보고 전부를 다 보았다고 할 수 없지 않은가. 사람의 인물을 볼 때에 첫째로 위의(威儀), 둘째로 언어, 셋째로 지식, 넷째로 용심(用心)이니 이 네 가지를 다 갖춘 사람을 원만한 사람이라고 할 수 있나니라.

그런데 그 일부분만을 갖춘 사람을 원만한 인격을 갖춘 사람이라고 볼 수 있을 것인가. 이는 보통 인물을 판단하는 방법이니라. 그러나 부처님을 보는 방법은 그 외에 보통 사람으로는 얻어 볼 수 없는 경지가 하나 더 있어서, 그 경지는 제상(諸相)이 공(空)하고 피아자타(彼我自他)가 없는 유무초월(有無超越)한 자리를 깨쳐서 부처님을 볼 수 있을 때 참으로 보았다고 할 것이니, 그러므로 부처님은 법계의 주인이시요, 인간 중의 성인이시니라.

그러면 부처님이 되는 방법은 무엇인가. 대개 보면 자식이 부모를 닮게 되나니, 젊었을 때는 설령 닮지 않은 것 같으나, 늙어 가면 갈수록 어딘가 닮은 점이 드러나는바 안비구이(眼鼻口耳)·용심(用心)·행동(行動) 등 이 중에 한 부분만 닮은 사람도 있고, 외모 전부를 닮은 사람도 있고, 외모와 용심까지도 전부 닮은 사람도 있듯이 그와 마찬가지로 우리가 대종사님의 증득(證得)하신 대도(大道)를 깨치고, 대종사님의 법을 그대로 체험하는 분은 대종사님을 전부 닮은 사람이 될 것이며, 그분을 일러 부처님이라 할 것이니라.

그런데 우리가 부처님을 닮아 가는 데 있어서 일부분을 닮은 사람과 전부를 닮은 사람이 있을 것이니, 가령 시간상으로 일분·일시·일일·일년·일평생·영생 등 이와 같은 차등(差等)으로 닮은 점도 있고, 또는 일에 있어서 한 가지·두 가지·열 가지·백 가지 내지 천 가지 일의 차등으로 닮은 점도 있으며, 질적으로 상근(上根)·중근(中根)·하근(下根)의 차등으로 닮은 점이 있나니라.

그러므로 견성성불(見性成佛)을 하여 법신(法身)·보신(報身)·화신(化身) 전부를 닮은 분이라야 대종사님을 전부 닮은 분이라고 할 수 있으며, 상모(相貌)도 대종사님과 같은 원만한 상모를 갖추게 될 것이니라. 마치 빗방울이 방울방울 모여 도랑이 되고, 도랑물이 모여 시내가 되고, 시냇물이 모여 강이 되고, 강물이 모여 바다가 되는 것처럼, 구경(究竟)에는 이러한 경지에 도달했다는 흔적도 찾아볼 수 없나니라. 곧 모든 상(相)을 여의고 피아자타(彼我自他)가 없는 유무초월의 경지에 이르고 보면, 그 자리가 곧 불지경(佛地境)이니라.

보통 사람들도 찰나 찰나 간(刹那刹那間)은 부처님의 경지를 지킬 때가 있으니, 그때는 곧 나와 부처님과의 간격이 없는 정(靜)할 때이요, 동(動)할 때는 무상무주(無相無住)한 그 심경으로써 지공무사(至公無私)한 마음을 씀이니, 이때 동하되 동에 주착(主着)이 없는 때가 곧 불지경(佛地境)이니라.

그러므로 부처는 입정출정(入定出定)의 자유가 주관에 있고, 중생은 입정출정이 우주 대자연과 자기의 업력(業力)으로 인해서 되므로 자유가 없나니라.

여러분은 부처님과 하나가 되는 부처님의 증득체험(證得體驗)으로 공부의 쳇줄을 삼아 완전한 불지(佛地)에 이르기까지 노력하기를 바라노라."

15. 사선락

정산 종사, 사선락(四禪樂)에 대하여 말씀하시기를 "첫째, 이생희락지(離生喜樂地)라, 처음 수도하는 자로서 우주 만유를 대할 때에 불생불멸의 진리를 아는 것이니라.

보통 공부하지 않는 자는 만유를 대할 때에 항상 있는 줄로만 알아서 우주의 성주괴공(成住壞空)과 만물의 생로병사(生老病死)를 알지 못하고 그 있는 것을 영원한 것으로 알아 유상(有常)에 집착하거나, 또는 그 반대로 무상(無常)만을 배운 자는 아주 없어지는 줄로만 알아 공(空)에 떨어지므로 상견(常見)과 단견(斷見)에 집착하는 생각을 놓고 여기서 한 걸음 나아가, 이 우주에 변함은 있으나 영원불멸한 진리가 있어 불생불멸(不生不滅)한 진리가 돌고 돌아 순환불궁(循環不窮)하는 것을 알아서, 만물의 변태와 인생의 생로병사에 다함이 없는 진리를 아는 것이 이생희락지의 지경이니라.

둘째, 정생희락지(定生喜樂地)라, 우주 만유가 생멸이 없는 이치는 설사 알았다 하더라도 실지 경계를 접응(接應)한즉 동(動)하고, 본래 번뇌 망상(煩惱妄想)이 없는 줄은 알았지마는 외경(外境)을 접한즉 번뇌가 일어나며, 본래 자성(自性)에 자비(慈悲)가 구족(具足)한 줄은 알았으나 또한 실지에는 자비가 발(發)하지 않나니, 이것은 다 정력(定力)이 부족한 것이니라.

이 정생희락지(定生喜樂地)는 실지 경계에 마음을 그대로 잡아 쓰는 것으로 서화담 선생이 배를 타고 가다가 풍파를 만나 배 안의 모든 사람이 안심을 얻지 못하고 발광증(發狂症)을 보였으나 선생은 잠을 자고 있는지라, 한 스님이 자기의 정력(定力) 정도로는 마음에 안심할 뿐인데 잠자고 있는 선생을 보고는 이상히 여겨 마침내 인사를 드리고 제자가 되었다는 이야기가 있나니, 이러한 예는 실지 거기에 잡아 쓰는 것이니라.

천하를 호령할 만한 권위가(權位家)나 부귀공명(富貴功名)을 떨치는 부호가(富豪家)라도 영원불멸의 진리에 눈 뜬 도인들이 볼 때에는 한

때의 뜬구름과 같은 것이요 웃음거리에 불과하나니, 그러므로 서산 대사는 "만국도성여의질(萬國都城如蟻垤) 천가호걸약혜계(千家豪傑若醯鷄) 일창명월청허침(一窓明月淸虛枕) 무한송풍운부제(無限松風韻不齊)"라 한 것은 그 심경을 표현한 것이니라.

> 만국의 도성은 개미와 거머리 집 같고,
> 천하의 호걸들은 삭은 찌꺼기, 병든 닭 같아라.
> 창가에 달빛과 맑은 바람의 베갯머리,
> 끝없는 솔바람 노랫소리 제각각이로다.

또 한 가지 어려운 것은 공부가 어지간히 되어서 푹 올라가기가 어렵나니라. 우리의 법위등급(法位等級)에서 법강항마위(法强降魔位)에 오르기가 제일 어렵나니, 아는 것이 좀 생기고 지위가 좀 올라가면 자만심(自慢心)이 생겨서 만족하여 버리면 바로 퇴보가 되므로, 그때 굳은 용맹지심(勇猛之心)으로 힘을 불끈 써야만 출가위(出家位)에 오르는 것이니라.

셋째, 이희묘락지(離喜妙樂地)라, 이 경지는 낙(樂)이라는 것도 없어서 매사가 처음 보면 새롭고 신기하고 좋으나 항상 거(居)한 즉 평평(平平)한 것이니라. 공부길도 처음은 재미가 있고 새로우나 오래오래 익히고 보면 좋은 것도 나쁜 것도 없이 여여평등심(如如平等心)이 되나니, 그리하여 임의로 마음을 내되 법도에 어그러지지 않아서 임운등등(任運騰騰)하는 유적심경(游的心境)이요, 종심소욕(從心所欲)하되 불유구(不踰矩)하는 지경이니라.

넷째, 사념청정지(思念淸淨地)라, 이 경지는 본래의 자성(自性)을 여의지 않는 여여심(如如心)이요, 진공묘유(眞空妙有)의 마음으로써 진리와 일체가 되는 심경이 되어 허허명철(虛虛明徹)한 공적영지(空寂靈知)가 항상 자명(自明)하나니라.

이 사선락(四禪樂)을 마음공부에 대조하여 설명하였는바 예로부터 여러 학설이 있었나니라.

초선(初禪)의 이생희락지는 원리애욕(遠離愛慾)하여 심능정적(心能靜寂)의 경지를 얻음으로써 수다원(須陀洹)의 신희락(身喜樂)이라 하고, 이선(二禪)의 정생희락지는 이탁진번뇌(離濁塵煩惱)하여 심능명정(心能明淨)의 경지를 얻음으로써 사다함(斯陀含)의 승지희락(勝地喜樂)이라 하며, 삼선(三禪)의 이희묘락지는 이희락심(離喜樂心)하여 정념정지(正念正智)의 경지를 얻음으로써 아나함(阿那含)의 심지희락(心地喜樂)이라 하고, 사선(四禪)의 사념청정지는 이탈심신(離脫心身)하여 불고불락(不苦不樂)의 경지를 얻음으로써 아라한(阿羅漢)의 극희청정(極喜淸淨)이라 하나니라." 〈원기32년 6월 9일〉

16. 사념처

정산 종사 말씀하시기를 "수도에 있어서 사념처(四念處)가 있으니, 첫째는 관신부정(觀身不淨)이요, 둘째는 관수시고(觀受是苦)이며, 셋째는 관심무상(觀心無常)이요, 넷째는 관법무아(觀法無我)이니라.

첫째, 관신부정(觀身不淨)은 우리의 신체를 부정(不淨)한 것으로 관찰(觀察)하는 법이니, 부모님이 낳아 주신 우리의 신체에 누구나 다 36가지의 부정한 것을 소유하고 있다는 것이니라.

곧 우리의 신체가 내외(內外)를 통하여 삼십육물(三十六物)의 부정한 물(物)로써 적집(積集)된 것이라 외상(外相)의 12물(十二物)과 신기(身器)의 12물, 내함(內含)의 12물이 모아져서 형성된 것이라고 보는 부정관(不淨觀)이니라.

그러면 무엇 때문에 부모가 낳아 주신 우리의 신체를 부정한 것으로 관하며, 또 수도상(修道上)에 신체를 부정한 것으로 관하는 이유가 어디에 있는가.

그것은 나의 육체에 대하여 애착(愛着)을 끊기 위함이니라. 청춘 남녀들이 서로 미용(美容)을 탐해서 여러 가지 색정(色情)의 문제를 일으키므로, 수도를 결심하고 출가 입산(出家入山)하여 도를 닦는 사람들도 젊은 사람이라면 몸이 있음으로써 그에 따라 참기 어렵고 견디기 어려운 성적(性的)인 문제가 생겨나지 않을 수 없나니, 더욱 인도는 남녀가 조숙하고 기후 관계로 반나체의 생활을 하는 만큼 이러한 문제가 수도상 중대한 관계를 맺게 되나니라.

그러므로 수도를 하는 중에 색정(色情)이 동할 것 같으면 남자 수도자이거든 여자에 대하여, 또 여자 수도자이거든 남자에 대해서 이와 같이 부정관(不淨觀)을 하라는 것이니라.

또는 수도자가 아닌 세속인일지라도 미색(美色)에 빠졌다가 패가망신(敗家亡身)하고, 열연(熱戀)하였다가 실연이니 무엇이니 하며 죽네 사네 하는 사람들도 냉정히 마음을 가라앉혀 이 부정관을 하면 뜨겁던 머리가 식고, 숱한 고민이 쉬어질 것이니라.

이밖에 백골관(白骨觀)이니, 촉루관(髑髏觀)이니 하는 것이 있으나 다 부정관에 속한 것이요, 남녀의 성(性)에 관련한 것이니라.

아무리 천하의 미인이라도 한 겹만 벗기면 오예물(汚穢物)이라는 말이 있나니, 이 말이 지나치다 할지라도 우리의 미심(迷心)을 버리고 냉연(冷然)히 보면 모두 부정물(不淨物)로 나타나게 되나니라.

둘째, 관수시고(觀受是苦)는 우리의 오관(五官)으로 받아들이는 모든 것이 한순간의 감각적인 즐거움이요, 고(苦)가 뒤따르게 된다고 관하는 것이니 곧, 고수(苦受)·낙수(樂受)·사수(捨受) 등의 모든 것이 외물(外物)을 보고 좋다 나쁘다 하여 감정상으로 받아들이는 인상일 뿐 어떠한 음욕락(淫慾樂)·재보락(財寶樂) 등도 근원적인 즐거움을 만족시키지 못한다고 관하는 것이니라.

셋째, 관심무상(觀心無常)은 우리의 망녕된 생각이 자신의 마음을 자신도 알지 못할 만큼 먼저 마음은 무슨 마음이며, 나중의 마음은 또 무슨 마음인가 할 정도로 변화무쌍한 일이 많나니, 그러므로 자신의 마음도 항상 무상(無常)한 것으로 관(觀)하고 견물생심(見物生心)에 대한 망심(妄心)에도 속지 말라는 것이니라.

넷째, 관법무아(觀法無我)는 만유(萬有)의 제법(諸法)이 그 실체(實体)에 있어서 무(無)하여, 상일주재(常一主宰)하는 것이 없다고 관하는 것으로, 주관적인 나[我]라는 것도 색(色)·수(受)·상(想)·행(行)·식(識)의 오온(五蘊)으로 나누고, 지(地)·수(水)·화(火)·풍(風) 사대(四大)로 나눠 보면 나[我]의 존재라고 할 것이 없기에, 아소(我所)라는 객관적인 소유물이 없다고 관하는 것이니라.

『법구경(法句經)』에 밝히기를 '아차비아(我且非我)어니 하우자재(何憂子財)리오.'라, 곧 내가 또한 내가 아닐진대, 어찌하여 자식과 재산 걱정을 하고 있는가 하였나니, 이것은 관법무아(觀法無我)를 말한 것으로 우리 공부인은 만법이 무아(無我)인 그것에 관하여 어떠한 집착심(執着心)도 갖지 말지니라."

17. 반야바라밀다심경(般若波羅蜜多心經)

이 경(經)은 부처님께서 견성오도(見性悟道)하신 후에 불교의 대강령인 공(空)의 진리로써 일체 만물의 근원을 밝히신 것이니라.

무릇 천지 만물의 무비법(無非法)이 불법(佛法)이라, 이 불법은 팔만대장경으로, 또는 대반야경 6백 권 또는 『금강경』 등으로 그 진체(眞諦)를 밝혔나니, 결국 공(空)의 진리를 밝힘이니라.

이 경의 역자는 지금으로부터 1290년 전의 현장 법사이니라.

우리 인생은 백 년 미만의 이 육신을 가지고 영원한 보물인 양 집착하여 온갖 죄악을 짓게 되는바, 그러므로 이 아집(我執)을 부수는 공부로부터 우주의 공(空)한 진리를 오득(悟得)하여 구경에는 원만구족하고 지공무사한 진공(眞空)의 지경을 얻게 되나니라.

반야(般若)라는 말은 당언(唐言)에 지혜(智慧)라 하나니, 일체의 분별이 돈공한 근본의 자성혜광(自性慧光)을 말하며, 바라밀다(波羅蜜多)는 곧 도피안(到彼岸)이니, 불보살의 세계를 말하나니라.

피안(彼岸)은 생사·고락·시비가 돈공(頓空)한 불(佛)의 세계라, 그러므로 분별이 끊어진 대지혜(大智慧)로써 일체의 분별이 끊어진 저 피안의 낙원에 도달하자는 것이니라.

보통 사람들의 세사(世事)도 지혜로써 해결해야 하나니 하물며 저 생사고해(生死苦海)를 해결하려면 오직 반야의 대지혜라야 피안에 이르게 되나니라.

관자재보살(觀自在菩薩) 행심반야바라밀다시(行深般若波羅蜜多時)
관자재보살께서 깊은 반야바라밀다 공부를 할 때에

심반야(深般若)는 자성을 알되 확실히 깨치고 또한 확실히 실행하는 자를 이름하며, 본래는 공(空)이라고 하는 것도 없어서 진리공즉지수화풍(眞理空卽地水火風)의 진경인 자리라, 즉 공은 공이로되 변하는 공으로, 지·수·화·풍이 점점 변하여 공이 되는 진경을 반야의 지혜로써 깨쳐 얻음이니라.

관세음보살께서 대지혜로써 도피안하는 공부를 할 때 곧 고락을 초월하고 생사를 해탈한 지고의 낙(樂)을 얻어 도달하는 때를 말함이니라.

조견오온개공(照見五蘊皆空) 도일체고액(度一切苦厄)
오온이 공한 것을 비추어 일체 고액을 건넜나니라.

오온(五蘊)은 색(色)·수(受)·상(相)·행(行)·식(識)이니, 색(色)이란 신(身)과 유형한 만물인 삼라만상을 이름이요, 수·상·행·식은 심(心)과 근원이 되는 무형한 진리, 무형한 세계를 이름하나니라.

우리 어리석은 중생들은 오온이 공한 자리를 지혜의 광명으로 비추지 못함으로써 일체 만물의 유형(有形)한 것에만 집착하여 일체 고(苦)의 바탕을 만들고 온갖 죄악을 지으며, 또한 나라는 것이 본공(本空)함을 관(觀)하지 못하고 아집(我執)에 고집하여 천만 번뇌와 모든 착심으로 무량한 고를 받게 되나니라.

그러나 자성(自性)이 본공(本空)함을 지혜 광명으로 비춘다면 그곳에는 생사고락이 돈공하였기에 그 진리를 아는 자는 천만 죄고가 물밀리듯 물러가고, 천만 사물에 접응한다고 할지라도 집착이 없을 것이라, 어떠한 고(苦)도 없나니라. 또한 스스로가 일체의 고를 초월하면 따라서 일체중생의 고(苦)까지도 소멸해 지나니라.

사리자(舍利子) 색불이공(色不異空) 공불이색(空不異色) 색즉시공(色卽是空) 공즉시색(空卽是色)
사리자야, 색이 공에 다르지 아니하고 공이 색에 다르지 아니하여 색이 곧 공이요 공이 곧 색이니,

이 우주의 형상 있는 것은 모두 그 근본은 공(空)에 근원하여 일체가 그곳으로 말미암아 일체 만유가 나열되었나니, 그러므로 색은 공과 다름이 없고 공은 색과 다름이 없나니라. 겨울에는 만 초목이 공(空)했건만 봄이 돌아오면 그 없는 자리에서 형형색색의 명색(名色)이 나타나나니라.

그러나 있다 하여 언제든지 있는가. 나타난 것은 다시 없어져서 돌아가나니, 유는 무로 무는 유로 돌고 도는 것이니라.

이와 같이 유는 무로 무는 유로 변화하는 것을 진리관으로 말하면 석공관(析空觀)이라 하나니 곧 찰나 찰나로 변하여 공이 되고, 찰나 찰나로 변하여 유(有)가 되는 것이 색불이공·공불이색이니라.

그러나 우주의 삼라만상을 그대로 두고 공의 진리를 보고, 공(空) 곧 무형한 진리에서 그대로 만유를 볼 수 있어야 하나니 이것은 일심이 청정하면 시방 국토가 청정하며, 한 마음이 공하면 천만 차별이 오직

공이 되는 이치이니라.

파도를 바로 물로 보고, 물을 바로 파도로 보며, 눈과 얼음을 그대로 물로 보고, 물은 그대로 눈과 얼음으로 보는 것이니, 생사고락도 본래 불이(不二)인 까닭에 극락으로 보는 것이라, 이것을 체공관(体空觀)이라 하나니라. 그러므로 색즉시공·공즉시색이 되나니라.

수상행식(受想行識) 역부여시(亦復如是)
수·상·행·식도 또한 이와 같나니라.

수상행식의 심(心)도 또한 공(空)한 것이니라. 근본의 체성(體性)에는 심도 본공(本空)이요, 분별심도 본공하여, 공 밖에 따로 어떠한 것도 존재하지 않나니라. 곧 분별심은 그 자체가 공했기 때문에 일어날 때도 공하여, 생하고 멸할 때는 공에 귀의하게 되나니, 수·상·행·식도 또한 공한 것이니라.

사리자(舍利子) 시제법공상(是諸法空想) 불생불멸(不生不滅) 불구부정(不垢不淨) 부증불감(不增不減)
사리자야, 이 모든 법의 공한 상은 생하지도 아니하고 멸하지도 아니하며, 더럽지도 아니하고 조촐하지도 아니하며, 더하지도 아니하고 덜하지도 아니하나니,

우리의 자성(自性)에는 근본적으로 생멸이 없나니, 색(色)은 찰나 찰나로 변응(變應)하여 가나 그 기운의 일물(一物)은 길이 생멸이 없어서

무시무종(無始無終)하고 여여자연(如如自然)하여 생(生)도 멸(滅)도 공(空)의 자리를 떠나지 않나니라.

물이 증기가 되어 올라가서 비록 줄어든다고 할지라도 다시 비로 변하여 물이 되는 것처럼 우리 공부인은 이 생멸이 없는 근본적인 진리를 깨달아 생사에 해탈을 얻어야 하나니라.

불구부정(不垢不淨)이라, 일심이 미(迷)하면 구(垢)이요, 일심이 오(悟)한 즉 정(淨)이라, 그러나 우리의 자성 본체는 구정(垢淨)이 없나니라.

물체(物體)에도 역시 그 자체에는 근본적으로 더럽고 깨끗함이 없나니, 우리 인간의 분별심이 들어서 정(淨)이다, 구(垢)이다 하고 상(相)을 일으키나니라.

사람들은 변소와 똥을 대단히 더럽게 여기건만 저 똥개에게는 진수성찬이 아닌가. 또한 우리는 요강이 매우 더럽다고 생각하여 상(相)을 내건만 서양 사람들은 그것을 모르는 까닭에 혹 밥을 담아준다고 할지라도 달게 먹을지니, 우리 공부인은 구정(垢淨)이 없는 공관(空觀)을 오래오래 닦아 범성(凡聖)이 일여(一如)하고, 구정미오(垢淨迷悟)가 불이(不異)함을 깨달아 천만사·천만 경계에 동하지 아니하고 일체의 차별상(差別相)을 떠날지니라.

부증불감(不增不減)이라, 우리의 자성에는 본래 부처와 다름이 없어서 증감(增減)이 없으며, 만유(萬有)는 일물(一物)도 생멸이 없는 까닭에 또한 증감이 없나니라.

그러므로 증감이 없는 공관(空觀)을 오래오래 닦으면 유무(有無)를 초월하여 부귀·빈천·유무에 끌리지 아니하고 안분할 것이요, 지성으로 공관(空觀) 공부를 하면 결국 실지의 경계에서도 고액(苦厄)을 해탈할 수 있나니라.

시고공중(是故空中) 무색무수상행식(無色無受想行識) 무안이비설신의(無眼耳鼻舌身意) 무색성향미촉법(無色聲香味觸法) 무안계내지무의식계(無眼界乃至無意識界)

이런 까닭에 공 가운데에는 색도 없고 수·상·행·식도 없으며, 눈과 귀와 코와 혀와 몸과 뜻도 없으며, 색과 소리와 냄새와 맛과 부딪침과 법도 없으며, 눈의 경계도 없고 내지 의식 경계도 없으며,

우리 공부인은 이와 같이 공(空)의 진리를 관하고 그 공관법을 양성하여 일체 고액에 해탈을 얻으면 십팔계(十八界)가 다 공(空)할 것이요, 따라서 일체 경계에 착 되지 아니하나니라.

무색(無色)이라, 생멸이 없는 공(空)의 진리에 관하였으니, 생사에 해탈을 얻을 것이요, 무수상행식(無受想行識)이라, 분별 망상이 본래 공한 것을 알았으니 분별 망상에 끌리지 않을 것이니라. 심력(心力)이 구공(俱空)한, 즉 오온(五蘊)이 개공(皆空)하고, 무색성향미촉법(無色聲香味觸法) 곧 육근(六根)이 공한 까닭에 상대처의 육진(六塵)도 공하나니라. 심신(心身)이 공하고, 육근(六根)도 공하고, 육착(六着)도 공하여 결국 기멸(起滅)하는 의식·무의식계의 일체가 공(空) 하나니라.

무무명(無無明) 역무무명진(亦無無明盡) 내지무노사(乃至無老死) 역무노사진(亦無老死盡)

무명도 없고 또한 무명이 다했다는 것도 없으며, 내지 늙고 죽는 것도

없고 또한 늙고 죽는 것이 다 했다는 것도 없으며,

　무명(無明)은 중생의 비롯이라, 온갖 미혹과 집착의 마음이니라. 그러나 보살은 심신(心身)이 본래 공한 이치를 관하여 무명(無明)이 없나니, 만일 무명을 없앴다는 상(相)이 있으면 보살이 아니니라. 그러므로 우리 공부인은 이 상(相)조차도 공한 지경에 이르도록 적공해야 하나니라.
　중생은 육도(六道)를 윤회할 때 혹(惑)·업(業)·고(苦)로써 윤회하나니, 12인연의 수레를 벗어나 생사 해탈을 하려면 먼저 근본이 되는 무명(無明)을 끊어야 하나니라.
　대저 12인연법은 곧 무명(無明)에서 노사(老死)에 이르는 부처님이나 일체중생이 수생하는 노정이라, 무명은 진리를 바로 알지 못하는 전도된 마음이요, 행(行)은 무명에 찌들어 일체 업을 짓는 것이며, 식(識)은 부모의 태중(胎中)에 입태(入胎)하는 찰나요, 명색(名色)은 태중에 들어 4~5개월 후에 마음과 몸이 형성된 때이며, 육처(六處)는 육근이 완전히 구성된 때이요, 촉(觸)은 뱃속에서 나오는 찰나에 촉혹(觸惑)이 생겨나서 사물에 접촉하는 때이며, 수(受)는 고락을 구분하여 고는 피하고 낙을 좋아해서 취하려고 생각하는 것이요, 애(愛)는 증애(憎愛)를 시작으로 증은 버리고 애를 취하려는 것이며, 취(取)는 애(愛)가 점점 커져서 자기만 취하려는 이기욕이 생하는 때이요, 유(有)는 이기욕이 점차 커져서 또다시 업(業)을 짓고 이것으로써 과거의 업이 되어 고(苦)의 바탕을 마련하는 것이니, 앞의 애(愛)·취(取)·유(有) 이 삼인(三因)이 과거의 생과 미래의 업을 결정하나니라.

생(生)과 노사(老死)는 중생에 있어서 무명심(無明心)으로 수생(受生)한지라 결국 12인연의 수레에 끌려다니나니, 그러므로 윤회를 초월하고자 한다면 일체의 갈애(渴愛)와 집착(執着)과 혹업(惑業)을 반야의 지혜 광명으로 밝게 비출지니라.

무고집멸도(無苦集滅道) 무지역무득(無智亦無得)
고·집·멸·도 없고 지혜도 없고 또한 얻음도 없나니,

본공(本空)의 진경에는 고·집·멸·도 이 사제(四諦)가 없나니라.
또한, 분별이 끊어진 까닭에 영원불멸의 진리이요 법이라는 사제(四諦)도 공하였고, 이를 깨달았다는 지혜와 이를 통해 얻게 되는 해탈조차도 초월하여 완전한 실공(實空)의 세계에 이르나니라.

이무소득고(以無所得故)
써 얻은 바가 없는 까닭에

일체법이 공하여 무엇을 얻을 것인가. 이 자리에는 범성미오(凡聖迷悟)가 없는 까닭에 얻은 바가 없나니라.

보리살타(菩提薩陁) 의반야바라밀다고(依般若波羅蜜多故) 심무가애(心無罣礙) 무가애고(無罣礙故) 무유공포(無有恐怖)
보살이 이 반야바라밀다 공부에 의지한지라 마음에 걸림이 없고 걸림이 없는 까닭에 두려움이 없고,

일체개공(一切皆空)을 관하여 공부하는 까닭에 마음의 일체 상이 돈망(頓忘)하여 걸림이 없나니, 만일 하나의 가애(罣礙)라도 생하면 한 파도가 일어나며 천만 파도가 일어나는 경계를 짓게 되어 공포가 생기나니라.

그러므로 공관(空觀)을 하여 일체의 증애와 생멸에 끌리지 않아야 그로부터 공포가 끊어져서 대자재(大自在) 곧 무애자유(無礙自由)가 되나니라.

원리전도몽상(遠離顛倒夢想) 구경열반(究竟涅槃)
전도와 몽상을 멀리 떠나서 마침내 열반을 얻었으며,

진리를 밝게 보는 심안(心眼)이 열리지 아니하면 허망(虛妄)한 생각과 몽상에 떨어지고 또한 희·로·애·락에 끌리면 정견(正見)을 잃게 되어 결국 전도견(顚倒見)을 짓나니, 그러므로 이 전도상과 몽상을 떠나야 마침내 구경의 열반에 들게 되나니라.

열반(涅槃)은 원적(圓寂)이니, 원(圓)은 무과불급(無過不及)이요 적(寂)은 부동무착(不動無着)이라, 곧 정(靜)할 때는 부동무착(不動無着)이요, 동(動)할 때는 불편불의(不偏不依)·무과불급(無過不及)의 경지이니라.

삼세제불(三世諸佛) 의반야바라밀다고(依般若波羅蜜多故) 득아뇩다라삼먁삼보리(得阿耨多羅三藐三菩提)
삼세 모든 부처님도 다 이 반야바라밀다 공부에 의지한지라 아뇩다라삼먁삼보리를 얻었나니라.

아뇩다라는 무상(無上)이니, 유(有)와 공(空)을 초월한 절대의 공(空)이 진공(眞空)이요, 이 진공은 만법(萬法)과 더불어 짝하지 않는 까닭에 무상(無上)이니라.

삼먁은 정편(正遍)이라, 진공은 우주 만상을 총섭하는 까닭에 유무(有無)를 초월하나니, 그러므로 유무 구공(有無俱空)은 전체 구족(全體具足)이니라.

삼보리는 정각(正覺)이라, 일체의 진공(眞空)한 이치를 관하여 깨침을 얻을 때 정각을 얻나니라.

삼세의 모든 부처님께서 이 개공(皆空)의 공관법(空觀法)에 의지하여 무상정편정각(無上正遍正覺)을 얻었나니, 우리 공부인도 욕심과 사념 망상이 침노하면 본래 공한 우리의 자성에 비추어 물리칠지니라.

고지반야바라밀다(故知般若波羅蜜多) 시대신주(是大神呪) 시대명주(是大明呪) 시무상주(是無上呪) 시무등등주(是無等等呪)

이러한 까닭에 알지니, 반야바라밀다는 크게 신비한 주문이요 크게 밝은 주문이요 위가 없는 주문이요 등(等)이 없는 자리에 등한 주문이라.

진공(眞空)을 깨치면 대지혜를 얻을 것이요, 대지혜를 얻으면 신통묘유(神通妙有)를 얻을 것이라, 곧 삼대력(三大力)을 얻으면 만업만리(萬業萬理)를 자유자재로 하나니, 바로 대신주(大神呪)가 아닌가.

또한 대지혜를 얻었으니, 업리(業理)에 무애(無礙)하여 무명(無明)이 없음으로써 대명주(大明呪)이요, 진공은 또한 절대의 지경이라 시무상주(是無上呪)이며, 일체가 등등구족(等等具足)인 까닭에 시무등등주이

니라.

능제일체고(能除一切苦) 진실불허(眞實不虛) 고설반야바라밀다주(故說般波羅蜜多呪)
능히 일체 고를 떠나며 진실하여 허(虛)하지 아니하나니라. 이런 까닭에 반야바라밀다의 주문을 설하노니,

일체가 공(空)하였으되 또한 일체가 구족(具足)한지라 참으로 진실하여 허(虛)함이 없나니, 우리 공부인이 이 공(空)의 진리를 진관(眞觀)하여 매매사사(每每事事)에 무착행지(無着行之)하고 응무소주이생기심(應無所住而生其心)할지니라.

아제아제(揭諦揭諦) 바라아제(波羅揭諦) 바라승아제(波羅僧揭諦) 모제사바하(菩提薩波訶)
우리 공부인이여, 다 함께 드높고 거룩한 깨달음의 세계에 이르소서.

우리 공부인은 자신만이 아니라 지옥의 중생조차도 피안의 저 언덕에 건너가도록 염원(念願)하며 다 함께 불토낙지(佛土樂地)에서 살지니라.

18. 휴휴암좌선문(休休庵坐禪文)

〈휴휴암좌선문〉은 중국 원(元)나라 말기의 선승(禪僧)인 몽산 덕이 화상(蒙山德異和尙)이 휴휴암(休休庵)에서 지었다고 하나니, 고려의 나

옹 화상이 우리나라에 전하여 오늘날 선법(禪法)을 진흥시키는 요결의 경문(經文)으로 독송되고 있나니라.

부좌선자(夫坐禪者)는 수달호지선(須達乎至善)하야 당자성성(當自惺惺)이니
대범, 좌선이라 하는 것은 모름지기 지선의 자리에 사무쳐서 마땅히 스스로 성성하게 함이니,

지선(至善)이란 끝까지 대자대비심(大慈大悲心)을 놓지 않음이요, 또한 선(善)이란 착(着)에도 사로잡히지 않고 오직 천지가 응용무념(應用無念)의 도(道)로써 만물에 덕화(德化)를 입히듯이 불변의 심경으로 매사를 시종여일(始終如一)하게 하는 것이니라.

보통 사람들은 마음이 좋을 때는 한때의 선심(善心)을 발하였다가 조금만 뒤틀어지면 도리어 그 선으로써 근거를 삼아 해(害)를 주며, 공사(公事)를 하는 사람도 어떠한 발심(發心)이 나서 공사를 할 때에 자기의 하는 일을 중인(衆人)들이 잘 알아주지 못하면 원망이 충천(沖天)하게 되고, 반대로 중인들이 잘 알아주면 흥(興)이 일어나며, 공부하는 사람들도 마음이 평탄하고 좋을 때는 공부할 결심이 스스로 견고(堅固)하다가도 어떠한 역경(逆境)과 난경(難境)·순경(順境)이 돌아오면 바로 해태(懈怠)를 일으켜서 공부를 중도폐지(中途廢止)하게 되며, 또는 조그만 선(善)을 쌓았으면 선을 실행했다는 선에 사로잡혀서 지선(至善)을 하지 못하는 까닭에 대성인(大聖人)이 되지 못하고 대공(大功)을 이루지 못하나니라.

그러나 불보살(佛菩薩) 성현들은 오직 지선을 하나니, 곧 먼저 선(善)이란 착을 놓고 대자대비심으로 끝까지 진실하게 공부하며, 남을 위하건만 혹 피은자(被恩者)가 배은망덕(背恩忘德)을 한다고 할지라도 천지 같은 응용무념의 덕으로 끝까지 덕화(德化)만을 베푸는 까닭에 지선(至善)을 행하신다고 하나니라.

또 안이비설신의(眼耳鼻舌身意) 육근(六根)을 작용할 때 천만 경계와 천만사(千萬事)에 내심(內心)이 전혀 요란하지도 시끄럽지도 않으며, 또한 마음에 거리끼고 끌려가지 않는 것이 지선이라, 물건을 떠나서도 견문간(見聞間)에 끌리는 바가 없고 착(着)이 없이 오직 청정무애(淸淨無碍)한 자리, 곧 지경(至境)의 자리로서 선악을 초월한 지경(至境)이 지선(至善)이니라.

당자성성(當自惺惺)은 지선(至善)의 진리를 밝게 깨달아 아는 것에 달(達)한 것이며, 또는 지선의 자리를 목표로 삼아 그에 이르고 머무르는 것이 당자성성이니라.

절단사상(截斷思想)호대 불락혼침(不落昏沈)을 위지좌(謂之坐)요
온갖 생각을 끊고 끊되 혼침에 떨어지지 않는 것을 이르되 좌라 하고,

일체 번뇌 망상(煩惱妄想)을 끊되 혼침(昏沈)에 떨어지지 말라. 산란(散亂)을 반연(攀緣)하는 것은 사상(思想)이요, 잠에 기울어져서 무기공망(無記空妄)에 떨어지는 것은 혼침에 기울어지는 것이며, 일월행사간(日月行事間)에 일체 시비(是非)를 알지 못하고 우치한 것은 혼침이요, 또는 자기 시비를 모르면서 남의 시비를 잘 알아서 분별사량(分別思量)

이 많은 것은 사상에 기울어진 것이니라.

그것은 나[我]라는, 즉 개인으로 인하여 계교심(計較心)이 많기 때문에 증오에 끌려서 분명한 처리가 되지 못하나니, 그러므로 일체의 사량계교(思量計較)를 끊고 원만구족(圓滿具足) 함으로써 체(體)를 삼는 공부가 사상을 끊는 것이요, 그 심경 그대로 공(公)을 위하여서는 일체 분별을 놓고 지공무사(至公無私)한 심경(心境)으로 인물을 개선(改選)하고 공적(公的) 시비이해(是非利害)를 가리는 것이 혼침에 기울어지지 않는 것이라, 이것이 좌(坐), 곧 체(體)이니라.

재욕무욕(在欲無欲)하고 거진출진(居塵出塵)을 위지선(謂之禪)이며
욕심 경계에 있으되 욕심이 없고 티끌세상에 살되 티끌에서 벗어나는 것을 이르되 선이라 하며,

세간(世間)의 물욕(物欲)에 처해서 일체 만물을 대하되 청정무애(淸淨無碍)한 심경의 그 마음은 절대 옮기지 않나니, 그러므로 일체행(一切行)·일체사(一切事)를 치연히 작용하되 항상 착(着)이 없고 끌리는 바가 없이 임의용지(任意用之)를 하게 되나니라.

또한 연꽃이 더러운 못에서 근원하였지마는 그 꽃은 출진(出塵)해서 만고에 빛나는 연꽃이 되는 것 같이, 우리도 비록 티끌세상에서 생활할지라도 더러운 티끌에 물들지도 않고 섞이지도 않아서 마음은 항상 청정무애한 극락미(極樂味)를 맛보는 것이 선(禪)이니라.

외불방입(外不放入)하고 내불방출(內不放出)을 위지좌(謂之坐)요

바깥 경계가 안으로 들어오지도 아니하고 안 마음이 바깥 경계로 나가지도 아니하는 것을 이르되 좌라 하고,

선(禪)이 없는 보통 사람들의 심경이란 바깥 경계를 따라 견물생심(見物生心)으로 마음이 동하게 되나니 혹 역경(逆境), 혹 난경(難境), 혹 순경(順境)을 보고 접응하는 대로 마음에 경계가 되어 흔들리게 되나니라.

처음 공부하는 사람은 좋은 물건이 있으면 그것에 마음이 동하고 좋은 소리가 있으면 또한 그것에 마음이 흔들리는 까닭에, 먼저 필요치 않은 외경(外境)은 삼가서 일심 공부를 쌓아가면 시일이 오래되고 공부가 순숙되어 마침내는 천만 경계(千萬境界) 백천사(百千事)가 밖에 있다고 할지라도 밖에서 내심의 경계로 들어오지 않을 것이니라. 또한 공부를 잘하면 안에서 스스로 일어나는 산란심(散亂心)이 점점 제거되어 안으로 놓아도 또한 나아가지 아니할 것이니라.

그러나 보통 사람들은 자기 스스로 내경(內境)을 만들어 진심(嗔心)을 내서 불안을 만들고, 탐심(貪心)을 일으켜서 욕심(慾心)을 못 이기며, 스스로 원망해서 개인으로부터 국가·세계를 혼란하게 하고, 국가·세계를 어지럽게 할 뿐만 아니라 무량한 죄악을 짓나니, 결국 악도에 들어가는 첫 길이 되나니라.

수양을 많이 한 공부인은 항상 동정간(動靜間)에 마음이 청정(淸淨)해서 일이 없을 때는 자성에 주해서 천만 번뇌(千萬煩惱)를 자유자재하고, 일이 있을 때는 지공무사(至公無私)한 행(行)으로써 법문에 어그러짐이 없는 행(行)을 하나니, 그래서 진묵 스님이 시장 보시듯이 천만

경계와 백천사에 내외(內外)가 없이 일여(一如)하며, 또한 마음을 그대로 두어도 망상(妄想)이 없나니라.

무착무의(無着無依)하야 상광현전(常光現前)을 위지선(謂之禪)이며
주착하는 데도 없고 의지하는 데도 없어서 떳떳한 광명이 앞에 나타나는 것을 이르되 선이라 하며,

우리의 정신이 청정하고 고요해서 천만 경계에 착(着)하지도 않고 의지함도 없으면 자연히 자성(自性)의 혜광(慧光)이 발하여 광명이 나타나나니라.

그러나 중생(衆生)들은 희·노·애·락·애·오·욕(喜怒哀樂愛惡欲)을 지낸 후에는 그에 따른 집착이 있어 항상 걸림 없는 행(行)을 하지 못하기 때문에 무명(無明)에 절어서 마음의 광명이 발하지 않나니라.

대저 어떠한 경계에 끌려 잊으려야 잊을 수 없는 것이 착(着)이요, '나는 이런 사람이다.' 하고 치심(痴心)과 아만(我慢)에 걸려서 바른 자리를 보지 못하고 천만사를 그릇 알고 그릇 해결하는 것이 의착(依着)이니, 이것은 심광(心光)이 나타나지 못함이니라.

부처님은 다른 분이 아니라 천만 번뇌가 잠잤기 때문에 회광반조(廻光返照)가 되시는 분이니라.

외감부동(外撼不動)하고 중적불요(中寂不搖)를 위지좌(謂之坐)요
바깥 경계가 흔들어도 움직이지 아니하고 중심이 적적하여 요동하지 아니하는 것을 이르되 좌라 하고,

이것은 한 경계(境界) 더 나아가서 경계에 처해도 끌리지 않는 것이니, 역경과 난경 또는 외경(外境)이 달려들어 마음을 흔든다고 할지라도 철주(鐵柱) 같은 중심은 적적(寂寂)하여 절대 흔들리지 않으며, 또한 경계를 떠나서 생각이 끌리지 않고, 경계와 내가 둘이 아닌 지경에 이르기를 좌라 하나니라.

회광반조(廻光返照)하야 철법근원(徹法根源)을 위지선(謂之禪)이며
밖으로 쏠리는 정신 빛을 돌이켜서 자성 본원에 사무치고 있는 것을 이르되 선이라 하며,

천만 번뇌(千萬煩惱)와 일체 사량(一切思量)이 돈공(頓空)하면 본래의 성품인 반야지(般若智)가 솟아나나니, 그래서 법이 자성(自性)에 사무치나니라. 분별(分別)을 내고 작용해도 일체가 다 자성을 여의지 않고 백천사(百千事)가 반야(般若)의 근원에 사무치는 까닭에 선(禪)이라고 하나니라.

불위역순뇌(不爲逆順惱)하고 무위성색전(無爲聲色轉)을 위지좌(謂之坐)요
역경과 순경에도 끌리는 바가 없고 소리와 색에도 굴리어 가는 바가 없는 것을 이르되 좌라 하고,

순·역 경계가 와서 장시일을 두고 나를 괴롭게 한다고 할지라도 조금도 동하지 아니하고 항상 여여자연(如如自然) 할 것이니, 어떤 법사는 목이 달아날 경우가 있었어도 그 경계에 여여(如如) 했으며, 부처님

출가 당시 정반왕(淨飯王)의 마음에는 온갖 고통이 몰아쳤으나 부처님에게는 하나의 고통도 없었던 심경이니라.

또한 소리와 색(色)에 궁굴려 나가지 않는 것이니 성색(聲色)을 내가 하려고 해서 하는 것은 자유지만, 하지 못하는 경우에 하려고 하는 것은 끌리는 것이라, 천만 성색(千萬聲色)에도 마음이 끌려가지 않고 자유로 하는 것이 곧 좌(坐)이요 정(定)이니라. "작일아심부재기(昨日我心不在妓)러니 금일초당여심기(今日草堂汝心妓)로다."라는 옛글이 있으니 연구해 볼지어다.

촉유즉명유일월(燭幽則明逾日月)하고 화물즉덕승건곤(化物則德勝乾坤)을 위지선(謂之禪)이며
깊숙한데 비치매 그 광명(光明)이 일월(日月)에 넘치고 만물(萬物)을 화육(化育)하매 그 덕(德)이 건곤(乾坤)에 승(勝)하는 것을 이르되 선이라 하며,

저 일월(日月)은 유형(有形)한 자리만 비추는 까닭에 그 광명(光明)을 가리려면 얼마든지 가릴 수가 있나니라.
그러나 마음은 유형무형의 지경을 소소(昭昭)히 비치지 않는가. 옛 말씀에도 암실기심(暗室欺心)이라도 신목여전(神目如電)이라 하였나니 곧 우리의 마음은 한순간도 쉴 수가 없기에 부처님의 광명은 전만고(前萬古)·후만고(後萬古)를 통해 놓고 삼세(三世)의 인과, 전고(前古)의 불변적 대진리(大眞理)를 밝히는 까닭에 일월보다 밝음이 넘친다는 것이니라.

또한 덕이 건곤에 승하다는 것은 저 건곤의 덕이 크지 아니함은 아니나 천지 대자연의 건설은 천지의 도요, 조화는 부처님의 조화이기 때문이니라. 즉 천지는 자연계를 건설하여 육도(六道), 생사인과(生死因果), 고락을 건설하였으나, 부처님께서는 천지육도(天地六道)를 초월(超越)하고 생사고락(生死苦樂)을 자유 하는 능력이 있으시며, 인과불이(因果不二)의 대도(大道)를 아시고, 전만고 후만고의 진리를 장중(掌中)에 구슬같이 드러내시며, 천업(天業)을 임의(任意)로 하는 자유의 능력이 있음을 이름이니, 그래서 그 덕이 건곤보다 승하다고 하였나니라.

천지는 육도윤회(六道輪廻)를 시킬 줄만 알지마는 부처님은 초월하는 법을 가르치시니 그 덕이 크다는 것이라, 마음이란 불가사의(不可思議)한 것이니, 키우고 단련하면 건곤도 짝하지 못하나니라.

어유차별경(於有差別境)에 입무차별정(入無差別定)을 위지좌(謂之坐)요
차별 있는 경계에서 차별 없는 정에 드는 것을 이르되 좌라 하고,

차별 있는 경계란 묘유(妙有)의 지경이니, 생사고락(生死苦樂), 인과시비(因果是非), 빈부귀천(貧富貴賤)이 모두 차별의 세계라, 그러나 공부심이 없는 중생은 차별 있는 지경에서 차별 없는 지경을 보지 못하므로 고락이 생기고, 고락이 생기므로 낙을 구하며, 고(苦)를 제(除)하려는 마음으로 천만 죄고를 짓고 구하나, 구하지 못하면 계교사량(計較思量)과 번뇌 망상으로 한없는 지옥을 만드나니라.

우리 공부인이 공부를 많이 하여 천만 차별로 나열해 있는 차별 세계를 아무런 차별이 없는 자성(自性)으로 관(觀)하면 거기에는 생사불

이(生死不二)요, 고락과 천만 경계가 항상 편안해서 천만 경계 백천사(百千事)를 당한다고 할지라도 불이(不二)의 지경(至境)을 관(觀)하므로 동(動)하지 않나니, 이것이 정(定)이요 좌(坐)이니라.

어무차별경(於無差別境)에 시유차별지(示有差別智)를 위지선(謂之禪)이며
차별 없는 경계에서 차별 있는 지혜를 나타냄을 이르되 선이라 하나니,

또는 아무런 차별이 없는 공(空)한 심경(心境) 곧 원만구족(圓滿具足)한 심경으로 일체 경계에 대하여 어둡지 않게 응(應)하여, 지공무사(至公無私)하게 시비를 밝혀서 그 없는 자리에서 하나도 속일 수 없는 묘유(妙有)의 자리에 바탕을 두어 법도(法度)에 어그러짐이 없는 지경에 도달하는 것이 곧 선(禪)이라, 생사불이경(生死不二境), 무고락(無苦樂)의 지경에서 생사가 분명하고 고락이 소소(昭昭)한 것을 밝게 아는 것이니라.

합이언지(合而言之)컨댄 치연작용(熾然作用)이나 정체여여(正體如如)를 위지좌(謂之坐)요
종합하여 말할진대 천만 경계에 치연(熾然)이 작용하나 마음의 정체(正體)가 여여부동(如如不動)함을 이르되 좌라 하고,

육근을 천만 가지로 바르게 작용하되 마음이 항상 편안하고 고요해서 자성을 여의지 않는 경지이니, 종사주님 말씀하시기를 "일을 할 때나 밥을 먹을 때나 공부를 할 때 오직 일심으로써 하면 천만 경계를 대

할지라도 매매사사(每每事事) 절도(節度)에 맞아 동(動)하여도 분별에 착(着)이 없고, 정(靜)하여도 분별이 절도에 맞는다."라고 하셨나니라.

자성(自性)을 여의지 않고 중심(中心)의 정체가 여여부동(如如不動)함에 이르는 것을 좌(坐)라 하였나니라.

종횡득묘(縱橫得妙)하야 사사무애(事事無礙)를 위지선(謂之禪)이며
종으로나 횡으로나 묘용(妙用)을 얻어서 일마다 걸림이 없음을 이르되 선이라 하며,

종(縱)은 날이요, 횡(橫)은 씨이며, 종은 시간이요 횡은 공간이라, 곧 사방 상하를 통해 놓고 심력(心力)을 자유로 하되 법도에 어그러짐이 없이 그 도에 맞게 되나니, 공자님께서 칠십에 종심소욕(從心所欲)하여 불유구(不踰矩)라 하심과 같이 일체행·일체사를 처리하되 동정간 법밖에 벗어나지 않는 것을 이르되 선이라 하나니라.

일을 당하여 천만 절도에 맞게 하는 것이 묘한 것이요, 아름다움과 자비의 마음이 일어나는 것도 또한 묘한 것이라, 이 묘리를 얻으면 시비이해와 대소유무의 이치에 걸림이 없을 것이니라.

약언여시(略言如是)나 상거(詳擧)인댄 비지묵능궁(非紙墨能窮)이라
대략 말하면 이와 같으나 자상히 들기로 하면 지묵(紙墨)으로 능히 다 할 바가 아니라.

불가사의한 불교의 진리를 표현하려면 무량 무변하지마는 대략 말

하자면 이상과 같으며, 자세히 밝힐진대 무궁무진한 대법을 종이에 붓으로는 능히 다 기록하지 못하나니라. 또한 일원의 진리는 현묘해서 종이나 붓으로는 전부 기록하지 못하나니라.

나가대정(那伽大定)은 무정무동(無靜無動)하고
나가의 정은 정도 없고 동도 없으며,

나가대정은 당언(唐言)에 용정(龍定)이니, 용이 되려면 수백 년간 정에 들어야만 조화를 부린다는 비유로서 우리도 공부를 지성으로 하여 대정을 얻고 보면 용정과 같이 되어 동함도 없고 정함도 없는 지경을 얻게 되나니라.

그러나 고요한 경계에서 고요하고, 욕심 없는 경계에서 욕심이 없는 것만이 대정은 아니나니, 대정은 시끄러운데 처하나 고요한데 처하나, 동할 때나 정할 때나 그 어느 경계를 당한다고 할지라도 여여부동해서 철주의 중심이 되고 석벽의 외면이 되어 천만 경계에 처할지라도 동함이 없고 정함이 없는 지경이니라.

※ 정산 종사, 〈휴휴암좌선문(休休庵坐禪文)〉의 '나가대정(那伽大定)은 무정무동(無靜無動)이라.' 한 것에 대하여 말씀하시기를 "나가대정은 능정능동(能靜能動)이라 하는 것이 더욱 좋겠도다." 하시었다.

진여묘체(眞如妙體)는 불생불멸(不生不滅)이라
진여의 묘한 체는 생도 아니요 멸도 아니요,

천만사·천만 사물이 다 변화가 되지마는 진여(眞如)는 불변여여(不變如如)해서 부증불감하고 불생불멸하며 불구부정인 까닭에 변화가 없나니라. 사시가 끊임없이 변화하고, 인생은 생로병사로 우주는 성주괴공으로 변화하나 우주의 근본 한 덩어리의 기운은 여여하나니라.

시지불견(視之不見)하고 청지불문(聽之不聞)하며 공이불공(空而不空)하고 유이비유(有而非有)라
보아도 보이지 아니하고 들어도 들리지 아니하며 공이로되 공도 아니요, 유로되 유도 아니니라.

　진리의 근본은 보려야 볼 수 없고 들으려야 들을 수도 없으나, 그 진리의 조화로써 조성된 만물은 볼 수도 있고 표현할 수도 있나니라.
　곧 향 자체는 볼 수가 있지만은 향의 냄새는 볼 수도 없고 찾을 수도 없으며, 똥 자체는 보이나 그 냄새는 보이지 않으며, 인신(人身)의 자체는 볼 수 있으나 천만 조화를 부리는 마음은 볼 수 없는 것과 같나니라.
　그러므로 천지의 원소(原素)와 인생의 정신은 현묘해서 보이지도 않고 들리지도 않으나 없다고 해서 없느냐 하면 분명히 조화를 부리고 있으니, 공(空)도 아니요, 그러면 유(有)라 하여 찾으려야 찾을 수가 없으니 유도 아니니라. 선은 그 자리를 찾는 길이니라.

대포무외(大包無外)하고 세입무내(細入無內)하며
크기로는 바깥 없는 데까지 포함하고 가늘기로는 안 없는 데까지 들어

가며,

일원의 진리는 이와 같이 공(空)도 아니요, 유(有)도 아니기 때문에 크게 감싸면 천지를 뒤덮음으로 밖이 없고, 또 작아지기로 하면 안이 없나니라. 그러나 유형한 것은 한정이 있기 때문에 크면 큰 것에 그쳤고, 작으면 작은 데에 그치지마는 진리는 무형하여 공도 아니요, 유도 아닌 까닭에 크기로는 건곤(乾坤)보다도 크고 작기로는 안이 없나니라.

신통지혜(神通智慧)와 광명수량(光明壽量)과 대기대용(大機大用)이 무진무궁(無盡無窮)하나니
신통과 지혜와 광명과 수량과 대기와 대용이 다함이 없고 다함이 없나니,

이 진리를 얻고 보면 신령스러운 반야 지혜 곧 전지전능(全知全能)한 만고불변의 대지혜와 일월에 넘치는 혜광이 쌓이나니라.
또한 경계의 대치 공부를 오래오래하여 용정(龍定)을 얻게 되어 삼대력을 얻고 보면, 천만 경계·백천사를 응하여 쓸 때 법도에 어그러짐이 없이 그 큰 기틀을 크게 씀에 다함이 없을 것이니라.

유지지사(有志之士)는 의선참구(宜善參究)하야 이대오위즉(以大悟爲則)하면
뜻있는 수도인은 마땅히 잘 참구하여 크게 깨치기까지 한정하고 공부하면,

수도에 뜻이 있어 이 진리를 오득(悟得)하고자 하는 공부인들은 마땅히 잘 연구해서 정각정행(正覺正行)하는 것으로써 목표를 삼고 연구할지니라.

하지일성후(呼地一聲後)에 허다영묘(許多靈妙) 개자구족(皆自具足)하리니
홀연히 깨치는 한 소리에 허다한 영묘가 다 스스로 구족할지니,

이 진리를 얻고 이 법을 행하기로 하면 먼저 공부에 전력을 해야 할 것이니, 인욕(忍辱)은 펄에 파묻힌 배를 육지로 끌 듯이 많은 적공을 쌓는 것이라, 이렇듯 점수 공부(漸修工夫)를 계속하면 결국 활연대오(豁然大悟)하여 헤아릴 수 없는 영묘(靈妙)가 스스로 정(定)하여 부처님과 같이 무흠무여(無欠無餘)의 천만 능력과 천만 조화를 갖추게 되나니라.

기동사마외도(豈同邪魔外道) 이전수(以傳授)로 위사좌(爲師佐)하고 이유소득(以有所得)으로 이구경자재(以究竟者哉)아
어찌 저 사마외도의 전수하는 것만으로써 스승이니 제자니 하며 또는 얻은 바 있는 것으로써 구경처를 삼은 데에 비할 바이랴!

불법(佛法)의 진리는 곧 우리의 자성 공부라, 우리 공부인이 회광반조(廻光返照)만 하고 보면 그 자리가 불(佛)이요, 자성의 진체(眞諦)이니라. 일찍이 소크라테스가 말한 바와 같이 "너희들에게 갖추어져 있는 것을 찾아줄 따름이요 따로 내가 무엇을 주는 것은 아니다."라고 한 말이 이 말이니, 우리의 자성(自性)에는 주고받을 것이 없건마는 도를 잘

알지 못하는 사마외도들이 서로 유소득으로 스승과 제자로 삼고 있음을 경계하는바, 우리 공부인은 이에 삼갈지니라.

18. 삼보(三寶)를 체 받는 법

정산 종사 말씀하시기를 "불경의 정수는 공(空)이라, 이 공을 체 받는 것이 최고 구경의 목적이니라. 이 공을 체 받는 데 있어서 가장 바른 법이 있으니 즉 불·법·승(佛法僧) 삼보(三寶)를 체(體) 받는 것이니라.

불(佛)은 청정한 심지본성(心之本性)이니 항상 청정한 마음을 닦아 기를 것이요, 법(法)은 진리를 그대로 밝혀 놓은 심지용성(心之用性)이니 즉 지공무사(至公無私)한 자리라, 그러므로 항상 지공무사한 심념(心念)을 닦아서 행(行)할 것이며, 승(僧)은 진리를 믿고 닦아 행하는 선남자·선여인 등이라, 항상 반조성심(返照省心) 하며 성성불매(惺惺不昧)한 지경(地境)을 지켜서 행(行)할 것이니라. 이것이 곧 제법(諸法)이 개공(皆空)한 경지요, 최고 지선(至善)의 진리에 도달하였다 할 것이니라."

19. 참회법

정산 종사 말씀하시기를 "참회의 공덕이 큼은 이미 알려니와 제군들이 가장 쉽게 실질적으로 참회·개과를 하려면 나의 말을 명기(銘記)하여 실행하라.

참회는 그 형식에 있는 것이 아니요, 오직 진정한 참회에서만이 그 효능을 얻을 수 있나니라.

제군들은 불·법·승(佛法僧) 삼보(三寶)를 신봉(信奉)하는 불제자들이라 삼보 전에 참회함이 옳을 것이니, 그 방법은 다음과 같나니라.

불(佛)은 곧 법신불 일원상이라, 이는 원만구족하고 지공무사한 진리의 표상(表像)이니라. 그러므로 매사를 당할 때마다 원만구족하고 지공무사하게 알았는가, 닦았는가, 행하였는가를 대조하여 법신불 일원상과 같이 원만구족하고 지공무사한 힘을 양성할 것이며, 따라서 진리에 귀의(歸依)하여 진리적 생활을 할 것이니라.

법(法)은 각자(覺者)가 그 각(覺)한 진리와 체험한 것을 기술한 것이니, 우리 회상에서는 『불교정전(佛敎正典)』이니라. 항상 불교정전을 법 삼아 불교정전과 같이 실행하였는가, 못하였는가를 반조하며, 모든 법과 제도에 흠결(欠缺)이 없게 할 것이니라.

승(僧)은 진리를 투득(透得)하기 위하여 법을 수행하는 선지식이니, 초입자에 있어서는 항상 지도자의 가르침에 수순(隨順)하여 그 지도자 앞에서는 일체 사실을 고백하고 시비선악(是非善惡)의 판단을 얻을 것이니라.

이와 같이 수행 정진한다면 제군들은 불·법·승 삼보에 귀의한 대보살이 될 것이니라."

20. 출세의 제1 낙(樂)

정산 종사 말씀하시기를 "출세(出世)의 제1 낙은 거듭 말하거니와 공부인에 있어서 그 중요함이 무엇보다 크도다. 가장 진리적이요, 호대(浩大)하고, 드높은 표준적으로 말하려 하니, 새기고 또 새기라.

중생무변서원도(衆生無邊誓願度) 번뇌무진서원단(煩惱無盡誓願斷) 법문무량서원학(法門無量誓願學) 불도무상서원성(佛道無上誓願成)이라,

이 사홍서원(四弘誓願)은 불(佛)의 대원(大願)인 동시에 가장 지고(至高)한 출세의 제1 낙이니라. 이 사홍서원으로써 열반의 최후 일념까지 변함이 없다면 불보살·마하살(佛菩薩摩阿薩)이라 할 것이니라.

제군들의 출세 공부를 일깨우는 송나라 도학자(道學者) 정호(程顥) 선생의 추일우성시(秋日偶成詩)를 소개하노라. 연마해 보라."

한내무사부종용(閑來無事不從容)
수각동창일기홍(睡覺東窓日己紅)
만물정관개자득(萬物靜觀皆自得)
사시가흥여인동(四時佳興與人同)
도통천지유형외(道通天地有形外)
사입풍운변태중(思入風雲變態中)
부귀불음빈천락(富貴不婬貧賤樂)
남아도차시호웅(男兒到此是豪雄)

한가히 일 없어 더욱 그윽한데,
잠에서 깨니 동녘 창가에 해 이미 붉구나.
만물을 정관(靜觀)하여 스스로 깨달음 얻어,
사계절 아름다운 흥취 옛사람과 같도다.
도는 천지의 형체 바깥까지 통하고,
생각은 만물의 끝없는 변태(變態) 가운데에 들었도다.
부귀에 음탕하지 않고, 빈천에 오히려 즐기니,
남아로 태어나 이에 이르러 호걸이로다.

21. 부처님과 중생의 견해

정산 종사 말씀하시기를 "사람들이 매일 매일 사는 것을 가만히 보면 공부인이든 비공부인이든, 나름대로 수양을 하고, 연구를 하고, 취사를 하면서 살아가는데, 모든 일들이 쉬운 것 같고, 진리 내용을 분석하는 것도 똑똑한 것 같으나, 깊이 들어가면 대부분 그렇게 똑똑하지 못하고, 높은 지경에 있어서는 더욱 쉬운 것 같으나 대단히 어려워 근접하지 못하나니라.

실상 부처님의 견해에 있어서는 안다고 하면 다 아는 것이요, 모른다고 하면 모두 모르는 것이니, 공부인들은 아는 데에, 영리한 데에, 똑똑한 데에 사로잡히지 말라.

사람의 인격을 평(評)할 때도 부처님의 견해는 눈앞에 나타난 외형보다 그 마음 쓰는 것을 보고 평하며, 지위나 학벌보다 용심(用心) 작용하는 것을 보고 평하며, 또한 무조건 하고 평하는 것이 아니라, 나타난 사실 그대로를 직관하여 평하나니, 그 사람의 진취성을 보고, 수양력을 보고, 알음알이를 보고, 취사심 등을 보면서 가리고 막힘이 없으며, 편벽되고 치우치지 않는 공명정대한 견해에서 평하나니라.

그러나 중생의 견해는 언제나 지위, 명성, 학벌, 연조(年條), 나타난 외형 등 형식적으로 갖춘 조건이나, 드러난 형색 등을 보고 평하기 때문에 항상 바로 보지 못하고 어리석게 잘못 평(評)하나니라."

〈『법어』 근실편 12. 법문 보완〉

22. 정견(正見)

정산 종사 말씀하시기를 "정견(正見)이라 하는 것은 모든 것을 바로 보라는 말이니라. 모든 것을 바로보기로 하면 어떻게 공부할 것이며, 바로 보지 못한 이유는 무엇인가.

옛날 부처님께서 구슬 치장으로 각색 의복을 입은 제자들에게 구슬 색을 물으니, 제자들은 자기의 의복 색이 구슬에 비치는지라 입은 의복 색만으로 각각 대답하였는데 부처님께서 다 들으신 후 복색이 반영되지 않는 곳에서 구슬의 색을 다시 살피니 그 구슬의 색깔은 눈[雪] 색이었다 하노라.

이와 같이 정견에서도 자기의 아상(我相)에 편착하여 모든 것을 바로 보지 못하며, 그에 따라 옳은 것을 옳게 보지 못하고, 그른 것을 그르게 보지 못하기 때문에 보통 범부의 견지이니라. 부처님께서는 증오호애(憎惡好愛)에 걸림 없이 바로 보시는 분이니라.

범부가 정견을 못 하는 것은 오직 집착이 있기 때문이니, 가령 어린이가 칼을 무서운 줄 모르고 잡으려 하는 것과 같고, 잿물을 무서운 줄 모르고 마시려 하는 것과 같으며, 위험한 곳을 뛰어들려고 하는 것과 같은 집착으로 정견을 하지 못하는 것이니라. 즉 어린이가 무서운 것은 무서운 줄 아는 것이 정견을 하는 것이니라.

예를 들면 계문이든지, 공물이 무서운 줄 확실히 아는 자는 함부로 하지 않는 것이 정견이니라. 하지만 무서운 줄 모르는 자에 있어서는 함부로 할 것이니, 말 가운데에 죄복이 왕래함을 아는 자는 한마디 말이라도 주의할 것이며, 모르는 자는 함부로 말할 것이니라. 병이 들기는 쉬워도 낫기는 어려운 것 같이 우리 행동에서도 극히 주의하여 함부로 행동하지 말라.

이처럼 무서운 것은 무섭게, 미운 것은 밉게, 좋은 것은 좋게 보는 것이 지혜로운 자이며, 정견을 하는 자이니라.

그러나 반대로 사적인데 집착하여 공적으로 미워할 자를 자비심이나 있는 듯이 보호하는 자는 극히 어리석은 자이요, 정견을 하지 못한 자이니, 정견이란 사적인 집착을 여의고, 오직 허공 같은 마음으로 보는 것이니라.

정견을 하려면 먼저 사상(四相)을 기멸(棄滅)하며, 허공과 같은 마음으로 사물을 볼 수 있도록 공부할 것이니라.

어느 스승이 제자들을 보고 물으시기를 '무엇이 제일 무섭냐?' 하니 여러 대답이 나왔지만, 스승께서 말씀하시되 '오직 무서운 것은 네 마음 가운데 죄복심(罪福心)이 발한 근본심(根本心)이 가장 무섭다.' 하시며 또한 '무엇이 가장 아름다운 것이 되며 좋은 것이냐?' 하고 묻자, 제자들이 현상에 나타나 있는 인물, 지위, 명망 등을 말씀드렸는데 스승이 들으신 후 말씀하시기를 '남을 위하여, 공중을 위하여 자비심, 공심이 싹트는 것이 가장 아름답고 좋은 것이다.'라고 하셨다고 하나니, 이와 같이 우리는 오직 근본 마음을 중히 여겨 아상(我相) 등의 편착심을 버리고, 증오호애(憎惡好愛)를 그대로 관찰하는, 즉 사견을 버리고 정견을 하기에 힘쓰라."

23. 불법의 혜택을 알라

종사주님께서 일반 선도(禪徒)들에게 말씀하신 법설을 전해주노라. "내가 어느 모임을 가보나, 사람이 많이 모인 곳을 가보면 서로 말을 하고 싶어 하고 언권(言權)이야 있든 없든 서로 자기의 의사를 발표하려 하여 어떤 틈으로든지 기어이 내어놓으려 하며, 배우는 것은 싫어하고 가르치고자 하는 것이 보통인의 심리이니 참으로 우스운 일이 아니고 무엇인가? 그러나 나도 그중에 한 사람으로 나 역시 28년간을 이와 같이 배우지는 않고 가르치려고만 하였으니, 마찬가지의 한 사람이라 하노라.

더욱 여러 대중은 내가 말하면 으레 법설하실 것이라 하고 심상히 들어 버리고 마나니, 대개 사람의 심리란 이상하여 들을수록 보감 될 말은 심상히 하고, 아무 이익이 없는 말은 이상스럽게 잘 들으며, 잊지도 않고 두고두고 이야기를 잘하나니라.

누구나 방귀의 그 일은 우습고, 이상스럽고, 곰곰이 생각하면 우스워 잊히지 않고, 또한 두고두고 이야기의 자료로 삼는 사람이 많은데 인생 생활로나, 정신 생활로나 유익 되는 법설을 하면 으레 하는 사람과, 듣는 사람은 내어놓고도 심상히 여겨 풋말 똥 뀌듯 알고 있나니라.

옛날 허주(虛周) 스님 회상에 운연 대감과 모든 대감이 성녀(聖女)들이 온다고 주장 스님이 가서 법문하시기를 청한즉 허주 대사 '알았다.' 하고 법상에 오르시어 법장을 잡고는 아무 말씀도 없는지라 주장 스님이 와서 '왜, 법문을 아니 하십니까.' 한즉 허주 대사가 응하지 않으셨다가 '굼벵이가 매암[매미]이 되어 가끔 가죠. 뛰어가죠.' 하고 또 그냥 있는지라, 주장 스님이 가서 스님께 법을 다시 청하였는데 역시 '굼벵이가 매암이 되어 가죠. 뛰어가죠.'라는 소리를 하고 또 그냥 법을 파하는지라 주장 스님이 너무 어이가 없어서 '운연 대감도 오시고 여러 손님이 많이 오셨는데 어찌 그리하시나이까? 내일은 좀 재미있는 법문을 하여 주시라.'고 한즉 '그러지.' 하셨는데 또한 그 말밖에 하지 않는지라 그 말이 이상하여 오늘날까지 잊히지 않고 스님들은 물론 손님들까지도 그 말을 알게 되지 않았는가.

  그러나 나는 28년간에 한 말을 지금 한다면 작석(作石) 몇백 석이 될지, 몇만 석이 될지 하기는 많이 하였으니 어느 때 나타나도 나타나겠지, 하는 생각을 하노라. 대저 내가 절집을 다니며 오늘날 느낀 바 있으니, 그것이 다름이 아니라 이 불가(佛家)는 개인, 가정, 사회, 국가에 혜택이 미치는 것인데 '이대로 나아가다가는 널리 미치지 못하겠구나.' 하는 생각이 많도다.

  경전을 대강 볼 때에도 20년, 30년, 적어도 평생을 배운다고 하여도 몇 사람밖에는 못 배울 것이며, 삼하삼동(三夏三冬) 선(禪)을 한다고 하여도 이 마삼근(麻三斤) 도리만 찾다가 몇 사람이나 찾았는지, 저마다 찾지 못하는 모양이며, 이 어찌 선으로도 못 배우며 또 선원에서 선을 나고 있겠는가.

  진리를 얻지 못한 선사는 선지법문(禪旨法門)을 한다고 몽둥이나 가지고 가서 '여하시불(汝何是佛)이니꼬.' 하면 손을 들든지, 웃든지 한 것을 불법으로 알고 있으니, 나는 회상을 열면 경전만 가르칠 것도 아니요, 선으로도 무자법문(無字法門)은 견성 도인을 내기는 어렵겠다고 생각하였노라.

  그리하여 재래에 있는 강원에서 저러하니 나는 저러지 말리라, 재래의 선객은 저러하니 나는 저러지 말리라 하였노라. 강원과 선원과 염불을 각각 할 것이 아니라 나는 어려운 경전을 말글로, 번뇌 망념이 많으면 염불, 좌선으로 쉽게 도인이 되고 속히 역량이 터지게 지도하노라. 깊이 연구하여 12년간 하여 보았는데, 와서 나간 사람이 누가 있는가. 다시 들은 사람은 탄복하고 올지언정 간 사람은 없노라.

또 과거에는 여법사가 없어서 비판 조소를 받으니 우리는 여자들을 가르쳐 세인으로 하여금 혐의를 받지 않으려고 여법사를 양성하지 않는가. 그 성적이 날로달로 느니 여자로서 여자를 가르치는 여법사가 자신감도 생기고, 또 성녀가 되면 국민, 부모, 자녀 노릇을 못 하였지만 우리는 다 그 책임과 의무를 지키면서 해나가는 법이 아닌가. 앞으로 동리 동리에 교당을 두고 세속인과 연락을 취하려 하노라.

그리고 사찰에서 예회는 안 보고 선만 났으나 우리는 예회와 선을 나는 머리에 눈에 있고, 귀에 있고, 정신과 육신의 체질화를 이루어 불교의 숙어와 진리도 알게 되면 처음은 와서 잠이 올지 모르지만, 나중에는 잠이 오지 않고, 처음에는 건성으로 지내지만, 나중에는 가닥을 잡는 것이니라. 일본이나 중국에 가서 오래 살다 보면 그 나라 말을 익히듯이 우리 법도, 아무리 어려운 것도 차차 이루어지나니라.

어린아이들이 노는 것을 보니 땅 구덩이에 나무를 넣고 불을 지르고 구멍을 막아 숯을 만든다고 하기에 그 아이들의 부모에게 물어보니 숯장수의 자손이었노라. 또 어떤 이가 본즉 나막신을 물에 띄우고 '어이야! 디야.' 하며 뱃노래를 부르고 놀기에 그 아이들의 부모 직업을 살펴보니 뱃사람의 자녀였노라.

원석(元石)이 자녀 보고 '무엇이 원이냐.' 한즉 '역장이 원이라.' 하였는데 다 각각 부모의 직업에 따라 원이 나는 것이니라.

길주(吉珠)가 아파 죽게 되어 내가 가서 '너, 내가 자주 와 보지 못하여 너를 위하여 들여다보지 않고 걱정도 아니 하니 야속한 마음이 있느냐.' 하니 '마음이 약할 때는 아버님이 야속하고, 마음이 실할 때는 좋은 줄만 압니다.'라고 하였노라.

또 '불법연구회 법이 어떻다고 보느냐.' 하니, '아버님이 하시는 일이 옳은 줄은 압니다.'라고 하였노라. '그럼 되었다. 옳은 줄만 알면 내가 야속한 뜻도 아니로다.' 하였노라.

죽으면 낳고 나면 죽는 이치며, 이 공부 이 사업은 세세생생 놓치지 않겠다고 하니 그것이 근묵자흑(近墨自黑)과 같아서 부모 하는 일을 닮기 쉬우리라. 같은 일이면 선한 일, 바른 일을 하면 그대로 받으리라.

부산에서 복쟁이 먹고 죽은 자 있어 사자(死者)는 출상하고, 고하는 남의 집에 보내고, 아이는 부산 회원 고옥기가 지금 기르지 않는가. 그래서 서울회관 앞에 우막집[오두막집, 오막집, 주막집] 송장을 선각이 등 3인이 치상하였노라.

이와 같이 악을 놓고 선한 노릇을 하는 것이 개인, 가정, 사회, 국가에 혜택을 미치는 것이 불법의 큰 뜻이니라." 하시었노라.

24. 부처님과 중생과 견해

정산 종사 말씀하시기를 "사람을 가만히 보면 매일 수양하고 사는 것이 쉬운 것 같고, 진리 내용을 분석할 때 똑똑한 것 같으면서도 사실 똑똑하지 못하고 쉬운 것 같으나 어려운 것이니라.

안다고 하면 다 아는 것이요, 모른다고 하면 모두 모르는 것이니 아는 것, 영리한 것, 똑똑한 것에 사로잡히지 말라.

사람의 인격을 볼 때, 부처님의 견지는 눈앞에 나타난 외형보다 마음 쓰는 법을 보고, 학벌보다 용심(用心) 작용을 보고 평(評)해야 하나니라.

지위를 보고 무조건 평할 것이 아니라 나타난 사실을 그대로 평하고, 앞으로의 진취성 즉 수양력, 알음알이, 취사심 등을 보고 평하나니라. 그러나 중생의 견지는 지위나 명예 등 형식적인 외형만을 보고 평하나니라."

제8편

편편교리

제8편
편편교리

1. 분별과 깨달음

정산 종사 말씀하시기를 "배워서 아는 것은 분별지(分別知)요, 각(覺)으로 얻은 것은 반야지(般若智)니라."

2. 대도정법을 함부로 말라

정산 종사 말씀하시기를 "장사하는 사람이 어떠한 물건이 되었든지 그 물건을 잘 닦고 비단으로 잘 포장해서 보고(寶庫)에 넣어 두면 만인(萬人)이 그 물건을 귀하게 여기며 그 물건의 가치가 훨씬 올라갈 것이나, 그와 반대로 비록 좋은 물건일지라도 아무 곳이나 함부로 놓아두면 물건의 가치가 떨어지는 동시에 천(賤)하게 될 것이니라.

그와 같이 우리의 대도정법(大道正法)도 천하를 능히 흔들고 천업(天業)을 마음대로 운전하는 대법(大法)이지마는 너무 함부로 남용하거나 별스럽게 여기지 않으면 가장 귀중한 이 법이 가치 없는 천법(賤法)이 되기 쉽나니, 나는 이 법을 비단에 싸서 보고(寶庫)에 넣어 두었다가 가끔 궁금하고 갈증이 나면 보고를 열고 조금씩 꺼내 쓰면서 비록 별스럽지 않은 말이라 할지라도 거기에서 진진(眞眞)한 진·선·미의 맛을 찾고자 하노라."

3. 호생의 덕

정산 종사 말씀하시기를 "천지(天地)에는 호생(好生)의 덕(德)이 있으므로 성현들은 그 도(道)를 체 받아서 살생(殺生)을 자비심으로, 산 것을 죽이지 않는 것이니라. 불가피하게 꼭 살생해야 할 일이 있을 때는 마음에 또한 살생하였다는 관념을 놓아야 하나니, 혹 우리 회중(會中)을 위해서 불가피하게 살생하면 과보는 있으나 두려움을 내지 말며, 또한 마음에 담아두지 말라. 공부만 잘하면 불가피하게 살생계는 범했을지라도 그 사람은 높이 되고, 타락 중생은 점점 타락되어 보응(報應)의 기회를 얻지 못하여 작게 갚게 되는 수가 있나니라.

그러나 일체중생과 내 몸이 한가지인 줄을 알기 전에는 살생하지 않을 수 없나니라."

4. 무주상(無住相)

정산 종사 말씀하시기를 "뿌리는 근원이요 가지와 열매는 결과이며, 뿌리는 주는 것이요 열매는 받는 것이라, 그리고 줄 때에는 정신이나 육신이나 물질로 주는 것이니, 줄 때에는 자기가 손해 볼 것으로 알고 받으려는 생각을 하지 말고 무주상(無住相)의 마음을 써야 하나니라."

5. 지극한 소원이 있어야

정산 종사 말씀하시기를 "지극한 소원이 있어야 지극한 정성이 나고, 지극한 정성이 있어야 지극한 믿음이 생기나니라."

또 말씀하시기를 "허공 법계(虛空法界)가 법신불 아님이 없으니, 곧 법이요 진리요 정의요 도덕이요 철학이요 종교요 신앙이니라."

또 말씀하시기를 "공부가 순숙되면 자력(自力)과 타력(他力)을 병진하지 않고는 안 되는 것을 알게 되나니라."

6. 법문을 듣는 도

정산 종사 말씀하시기를 "법설은 듣는 사람에 따라 평범한 말이 소중한 법설이 될 수 있고 애를 써 격식을 차려 한 말이 대수롭지 않은 말이 될 수도 있나니, 법을 듣는 이가 돈독한 신심과 극진한 갈망지심(渴望之心)을 가지고 들어야만 소득이 있는 것이라, 지극한 정성을 가지고 귀의하는 마음으로 한마디의 말씀도 빼지 않고 들어서 실생활에 활용해야겠다는 생각으로 들어야 실다운 이익을 얻을 것이니라.

그 예로 다문(多聞) 제일 아난 존자(阿難尊者)의 이야기를 하고자 하나니, 아난 존자는 법에 대한 지극한 마음을 가졌나니라. 언젠가 아난에게 발찌[발제(髮際)]가 나서 사위원(舍衛園) 비바라는 전의(殿醫)에게 보이니 '칼로 째야겠다.'라고 하며 '쨀 때는 대단히 아플 것이다.'라고 말하기에 한 제자가 '아난은 법문을 들을 때는 귀 하나를 떼어가도 모를 지경이니 그때를 이용하자.'하여 그 후 부처님께서 대법문(大法門)을 설할 때 칼로 쨌다고 하는 이야기가 전해 오나니, 법설이란 다 법에 합당한 말을 이름 하나 아래 몇 가지로 나눌 수 있나니라.

첫째, 말을 들을 때만 산뜻하고 후에 의미가 없는 말은 교언(巧言)이요,

둘째, 말은 비록 담담(淡淡)하나, 생각할수록 묘미(妙味)가 있고 깊은 말은 담언(談言)이요,

셋째, 말이 어수선하여 추려 잡을 것이 없는 말은 번언(煩言)이요,

넷째, 말은 비록 짧으나 넓은 뜻을 포함하고 생각할수록 깊이가 있고 진실하여 널리 활용할 수 있는 말, 이것이 참 법문이니라.

그러나 지혜 있는 사람은 시장 가운데의 훤화잡담(喧譁雜談) 중에서도 법문을 발견하나니 하물며 정식으로 위의(威儀)를 차려 법당에서 설한 말에 있어서랴.

또한 법을 설하는 이는 스스로 행실을 반조해 가며 말을 할 것이며, 듣는 사람도 설하는 자의 행실은 어떻든지 그 말이 법다운 말이면 취하는 것이 이익일 것이니, 법을 설한 자의 행실까지 추궁해서 법설마저 버리는 것은 어리석은 일이라, 보조(普照) 스님이 말씀하시기를 '도적이 잡은 횃불이라 하여 암로(暗路)에 그 빛을 받지 않으면 구렁텅이에 빠지게 되나니라.' 하셨나니, 우리 공부인은 이 말을 명심할지니라.

큰 소견이 열린 사람은 우주 만물을 모두 부처님으로 알고 때 없이 상주설법(常住說法)을 듣나니, 이는 상근기(上根機) 공부인으로서 천지만물에 들려오는 미묘한 무전(無傳)의 법설까지도 듣는 자이며, 또 지혜 있고 배우기를 좋아하는 자는 선지식(善知識)을 찾아 법문 듣기를 즐겨하나니, 이는 중근기(中根機) 공부인으로서 말로 하는 법설이라야 법문이라고 생각하는 자이며, 어리석은 사람은 법설을 들을 때 하품이나 하고 아무 대중없이 들으며 법문을 들어도 이용할 줄도 모르나니 이는 하근기(下根機)이니라.

우리는 이 세 가지를 잘 대조하여 삼라만상(森羅萬象)을 다 불법(佛

法)으로 알고 대하는 상근기 공부인이 되며, 또는 때때로 선지식에게 법을 들어 실행에 옮기는 참 불제자가 될지니라."〈원기39년 1월 8일〉

7. 설법과 청법

정산 종사 말씀하시기를 "인류 사회에서 말을 잘하는 사람을 볼 때 일류웅변가라고 하지만 그중에도 일·이·삼등이 있듯 설법하는 데에도 세 가지가 있으니, 첫째는 열정적인 설교이요, 둘은 명의적인 설교이며, 셋은 직업적인 설교이니라. 또한 청법(聽法)을 하는 데에도 세 가지가 있으니, 첫째는 실무적인 청법이요, 둘은 문학적인 청법이며, 셋은 맹목적인 청법이니라.

여기에서 열정적인 설법은 말을 잘하든지, 또는 말은 설사 못하더라도 아무런 사심 없이 대중을 위해서 일심으로 하는 것이요, 명의적인 설법은 듣는 사람으로부터 설법을 잘한다는 평판을 듣기 위한 사량계교적인 설교로서 능란하다는 평판을 얻기 위하여 하는 것이며, 직업적인 설교는 의·식·주를 구하고 대중을 위하는 것보다 자기 생활을 구하는 설교이니라.

그리고 청법에서 실무적 청법은 법을 들을 때 잘 듣고서 일생의 보감이 될 말씀은 가슴에 담아 경계를 당할 때마다 마음이 풀어질 때마다 법문을 들은 대로 잊지 않고 닮아감으로써 입에 넣어 꿀꺽 삼키어 내 물건을 만드는 청법이요, 문학적 청법은 문자나 배워서 모든 것을 잘 아는 체 이론이나 들먹이고 마음으로 공경심이 없이 듣는 청법이며, 맹목적 청법은 들어서 좋은 말씀도 도무지 알아듣지 못하고 받아 쓸 줄도 몰라 효력 없이 잊어버리는 청법이니라."

8. 설법삼류(說法三流)·청법삼류(聽法三流)

정산 종사 말씀하시기를 "설법에 세 가지 부류가 있으니 첫째, 확연한 신념하에 사심 없이 설하는 자로서 열정과 성의에 나타난 실상을 설하는 자이요,

둘째, 명예를 얻기 위하여 설하는 자로서 실(實)은 없이 박람박식(博覽博識)만을 늘어놓는 자이며,

셋째, 생활의 방편으로 보수를 위해서 설하는 자로서 부득이 설법을 하여야 살 수 있는 자를 말하나니라.

청법(聽法)에도 세 가지 부류가 있으니 첫째, 실무적 청법으로 한가지 법을 들은 그대로 나의 실천에 옮기고자 연구하는 자이요,

둘째, 학문적 청법으로 나의 지식을 넓히며 그를 이용하여 명예를 얻고자 하는 자이요,

셋째, 맹목적 청법으로 아무런 주견(主見)도 없이 왔다 갔다 하는 자이니라."

9. 종교를 신앙하는 이유

정산 종사 말씀하시기를 "보통 사람들이 종교를 찾는 것은 첫째는 인생 생활에 불안(不安)을 없애고 안심입명(安心立命)을 얻자는 것이요, 둘째는 자기 이상의 어떤 신(神)이나 부처님 등 절대자에게 의지하여 병마(病魔)와 재앙을 물리치자는 것이요, 셋째는 현재의 불행자는 미래의 행복을 빌고 현재의 행복자는 영원한 행복이 오도록 하자는 것이요, 넷째는 금생도 물론 좋지만 후생(後生)에 극락을 가기 위함이며, 자신도 좋지만 자손만대까지 무궁한 복락을 얻기 위함이니라.

그러나 진보(進步)된 종교의 가르침은 개인이나 몇 사람에 국한되지 아니하고 모든 사람을 대도 회상에 참예시켜 우주 만유의 진리를 각득(覺得)하게 하며 신앙하고 수행하게 함으로써 불(佛)이나 성(聖)이 되자는 것이니라.

부처님께서는 우주 만유의 본래 있는 진리를 발견하신 분이시나 범부 중생들은 그 진리를 발견하지 못할 뿐 아니라, 부정하는 이가 많으니, 이것은 갓난아이가 자기 어머니를 부정하는 것보다 더 어리석은 일이라, 우리 공부인은 대종사님께서 천명하신 일원(一圓)의 진리를 발견함으로써 종교와 도덕의 근원을 삼고 구경(究竟)의 목적을 삼을지니, 이 일원의 진리를 알고 발견해 가는 방법이 바로 삼학팔조(三學八條)이니라.

그러면 우리의 종교 생활 곧 신앙에서 느껴지는 행복감은 무엇인가. 우리에게 믿음은 안식처(安息處)이요, 위안처(慰安處)이며, 소방서(消防署)이요, 병원(病院)이요, 세탁소(洗濯所)이요, 배급소(配給所)라 할 것이니 제군들에게 이를 자세히 설명하고자 하노라.

첫째는 신앙에서 느껴지는 행복감은 안식처이니, 육신의 안식처를 찾는 것과 같이 정신의 피로와 복잡한 마음을 쉬는 장소를 찾자는 것이라, 이런 곳을 찾았으니, 큰 행복이 아닌가.

둘째는 위안처이니, 세상 모든 사람은 자기 자신이 위안받고자 요구하지만, 이 신앙은 스스로 자기가 자기를 위로할 수 있나니라.

대개는 위안을 얻고자 자기의 근심과 걱정을 털어놓고 타인에게 위로받고자 하나 얻지 못하면 번민(煩悶)과 고통이 더 느껴지는 것인바, 신앙은 그 반대로 타인에게 바라는 것보다는 나 스스로 자위하여 돌리고 나아가 타인까지 능히 위로하고 안심시킬 수 있으니, 큰 행복이 아닌가.

셋째는 소방서이니, 세상 사람들은 집에 불이 나면 소방서에 통지하여 타인의 힘으로 불을 끄게 하지마는 자기 심중에 무시로 맹렬하게 타오르는 심화(心火)는 끌 줄 모르거늘 우리는 자신의 심화도 끄고 타인의 불도 끌 줄 알았으니, 큰 행복이 아닌가.

넷째는 병원이니, 세상 모든 사람은 육신에 병든 것은 잘 알아서 고치려 노력하지만, 무형한 정신에 병이 든 줄은 모르고 고치려 하지 않으나 우리는 정신의 병[원망 병, 의뢰 병, 게으른 병, 미루는 병, 남에게 시키는 병]을 발견하여 자기 치료는 물론 타인의 병까지 고치며, 의약과 기술조차 배워가니, 큰 행복이 아닌가.

다섯째는 세탁소이니, 세상 사람들은 의복이 더러우면 자기 자신이 세탁하든지 세탁소에 보내 헌 옷을 새 옷같이 빨아 입듯이 우리 앞에 시시로 당하는 괴로움, 슬픔, 어려움을 당할 때마다 마음을 빨아서 새 마음으로 고칠 수 있는 세탁소를 발견하고 마음의 때를 세탁하는 법을 배우고 알아서 새 사람·새 마음·새 희망·새 일꾼이 되었으니, 큰 행복이 아닌가.

여섯째는 배급소이니, 우리는 육신 생활에 있어서 물질의 배급소는 이미 잘 알고 있으나 정신의 배급소를 모르다가 원불교에 입교하여 교당을 찾았으므로 이 교당이야말로 복전(福田)이요 혜전(慧田)이라, 이를 언제나 발견하고 밭 일구듯 매 예회마다, 강습(講習) 때마다 무량 대법(無量大法)을 배급하는, 영생을 쓰고도 남을 정신의 양식(糧食)을 배급받을 장소를 알았으니, 이 얼마나 큰 행복인가."

10. 정신의 다섯 가지 양식

정산 종사 말씀하시기를 "육신을 보전하기 위해서는 의복·양식·주처가 있어야 하듯 정신을 온전히 보전하기 위해서는 정신의 의·식·주 곧 정(定)·혜(慧)·계(戒)가 필요하나니, 태산교악(泰山喬嶽)의 부동심(不動心)을 기르는 수양력, 이사무애(理事無碍) 사사무애(事事無碍)의 무량법문을 통한 연구력, 금강이도(金剛利刀)의 실천력을 갖춘 취사력이 두루 갖추어져야 하나니라.

그러나 보통 사람들은 육신의 의·식·주는 구할 줄 아나 정신의 의·식·주를 구할 줄 모르나니 안타까운 일이 아닐 수 없노라.

그래서 오늘은 정신의 다섯 가지 양식을 소개하여 우리의 공부심을 일깨우고자 하노라.

첫째, 서원식(誓願食)이니 본래 세운 서원을 자주자주 대조하고 챙기어 듣고·보고·행하는 것이 서원에 어그러지지 않도록 하는 정신의 양식이요,

둘째, 정념식(正念食)이니 오욕(五慾) 번뇌로 흐트러지는 욕심을 항상 살피어 그 욕심이 마음을 도둑질하고 운전해 가지 않도록 힘쓰는 정신의 양식이요,

셋째, 법희식(法喜食)이니 음식도 먹어 보아서 그 맛을 알면 더 좋듯, 법도 그 뜻을 알아서 법을 들을 줄 알면 재미를 더 느끼는 것처럼 법회의 설법이나 경전 봉독을 통한 정신의 양식이요,

넷째, 선열식(禪悅食)이니 이것은 곧 극기신(克己身)·극기심(克己心)으로 도심(道心)을 떠나지 않는 마음이라, 참선(參禪)과 기도를 많이 하여 일심정력(一心定力)을 얻어 마음이 항상 무심담박(無心淡泊)하고 편

안한 심락(心樂)의 정신적 양식이요,

다섯째, 해탈식(解脫食)이니 육신의 생사(生死)만이 아니라 소소한 경계에도 마음이 괴롭고·즐겁고, 싫고·좋은 것에 끌리지 않는 마음을 자주 맛보는 정신의 양식이니라.

이상과 같이 법신체(法身体)를 다섯 가지 정신의 양식으로 배고플 사이 없이 끊임없이 먹고 보면 결국 자양성태(滋養聖胎)하리라.

다음의 선구(禪句)를 연구해 보라."

인심유기멸(因心有起滅)
동정하처멱(動靜何處覓)
만경본적연(萬境本寂然)
일념약불생(一念若不生)

마음을 따라 경계가 생기고 사라지나니,
동과 정을 어느 곳에서 찾으리오.
일체 경계는 본래 고요한 것,
한 생각 일어나기 이전과 같도다.

11. 공적영지(空寂靈知)

학인들이 『수심결(修心訣)』의 "세존(世尊)이 운(云) 보관일체중생(普觀一切衆生)하니 구유여래지혜덕상(具有如來知慧德想)이라"하고, 또 "일체중생(一切衆生)의 종종환화(種種幻化)가 개생여래원각묘심(皆生如來圓覺妙心)"이라 함에 대하여 "종종환화(種種幻化)가 지혜덕상(智慧

德相)에 갊아 있다가 나오게 되는가."하는 내용에 관한 토론이 있고 난 뒤 정산 종사 말씀하시기를 "우리가 좌선(坐禪)할 때에 모든 분별을 여의고 온전한 진공(眞空)에 멈춰있을 때는 선악염정(善惡染淨)을 찾아볼 수 없으나 한 생각이 발(發)함에 따라 선악염정의 분별이 생기게 되나니, 그렇다면 이 선악염정의 분별은 어디서 나오게 되는가. 그것은 소소영령(昭昭靈靈)한 영지(靈知)가 있기 때문이니, 그 영지가 소소(昭昭)히 경계를 비춤에 따라 습관과 업력에 의해서 종종(種種)의 분별 망상이 나타나나니라.

그러나 부처님은 영지(靈知)로써 경계를 소소영령하게 비추시되 항상 자성을 회광반조(廻光返照)하시는지라, 그 영지가 외경(外境)에 쏠리지 아니하고, 오직 청정한 지혜만이 앞에 나타나나니라.

이와 같이 본래의 성품은 똑같지마는 습관과 업력에 따라서 다르게 되므로 부처와 중생의 차이가 있나니, 부처님은 회광반조하여 경계를 대하되 외경에 주하여 분별심이 생하지 아니하고, 중생은 경계를 대할 때 습관과 업력으로 인해서 외경에 주하여 분별심이 생기게 되나니라.

그러므로 부처님은 경계를 대할 때에 나의 자심(自心)을 회상(回想)하고, 중생은 자심을 회상해 볼 줄 모르고서 항상 저 사람의 시비(是非)만을 보게 되므로 제군들은 이에 유의하라."

12. 일원상의 특징

정산 종사 말씀하시기를 "일원상(一圓相)은 우주(宇宙) 만유(萬有)의 본체(本體)라, 이 우주 만유의 본체에 대하여 고래(古來)로 제불제성(諸佛諸聖)과 현인달사(賢人達士)며 모든 철인(哲人)이 각각 다르게 표현하여, 유가(儒家)에서는 이를 도(道) 또는 이(理)라 하였으며, 도가(道家)에서는 이를 천하모(天下母)라 하였고, 기독교에서는 이를 신(神)이라 하였으며, 불가(佛家)에서는 이를 법신(法身)이라 하였고, 철인(哲人)들은 이를 이법(理法)이라 하여 각각 그 설이 분분(紛紛)하나, 그 이름은 다를지라도 우주 만유의 본체를 나타낸 것만은 틀림없는 사실이니라.

　우리는 이 우주의 본체를 일원상이라 하였나니, 전자의 학설(學說)을 개관(槪觀)하면 모두 그 본체에 대하여 추상적인 표현 방법일 뿐이요, 나아가 그것을 써서 진리에 모순되지 않고 인사(人事)에 어긋남이 없이 법도에 맞게 하지는 못하였으므로 우리 인생에 무용(無用)한 사막의 진리요, 설사 인생에 타당하다 할지라도 지극히 불충분하며 모순된 사실이 얼마든지 있나니라.

　그러나 우리의 일원상은 글자 그대로 원만하여 다시 그 결함을 찾아볼 수 없으니, 이는 진리의 총섭이 되며, 더 나아가 본교는 이를 써서 인사(人事)의 법도를 제정하였나니라. 곧 진리의 본원(本源)인 일원상을 그려 신앙의 대상으로 삼아 종교의 목적을 달성하게 하였고, 또는 일원상 그대로 수행의 표본을 삼아 도덕의 구경처(究竟處)를 삼았나니, 일원상의 진리를 표본하여 일원상과 같이 원만하게 신앙하고 수행하여 일원의 위력을 마음대로 부려 쓰자는 것이니라.

　이는 원만구족(圓滿具足)한 진리의 본원을 완전무결하게 표현함과 동시에, 나아가 그 진리를 활용하여 우리의 인생 생활을 타당하게 만들어 모든 일과 모든 실행의 원천이 되게 한 것이므로, 전자는 사막의 진리요, 후자는 일원상의 진리를 활용토록 함이니, 이것이 일원상의 특징 중의 하나이니라."

13. 법신불 봉안의 의미

　정산 종사, 법신불 봉안식(奉安式)에 치사(致辭)하시기를 "법신불의 근본을 말씀하자면 언어와 명상(名相)이 끊어진 곳이며, 그 실체를 말씀하자면 우주 만유가 모두 법신불 아님이 없으므로 법신불상(法身佛相)을 따로 봉안하지 아니하여도 법신불의 진리는 항상 여여히 있으나, 우리 일반 대중에 있어서는 신앙의 대상이 보이지 아니하면 마음의 귀의처와 수행의 방로(方路)를 알기가 어려우며, 설령 안다 할지라도 마음 대조에 때때로 그 표준을 잃기 쉬우므로 대종사님께서는 교당이나 가정을 물론하고 법신불의 모형인 일원상을 봉안하여 행주좌와 어묵동정간(行住坐臥語黙動靜間)에 끊임없는 신앙을 올리며 끊임없는 수행을 대조하게 하신 것입니다.

　이번에 우리 ○○지부가 교당을 이 터에 신축하고 오늘 이 거룩한 봉불의 식전을 거행함에 당하여 나는 먼저 이번 봉불식을 인연해서 이 지방 교우 여러분들의 신심과 공부심이 더욱 크게 진작(振作)되어 다 같이 복덕(福德)과 지혜(智慧)가 쌍족(雙足)하게 되기를 기원하는 바이며, 오늘을 기념해서 일원상을 믿고 공부하는 길에 대하여 몇 말씀하고자 하는 바입니다.

　일원상을 믿는 길은 곧 일원상을 신앙의 대상으로 하고 그 진리를 진리적·사실적으로 믿어서 죄고를 벗어나고 복락을 구하는 것이니, 일원상의 내역을 말하자면 곧 사은이요, 사은의 내역을 말하자면 곧 삼연(森然)한 우주 만유로서 천지 만물 허공 법계가 다 불성(佛性) 아님이 없는 것인즉 우리는 어느 때 어떠한 곳이든지 항상 경외심을 놓지 말고, 존엄하신 부처님을 대하는 청정한 마음과 경건(敬虔)한 태도로 천만 사물에 응할 것이요, 천만 사물의 당처(當處)에 직접 불공(直接佛供)하기를 위주로 해서 현실적으로 복락을 장만해야 할 것입니다.

이것은 곧 일원상을 신앙함으로써 편협(偏狹)한 신앙을 돌려 원만한 신앙을 만들며, 미신적 신앙을 돌려 사실적 신앙을 하게 하신 것입니다.

일원상을 공부하는 길은 곧 일원상을 수행의 표본으로 하여 그 진리를 체득하고 활용해서 각자가 부처 되는 길을 완성하는 것이니 일원상의 진리를 깨달아 천지 만물(天地萬物) 시종 본말(始終本末)과 인간의 생로병사(生老病死)와 인과보응(因果報應)의 이치를 걸림 없이 알자는 것이며, 또는 일원상과 같이 마음 가운데 일호(一毫)의 사심이 없고 애욕과 탐착에 기울고 굽히는 바가 없이 항상 뚜렷한 성품(性稟) 자리를 양성하자는 것이며, 또는 일원과 같이 천만 경계에 대응하여 마음을 쓸 때 희로애락(喜怒哀樂)·원근친소(遠近親疎)에 끌리지 아니하고 만사를 오직 바르고 공변되게 처리하자는 것이라, 일원의 원리를 깨닫는 것은 견성(見性)이요, 일원의 체성(體性)을 지키는 것은 양성(養性)이며, 일원과 같이 원만 실행을 하자는 것은 솔성(率性)인 것입니다.

그러므로 이 신앙과 이 공부는 신심과 정성만 지극하면 학문 유무에도 관계가 없고 총명 유무에도 관계가 없어서 남녀노소를 물론하고 다 성불함을 얻을 것입니다.

그러나 형식으로 그려진 저 일원상은 참 일원을 알리기 위한 표본인 까닭에, 비유컨대 손가락으로 달을 가리킴에 손가락이 참 달은 아닌 것과 같은 것입니다.

그런즉 우리는 마땅히 저 표본의 일원상으로 인하여 참 일원을 발견하여야 할 것이며, 발견한 이상에는 그 일원의 참된 성품을 지키고 일원의 원만한 마음으로 실행하여 일원상의 진리와 우리의 생활이 완전히 합치되게 함으로써 다 같이 한량없는 복락과 한량없는 지혜의 주인공이 되어야 할 것입니다."

〈『법어』 원리편 1. 법문 보완. 원기46년 5월 21일〉

14. 공·원·정(空圓正)

정산 종사, 법좌에 오르시어 일반 선원에게 말씀하시기를 "여러분들이 30여 일 동안 『정전』·『금강경』·『수심결』 등 여러 가지를 배우고 또한 많은 말을 들었으니, 그 수많은 말과 글 중에 요령(要領)을 들어서 말하면 무엇이라 할 것인가. 그것은 대종사님께서 말씀하신 공·원·정(空圓正)이 가장 요령이 된다고 생각하노라.

금강경, 반야심경, 수심결, 일원상(一圓相)의 진리가 다 공(空)의 원리를 알리기 위해 설(說)한 말씀이니, 그러면 그 공리(空理)를 아는 것이 무슨 필요가 있는가.

중생들은 죄업을 짓고 받는 것이 근원적으로 공의 원리를 모르기 때문에 비롯되는 이치를 알지 못하여 그 공의 원리를 모름에 따라 또한 무수한 악업을 쌓아 무수한 고통을 받게 되나니라. 여러분들은 이러한 공리의 설하는 말을 잘 들어서 항상 공(空)한 심경을 가져야 하나니라.

또 현재 공부나 사업이나 모든 것이 내 뜻대로 되지 않는 것은 과거에 그 마음을 두렷하게 갖지 못했기 때문이니, 과거에 마음을 원(圓)하게 갖지 못하여, 편벽되고 치우친 마음으로 인해서 현재의 공부나 사업을 하는 데 방해가 많고 고장이 많게 되나니라.

그러므로 원(圓)의 진리를 알아서 원만한 마음을 가지는 공부를 하여야 할 것이니, 항상 마음을 원만하게 가졌는가 못 가졌는가, 또는 원만한 취사(取捨)를 했는가 못 했는가, 반성하여 원만한 마음을 만들어야 할 것이니라.

현재의 개인·가정·사회·국가·세계가 평화롭지 못한 것은 공정한 마음을 쓰지 못했기 때문이니 대종사님께서 삼십 계문, 솔성요론 등을 내놓으셔서 바른 마음을 갖게 하셨으며, 과거 성현들도 다 그러하셨나니라.

또 우리는 정(正)의 원리를 알아서 불편불의(不偏不倚)·무과불급(無過不及)한 공정한 마음으로써 항상 말을 바르게 하고, 일을 바르게 하며, 행동을 바르게 해야 할 것이니라.

이상의 말을 종합해서 말하면 공부나 사업이나 모든 것이 이 공·원·정(空圓正)의 원리에 벗어나지 않으니, 만사를 해 나갈 때 이 공·원·정 세 자[三字]를 명심불망(銘心不忘)하여 일체 취사하는 데에 실행하기 바라노라. 제군들이 그 정신으로써 꾸준히 실천궁행(實踐躬行)한다면 결정코 불보살의 경지에 도달하리라고 생각하노라."

〈원기34년 1월 30일〉

※ 안이정이 일찍이 대종사님으로부터 공부길에 대한 법문을 받들고 늘 가슴에 새기던 중 어느 날 종법실에 계시는 정산 종사를 뵙고 "공부길을 어떻게 잡아야 합니까?" 하고 여쭙자, 정산 종사 즉석에서 공(空)·원(圓)·정(正)이라는 세 글자를 써 주시며 "매일 이 표준으로

공부하면 될 것이니라." 하시고 공·원·정에 대하여 말씀하시기를 "공(空)의 표준은 곧 마음을 비우는 공부를 하자는 것인바, 이 공을 표준 삼아 일이 없을 때는 마음을 비우고, 일이 있을 때는 그 일 그 일에 일심을 다하여 모든 일을 처리한 다음 또한 마음을 비워 자성(自性)을 여의지 않는 공부에 힘써서 수양의 힘을 쌓아나가자는 것이니라.

허공이 비어 있기 때문에 천하 만물을 다 소유할 수 있는 것과 같이 우리가 마음을 저 허공같이 비우게 되면 일원의 위력을 얻고 일원의 체성(體性)에 합일(合一)하게 되나니라.

그러므로 우리가 마음을 비워 자성을 여의지 않는 공부로써 자신을 다스리되 빈 마음으로써 하고, 가정을 다스리되 빈 마음으로써 하며, 나라를 다스리되 빈 마음으로써 하고, 모든 동지와 모든 동포를 대할 때에도 빈 마음으로써 한다면 천하를 다 포용할 수 있는 능력을 얻어서 일원의 위력을 얻게 되고, 사은(四恩)의 가호함을 힘입어서 모든 일이 뜻대로 이루어지게 될 것이니, 매양 공을 표준 삼아 마음의 거래(去來)에 자유로워, 경계에 주착함이 없이 자유를 얻고 해탈(解脫)을 얻자는 것이니라.

원(圓)의 표준은 일과 이치를 연마하여 사리(事理)를 원만히 깨달아 알자는 것이니, 이 원을 표준 삼아 사리를 원만히 알아서 사리에 막힘이 없이 모든 사물을 바르게 보고 바르게 판단하는 지량(知量)을 갖추자는 것으로, 원만한 신앙과 수행으로 매양 이 원을 표준 삼아 대각(大覺)을 이루자는 것이니라.

정(正)의 표준은 곧 무념(無念)·무착(無着)의 중도행(中道行)으로 모든 일을 바르게 행하자는 것이니, 이 정을 표준 삼아서 모든 일을 할 때 온전한 생각으로 취사(取捨)하여 바르게 믿고, 바르게 알고, 바르게 행하여 행동하자는 것이라, 이 정을 표준 삼아 매사에 중도행을 하게 되면 결국 중정(中正)을 얻게 될 것이니라.

이 공·원·정의 뜻을 알아 염두(念頭)에 두고 표준 삼아 공부한다면 공부가 일취월장할 것이요, 쉽게 삼대력(三大力)을 얻어 대각성불(大覺成佛)하게 될 것이니, 이 공·원·정을 표준 삼아 공부 잘하여라." 하시었다.

15. 진선(眞善)

정산 종사 말씀하시기를 "선과 악이 한가지로 없는 자리가 지선(至善)이요, 무착선(無着善)이 진선(眞善)이며, 고와 낙이 끊어진 자리가 극락이요, 무착락(無着樂)이 진극락(眞極樂)이니라.

유(有)와 무(無)가 둘이 아니요, 생(生)과 사(死)가 둘이 아니며, 동(動)과 정(靜)이 둘이 아니나, 둘 아닌 가운데 무궁한 이치가 있어서 이 가운데에는 생명 있는 것이나 죽은 물건이나 구린내 나는 똥이라도 생생약동하는 도(道)가 있나니라.

음양상승(陰陽相勝)의 도가 있는 까닭에 인과보응(因果報應)의 이치가 있고, 인과보응의 이치가 있는 까닭에 상생상극(相生相剋)하는 변화가 생겨나는 것이라, 상생상극하는 변화가 생겨나는 까닭에 범상(凡常)의 인간을 뛰어넘는 것이니라."

16. 진리의 상벌

정산 종사 말씀하시기를 "상(賞)을 좋아하고 벌(罰)을 싫어하는 것은 인지상정(人之常情)이라, 그러나 목전의 상벌을 아는 사람은 많으나 진리의 상벌을 아는 자가 많지 않나니, 인지상벌(人之賞罰)을 보라, 악인(惡人)이라도 기회를 잘 만나면 상을 받을 수 있고, 의인(義人)이라도 때를 잘못 만나면 벌을 받을 수가 있는 것은 사람이 주는 상벌이기 때문이니라.

그러나 진리는 일호(一毫)도 어그러짐이 없는 것이라, 내가 의를 행하고서 비방을 당하더라도 후일에 지기(知己)가 있을 것이니, 제군들은 진리가 엄연히 알고 있다는 것을 인식하여 조금도 현재의 비방을 괘념할 것이 없으며, 그 반대로 설혹 내가 악을 행하면서 칭찬을 받을지라도 진리는 엄연하게 잘 알고 있으니, 이때에는 안으로 반성하고 자책(自責)하는 공부를 쌓아야 할 것이니라.

그리고 안으로 감수하여 밖으로 나타나지 않을지라도 악심(惡心)은 악심으로, 선심(善心)은 선심으로 진리의 상벌이 분명하여 우연 자연한 가운데 일호의 어김이 없을 것이니, 이 진리를 잘 알아 근본 심리(心理)부터 지선(至善)에 머물도록 힘쓸지어다."

17. 진리재판(眞理裁判)

정산 종사 말씀하시기를 "인민(人民)을 다스리는 정치 당국에서는 재판소가 있어 초재판(初裁判), 이재판(二裁判), 삼재판(三裁判)의 사법 기관이 배설(配設)되어 있으나 한층 더 들어가면 우주(宇宙) 자연의 재판소가 있는 줄을 알아야 하겠노라.

사람의 재판이라는 것은 미치지 못한 점도 있고, 너무 지나친 점도 있을 것이나, 우주 자연의 재판이라는 것은 참으로 명확하나니라.

또한 이 우주 자연의 재판에도 초심(初審), 이심(二審), 삼심(三審)이 있으니, 초심은 양심(良心)의 재판이요, 이심은 대중의 재판이며, 삼심은 진리의 재판이니라.

이 재판은 호리도 속일 수 없는 재판으로 첫째, 나 자신 양심 재판이란 어떠한 재판인가. 옛 말씀에 '칠흑 같은 암실에서 내 마음을 속이려 하지만 신의 눈은 마치 번갯불과 같아서 속일 수 없다[暗室欺心 神目如電].'라는 말이 있나니, 가령 자신이 거짓말을 하면, 즉 남의 논물을 터서 내 논에 대어 놓고도 그 주인에게는 물을 안댔다고 한다거나, 또 회중(會中) 일에서도 감독을 하는 분에게나 상부에 거짓말하며 양심을 속였다고 했을 때 양심에 찔리는 것을 느낄 수 있었을 것인데 이럴 경우에 여러분은 어떻게 하는가. 말할 나위 없이 우리 공부인은 양심의 재판을 하여 반드시 승리해야 하나니라.

또 남녀 규칙 엄수(嚴守)에 대한 것이라든지 일반 규칙을 엄수하지 아니하고 관계자에게는 그렇지 않다고 거짓 고백을 하는 경우도 있을 것인데 그때 자신의 양심은 어떠한가. 제 양심만은 못 속이고 가책을 받게 되는 것이 양심의 재판이니라.

둘째, 이심(二審)은 대중의 재판이라, 어리석은 치자(痴者)는 남의 시비(是非)에 바른 판결을 못 하는 것이 보통이지만 어떠한 일에도 시일이 오래되어지고 보면 반드시 대중이 바른 판결을 하는 때가 오나니, 그러므로 내 양심만 지키면 대중의 재판은 저절로 옳은 방향으로 판결하게 되나니라.

저 조선의 역사에서 세조(世祖)가 단종(端宗)을 쫓아내고 왕위에 올랐으나 그 자손인 숙종(肅宗)이 세조를 판결하지 아니했는가. 한말(韓

末)에 이완용(李完用) 같은 자에게 당시에는 백성들이 꼼짝하지 못하였으나 지금은 모두가 엄정히 판결하여 국적(國賊)이 되지 아니하였는가.

그러므로 제군들은 일생을 살 때에 양심 판결을 잘해서 대중 판결을 잘 받아야만 전무출신한 서원의 역사에 한 점 흠결이 없이 깨끗할 것이니라.

또한 대중을 지도하는 지도자일수록 대중의 공론(公論)을 무섭게 알아야 하나니, 대중의 공론을 무심간과(無心看過)해서는 후일에 큰 과오의 일이 생기게 되나니라.

셋째, 삼심(三審)은 자연 재판이요 진리 재판이니라. 제2심 재판까지는 사람이 하는 재판이기에 혹 속일 수 있을지 모르나 제3심의 진리 재판은 결코 속일 수 없나니, 호리도 틀림없이 인과(因果)의 법칙으로 판결하는 최고등 재판이 진리의 재판이니라.

제1심의 양심 재판, 제2심의 대중 재판, 제3심의 진리 재판을 거역하고 배반한다면 악도(惡道)를 면할 수 없나니, 이 이치를 허술하게 알다가는 훗날 큰 과오의 일이 생겨날 것인즉 여러분들이여! 정신을 더욱 굳게 차릴지어다.

황금은 아무리 더러운 진흙 속에 넣어두어도 그 광명은 묻힐 수 없어 결국 드러나게 되고, 똥은 아무리 비단으로 싸놓아도 구린내를 속일 수 없으니, 방편이나 수단으로 하는 것은 반드시 참이 아닌 것으로 드러나는 날이 오게 되나니라.

그러나 각자의 양심 재판에만 이긴다면 혹 그 당시에는 잘못이라고 평(評)을 받을지라도 결국 참이 드러나게 되나니라."

18. 영단(靈丹)을 키우라

원기30년 1월 9일, 오전 경전 공부 시간에 선(禪)의 원리에 대한 학인의 설명을 들은 후 정산 종사 말씀하시기를 "지금 선(禪)을 주제로 하여 여러 가지로 해석했는데, 나의 말이 여기에 꼭 맞을지 모르겠으나 몇 가지 설명을 부연하고자 하노라.

과거로부터 선법(仙法)과 선법(禪法) 두 가지가 있었나니, 이 두 가지 모두는 최종 영단(靈丹)을 키우는 방법이니라.

그러나 영단의 대소 종류 단계도 수억 수천 층이나 되므로 영단이 미약한 사람은 영혼이 떠날 때 높이 뜨지 못하여 가라앉게 되어 지옥으로 떨어지게 되는 것이니, 곧 땅 위에 나올 기운이 없으면 땅속을 면하지 못하여 지옥인 것이니라. 만일 그곳에서도 기약이 없으면 무기보(無期報)를 받아 그 고통이 한량없을 것이니라.

또 사람이 키와 몸은 작으나 공연히 그 사람을 보면 어떤 이유인지 모르게 기운이 눌리게 되는 것은 그 사람의 영단이 큰 연고이니, 이를 혜안(慧眼)으로 본다면 영단이 수억 수천만 층이 되기에, 비록 키가 작아도 눌리는 것은 그 까닭이니라. 그러므로 만일 이 이치만 안다면 그 누가 영단을 키우려고 하지 아니하겠는가.

이 영단을 키우려면 선(禪)이 아니고는 키우지 못하며, 결국 육도(六道)의 자유를 얻지 못하므로, 마치 큰 소가 바늘구멍으로 못 들어가듯 한없는 세계에 악도(惡道)를 맴돌게 되나니라.

또 영적(靈的)으로만이 아니라 육신에서도 신선(神仙)이 되어 장생불사(長生不死)하는 수가 있으니, 옛날 삼천갑자(三千甲子) 동방삭(東方朔) 같은 분은 다 선(仙)을 수련한 분으로서 항상 기운을 몸 밖으로 새어 나가지 않도록 공부하였으며, 마음에는 분별이 끊어져서 몇백 년도 살게 되었는데 대정(大定)에 들면 그렇게 되는 것이 별것 아니니라.

선(禪) 수련의 기식(氣息)에 있어서 처음에는 내쉬는 숨과 들이쉬는 숨을 같게 하다가, 순숙 되면 들이쉬는 숨은 길고 내쉬는 숨을 짧게 하며, 나중에는 들이쉬는 숨만 쉬고 내쉬는 숨은 잠깐 쉬어 기운 저장(氣運貯藏)이 쌓이고 쌓이면 장생불사(長生不死)가 되나니라.

이와 같이 우리의 선법(禪法)도 수입은 많고 지출이 적으면 불어나듯, 우리의 온전한 정신도 수양을 쉬지 않고 꾸준히 적공하면 영기(靈氣)가 새지 않는 사이에 수입은 많고 지출은 없게 되나니라. 깊은 산중에서 수행자들이 주문(呪文)을 많이 익히어 산심(散心)이 되지 않는 경지에 이르면 심령(心靈)이 밝아지는 것이 다 같은 경우로서 영단이 커지는 증거이니라.

그런데 부처님께서는 원래부터 영단의 저축이 많으시고 또 없으시면 준비하시는 능력을 갖추고 있나니, 그래서 저 나옹 대사나 진묵 대사 같은 분들은 모두 없으시면 준비하시고, 또 원래부터 저장이 많으신 분들이니라.

그러나 우리 범부 중생들은 몸 밖에 나올 기운도 없나니 어떻게든지 부지런히 공부하여 내 것인 영단을 키우며 저축할 줄도 알아야 하나니라.

범부 중생들은 참 내 것은 놓고 거짓 내 것인 자손과 재물을 내 것으로 아나니, 만일 이것이 참 내 것일진대 왜 오래 살고 싶으나 못 살게 되며, 자손을 많이 낳고 싶으나 자손을 못 낳으며, 재산을 많이 모으고 싶으나 아니 모이는 까닭이 무엇인가. 이것은 참 내 것이 아닌 연고이니, 항상 제군들은 참 나의 영생(永生)을 하고 다니는 이 영단을 키우며 저장하도록 노력하라.

그러나 만일 영단이 크다고 기르고 쓰지 않으면 마치 물을 퍼 쓰지 않으면 맑지 못하듯 더 자라지 않나니, 이것은 기를 줄도 모르고 쓸 줄도 모르는 연고이니라.

제군들이여! 영단을 키우고 길러서 나의 참 자본을 삼아 어떠한 순·역 경계에서도 좋고 낮은 것이 없다는 진락(眞樂)을 알아야 할지니, 이 진락을 맛보지 못한 사람은 자기 마음에 맞으면 좋고 마음에 맞지 않으면 다 고통이 되나니라.

재물이 좋고, 권리가 좋고, 맛있는 음식이 좋지마는 잘못 쓰면 그것이 다 나에게 고(苦)를 만들어 주는 것이라, 그러나 선락(禪樂)이란 담여수(淡如水)와 같아서 좋은 것도 나쁜 것도 없는 것이요, 또 별락(別樂)은 없어도 청정지락(淸淨之樂)이니 이에 참 맛을 붙여 중생을 제도하는 데 힘써야 하겠노라."

19. 좌선의 요결

정산 종사 말씀하시기를 "좌선의 요결(要訣)은 첫째, 현재 자기가 행하고 있는 좌선이 제불(諸佛)의 좌선과 일호의 간격이 없고 티끌만한 우열도 없다는 대자각(大自覺)을 가지는 것이니라.

둘째, 이 몸을 금생에 제도하지 못하면 다시 어느 생을 기약하여 구원할 것인가 하는 맹렬(猛烈)한 분발심을 가지고 일분일초를 아끼며 정력을 오로지 좌선에 던지는 것이니라.

셋째, 좌선할 때 깨달음을 구하려고 하는 마음도 내지 말고, 미(迷)

함을 없애려는 마음도 내지 말지니, 비록 팔만 사천의 잡념이 기멸(起滅)한다고 할지라도 그 기멸함에 맡겨 여여자연(如如自然)한 자리에 돌아갈지언정 일체의 생각에 괘념하지 않는 것이니라.

넷째, 좌선을 하고 있을 때는 좌선 외에 나라는 것이 없으며, 그곳에는 오직 좌선뿐이어야 할지니, 이와 같이 좌선으로 그 자리에 이르고 보면 누구를 막론하고 곧 이 몸으로써 부처가 되나니라.

다섯째, 좌선은 남에게 보이기 위함도 아니요, 명문이양(名聞利養)을 위함도 아니며, 영험과보(靈驗果報)를 위함도 아니요, 오직 자기가 참 자기를 위해서 함이라, 그러므로 일체의 조작(造作)과 일물(一物)의 바라는 마음조차도 다 버리고 오로지 무소득심(無所得心)으로써 하여야 하나니라.

여섯째, 좌선을 할 때에는 먼저 몸을 단엄(端嚴)하고 자연스럽게 앉아서 이 몸이 저 일원(一圓)과 일체가 되어 일원과 내가 하나가 됨으로써 일체 경계가 하나가 되어 나의 마음을 산란하게 할 것도 없다는 자신력을 가질 것이니라. 또한 좌선을 끝내고 일어날 때도 안상(安詳)히 할 것이요, 절대로 졸폭(卒暴)한 기립(起立)을 삼갈지니, 처음으로 앉아서 좌선을 시작할 때는 마치 파도가 차차 고요하여지는 것과 같은 형상을 생각하며, 선을 마치고 일어날 때는 파도가 점점 일어나는 것과 같은 형상을 생각할지니라.

일곱째, 선은 사량(思量)과 이론이 아니라 오직 몸으로써 일보(一步)의 그름이 없이 궁행실천(躬行實踐)함이니, 비록 밝은 이론을 말하고 많은 공안(公案)을 요해(了解)한다고 할지라도 그것은 선의 정미(正味)를 잃음이라, 자기의 참 인격에는 하등의 관계가 없나니라. 그러므로 지금 이 자리에서 목숨이 끊어진다고 할지라도 조금도 후회함이 없을 만한 진실한 생활을 매일매일 행하여야 할 것이니라."

20. 수양의 종류

정산 종사 말씀하시기를 "수양에 세 가지 종류가 있으니, 하나는 남에게 의지하고 자력이 없이 건성으로 이리저리 끌려다니는 수양이요, 또 하나는 신(信)은 좀 있으나 자주력 신이 완실치 못한 수양이며, 또 하나는 철석같은 자주력이 뿌리박은 완전한 수양이라, 비하건대 깊은 가을 찬 바람에 나뭇잎이 떨어져서 이리저리 모여 다니다 결국은 거름과 재밖에 되지 않는 것은 건성의 수양이요 완실하지 못한 수양이지만, 신(信)이 있는 수양은 나무의 줄기와 잎은 다 떨어졌으나 뿌리의 생명이 땅에 박혀 있는 까닭에 새봄에 다시 새싹이 나오듯, 신만 있으면 어떠한 경계나 환경에서도 굳건한 새움이 돋아나는 수양이니라.

또한 자주력 수양은 큰 나무나 바위와도 같이 아무리 서북풍이 분다고 하여도 끄떡없이 동(動)하지 않기에 불보살들의 완전한 수양이라고 하는 것이니, 여러 대중은 같은 수양이면 어떠한 수양을 하겠는가.

같은 값이면 자주력 수양을 할지니, 지금 좌익이니 우익이니 하는 사람들은 수양이 없는 까닭으로, 이쪽으로 '우~' 모이고 저쪽으로 '우~' 모이며 실지를 모르고 엄벙덤벙하는 것이 마치 추풍의 낙엽과 같나니라."

21. 수양의 중량

정산 종사 말씀하시기를 "사람의 수양 정도를 경중(輕重)으로 말할 때는 먼저 그 사람의 동(動)하고 정(靜)하는 것을 보면 알 수 있나니, 비유하여 말하자면 요사이 가을바람을 이기지 못하여 부동(浮動)하는 것은 낙엽 같은 수양이라, 이는 한때도 꾸준히 자리를 잡고 있지를 못하여 바람 부는 대로 휩쓸리고 나부끼는 범인(凡人)의 수양에 비유함이요, 또는 건물을 전복시키는 태풍이 아닌 이외의 작은 바람으로써는 혹 흔들리기는 하나 그 자리를 굳게 지켜 서 있게 하는 것은 나무뿌리이니, 이는 수자(修者)의 수양에 비유함이며, 또는 어떠한 바람이 불어오더라도 여여부동(如如不動)하는 것은 암석으로, 별스러운 태풍이 휘몰아친다고 할지라도 흔들리지 않고 태연부동(泰然不動)하나니, 이는 불보살(佛菩薩)에 비유함이니라.

　이와 같이 사람에게도 그 중량(重量)에 있어서 삼단(三段)이 있으니 첫째, 낙엽 같은 수양력이라, 아무 저력이 없이 조그마한 경계에도 이기지 못하고 경동(輕動)하는 자로서 현재의 모든 부귀 권세(富貴權勢)에 아첨하고 일체의 의(義)와 불의(不義)보다 자기의 소욕(所慾)을 채우기 위하여 어떠한 행동이라도 감행하는 무주견(無主見)의 낙엽같이 동(動)하는 자이니라.

　둘째, 나무뿌리와 같은 수양력이니, 모든 순경·역경을 초월하여 천하의 어떠한 부귀와 권세에도 끌려가지 않고 소요부동(逍遙不動)하는 철주(鐵柱)의 중심이 선 자(者)이니라.

　셋째, 일체의 경계를 대하여 태산과 같이 부동(不動)하고 청정하기는 허공(虛空)과 같이 함으로써 대의에 입각하여 동할 때 동하고, 정할 때 정하여 동정이 항상 법도에 어긋남이 없는 자이니, 이는 곧 우주의 주인공이요, 여여부동(如如不動)이 한결같으신 불보살의 수양이니라."

22. 현실의 불멸(不滅)

정산 종사 말씀하시기를 "현실자(現實者)가 법야(法也)라, 진리는 영원무한(永遠無限)하여 생멸이 없는 것이나 진리적으로, 또한 사실적으로 증명할 수 있어야 하나니라.

무릇 현실에 나타나는 모든 법과 만상은 유한이요, 변천이 자심(滋甚)하니 이를 어찌 영원이라 하랴. 그러나 유한적인 이 만법(萬法)의 근원적인 생명은 또한 생멸이 없으며, 또한 만법의 생명에도 그 영명(榮名)의 장단이 있으니, 사람이 살다가 오늘 죽으매 내일에는 그 자취조차 찾아볼 수 없는 그런 인간의 삶은 다 육체가 멸함과 동시에 영원히 죽어 없어지나니라.

그러나 보라, 어떤 사람이 있어 약 화제(和劑) 하나를 전하고 죽었다고 하자. 그러면 그 사람의 육신은 비록 없어졌다 하더라도 그 약 처방은 영원히 멸하지 않을 것이니, 그 인생의 생명은 곧 약 화제라 할 것이므로 그 화제가 세상에 끼친 공덕으로 생명의 표를 결정한 것이니라.

그러므로 옛날 신농씨(神農氏)의 생명은 농사를 짓는 오늘날까지 그 생명이 빛나고 있으며, 에디슨의 생명은 오늘날의 전기이니, 이로써 볼 때 현실의 만법은 영원불멸의 생명을 가지고 있나니라.

삼천 년 전 부처님의 생명은 오늘날에 있어서 역시 온 우주의 창생을 구하고도 남음이 있으며, 우리 대종사님의 생명은 우리가 그 법을 받들어 영원무궁토록 계속해 감으로써 대종사님의 생명을 빛내고 나아가 만 중생으로 하여금 대덕(大德)을 입게 하는 것이니라.

진리는 천지미분전(天地未分前)에 엄연(嚴然)하였으나, 그 진리를 마련하사 우리에게 가르쳐 주신 분은 부처님이요 역대 성현님들이며, 그러하기에 이러한 분들의 생명은 중생으로 인하여 면면 계승하고 있나니라.

그렇지만 그 영원한 생명의 연원을 잘 지어 같은 인생으로 죽은 후 생명을 빛내는 사람도 있을 것이나, 어떤 사람은 그 연원을 잘 받지 못하고 그대로 생명을 마치는 경우도 무수하니, 제군들은 모름지기 영원한 법(法)의 생명 계통을 잘 선택하여 영원무궁토록 역사의 진전과 함께 그 생명이 제불제성(諸佛諸聖)님들과 동등하게 지속할 수 있도록 노력할지니라.”

23. 근기(根機)에 대하여

정산 종사 말씀하시기를 "옛 말씀에 '상근기(上根機)는 불교이선(不敎而善)하고, 중근기(中根機)는 교이선(敎而善)하며, 하근기(下根機)는 교이불선(敎而不善)이라.' 하였나니, 상근기는 가르치는 것만 보고도 마음이 착해지는 까닭에 연각(緣覺)이요, 중근기는 가르쳐서 곧 법문을 들으면 선을 행하는 것이니 성문(聲聞)이며, 그러나 하근기는 제아무리 가르쳐도 불선(不善) 하나니, 누구나 하근기는 잘 살펴야 할 것이니라.

또한 상근기의 실행은 회중사(會中事)나 동지끼리 생각하는 것도 아는 듯 모르는 듯 자기 일만 하는 것이요, 중근기는 법문을 듣고 또 남이 하는 것을 보고 본받아 행하건만, 하근기는 칭찬해 주면, 꼬리가 나고 책망하면 타락하여 버리나니, 그러나 사람에 있어서 상근·중근·하근기가 따로 있는 것이 아니라 이 모두가 심중(心中)에 있으므로 다 각기 심리작용시(心理作用時)에 주의하여 상근기가 될지니라."

〈원기31년 10월 9일〉

24. 오욕(五慾)

정산 종사 대중에게 말씀하시기를 "사람이 살자면 오욕(五慾)이 있어야 하겠는가." 하고 물으시니 정세월이 대답하되 "오욕은 버릇이라 잘 쓰면 좋기도 한 것이나, 잘못 쓰면 나쁜 일도 있습니다." 하니 정산 종사 말씀하시기를 "오욕이라 하는 것은 식욕·색욕·재물욕·명예욕·수면욕이니, 먼저 식욕은 잘 먹자는 것, 즉 맛난 것만 먹는 것인 바 과하게 먹으면 병이 생기고, 남한테 눈치받고, 사람이 추해 보이고, 너무 먹으려 하면 다른 사람이 믿어주지를 않지만, 죄로 말하면 그리 큰 죄는 아니니라.

좀 큰 죄의 욕심은 색욕이라 분수에 맞게, 정당한 부부 사이라도 법도 있게 사는 것이 좋은 일이요, 사람이 생길 때에도 음양으로 되는 것이며, 천지도 음양이 있고, 전기도 음양이 있어야 불이 켜지는 것이기에, 법도에 맞게 쓴다는 것인바 과하고 보면 죄를 짓는 것이니라. 한 가정에 처첩이 많으면 싸움이 그칠 날이 없고 집안이 결딴나는 것이요, 남의 부인을 엿보다가는 매도 맞고 경찰서로 붙들려 가고 패가망신도 하며 전정(前程)이 결딴나는 수가 있나니라.

재물욕은 한층 더 큰 것으로 재물에 욕심이 나고 보면 염치를 모르고, 무식한 사람을 둘러 먹고, 군수나 한자리하면 백성들을 긁어먹고, 세력이 있으면 세력으로 뺏어 먹고, 권리가 있으면 권리로 눌러 먹으며, 재상이 되고 보면 벼슬을 팔아먹기도 하나니 혹 어떠한 자가 마음

한 번 잘못 먹으면 나라까지도 팔아먹는 경우가 있나니라.

좀 더 들어가면 명예욕이라 어떻게 하든 이름이 높고 권리를 잡아야 한다며 남이 잘하는 것은 깎아내리고 자기가 잘한 것같이 하며, 인물이야 어떻든 간에 선조만 양반이면 그 세력을 배경 삼아 백성을 눌러 먹나니, 군수가 되면 도지사가 되고 싶고, 도지사가 되고 보면 정승·판서가 되고 싶고 하여 대대손손 더러운 이름을 남기고 그 횡포가 끝이 없나니라.

이러한 까닭에 일본이라는 나라가 부국강병의 세력을 믿고 권리를 당당하게 내세워 남의 나라를 잡아먹으려다 패국이 되지 않았는가.

오욕 중에도 식욕은 어린아이와 같고, 색욕·재물욕·명예욕은 장년과 같으며, 수면욕은 노년과 같아서, 기운이 쇠해지는 까닭에 죄도 가볍나니라. 편하게 잠자는 것은 그리 큰 죄가 아닌 것과 같나니라.

오욕을 잘 쓰면 당연하지만 잘못 쓰면 큰 죄를 짓게 되나니라."

25. 솔성의 세 단계

정산 종사 말씀하시기를 "솔성(率性)에 세 단계가 있으니, 법마상전급에서의 솔성은 성품을 거느리는 솔성이요, 법강항마위에서의 솔성은 성품에 순(順)하는 솔성이며, 대각여래위에서의 솔성은 솔성과 순(順)을 초월하여 중도(中道)를 잡음이니라."

26. 불공

원기26년, 소태산 대종사께서 게송(偈頌), 무시선(無時禪)·무처선(無處禪) 등의 법문을 내리시니 총부는 온통 법의 희열로 가득 찼다. 이때 정산 종사는 총부 교감으로 있으면서 학원생들의 공부심을 진작시키셨는데, 하루는 상(床)을 놓고 처처불상(處處佛像)·사사불공(事事佛供)의 법문을 설명하시다가 잠시 컵에 물을 따르시며 말씀하시기를 "보라! 온전하게 따르면 이렇게 물을 흘리지 않게 되지만, 만약 함부로 따르게 되면 컵이 넘쳐 물이 쏟아질 것이 아닌가. 주전자로 온전하게 물을 따르는 것도 불공(佛供)이니라."

27. 염불
학인이 "염불(念佛)할 때 어떻게 하면 잘할 수 있습니까?" 하고 여쭙자 답하시기를 "염불할 때 다음 염불을 생각하면서 하면 마음을 빼앗기지 아니하고 일념으로 염불을 잘할 수 있나니라." 하시었다.

28. 인성(人性)
학인이 '유일학림'에서 순자의 성악설(性惡說)과 맹자의 성선설(性善說)에 대한 강의를 듣고 의문이 생겨 연마하던 어느 날 정산 종사께 "대종사님께서는 인성(人性)이 능선능악(能善能惡)이라 하셨으니, 어느 때 능선(能善)하고 어느 때에 능악(能惡)합니까?" 하고 여쭙자, 말씀하시기를 "순발즉(順發卽) 능선(能善)하고, 역발즉(逆發卽) 능악(能惡)하나니라." 해석하면 "마음이 순하게 발한 즉 능히 선하고, 거슬려 발한 즉 능히 악하나니라."

29. 곡식을 얻고자 할진대
정산 종사 말씀하시기를 "곡식을 얻고자 할진대 마땅히 씨를 뿌려야 할 것이요, 부자가 되고자 할진대 마땅히 보시(布施)를 행해야 할 것이며, 오래 살고자 할진대 마땅히 남의 목숨을 아껴야 할 것이요, 지혜를 얻고자 할진대 마땅히 학문을 힘써 탐구해야 할 것이니라."

30. 견성(見性)의 단계

정산 종사 말씀하시기를 "제군들은 각자 화두(話頭)를 가졌는가. 무릇 화두라는 것은 비유하건대 칠보궁전(七寶宮殿)에 가득 차 있는 그 보물을 얻기 위한 열쇠와 같다고 할 것이니라. 만일 어떤 사람이 열쇠를 가지고 이 궁전에 들어가 대보(大寶)를 얻는다면 얼마나 기쁘고 즐거운 일인가. 화두도 이와 같아서 대의(大疑)만 깨치면 한량없는 지혜 광명(智慧光明)이 용출(湧出)할 것이니라.

간화(看話)에 대하여 말할 터이니 자세히 들으라. 화두를 드는 데에는 세 가지의 방법이 있나니라.

첫째는 의리선(義理禪)으로, 의리선이라 함은 화두를 논리적으로 분석하여 해석함이니, 초학자(初學者)는 먼저 의리선을 구분한 후에 다음으로 옮겨야 하나니라.

둘째는 여래선(如來禪)이니, 이는 적적지의(寂寂之意)로 일체 만법의 공(空)한 자리에 그침이니라.

셋째는 조사선(祖師禪)이니, 이것이야말로 대승적 진공묘유(眞空妙有)의 지경(至境)이니라.

만약 순서 있는 화두를 들고자 할진대 의리선에서 여래선으로, 구경(究竟)에는 조사선으로 밟아감이 옳을 것이니라.

재래 불가(佛家)에서는 화두를 24시간 발분망식(發忿忘食)하라고 가르쳐 왔으나, 초입자는 잘못하면 상기(上氣)가 되고 도리어 병을 초래하는 일이 없지 않나니, 화두를 드는 데에도 야반청신(夜半淸晨)이라든지, 정신이 상쾌하여 어떠한 번민의 고통을 느끼지 않을 때 깊이 연구하여 보라. 그러다가 도리어 산란한 생각이 계속되면 중지하고 다음에 그런 기회를 얻어 화두에 들라.

제군들이 아는 바와 같이 저 닭도 알을 품고 있을 때 보면 발로써 알을 굴리며 오래오래 계속하여 알 속에서 '삐약!' 하고 엄연분명(嚴然分明)한 병아리가 나오게 되는 것과 같이 화두를 드는 것도 이와 같아서, 이번에 들어보고 다음번에 들어보고 하면 어느 날 만고의 대보(大寶)이요 시방삼계(十方三界)에 위[上]가 없는 일원상(一圓相)의 진리를 얻을지니, 명심하고 명심하여 하루 속히 자성혜광(自性慧光)을 밝히어 중생 제도하는 데 힘쓸지어다."

31. 견성은 무엇이며, 견성을 하면 좋은 것이 무엇인가

정산 종사, 경전 공부 시간에 참석하시어 말씀하시기를 "내 오늘은 견성(見性)은 무엇이며, 견성을 하면 좋은 것이 무엇인가를 말하려 하노라.

옛날 덕산 선사(德山禪師)는 참선(參禪)을 잘하는 선사였는데 항상 강사(講師)를 시원찮게 보고 강사들도 언제나 덕산 선사를 시원찮게 여기는 사이였나니라.

그런데 어느 날 강사 한 사람이 덕산 선사를 골려주려고 가는 길에 주막에 들러 점심을 청(請)하니, 주인 노파가 경전(經典)을 짊어진 강사를 보고 '그것이 무엇입니까?' 하고 물어 '『금강경(金剛經)』입니다.'라고 대답을 했다. 그러자 그 노파가 다시 '그 경전이 금강경이라고 하니 내 한 말씀 물어봅시다.' 하면서 강사를 향하여 '과거심(過去心)도 불가득(不可得)이요, 현재심(現在心)도 불가득(不可得)이며, 미래심(未來心)도 불가득(不可得)이거든 하처(何處)에 점심(點心)코?' 하니 그 강사가 대답을 못 하고 탄식하며 말하기를 '덕산 선사가 사는 절의 동리 입구에 사는 노파도 저 정도일진대 덕산 선사야 말할 것이 무엇이냐.' 하고는 똥 빠지게 도망갔다고 하니 이것이 어떠한 소식인가.

 대저 견성(見性)이란 무엇이며, 견성을 하면 좋은 것이 무엇인가. 견성을 한 사람도 하루에 밥 세 그릇을 먹고, 견성을 못 한 사람도 하루에 밥 세 그릇을 먹나니 무엇이 좋으며, 다른 것이 무엇인가.

 가령 예를 들어 말하면 견성을 한 사람은 목수가 먹줄과 잣대를 가지고 집을 지을 때 설계도를 얻은 것이 되며, 견성을 못 한 사람은 설계도를 얻지 못한 것과 같다고 할 것이니라.

 그러므로 견성을 한 사람은 일체가 평등(平等)하고 차별심이 없지만, 견성을 못 한 사람은 중생심에 떨어지기 쉬워서 양반이니, 상놈이니, 지자(智者)니, 우자(愚者)니 하여 계급과 차별을 하는 것이 다르나니라.

 대저 참으로 성리(性理)를 본 사람은 경우에 따라 하시(下視)는 할지언정 근본적인 차별 대우는 없나니라.

 세속 사람들을 보면 시비이해(是非利害)에 얽혀 원수를 맺기도 하고, 때로는 원수를 푼다고 술을 권하고 마시며 술자리에서 술김에 푼다고 하는 등 그렇게 살아가지만, 암컷 구렁이가 수컷 구렁이를 풀어 주지 않듯 마음속이 안 풀어지는 것은 근본적으로 해결이 되지 않은 까닭이니라.

　그러나 성품을 본 사람은 심량(心量)이 광대(廣大)하고 무변대해(無邊大海)하여 아무런 착심(着心)이 없기에 누구와도 깊은 원진(怨塵)을 맺지 않나니, 그래서 성품을 본 사람은 대인(大人)이요, 보지 못한 사람은 소인(小人)이라고 하는 것이니라.

　그러므로 우리 공부인은 불사선(不思善)·불사악(不思惡)해야 하나니, 그래서 공(空)한 자리를 깨쳐 가져야만 선악을 포용할 능력이 생기는 것이니라. 일체의 계교와 사량은 다 성리를 모르는 연고이니라.

　일찍이 부처님이 49년 동안 법을 설(說)하시고 '일찍이 한 법도 설한 바가 없노라.'라고 하신 것도 '불사선(不思善)·불사악(不思惡)하라.' 하신 뜻이요, 49년간을 설하셨다는 그 상(相)이 끊어진 자리를 말씀하신 것이니, 증애와 사상(四相)이 공(空)하고, 좋고 나쁜 것, 모든 집착·분별이 끊어진 자리를 이르신 것이니라.

　우리는 늘 성품을 보아 우주(宇宙)에 합일(合一)하는 공부를 길들이자는 것이니, 성품과 내 마음이 합해 가는가, 길들어 가는가를 살펴보면 부처가 되어 가는 판인가, 중생을 면하지 못하는 판인가를 알게 되나니라.

　소 한 마리를 잡으면 먹을 것이 많이 나오듯 성품을 보아 합일(合一)하는 습관을 길들인다면 진진미(眞眞味)를 이루 다 말할 수 없나니, 그 이치를 알면 넉넉한 대장부요, 생사를 초월하고 증애를 자유자재하여 공부에 어려운 것이 없나니라.

　견성을 하려면 어떻게 하며, 견성을 하면 무엇이 다른가. 혹 미운 사람이 생기고, 생사의 공포심, 고락 경계 등의 경계가 오면 곧바로 성품에 대조하여 공관(空觀)을 하며, 성품과 나의 마음이 합해 가는 것을 공부 삼아 하게 되면 이것이 견성(見性)이요, 성질(性質)이 활발한 대인(大人)이 되나니 곧 불(佛)이니라."

32. 고(苦)에 대하여

정산 종사, 학인의 고(苦)에 관한 질문에 답하시기를 "무릇 세상을 고해(苦海)라고 하며 고달픈 인생의 행로(行路)를 말하기도 하지만, 그것은 무상(無常)한 진리의 한 단면만을 본 불교의 고관(苦觀)에서 비롯되나니, 또한 이 고(苦)에 대한 해석도 수없이 많아 일일이 설명하기가 매우 어렵나니라.

그러나 우리 공부인이 이 고(苦)에 대하여 어떠한 깨달음이 있다면 인생의 가치를 한층 더 높일 수 있고, 더욱이 대종사님께서도 『정전』에서 '고락에 대한 법문'이라 하시어 밝혀 놓으셨기에 약간의 부연을 하고자 하노라.

보통 고(苦)라고 하는 것은 즐겁고 기쁜 낙(樂)에 반대한 말로서 내고(內苦)인 정신적인 고와 외고(外苦)인 육체적인 고로 대별한 이고관(二苦觀)이 있나니, 여기에서는 삼고관[三苦觀: 苦苦, 行苦, 懷苦], 사고관[四苦觀: 生, 老, 病, 死], 팔고관[八苦觀: 四苦와 愛別離苦, 求不得苦, 怨憎會苦, 五陰盛苦], 십고관[十苦觀: 八苦와 樂是苦因, 先樂後苦]이 있나니라.

그런데 사고(四苦)에서의 생·로·병·사는 어쩔 수 없는 자연적인 고(苦)이요, 팔고(八苦)에서의 애별리고(愛別離苦)·구불득고(求不得苦)·원증회고(怨憎會苦)·오음성고(五陰盛苦)는 새롭게 지어 가는 작용적 고이며, 십고(十苦)에서의 낙시고인(樂是苦因)과 선락후고(先樂後苦)는 변화의 고이니라.

　또한 대종사님께서 '고락(苦樂)의 법문'에서 밝히신 고(苦)에서 첫째, 우연한 고는 정신병·천인(賤人)·불구(不具) 등 어쩔 수 없는 고 등이요, 둘째, 지어서 받는 고는 온전한 정신의 부족으로 육근(六根)이 잘못 지어 받는 고이요, 셋째, 영원한 고는 가난하면서도 게으르고 무지(無知)하면서도 배우지 않음으로써 받게 되는 고 등이요, 낙(樂)이 변하여 고가 되는 것은 부(富)와 권리를 누리다가 그것이 다하여 받게 되는 고 등이요, 다섯째, 부정당한 고는 불의(不義)를 행하여 온당하지 못한 데서 받게 되는 고 등이요, 정당한 고는 향상된 생활과 공부를 위하여 낙으로 변할 잠깐의 고(苦) 등이니라.

　그러므로 우리 공부인은 재래 불교처럼 '내가 이 세상에 태어난 이치를 어찌 알 수 있으며, 인간의 몸을 받음으로써 가지가지의 고와 근심을 벗어날 수 없도다.' 하는 고의 잘못된 관념을 벗어나 고락(苦樂)의 근본 원인을 잘 알아서 우연한 고는 감수불원(甘受不怨)하고, 지어서 받는 고와 영원한 고, 낙이 변한 고, 부정당한 고는 분발심(奮發心)과 향상심으로써 결단코 끊으며, 정당한 고는 법으로 질박은 육근(六根) 작용에 더욱 힘써서 사람 사람이 다 싫어하는 괴로운 고를 벗어나 일생 내지 영생의 낙을 수용할지니라."

33. 참회와 원망

　정산 종사 말씀하시기를 "대종사께서 평소 강조하시기를 '아무리 한 때에 악(惡)을 범한 사람이라도 진심으로 참회·개과하고 앞으로 죄를 짓지 않으려고 공(功)을 쌓으면 몸에 살기(殺氣)와 악기(惡氣)가 풀어지고 화기(和氣)가 감싸고 돌아서 그 앞길이 광명하게 열릴 것이요, 그 반면에 아무리 한 때에 선(善)을 지은 사람이라도 내심(內心)에 원망과 남을 해(害)치려는 악심(惡心)을 품고 있으면 그 몸의 주위에 살기와 악기가 싸고돌아서 그 앞길이 암담하게 막혀 버리나니라.' 하셨나니, 내심(內心)의 진정한 참회와 원망이 이처럼 큰 차이가 있나니라.

　일찍이 탕왕(湯王)이 7년 동안 계속되는 가뭄 때문에 백성의 고통이 극에 다다르자, 그 해결 방법을 태사관(太史官)에게 물으니 '사람을 제물로 써서 천제(天祭)를 올리는 전례가 있습니다.'라고 대답하자 탄식하며 말하기를 '나는 비를 내리게 하여 백성을 구원하고자 하거늘 어찌 백성을 죽여 비를 내리도록 빌 수 있겠는가.' 하고는 '차라리 내가 제물이 되고자 하노라.' 한 후 목욕재계를 비롯하여 제물로 바칠 준비를 하여 천제(天祭)를 지내는 쌍림(雙林)이라는 곳에 이르러 빌기를 '천제(天帝)이시여! 이토록 7년 가뭄의 재앙을 내리시니 이것은 정치에 절도가 없어서 문란하기 때문입니까, 백성들이 직업을 잃고 헤매기 때문입니까, 궁실(宮室)이 너무 크고 호화롭기 때문입니까, 부녀(婦女)의 청탁이 많았기 때문입니까, 뇌물을 성행케 했기 때문입니까, 참언(讒言)이 너무 많았기 때문입니까, 이 여섯 가지 중의 하나라도 저에게 해당하는 실패가 있다면 천제께서 벌(罰)하여 주시옵소서.'라고 지극한 정성을 모아 천제를 지내는데, 지성(至誠)이면 감천(感天)이라 했나니, 기도가 채 끝나기도 전에 큰비가 쏟아져서 사방 수천 리 지역에 가뭄의 감우(甘雨)가 내렸다는 기록이 있나니라.

　이 같은 사실과 구인 선진님의 법인성사(法認聖事)나, 저 부산 하단의 김종성(金鍾聲) 교도의 백일기도 정성을 보더라도 지극한 기도 정성의 위력을 잘 알 수 있나니라.

그러나 이 기도 정성은 무엇보다 진정한 참회가 바탕하고, 원망심을 먼저 놓아야 함을 재삼 강조하노라.”

34. 삼세인과

김영신이 여쭙기를 "산아제한(產兒制限)과 인과(因果)에 대하여 말씀해 주십시오." 정산 종사 말씀하시기를 "수태(受胎) 전에 예방 조절하는 일은 인과의 관계가 성립될 수 없으나 성태(成胎) 후에 있는 처리의 방도(方道) 등은 인과가 따르게 되나니라.”

또 여쭙기를 "어류(魚類) 등 다수의 난포(卵胞) 안의 알에 있어서 개령(個靈)이 각각 있는 것입니까, 하나의 영(靈)만이 있는 것입니까?" 답하시기를 "비록 한 보(褓)에 수천만의 알들이 엉켜있을지라도 그것이 장차 각각 개령의 생물로 태어날 것이니, 어찌 각각의 개령을 부인하겠는가.”

또 여쭙기를 "일시(一時)에 동사(同死)한 자들의 전세 업인(前世業因) 관계는 어떠한 연유로 그렇게 됩니까?" 정산 종사 대답하시기를 "비록 일시에 동사한 자들일지라도 다른 업(業)은 각각이 되나 죽는 일에 대해서만은 공업(共業)을 지었던 것이니, 혹 여러 생령을 공모살해(共謀殺害)하였다든지 하는 등의 업으로 그러한 경우가 많으며, 혹은 한 자리에서 함께 지은 업이 아니라 각각 지었던 업이라도 다수가 동시에 죽게 되는 기회가 되어 동사하게 되는 수도 있나니라.”

또 여쭙기를 "동사(同死)한 영은 어류 등 다류(多類)의 난포(卵胞)에 함께 수생(受生)하게 됩니까?" 답하시기를 "비록 동사했다고 할지라도 개개인인(個個人人)의 지은 업은 동사했다는 한 가지 일만으로써 어찌 한 난포에 동생(同生)한다고 하겠는가." 하시었다. 〈원기45년 11월 7일〉

35. 수라보(修羅報)

정산 종사 말씀하시기를 "평소에 시기·질투·교만·불평불만이 많은 생활을 하였거나, 또는 음독자살(飮毒自殺)·투강자살(投江自殺)을 한 이는 내생에 수라보(修羅報)를 받나니라."

36. 불가의 십계에 대한 이중과보(二重果報)

정산 종사 말씀하시기를 "오늘은 불가(佛家)의 십계(十戒)에 대하여 이중과보(二重果報)로써 그 경계를 삼고자 하노라.

살생(殺生)의 계(戒)를 범하면 첫째, 내생에 단명보(斷命報)를 받고 둘째, 내생에 재물이 공유(公有) 되어 부자유하게 되며,

간음(姦淫)의 계를 범하면 첫째, 내생에 남자는 음녀(淫女)를 만나고 둘째, 여자는 음탕한 남편을 만나며,

망어(妄語)의 계를 범하면 첫째, 내생에 다른 사람들로부터 속임을 당하고 둘째, 내생에 비방을 받는 사람이 되며,

기어(綺語)의 계를 범하면 첫째, 내생에 말해도 다른 사람이 신용하지 않고 둘째, 내생에 말끝이 똑똑하지 못하게 되며,

악구(惡口)의 계를 범하면 첫째, 내생에 부엉이 같은 짐승이 되어 어려서부터 욕을 많이 얻어먹는 생활 환경에서 살게 되고 둘째, 내생에 다른 사람과 소송(訴訟)을 자주 하게 되며,

양설(兩舌)의 계를 범하면 첫째, 내생에 주견이 없는 가정에서 태어

나 주견이 없는 사람과 살게 되고 둘째, 화합이 안 되는 가권(家眷)과 살게 되며,

　탐심(貪心)의 계를 범하면 첫째, 내생에 욕심이 많고 둘째, 매사에 만족하지 못하며,

　진심(瞋心)의 계를 범하면 첫째, 내생에 항상 싸우고 헐뜯는 과보를 받고 둘째, 고통을 받으면서도 호소할 곳이 없는 과보를 받으며,

　치심(痴心)의 계를 범하면 첫째, 내생에 우치한 가족 인연을 만나고 둘째, 배울 기회가 적고 천치(天痴)가 되나니라.

　이러한 이중과보에 대하여 방편설이거니 하는 생각도 있겠으나, 인과로 볼 때 자작자수(自作自受)가 호리도 틀림이 없으니, 자성(自省)의 공부로 삼을지니라."

37. 제일 무서운 진리

　정산 종사 "이 세상에서 제일 무서운 것이 무엇이냐."라고 물으시니 정윤재(鄭潤才) 답하되 "진리가 제일 무섭습니다." 한 즉 "왜 진리가 무섭다고 하는가?" 답하되 "죄복이 소소영령(昭昭靈靈)하게 나타나기 때문입니다." 정산 종사 말씀하시기를 "네가 잘 알고 있구나." 하시고, 이어 말씀하시기를 "우주의 진리는 조금도 속임이 없어서 자신이 짓는 대로 되나니라. 기독교에서는 하나님이 무섭다고 하며, 다른 종교에서는 또 무슨 신이 무섭다고 하나 진리 위에 더 무서운 것은 없나니라.

　우주의 진리는 순환(循環)할 때 유념(有念)으로써 누가 시켜서 하는 것이 아니요, 묘(妙)한 진리 중에 종두득두(種豆得豆)라는 말과 같이 속

일 수 없는 저 진리는 무심중(無心中)에 인력으로 되는 것이 아니라 자연 그것이니라.

조상이 죄를 준다, 칠성(七星)이 복을 준다 하나 이는 다 알 수 없는 일이요, 이 무형한 진리가 들어 죄복을 지으면 죄복을 주는 것이 호리도 틀림없이 나타내 주는 것이니라. 빈부귀천을 물론하고 자기가 지은 대로 내려주는 것이 진리이기에 무섭다고 하는 것이니라.

인과보응의 이치는 속일 수 없는 것이요, 누구의 힘으로 막을 수 없는 진리이며, 시방세계가 곧 우주의 진리요, 하나님의 진리이니라. 여러 가지로 진리가 무섭다고 하며 말로만 해서는 모르나니, 자기 자신이 공부하여 알아 갈수록 진리가 무서운 줄을 알게 되리라."

38. 인연과(因緣果)의 법칙

정산 종사, 교무강습 때 인과(因果)의 원리에 대하여 말씀하시기를 "불교는 우리 인간 생활에 있어서 실천의 가르침이요, 이론(理論)만의 가르침은 아니며, 근본 목적에서도 순수하게 지성(智性)의 문제만을 구명(究明)함도 아니요, 우리 중생들이 무시광겁(無時曠劫) 이래로 혹업(惑業)에 속박되어 고해(苦海)에 침륜(沈淪)된 죄업의 근본을 각득개오(覺得開悟)케 하였나니라. 그래서 불교에서는 우리가 사는 고해의 세계를 차안(此岸)이라고 하고, 해탈(解脫) 곧 이상의 세계를 피안(彼岸)이라고 하여, 일체중생을 고해의 차안에서 극락의 피안으로 건너게 하는 데 그 목적이 있나니라.

그러므로 전 세계·전 인류의 복리(福利)를 위하여 고해 번민(苦海煩悶)의 근본 원인이 되는 삼세(三世)의 인과(因果) 원리를 철두철미(徹頭

徹尾)하게 천명(闡明)하였나니라.

무릇 종자는 인(因)이 되고 토지·햇볕·우로 등은 연(緣)이 되며, 꽃과 과일은 과(果)가 되는 것이 인연과의 법칙이라, 예로부터 종과득과(種瓜得瓜) 종두득두(種豆得豆)라 하여 콩 심은 데 콩 나고 팥 심은 데 팥 난다는 속담으로 전해 왔나니라.

그러나 이 인연과의 법칙은 수많은 종류가 있으니, 정인정과(正因正果)로 비롯되는 자인자과(自因自果) 선인선과(善因善果) 악인악과(惡因惡果) 유심인과(有心因果) 무심인과(無心因果) 자업자득(自業自得) 등이 있고, 사인사과(邪因邪果)로 비롯되는 자인타과(自因他果) 타인자과(他因自果) 등이 있나니라.

일찍이 대종사께서도 인과의 원리에 대하여 말씀하셨나니,

대종사위대중왈(大宗師謂大衆曰)

천하무일물사자(天下無一物死者)

분예지중(糞穢之中) 유유생생약동지기(猶有生生躍動之氣)

사회지중(死灰之中) 역유기기(亦有其氣)

고분예사회(故糞穢死灰)

시어식물(施於植物) 즉식물무성(則植物茂盛)

시어곡물(施於穀物) 즉곡물다확(則穀物多穫)

형수유변이기기불사(形雖有變而其氣不死)

인약불사(人若不死) 즉자유호흡지리(則自有呼吸之理)

천지불사(天地不死) 즉자유음양성쇠지도(則自有陰陽盛衰之道)

유음양성쇠지도(有陰陽盛衰之道)

고유인과보응지리(故有因果報應之理)

유인과보응지리(有因果報應之理)

고상생상극이반복무상(故相生相克而反覆無常)

차시자연천업(此是自然天業)

중생순지(衆生循之) 달인초지(達人超之).

대종사께서 대중에게 말씀하시기를
천하에 한 물건도 죽지 않는 것이 없으니
똥과 거름에도 오히려 생생약동한 기(氣)가 있고
불 꺼진 재에도 또한 그 기가 있나니라.
이러한 까닭에 똥과 거름, 재 등을
식물에 뿌려주면 식물이 무성해질 것이요,
곡식에 뿌려주면 곡식의 수확이 많게 될 것이니,
형체는 비록 변하나 그 기(氣)는 영원히 없어지지 아니하나니라.
사람이 만약 죽지 않는다는 것은
스스로 호흡(呼吸)의 이치가 있기 때문이요,
하늘과 땅이 영원히 없어지지 않는다는 것은
스스로 음양성쇠(陰陽盛衰)의 도(道)가 있기 때문이니,
음양성쇠의 도가 있는 까닭에
인과보응(因果報應)의 이치가 있고,
인과보응의 이치가 있는 까닭에
상생상극(相生相克)의 변화·작용이 반복하여 멈추지 않나니라.
이는 스스로 그러함이요 천업(天業)이라,

중생들은 이에 순응하고, 달인은 이를 초월하나니라.

불교는 우주 만유(宇宙萬有) 일체 진리(一切眞理) 가운데 가장 보편 타당성을 가진 인연과(因緣果)의 이법(理法)으로써 만사만리(萬事萬理)를 해석하고 있으니, 이 인연과의 이법으로 말하면 우주 안에 엄연히 존재하는 만유근본(萬有根本)의 원리요, 항구불변(恒久不變)의 철칙이기 때문이니라.

그러므로 이 인연과의 법칙을 떠나서는 세계도, 만유도 있을 수 없고, 인간 생활의 그 무엇도 설명할 수 없으니, 이에 세 가지 인연과의 법칙을 들어 설명하고자 하노라.

첫째, 내인외연(內因外緣)의 법칙이라, 『능가경(楞伽經)』에서 밝히기를 '일체법(一切法)은 인연소생(因緣所生)이라.' 하였나니, 우주 안의 일체 만물은 인(因)과 연(緣)이 화합한 후 비로소 그 과(果)가 나타나는 것인바, 연은 어디까지나 간접적 중간 역할만을 하게 되나니라.

환언(換言)하면 하나의 인(因)이 과(果)를 이루려 할 때 그에 해당한 연력(緣力)이 아니면 절대로 과(果)는 이루지 못한다는 것이니라. 그러나 연력(緣力)이 들어서 그 인(因)을 변경시킬 수는 없으니, 여기에 종자와 토지와 결실과의 관계를 보고 비유한다면 종자는 결실의 인(因)이요, 결실은 종자의 과(果)이니 토지는 종자가 결실케 하는 중개[中介: 緣]밖에 못 된다는 뜻이니라. 그리고 결실[結實: 果]의 입장에서 본다면 연(緣)은 결실 외에 있고, 인(因)은 결실 내에 있으니, 이를 일러 내인외연(內因外緣)의 법칙이라 하나니라.

가령, 이곳에 감[柿] 종자를 심는다면 토지·햇볕·수분·공기 등의 연

(緣)이 그 감나무 종자의 성숙에 절대의 큰 영향을 주는 것은 부연할 필요도 없지만, 연력(緣力)이 감 종자를 배나 능금으로 바꿀 수 없다는 뜻이니라.

이와 같이 인과 연의 한계가 분명한 것인데 만일 인과 연의 소재 및 역할을 혼동·착각한다면, 언제나 진정한 판단을 하지 못하게 되는 동시에 폐해 또한 자심(滋甚)할 것이라, 우리 인간 세상에서는 화[禍: 不幸], 복[福: 幸福]을 중대시하여 누구나 행복을 희구하고 불행은 염오(厭惡)하되, 뜻대로 이루지 못하는 것은 화복의 소종래(所從來) 곧 내인외연(內因外緣)의 법칙을 알지 못하는 소치라 하겠노라.

우리의 일체 화복이 각자 내부에서 기인함을 망각하고, 자기 이외의 부처라든가, 신이라든가, 조상이라든가 하는 외부에서 내려주는 것으로 쉽사리 오인(誤認)하기 때문에 자인(自因)을 닦고 키우는 사람은 보기 드문 것이니라.

보라! 20세기 문명의 교육을 받았다는 소위 지성인들도 사주(四柱)나 관상(觀相)이나 수상(手相) 등을 보고서 만일 좋다고 하면 환희만면(歡喜滿面)하고, 나쁘다고 하면 낙담실망(落膽失望)하는 사람이 없지 아니할 뿐 아니라, 구식 노인 중에는 지금도 오히려 가정의 성쇠(盛衰)와 자손의 유무 등이 마치 선조 묘지를 잘 쓰고 못 쓰는 데 있는 것으로 생각하여 선조의 백골을 파서 짊어지고 명당을 찾아다니는 이도 없지 않나니, 이것은 참으로 안타까운 미신적 관념으로서 귀중한 시간과 금전을 허비하는 사람이라 어찌 어리석지 아니한가.

앞에서 말한 미신적 관념이나 사상을 타파하기로 하면 또한 먼저 이 내인외연(內因外緣)의 법칙을 철두철미 각득(覺得)하여야 할 것이니, 인(因)이라 하는 것은 지남철과 같아서 언제나 연(緣)을 끌어들이고 과(果)를 맺게 하는 힘을 가지고 있으므로 선악 간 이 인(因)만 있다면 어느 때든지 연(緣)을 만나는 대로 곧 과(果)를 맺게 되나니, 우리 공부인은 길흉간(吉凶間)에 과(果)가 나타나는 것이 이미 인(因)과 연(緣)의 선행(先行)이 결합하였다는 것을 잘 알아야 할 것이니라.

둘째, 연결불생(緣缺不生)의 법칙이라, 『능가경(楞伽經)』에서 밝히기를 '일체법(一切法)은 불생이종연생기(不生以從緣生起)라.' 하였나니, 연(緣)이란 불교 진리 가운데 가장 중요한 것으로 일체 만물을 모두 이 연(緣)의 기준으로 하여 설명하나니라. 이것은 인(因)이 과(果)가 되기까지 반드시 연(緣)의 힘을 빌리게 되기 때문이니라. 곧 인(因)은 과(果)가 되는 직접의 힘이라면, 연(緣)은 인(因)을 도와서 과(果)가 되게 하는 간접의 힘이라, 예를 든다면 야채 종자는 인(因)이요, 종자를 도와서 채소를 키워주는 토지·햇볕·우로(雨露) 등은 연(緣)이니, 종자가 없으면 과(果)를 이룰 수 없는 것과 마찬가지로 토지 등의 연(緣)이 없이 인(因)만으로는 성과(成果)를 이룰 수 없다는 말이니라.

인연과(因緣果)의 삼자(三者)는 서로 밀접 불가분(不可分)의 관계를 맺고 일체 만물을 생성해 가나니, 이 삼자의 이법(理法)이야말로 타종교나 과학에서 찾아볼 수 없는 가장 보편타당성을 지닌 불교 독특(獨特)의 근본 원리라 아니할 수 없노라.

그러나 대개는 이 연을 전혀 망각하고 일체 만유의 관계를 단순히 인과 관계로만 보아버리거나, 그렇지 아니하면 인과 연을 착각하여 모든 사물에 진상(眞相)을 잡지 못하고 자가모순(自家矛盾)에 당착(撞着)되는 일이 비일비재한 것도 사실이니, 서양사상의 유명한 과제 중 하나인 '마음이 사물을 결정하느냐, 사물이 마음을 결정하느냐.' 곧 '마음이 먼저인가, 물질이 먼저인가.' 하는 문제만 보더라도 연에 대하여 큰 착오와 결함이 내포되어 있다는 것을 알 수 있나니라.

또 유심론자(唯心論者)들이 마음이 선행(先行)한다는 것은 심(心)은 물(物)의 인(因)이요, 물은 심의 과라고 본 것이며, 유물론자(唯物論者)들이 물이 선행한다는 것은 물(物)은 심(心)의 인(因)이요, 심은 물의 과라고 본 것이니라.

그러나 마음과 물질은 근본적으로 그 질이 판이(判異)해 직접적 인과 관계는 절대로 성립할 수 없고 다만 마음과 물질이 서로 연(緣)의 매개적 관계만을 맺을 수 있나니, 그래서 심(心)은 심의 인과 심의 과만 될 수 있고, 물(物)은 다만 심의 연밖에 되지 못하는 것이며, 물은 물의 인과 물의 과만 될 수 있고 심은 다만 물의 연밖에 되지 못한다는 말이니라.

예를 들어 우리가 밥을 먹는다고 하면 심과 물의 관계는 각각 입장에 따라서 달라지나니, 마음[因]이 밥이라는 물[緣]을 봄으로써 말미암아 먹고 싶다는 심리적 작용[果]을 일으키는 것은 곧 심의 인이 심의 과를 낳은 것이요, 밥[因]은 사람이 먹고 싶다는 심리적 작용[緣]으로 말미암아 먹혔다는 물적 작용[果]을 초래하게 되었으니, 이는 물(物)의 인(因)이 물의 과(果)를 빚은 것이니라.

그러므로 심과 물이란 서로 연만 되고, 직접 인과 관계에 있어서는 심은 심에, 물은 물에 한정되는 것이므로 만일 우리가 그 내용을 알지 못하고 인과로만 결합해 갑론을박(甲論乙駁)한다는 것은 오직 우치(愚癡)할 따름이니, 불제자가 된 우리는 이 그릇된 인과의 범주를 버리고 인연과의 바른 기준으로써 바로 보고, 바로 알고, 바로 행하는 동시에 연에 대한 인식 부족은 하루속히 시정되어야 할 줄 아노라.

셋째, 자인자과(自因自果)의 법칙이라, 『무량수경(無量壽經)』에 이르기를 '천지지간(天地之間)에 오도분명(五道分明)하니 회곽요조(恢廓窈窕)요 호호망망(浩浩茫茫)이요 선악보응(善惡報應)이요 화복상승(禍福相勝·承)이요 신자당지(身自當之)이니 무수대자(無誰代者)라.' 하였나니 자인자과(自因自果)란 자업자득(自業自得)이란 뜻으로 곧 선악 간 내가 지어놓은 인[業]은 후일에 반드시 내가 다시 받게 되고, 절대로 타인이 대신 받을 수는 없다는 것이니라.

이 원리는 정세간(情世間)이나 기세간(器世間)이나 공통되는 법칙으로서 가령 내가 밥을 먹으면 내 배가 부른 것이요, 타인의 배를 부르게 할 수는 없다는 뜻이라, 만일 밥은 내가 먹었는데 타인의 배가 부르다[自因他果]거나, 타인이 먹었는데 배는 내가 부르다[他因自果]거나 하는 일은 절대로 있을 수 없는 일이니, 이러한 까닭에 불교에서는 자인타과(自因他果), 타인자과(他因自果) 등을 일러 사인사과(邪因邪果)라고 배척하는 것이니라.

무릇 부처와 범부의 관계도 자업자득(自業自得)으로 설명할 수밖에 없으니, 『열반경(涅槃經)』에서 밝히기를 '일체 유정(有情)·무정(無情)이 실유불성(悉有佛性)이라' 한 바와 같이 우리의 각각 품부(稟賦)한 바 본구(本具)의 불성(佛性)은 호리(毫釐)도 틀림이 없건마는 '수행대오즉성불(修行大悟則成佛)이요, 불수미오즉범부(不修未悟則凡夫)라.' 하나니, 아무리 좋은 불성의 인이 있을지라도 반드시 선지식(善知識)의 설법교화(說法敎化)의 연력(緣力)을 힘입지 아니하면 연결불생(緣缺不生)의 법칙에 따라서 성불의 과는 얻을 수 없나니라. 성불의 인과(因果)는 범부 자신에게 있는 것이요, 선지식의 힘은 불성을 계발하여 주는 연에 불과하다는 말이니라.

만일 자인자과(自因自果)의 법칙을 알지 못하고 선지식의 법설 교화가 성불의 직접 인(因)인 줄로만 생각한다면, 선지식의 입장에서는 자업타득(自業他得)의 관계가 되고, 범부의 입장에서는 타업자득(他業自得)의 관계가 되어 버리므로 사인사과(邪因邪果)의 망상(妄想)에 떨어지고 마는 것이니라.

또한 '적선지가(積善之家)에 필유여경(必有餘慶)이라.' 하여 선조의 적덕(積德)이 그 후손들의 입신출세에 도움이 된다고 믿고서 직접 인으로 삼는다면 역시 타업자득(自業他得)의 관계가 되어 버리나니 이는 참다운 인연과의 진리가 될 수 없나니라.

다시 말해서 선조(先祖)의 경사(慶事)는 선조 자신이 적선(積善)한 인(因)으로부터 일어나는 것이요, 후손의 경사는 후손 자신의 내구(內具)한 선인(善因)이 선조와의 선연(善緣)과 결합해서 초래되는 과보로서, 선조나 후손이 다 같이 자업자득의 규범을 벗어나지 못하는 것이니라.

또 부모나 자녀의 관계도 그러하여 부모가 많은 재산을 물려주었을지라도 자손의 선업인(善業因)이 없다면 그 재산을 지니지 못하나니, 결국 부모는 그 자녀의 행·불행에 있어서 연의 힘밖에는 되지 못한다는 것을 또한 강조하노라."

39. 일원상과 삼대력

정산 종사 말씀하시기를 "사심 없는 마음이 일원의 자리라, 삼대력과 일원의 위력이 둘이 아니요, 사심 잡념이 없어지는 정도가 많아지면 위력이 생기나니라. 일원은 삼대력을 합한 것이니 일원을 지키는 것은 정신수양이요, 일원을 아는 것은 사리연구이며, 일원을 행하는 것은 작업취사가 되나니라.

또 일원의 체성에 합하는 것은 일심, 알음알이 실행이라, 일원의 진리에 호리도 틀림이 없어야 함을 말하는 것이니라.

육도 세계를 자유한다고 함은 일원의 위력을 활용하는 것을 말하는 것이요, 일원의 위력이 나타나는 것은 부처님으로 출현하여 중생을 제도함이니라.

고요한 마음 가운데 정력(定力)이 커지나니, 영단(靈丹)을 수양하면 점점 커져서 가히 맹수도 가까이 해치지 못하나니라."

〈원기38년 12월 1일〉

40. 대인격

정산 종사 말씀하시기를 "종사주님께서 대인격을 이루는 요목을 말씀하셨나니,

① 인생에서 누구나 자기 책임을 잊으면 그 일에 실패를 가져오나니, 항상 자기의 책임을 잊지 아니하고 그 일 그 일에 그르침이 없게 하라.

② 어떠한 사람이 제일 칼날같이 무서운 사람이냐 하면 이 사람 저 사람 사이를 성글게 하여 서로 정의를 끊게 하는 사람이니, 마음이 불량해서만이 그리하는 것이 아니요 스스로 그렇게 될 수 있음이라, 여자의 한 성질로도 볼 수 있으니 조심하라.

③ 인생에 귀천이 어디에 있느냐 하면 동일한 색신을 가지고도 계문을 범하여 단정하지 못하면 그 사람은 폐인이 되는 것이니 아무쪼록 너희들은 단정하라.

④ 하루를 살더라도 값있고 재미있게 살려거든 심지에 요란함과 어리석음, 그름을 없애고 항상 담담한 생각을 가지라.

⑤ 미운 사람을 볼 때에는 미운 마음을 없애고, 사랑하는 사람을 볼 때에는 사랑하는 마음에 끌리지 않는 심경을 가지라. 그래야만 심법이 두루 화할 것이니 명심불망하라고 하셨나니라."

〈원기27년 10월 8일. 소태산 대종사 야회 법설 수필〉

41. 무시선·무처선의 공부법

정산 종사 말씀하시기를 "전심·후심이 한결같이 청정하라. 가령 우리가 수도하는데 전무출신으로서 발심하여 이 회상에 들어와 생활하다 보면 여러 가지 계교가 생기게 되나니, 비록 오욕의 경계를 놓고 왔기에 근본 마음은 그렇지 않을지라도 동료들의 행동을 보고 습관적으로 자기도 그렇게 하고 싶은 생각이 날 수도 있나니라.

처음에는 불(佛)을 구하려는 순수한 마음과 단순한 생각을 가지고 들어 왔지만, 시간이 지날수록 분수 밖에 모든 것을 구하려고 질투심, 욕심 등이 생기는 것이라, 수도에 뜻을 둔 전심(前心)은 어디 가고 세상의 습관을 따르는 후심(後心)이 주인 노릇을 하게 되니 큰 일이 아닐 수 없도다.

그러므로 이미 회상에 들어온 사람이라면 어떠한 지위나 직장에 있을지라도 전심을 잊지 말고, 삼대력 공부하는 마음에만 힘써서 오롯이 그 마음을 계속하면 이것이 무시선·무처선 공부하는 사람일 것이니라.

외형이나 분수는 형편에 맡겨 버리고 마음속 삼대력 대조하는 것에만 힘써 노력하면 깨끗한 전무출신이 되리라.

전심·후심이 끊임없이 계속하도록 하기 위해서는 벗을 교류할 때도 처음 사귈 때의 그 마음을 늘 계속해서 교류할지니, 설사 그 벗에게 잘못이 있을지라도 그를 용서하고 이해하며, 처음 만났을 때의 그 마음을 잊지 않아야 공부를 잘하는 사람이니라.

생활이 부유할 때나 가난할 때나 상대하는 물건에 대한 마음, 또 지위가 달라지면 비공부인은 전심·후심이 달라지나니라. 그리고 무슨 일이든지 은혜를 전심으로는 알다가도 후심으로는 배은하는 경우가 있는데, 전무출신으로서 벗과 교제할 때 은혜의 마음 등을 발하였거든 후심의 배은하는 마음이 발하지 않도록 공부를 잘하라. 법도 전심이 좋았거든 나쁜 후심이 나지 않도록 해야만 보살이 되고 부처가 될 것이니라.

무릇 공부를 할 때에는 전심과 후심을 잘 대조해야 하나니라. 머리가 작은 어릴 때는 마(魔)라는 것도 없지만 머리가 발달한 성인이 될 때는 마가 생기고, 더욱 선생님 대우를 받을 때는 큰 마가 생기나니, 수도 생활이란 학술로 하는 것만이 아니라 오직 형상 없는 마음공부를 잘 해야 하는 것이므로 생각 생각에 유의하여 전심·후심이 절대 변치 않는 공부를 잘하라."

42. 석존성탄 기념 법설

정산 종사 말씀하시기를 "부처님은 성중성(聖中聖), 천중천(天中天)

이라는 말이 있나니, 왜 성인도 많고, 도인도 많은데 성인 중에 최고의 성인이요, 도인 중에 최고의 도인이라는 말씀이 있을까? 비유하면 학교도 소학교, 중학교, 고등학교, 대학교 등이 있고, 학사, 석사, 박사 등이 있는 것과 같이, 성인과 도인도 여러분이 계시고 그 인도법이 근본에 있어서는 같으나, 같은 법이라도 우월과 심천이 있는 것과 같이 부처님께서는 최상의 성인이시니라.

부처님께서 내리신 법의 구경처에 가서는 불생불멸의 이치를 발견하여 생로병사를 초월하는 법을 말씀하시니, 이것은 모든 진리 가운데에 제일 최상의 진리이기 때문이니라. 언어도(言語道)가 끊어지고 심행처(心行處)가 멸(滅)한 일원의 본원을 달득(達得)하도록 펴신 법이니, 법 중에도 최고의 법왕(法王)이로다.

세상의 일반법은 대체로 인간의 선악설(善惡說)에 그치나 부처님께서는 불생불멸, 인과보응의 이 진리를 깨치신 분이기에 성중성이요, 천중천이라 하는 것이니라.

우리 종사주께서도 오득(悟得)하셨을 때 불법(佛法)을 알고 깨치신 것이 아니라, 먼저 깨치시고 본 것이 불법이니라. 우리가 이 진리를 알고 볼 때에는 부처님께서 성중성, 천중천이신 것도 잘 알아야 할 것이나, 우리 종사주님도 부처님처럼 역시 그러하시다는 것을 잘 알고, 사람들에게 잘 알리라. 우리는 최고 학부인 진리 공부를 하는 사람이니 이 공부를 잘해야 할 것이니라.

즉 인간의 선악 공부만 하는 것이 아니라, 불생불멸의 진리, 인과보응의 이치, 생로병사의 이치, 유무 초월의 도 등을 공부하는 것이니, 이로써 부처님의 탄생을 추모하고 정성을 다하자."

43. 유무 초월의 심경

정산 종사 말씀하시기를 "우주 만유는 어느 것을 물론하고 순환무궁(循環無窮)하여 내왕불복(來往不復)하지 않음이 없나니라. 공간적으로 그 진리 자체가 영원무궁하여 불생불멸하고, 시간상으로 찰나 찰나에 무시간단(無時間斷)으로 순환변천(循環變遷)하나니라.

우주의 진리가 이와 같이 음양이 순환하여 음극생양(陰極生陽)하고 양극생음(陽極生陰)으로 순환부진(循環不盡)한 것이요, 인생 역시 이 진리를 체 받아서 순환부진하나니, 옛 말씀 그대로 흥진쇠래(興盡衰來) 고진감래(苦盡甘來)하여 빈극생부(貧極生富)하고 부극생빈(富極生貧)하나니라. 과거 조선의 반상, 적서의 차별 역시 그 형세가 극하여 전변순환(轉變循環)한 것이니라.

예로써 수절(守節)하는 의절(義節)의 대의를 모르고 부득이하게 하는 수절은 극하면 실절(失節)의 제1위(一位)인 창기보(娼妓報)를 받는 것과 같으며, 수도인에 있어서도 자각이 없이 억지로, 또는 부득이한 수도는 도리어 타락의 원인이 되는 것과 같나니라.

어떠한 까닭인가 하면 모두 유무 초월의 심경을 갖지 못하였기 때문이니라. 현재 나타나 있는 세계만을 관(觀)하고 시간상으로 도래하는 찰나 찰나의 경계에 끌려 영원한 장래를 알지 못한 까닭이니, 유(有)에서 생무(生無)하고, 무(無)에서 생유(生有)하는 진리를 알지 못하기 때문에 그러한 심경을 갖지 못하는 것이니라.

고(苦)에 처하되 고를 초월하지 못하고, 부(富)에 처하되 부를 초월하지 못하며, 고(苦)에서 낙(樂)으로 향하는 길을 찾지 않고, 부에 처하되 빈을 도와 부로써 진화시킬 줄을 알지 못하며, 현재의 부를 즐겨서 악용하기 때문에 빈을 초래하고 고를 초래하게 되나니라.

　수절하고, 또는 수도를 하는 것도 역시 일체 모든 역경을 당할 때마다 대의에 입각하고 모든 고통을 당하여 그 대의를 지키는 것으로써 낙을 삼아야 하나니, 현재의 고통스러운 세계에 집착하지 말고, 영원한 생을 앞두고 대의에 입각하여 모든 것을 수절하고 낙도 하여야 하나니라.

　더욱, 우리 회상에 출가한 사람들은 옳은 법을 만나고, 옳은 지도인을 만났을 때 현재의 순역 경계에 타락하지 말고, 각자의 직장에 안분하여 항상 마음 가운데에 구도의 일념뿐으로써 낙도하며, 회상을 받들어 미래를 개척하자. 또 유에 처하여 무의 심경을 갖고, 무에 처하여 유의 심경을 가진다면, 바로 유무 초월의 심경을 가진 사람이요, 능히 육도사생을 자유로 할 수 있을 것이니라.

　우리의 공부와 사업은 무형한 것이요, 무한한 것이기 때문에 다함이 없고 끝이 없는 것이라, 제군들은 항상 허공과 같은 심경으로써 낙도하며 공부와 사업에 충실하라."

44. 치(恥)

　정산 종사 말씀하시기를 "치(恥)는 부끄러워하는 마음이니, 이 치심이 우리에게 어떠한 관계가 있는가. 좋은 것인가, 나쁜 것인가. 이 치심에는 세 종류가 있나니라.

　첫째는 우치(愚恥)라, 이는 근본적으로 근성(根性)이 어리석어서 일과 이치를 당하여 알지 못하고 또한 그를 대하는 것을 부끄러워하는 것이라, 퇴보에서 퇴보로 물러나는 것이니라. 즉 내가 어리석음을 없게 하고자 하지 않고 도리어 그것을 부끄러워하며 진보하지 않는 우치이니라.

둘째는 외치(外恥)이니 밖으로 내가 부족함을 부끄러워함이라, 즉 불의(不義)의 행을 부끄러워하는 염치심이니라. 개인이나 사회, 그 단체에 있어서 다른 사람, 사회, 단체의 우월함을 보고 부끄러워하여 그 결함을 보충하고 개혁하여 완전한 목표에 도달하고자 하는 마음이니, 이는 진보에서 진보로 지향하여 나가는 염치에서 비롯하여 분발하는 공부인의 치심이니라.

셋째는 내치(內恥)이니 안으로 양심을 대조하여 양심에 부끄러움을 느끼는 것으로, 사람은 반드시 양심과 인심이 있으니, 인심의 일체 욕심을 양심이 들어서 비판 결단하여 의(義)를 지키게 하는 것이니라.

그러나 세상은 그렇지 못하여 인심의 욕심 그대로를 감행하나니, 내치의 사람은 아직 행동으로 나투기 이전의 사량 의식조차도 정의에 입각하여 불의에 끌림을 양심적으로 부끄러워하기에 이를 도심(道心)이라 하고, 또는 인중보살(人中菩薩)의 마음이라 하나니라."

45. 회향(回向)의 필요

정산 종사 말씀하시기를 "초목은 그 토질의 좋고 나쁨에 의하여 생육(生育)이 판정되나니, 오직 좋은 토질을 만나야만 그 초목의 번성을 볼 수 있나니라. 그러나 아무리 좋은 토질을 만났다 할지라도 당장에 무성해지는 것이 아니요, 날이 가고 달이 갈수록 그 효능을 발휘하여 초목의 무성함을 볼 수 있나니, 당장 초목의 무성함에 효능이 없다고 한탄할 것이 없나니라.

이와 같이 우리 공부인에게도 오직 회향(回向)의 정부정(正不正), 선불선(善不善)으로 미래를 판단할 수 있으니, 정법에 귀의하여 성불제중의 대원(大願)에 회향할지니라.

그러나 한순간 회향을 잘했다고 하여 바로 그 목적을 달성할 수는 없는 것이요, 오직 회향의 도로써 영원 무궁토록 닦아 행하여야만 반드시 성취할 날이 올 것이니라.

그러므로 현재 자신 회향의 우월을 탓하지 말 것이요, 정법에 회향 유무를 항상 대조하여 오로지 덕을 닦고 선을 닦을 따름이니라.

이를 비유하면 새벽에 닭이 울 때를 보라. 닭이 한 번 울고, 두 번 울어 차츰차츰 동쪽 하늘이 밝아 오고, 시간이 지나서 날이 새면 해가 오르는 것과 같나니라.

하루에 한 가지씩이라도 꾸준히 정성을 다해 닦고 닦으면 반드시 대오(大悟)의 서광(瑞光)이 비칠 것이니라.”

46. 불공

정산 종사께서 김영신의 질문에 대답하신 종사주님의 법문을 소개하시니, 김영신 여쭙기를 “혹 회원으로부터 생일 불공이나, 신수(身數) 불공이나 병이 낫기 위한 불공을 드리고자 올 때에는 어찌 하올지 궁금합니다. 사찰에는 그러한 양식이 있으나 우리는 그런 것도 모르고 또 불공을 하여 주면, 효과가 나올지 모르겠습니다.” 하니 대종사 말씀하시기를 “우리는 저 사찰과 같은 양식은 없다 하더라도 일상삼매(一相三昧) 일행삼매(一行三昧) 공부의 뜻을 알고, 행하고, 공부하여 항상 잡념을 제거하고 일심으로써 염두(念頭)하여 삼매 중에 들든지, 반야

심경 등의 경전을 읽다가 삼매 중에 들면 그 공덕이 한량없으리라. 따라서 생일 불공이나 병이 생겨 낫게 해달라는 불공이나 당년 신수 불공이나 다 그 효과를 받나니라."하였노라.

또 김영신이 여쭙기를 "불법연구회 회원이 되기 전에 어린아이가 죽었는데 49일 천도재를 못 지내주다가 이제 입회하여 회원이 되어 모든 법문을 듣고 깨달아서 전에 죽은 아이의 영을 위하여 제사를 지내주고자 하지만 이미 49일은 지났습니다. 그러니 그것은 49일 천도재라고는 할 수 없고 그렇다고 안 지내면 항상 섭섭하여 천도재를 지내주고자 하는데 이러한 경우에는 어찌해야 좋을지 모르겠습니다."라고 하니 종사주님 답하시기를 "그러한 것은 49재라고는 할 수 없고, 그 영을 위하여 위령재같이 사은전(四恩前)에 축원문을 지어서 천도 발원을 하면 그것이 무량한 인연이 되어 영가의 제도 사업이 되나니라." 하시더라.

〈정산종사 수필. 『대종경』 교의품 16. 법문 보완. 원기28년 1월 5일〉

47. 인과를 깨야 자력양성

교무강습 시 이공주 교편 하에 사요 가운데 '자력양성'에 대하여 강설하실 때 정산 종사 말씀하시기를 "대체로 자력양성이 대단히 좋으나 실행이 안 되는 것은 인과를 깨지 못함이니라. 만일 인과를 깨서 확연히 안다면 자력양성을 억지로 힘들게 하지 않아도 자력양성이 될 수 있겠지만, 보통의 범부들은 인과에 어두운지라 부모 형제 등에 덕을 바라고, 심하면 처가 또는 사돈 팔촌의 덕이라도 입으려고 의지한다면 이것이 의뢰요, 의뢰심이며 이것이 빚이니라.

빚이 많으면 반드시 갚을 의무가 있는 것이요, 갚지 않고는 살 수 없는 것이니라. 이 세상에서 다 못 갚으면 내생에라도 갚게 되나니 이런 줄을 확연히 안다면 누가 덕을 바라리오. 오히려 덕을 입힐지언정 덕을 바라지 않을 것이니, 이리된다면 세상은 문명이요, 사람끼리는 원망이 없어질 것이니라.

　옛적 석가모니 부처님 회상에 가섭 존자는 노인인지라 눈이 어두워 어느 날 바느질을 하려고 바늘귀에 실을 꿰는데 잘 안 들어가는 것을 보고 부처님께서는 그 바늘과 실을 가져오게 하시어 직접 꿰 주셨나니라.

　그때 가섭이 말하되 '삼계의 대도사이요 사생의 자부이시면서도 이처럼 복덕을 쌓으시나이까.' 하니 부처님께서는 '오히려 부족하나니라.' 하신 말씀을 보더라도 안으로 인과의 진리를 확연히 깨달아야 자력양성이 되나니라.

　내가 전에 어떤 절에 있을 때 4년간이나 어떤 부인이 양식을 공양하여 주는 일이 있었노라. 나는 항상 '어찌하여야 그 은혜를 갚을꼬.' 하며 걱정하던 중 우리 회상에 모시자니 모시지도 못하고, 은혜를 갚자니 갚을 기회가 없어 그 이유를 종사주님께 말씀드린 일이 있노라. 그때 종사주님께서 말씀하시되 '개인으로는 그러하나 그분을 위하여 심고를 늘 드리고, 공사에 사심 없는 노력을 하면 그 은혜를 갚음이 되나니라.' 하시었나니, 타인에게 받기는 많이 받고 일은 적게 하면 빚이 되나, 일은 많이 하고 받는 것이 적다면 이것은 빚이 아니요, 오히려 복을 짓는 법이니라.

　그러나 또 자력양성을 하려면 무엇이나 아쉬운 눈초리를 타인에게 보이지 말라. 나의 아쉬운 것을 보면 자연 저 사람은 나를 돕게 되고, 도움을 받은즉 빚이 되나니라.

내가 송원리에서 살 때 걸어서 영광 갈 폭 잡았는데 종사주님께서 자동차 표를 사 주셨기에 가슴이 두근두근하여 황송함이 짝이 없었나니라. 그다음에 종사주님께서 회중시계를 사 주셨는데 부끄러워 몇 달간이나 사용하지 못하던 내가 점점 여러 가지로 종사주님이며, 여러 회원의 은혜를 입어보니 차표보다도, 시계보다도 비싼 것을 받아도 예사로 여겨지는 마음을 느꼈나니라.

호랑이가 무서우나 늘 보면 안 무섭듯이 부처님도 처음은 타인에게 은혜를 받았을 때 무섭다가 나중은 아무리 큰 은혜라도 무섭고 두려운 마음이 없어지기 쉽나니, 그리하면 빚도 무서운 마음이 안 나는 것이요, 보통으로 알게 되나니라.

그러나 무자력하고 보호를 받을 때 항상 큰 원을 세워 후생에는 부처님이 되어 이 공부, 이 사업을 잘 해보리라고 발원 정진하다가 열반에 인접하면 그 마음도 다 잊어버리고 오직 원적무별(圓寂無別)에 그칠 때 그분은 내생에 사람 몸을 받고, 어려서부터 공익심이 나고, 공부와 사업을 잘 해보리라는 생각이 나며, 그 은혜 입힌 사람을 만나면 우연히 좋은 인연이 되어, 또 그 사람을 유익하게 하는 수가 있나니라.

그러나 평소에 남의 은혜를 입은 자가 아무런 원도 없이 그저 은혜를 입었다가 공부와 사업도 모르고 그냥 죽으면 내생에 우마(牛馬)가 되어 옛 빚을 갚나니라. 그러므로 최후 일념을 잘 먹고 잘 못 먹는 데에 달려 있나니라. 이는 내생에 억지로 갚는 과보를 받나니라. 최후 일념의 회향(回向)을 잘하고 못하는 데 있나니라."

48. 옹담샘과 대해의 차이

정산 종사 '무시선·무처선'을 새기다가 말씀하시기를 "옛날 어떤 도인의 말씀에 수양에서도 순역 경계에 곧 흔들리는 옹담샘['박우물'의 방언]과 같은 수양력도 있고, 또 순역 경계에 끌리지 아니하여 수양력이 있는 것도 같고, 없는 것도 같아 대해와 같은 수양력을 갖춘 도인도 있다고 하였으니 어떤 것이 옹담샘 같은 수양력이며 어떤 것이 대해 같은 수양력인가를 말하여 보라." 하시니 2, 3인의 대답이 있은 후 말씀하시기를 "대범 선(禪)이라 함은 원래 분별 주착이 없는 각자의 성품 자리를 오득(悟得)하여 마음의 자유를 얻게 하는 공부인바 자고로 도에 뜻을 둔 한 사람도 선(禪)을 닦지 아니한 일이 없나니라.

사람이 만일 참다운 선을 닦고자 할진대 먼저 마땅히 진공(眞空)으로 체를 삼고 묘유(妙有)로 용을 삼아 밖으로 천만 가지 경계를 대하되 부동함은 태산처럼 하고, 안으로 마음을 지키되 청정함은 허공과 같이 하여, 동하여도 동하는 바가 없고 정하여도 정하는 바가 없이 그 마음을 작용하여야 하나니라.

이같이 한즉 모든 분별이 항상 정(定)을 여의지 아니하여 육근 작용하는 바가 다 공적영지(空寂靈知)의 자성(自性)에 부합이 될 것이니, 이것이 이른바 대승선이요, 정(定)과 혜(慧)를 쌍수하는 법이니라.

곧 대승선인 무시선으로 익히고 보면 쌓이고 쌓여 부동의 힘을 얻는 것이 마치 적은 물이 모이고 모여 대해를 이루는 것과 같나니라.

그러나 이와 반대로 시간을 정하여 때때로 익히는 선에만 그치면, 그 선은 경계에 흔들리기 쉬워서 선을 아니 하는 시간이 많고 닦는 시간이 적어서 옹담샘이라고 하나니라.

또 대해 같이 되려면 국(局)을 크게 잡아야 하나니, 종사주님께서 '사람이란 원이 커야 한다.'라고 하셨나니라. 부처님께서 시방세계를 제도하듯이 큰 원을 세워야 하나니, 부처님께서 성불하신 원이 크신 까닭에 정반왕도 막지 못하셨고, 야소 부인도 못 막으셨나니라. 6년 고행과 수년 동안을 고생하시며 수행하실 때 나무 열매 등을 따 잡수시면서 성불하기까지 공부하시었나니 욕심이 큰 것이 국이 큰 것이니라.

우리도 대승선인 무시선의 구경(究境)을 얻기 위해서는 몇천 겁을 지나더라도 사자나 호랑이 잡는 사람이 꿩이나 토끼를 보고 총질을 아니 하듯이 정진 수행에 전념할지니, 부처가 되려는 큰 원이 있는 사람은 세속적으로 먹고 입는 데에 끌리지 않아야 하나니라.

성불할 원이 지극하면 이런 법문을 듣는 기회 또한 놓치지 않아야 하나니, 설사 견성은 못 하였다 하여도 옛적 부처님께서는 큰 원의 성불을 이루실 때 역경 난경에 끌리지 않고 수행·정진하셨다는 역사 등을 많이 듣고 기억하면 결국 시일의 장단은 있을지라도 모두가 큰 원을 이룰 수 있나니라.

또 어떤 난관을 당하더라도 흔들리지 않았다는 이차돈이나 예수님 같은 분도 계셨으니, '나라고 못하라는 법이 어디 있느냐.'라고 굳게 결심하여 정진하면 우리도 못할 일, 안될 일이 없다고 생각하노라.

이렇게 희망을 품고, 기뻐하고, 부러워하는 것이 큰 원이니라. 충신이나 열사가 다 쉬운 일이 아니지만 큰 원을 이루려는 그 마음이 들 때마다, 세속적인 유혹이 있을 때마다 각골명심 할지니라.

옛날 청년이 있었는데 목청이 좋고 재주가 있었나니라. 그 소문을 들은 양반집 따님인 처녀가 와서 연모를 표하는지라 청년은 바로 그

처녀의 종아리를 때려 그 예 없는 것을 꾸짖고 쫓아 보냈다고 하는데, 이와 같이 수행·정진의 과정에서 그 순역의 경계를 넘기기가 대단히 어렵나니라.

또 어떤 마을에서 자기가 낳은 자식을 시숙이 무엇을 찾아 먹으려다가 모르고 어린 조카아이를 밟아 죽이게 되었는데, 그때 공부를 하는 제수씨가 '절대로 이러한 사실의 말을 꺼내지 말라.' 하고 자기도 일체 이런 말을 평생 한 일이 없었나니라. 세월이 흘러 그 시숙이 환갑이 되어서야 이 미행이 드러나고 칭송을 받았는데 이것이 대해 같은 수양력이요, 역량이니라. 그러나 만일 그러한 참을 힘이 아니 생기고 문턱만 나가면 경계에 흔들려 참지 못하면 이것은 옹담샘이니라.

우주 만물이 다르니 어찌 사람들의 그 마음이 한마음 한뜻이 되랴. 사람끼리 서로 안 맞는다고 성질을 내어서는 못 쓰나니라.

내가 저 사람의 비위를 맞출지언정 저 사람 보고 내 비위를 맞추어 달라고 하는 것은 옹담샘이 하는 일이니라.

1년을 두고 춘·하·추·동의 사시가 있듯이 우리도 물론 살아가자면 역경·난경이 있는 것이니, 어찌 좋은 일만 있기를 바라리오. 언제든지 이런 큰 원과 큰 국을 잡아 놓아야 하나니, 풍·운·상·설과 산천초목의 면목이 다르고 이름이 다르니, 마치 그 물건을 사는 법도 다르나니라.

그러므로 우리는 성불을 이룰 때까지 목적을 세워 놓고 공(空)한 자리에 관(觀)하여야 하나니라. 형식으로도 만물이 다르고 사시 순환과 대인이 하는 것 즉 대해와 같은 행을 보아서 대선(大禪)으로 무량한 내 수양에 힘쓰면 필경에는 무한한 선(善)이 나타나나니 어찌 대해와 옹담샘의 차이가 없으랴." 하시니라. 〈원기40년 3월 23일〉

49. 일상 수행의 요법

정산 종사 말씀하시기를 "일상 수행의 요법 1조에서 마음은 대지와 같아서 능히 백 가지 곡과(穀果)를 자라게 하는 바 번뇌는 곧 근심의 뜻이요, 혼란은 어지럽다는 뜻이니라. 어떤 도인은 평생을 통하여 『소학』을 읽었다 하나니, 그와 같이 우리도 '일상 수행의 요법'을 새기는 데 있어서 지식을 함양할 뿐 아니라, 실지로 우리의 실행에 대조하여 볼지니라.

우리는 어떻게 자성(自性)의 정(定)을 세워 가는가. 저 인도의 시성(詩聖)이라 불리는 타고르가 말하기를 '일본의 압박이 심할수록 조선의 문명은 촉진한다.'라고 하였듯이, 경계 속에서 미리 연마가 있어야 하나니라. 참 공부인은 경계를 대할 때 '괴롭다.' '뒤퉁스럽다.' 하지 않고 공부할 기회가 돌아온 것으로 알아서 연마에 노력하나니라.

진리의 활용 방법은 '내 마음을 요란하지 않게 하여 자성의 정을 세우라.' 하였으니 어떻게 자성을 관(觀)하여 활용하는가.

자성의 관법(觀法) 수행은 물아구공(物我俱空), 경아구공(境我俱空)이 되어야 하나니라. 물공(物空)에는 생사가 없으며, 내 마음도 생멸이 없는 것이며, 더욱 고락, 흥망, 성쇠, 증애, 역·순경 등 일체의 경계가 무상하기에 원래 변화가 없는 진리를 관할 것이니라.

아공(我空)은 마음의 희로애락 등 칠정이 공한 줄을 아는 것으로, 본래 즉 사대(四大)가 원래 주인이 없고, 오온(五蘊)이 본래 공한 것임에도 불구하고 인간의 부귀영화와 모든 명예, 권리를 공으로 보지 못할 때 고통이 더욱 크게 되나니라.

세상에서 고통을 주는 것은 공덕천(功德天)과 흑음여(黑陰女)의 이야기와 같이 원인은 좋은 것에서 오게 되는 것이니, 마음의 공(空)한 자리를 체득함으로써 오온(五蘊)이 본래 공한 심경이 되어 생사문(生死門)의 공포가 사라지는 것이니라.

제1 관법(第一觀法)은 서예 글자의 쳇줄과 같나니, 그러나 공한 가운데서 묘하게 사시 순환의 절차가 호리불차(毫釐不差)하고 소소영령(昭昭靈靈)하므로 오직 바른 자리를 관하는 공부법을 익혀야 하나니라. 우리가 진리 가운데서 나서 살고 있나니, 그 가운데서 진리대로 살아가면서 알아간다면 진리가 그분을 도인이요 부처라 할 것이니라.

이러한 까닭에 '성인이 나시기 전에는 도가 천지(天地)에 있다면, 성인이 나신 후에는 도가 성인에게 있으며, 성인이 이미 열반하신 후에는 도가 경전에 있다.'라는 말씀이 있는 것이니라.

일상 수행의 요법 2조는 곧 무루지성(無漏智性)이 본자구족(本自具足)이라는 본성을 밝힌 내용이니라. 왕양명 선생은 이를 양지양능(良知良能)이라 하였고, 『대학』에서는 명덕(明德)이라 하였나니라.

일상 수행의 요법 3조는 천지의 원형이정(元亨利貞)을 본받아 유교의 인의예지신(仁義禮智信)과 불교의 전미개오(轉迷開悟), 지악수선(止惡修善), 이고득락(離苦得樂)을 실천함이니라. 종사주님께서는 '정의는 죽기로써 실행하라.' 하시었나니라.

공부인의 욕심 끊는 방법은 무엇인가. 공부하는 것이 말하기는 쉬우나 실행은 어려운 것이니라. 옛날에 문장가를 희망한 자가 도서 벽을 올리고 많이 읽고 많이 쓰라는 말로써 천하 문장이 되었나니, 지혜가 밝아질수록 욕심이 적어지는 것이요, 견지에 따라 욕심도 다르나니라. 지혜가 어두운 자는 식욕(食慾)에 끌리나, 지혜가 밝아 견지가 큰 사람은 작은 것은 본둥 만둥하게 되나니라.

　부처님은 지혜가 밝고 욕심이 크기 때문에 무욕(無慾)이니라. 그러나 욕심이 없는 가운데 큰 욕심이 있나니, 욕심이 없고 청렴하고 신용 있는 사람이 되면 모든 것을 구하는 데 있어서 한가롭게 구하나니라. 그러므로 지혜를 공부로써 단련하고 밝혀서 도를 알아 모든 일을 구하여 가자는 것이니라.

　부처님은 무욕(無慾)이요 대욕(大慾)이며, 소아(小我)를 대아(大我)로 바꾸기에 만사를 성공시키지만, 범부는 유욕(有慾)이요 소욕(小慾)이며, 소아(小我)를 벗어나지 못하여 결국 모든 일에 실패를 가져오나니라.

　세상 사람들은 진리를 깨달아 모든 것을 구하는 이치를 모르기 때문에 허덕이고, 구하여지지도 않으며, 결국 실패로 돌아가게 되나니, 그러므로 곧 어리석은 소치이니라. 아무쪼록 지혜를 밝혀서 도를 알아 이 도로써 만사를 구하여야 한가롭게 이룰 수 있나니, 그래서 공부도 하고, 연마도 하고, 성현의 서적도 많이 보아서 도를 철저하게 깨닫는 데 힘쓸지니라.

　또한 억울한 일을 참는 마음공부의 방법으로 이충무공을 본받아야 하나니, 이충무공을 국가적으로 많은 영웅 가운데 특히 숭배하는 것은 억울한 입장에서 오로지 충성의 한 마음뿐이며, 이상의 포부도 다 가슴에 안고 안심하는 심경이었기 때문이니라. 빈손으로 여수 싸움에서도 대승리하였으나 마음에 여한이 없었으며, 이여송(李如松)에게 모든 공을 돌리고 숭배하는 심경이기 때문에 만인이 지금까지 추모하는 것이니라.

　그것은 이순신이 나라 건지려는 일심뿐이라, 우리도 오직 원불교를 향하는 일심, 원불교를 확장하려는 아무런 사심·사욕이 없는 일심으로, 죽고 살고 간에 이 사업의 발전을 위하여 생사를 바치려는 일심이 지극한가, 지극하지 못한가를 조사하여 보면 알 수 있을 것이니라.

자신(自信)의 힘은 오직 진리에 대한 일심으로 우주 공간에 진리를 철저히 믿는 마음을 가진 다음에야 천만 경계에 안심할 수 있나니라.

사람이 주는 상벌은 정확히 한다고 할지라도 진리같이 명백할 수 없으니, 천하 사람이 다 나를 원망하고, 몰라준다고 할지라도 진리를 표준 삼아 마음에 안심을 구하고 자신력을 배양하여 위력을 얻어야 하는 것이니라.

일상 수행의 요법 4조에서 신(信)은 정신(正信)을 뜻하므로 그래서 앙신(仰信)이요 해신(解信)이니라. 만일 신이 없으면 진리의 깨달음과 수행의 길이 허사가 되나니라.

또한 너무 미련한 사람도 제도하기 어렵고, 영리한 체하는 사람도 제도하기가 어렵나니, 그러나 같은 값이면 미련한 사람이 겉 영리한 자 보다 낫나니라.

우리 배달민족은 영리한 사람들이지 어리석은 민족은 아니니라. 태도, 변론, 외교 등이 외국 민족보다 뒤떨어지지 않으나 각국에 뒤지는 원인은 무엇인가. 우리나라의 경제, 정치, 문화 등이 밖으로는 밝으나, 안으로 어두운 소치라. 경제생활도 외국인의 영향, 즉 기술과 건설을 호사로 삼나니 이것이 어두운 까닭이니라.

정치도 이론만 고상하여 실천이 없으므로 안으로 어두운 소치이요, 문화도 바깥으로만 본을 잘 따를 뿐 많은 근거가 부실하나니 안으로 어두운 까닭이니라.

그러므로 우리는 실지를 잘 밝혀서 실천하는 자가 되어야 교화 사업에도 성공이 오나니라. 발라맞추고, 속이려 하는 것은 실패로 돌아가나니, 내외가 거짓이 없는 자가 될지니라.

중근기에서 상근기에 오를 때, 즉 선생님 대우를 받을 때, 권리를 잡을 때, 대학을 나올 때, 얼굴이 예쁠 때, 부자일 때, 말깨나 잘하게 될 때, 글을 잘 쓸 때, 기술이 있을 때, 모두 여기에 집착하여 이상 지식이라든지, 이상 지도를 받지 아니하여 향상을 막는 수가 허다하나니, 이때 신·분·의·성을 들이대어 있는 정력을 다하는 머리에 '법강항마위'로부터 '출가위'까지 오르게 되나니라.

법강항마위까지도 아상(我相)의 흔적이 있으나 출가위에 올라야 흔적이 없는 도인이 되나니라. 더욱 흔적 없는 자리에서 광명(光明)이 나와야만 '대각여래위'이니라."

50. 법문 듣는 도

정산 종사 말씀하시기를 "법설은 듣는 사람에 따라 평범한 법문도 훌륭히 되며, 격식(格式)에 따라 법상을 차려 법설을 하더라도 듣는 자에 따라서 평범해지기도 하나니라. 즉 사람이 돈독한 마음으로, 지극한 정성으로, 귀히 여기는 마음으로, 극진한 마음으로 한 말씀도 빠뜨리지 않고 기억하는 동시에 실행해 보겠다는 마음으로 듣는다면 그 법문이 효과가 있을 것이니라.

다문제일(多聞第一) 아난 존자(阿難尊者)는 청법(聽法)의 도를 다한 분으로 큰 발찌가 났을 때 당시 수술법이 없는지라 부처님이 걱정하시니, 어의(御醫) 비바리가 말하되 '아난은 청법 때 오직 일심불란(一心不

亂)하니 그때 발찌를 짜는 것이 좋겠습니다.' 하거늘 부처님께서 '대단히 좋다.' 하시고 '그대 뜻대로 하라.' 하시니 마침 법문 듣는 것을 이용하여 발찌를 짰는데 짜는 것조차 모르고 일심 정성이었다 하나니, 그러므로 다문제일이 아니 되었는가.

법강항마위 이상의 말씀만이 법문이로되 설령 어떤 사람이 말할 때 비록 담백하고 생각할수록 맛있고 깊이가 있다면 그것도 법문이니라. 쌈박한 것은 교언(巧言)이요, 이론만 정연한 것은 쾌설(快說)이요, 호화스러운 말뿐인 것은 번설(煩說)이니라. 간단하여 쌈박하지도 않고 호화스럽지도 아니하되 심미(深味) 있음이 법문이니 유의하여야 할 것이니라.

지혜 있는 자는 시정(市井)에서도 법문을 듣거늘 하물며 법당의 법상에서 하는 법문이랴. 혹 연소자, 행실 부정자가 설법하여도 그 말을 실천하고자 하고, 또한 법을 설하는 이는 반드시 실천한 것을 말하여야 하나니라.

도덕 실행은 어떠하든 그것을 잘 들어 나의 보감을 삼아야 할 것이니, 보조 국사(普照國師) 말씀하시기를 '야로(夜路)에 도적이 횃불을 잡았다고 뒤따르지 않고 자기 혼자 어두운 길로 가서 구렁텅이에 빠져야 할 것인가. 도적이라도 따라가야 할 것이다.'라고 하셨나니라. 마찬가지로 법을 듣는 자는 법을 설하는 이의 행실 여부를 보지 말고 자신의 실천에 옮김이 있어야 하나니라. 그리고 설법자는 이 말을 듣고 자기 행실을 항상 돌아보아야 하나니라.

제일가는 윤리 학자가 있었는데 처음에는 명성을 듣고 사람들이 모여들어 대성황을 이루었는데, 행실이 나쁘다고 전부 떨어져 버리니 탄식하여 말하기를 '나 같은 사람이 있을 때 배우지, 어느 때 배우려고 떠나 가나.'라고 말하니 어떤 스님께서 말하기를 '서양 요리를 요강에다 주면 먹겠는가.' 하고 반문하자 학자 대답하기를 '못 먹겠습니다.' 스님 말하기를 '그대는 요강과 같은 행실이니 누가 배우겠는가.' 하였다 하노라. 그리고 그 학자에게 '그대는 격식을 갖춘 좋은 반상기(飯床器)가 돼라.' 하셨다 하노라.

　상근기는 우주 만상의 상주 설법을 듣고, 중근기는 선지식의 법 듣기를 좋아하며, 하근기는 법을 들으려 하지 않을 뿐만 아니라 또 들어도 좋은지를 모르며, 대중 삼아 실행하고자 아니 하니, 우리는 상근기가 될지어다."

〈원기38년 1월 17일〉

제9편 『불교정전』의 해(義解)

제9편
『불교정전』 의해(義解)

1. 『불교정전(佛敎正典)』이란

『불교정전(佛敎正典)』은 부처가 되는 정로(正路)로서 본회 교과서 중 가장 중요한 골자(骨子)가 되는 동시에 천만 경전(千萬經典)의 진리 통섭경(統攝經)이니라.

그러므로 이『불교정전』의 의지(義旨)를 잘 해(解)할 뿐 다른 일체경(一切經)은 우리의 참고경(參考經)으로 하자는 것이요, 또한『불교정전』에서의 불교는 곧 불교요 진리의 총부로서 고금(古今)을 일관(一貫)하고 시방(十方)에 편만(遍滿)한 것이니라.

불교를 강연(强然)이 자해(字解)하자면 불(佛)은 범어(梵語)의 불타(佛陀)를 약(略)한 것으로 당언(唐言)의 각(覺)이니, 공자님의 가르침을 유교라 하고 예수님의 가르침을 예수교라 함과 같이 3천 년 전 대도를 깨달으신 부처님께서 가르쳐 주신 것이 곧 불교이니라.

부처님께서는 무엇을 가르쳐 주시었는가. 49년간 설하신 무량한 법문의 요지를 말하자면, 모든 중생은 본래 부처님과 같은 성품(性稟)을 품부(稟賦)하였으나, 다생겁래(多生劫來)로 탐·진·치의 삼독(三毒)에 마음이 어두워진 까닭에 지극한 정성으로 수행한다면 누구를 물론하고 부처와 같이 될 수가 있고, 팔만장경과 무량방편이 다 부처 되는 법을 가르쳐 주심이라, 그러므로 불교라 하나니라.

그래서 '제악막작(諸惡莫作) 중선봉행(衆善奉行) 자정기의(自淨其意) 시제불교(是諸佛敎)'라는 말씀이 있으며, 『금강경(金剛經)』에서 이르기를 '소위불법자(所謂佛法者) 즉비불법(卽非佛法)'이라는 말씀이 있나니라.

『정전(正典)』이라 함은 바른 법이라는 뜻이니, 곧 인생으로서 반드시 걸어가야 할 최고·최선의 정로(正路)라는 뜻이니라.

여기서 정(正)은 곧 정수지의(精髓之意)라, 불교의 경전은 소위 팔만대장경으로서 그 범위가 호대하여 보통 사람의 지식과 시간으로는 도저히 다 볼 수가 없으며, 설혹 모든 경전을 독파할지라도 그것으로 불교의 진면목을 알기가 어렵게 되었으므로 불교 대장경의 정수만을 추려서 누구든지 쉽게 불교의 대의를 이해할 수 있도록 편찬한 경전이란 뜻이니라.

부처님께서 49년간 모든 중생을 교화하실 때 중생의 근기가 각기 다르므로 지혜로운 자에게는 정법(正法)으로써 바로 인도하시고, 어리석은 자에게는 먼저 방편으로써 인도하시다가 점차 정법에 들게 하시었나니, 이러한 까닭으로 과거의 불경은 공부 부분에 있어서 방편설(方便說)이 많았나니라.

그러나 오늘날은 과거 3천 년 전 부처님 당시에 비하여 시대와 인심이 발달되었으므로 일체의 방편설은 넣지 아니하고 오직 정법만을 집약하여 편찬하였나니 그래서 『정전(正典)』이라 하였나니라.

불일증휘(佛日增輝)·법륜상전(法輪常轉)이라, 이 구절은 신자(信者)로서 불(佛)에 대하여 축원을 올림이니라. 불일(佛日)이라 함은 부처님의 밝으신 법이라는 뜻으로, 부처님의 모든 법은 우리 중생의 어두운 마음을 능히 태양과 같이 밝혀 주시니, 이 부처님의 법을 일러 불일이라 하나니라.

증휘(增輝)라 함은 부처님의 은혜가 출세간을 통해 고루 미침을 이름이니, 과거에는 부처님의 혜택이 출세간(出世間) 승려에게 제한되어 일반 세속인에게는 불은(佛恩)이 고루 미치지 못하였으나 앞으로는 부처님의 밝으신 법이 더욱 널리 미치지 않는 곳이 없기를 바라는 축원을 올림이니라.

법륜(法輪)이라 함은 부처님의 설법을 이름이니, 부처님께서 성도(成道)하신 후 처음 녹야원(鹿野苑)에서 교진여(憍陳女) 등 5인에게 법을 설하심을 일러 초전법륜(初轉法輪)이라 하나니라.

부처님의 법은 무량겁을 통하여 놓고 전할지라도 다함이 없고 막힘이 없으므로 부처님 법을 수레바퀴[輪]에 비유한 것이니라.

상전(常轉)이라 함은 불법이 앞으로 영원토록 중단됨이 없이 길이길이 전해주시라고 축원을 올림이니라.

법신불(法身佛)이라, 불(佛)에는 삼신불(三身佛)이 있으니 즉 법신불(法身佛)·보신불(報身佛)·화신불(化身佛)이니라. 이 삼신불에 대한 학설은 법상종(法相宗)의 종조(宗祖)이신 인도의 세친 보살(世親菩薩)께서 말씀하기 시작하여 대승불교(大乘佛敎)의 통의(通義)가 되었나니라.

무릇 법신불은 불(佛)의 성품을 이름이요, 보신불은 불이 성취하신 청정원만(淸淨圓滿)한 마음을 이름이며, 화신불은 불의 육신을 이름이니라. 또 법신불은 진여평등(眞如平等), 무한 절대의 실재(實在)를 이름이요, 보신불은 우주 만물의 개령(個靈)을 이름이며, 화신불은 우주 만상이 형형색색으로 나투어져 있는 현상을 이름이니라.

또 법신불이라 함은 일체 만물이 다 이 성품 가운데서 생장(生長)·보존(保存)을 하는지라, 만물의 봄[春] 즉 만법의 근원이라는 뜻이요, 보신불이라 함은 위대한 수행의 힘을 가지고 무명심(無明心)을 부수어 본래 청정한 체성(體性)을 회복하였다는 뜻이니, 즉 보본반시지의(報本返始之意)이며, 화신불이라 함은 사람의 육신이 생·로·병·사로 변화하므로 그 변화하는 몸이라는 뜻이요, 또한 부처님께서 일체중생을 교화하시기 위해 사람의 몸을 받으셨다는 뜻이니라.

이러한 까닭에 삼신불을 달에 비유하면 법신불은 달 그 자체이요, 보신불은 달의 빛이며, 화신불은 수많은 강에 비친 달의 그림자이니라.

따라서 과거 조선 불교는 화신불이신 부처님의 등상불(等像佛)을 신앙의 대상으로 모시었으나 우리는 부처님의 성품인 법신불을 신앙의 대상으로 모셨나니라.

일원상(一圓相)은 무엇을 뜻하는가. 곧 법(法)·보(報)·화(化) 삼신(三身)이며 삼신즉일야(三身卽一也)라, 이를 일원상(一圓相)이라 이름하나니라.

일원상은 부처님의 마음자리를 표현함이니라. 그러나 부처님의 마음이 둥글다는 것이 아니라, 부처님의 마음은 오직 청정 원만(淸淨圓滿)하시므로 그것을 강연(强然)이 원형(圓形)으로써 표시한 데 불과하나니, 곧 달을 가리키는 손가락과 같나니라.

  또 일원상은 부처님의 마음인 동시에 각자의 근본 심체(心體)이니라. 이 일원상은 지금으로부터 약 1,200년 전 지나(支那) 당대(唐代)에 나신 남양(南陽) 혜충 국사(惠忠國師)께서 항상 원상(○)을 그려 학인(學人)들로 하여금 도(道)를 깨닫게 하는 수단으로 삼게 하시다가 그 제자 탐원(耽源)에게 전하심이 효시(嚆矢)가 되었나니라.

  고불미생전(古佛未生前) 응연일상원(凝然一相圓)이라, 지금으로부터 약 850년 전 지나(支那) 송대(宋代)에 나신 자각 선사(慈覺禪師)께서 일원상을 두고 '고불미생전(古佛未生前) 응연일상원(凝然一相圓) 석가유미회(釋迦猶未會) 가섭기능전(迦葉豈能傳)이라.' 송(頌)하신 한 구절에서 비롯되었나니라.

  이 구절은 일종의 화두(話頭)로서 각자가 스스로 깨칠 것이요, 뜻을 풀이하면 오히려 본래의 뜻을 상하는 것이니라. 그러나 지금 강연(強然)이 의해(義解)하자면, 과거 불교 역사상에 나타난 고대 칠불(七佛) 이전에도 일원상의 진체(眞諦)는 엄존한 것으로, 일원상은 여여(如如)하여 시종(始終)과 고금(古今)이 없다는 뜻이며, 또한 석가모니불께서는 색신(色身)을 가지고 탄생하신 부처님이신지라 오히려 생멸이 있었으나 일원상의 불신(佛身)은 그 탄생하신 날이 없음과 동시에 멸할 때도 없어서 불생불멸하여 영원무궁하다는 뜻이니라.

2. 심고와 기도

  자타력 병진(自他力竝進)의 신앙생활을 하자는 것은 사은(四恩)으로써 신앙의 근원을 삼아 즐거운 일을 당할 때는 감사를 올리고, 괴로운 일을 당할 때는 사죄(赦罪)를 올리며, 결정하기 어려운 일을 당할 때는 결정될 심고와 기도를 올리고, 난경(難境)을 당할 때는 순경(順境)될 심고와 기도를 올리며, 순경을 당할 때는 간사(奸邪)하고 망녕(妄佞)된 곳으로 마음이 흐르지 않도록 심고와 기도를 올리나니, 지성감천(至誠感天)으로 올림으로써 낙도(樂道) 생활을 할지니라.

천지하감지위(天地下鑑之位) 부모하감지위(父母下鑑之位)는 나의 이상 항렬이요, 동포응감지위(同胞應感之位) 법률응감지위(法律應感之位)는 나와 동등(同等) 항렬이니라.

또한 상대처가 있든 없든 간에 묵상심고(黙想心告)는 자기중심으로 올리고, 실지기도(實地祈禱)는 상대처를 따라서 올리며, 설명기도는 중인(衆人)을 상대로 올리는 것이니라. 상대처가 없다는 것은 곧 사망, 이사, 멀리 외국 등으로 갔다든지 하는 경우이니라.

과거의 업(業)이 두터워서 당장에는 성공이 되지 않을지라도 심고(心告)의 정성이 지극하면 부처님의 가피(加被)를 입어 정업(定業)이라도 엷어지나니라. 부모님과 선생님들의 병환을 정성으로 간병하는 것은 실지불공(實地佛供)의 한 예이니, 사람이 병이 들었다고 해서 다 죽는 것은 아니니라.

3. 사대강령

본회에서 일반 회원을 지도하면서 이 사대강령(四大綱領)으로써 목표를 삼나니, 회원이 된 자는 누구를 물론하고 이 사대강령을 배워 솔선실행(率先實行)을 하며 후진(後進)에게도 이로써 지도·교화할 것이

니라.

　원시 불교 시대의 교단에서는 제행무상(諸行無常), 제법무아(諸法無我), 열반적정(涅槃寂靜), 일체개고(一切皆苦)라는 사법인(四法印)의 준칙이 있어서 승가는 물론이요, 일반 신자들에게도 이 사법인에 적합한 생활을 하도록 지도하며 이 네 항목을 실행하고 못 하는 것으로써 불교도와 외도(外道)를 준별(準別)하였음과 같이 본회의 사대강령도 마찬가지이니라.

　정각정행(正覺正行)은 수신(修身)의 요체(要諦)라, 정각(正覺)이라 함은 바른 자리를 깨달았다는 뜻으로 바른 자리라 함은 유무도 아니며, 선악도 아니며, 시비도 아니며, 생사도 아니며, 고락도 아니며, 일체를 부인함도 아닌 자리로서, 만일 이 바른 자리를 각(覺)하고 보면 바른 자리가 곧 부처님의 마음자리요, 각자의 마음자리이며, 일체중생의 근본처인 줄을 알지니, 이를 일러 혹은 견성(見性)이라고도 하나니라.

　정행(正行)이라 함은 유무와 선악과 시비와 생사와 고락과 허무와 편벽됨이 없는 중도의 행(行)을 이름이니, 곧 편착(偏着)이 없는 원만한 실행을 하는 것이니라.

　그러나 정각정행은 견성인(見性人)만이 행하는 것이 아니요, 초입자라도 행할 수 있으니, 정각이라 함은 바르게 안다는 뜻이요, 정행이라 함은 그 일 그 일을 바르게 행한다는 뜻이니라. 우주 만물과 인간 만사는 각각 그 도(道)가 있기 때문에 우리가 천만 사리(千萬事理)를 지어 나갈 때에 그 일 그 일에 가장 바른 길을 알아서 실행하는 것이니라.

　예를 들어 경계를 당하여 진심(嗔心)이 일어날 그때 진심을 내서는 안 된다는 것을 확연히 아는 것은 정각(正覺)이요, 안 후에는 힘써 그대로 실행하여 모든 사람에게 덕화(德化)가 나타나게 하는 것은 정행(正行)이니라.

　※ 정각(正覺)은 무(無)도 아니요 유(有)도 아니며, 긴 것도 아니요 짧은 것도 아니며, 맑은 것도 아니요 탁한 것도 아닌 세계를 깨닫는 것이요, 정행(正行)은 육근을 작용할 때 눈으로 삿된 것을 보지 않고, 귀로 부정한 소리를 듣지 않으며, 코로 안 맡을 냄새를 맡지 않고, 몸으로 무례(無禮)한 행동을 하지 않으며, 뜻으로 삿된 생각을 하지 않는 것이니 이것은 사은(四恩)의 크신 은혜를 갚는 길이니라.

　지은보은(知恩報恩)은 제가(齊家)와 처세(處世)의 요체(要諦)라, 지은(知恩)이라 함은 은혜를 앎을 이름이니, 곧 인간이 만물의 영장이 됨은 오직 은혜를 입고 은혜를 아는 데 있나니라. 어류(魚類)가 수중에서 생육하여 일시라도 물을 여의고는 살 수 없는 것과 같이, 우리 인간도 사은(四恩)의 크고 넓은 바다 가운데서 생육하여 일시라도 사은을 떠나서는 살 수 없는 것이니라.

　그러나 어류는 비록 물의 은혜를 알지 못하되 오히려 큰 잘못이 아니려니와 소위 만물의 영장인 인간으로서 은혜를 입고도 은혜를 알지 못함은 큰 수치인 동시에 큰 잘못이라, 이러한 까닭에 우리는 사은의 심중(深重)한 은혜를 철저히 알라는 것이니라.

　보은(報恩)이라 함은 이미 은혜 입은 줄을 알았거든 반드시 보답하라 함이니, 사은의 보은 도리를 배워 일일이 실행할지니라.

강령으로 말하자면 사은으로 인하여 혹 해(害)를 보고 고(苦)를 당할지라도 먼저 사은의 광대한 은혜를 생각하여 조금이라도 원망하지 아니하고 오직 감사한 점으로만 돌려 항상 평화로운 심경으로 보은·감사의 생활을 하라는 것이니라.

　불교보급(佛敎普及)이라, 본회는 무엇 때문에 불교를 혁신했는가. 다름 아닌 불교가 비록 좋은 법이지마는 시대화·생활화·대중화에 맞지 않는 점이 많은 까닭에 그 제도를 혁신한 것이요, 이론보다는 실용적으로 이용하게 한 것이 불교혁신의 이념이요, 불교보급의 강령이니라.
　곧 과거 조선의 불교는 그 제도가 출세간 승려 생활이 본위가 되어 부처님의 은혜가 일반인에게 고루 보급되지 못하였으므로 우리는 그 제도에 결함된 점만을 혁신하여 대중의 불교, 시대의 불교, 생활적 불교로 만들어 세간과 출세간 사이에 결함이 없는 대법(大法)을 창설(創設)·보급하자는 것이니라.
　우리는 과거 조선 불교의 결함이었던 일체의 장벽을 허물고 법신불의 신앙, 결혼과 직업의 자유, 법통(法統)의 평등, 원만한 수행법, 실지적 불공법, 계문의 실용화 등으로 혁신시켜 먼저 세간에 무용(無用)하던 사람들이 불제자가 됨으로써 유용(有用)한 사람이 되도록 하였으며, 가정·사회·국가도 불교를 수입함으로써 도움이 되고 유익은 입을지언정 폐단과 해독은 주지 않도록 교리와 제도를 혁신하였으니, 우리는 힘을 다하여 혹은 글로 혹은 말로 혹은 실행으로 혹은 자각으로 이 교리와 이 제도의 보급에 힘을 쓰자는 것이니라.
　조선 5백 년 동안에 유교의 세력에 밀려 유야무야(有耶無耶) 산중생활을 하여 불법이 미약하고 현대에 부적합한 점이 많으므로 대종사님께서 시대화·생활화·대중화를 시켜 부처님의 참뜻을 보급하자는 것이니라.

그래서 대종사님께서『조선불교혁신론』에서도 밝히시었고 이『불교정전』에서는 '개선론(改善論)' 편에 세차(細次)를 정하여 편찬하셨나니,

첫째, 외방(外邦)의 불교를 우리의 불교로

둘째, 소수인의 불교를 대중의 불교로

셋째, 편벽된 수행을 원만한 수행으로

넷째, 과거의 예법을 현재의 예법으로

다섯째, 진리 신앙과 석존 숭배

여섯째, 불공하는 법

일곱째, 법신불 일원상 조성법

여덟째, 심고와 기도법으로 대별하여 불교의 개선 조항을 자세히 천명하셨나니라.

본교(本敎)에서 재래 불교를 시대화·생활화·대중화 한 점은 대략 다음과 같나니라.

첫째, 교당(敎堂)을 도시와 향촌(鄕村)은 물론하고 신자(信者)의 집중지(集中地)에 둔 점이요,

둘째, 신앙의 대상을 법신불 일원상(法身佛一圓相)으로 한 점이요,

셋째, 계(戒)·정(定)·혜(慧) 삼학(三學)을 아울러 수행케 하여 각 종지(宗旨)의 일원화(一圓化)를 기(期)한 점이요,

넷째, 경전을 우리 말과 글로써 편찬하여 누구나 쉽게 해득(解得)할 수 있게 한 점이요,

다섯째, 영혼 구제(靈魂救濟)에만 편중하지 않고, 현실 생활에 필요한 법을 제정하여 물심양전(物心兩全)을 기(期)한 점이요,

  여섯째, 시주(施主)·동령(動鈴)·불공(佛供) 등에 의한 생활 제도를 폐지하고 각자 정당한 직업 하에 교화 사업을 하게 한 점이요,

  일곱째, 모든 의식(儀式)을 사실과 간편을 위주하여 시대에 적응하도록 개선(改善)한 점이요,

  여덟째, 불제자(佛弟子)의 계통(繼統)을 재가(在家)·출가(出家)의 차별이 없이 오직 지행(知行)의 고하(高下)에만 따르게 한 점이요,

  아홉째, 출가(出家) 수행자에 대하여 결혼을 법(法)으로써 구속하지 않고 각자의 의사(意思)에 일임한 점이요,

  열 번째, 남녀 포교사(布敎師)를 두루 양성하여 남녀 교화에 구애(拘礙)됨이 없게 한 점이요,

  열한 번째, 현실 생활 속에서 간단(間斷)없는 공부를 수행(修行)케 한 점이니라.

  진충보국(盡忠報國)이라, 우리의 개인주의, 가족주의, 자유 방종 주의를 혁파하고 무아봉공(無我奉公) 주의를 세우자는 것이니라. 우리는 종교인이라, 종교인은 종교인으로서의 직분을 잘하는 것이 국은(國恩)에 보답함이 되나니, 그러므로 정각정행을 하고 지은보은을 하고 불교 보급을 하자는 것은 오직 진충보국의 도를 잘하자는 것이니라.

  ※ **사대강령(四大綱領)**
  정산 종사, 사대강령(四大綱領)에 대하여 또 말씀하시기를 "사대강

령은 본교 교리의 4가지 강령으로 신앙·수행·교의(敎義)에 있어서 총강령(總綱領)이니라.

정각정행(正覺正行)은 곧 수행의 요체(要諦)로서 정각(正覺)은 일원(一圓)의 진리인 불조(佛祖)의 정전심인(正傳心印)을 오득(悟得)함을 말하나니라. 대종사님께서 병진(丙辰) 삼월[三月, 陰]에 일원대도를 깨치셨고, 부처님께서도 5백 생을 닦으시어 깨치셨으므로 우리 공부인도 꾸준한 노력으로 하나하나 깨달아 가면, 그것이 모이고 모여서 결국 정각을 이룰 수 있으리라. 또한 공사(公私)를 구분하여 빙공영사(憑公營私)하지 않는 것도 정각(正覺)이 바탕하나니라.

정행(正行)은 일원(一圓)의 진리를 체 받아서 육근(六根)을 작용할 때 증애(憎愛)에 치우치지 않으며, 희로(喜怒)에 끌리지 않으며, 불편불의(不偏不倚)와 과불급(過不及)하지 않으며, 권리·명예·재물·지위의 기세(氣勢)를 떠나 원만행(圓滿行)을 이름하나니라.

화가 난다고 하여 말을 너무 과격하게 하지 말며, 웃음이 좋으나 과(過)하면 미친 사람 취급을 받을 수 있으며, 겸손이 좋으나 과하면 바보 취급을 받을 수 있으며, 공부가 좋으나 너무 과하면 정신병자가 될 수 있으니, 매사에 중도(中道)를 잃지 않는 것이 곧 원만행이니라.

지은보은(知恩報恩)은 곧 제가(齊家)의 요체(要諦)로서 과거에 사중은(四重恩)이라 하여 국왕은·부모은·시주은(施主恩)·사장은(師長恩)이 있었나니라. 그러나 본교에서는 천지·부모·동포·법률에 대한 사중은(四重恩)을 밝히었으니, 어떠한 일이든지 자기가 맡은바 직분으로 은혜를 알아 보은감사(報恩感謝)에 성심성의(誠心誠意)로 힘쓰자는 것이니라. 하지만 누구나 다 은혜를 입었으나 그 은혜 입은 것을 알기 어렵고, 설사 안다 할지라도 그 은혜를 갚기가 어렵나니라.

그러므로 불보살 성현들은 그 은혜를 알아서 잊지 않고 갚기에 노력하지마는 범부 중생들은 그 은혜를 잊어버리기가 쉽고, 유념(有念)할 것을 무념(無念)하기가 쉬우며, 또한 그 반대로 은혜를 입힌 것은 잊지 않는 것이 일반의 심리(心理)라, 미물인 까마귀도 반포지효(反哺之孝)를 알거늘 하물며 만물의 영장이라는 사람으로서 지은보은을 모른다면 미물보다 못하지 않겠는가.

불법활용(佛法活用)은 곧 생활과 불법을 둘로 보지 않는 것이니, 재래 불교는 출세간주의(出世間主義)로 세간의 모든 것에 간섭하지 않는 것으로 교법이 제정되어 아무런 하는 일 없이 앉아서 화두(話頭)만을 들고 세상일은 일체 모른 체하였나니라. 그러므로 자연 인사(人事)의 의무도, 자녀 교육도 모르고 살았나니라.

그러나 참으로 불법을 잘 믿는 신자(信者)라면 세상사에 쓸모가 많아서 무슨 일이든지 삼대력(三大力)을 잘 들이대어 하나의 그릇됨도 없이 행하자는 것이니라. 아울러 일과 공부를 나누어 보는 것은 과거 불가의 공부이니, 일이 곧 공부요 공부가 곧 일이 되어 둘 아닌 이치를 깨달아 행하는 것이 원불교의 공부법이니라. 불법을 활용하여 동정간 쓸모 있는 사람이 되어야 하나니 서로서로 유용인이 되면 이것이 곧 산 종교의 교리이요, 시대화·생활화·대중화된 불법활용이니라.

무아봉공(無我奉公)은 나를 없애고 공(公)을 받드는 부처님 가르침의 정수이요, 원불교의 공도(公道) 정신이니라. 부처님은 대자대비하신 무아봉공의 화신(化身)이셨나니 곧 나를 잊어야 세계 인류를 위하는 데 몸을 바치게 되나니라. 공자님의 인의(仁義)나, 부처님의 자비나, 예수님의 박애(博愛)가 나를 없애고 공을 받드는 데에는 다 같은 뜻이니라.

과거에는 나 하나 잘살고, 내 가족 잘사는 데에 그쳤으나 앞으로는 문화와 지혜가 발달함에 따라 우리 개인 한 사람 한 사람이 사은(四恩)으로 한 권속이 된 것과, 안·이·비·설·신·의 육근(六根)이 합해서 일신(一身)이 된 근원적인 은혜를 알아야 잘 살 수 있나니라.

머리가 둘 달린 뱀 이야기가 있나니 어떤 머리가 무엇을 먹든 결국 일신(一身)을 위하는 것이거늘 하루는 맛있는 쥐새끼를 한 머리가 독차지하여 먹자, 그것에 화가 난 다른 머리가 독(毒)을 먹고 그만 죽어 버렸다는 우화(寓話)이니라. 그냥 간과할 우화로 여기지 말고, 그 속에 새겨야 할 교훈이 있나니라.

무아봉공은 자기를 희생해 가며 중인(衆人)을 위하여 보은(報恩)하는 정신과 사상을 갖자는 것이니, 국가나 단체나 가정이나 일신이나 자기를 희생해서 중인을 위하는 사람이 참된 전무출신이니라."

4. 표어 개요

원동태허(圓同太虛)·무흠무여(無欠無餘)라, 이 구절은 일원상을 두고 하신 말씀인바, 두렷하기가 태허공(太虛空)과 같아서 모자랄 것도 없고 남음도 없다는 저 지나(支那) 제3조(第三祖) 승찬 대사(僧燦大師)께서 지으신 『신심명(信心銘)』 중 한 구절이니라.

곧 내 마음에 사심 망상이 없을 때가 일원상이니, 모든 일을 원만하게 하고 보면 무흠무여의 행을 할 수 있나니라.

무흠(無欠)은 부족한 것도 없고 잘못된 것도 없는 지경이요, 무여(無餘)는 만족할 것도 없고 잘했다고 할 것도 없는 지경이라, 우리 공부인이 만일 이망념(離妄念)하면 여여불(如如佛)이니라.

　승찬 대사는 지금으로부터 약 1천4백 년 전에 지나(支那) 수대(隋代)의 사람으로 2조(二祖) 혜가(慧可)에게 법을 받으시었으나 북주(北周) 무제(武帝)의 불교 배척이 극심할 때를 당하여 사공산(司空山)에 은둔하여 10여 년간 수양하시며 기회를 기다리시다가 뜻을 이루지 못하고 4조(四祖) 도신(道信)을 만나 법만 전하시고 입적하시었으니, 이 『신심명』은 산중에서 수양에 힘쓰시다가 지으신 글로써, 달마(達磨) 이후 불조(佛祖) 단전(單傳)의 『선요(禪要)』를 운어(韻語)로 저술한 선문(禪門) 최고 보전(寶典)의 하나라, 승속(僧俗) 간에 존중히 여겨오는 경전이니라.

　이 구절은 성품의 지경(至境)을 말씀하신 것이라, 언어로써 풀이할 것이 되지 못하나 강연(强然)이 의해(義解)한다면, 원동태허(圓同太虛)라 함은 우리의 본래 심지(心地) 자리는 저 태허공(太虛空)과 같아서 일호(一毫)의 진애(塵埃)가 없이 청정하다는 것이니라.

　무여(無餘)라 함은 우리의 분별심은 참 마음이 아닌지라 우리가 수양을 쌓아 천념(千念)을 백념(百念)으로, 백념을 십념(十念)으로, 십념을 일념(一念)으로 만들어 일념까지라도 남음이 없이 없어져 버린 자리가 곧 우리의 자성이라는 뜻이며, 무흠(無欠)이라 함은 우리의 성품은 단지 공한 것만이 아니라 이 성품 가운데는 우주 만물과 산하대지가 무엇 하나 빠짐없이 다 갖추어 있다는 뜻으로, 본래 마음은 진공(眞空)한 가운데 묘유(妙有)가 있다는 뜻이니라. 그래서 불법문중 불사일진(佛法門中 不捨一塵)이라 하였나니라.

일상삼매(一相三昧) 일행삼매(一行三昧)라, 『육조단경(六祖壇經)』제10 부촉품의 한 구절로 우리의 동정간(動靜間) 공부법을 말씀하신 것이니라.

6조(六祖) 혜능 대사(慧能大師)는 지금으로부터 약 1,300년 전 지나(支那) 당태종(唐太宗) 시대에 탄생하여 3세 때에 아버지를 여의고 집이 몹시 가난하여 겨우겨우 생활하시었으나 숙세의 인연으로 5조(五祖) 홍인 대사(弘忍大師) 회상에 참예(參詣)하여 여덟 달 동안 방아를 찧으시며 공부하시다가 법을 받아 5조의 회상에서 나와 15년을 지낸 후 대회상을 펴시고 선풍(禪風)을 고취하신 후 76세 시 8월 3일에 거연히 입적하시니, 그 후 문인(門人) 법해(法海)가 육조 대사(六祖大師)의 언행을 기록하여 『육조 법보단경(六祖 法寶壇經)』 1권을 편찬하였나니라.

일상삼매(一相三昧)라 함은 일이 없을 때[靜時]의 공부 방법으로서 일심양성법(一心養成法)이요, 우리 심중(心中)에 모든 선악(善惡)과 사량 분별(思量分別)을 없애고 오직 일원상과 같은 원만 청정한 마음을 기르자는 것이니, 일상(一相)은 일원상의 약칭으로 곧 일념미생전(一念未生前) 자리이며, 삼매(三昧)는 곧 정정(正定)을 말하나니라.

염불이나 좌선으로 우리의 마음을 온전하게 함은 일상(一相)이요, 공부가 순숙(純熟)하여 온전해지려 하는 마음과 그 온전한 마음까지도 구망(俱亡)한 경지에 이르러서 오직 마음이 여여(如如)함을 이룰 때를 일러 일상삼매라 하나니라.

일행삼매(一行三昧)라 함은 일이 있을 때[動時]의 공부 방법으로서 정의양성법(正義養成法)이요, 우리의 심신을 작용함에 선악간 한편에 기울어짐이 없는 원만한 행(行)을 함이니, 일행이라 함은 일원상과 같은 행의 약칭이니라.

　우리의 심신을 정의로써 함은 일행이요, 공부가 순숙(純熟)하여 정행을 강연이 하려고 하는 마음과 정행을 한다는 상(相)까지도 놓아 버리고 『중용(中庸)』에 이름이라, 곧 안이행지(安而行之)와 공자의 '하고자 하는 바를 좇아 행하되 법도에 어긋남이 없다[從心所欲 不踰矩]'는 지경에서 심신 작용이 정의로만 행하여짐을 일행삼매라 하나니라.

　이를 또 삼학(三學)으로써 분석하면 일상삼매(一相三昧)는 정신수양 공부요, 일행삼매(一行三昧)는 사리연구와 작업취사의 공부이니라.

　육조 대사(六祖大師)께서는 '일체처(一切處)에도 상(相)에 주착(主着)함이 없으며 마음 가운데에 증애와 취사와 이익과 성괴등사(成壞等事)가 없이 오직 허융(虛融)하고 담박하며 고요하고 평안함을 이름하되 일상삼매(一相三昧)라 하고, 일체처(一切處)와 행주좌와(行住坐臥)에 순일하고 정직한 마음으로 근본 심지에 흔들림이 없이 자비의 행을 이르되 일행삼매(一行三昧)라 한다.' 하셨나니라.

　불법시생활 생활시불법(佛法是生活 生活是佛法)이라, 과거의 불법은 불법과 생활이 별리(別離)되어 불법을 한 자는 생활을 도외시하게 되고 생활하면서 불법을 하지 못하는 것으로 인식됐으나, 우리는 불법과 생활을 별리(別離)시키지 말고, 일치(一致)시키자는 것이니, 곧 불법(佛法)을 떠난 생활은 참된 생활이 되지 못하고 생활을 떠난 불법은 산 불법이 되지 못함을 먼저 잘 알아야 할 것이니라.

　그러나 불법은 범위가 호대(浩大)하여 일일이 열거하기는 어려우나 일례를 들자면 불법은 계(戒)·정(定)·혜(慧) 삼학(三學)을 수행하는 것이요, 생활이라 함은 우리의 의·식·주 생활을 이름이니, 우리가 사·농·공·상의 직업 사이에서 의·식·주를 구할 때 일심과 지혜와 실행의 삼학을 공부 삼아 이용한다면 삼학을 들이댄 만큼 의·식·주도 따라서 구하여질 것이라, 그렇게 된다면 의·식·주 생활은 의·식·주 생활대로 좋아지고 삼학의 불법은 불법대로 진보되어 불법과 생활이 일치의 지경에 도달할 것이니, 이것이 곧 불법시생활(佛法是生活)이니라.

불법 신앙에서도 실생활 중에 불교적 신앙심을 가지고 영생(永生)과 인과(因果)를 확신하고 생활한다면 무신앙자의 자행자지(自行自止)하는 생활보다 질서 있고 정의가 있는 생활을 하게 될 것이니, 그렇게 된다면 불법을 잘 믿음으로써 생활이 잘 되고 생활을 잘함으로써 불법을 잘 믿게 되어 불법과 생활이 일치의 지경에 이를지라, 이를 일러 생활시불법(生活是佛法)이라 하나니라.

또한 생활시불법이라 함은 불법시생활의 뜻을 강조하기 위하여 다시 한번 뒤집어서 되풀이한 것이요, 앞의 생활시불법의 뜻과 다른 뜻을 가진 것은 아니니라.

동정일여(動靜一如)라, 동정(動靜)이라 함은 우리의 심신 작용에 있어서 유사시(有事時)와 무사시(無事時)를 이름이니, 우리가 경계를 따라 심신을 작용하게 될 때 항상 그 일 그 일에 일심을 들이대어 진여(眞如)의 본심(本心)으로 원만한 행을 하자는 것이요, 무사시(無事詩)에는 쓸데없는 번뇌와 계교·사량으로 괴롭힐 것이 아니라 염불이나 좌선이나 주력(呪力)을 써서 나의 마음을 일심으로 만들어 진여(眞如)의 자성(自性)을 회복시키자는 것이라, 우리는 유사시, 무사시를 통하여 놓고 항상 일심과 진여의 본심을 양성하자는 것이니라.

이러한 까닭에 '정중정(靜中靜)은 비진정(非眞靜)이요, 동중정(動中靜)이 시진정(是眞靜)이라.' 하였나니라.

그러나 수양이 없는 사람은 한번 동(動)하면 근본 마음마저 동하여 동하는 가운데 조금도 정(靜)을 가져보지 못하며, 또 한번 정하면 정한 데 집착하여 정한 가운데 조금도 성성(惺惺)한 영지(靈知)를 가져보지 못하나니, 만약 동중(動中)에 정이 없이 동하는 것은 원만한 동이 되지 못하고, 정중(靜中)에 영지가 없이 정하는 것은 진정(眞靜)이 되지 못하나니라.

그러므로 우리는 동할 때 동하더라도 심중에 주착(住着)이 없이 동하고, 정할 때 정하더라도 심중에 대중심(大中心)을 놓지 않도록 하여 동과 정이 항상 일치되어 여여하도록 심신을 수련하여 원만한 심성을 양성(養成)하자는 것이니라.

영육쌍전(靈肉雙全)이라 함은 정신과 육신을 다 같이 완전하게 하자 함이니, 보통 사람들은 우리의 육신을 보전(保全)함에는 의·식·주가 절대적으로 필요함을 잘 알지만, 우리의 정신도 육신의 의·식·주와 같이 일심과 지혜와 실행이 절대 필요함을 아는 사람이 적은 까닭에 삼학에 힘써서 우리의 정신을 실(實)하게 할 줄 알지 못하나니라.

그러므로 우리는 마음의 의·식·주인 일심과 지혜와 실행을 양성하여 우리의 정신을 완전하게 보장(保障)시키며, 생활의 의·식·주를 장만하여서 우리의 육신을 완전하게 보전(保全)하자는 것이니라.

과거 출가인들은 영혼 제도에만 치중하여 육신과 현세를 부인하는 폐단이 있었고, 속인들은 현세의 일생만을 치중하여 사후의 영혼 제도를 부인하는 폐단이 있었으나, 우리는 오늘을 떠난 내일이 없고 내일이 없는 오늘은 무의미함을 알아서 현세와 미래를 다 같이 중시하여 사·농·공·상에 힘써서 현세의 우리 육신을 보전시키며, 계·정·혜 삼학으로 우리의 영혼을 제도시켜서 영과 육을 쌍전시키자는 것이니라.

무시선(無時禪)·무처선(無處禪)이라, 고덕(古德)이 말하기를 '선(禪)이란 불지심(佛之心)이요, 교(敎)는 불지언(佛之言)이며, 계(戒)는 불지행(佛之行)이라.' 하셨나니, 선(禪)은 범어(梵語) 선나(禪那)의 약칭으로 당언(唐言)에 정려(靜慮)라 하여 고요한 마음이라고도 풀이하며, 적적성성(寂寂惺惺)이라고도 풀이하나니 우리의 본래 온전한 심경을 이름이니라.

그러나 선은 좌선이 선의 기초가 되어 표준이 되나 앉아서만 선을 하는 것은 대승선(大乘禪)이 되지 못하는지라 동정간(動靜間)에 할 수 있는 선이라야 진선(眞禪)이니, 우리는 시간과 처소를 가리지 말고, 어느 곳 어느 때라도 선을 수행하자는 것이니라.

환언하면 시간을 따로 정하여 부동심을 양성하는 것이 아니라 무시(無時)로 동정간 천만 경계를 응용할 때 그 일 그 일의 처사에 일심이 되고 계·정·혜를 아울러 닦고 보면 그 사람은 비록 직업생활을 하면서도 공부를 하는 사람이라, 가나오나 앉으나 누우나 선 공부를 하는 사람이 되나니, 어떠한 처지나 경우라 할지라도 무엇을 하려니까 공부를 못한다는 핑계가 없을 것이니라.

무처선(無處禪)이라 함은 우주 곳곳을 선방(禪房)으로 삼으라는 뜻이니 집 안에 있으면 집이 선방이요, 들에 나가면 들이 선방이며, 회사에 나가면 회사가 선방이요, 시장에 가면 시장이 선방이며, 변소에 가면 변소가 선방임을 자각하는 등 도처마다 내가 현재 처해 있는 곳이 선을 수련하는 도량(道場)이라는 관념을 가지라는 것이니라.

무시선(無時禪)이라 함은 아침부터 저녁에 이르기까지 행주좌와(行住坐臥) 24시간에 항상 선의 심경을 가지고 매매사사(每每事事)를 원만히 처리하는 것이니, 기침(起寢) 시에는 기침하는데 일심이 되고, 식사 시에는 식사하는데 일심이 되며, 담화 시에는 담화하는데 일심이 되고, 행보하는 때에는 행보하는데 일심이 되며, 살림하는 때에는 살림하는데 일심, 사무를 볼 때에는 사무 보는데 일심, 놀 때에는 노는 것에 일심, 야단을 칠 때는 야단치는데 일심, 잠을 잘 때에는 잠자는데 일심 등 일체 만사를 작용하여 나갈 때에 한 때라도 원만 무결한 선의 심경을 놓지 않는 생활을 하는 것이 곧 무시선·무처선이니라.

사람은 반드시 항상 일심불란(一心不亂)의 부동심과 부동행이 있어야 하며, 철주(鐵柱)의 중심과 부동여태산(不動如泰山)의 선적생활(禪的生活)이 아니면 도저히 고귀한 인격과 완전한 그릇을 이루지 못할지라, 그래서 옛날 방 거사(龐居士)의 선에 대한 음시(吟詩)를 살펴보면,

   일념심청정(一念心淸淨)
   처처연화개(處處蓮花開)
   일화일정토(一華一淨土)
   일토일여래(一土一如來)

한 생각 그 마음이 청정하면
곳곳에 연꽃이 피나니,
한 꽃이 한 정토요,
한 정토가 한 여래니라.

우리 보통 사람들은 참으로 선(禪)할 경계를 당하면 선(禪)을 하지 않고 도리어 고(苦)를 짓고 공부를 아니 하며, 그 선(禪) 공부할 기회를 잃어버리고 있나니, 우리는 그렇게 하지 말고 일체 경계와 일체 난경(難境)과 일체 역경, 일체 순경(順境)이 선(禪) 공부를 촉진하는 기회로 알아서 공부의 기회를 잃지 말고, 용맹정진할지니라.

처처불상(處處佛像)이라, 곧 우주 만유 일체를 부처님으로 알자는 것이니, 진리적으로 유정·무정(有情無情)이 다 불성을 가진 무비자비불(無非慈悲佛)인즉 이 진리로써 일체의 물경(物境)을 대할 때 부처님과 같이 알자는 것이니라.

과거는 사원 중앙에 안치한 등상불만을 부처님으로 알아 왔으나 우리는 법신불을 모시는지라, 법신불을 풀이하면 곧 천지·부모·동포·법률이니 우주 만물 허공 법계를 다 부처님으로 섬기자는 것이니라.

사사불공(事事佛供)이라 함은 우리는 우리의 죄복을 빌되 재래와 같이 일체를 등상불에 가서 정성을 바칠 것이 아니라 우주 만물을 부처님으로 숭배하는지라 천지·부모·동포·법률의 당처를 따라 자기의 소원대로 정성을 바칠 것이니, 예를 들어 말하자면 과수원을 경영하여 다수확을 소원하거든 토지와 과수도 역시 부처님이신지라 토지와 과수 부처님이 좋아하시는 비료로써 정성을 바치면 바친 정성만큼 천지에서 복을 주실 것이니라.

이와 같이 천지에 대한 죄복은 천지에, 부모에게 대한 죄복은 부모에게, 동포에게 대한 죄복은 동포에게, 법률에 대한 죄복은 법률에 당처를 따라 적당한 정성을 바친다면 부모·동포·법률 부처님께서도 우리가 정성을 바친 그만큼의 감응이 있을 것이니라.

이러한 까닭에 우리가 사은에 대한 보은의 도리를 알아서 그대로 행하여 죄고(罪苦)를 여의고 복혜(福慧)를 누리는 것이 곧 사사불공이니, 이 불공법은 실생활에 부합된 진리적 불공법이니라.

대저 사람마다 불공한 데 있어서 부족한 점이 많으니, 그중에도 윗사람에게는 공경할 줄 아나 아랫사람에게는 공경할 줄 모르며, 가까운 자리에 불공을 잘하여 친화할 줄 모르고 도리어 정의(情誼)를 성글게 하고 원망이 생기게 하나니, 우리는 이 점을 주의하여 가깝고 허물이 없으며 쉽게 보는 자리에서도 더욱 공경하고 조심하여 그곳에 불공을 잘 드리기에 노력할지어다.

※ 정산 종사 또 말씀하시기를 "처처불상(處處佛像)이라는 말은 과거 등상불(等像佛) 숭배에서 천지·부모·동포·법률의 사은인 법신불을 숭배하는 것이니, 불교 사원의 중앙 법당에 안치한 등상불만을 부처님으로 모셔 온 신앙을 일대 혁신(革新)한 신앙이니라.

우주 만물 허공 법계를 다 부처님의 응화신(應化身)으로 섬기자는 이 처처불상은 아버지·어머니·형제·물건(物件)·금수·초목에 이르기까지 부처님의 응화신으로 숭배하는 것이니라.

또 사사불공(事事佛供)은 곧 일마다 불공을 드리는 것으로 우리의 죄를 참회하고 용서를 구하며, 복을 빌되 재래와 같이 일체를 등상불에만 정성을 바칠 것이 아니라 우주 만물을 부처님으로 숭배하는지라, 천지·부모·동포·법률의 당처를 따라 자신의 소원대로 정성을 바치는 불공법이니라.

이와 같이 천지에 대한 죄복은 천지로부터, 부모에 대한 죄복은 부모로부터, 동포에 대한 죄복은 동포로부터, 법률에 대한 죄복은 법률로부터 받게 되는 것이 이치의 당연함이니라.

아울러 불공에도 종류가 있나니, 향촉과 꽃, 청수 등으로 장엄하는 것은 형식불공(形式佛供)이요, 사은 당처에 직접 때와 상황에 맞게 불공한 것은 실지불공(實地佛供)이며, 음양상승의 도와 선악업보의 진리를 따라 천지신명(天地神明)에게 드리는 진리불공(眞理佛供)이 있나니라.

다만 옛 말씀에 '천시(天時)도, 지리(地理)도 불여인화(不如人和)라.' 하였나니, 어떠한 경우와 상황에서도 우리 공부인은 악한 사람을 불쌍히 여길지언정 미워하지 말며, 선한 사람을 추앙할지언정 시기하지 아니하여 삼세(三世)의 죄복이 불공을 잘하고 못하는 데에 따른다는 것을 명심할지어다."

5. 문답

학인이 묻기를 "본 회의 교리를 제일 간단히 한마디로 말하라면 어떻게 대답하오리까?"

정산 종사 답하시기를 "본 회는 일원상이 최상이 되는 교리인바, 일원은 곧 우주 만물을 다 부처님으로 알자는 것이며, 또한 일원처럼 원만한 계(戒)·정(定)·혜(慧)의 지행(知行)을 갖추자는 것이니라."

  『불교정전』 표어 의해(義解)가 끝난 후 질의 문답 시간에 박창기 여쭙기를 "일원의 위력을 얻으면 자신 제도는 되겠지만 인연 없는 타인까지라도 제도할 수 있습니까? 가령 부처님께서 조달도 제도할 수 있었습니까?" 답하시기를 "인연 없는 중생까지도 제도할 수 있나니라."

  또 여쭙기를 "그러면 악인을 어떻게 제도하며, 고목(枯木)에는 어떻게 미칩니까." 답하시기를 "일원의 위력을 계속하면 인연 없는 중생이 따로 없어서 다 인연이 되나니라. 그래서 그 위력을 얻으면 인과가 풀려 마치 눈이 봄기운에 녹는 것과 같나니라. 그러나 만일 인과를 부인하면 또한 죄고(罪苦)를 받나니 백장 선사(百丈禪師)의 전백장(前百丈) 후백장(後百丈)의 이야기이니라. 곧 견성을 하면 인과를 초월한다고 하여 죄짓기가 쉽고 무기행(無忌行)을 하기도 쉽나니, 저 재준 씨 같이 인과를 부인하면 죄짓기가 쉽나니라."

  또 여쭙기를 "일원상은 붓으로 그린 것이요, 하나의 표현이라 하였으니 그 소재처(所在處)는 어디에 있습니까." 하자 정산 종사 묵연하시거늘 송도성이 대신 답하기를 "창기 씨는 묻는 그 마음을 쉬고 자성을 반조해 보며 일체 선악이 일어나기 전의 본래 면목(本來面目)을 볼지니, 그 자리가 일원상의 자리라고 생각합니다."

  창기 또 여쭙기를 "일원상이 우리 모두의 각각 본래 면목이라면 공부하여 그것을 얻으려고 할 필요가 있겠습니까." 도성 답하기를 "일원상이 각자에게 있지만 때가 끼고 묵어서 공부로써 씻고 벗기자는 것입니다. 그러므로 부처님은 닦아서 부처님이 되셨으며, 우리 범부는 닦지 못하여 중생인 것입니다."

창기 또 묻기를 "우리 중생들은 번뇌 망상으로 낮 동안을 지내고 온 밤을 보내는데, 무슨 일원상이 있겠습니까." 도성 답하기를 "주야를 번뇌로 끓이다가도 그 마음을 돌이키니 이것이 일원상이 있는 까닭입니다. 그러므로 범부 중생도 이 일원상을 깨달아서 참다운 신앙을 하고 수행하면 우주 전체와 합일이 되어 참 진리의 생활을 하게 될 것이니, 이것이 또한 일원상의 진리입니다."

관음행이 여쭙기를 "내 마음을 내 마음대로 하면 오가(吾家)의 소유가 됩니까. 곧 남의 논을 팔아서 차지하는 것도 오가의 소유라고 할 수 있습니까." 정산 종사 말씀하시기를 "관음행의 질문은 과격한 것이니 우리의 소아(小我)를 없앰으로써 대아(大我)를 찾으라는 뜻을 알면 그 이치가 드러나나니라."

박장식이 여쭙기를 "선악 인과가 음양 상승과 같이 되는 형상에서 선이 지극하면 악이 오고, 악이 지극하면 선이 오는 것입니까." 정산 종사 답하시기를 "인과를 초월하지 못한 사람은 각자의 업력을 따라 선이 지극하면 악이 오고, 악이 지극하면 선이 자연히 오는 이치가 있나니라."

또 여쭙기를 "성리와 인과는 진리의 양면관이니 부합된 점에 대하여 알고 싶습니다." 정산 종사 답하시기를 "인과의 체가 성리(性理)요, 성리를 운용하면 인과라, 이 성리를 깨달으면 인과의 변화를 알게 되고 인과를 알게 되면 성리를 깨닫게 되어, 인과가 성리요 성리가 인과이니라. 우주는 항상 산 기운인지라, 이 산 기운으로 일체 만물이 연

(連)한 음양 상승의 이치가 작용하여 저절로 은원(恩怨)을 만나게 되나니라."

또 여쭙기를 "견성한 처지에서는 우주 만유가 오가(吾家)의 소유가 된다면, 견성을 하지 못한 사람은 어떻게 신앙과 수행을 해 나가야 하는지 가르쳐 주십시오." 정산 종사 답하시기를 "신앙으로 그 자리를 믿으며 처처불상·사사불공, 무시선·무처선으로 정성껏 공부하면 깨닫는 것과 별다른 차이가 없느니라. 우리의 법은 간단명료하나 우주의 대소유무와 인간의 시비이해가 다 포함되어 일체 인간사와 우주의 성리 전체를 한 덩어리로 뭉쳐놓은 것과 같나니라. 그러므로 대인은 우주 전체를 알아서 그 몸으로 삼고 행하지만, 소인은 내 몸 하나만 알아서 행하나니라."

6. 불법연구회의 설립 동기

"원불교를 설립하게 된 동기(動機)의 강령은 개교 표어에 나타난 '물질(物質)이 개벽(開闢)되니 정신을 개벽(開闢)하자.'이니, 이 표어는 대종사께서 먼저 탐(貪)·진(瞋)·치(癡)가 들끓는 세상을 관찰하시고 그 원인은 무엇이며, 그 구제(救濟)의 재료(材料)는 무엇인가를 밝히고 있나니라.

그러므로 물질문명의 발전에 따라 정신의 쇠약(衰弱)을 초래하게 된 원인 관계를 좀 더 자세히 살펴보면 어떠한가. 물질문명의 발달이 극도에 도달하게 됨에 따라 인욕(人欲)이 점점 커지나니, 이 인욕 즉 탐·진·치가 커짐으로써 세상 사람들은 물질의 지배를 받게 되고, 도덕과 의리(義理)가 끊어지며, 개인·가정·사회·국가·인류가 혼란해지는 것이니라.

그러나 공자님이나 부처님께서 모두 법(法)을 내놓으시고 세상을 구제하셨지만, 시대와 인심이 달라진 이 시대에는 그 옛날의 법만으로는 세상을 다 구제할 수 없기에 대종사께서 일원대도를 이 시대에 꼭 맞게 천명하셨으니, 곧 인생의 요도(要道) 사은(四恩)·사요(四要)와 공부의 요도(要道) 삼학(三學)·팔조(八條)의 법을 내놓으시어 일체 생령으로 하여금 광대 무량한 낙원(樂園)의 생활을 건설하게 하신 것이니라."

• 파란고해(波瀾苦海)

"세상 사람들은 삼강령(三綱領)의 실력이 없어서 마음의 안정을 얻지 못하고 뒤끓는 생각에 불평불만을 품을 뿐만 아니라, 자신도 번민(煩悶)을 갖고서 심사를 태우고 또 타인까지도 불화하게 하나니, 욕심이 가득 찬 마음으로 악독(惡毒)을 뿌리고 자신도 온갖 고통을 받게 될 때 고해(苦海)가 아니고 무엇인가.

또는 은혜를 발견치 못하고 대하는 곳마다 원망하여 이것을 대하나 저것을 대하나 불평불만을 느낄 때, 마치 저 바다에서 큰 풍랑을 만나 작은 배가 뒤집히는 것처럼, 이 세상 사람들의 마음 역시 물질의 노예 생활을 할 때 그 고통이 그러하나니라."

• 진리적(眞理的) 종교의 신앙(信仰)과 사실적(事實的) 도덕의 훈련

"무릇 종교라는 것은 신앙(信仰)에 집중하고 있다 할 것이나 진리적 종교의 신앙이 있는가 하면 비진리적 신앙의 형태가 없지 않나니, 예를 들면 수(水)·화(火)·목(木)·석(石)·일(日)·월(月) 등을 믿는 것은 구

진리적 신앙이라 곧 미신(迷信)에 가까운 것이니라.

　일원상(一圓相)을 신앙하는 것도 저 목판에 새겨진 둥근 원상(圓相)이 들어서 화복(禍福)을 준다고 하면 역시 허위(虛僞)를 벗어나지 못하여 진신(眞信)이 아니라고 할 것이라, 그러므로 어느 때를 막론하고 여여상존(如如常存)한 진리인 일원상을 신앙의 대상(對象)과 수행의 표본으로 하자는 것이니, 일원상의 진리인 사은(四恩)의 진리가 들어서 화복을 준다는 것이니라.

　사실적 도덕의 훈련에서도 기성종교의 허위를 지적할 수 있으니, 가령 아미타불만 믿으면 천당으로 모셔간다고 믿고 있다든지, '이! 뭐꼬' 하고는 화두(話頭)만 들고 앉았다든지 하고서 일평생을 보낸다면 이 세상에 무슨 필요가 있으며, 어느 방면으로든지 원만히 사용되지 못할 것이니라.

　그러므로 인생 생활에 밀접한 사·농·공·상(士農工商)의 실업을 배우게 하고, 또는 사은의 진리가 사실로 화복을 주는 실 증거가 확실하여야 할 것이라, 그러므로 본교에서는 사대은(四大恩)을 본위로 하여 보은(報恩) 지도와 배은(背恩)의 결과를 밝혀서 진리불공법(眞理佛供法)과 함께 처처불상(處處佛像)·사사불공(事事佛供)으로써 당처불공법(當處佛供法)을 훈련하나니, 이러한 교법(敎法)이 사실적 도덕의 훈련이라 하겠노라."

- **낙원 생활의 건설**

"고락쌍망(苦樂雙忘)한 자리가 낙원이라, 물질문명의 발달이 극도에 이르러서 의식주의 생활에 만족한다고 일체의 고(苦)가 없는 것은 아니니라. 한 가정에 모든 살림하는 기구가 다 설치되어 누워서 만리(萬里)의 소리를 듣고, 앉아서 고량진미를 먹으며 화려한 생활을 한다고 할지라도 그중에 고는 없지 않으니, 그것은 도덕이 발달하지 못했기 때문이니라.

물질문명이 더욱 발전되고 그 영향력이 높아져 갈수록 정신문명을 발달시키지 못하면 세상 사람들의 취하고 싶은 욕심은 더욱 커지게 되나니, 그러므로 마음의 안심처를 얻고 물질에 끌리지 않아야 대하는 인연마다, 가는 곳마다 낙원이 될 것이니라."

문(問) 학인이 묻기를 "물질문명을 정신 세력으로 항복 받는다고 하였으니, 이것은 유심(唯心)에 기울어진 점이 아닙니까?" 정산 종사 답하시기를 "물질문명을 항복 받자는 말은 곧 물질을 잘 이용하자는 것이라, 물질의 발명이 우리의 생활을 좋게 하려고 발명이 되었는데도 도리어 사람들이 물질에 종노릇하여 사용을 받게 되었기 때문에 정신의 세력을 확장하여 물질문명을 잘 사용하자는 것이니라.

이것은 주인인 정신문명과 객인 물질문명을 잘 알아서 주인이 주인 노릇을 잘하자는 것일 뿐 물질문명의 발명이나 발전을 부정하는 바는 아니니라.

또한 개교의 동기에서 일체 생령을 광대 무량한 낙원으로 인도하려 함이라고 하였으나, 시방세계 일체 생령이 전부 광대 무량한 낙원으로 인도되는 때가 있겠느냐. 부처님께서 밝히신 삼불능(三不能) 가운데 무연중생(無緣衆生) 불능도(不能度), 무변중생(無邊衆生) 일시불능도(一時不能度)라는 말씀과 같이 한 때에 다 낙원으로 인도하지 못한다고 할지라도 다생 겁래의 수천 생을 놓고 본다면 제도를 받을 수 있다는 것이니라.

대종사님께서 과거 삼천 년 전의 석가모니 부처님 법 가운데 그 폐단점을 혁신하셨으나 불생불멸의 진리, 인과보응의 진리, 이고득락(離苦得樂)의 진리만은 불변이라 수용하시었고, 다만 그 폐단된 점을 혁신하시어 대중화·시대화·생활화하셨나니라.

곧 일원상을 신앙의 대상과 수행의 표본으로 하시어 사은사요(四恩四要)와 삼학팔조(三學八條)로써 교리의 대강령(大綱領)을 정하시고, 또한 각 종교의 교서를 참고하여 불법(佛法)을 보급하자는 것이니라.

현재 진종(眞宗)·시종(時宗)·조동종·임제종·황벽종·일련종·법상종·화엄종·율종·천태종·진언종·염불종·정토종 등 계(戒)·정(定)·혜(慧)를 중심으로 무려 13종(宗) 56파(派)가 있을 정도라, 부처님께서 49년간 설하신 계·정·혜의 진리로 귀결될지라도 상·중·하 근기에 따라 교화하는 방편은 달랐기 때문이니라."

7. 과거 조선 사회의 불법(佛法)에 대한 견해

"불교가 그 역사에서 오래인지라 인류 사회에서 진리의 정체는 알지 못하고 방편만 보아 잘못 오해하는 점이 많으나, 불교와 조선은 인연이 매우 깊어 석가모니 부처님의 후신(後身)이라 할 수 있는 큰 도인들이 많이 나시었나니라.

그래서 비록 1천여 년 동안 환영을 받고 5백 년 동안을 배척받았으나 부처님께서 멸(滅)하신 후 900여 년경 문수보살이 53불(佛)을 그려서 부선(浮船)하여 인연 있는 국토를 찾아가게 하였으되 처음에는 지나(支那) 낙양(洛陽)에 도착하였으나 인연이 없다 하여 할 수 없이 다시 배에 싣고 조선에 도착하여 노춘(魯椿)이란 사람이 왕께 고하고 금강산 유점사에 모셔놓았다는 이야기를 보더라도 그 유래가 얼마나 오래이며 깊은가를 잘 알 수 있나니라.

또 『진묵집(震黙集)』에 진묵 대사가 제자들을 데리고 내를 건너다가 "저 그림자가 누구의 그림자냐?" 하고 물으니 한 제자가 "아! 스님 그림자가 아닙니까." 하고 대답하자 진묵 대사 다시 말하기를 "내 그림자인 줄만 알고 석가모니의 그림자인 줄은 모르는구나." 하는 내용이 나타나며, 나옹(懶翁) 대사 역시 그에 견줄만한 큰 도인이니라.

이 나라 조선은 세상에서 유명한 금강산이 있고, 역사적으로 불교의 찬란한 문화를 빼놓고는 다시 볼 것이 없나니라.

그래서 역사적으로 환영받은 실례(實例)가 많나니, 일찍이 신라 시대에 집집이 부처님을 받들고[家家奉佛] 사람 사람에게 경배(敬拜)의 절을 올린다[人人作拜]는 예가 있으며, 어떤 경우에는 가가호호(家家戶戶)에 가사장삼(袈裟長衫)이 걸려야 양반이라 칭할 수 있다는 말이 나돌 정도로 환영을 받았나니라.

고려 시대에도 큰 도인(道人)들을 국사로 모시고 특별히 대우하였으나 그 후 조선 시대가 되면서 점차 척불(斥佛) 정책에 의해 배척을 받아 심지어 7천인(賤人)으로 하시(下視)를 받아 속인(俗人)과 천인의 아이라 할지라도 '소승 문안 올리옵니다.' 할 지경까지 이르게 되었나니라."

• 흥망의 원인이 어디 있는가

"그렇다면 이러한 흥망(興亡)의 원인은 어디에 있는가. 흥망에 있어서는 유교(儒敎) 또한 다를 바 없나니 제군들은 잘 들어라.

무릇 흥망의 원인은 희생적 정신을 가지면 흥하는 것이요, 이용적 정신을 가지면 망하는 것이라, 어떤 단체나 국가를 이용하여서 자기 명예를 얻으려고 하면 망하는 것이요, 또는 권리를 잡고 너무나 세력을 잡으면 그 흥성함의 끝에는 쇠퇴가 돌아오게 되나니라.

불교가 너무나 흥할 때는 스님이 어디를 가려면 횃불을 밝히고 시봉할 정도로 대접을 받았나니, 그러는 까닭에 망하게 되었나니라. 그때 유교의 세력은 미약하여 불교를 대단히 미워하다가 결국 세력을 잡게 되었나니, 퇴계·율곡 선생 때에는 대단히 성하게 되지 않았던가. 그러나 유교도 또한 너무나 세력을 잡았기에 쇠하여졌나니, 세력이나 권리를 잡으면 쉽게 망할 수 있는 것이라, 권리를 잡고 정견(政見)에 참지(參指)해서 법을 펴려고 하지 말라. 자연히 발전되어야 오래 계지(繼持)하는 것이니라. 진리 공부를 하는 우리들은 실용(實用)에 있어서 평등관(平等觀)을 가져야 하나니라."

• 조선 승려의 실생활과 석존의 지혜와 능력

"앞에서 밝힌 대로 불교의 모습은 대강 그러하나 그 실용에 들어가서는 속인(俗人)과 다르게 정신·육신적으로 초자연한 생활을 해 왔다고 할 수 있나니, 교리와 제도가 출세간 생활이 본위로 되어 사·농·공·상(士農工商)을 하면서 삼학공부(三學工夫)를 병행하지 못하였으며, 동정간(動靜間) 불리(不離)의 공부가 되지 못하였으며, 경전이 어려운 한문으로 되었으며, 교화 장소가 깊은 산중에 있어서 세상과 등져 있었으며, 제도 또한 출세간 위주로 되어 있어서 결혼에 부자유하고 동령

(動鈴)이나 시주(施主) 등으로 생활의 대책이 되어 왔나니라.

　그러나 부처님의 지혜는 삼세(三世)를 통달하시고 시방 삼계(十方三界)를 우리가 육안(肉眼)으로 알고 보듯이 환하게 아시는 지혜 광명(智慧光明)이 있으시며, 그 능력은 자연의 힘으로도 하지 못하는 것을 능히 하시고, 보통 사람으로는 도저히 할 수 없는 것을 능히 할 수 있는 힘이 있나니라.

　탐·진·치(貪瞋痴)에도 전혀 끌리는 바가 없으시니 대저 저 탐·진·치란 어디서부터 일어나게 되는가. 그것은 경계를 당하여 자신을 본위로 하는 머리에 탐·진·치가 불같이 일어나는 것이라, 그러나 그것은 본심(本心)이 아니요, 객심(客心)인 까닭에 부처님은 그 탐·진·치를 마음대로 하시고 객심(客心)을 완전히 항복 받으신 분이니라.

　그러므로 진리의 원만구족(圓滿具足)한 자리를 더듬어 볼 때 물론 탐·진·치(貪瞋痴)도 값아 있다고 하여야 옳겠지마는, 부처와 중생의 자리에서 탐·진·치의 원리를 본다면 부처에게는 없는 것이니라.

　무릇, 부처 불(佛)은 공부하는 것을 말함이니, 탐·진·치를 떼어버리는 공부의 경로를 말하면 처음에는 탐·진·치에 잠겨 살면서 탐·진·치의 생활을 하는 줄도 모르고 살다가 어떠한 선지식의 인연으로 법문을 듣고 비로소 있는 줄을 알게 되나니, 그러나 설혹 그것을 알고서 공부는 하나 쉽게 제거가 잘되지 않나니라.

　그렇게 얼마 동안 실수를 하고 애를 쓰다가 좀 익숙하여지면 1시간 애쓸 것을 30분에 항복을 받고, 30분 걸려 하던 것을 10분 만에 하고, 10분에 하던 것을 5분에, 5분에 하던 것을 한순간에 할 정도에 이르게 되나니라.

이렇듯 성문(聲聞), 연각(緣覺), 보살(菩薩)·불(佛)의 차례로 공부해 들어가는 것이니, 그렇게 하여 부처의 자리에 들어가면 환하게 비치지 않는 곳이 없고, 시방(十方)에 편만(遍滿)하지 않음이 없나니라.

그러나 가끔 한 번씩은 구름이 끼듯 무명 번뇌가 일어날 때도 있으니, 곧 이 우주도 명랑한 날씨만 있는 것이 아니라 가끔은 흐릴 때가 있듯 부처님도 한 번씩 이러한 때 공부를 하시나니라.

또한 닭이 울기 전 심야(深夜)는 탐·진·치(貪瞋痴) 생활을 하는 때요, 닭이 울면 비로소 탐·진·치가 있는 줄을 알게 된 때라 할 것이니, 닭이 한 번 울고 두 번 울어 날이 새면 탐·진·치 공부가 좀 익숙해 가는 때이니라. 하지만 날이 샌다고 아주 갑자기 밝아지는 것이 아니듯이 차차 해가 올라오는 때는 그 공부가 아주 익어 가는 때요, 아주 한낮과 같이 밝아지면 부처라 하겠으나, 부처도 탐·진·치 공부를 놓지 않고 정진하시나니라. 그런데 하물며 우리들로서는 탐·진·치가 들끓고 있는 줄을 알아서 공부심을 놓지 않는 적공을 계속해야 할 것이니라.

부처님께서는 이해(利害)와 생사(生死)를 불고(不顧)하시고 타물(他物)을 이롭게 하는 것으로 당신의 복락(福樂)을 삼으신다고 하셨으나 무조건 취사(取捨)의 대중을 놓고 하시는 것은 아니며, 내가 삶으로 인해서 만인에게 이(利)를 주게 되었을 때 또한 공연히 희생하시지 않으시고, 이해타산(利害打算)을 분명히 하여 가장 큰 것을 선택하시나니라."

• 외방의 불교를 우리의 불교로

"인도나 지나(支那)의 한자 숙어로 된 불교의 경전을 조선어로 쉽게 풀이하고 또한 조선 풍속에 맞게 만들자는 것이니라."

• **소수인의 불교를 대중의 불교로**

"불교를 시대화·생활화·대중화하여 불법(佛法)의 대의를 보급하자는 것이니라."

• **편벽된 수행을 원만한 수행으로**

"사중은(四重恩)을 연마하고 단련하여 작업취사의 힘을 얻자는 것인바, 단련이라 하는 것은 수련이라고도 하나니, 불식지공(不息之功)으로 힘써 나아가는 것을 말하나니라.

부처님께서 6년 동안 설산(雪山)에서 연마(研磨)하셨고, 공자님께서 십유오이지우학(十有五而志于學)하고 '나를 두 해만 더하게 하여 준다면 내가 하고 싶은 것을 다 하겠다.'라고 말씀하신 것처럼 사중은(四重恩)을 단련하라는 말은 사은을 알아서 보은을 실지(實地)에 원만구족하고 지공무사하게 나투라는 것이니라."

• **과거의 예법을 현재의 예법으로**

"예법(禮法)이라 하는 것은 성경(誠敬)으로써 격(格)에 맞게 행하는 것으로, 예로부터 '예(禮)는 천리지절문(天理之節文)이요, 인사지의칙(人事之儀則)이라.' 하였나니, 우주에는 일월이 왕래하고 사시가 순환하여 광채(光彩)가 있듯이 사람으로 태어나 예가 있어야 광채가 드러나고 최령한 인생의 가치가 있게 되나니라. 그러므로 천리의 절차와 광채를 본받아 인사의 원칙을 밝힌 것이 바로 예법이니라.

그러나 제성(諸聖)이 예법을 마련하실 때 그 시대에는 맞게 내셨으나 시대가 변하여 감에 따라 시대와 인심에 맞지 않는 경우가 많으니,

곧 예(禮)의 체(體)는 성경(誠敬)이라 성경의 본래 정신만은 불변이나 그것을 현실에 쓸 때는 시대와 인심 등 여러 가지 경우에 따라 달라지는 것이 이치의 당연함이니라.

또 가령 개인주의 본위로 해서 예법을 내놓으면 그대로 돌아가고, 공심을 본위로 해서 예법을 마련하면 그 방향으로 또 돌아가게 될 것이라, 불교 개선(改善)의 장(章)에 대종사께서 예법을 넣으신 것은 불교를 시대화·생활화·대중화하여 실행하기 위해서는 반드시 예법이 따르게 된다는 것을 밝히신 것이며, 또한 불교혁신을 이 예법으로써 해 나가야 할 것이기 때문이니라.

불교는 형식불공(形式佛供)이 유행하여 제사(祭祀) 때 음식을 차려 놓고 귀신이 먹는다는 등, 부모·형제·친척 등에게 지은 죄(罪)를 등상불에게 빌고 있는가 하면, 일반의 신앙도 불교와 관련하여 무정한 목석(木石)이나 기괴한 물건 등에 자손을 잉태하게 해 달라고 빌고 신수를 빌며, 풍년이 들게 해달라고 비는 등 온갖 미신적인 신앙 행위가 있나니라.

그뿐만이 아니라 번잡(煩雜)한 예법은 수없이 많나니, 상례(喪禮) 하나를 지내는 데에서도 삼년상(三年喪)이라든지, 49일상 등으로 여러 가지 사례가 헤아릴 수 없이 많나니라.

그러나 예법의 강령(綱領)을 말하면 관혼상제(冠婚喪祭)는 곧 공경(恭敬) 즉 성경(誠敬)의 도로써 행하는 것이니라.

아울러 도를 행하는 것이 예라 할 수 있나니, 예라는 것은 상대처가 있을 때 하는 것이요, 도는 잠깐도 떠날 수 없는 것이며 홀로 있을 때도 지킬 수 있는 것이라, 우리 공부인이 혼자 앉아 있을 때라든지, 저 사막을 홀로 걷게 될 때도 도는 떠날 수 없지마는 예(禮)는 차리지 않을 수도 있는 것이 차이라면 차이니라."

• 불공법

"보통 불자(佛者)들이 일상생활에서 올리는 불공(佛供)·헌화(獻花)·헌향(獻香) 등 불전 불공을 하는 데에는 각각 다른 순서가 있으나, 그 공경심에 있어서는 상하 귀천이 없나니라. 그러면 근본적으로 우리 공부인이 진정 불공을 드릴 곳은 어느 곳이며, 그 부처님은 누구인가.

첫째, 자심불(自心佛)이 곧 주세불(主世佛)임을 알아서 다른 어떤 부처님보다 먼저 아불(我佛)에 불공을 하라. 새벽에 일어나 좌선(坐禪)을 하여 마음을 맑게 하고 심고(心告)를 드리는 것이 곧 이 불공이요, 또한 매사를 당할 때 한시도 공경심을 놓지 않고 육근(六根)에 불공을 드리는 것이 이 불공이니라.

둘째, 부모·형제를 비롯한 여러 사람과 한갓 동물에게까지도 부처님 대하듯 불공하는 것이니, 사람사람이 모두 불성(佛性)을 가지고 있어서 잘하면 복을 주고 잘못하면 죄를 줄 만한 능력이 있나니라. 사람마다 한 사람에게도 틀림이 없이 불공을 잘 드리려면 그 사람 그 사람에 따라 불공드리는 방식을 알라. 저 개 한 마리라도 발로 차면 물고 덤벼들 것이니라.

셋째, 무정물(無情物)까지도 전부 불공을 드리는 것이 이 불공법이라, 일체 만사 전부를 공경심으로 대하는 것이니, 불공의 방식에 있어서는 천만 가지가 있으나 잘 알아서 아불(我佛), 타불(他佛), 일체불(一切佛)까지도 불공을 드리라.

천지에서 받은 죄복(罪福)의 실경(實境)은 이미 당한 죄복과, 장차 받게 될 죄복, 또는 천지에 외면적으로나 내면적으로 받게 되는 죄복이 있나니, 이미 당한 죄복에 있어서 복은 천지가 의·식·주로써 자기가 공력을 들인 만큼 내려주는 것이요, 죄는 수해·풍해·한해를 당하였을지라도 거기에 공력을 들이며, 할 수 없으면 만생(萬生)에 그동안 지은 업에 맡겨서 그것을 어떻게 잘 활용할 것인가 그 방법을 연구하여 다시는 죄를 짓지 말라.

당할 죄복이라 함은 길을 가다가 돌을 공경치 않으면 걸려 넘어질 것이요, 사시(四時) 순환의 천시(天時)를 잘 맞춰서 이용해야 실패가 없을 것이거늘, 날이 추운데도 어기고 찬바람을 맞으며 먼 길을 가면 병이 날 것이 분명한 것과 같이 내가 천지에 불공을 잘하고 못하는 것에 따라 죄복을 받게 되는 것은 이치의 당연함이라, 이것은 외면적으로 천지의 죄복이 나타나는 것이니라.

그러나 내면적으로 죄복의 보응이 또한 없지 아니한지라, 아무도 모르게 나 혼자 지었다 할지라도 자연히 돌아오게 되는 것이니 이는 음양상승(陰陽相勝)의 도로써 복을 지으면 복을 주고, 죄를 지으면 죄를 주게 되나니라.

옛 말씀에 '암실기심(暗室欺心) 신목여전(神目如電)이라.' 하였나니, 아무도 모르게 음덕(陰德)을 쌓게 되면 자연히 복을 받게 되고, 또는 공통으로 아무도 모르게 죄를 지으면 또한 천지에서 받게 되나니라.

가령 좋은 법을 내서 여러 동포에게 미치게 하면 우연히 천지로부터 복을 받게 되고, 그 반대로 법이 나빠서 모든 민중이 도탄에 빠지게 되면 이에 대한 죄업은 우연 자연한 가운데 천지로부터 받게 되나니라.

또는 부처님에게 죄를 지으면 하늘에서 그 죄벌을 받게 되나니, 왜 그러냐 하면 공통적이 될 때는 곧 천지 기운과 부합이 된 자리이기 때문이니라.

진묵 대사가 길을 가다가 어느 절에 들어가서 '시장하니 밥을 좀 달라.' 하였으나 조금도 주지 않고 종만 치고 자기들만 다 먹어 버렸으며, 또 대사가 구정물 통에서 밥알을 주워 먹으니, 그것도 빼앗아서 변소에다 버리므로 할 수 없이 진묵 대사가 봇짐을 지고 밖으로 나오자, 이때 천지가 우지직하며 날벼락을 때렸다는 이야기가 있나니라.

천지의 죄복 보응은 곧 개인이 하지 못하는 우연히 돌아오게 하는 권능이 있나니, 우리가 심고와 기도를 지성으로 드리면 천지가 감응하여 원하는 바를 들어주게 되는 것과 같은 이치니라.

알지 못하는 가운데 혼자 죄를 지었다 하더라도 나중에는 그 죄를 받게 되고, 또한 좋은 법을 시행하여서 개인 상대가 아니요, 일체 대중에게 미치게 하면 그 복 또한 우연 자연히 받게 되나니라."

문(問) 학인이 "어떤 교도가 불전(佛前)에 심고(心告)를 극진히 3~4년간을 드렸는데도 소용이 없자 사은(四恩)도 무심(無心)하다고 말하는데 어떠한 까닭입니까?"라고 여쭙자, 정산 종사 말씀하시기를 "그러한 말을 하지 말라. 그 사람에 있어서 극진히 올린 심고(心告)의 효과가 나타나지 않은 것은 과거의 업이 두터워서 당장에는 성공이 안 되었으나, 심고의 정성이 지극하여 가피(加被)할 만한 정성이 쌓인다면 정업(定業)이라도 엷어지나니라. 부모님이나 스승님께서 병환이 나시어 정성으로써 간병(看病)하는 것은 실지불공(實地佛供)이요, 병이 낫고 목숨을 연장하게 해 달라고 비는 것은 진리불공이니, 진리불공과 실지불공을 지극히 하면 시일의 장단과 정성의 유무에 따라 효과가 있나니라.

 또 사람이 병이 들었다고 다 죽는 것은 아니니, 일찍이 무왕(武王)이 병이 들어 죽게 되었는지라 주공(周公)이 형을 위하여 기도문을 지어서 백일기도를 드리며 자신이 형 대신에 죽을 테니 십 년만 더 살게 해 달라고 빌었나니라. 지성(至誠)이면 감천(感天)으로 무왕의 병이 호전되었고 그리하여 십 년을 더 살고 죽었나니, 그러나 주공이 어린 성왕(成王)을 등에 업고 조회를 하는 등 섭정을 하는데 간신들이 공고(公告)하여 주공이 야심을 가지고 있다고 하며 성왕을 부추겨 주공을 죽이기로 하지 않았겠는가.

 이 사실을 전혀 모르고 있던 주공이 반란의 무리를 치러 갔나니, 성왕의 생각에도 주공이 돌아오면 내 위(位)를 빼앗을 것인가 염려하여 어떻게 할 것인가 걱정하던 중에 느닷없이 대풍(大風)이 일어나 만숙(滿熟)한 칠월의 오곡(五穀)이 전부 쓰러져 버리는 일이 발생하였노라.

 이에 성왕이 놀라 물으니 '하늘이 대노(大怒)한 것은 간신의 무리가 주공을 모함하였기 때문이라.' 하여 성왕이 곧 자기 잘못을 깨닫고 주공을 따뜻이 맞이했다는 이야기가 있나니라. 그러한 성인들은 하늘과 합일하였기에 만일 어떤 사람이 그를 해(害)하고자 하면 하늘이 대노하여 큰 벌을 내린다는 것을 보여준 예이니라."

8. 일원상 서원문

 우리 공부인은 일원상(一圓相)에 대하여 신앙과 수행을 병진(竝進)하여야만 개인으로 보나, 전체로 보나 많은 전진이 있을 것인바, 대개 지극한 신자(信者)들은 수행(修行)에 등한시하는 자가 많고, 수행에 근행(勤行)하는 자는 또 신앙에 부족한 자가 많나니라.

그러므로 신앙에만 지극한 자는 무명(無明)을 면치 못하여 악도 타락할 것이요, 수행에만 지극한 자는 사미(邪迷)를 면치 못하여 악도 타락할 수 있으니, 이 두 가지를 병진하여야만 대반야지(大般若智)를 얻어 피안에 도달하리라.

또는 조선 전체의 종교인들을 보더라도 야소교회원(耶蘇敎會員)들은 신앙의 정도가 다른 종교의 이상이 되는 신앙이건만 수행이 부족하고, 유교인(儒敎人)들은 수행은 잘하나 신앙이 부족하여 만약 양종교(兩宗敎)가 두 가지를 겸비하였을진대 시방(十方)에 확장(擴張)할지도 모르나니, 그러므로 우리의 일원상 신앙과 수행을 병행하여야만 완전한 정로(正路)가 나타나리라.

우주 만물(宇宙萬物)을 강연(强然)이 표현하여 일원상이라 명칭하였으니, 이 일원상의 진리는 시방 삼세(十方三世) 간에 모든 종교가나 철학가가 탐구하는 구경(究竟) 문제로서 오득(悟得)한 자의 소견을 따라 표현한바 다만 명사(名詞)만은 각각 다르나니라.

그런 까닭에 일원상이란 명사는 불교 선가(禪家)의 용수 보살(龍樹菩薩)이 선리(禪理)를 설하시다가 그 육신으로써 두렷한 월륜(月輪)으로 화하여 보이신 일이 있고, 마조 선사(馬祖禪師)는 도우(道友)에게 서신(書信)으로써 일원상을 그렸으며, 혜충 국사(慧忠國師)는 97개의 일원상을 그려 탐원(耽源)에게 전하였고, 탐원은 앙산(仰山)에게 전하여 위앙종(僞仰宗)의 종지로 모시어 후진들이 비록 그 자리를 아는 그것에만 그치었으나 오늘날까지 전해 왔나니라.

유아(唯我) 대종사(大宗師)께서 이 진리를 오득(悟得)하시와 일원상으로 안명(安名)하시고 본회를 펴시어 신앙하고 수행하게 하셨으니, 이 '일원상 서원문(一圓相誓願文)'은 우리도 또한 꼭 그렇게 하여야겠다고 맹서(盟誓)하는 글인바, 비록 이 짧은 서원문이지만 불교의 선종(禪宗), 교종(教宗)을 비롯해 철학(哲學)의 본체론(本體論), 인식론(認識論) 등이 다 포함되어 각각의 학설 중에 고금을 통하여 제일 얻어보기 어려운 보문(寶文)이니라."

• 일원(一圓)은 언어도단(言語道斷)의 입정처(入定處)이요

　"언어(言語)는 분별(分別)해야 발(發)하는 것인바 일원의 진리는 분별이 단절(斷絕)하였고, 또는 일원의 현묘(玄妙)한 진리는 분별 언어로써 나타내지 못하노라.

　그러기에 석존(釋尊)께서도 49년간 설법을 마치시고 꽃가지를 들어 언어도단(言語道斷)의 자리를 교시(教示)하시었으며, 또 약산 선사(藥山禪師)는 평생 무언설(無言說)하시었나니, 곧 한 제자가 설법을 청하면 '법상(法床)을 차려라.' 하고 법상에 올라가서는 장시간에 일자무설(一字無說)하고 내려오므로 청중이 하도 허망하여 고하되 '어찌하여 설법을 아니 하시고 내려오십니까?' 하면, 선사(禪師)는 '나는 법을 다 설하였노라.' 하여 제자가 다시 여쭙기를 '무슨 법을 설하셨사옵니까?' 하면, 선사 말하되 '언어 설법을 듣고 싶거든 강사(講師)를 찾아가고, 계율(戒律)을 듣고 싶거든 율사(律師)를 찾아가라. 나는 선사이기에 선(禪)을 설했노라.' 하지 않았던가.

　또 송나라 소동파에게 어떤 사람이 비단 한 필을 보내면서 막치 그

림을 청하자, 소동파는 그리지 않고 도리어 글귀를 지어 보내니,

소환불화의고재(素紈不畫意高哉)
단착단청타이래(但着丹靑墮二來)
무일물처무진장(無一物處無盡藏)
유화유월유루대(有花有月有樓臺)

순백의 흰 종이에 그림 없는 뜻의 고귀함이여!
만약 적과 청의 단청을 그린다면 두 분별에 떨어지리라.
한 물건도 없는 그곳에 무진장한 것 있나니,
꽃과 달을 구경하는 누각이 있도다.

이것이 모두 일원의 진경(眞境)을 설한 내용이니라. 입정(入定)은 요동(搖動)의 반대이니, 사념 잡상(邪念雜想)이 없는 정(定)에 그친 그 자리가 입정이니라."

· 유무초월(有無超越)의 생사문(生死門)인바
"일원의 진리는 유(有)도 아니요. 무(無)도 아닌 자리라, 유라 이름할진대 형상(形象)이 없어 볼 수도, 잡을 수도, 들을 수도 없어서 위로 보아도 아래로 보아도 없으며, 또한 무라고 이름할진대 무엇이 분명히 있어서 시비 분별이 영령(靈靈) 하게 나타나며, 우주 만물의 본원처(本源處)라 또한 무라고도 할 수 없는 것이니라.

그래서 한가지로 이름하여 유라고 하자니 무의 상대가 있고, 무라

고 하자니 유의 상대가 있으므로 유다 무다 할 수 없는 유와 무의 경계에서 한 걸음 나아가 유와 무를 나누기 전의 초월지경(超越之境)인 것이니라.

　이러한 까닭에 유무초월의 생사문이니 곧 불변(不變)이라, 곧 유(有)는 생(生)이요 무(無)는 사(死)이나 사즉생(死卽生)이요 생즉사(生卽死)가 되어 생사가 돌고 돌아 유무초월의 생사문이니라.

　옛날 영산회상(靈山會上)에서 사리불(舍利佛)이 수하(樹下)에서 선(禪)을 할 때 유마 거사(維摩居士)가 묻기를 '네가 무엇을 하느냐?' 하니 '선(禪)을 합니다.' '선을 한다니 그러면 유심(有心)으로 하느냐, 무심(無心)으로 하느냐? 유심으로 할진대 일체중생이 다 선을 하고 있음이요, 무심으로 할진대 산천초목이 모두 선을 하고 있지 않느냐?' 하는 물음에 불제자인 사리불도 대답을 못 하였나니, 제군들은 이때 무엇이라 대답해야 하겠는가.

　무릇 유심과 무심을 초월한 원적무별(圓寂無別)하고 적적성성(寂寂惺惺)한 자리가 진선(眞禪)이라, 생사문(生死門)은 출입문으로 사람이 방에 출입하는 것과 같나니, 만물의 나고 죽는 곳이 곧 일원(一圓)이니라. 이것을 또한 비하건대 바다에 파도가 일어났다 잠잤다 하는 것과 같나니라."

　문(問) 학인이 묻기를 "그러면 문(門)에 비유하였으니, 일원(一圓)의 진리가 따로 있어서 진리 밖으로부터 나오는 것입니까?" 하고 여쭙자, 정산 종사 답하시기를 "대종사께서 범부(凡夫)는 분별 생사(分別生死)와 육신 생사(肉身生死)를 일원(一圓)의 진리를 떠나 사념망상(邪念妄

想)으로써 하는 까닭에 문(門)에 비유(譬喻)하셨다고 하셨나니라."

• 천지(天地)·부모(父母)·동포(同胞)·법률(法律)의 본원(本源)이요

"본원(本源)은 근원(根源)이요, 근원은 시초(始初)이니, 저 바다를 볼 때에 크고 큰 양양(洋洋)한 바다를 이룬 것이 근원으로 비롯하여 대해 장강(大海長江)을 이룬 것과 같이, 이 사은(四恩)은 어디에서 비롯하였는가.

그것은 바로 일원의 진리로부터 근원하였나니 일원의 내역(內譯)을 말하자면 사은(四恩)이요, 사은을 간략히 말하자면 일원이라. 비하건대 일원은 박의 뿌리와 같고 사은은 박과 같나니라."

• 제불(諸佛)·조사(祖師)·범부(凡夫)·중생(衆生)의 성품(性稟)으로

"불조(佛祖)와 범중(凡衆)의 본래 성품은 다 같으나 무시이래(無始以來) 무명(無明)의 진애(塵埃)로 차이가 나타나게 되나니라.

이와 같이 법신(法身)은 차이가 없으나 보신(報身)과 화신(化身)은 다르나니, 그 내역을 말하자면 부처는 일원(一圓)의 반야지(般若智)를 원만(圓滿)하게 회복(回復)하여 호리(毫釐)도 가림이 없고, 조사(祖師)는 다 밝히었으나 조금의 진애(塵埃)가 끼어 있으며, 범부(凡夫)는 조그마한 지혜가 있을 뿐 거의 진애가 가득 끼어 있어서 조사와 반대요, 중생은 전부가 무명(無明)뿐이라 부처와 반대가 되나니라.

그러나 보신과 화신에 있어서는 차이가 있으나, 근원적으로 법신은 조금도 차이가 없는 자리라, 곧 법신과 일원이 둘이 아닌 까닭에 일원이 부처와 조사·범부·중생의 성품 자리이니라."

• 능이성 유상(能以成 有常) 하고 능이성 무상(能以成 無常) 하여

"이는 진리의 양면관(兩面觀)이라 하나니, 사람 하나를 보더라도 앞뒤를 다 보아야 그 사람을 다 보았다 할 것이며, 손 하나를 보는데도 양쪽을 다 보아야 그 손을 다 보았다고 하는 것과 같나니라.

그와 같이 진리도 양면관이 있으니, 유상(有常)으로 보면 상주불멸(常住不滅)로 여여자연(如如自然)해서 우주 만물(宇宙萬物)이 항상 그대로 있으며, 우리의 심령(心靈)도 무형(無形)하여 생(生)도 없고 사(死)도 없나니, 곧 육신은 생사가 있을지언정 심령은 생멸(生滅)이 없나니라.

그러나 필경(畢竟)에는 육신마저도 변화는 있을지언정 아주 없어지는 것은 없나니, 지·수·화·풍(地水火風)의 사대(四大) 인연(因緣)을 빌린 것이라, 지(地)는 살과 뼈, 수(水)는 피와 땀, 화(火)는 따뜻한 기운, 풍(風)은 호흡과 동작의 인연으로 이것이 갈라지게 되면, 우주의 지·수·화·풍 원소(元素)로 합할 뿐이니라.

또한 저 초목과 지푸라기 하나라도 근원적으로 없앨 수 없어서 태우면 재가 남고 재가 날리면 그 또한 우주 안에 있으며, 마찬가지로 한갓 물 한 방울도 없앨 수 없나니, 우리 인류도 국토를 따라 증감생멸(增減生滅)이 있을 뿐이요, 우주 전체를 놓고 보면 증감생멸이 없는 까닭에 유상(有常)이라 하였나니라.

그러면 무상(無常)으로 보면 무엇인가. 무릇 상존(常存)하는 것은 단 하나도 없어서 찰나 찰나(刹那刹那) 그 용태(容態)가 변화하고 있음이라, 우주는 다만 성주괴공(成住壞空)으로 변화하나니라.

불가(佛家)에서 성겁(成劫)은 20증감(增減), 주겁(住劫)도 20증감, 괴겁(壞劫)도 20증감, 공겁(空劫)도 20증감이라 하여 이 겁(劫)이라는 것

이 1백 년 만에 한 살씩 더하여 9세로부터 8만 4천 세까지, 8만 4천 세에서 1백 년 만에 한 살씩 감(減)하여 다시 9세에 이르기까지를 1증감이라 하고 1증감이 한 번 되면 우주의 성주괴공(成住壞空)이 한 번 된다고 하였나니라.

또한 만물은 생·로·병·사(生老病死)로 변화하나니, 만물은 비록 그 장단(長短)은 있을지언정 생사(生死)는 똑같나니라. 사람이 장성(長成)하는 것이 노(老)라, 하루에 혈맥(血脈)이 약 57회씩 도나니, 찰나권(刹那圈)을 돌 때 노병사(老病死)로 변하여 벌써 1분 전의 그 사람은 다시 없도다.

무정지물(無情之物)도 마찬가지로 찰나 찰나로 변화하여 건축할 때 아무리 견고한 철을 썼을지라도 몇백 년 몇천 년이 지나면 흩어지고 없어지나니라. 그밖에 무엇이나 이와 같이 변화되어 없어지나니 쇠가 녹스는 것은 그 없어지는 증거이니라."

• **사생(四生)은 심신작용(心身作用)을 따라 육도(六道)로 변화를 시켜**

"또 형상 있는 것만 변하는 것이 아니라 형상 없는 것도 대변화(大變化)를 하여 정(情)이 있는 생물은 모두 태·란·습·화(胎卵濕化) 사생(四生)으로 생(生)하나니라.

태생(胎生)은 사람과 우마(牛馬) 등 사족지물(四足之物)이요, 난생(卵生)은 닭, 꿩, 까마귀 등 나는 짐승이며, 습생(濕生)은 축축한 데서 생(生)하는 모기, 하루살이 등이요, 화생(化生)은 생화생(生化生)과 변화생(變化生)이 있으니, 생화생은 천지(天地)의 대기(大機)를 따라 지구가 턱하니 형성되면 아무것도 없는 데서 사람과 온갖 생명이 화생하는 것이니, 비하건대 아무것도 없던 잇몸에서 이가 돋아나는 것과 같은 이치이며, 변화생으로 말하면 굼벵이가 변하여 매미가 되는 것과 같은 이치로 벌레가 변하여 성충이 되는 것 등이 바로 변화생이니라.

이 사생(四生)이 심상건립[心常··心上建立]으로 심중육도(心中六道)를 따라 현실육도(現實六道)로 변화하나니, 심중에 탐진치(貪嗔痴)가 성(盛)하면 바로 실행으로 나타나는 것과 같이 사생이 육도로 변화할 때 업(業)과 착(着) 두 가지의 무거운 곳으로 쫓아 떨어지나니, 그러나 공부인들이 혹업(惑業)을 짓지 아니하고 지극한 원(願)을 세운다면 지은 바에 따라 그 원을 이루게 되나니라.

대저 현실육도란 무엇인가. 곧 지옥(地獄)은 12지옥이 있으니 무간지옥(無間地獄)·풍인지옥(風刃地獄)·흑암지옥(黑暗地獄) 등이 있으며, 아귀(餓鬼)는 실처럼 가는 목에 장구통만 한 배를 가져 항상 부족함을 느끼는 물건이요, 축생(畜生)은 새와 짐승에 해당하는 생물로 예의염치를 모르는 금수(禽獸) 등을 말함이라, 보통 이상의 세 가지를 삼중취(三重趣)라 하나니라.

또한 수라(修羅)는 육신을 받지 못한 중음신(中陰神)이나 도깨비 등이요, 인도(人道)는 고락(苦樂)이 상반(相半)하는 인간계(人間界)이며, 천도(天道)는 언제나 낙만을 수용하고 있는 무상락(無上樂)의 천계(天界)라, 이상의 세 가지를 삼경취(三輕趣)라 하나니라.

그러나 우리 공부인에 있어서는 심상육도[心常··心上六道]가 더욱 중요하나니, 지옥은 진심(嗔心) 중생이요, 아귀는 탐심(貪心) 중생이며, 축생은 치심(痴心) 중생이라, 무엇이 옳고 그른가를 모르고 본능대로 행하는 중생심(衆生心)이니라.

또한 수라는 심중(心中)에 안정(安定)이 없이 항상 결정을 못 하고 이럴까 저럴까 망설이는 중생심이요, 인도는 사람의 도리는 대강 실천 하면서도 고락이 반반이어서 때때로 괴로운 인생이며, 천도는 수도(修道)에 길들어지고 그 맛으로 항상 즐거움에 충만해 있는 마음 상태이니라.

이상과 같이 심상육도를 따라 현실육도로 변화를 하나니, 오늘날에 개가 되어 살았으나 죽어서 내일에 사람이 된다면 이것이 대변화이니라."

• 혹은 진급(進級)으로 혹은 강급(降級)으로

"사생(四生)이 심신 작용을 따라 육도로 변화하되 유골충(有骨虫)과 무골충(無骨虫)으로 진강급(進降級)이 되나니라. 또한 우주도 진강급이 되고 성괴겁(成壞劫)이 되며, 사람의 수명도 진강급이 있어서 9세로부터 8만 4천 세까지, 8만 4천 세에서 9세로까지 되나니, 몇 년 전에는 육십 평생이라 하고 또 왕노인(王老人)이라 하였으나 지금은 70 노인도 정정하지 않는가. 그래서 이 사생이 육도 윤회를 할 때 심신 작용을 따라 6계단의 사다리로 진강급이 되나니라."

• 혹은 은생어해(恩生於害)로 혹은 해생어은(害生於恩)으로

"사은(四恩)이 복전(福田)이라 하였으나 사생(四生)의 심신 작용을 따라 죄복을 주나니, 해(害) 가운데서 은혜가 나오기도 하고 은(恩)에서 해(害)가 나오기도 하나니라.

곧 사은의 환경이 좋아야만 위인달사(偉人達士)가 되는 것이 아니

요, 역경(逆境)과 난경(難境)을 겪은 후라야 가히 알 수 있는 것이라, 그래서 예로부터 위인달사들이 다 이 역경 속에서 나시었나니라.

또 농부가 아주 질이 나쁜 토지에 거름을 잘하여 옥토(沃土)가 되었을 때 많은 수확을 하게 되는 경우이요, 또는 부모가 악독(惡毒)하게 하는데도 자녀가 정성을 다하면 참 효(孝)가 드러나나니, 순(舜)임금이 어리석은 아버지 고수가 아니었다면 어찌 천하 대효(天下大孝)가 되었을까.

또는 예수님, 공자님, 소크라테스 등도 동포에게 그와 같은 해독을 당하였기에 오늘날에 더욱 생생한 역사를 나투고 세계의 성인(聖人) 중에 들지 않는가.

또는 법률의 훈련이 아니고는 도저히 완전한 인물을 이룰 수 없으니, 저 송죽(松竹)의 절개와 같이 역경을 지낸 후라야 위인이 되는 경우가 많나니라.

또한 반대로 은혜 속에서 해(害)가 나타나기도 하나니, 사은은 순리로써 은혜를 주시나 잘못 사용하면 큰 해독을 볼 수 있음이라, 보라! 부자의 자녀들이 물론 전생 작복(前生作福)으로 호화로운 생활을 하겠으나 어떤 자는 빈천(貧賤)한 자를 무시하고, 그 권리와 부귀를 남용해서 뭇 죄악을 지으며, 우월한 인격을 이루지 못하는 수가 허다하나니, 이는 은혜 가운데서 해가 나오는 예이니라."

- 이와 같이 무량세계를 전개하였나니, 우리 어리석은 중생은 이 법신불 일원상을 체 받아서 심신을 원만하게 수호하는 공부를 하며, 또는 사리를 원만하게 아는 공부를 하며, 또는 심신을 원만하

게 사용하는 공부를 지성으로 하여 진급이 되고 은혜는 입을지언정, 강급이 되고 해독은 입지 아니 하기로써 일원의 위력을 얻도록까지 서원하고 일원의 체성(體性)에 합하도록까지 서원함.

"무시겁래(無始劫來)에 이와 같은 진리로써 무량한 세계를 전개하였나니, 우리 중생은 그 본성에 있어서는 비록 무치(無痴)나 무명진애(無明塵埃)가 끼인 까닭에 우치(愚痴)한 중생이라 하나니, 항상 이 법신불 일원상을 체 받아서, 또는 체 받기 위해서 일원을 숭배하고 신앙하며, 표준을 삼아야 할 것이라, 대저 체 받는다는 것은 꼭 일원과 같이 본받는다는 뜻이니라.

수호(守護)라는 말은 무엇을 뜻하는가. 주인이 집을 볼 때에 집단속을 잘하고 있어서 도적(盜賊)이 불소처(不笑處)하게 하는 것이 수호를 잘하는 것이며, 또는 저수지의 주인이 물을 새지 않게 관리하는 것이 수호를 잘하는 것이니라.

이와 같이 우리 공부인에게는 심중(心中)에 사심 망상(邪心妄想)이 들지 않고 또 그것에 끌리지 않도록 지켜서 천만 경계에 불리자성(不離自性)을 하는 것이 수호이니라.

원만하게 알자는 것은 곧 원만지(圓滿智)를 얻음이라, 이 원만지는 우주의 근본 진리를 각(覺)하라는 것이니, 소소한 일은 혹 모른다고 할지라도 만상(萬象)의 근본지(根本智)만은 알아서 사무애(事無碍)·이무애(理無碍) 하는 것이 원만지이니라.

그러나 분별지(分別智)로 배우는 과학은 아무리 배우고 배워도 그 배움으로는 다 알 수가 없나니, 그 한 예로 문학을 말하자면 평생을 배워도 동서양의 문학을 다 알지 못하는 까닭에 우리는 근본의 반야지를 단련하여 우주의 근본 원리를 알자는 것이니라.

이 일원(一圓)을 새기고 연구하는 것이 근본의 원만지인 반야지를 밝히는 것이라, 이렇게 말하여 새기는 것도 분별이 아니냐 할 수 있으나, 말하여 새기기는 하였으되 가지를 밝힌 과학이 아니요, 우주의 원리를 밝히는 까닭에 이것이 근본지를 단련하는 것이니라.

심신을 원만(圓滿)하게 사용하는 공부는 무엇인가. 곧 원·근·친·소(遠近親疎)와 희·로·애·락(喜怒哀樂) 또는 증애(憎愛)에 끌리지 않고 공정(公正)한 자리에 들어가 중도(中道)를 잡아 절도에 맞게 쓰는 것이 원만한 사용이니라.

또 지성(至誠)이라는 것은 무엇을 뜻하는가. 곧 내외심(內外心)이 없이 언제나 끊임없이 힘써 행하는 무간단심(無間斷心)을 뜻하나니라.

이상의 삼강령(三綱領) 공부를 지성(至誠)으로 하여 진급이 되고 은혜는 입을지언정, 삼강령 공부를 간단(間斷) 있게 하여 강급이 되고 해독은 입지 아니하기로써 결국 일원의 위력을 얻고 구경에는 일원의 체성에 합하게 되나니라.

또 일원의 위력을 얻는다는 것은 무엇을 뜻하는가. 그것은 곧 삼강령으로써 공부하여 차차 삼대력(三大力)을 얻어 나가는 것이라, 이 삼학(三學)으로 공부하여 마음의 바탕이 언제나 요란하지 아니하고 어리석지 아니하고 그르지 아니하여 필경은 매매사사(每每事事)에 철주(鐵柱) 같은 삼대력을 얻는 것이며, 또는 그 삼대력으로써 일체중생을 제도(濟度)하여 육도(六道)를 자유로 하며, 또는 일심 축원(一心祝願) 곧 천지의 위력을 막 부리어 쓰는 것이니, 왕상와빙(王祥臥氷)과 맹상(孟

詳)의 죽순, 허미수가 조수를 물리친 것과 진묵 대사(震默大師)의 이적이 모두 일원의 위력을 얻었기에 그렇게 되나니라. 참으로 이 일원의 위력을 얻고 보면 천지의 위력보다도 승(勝)하나니라.

　일원의 체성(體性)에 합한다는 것은 무엇을 뜻하는가. 우리 공부인이 삼대력을 완전하게 얻어 정(靜)하여서는 사념 망상(邪念妄想)을 떠나 원만구족(圓滿具足)의 정(定)에 들며, 동(動)하여서는 매사에 일심불란(一心不亂)하여 지공무사(至公無私)한 마음자리를 가짐이니라, 이러한 지경에 이르러야 부처의 경지이니라."

9. 일원상 법어

"자타(自他)의 국한이 없는 대아(大我)의 경지를 보아서 그 마음을 쓸 때도 자타의 국(局)을 벗어난 행을 하여야만 오가(吾家)의 소유로 아는 것이니, 그때가 바로 천상천하유아독존(天上天下唯我獨尊)이요, 시방 삼계(十方三界)가 오가(吾家)의 한 집이니라.

　이러한 공부인은 모든 생령과 동포를 다 자신의 적자(嫡子) 같이 알아서 대자대비(大慈大悲)로써 그 마음을 쓰는 자이라, 이와 같이 하고 보면 천하 만물이 자리(自利)의 이용(利用)이 되나니라."

- 이 원상(圓相)의 진리를 각(覺)하면 시방 삼계(十方三界)가 다 오가(吾家)의 소유인 줄을 알며

"알기 쉽게 좀 더 말하자면 성품(性稟)이 곧 일원(一圓)이요, 일원이 곧 성품이라, 성품의 보자기는 호대무궁(浩大無窮)하여 시방 삼계(十方三界)가 다 성품에 포용하였으므로 만일 이 시방 삼계가 성품 안에 있

는 줄을 알면 자연히 오가의 소유인 줄을 알 것이요, 알고 보면 공심(公心)과 자비(慈悲)가 자연히 동적(動的)으로 솟아나니라.

예컨대 어린아이가 어려서는 제 집인 줄을 모르기에 무엇이나 아낄 줄을 모르다가 철이 들어 알고 보면 아끼는 것과 같이, 시방 삼계가 오가의 소유인 줄만 안다면 공심과 자비심은 자연적으로 발(發)하여 일체중생을 적자(嫡子) 같이 구제하리라. 또한 육도(六道)를 자유로 하는 것도 공부를 지성으로 하여 그 능력을 얻고 보면 자연히 되나니라."

- **생로병사(生老病死)가 춘하추동(春夏秋冬)과 같이 되는 것을 알며**

"생·노·병·사(生老病死)가 춘·하·추·동(春夏秋冬)과 같이 간단(間斷) 없이 연(連)하는 것을 아는 것이니라."

- **인과보응(因果報應)의 이치가 음양상승(陰陽相勝)과 같이 되는 줄을 알며**

"이 음양상승의 이치는 무위이화(無爲而化)로 되나니, 예컨대 사람이 눈을 깜박이는 것은 하려고 해서 되는 것이 아니요, 자연적으로 되는 것이며, 또는 호흡하는 것도 하려고 해서 하는 것이 아니요, 자연적으로 되는 것이라, 이것이 곧 음양상승이니라. 그래서 음양상승은 곧 무위이화 자동적이라 하는 것이니라.

이 원상(圓相)의 진리를 깨닫고 보면 인과보응의 진리가 인조적(人造的)이 아니요, 무위이화로 음양상승과 같이 되는 것을 알 것이니라."

문(問) 학인이 여쭙기를 "일원의 위력을 얻는 것과 체성(體性)에 합해지는 경계는 어떠합니까." 정산 종사 답하시기를 "일원의 위력과 체성은 예컨대 기차(汽車)가 황등을 목표로 가는 도중은 위력을 얻어 가는 지경이요, 황등에 도착하는 것은 체성에 합하는 것이 되나니라.

또한 일원의 위력은 공부인이 정력(定力)을 얻어 어떤 위력을 나타내는 것이요, 원만구족이라 했을 때의 이 원만(圓滿)은 두렷하여 결격(缺格)이 없는 것이니, 두렷하여지기로 하면 모든 분별이 끊어져 없어야 참 그 자리가 두렷할 것이니라.

구족(具足)은 일호(一毫)의 부족함이 없이 다북 차 있는 것이라, 분별이 없는 그 자리에 빠짐없이 우주의 삼라만상(森羅萬象)과 염정(染淨)이 다 구비(具備)하여 있나니라.

이러한 까닭에 분별없는 것이 참 분별이요, 분별이 없기에 이것이 원만구족이니라.

지공무사(至公無私)는 무엇을 뜻하는가. 일원의 진리가 만약 사정(私情)이 있다면 잘난 사람에게는 있고 못난 사람에게는 없을 것이며, 죄복(罪福)을 주는 것도 친소(親疎)를 떠나 오직 지공무사하기에 일원의 진리가 없는 곳이 없으며, 일원의 진리 아님이 없나니, 이와 같이 죄복(罪福)의 보응도 친소(親疎)와 사정(私情)이 없이 오직 지은 바에 따라 죄복을 주는 까닭에 곧 지공무사이니라."

• 이 원상은 눈을 사용할 때 쓰는 것이니 원만구족(圓滿具足)한 것이요, 지공무사(至公無私)한 것이로다.

"여기에서의 원만구족은 안으로 모든 분별 즉 번뇌 망상이 없이 온전한 일심으로 보고, 이로써 모든 경계를 일일이 다 보는 것이니라.

예를 들면 사람이 어떤 책임을 맡았으면 그 범위 안에서 빠짐없이 잘 보는 것이 원만구족이요, 지공무사는 청황적흑백(靑黃赤黑白)을 바로 보는 것이라, 가령 경전이나 책을 보아서 할 일과 안 할 일, 좋고 나쁜 것을 가히 잘 판단하여 취사(取捨)하되 잘못된 실행에 나아가지 않는 것이 지공무사이니라."

• 이 원상은 귀를 사용할 때 쓰는 것이니 원만구족(圓滿具足)한 것이요, 지공무사(至公無私)한 것이로다.

"원만구족은 무슨 말씀을 들을 때에 번뇌 망상이 없이 온전한 일심으로 듣는 것이니, 예컨대 누구의 부탁을 듣는다든지 무슨 이유를 들을 때에 원근(遠近)이 없는 심경으로 듣는 것이요, 또는 법설(法說)이나 강연(講演)을 들을 때에 미오(迷悟)의 분별이 없이 듣는 것이 원만구족이며, 지공무사는 분별을 낼 때 공정(公正)하여 끌림이 없는 것으로 귀의 분별을 바르게 하는 것이니라."

• 이 원상은 코를 사용할 때 쓰는 것이니 원만구족(圓滿具足)한 것이요, 지공무사(至公無私)한 것이로다.

"여기서 원만구족은 냄새를 맡을 때 향내와 악취를 잘 맡아서 구별하는 것이니, 가령 비슷한 냄새를 받아들일 때 물리지 않는 것이 원만구족이요, 지공무사는 구별한 후에는 바른 생각으로 판단하는 것이 지공무사라, 가령 발을 보고 안 나는 냄새를 내심(內心)에 발 고린내가 날 것이라는 관념에 따라 난다고 하는 경우는 지공무사가 못 되나니라."

- 이 원상은 입을 사용할 때 쓰는 것이니 원만구족(圓滿具足)한 것이요, 지공무사(至公無私)한 것이로다.

"보통의 사람들은 입이 화문(禍門)이라, 그래서 웅변은 은(銀)이요, 침묵은 금(金)이라 하나니, 될 수 있는 대로 말은 적게 하는 것이 좋으나 부득이 꼭 할 경우에는 자상(仔詳)히 잘하는 것이 원만구족이니라.

예를 들면 강연(講演)을 하거나 『정전(正典)』을 해석할 때 조리 있게 잘할 것이며, 또 사람이 말을 할 때는 반드시 남이 알아듣게 하도록 하는 것이라, 말을 할 때 청중(聽衆)의 미오(迷悟)를 보지 말고 자기가 아는 데까지는 힘써 하라는 것이니라.

지공무사는 말을 하되 삿(邪)되지 않게 법(法) 될 말을 하라는 것이니, 진리적으로 보자면 가령 상좌(上座)에 있는 사람이 수하인(手下人)의 허물을 말할 때 내심(內心)에 증애(憎愛)의 분별 계교(分別計巧)를 끊고 오직 공변(公遍)되게 하는 것이요, 또는 음식을 먹을 때에 트집 잡지 않고 소탈하게 먹는 것은 원만구족이며, 먹을 것을 대할 때에 불의인지 정의인지 구별을 잘하여 먹는 것은 지공무사이니라."

- 이 원상은 몸을 사용할 때 쓰는 것이니 원만구족(圓滿具足)한 것이요, 지공무사(至公無私)한 것이로다.

"이상의 안이비설(眼耳鼻舌)을 잘 사용하고 잘못 사용하는 것을 남이 일일이 다 알 수 없으나 이 몸의 일동 일정(一動一靜)을 법신불의 진리는 다 알고 있나니, 예를 들어 눈이 많이 온 후 축생(畜生)이나 사람이 밟고 지나가면 다 각각 그 자리가 나타나지 않는가. 그와 같이 우리의 몸을 사용한 뒤에도 소소영령(昭昭靈靈)하게 나타나나니, 몸을 사용한 후에 흉잡힐 것이 없고 결함 없이 자취를 남기는 것이 원만구족이요, 지공무사이니라.

곧 우리가 일동 일정을 할 때에 앉으나 누우나, 가나오나, 문을 열거나 닫거나, 어른에게 자리를 내드리는 것이나, 몸을 놀리는 것이나, 의복을 입는 것 등이 남에게 흉잡히지 않게 하는 것이 원만구족이요 지공무사한 것이니라."

- 이 원상은 마음을 사용할 때 쓰는 것이니 원만구족(圓滿具足)한 것이요, 지공무사(至公無私)한 것이로다.

"우리 어리석은 중생들이 마음을 사용할 때 어찌하여 원만구족하지 못하는가 하면 탐진치(貪嗔痴)가 들어 가린 연고(緣故)라, 사람에게 이 탐심(貪心)이 가리고 보면 바르게 보고 듣고 말하지 못하여 전(顚)을 하고, 또 진심(嗔心) 역시 그러하여 진심이 끓을 때는 좋은 말도 바르게 들리지 않고, 자기의 말도 바르게 나오지 않으며, 치심(痴心)도 역시 그러하여 안으로 이 삼독(三毒)의 불이 타는 까닭에 증애(憎愛)·선악·고락의 분별을 일으키나니, 안으로 이 삼독심이 잠들면 매매사사가 자연히 원만구족하고 지공무사한 처리로 나타나게 되나니라."

문(問) 학인이 묻기를 "음양(陰陽)이 상승(相勝)하는 것과 같이 선악(善惡)도 상승(相勝)이 되어 반복하는 것입니까?"

정산 종사 답하시기를 "제군의 말이 맞도다. 이 세상은 상생상극(相生相剋)으로 조성이 되었나니, 이 상생상극의 이치는 풀잎에도 있고 짐승에게도 있고 사람에게도 있어서 상생의 인연으로 만난 물건은 서로 좋아하고 도와줄 것이나, 상극의 인연으로 만난 물건은 서로 원수같이 대하나니라.

우주로 말하더라도 죽은 물건이 아니요 살아있는 물건이라, 그러기에 심지어 똥 속에도 생생약동하는 기운이 있으므로 초목에 거름하면 잘 되나니라. 이것이 곧 음양지도(陰陽之道)로서 음양상승으로 될 때 상생상극이 되나니, 우리가 육도윤회를 할 때 선악업보를 받는 것이 이와 같나니라.

음(陰)이 극(極) 하면 일양시생(一陽始生)하여 차차 음은 밀리고 양이 세력을 잡는 것과 같이, 선악도 꼭 이와 같이 되어 극(極)히 선한 자가 변하여 악할 수 있고, 극히 악한 자가 선으로 변하여 선자(善者)가 될 수 있나니, 이것이 천업(天業)이니라.

곧 극선자(極善者)가 그 선으로 인하여 사상[四相: 人相, 我相, 衆生相, 壽者相]이 다북 차 악으로 변할 수 있다는 것이니, 육도(六道)에 자주력(自主力)을 얻지 못한 자는 아무리 선하다 하여도 결코 천업(天業)을 면하지 못하나니라. 그러므로 사상이 공(空)한 자라야 지선(至善)이니, 비하건대 저 허공이 본래는 한 점 구름도 없는 청정한 것과 같이 우리 심중에도 먼저 사상산(四相山)이 부서져야만 지선에 이르러, 선악업보를 초월하고 육도를 자유로 하여 음양상승도 없나니라.

대저 우주(宇宙)는 한 기운이라, 그러기 때문에 살아있는 우주이요 산 우주이기 때문에 음양상승이 무위이화(無爲而化)로 되나니라.

또한 이 성품과 인과가 둘이 아니니 인과의 체(體)가 성품이요, 성품의 운용이 인과라, 고금을 통해서 유아(唯我) 종사주님같이 불교의 강령(綱領)을 이와 같이 두렷이 내놓으신 분은 희유(稀有)하나니라.

일찍이 왕양명(王陽名)은 우주를 내 집으로 아는 자가 대인이라 하였으나 대소유무(大小有無)의 이치를 모두 깨달아야 진견성자(眞見性者)라 할 수 있나니라."

10. 일상수행의 요법

"세상의 일체 만물은 의지처가 되는 점이 있나니, 보라! 궁곡명산(窮谷名山)으로 다니는 금수나 공중으로 날아다니는 새들도 결국은 땅에 바탕하여 완전 지대, 곧 고향을 찾는 것과 같이 우리 인생도 비록 객지에 가서 수고를 하다가도 고향에 돌아와 편히 쉬면 한숨을 내쉬고 편히 머무르게 되나니라.

그러나 이 안식처인 고향과 집이 없으면 인생의 숱한 한서(寒暑)와 풍운우로(風雲雨露)를 겪을 때마다 그 고통이 더하나니 이러한 까닭에 현재의 세인(世人)들은 이를 완전히 하기 위하여 온갖 수고와 난경을 불고(不顧)하고 주야로 힘을 다하나니라.

그러면 우리 공부인의 진정한 고향은 어디며 어떻게 찾아갈 것인가. 우리의 진정한 고향은 곧 심지(心地)라, 이 심지는 심원(心源)이요 자성불성(自性佛性)이니라."

1조. 심지(心地)는 원래 요란함이 없건마는 경계(境界)를 따라 있어지나니, 그 요란함을 없게 하는 것으로써 자성(自性)의 정(定)을 세우자.

"심지(心地)가 마음의 근본이 되어 천만 마음이 발(發)하나니 마치 저 땅이 만물의 근본이 되어 삼라만상(森羅萬象)을 발생시키는 것과 같나니라.

　그러나 저 땅을 일러 만물이라 하는 법 없고, 심원(心源)을 일러 마음이라고는 하지 않나니 무슨 까닭인가.

　우리의 본성 자리는 고요 적적(寂寂)한 자리라, 곧 언어도단(言語道斷)하고 심행처(心行處)가 멸(滅)한 일념미생전(一念未生前)의 자리나, 경계를 따라 요란하고 흔들리는 것이 저 나무가 바람을 만나기 전에는 고요히 제자리에 섰지마는 바람이 불면 '쇠-' 하고 소리를 내면서 동으로 서로 흔들리며 극(極) 하면 단절하여 넘어지는 것처럼 저 바다도 또한 그러하나니, 이와 같이 우리의 본성은 분별이 끊어진 적적(寂寂)한 그 자리이건만 다겁(多劫)으로 내왕하면서 오욕과 티끌에 잠긴 관계로 경계를 대하면 탐·진·치(貪嗔痴) 삼독(三毒)이 주장이 되어 희·로·애·락·애·오·욕(喜怒哀樂愛惡慾)의 칠정(七情)에 춤을 추게 되나니라.

　곧 어떠한 경계를 당하면 걷잡을 수 없는 분심(忿心)이나 비애(悲哀)에 끌리고, 또 어떠한 욕심이 일어나면 가슴이 울렁거리며, 또 무서운 경계를 대하면 눈이 캄캄해지고, 또 즐겁고 좋은 경계를 대하면 시비(是非)를 모르게 되며, 그리고 안정치 못한 뜻과 생각이 극도에까지 다다르면 혹은 밤에 잠을 이루지 못하여 혹은 신경 쇠약자가 되고 가패신망(家敗身亡)도 하게 되나니, 이렇듯 자신의 고뇌에서 가정·사회·국가·세계가 다 파란고해(波瀾苦海) 중에서 헤매게 되나니라.

　더욱 이 심경으로 영육(靈肉)이 상별(相別)하게 되면 정견(正見)을 하지 못하고 전도견(顚倒見)을 하여 악도(惡道)에 떨어져서 무량겁을 통하여 놓고 지옥 생활을 하게 되나니라.

원래의 본성은 적적한 자리지만, 다겁(多劫)의 수양이 없는 소치(所致)로 천만 번뇌 망상(煩惱妄想)의 경계가 둘러쳐져서 흔들리게 되나니라. 그러나 부처님께서는 본래 적적한 심경 그대로를 항상 가지고 계시므로 경계를 대할지라도 경계가 따로 없는 까닭에 경계와 본성이 일여(一如)하나니라.

그러므로 우리 공부인은 그 요란함을 없애려면 염불(念佛)·좌선(坐禪)으로써 동정간 불리선(動靜間不離禪)의 수양을 쌓아가며, 또는 '원래 우리 자성은 적적한 자리건마는 이 요망한 경계를 따라 흔들리는구나.' 하고 상상하여 그 요란함을 없애야 하나니라.

'아, 자성에도 요란함이 있느냐. 아니다, 나의 자성은 공(空)하고 적적해서 제법(諸法)이 돈공(頓空)하였으나 다만 이 요망한 분별심이 들어 요란한 것이다.' 하고서 하루 이틀 내지 십 년·일생·영생 동안 심력을 쌓아 가면 한 경계·두 경계 내지 천만 경계에 부동하고 천만 경계·백 천사가 치연(熾然)히 작용하되 자성의 정을 여의지 아니할 것이라, 이것이 곧 자성의 정(定)을 세워 참 고향을 찾았다 할 것이니라.

우리 공부인이 자성의 분별없는 참 고향만 찾는다면 천만 역·난경(逆·難境)이 치성(熾盛)하되 철주(鐵柱)의 중심이 되고 석벽(石壁)의 외면(外面)이 되어 항상 백천삼매(百千三昧)의 지경(至境)에 도달할지니 비록 생사도단(生死到斷)의 경계가 있다고 할지라도 소소영령(昭昭靈靈)할 것이니라."

조법사(肇法師)는 단도(短刀)가 목에 다다랐건마는 조금도 생사에 대한 공포가 없었던 까닭에 태연자약(泰然自若)하여 이러한 시를 읊으시었나니라.

사대원무주(四大元無主)
오음본래공(五陰本來空)
장두임백인(將頭臨白刃)
유사참춘풍(猶似斬春風)

사대가 원래 주인이 없고
오온(五蘊)이 본래 공(空) 하나니,
장차 머리를 날카로운 칼날 위에 내밀어도
오히려 봄바람을 베는 듯하도다.

2조. 심지는 원래 어리석음이 없건마는 경계를 따라 있어지나니 그 어리석음을 없게 하는 것으로써 자성의 혜(慧)를 세우자.

"우리의 자성은 원래 공적영지(空寂靈知)하고 영지불매(靈知不昧)하여 무애자재(無礙自在)한 반야지(般若智)가 천연적으로 갊아 있어 제법개공지처(諸法皆空之處)에 진공묘유(眞空妙有)한 자리이니라. 그러나 중생들은 다겁을 내왕하면서 원래의 영지불매한 반야지를 물욕에 방치하여 칠칠(漆漆)한 무명(無明)에 절어 있으니, 마치 밝은 달을 검정 구름으로 뒤덮듯이 온갖 욕심을 따라 어리석은 중생이란 이름을 얻게 되었나니라.

곧 부처님은 본래 영지불매한 반야지를 더럽힘 없이 간직하시와 항상 명랑하고 무애자재한 반야지에서 생활하게 되나니라. 그러나 우리는 반야(般若)의 고향을 버리고 분별의 객지에 나와 오욕(五慾)과 애착(愛着)·탐착(貪着)에 끌려 허위(虛僞)와 업보(業報)를 분석(分析)지 못하고, 시비이해의 바른 판단을 하지 못하여 전도견(顚倒見)을 하며, 또한 사심(邪心)과 진심(眞心)을 분간치 못하고 생활하나니라.

그러므로 보통 사람들이 자기 자손의 허물을 알지 못하고 자기의 허물을 알지 못하여 모두가 애착에 끌려서 밝음을 잃고 우치(愚痴)가 주장이 되었나니라.

또한 물체도 타물(他物)이 좋게 보이기 때문이니 이것은 모두가 안분을 얻지 못한 데서 생(生)함이요 탐착에 끌려서 또한 그리된 것이라, 만일 이와 같이 색을 대하면 색욕(色慾)에 뒤덮이고, 재물을 대하면 재욕(財慾)에 뒤덮여 정견(正見)을 하지 못하고 전도견(顚倒見)을 하게 되므로 결국 세상에 거(居)할 때는 시비를 가리지 못하여 무명(無明)으로 고뇌의 생활을 하게 되고, 찰나 찰나에 육근을 작용하는 바가 모두 죄고로 화하게 되어 영과 육이 상별(相別)할 때는 평소 그대로 허위와 업보를 분간하지 못하여 지옥의 서문(西門)도 극락의 극락지(極樂地)로 보이고, 생(生)의 유희장(遊戲場)도 선인(仙人)의 신선지(神仙地)로 보여 잠깐 참예(參詣)한다는 것이 영원한 악도에 타락(墮落)하여 무량겁(無量劫)에 극신(極辛)·극고(極苦)를 받게 되나니라.

그러므로 우리는 이 어리석음을 없애야 할 것이니 그 방법은 먼저 명랑한 반야지를 회복해야 할 것이니라.

무엇보다 먼저 법설을 많이 듣고, 널리 선각자(先覺者)에게 묻기를 좋아하며, 의심을 걸어 깊이 생각하여 원래 어리석음이 없는 명랑한 자성을 생각하고 사모해서 천만 경계·백천업(百千業) 가운데서 항상 무착무애(無着無㝵)하여 상광현전(常光現前)이 되어 반야의 고향에 돌아가야 하나니 이것이 곧 자성혜(自性慧)이니라.

중생들이 천만 죄악을 짓고 온갖 고뇌 속에 사는 것이 모두 인생의 근본이 되는 생사 이치를 모르는 탓이요, 고락의 근원을 알지 못한 탓이라, 그러므로 이 반야의 고향만 찾는다면 몰라서 가는 악도(惡道), 몰라서 짓는 죄, 몰라서 어두운 시비 등이 장중(掌中)에 구슬같이 뚜렷이 나타나서 능히 육도(六道)를 초월하고 능히 생사를 초월할 것이며, 인과 원리를 알아서 천만 죄고를 당할지라도 능히 해탈하여, 고락이 따로 없고 시비가 따로 없어서 하는 말은 반야설(般若說)을 할 것이요, 육근(六根)을 작용하면 다 반야행(般若行)을 할 것이니, 이 지경에 이른즉 부처님의 지혜를 가졌다 할 것이요, 자성의 혜(慧)를 세웠다 할 것이니라."

3조. 심지는 원래 그름이 없건마는 경계를 따라 있어지나니 그 그름을 없게 하는 것으로써 자성의 계(戒)를 세우자.
"자성에는 원래 그름이 없나니 청정하여 그르다 옳다 하는 시비가 돈공(頓空)한 그 지경이라, 그러므로 죄무자성종심기(罪無自性從心起)요, 심약멸시죄역망(心若滅時罪亦亡)이라 하였나니라. 곧 자성에는 본래 죄가 없건마는 마음을 따라 일어나나니 마음이 만약 멸(滅)하면 죄도 또한 없나니라.

그러나 중생들은 거품 같은 오욕(五慾)과 탐·진·치(貪瞋痴)를 자가(自家)의 재물(財物)로 삼아 살아가는 까닭에 경계를 대하면 바로 그름이 일어나나니라.

경계를 대하기 전에는 부처와 중생이 따로 없고 선과 악의 분별이 없나니, 비록 도적질하는 사람이라도 분별을 끊고 무심(無心)으로 잠을 잘 때에는 부처요, 짐승도 무심할 때는 부처이니라. 다만 중생은 간단(間斷)이 있는 불심(佛心)을 가졌고, 부처님은 간단이 없는 불심을 가졌으므로 항상 정의(正義)와 선행(善行)의 꽃이 피어 육근(六根)을 작용하면 만중생의 자모(慈母)가 되고, 중생은 견물생심(見物生心)으로 경계를 대하면 안이비설신의(眼耳鼻舌身意) 육근문(六根門)에 그름이 따라붙게 되나니라.

보라! 저 개도 욕심 경계, 즉 물건을 대하기 전에는 서로 사랑하여 바로 부모 형제를 섬기나, 명태나 먹을 것을 주면, 부모 형제 다 그만두고 염치없이 싸우고 날뛰는 것과 같이, 우리 인생도 공부의 심력이 쌓이지 않으면 그와 같이 물건에 대하여 의리와 도덕을 생각할 겨를도 없이 날뛰게 되나니라.

시기심(猜忌心)으로 남을 음해(陰害)할 생각, 또는 살생·도적·간음의 가지가지로 탐·진·치가 주장이 되어 죄업을 쌓아 찰나 찰나 간에 비행비심(非行非心)이 되어 무한한 고를 장만하나니라.

혹 찰나의 잘못으로 육신에 병이 들어, 혹은 10년 혹은 20년 혹은 일생을 두고 고치지 못하여 결국 폐인으로 일생을 보내듯이, 우리의 죄도 찰나 간에 일어난 비행비심으로 혹은 3~4년 혹은 10년 혹은 평생 혹은 영생을 두고 신고(辛苦)를 받나니라.

그러나 우리 중생은 이 이치를 알지 못하고 찰나 찰나에 생각나는 대로, 보는 대로, 듣는 대로 욕심을 채우려 하다가 한없는 죄를 짓게 되나니, 그러므로 우리는 이 그름을 결단코 끊어야 할 것이니라. 그 방법은 먼저 30계문을 죽기로써 범(犯)치 아니하고 솔성요론(率性要論)을 죽기로써 실행하며, 또한 매일 일기법(日記法)으로써 대중을 잡아 하나둘, 하루이틀 내지 일평생, 영생을 두고 그름을 끊을지니라.

자성은 그름이 끊어진 청정한 자리건마는 경계를 따라 욕심이 뒤덮였으나 본래 그름이 없는 그 자리를 상상하고 사모하며 체 받아서 부단한 노력을 쌓아가면 자연 자성계(自性戒)가 세워질 것이요, 따라서 청정원만(淸淨圓滿)하고 선악이 돈공(頓空)한 참 고향에 돌아갈 것이니라.

그리하여 자성(自性)의 계(戒), 참 고향만 찾는다면 공자의 말씀처럼 '마음이 일어나는 대로 따를지라도 법도에 어긋남이 없다.'라고 하였듯이 취사력(取捨力)만 얻으면 마침내 대중심을 놓아도 행하는 것이 정행(正行)을 하고, 마음 가지는 것이 선심(善心)을 가져 구경에는 선악이 돈공(頓空)한 자리에 그칠 것이니라.

또한 세상에는 '산에는 도적이 없고 길에는 흘린 물건을 줍지 않는' 그러한 낙원이 될 것이요, 자성은 청정안락국(淸淨安樂國)에서 무위생활(無爲生活)을 하게 될 것이니라.

대저, 이 삼학(三學)을 증득하고 보면 억지로 요란해지려 해도 요란해지지 않고, 어리석어지려 해도 어리석지 않으며, 글러지려 해도 글러지지 않나니, 이것을 일러서 삼대력(三大力)을 얻었다 할 것이요 성불(成佛)했다고 할 것이라, 그 얻는 방법에서도 삼학 조목의 경중(輕重)과 선후(先後)가 없나니, 요란하면 어리석고 글러지며, 어리석으면 요란하고 글러지며, 그르면 요란하고 어리석어지나니라.

그러므로 우리는 이 이치를 알아서 행하면 내가 곧 부처요, 이상(理想)의 세계가 될 것이니라."

4조. 신·분·의·성으로써 불신과 탐욕과 나와 우를 제거하자.

"신(信)은 믿음을 이름이니 도의 근원이요 공덕(功德)의 어머니라,

일체 선법(善法)을 장양(長養)하여 불법대해(佛法大海)는 신(信)으로써 들어가나니라. 그러므로 만사를 이루려 할 때 신심이 아니면 할 수 없는 까닭에 먼저 확실히 믿는 마음으로써 결정을 세우는 것이니라.

분(忿)은 분발심(忿發心)이니 꼭 해보려는 분발심이 아니면 목적한 바를 추진해 나갈 수 없는 까닭에 우리는 용맹스러운 마음으로써 전진하여 '순(舜)임금은 어떠한 분이며, 나는 어떠한 사람인가[顔淵曰 舜何人也 子何人也]'하는 정분(正忿)으로 권면하고 촉진할 것이니라.

의(疑)는 일과 이치 간에 모르는 것을 알고자 하는 것이니 설혹 신(信)과 분(忿)이 있다고 할지라도 사리(事理) 간에 모르는 것이 있고 보면 어떠한 일도 할 수 없는 까닭에 우리는 정의(正疑)로써 모르는 것을 발견하여 기어이 알자는 것이니라. 달마 대사(達磨大師)의 면벽구년(面壁九年)이나 석가세존의 육년고행(六年苦行)은 모두 깨달음을 얻기까지의 의단 적공(疑團積功)이었나니라.

성(誠)은 정성심을 이름하나니 매사에 간단이 있고 보면 또한 성공할 수 없는 까닭에 우리는 간단없는 성심(誠心)으로써 그 이루고자 하는 목적을 달성하자는 것이니라.

신·분·의·성을 공부와 사업의 진행사조(進行四條)라 하여『정전』에서 밝힌 뜻을 밝게 새기고 궁구하여 큰 깨우침이 있기를 바라노라."

5조. 원망생활을 감사생활로 돌리자.

"부처님은 의왕(醫王)이시니 우리 중생의 육신 병을 낫게 해주시는 것이 아니라 마음 병을 낫게 해주시나니라.

이 세상은 원망생활(怨望生活)의 병이 들었나니, 이를 어찌할 것인

가. 오직 심락을 얻어야 하나니라. 대저 심락(心樂)이 없으면 천하에 좋은 것도 좋게 보이지 않으며, 또 심락이라도 외형으로 비롯되는 것은 소용이 없으며 근본적 심락을 발견하여야 하나니라.

심락을 발견하려면 먼저 사은(四恩)의 은혜를 발견하여야 하나니 사은의 은혜를 발견하지 못하면 영원한 심락을 얻을 수 없나니라.

외형심락(外形心樂)은 경계를 따라 변하기 쉽기에 영원한 심락이 아니니라."

6조. 타력생활을 자력생활로 돌리자.

"특히 우리 조선 사람으로서는 반드시 지켜야 할 조목이니 오늘날 조선 국민의 힘이 약한 원인은 무엇인가. 바로 남녀권리동일(男女權利同一)이 못 된 까닭이라, 이 세계에서 조선의 여자가 제일 구속을 받았나니라. 그러다가 종사주님께서 남녀권리동일에 대하여 강조하시고 몸소 실천하시었나니, 그러나 일반 가정이나 사회에서는 실천이 퍽 미흡하였나니라.

한편 다른 나라의 문명이 자꾸 들어오면서 남녀권리동일을 해야 한다고 하면서 여자도 각 관청, 회사 등의 사무를 보게 되었나니, 이러한 때에 종사주님께서는 특히 여자 지도자를 많이 양성(養成)해야 한다고 강조하시고 여자도 어릴 때부터 차별하지 말고 음식이나 교육이나 재산도 똑같이 하라고 하셨으며, 한 가정에서도 아내의 의견이 남편보다 나으면 그렇게 좇아야 할 것이요, 절대로 남자라는 상(相)으로 고집대로 할 것이 아니라고 하시어 가장 진취적인 법을 제정하시고 실천하셨나니라.

그러면 여자는 남녀권리동일이라고 하여 밥 먹고 술 먹고 춤추고 놀려고 하는 것인가? 남자와 여자는 천칙(天則)으로 책임이 있는 것이니, 천칙의 책임은 지키되 당연하게 권리 동일을 하라는 것이니라.

사후(死後)의 제(祭)를 말하더라도 남자는 3년 여자는 2년 만에 복(服)을 벗었나니, 그러기 때문에 종사주님께서는 남녀를 불문하고 49일을 지내게 하셨나니라. 또한 여자는 출가외인(出嫁外人)이라 하여 생전이나 사후에 부모를 모시지 못하였으나 지금에 와서는 여자도 의무와 책임을 지키지 않으면 옳지 않나니, 남녀 간에 의무와 책임을 똑같이 지켜야 하나니라. 남녀 간에 자식이 일곱이면 다 같이 한 달이면 한 달, 두 달이면 두 달을 돌아가면서 봉양(奉養)해야 하며, 사후에도 또한 그렇게 해야 할 것이니라."

7조. 배울 줄 모르는 사람을 잘 배우는 사람으로 돌리자.

"사람이 누구나 생이지지(生而知之)가 아닌 이상 배워야 하나니 만일 배우지 못하면 벽(壁)에 얼굴을 마주 댄 것처럼 갑갑할 것이니라.

한 가정에서도 배우지 아니하면 그 집은 망할 것이요, 개인이나 사회나 배우지 아니하면 망하는 것이며, 한 나라에서도 국민이 배우지 못하면 망하나니, 현재의 실지를 보더라도 외국 사람들은 많이 배웠기 때문에 문명이 발달하였으며 세계 문화를 떨치는 것이니라.

현재 우리 조선은 35년간 제국정치의 무한한 압박을 받았고 오늘날 연합국에서 독립을 시켜주었으나 완전한 독립을 이루지 못하고, 불의와 정의를 분석하지 못하여 이리저리 당파를 짓는 것은 배우지 못한 소치(所致)요, 또는 조선으로 말하면 과거에 너무도 심한 차별 제도가 있었기 때문에 배우지를 못했고 또한 가르칠 줄도 몰랐나니라.

배우지 못하게 된 그 혹심한 차별 제도를 예로 들어보면 첫째, 옛날 조선 제도는 여자를 가르치지 않았고, 여자들의 정신도 으레 배우지 않아도 되는 줄 알았기 때문에 여자는 배우지를 않았으며, 혹 배우려고 하면 시집가서 편지질한다고 못 배우게 하였나니라.

둘째, 반상(班常)의 차별이 있어서 양반의 자식은 병신이거나 똑똑하거나 멍청하여도 다 가르치고, 상민(常民)의 자식은 아무리 배우고 싶고 똑똑하고 영민(英敏)하여도 가르치지를 않았으며, 혹 아는 사람도 써주지를 않았기에 배우려는 성의조차 거의 없었으므로 서로 배우지 않았나니, 적자(嫡子)·서자(庶子), 남녀, 노소 등 이렇게 차별 제도에 끌려 배움의 기회가 없었나니라.

조선민(朝鮮民)이 무식한 원인은 차별로 인하여 그렇게 된 것이라, 우리는 배우는 데에 있어서 지자(智者)를 스승으로 삼아 그 목적을 달할 것이니라. 혹 자신의 지위가 높다 하여 아래 사람에게 배워야 할 것도 배우지 아니하고 무시한다거나 배우는 자세를 잃는다면 배우는 사람의 본의를 모르는 것이니라.

그러면 우리는 무엇을 먼저 배워야 할 것인가. 우리는 근본 심리공부(心理工夫)를 배워야 할 것이니, 심리공부를 잘 배워서 알면 개인·사회·국가·세계의 어느 인연, 어떤 곳마다 평화가 열릴 것이니라."

8조. 가르칠 줄 모르는 사람을 잘 가르치는 사람으로 돌리자.

"직업 중 제일 높은 직업이 가르치는 직업이라, 그러면 먼저 우리는 중대한 가르치는 책임을 져야 하나니라. 그러나 모르는 것을 아는 척하고 가르치면 오히려 큰 죄악이 되나니라.

대저, 잘 가르치면 무량한 복(福)이 되고 잘못 가르치면 무량한 악(惡)을 짓게 되나니, 전 백장(前百丈)에게 어떤 사람이 와서 묻기를 '닦은 사람도 인과에 떨어지나이까?' 하고 묻자 '불락인과(不落因果)니라.' 하여 5백 년 여우보를 받았다는 이야기처럼 가르치는 책임이 참으로 무겁나니라.

과거 조선인의 심리(心理)는 내가 아는 특별한 것이 있으면 남이 알까 무서워하였고, 또한 이순신(李舜臣) 장군만 하더라도 간신들이 오히려 없애버리려고만 애를 썼나니, 이렇듯 국가·사회에서도 교육과 인재 양성의 소중함을 알지 못했고 가르칠 줄을 몰랐기 때문이니라.

가르치고 안 가르치는 데에 가정·사회·국가의 존망(存亡)이 달려 있다고 하여도 과언이 아니니, 가정에도 자손이 잘 배워 똑똑하여야 그 가정이 흥(興)하듯이 사회·국가도 그와 같나니라.

그러므로 의무와 책임으로써 자녀들과 후진들을 가르쳐서 문명국이 되어야 하나니라."

9조. 공익심 없는 사람을 공익심 있는 사람으로 돌리자.

"쉽게 말하면 공중(公衆)에 이익을 주라는 것이니, 내가 고생하더라도 공금(公金)을 적게 쓰려는 마음이요, 이 한 몸으로써 여러 사람에게 이익을 주라는 것이니라. 이 몸의 근본을 말한다면 이 몸 역시 공중의 몸이라, 만일 이 몸 하나만을 위해 일생을 노력하다가 죽는다면 큰 빚을 지는 것이니라.

그러므로 우리는 일생을 마칠 때까지 공중을 위해서 노력하고, 중인(衆人)에게 이익을 주다가 세상을 마치는 것이 우리의 책임이요 의무를 다하는 것이니라.

또한 타인(他人)을 해(害)하여서까지 자기를 위하는 것은 일시적으로 무엇을 만족시킬 수 있을지 모르나 그때를 벗어나면 다시 자신에게 더 큰 해(害)가 돌아오며, 남을 위하여 노력하면 일시적으로 괴로우나 그때만 벗어나면 자신에게 더 큰 이(利)가 돌아오나니, 남을 위하는 것은 곧 자기를 위하는 것이요, 반대로 내가 남의 수고를 받는 것은 자기가 자기를 해(害)하는 것이니라.

그러므로 남을 위하는 사람은 개인·사회·국가 등 나아가는 곳마다 잘될 것이라, 가령 한 면(面) 안에서 노력하면 면에서 위할 것이요, 한 단체를 위해 노력하면 단체에서 위함을 받을 것이며, 군내(郡內)나 사회나 다 그러할 것이며, 한 나라를 위해 일생을 마친다면 그 나라 국민이 다 받들 것이니라.

우리나라로 말하면 전 국민이 공심(公心)이 있어서 사욕(私慾)을 놓고 나라를 위해 노력했다면 벌써 자주독립이 되었을 것으로 생각하노라. 해방 이후 사리사욕(私利私慾)을 위해 어떠한 명예를 취하려고 힘썼던 사람들도 조선 독립을 위해 그만한 노력을 했다면 자주적인 자유 해방과 건국을 이루어 우리의 생활도 향상되었을 것이니라.

그러나 전민(全民)이 공익심(公益心)이 없었던 까닭에 건국이 제대로 되지 못하였으며, 오히려 공심(公心)을 내기는 고사하고 공심 있는 사람을 음해하였나니라. 각 당파(黨派)가 일어나는 것도 다만 개인주의 곧 내 뜻대로만 하려는 데서 비롯되었나니 건국의 앞길에 도움이 되지 않았나니라.

또한 공도자(公道者)를 많이 나오게 하려면 공도자를 극진히 숭배해야 하나니, 신문지상(新聞紙上)으로만 굉장히 떠들어댈 뿐 실지 내용으로는 실현을 못 하고 있나니라. 공도자를 숭배하지 않으면 공도헌신자(公道獻身者)가 계속하여 나오지 않는 까닭에 우리 종사주님께서 공도자를 극진히 숭배하되 친부(親父)와 같이 대우할 것이요, 자신이 공도 헌신하였으면 다른 사람도 친자제(親子弟)와 같이 사랑으로 대할 것이라 하시면서 공도 헌신의 삶을 강조하셨나니라.

다른 사람의 뜻을 존중히 받드는 것도 공익심이니라."

11. 계문

"대범, 계문(戒文)이라 함은 악도를 끊고 선도에 들어가는 초문(初門)이라, 부처님 당시 제정된 계율에 오계(五戒)·팔계(八戒)·십계(十戒)·구족계(具足戒)의 네 종류가 있었나니, 오계와 팔계는 재가인(在家人)을 위주하여 제정한 것이나 오계는 일반 신자가 고루 지키게 하고, 팔계는 장래 출가의 뜻을 가진 사람이 지키게 하였나니라.

십계와 구족계는 출가인(出家人)을 위주하여 제정한 것으로 십계는 처음 불문에 들어오는 사미승(沙彌僧)이 지키게 하고, 구족계는 비구니(比丘尼)가 지키게 하였나니라.

그러나 현재 우리의 실지 생활에 있어서는 조문이 너무 복잡하고 또는 여러 방면에 모순이 많아 도저히 일반적으로는 지킬 수 없을 뿐만 아니라 불교 발전까지 저해하는 영향이 있으므로 유아(唯我) 종사주께서 이 계문의 대중화를 하기 위하여 재가·출가와 남녀·노소를 막론하고 일률적으로 지키도록 30계문을 제정하셨으며, 조문의 수요만이 아니라 내용까지라도 시대와 생활에 모순이 없도록 혁신하셨으니, 이 점에 특별히 유의하여 준수하여야 할 것이니라.

『열반경』에 이르기를 '계시일체선법제등(戒是一切善法梯嶝)이라.' 하였으나 계문은 경계하는 글이라, 근본적으로 계라 함은 우리의 자성계(自性戒)를 말하나니라.

우리의 자성은 30계문이 공한 청정한 자리이니, 이 자성을 관(觀)하여 계문을 지키고 밝게 새길지니라."

보통급 10계문
(1) 연고 없이 살생을 말며

"살생(殺生)이라 함은 목숨이 있는 생명을 죽이는 것을 이름인 바이 살생은 무정물(無情物) 외에 유정물(有情物)을 말함이니라.

살생 중에는 연고 있는 살생과 연고 없는 살생이 있으니, 재래 불교에서는 살생이라 하면 모두 금하였으므로 대중화가 못 되었으나 우리는 불교를 대중화·생활화·시대화하기 위하여 연고를 붙였나니, 그러면 어떠한 살생이 연고 있는 살생인가. 그것은 정당한 이유가 있어서 죽이는 것이요, 연고 없는 살생은 안 죽여도 되는 생명을 죽이는 것이니라.

예를 들면 연고 있는 살생은 ① 직업 ② 약용(藥用) ③ 자신에게 해독을 줄 때 ④ 위생 ⑤ 국명(國命) ⑥ 무심(無心) ⑦ 농사 관계 등이며, 연고가 없는 살생은 ① 무자인(無慈仁) ② 호심중(好心中) ③ 습관 ④ 구미취(口味趣) 등과 같은 살생이라, 생명을 죽이려 할 때에 몸부림치는 것은 제 목숨이 달아날까 두려워하는 행위라 어찌 이들을 함부로 죽이리오.

　각 종교의 원리를 볼 때에도 모두 이 살생을 금하고 있다고 하여도 과언은 아닐 것이니, 불교의 자비와 유교의 인(仁)과 기독교의 박애가 다 이 살생을 하지 말라는 의미가 아닌가.

　부처님은 선한 자를 보시면 어여삐 여기시고 악한 자를 보시면 슬퍼하시어 일체중생을 적자(嫡子) 같이 여기시고 부촉하시거늘, 불제자로서 어찌 본래 목적에 어그러지는 살생을 할 수 있겠는가.

　유교는 인(仁)이라 즉 불인지심(不忍之心)이니 생명이 있는 물건을 차마 어찌 죽여 그 우는 소리를 들으려 하였으며, 기독교의 박애 정신은 원수를 사랑하라 하시었으니 어찌 생명을 죽이리오.

　부처님께서도 세 가지 할 수 없는 일이 있으니 곧 첫째, 정업불면(定業不免)이요 둘째, 무연중생부제도(無緣衆生不濟度)이며 셋째, 일체중생(一切衆生)을 한 번에 다 제도하지 못한다고 하시었나니, 어찌 미약한 중생으로서 이러한 중업(重業)을 면하랴. 음양상승의 도를 따라 반드시 인(因)을 지으면 과(果)를 받을 때가 있을 것이니라.

　살생계를 범함으로써 ① 종기(腫氣)를 앓고 ② 단명보(短命報)를 받으며 또는 ③ 대풍창보(大風瘡報)를 받게 되나니, 본의로 보나 인과적으로 보나 절대적으로 보응(報應)이 있으나 우리는 과(果)가 있든 없든 불제자인 까닭에 결단코 범하지 않아야 하나니라. 대저 살생은 자비의 종자를 끊는 중업(重業)이니라."

(2) 도둑질을 말며

"도적질이라 함은 타인의 물건을 몰래 가져감을 이름이니 그 종류를 말하자면 ① 강도(强盜) ② 절도(窃盜) ③ 사기(詐欺) ④ 횡령(橫領)

등이 있으니, 강도는 무기를 가지고 강력으로써 달려들어 빼앗아 가는 것이요, 절도는 다른 사람의 눈을 속이고 가져가는 것이며, 사기는 문서로나 언어로써 남을 속이는 것이요, 횡령은 중도에서 심부름하다가 떼먹는 것 등의 일체 행위를 이름이니라.

　우리 불제자의 본분이 무엇인가. 보살의 육바라밀 중 제일 먼저가 보시(布施)이거늘 하물며 보시는 못할지언정 어찌 남의 물건을 도적질하랴. 이런 자는 정신이 거꾸로 된 자이니라.

　그러나 이 도적질 계문을 누가 범할 자 있으랴 하겠으나 실지로 양심 대조를 해서 범하지 않는 자가 얼마나 있을지, 그렇게 많지 않을 것이라, 자신의 양심에서조차 참으로 범하지 않는 자가 능히 이 계문을 지킨 자라고 하겠노라.

　도적질의 해점(害点)은 ① 신용을 잃게 되고 ② 자신이 스스로 해를 입으며 ③ 부모와 친족에게 영향을 끼치게 되고 ④ 가까운 미래에 직업을 잃게 되며 ⑤ 빈천(貧賤)하게 되나니, 우리 수도인으로서는 보시의 정신으로 남을 이롭게 할지언정 검은 마음을 결단코 끊어 일생을 청정하게 마쳐야 하리라.

　사기와 횡령은 본회의 계문에 따로 정한 것이 없으므로 도적질의 범위를 넓혀 포함시켰나니라."

(3) 간음(姦淫)을 말며

"간음이라 하였으되 이 계문을 범하는 형상과 그 부당한 이유를 우리의 상식으로도 능히 판단할 수 있나니, 간단히 말하자면 남녀를 물론하고 정식으로 결혼한 부부가 아닌 사이에 유부녀를 간통하는 것을 이름인 바 이 세상 모든 사람 가운데 제일 하격(下格)인 사람이 범하는 것이니라.

　도학을 배우지 아니한 자도 이 계문을 범하고 보면 사람은 사람이 되 사람으로 취급받지 못하거늘 어찌 수도인이 이 마음을 낼 것인가. 이생에도 그러하고 내생의 과보를 짐작해 보더라도 사람으로 태어나면 화류계에 태어나고 축생보나 수라보를 받게 되면 비둘기나 오리 같은 음탕한 생물이 될 것이라, 이러한 까닭에 재래 불교에서는 결혼을 절대 금하였고, 기독교에서는 남녀 간에 미색(美色)을 보고 마음만 동하여도 범계(犯戒)로 보았으나, 본회에서는 다만 정식 결혼을 한 부부가 아닌 사이에 관계하는 것을 범계로 보나니라.

　그러나 현실적으로는 비록 이 간음계를 범하지 않는다고 할지라도 심계(心戒)에서조차 범하지 않도록 노력할지니라."

(4) 연고 없이 술을 마시지 말며

　"세상 사람들이 '주자(酒者)는 백약지왕(百藥之王)이라.' 하여 사회에서 교제하는데 제일 가는 호물(好物)로 여기므로 그런데 왜 마시지 말라고 하였는가.

　이는 일반 사회인에게 마시지 말라는 말이 아니요, 본회 회원으로서 보통급에 가입하여 십계(十戒)를 받은 사람에 한하여 말씀하신 것이라, 이 술을 마시지 않으면 살 수 없는 것이라면 말할 것도 없으나 꼭 마시지 않아도 살 수 있지 않는가. 또한 이것을 마신다고 할 때 한 잔, 두 잔만 마시고 그만두면 좋으련만 술은 술을 청하여 한두 잔으로부터 한 되, 두 되로 마시게 되는 것이 일반의 일이니라.

　이 계문 범과의 해점(害点)으로는 ① 금전과 시간을 소모하고 ② 신용이 타락되며 ③ 육신에 병이 생기고 ④ 정신이 어지럽게 되며 ⑤ 가

정의 화목을 깨뜨리게 되는 것은 불을 보듯 뻔한 사실이니라.

그런데 비공부인들은 시간이 없어서 공부를 못 하고, 금전이 없어서 사업을 못 한다고 하면서 많은 금전과 시간을 써서 가치 없는 일을 하여 신용을 잃고, 가정의 평화를 부수며, 소위 수도인으로서 정신 흐리는 일을 하랴.

술의 계문을 범함으로써 내생에는 실진자(失眞者)까지 되고, 그 맛에 취하여 분항의 구더기가 될 수도 있나니, 그러므로 부득이 연고라 한다면 ① 신병(身病)이 있어서 술을 약용으로 사용할 때요 ② 외인(外人)과 불가피하게 술로써 교제할 때이며 ③ 식사를 거르고 어쩔 수 없이 기한(飢寒)을 면하고자 할 때 등은 과하게 마시지 않으면 범계가 되지 않나니라."

(5) 잡기(雜技)를 말며

"이 잡기는 정당한 직업 외의 기술을 이름이니 그 종류는 장기, 바둑, 투전, 골프, 화투, 윷, 마작, 경마, 미두(米豆), 구슬치기 등과 같은 노름으로서, 이 잡기는 요행(僥倖)을 바라는 자가 하게 되므로 그런 자는 다 실패를 보게 되나니라. 각종 유희(遊戱)의 기술을 행하지 말라는 것으로 금전을 걸지 않고 할지라도 범계가 되나니라.

그 해점은 ① 마음의 부황(浮荒) ② 법률의 제재 ③ 금전과 시간의 막대한 소모 ④ 악우(惡友)를 상종하게 됨 ⑤ 정업(正業)을 못 붙들게 됨 ⑥ 도적의 근본 ⑦ 신용 타락 ⑧ 신체 손상 등이니 우리 공부인은 이러한 요행과 타락과 위험의 생활을 할 것이 아니라 정업(正業)의 생활을 할 것이니라."

(6) 악한 말을 말며

"욕이 악이 되는 까닭에 악한 말을 하지 말라는 것이니, 악한 말은 ① 지방에 따라 망할 놈, 썩을 놈, 때려죽일 년 등의 악담 ② 빈정대서 하는 말 ③ 비꼬아서 하는 말 등 그 수가 심히 많나니라.

그 해점은 ① 자심(自心)이 따라서 악해짐 ② 인격의 타락 ③ 자녀 교육의 해독 ④ 쟁투의 근본 ⑤ 원수를 맺음 ⑥ 악구(惡口)를 듣게 됨 ⑦ 후생에는 악한 소리를 듣게 되는 것 등이니라.

그러므로 우리 공부인은 ① 도덕적으로도 악구(惡口)를 삼갈 뿐만 아니라 소소한 악구라도 하지 않는 습관을 길들이도록 할 것이요 ② 혹 스승이나 부모가 일시적 방편으로 하는 것은 예외일 수 있으나 자주 쓸 방편은 아니니라."

(7) 연고 없이 쟁투(爭鬪)를 말며

"정당한 이유 없이는 싸우지 말라는 것이니, 쟁투에는 ① 언쟁 ② 투쟁 ③ 소송 ④ 전쟁 등 그 수가 헤아릴 수 없이 많나니라.

연고(緣故) 있는 쟁투란 곧 ① 국명[國命: 전쟁] ② 정당방위 ③ 정당한 일로 재판 ④ 정의 주장의 언쟁 등이며, 연고 없는 쟁투는 ① 천성패악(天性悖惡) ② 습관성 ③ 승부심 ④ 그밖에 부당한 일로 다투는 것 등이 있나니라.

그 해점은 ① 자신이 타신(他身)을 살상 ② 정의의 소원(疏遠) ③ 인격 타락 ④ 신용 타락 ⑤ 법률 제재 ⑥ 자녀 교육의 악영향 ⑦ 금전과 시간의 소모 ⑧ 사후(死後)에는 삼악도(三惡道)에 떨어져 독사가 될 수 있으며 혹 인도에 날지라도 구설이 많고, 다병(多病)하여 단명(短命)할 수 있나니라.

그러므로 부득이한 경우, 정의를 위하여 적극적이고 과감히 싸울지라도 그렇지 않은 경우에는 은인자중(隱忍自重)할 것이니라."

(8) 공금(公金)을 범하여 쓰지 말며

"공중이 들어 모아 놓은 돈을 사사로이 중도에 사용하거나, 또는 채무를 반상(返償)하지 않는 일이 없도록 하라는 것이니, ① 회중의 전답을 소작하고 소작료를 태만불납(怠慢不納) ② 회중에서 차금(借金)을 쓰고 기일이 경과하도록 상환치 않는 것 ③ 회중의 전달을 맡아서 사사로이 중도에서 사용함 ④ 공중 물품을 사용 또는 파손한 후 그 대가를 보상하지 않는 것 ⑤ 사회의 일체 계금(契金)이나 합자금 등을 차용하고 반상(返償)하지 않는 것 ⑥ 관공서와 회사·조합 등의 공금을 사사로이 중도 사용하는 행위 등을 말하나니라.

그 해점은 ① 지위 상실 ② 신용 타락 ③ 중인 원망 ④ 법률 제재 ⑤ 도적질의 근본 ⑥ 사후에는 삼악도에 떨어져서 과중하게 옛 빚을 갚게 되나니라. 그러나 특별한 이유가 있어 중인의 공인(公認)을 승득(承得)할 수 있는 범위 내에서 쓰는 것은 범계로 간주하지 아니하나니라."

(9) 연고 없이 심교간(心交間) 금전을 여수(與授)하지 말며

"마음으로 사귄 회원이나 특별한 지기(知己) 사이에는 정당한 연고 없이 금전을 거래하지 말라는 것이니, 연고 있는 금전의 여수(與授)란 곧 ① 천재지변 또는 화재, 도난 등으로 구급을 요할 때 ② 급병이 있어 구급을 요할 때 ③ 세금 또는 소송비용 등의 일로 긴급을 요할 때 ④ 기타 정당한 일로 구급을 요할 때 등 불가피한 중대사의 경우에는 범계가 되지 않나니라.

그 해점은 ① 동지간의 정의 소원 ② 회관의 내왕이 멀어지는 것 ③ 쟁투의 근본 ④ 신용 상실 등의 일이 생기나니, 그러므로 우리 공부인은 연고가 있어 여수한 후 기일 내에 까닭 없이 반상하지 않을 때는 차용자만이 범계가 되고, 만약 연고가 없이 여수할 때는 준 자나 받은 자나 쌍방이 범계가 되므로 될 수 있는 대로 심교간이 아닌 국가 기관 등의 지정된 곳에서 차용하여 쓰도록 할 것이라, 그러나 심교간이라도 보시의 정신으로 여수하여 후일 반상하지 않더라도 그로 인하여 피차의 정의와 그 밖의 악영향이 없을 때는 범계가 되지 아니하나니라.”

(10) 연고 없이 담배를 피우지 말라

"담배[아편 포함]를 태우지 말라는 것은 그 해점이 ① 정신 수양상 해독 ② 신체 보건상 해독 ③ 금전과 시간의 소모 ④ 화재의 원인 ⑤ 수도자 본분의 손상 등을 가져오기 때문이니라.

특히 우리들이 속세인이라면 모르지만 할 일이 많고 담배는 안 태워도 되는 까닭에 태우지 말라는 것이니라.

특별한 연고가 있을 경우라는 것은 재가 회원으로서 교제상 부득이 흡연하거나, 또는 지병의 치료 목적으로 피우게 되는 때에는 범계로 간주하지 않나니라. ① 담배는 일종의 습관으로 먹게 되는 것이요, 우리 생활상 필수품이 아니니 이에 소모되는 금전과 시간을 공중 사업에 활용할 것이요 ② 미성년자와 여자는 유무고(有無故)를 불문하고 절대 금함이 옳으나니라.”

특신급 10계문

"보통급 10계를 완전히 지키며 또한 그 신성(信誠)이 독실한 자는 특신급(特信級)에 진급하나니, 특신급에 오른 사람은 이 10계문에 대하여 의무적으로 준수하여야 하나니라.”

(1) 공중사(公衆事)를 단독히 처리하지 말며

"2인 이상이 모여서 하는 일을 자기 개인의 의사대로만 자유로이 처리하지 말라는 것이니, 단독 처리의 경우는 ① 본회 임원으로서 자기가 맡은 직무 외에 일을 월권하여 자의대로 처리하는 것 ② 사무의 통제상 상부의 감정을 요할 사항에 대하여 감정을 받지 아니하고 처리하는 것 ③ 아무 책임을 맡지 아니한 사람으로서 공사를 자의대로 처리하는 것 ④ 자기 직권 내의 일이라 할지라도 중대한 사항에 대하여 문의를 거치지 않고 처리하는 것 ⑤ 비록 문의는 하였을지라도 중론(衆論)을 무시하고 자기 고집으로만 처리하는 것 ⑥ 사회의 어떠한 단체나 회사를 물론하고 가정 내에서라도 부모·형제·처자·친족간에 반드시 의논 사항에 대하여 아무런 상의가 없이 자의대로 처리하는 것 등이 있나니라.

그 해점은 ① 지위 상실 ② 인심 배리(背離) ③ 신용 타락 ④ 통제 문란 ⑤ 중죄의 원인 ⑥ 중인에게 큰 손해를 끼치게 하므로 중인의 원망을 듣게 되나니라.

그러므로 우리 공부인은 ① 옛말에 아는 길도 물어서 가라는 말과 같이 자기의 자유 권한이 있는 일이라 할지라도 매사를 될 수 있는 대로 상의하여 처리하는 습관을 길들임이 옳으며 ② 단독 처리를 함으로 인하여 혹 요행히 잘 되는 일도 있을 수 있으나 매사를 그처럼 하고 보면 결국 후일에 큰 실수의 원인이 되므로, 단독 처리는 일의 성패를 불문하고 범계가 되나니라."

(2) 다른 사람의 과실(過失)을 말하지 말며

"다른 사람의 허물을 들어서 말하지 말라는 것이니, 다른 사람의 과

실을 말하게 되는 경우는 ① 상대자가 미워서 그를 헐뜯기 위하여 하는 것 ② 시기심으로 하는 것 ③ 습관 또는 호기심으로 하는 것 등이 있나니라.

그 해점은 ① 인격 상실 ② 원수를 맺는 것 ③ 투쟁의 원인 ④ 중인의 미움을 받는 것 ⑤ 인과의 진리로 타인이 나의 과실을 말하게 되는 것으로 후생에는 구설(口舌)이 많은 곳에 태어나게 되나니라.

따라서 우리 공부인은 ① 흉은 원래 따로 정해 있는 것이 아니요, 대개 자기의 의사나 습관과 불합함에 따라 생기는 것이니, 평소에 남이 하는 행동을 흉으로 보지 않는 습관을 길들여야 하며 ② 혹 타인의 과실을 견문하게 되거든 선악 개오사(善惡皆吾師)라는 고성(古聖)의 말씀과 같이 그로 인하여 나의 그름은 깨우쳐서 고칠지언정 절대로 입 밖에 말하지 말아야 하며 ③ 사장(師長)이나 부모와 같이 지도적 입장에서 교훈 시의 한 방편으로, 일시적으로 부득이한 경우는 범계(犯戒)가 아니 되나 이것도 가급적 원려(遠慮)함을 요하며 ④ 동지간에 정의(情誼)상 관계가 없는 범위 내에서 조용히 본인에게만 충고하는 것은 무관하며 ⑤ 감사부 소속 임원이나 또는 일반회원일지라도 회중에 중차대한 영향을 미칠 사항에 대하여 관계 임원에게 전언(傳言)하는 것은 범계가 아니 되나니라.

단 사태의 명암(明暗)을 밝게 알지 못하고 경거망동으로 시비(是非)를 일삼는 것은 악도(惡道)의 중업(重業)이 되나니라."

(3) 금은 보패 구하는 데 정신을 뺏기지 말며

"돈이나 보물만을 구하는 데 몰두하여 자기의 본분과 양심까지도 잃어버리는 일이 없도록 하라는 것이니, 금은 보패라는 것은 ① 돈 ②

금과 은 ③ 보물 ④ 고급 패물 ⑤ 고급 장신구 등 수없이 많나니라.

정신을 빼앗긴다는 것은 ① 부모·형제·처자에 대한 의무와 책임을 망각하면서까지 금전만을 벌려고 하는 것 ② 부당한 계획과 수단을 써서까지 금전을 구하려 하는 것 ③ 공부인의 본분을 망각하여 월례회, 동·하선(冬夏禪), 중요기념일 등에도 불참하고 돈 버는 일에만 급급하는 것 ④ 은의(恩義)와 도덕임에도 불구하고 파렴치의 행동을 하면서 금전이나 보물만을 구하려 하는 것 ⑤ 전무출신으로서 공부와 사업에는 등한시하고 금전 구하려는 데에 공상(空想)과 사량계교(思量計較)가 들끓는 것이니라.

그 해점은 ① 도심(道心)과 양심의 말살 ② 심성 비루(心性卑陋) ③ 공부심 소멸 ④ 의리 박약 ⑤ 의무와 책임의 불이행 ⑥ 도적의 근본 ⑦ 공익심 절단 등이니라.

그러므로 경제 생활상 부득이 금전을 구할지라도 인생으로 의무와 책임을 잃지 아니하며, 더욱 불제자로서의 본분과 목적에 위반됨이 없도록 각별히 주의해야 하나니라.

'백년탐물(百年貪物)은 일조진(一朝塵)이요, 삼일수신(三日修身)은 천재보(千載寶)라.' 하신 뜻을 새길지니라."

(4) 의복을 빛나게 꾸미지 말며

"의복을 너무나 사치스럽게 입지 말라는 것이니 ① 화려한 의복을 입는 것 ② 유행 따라 고급 의복을 많이 장만하여 자주 갈아입는 것 등이니라.

그 해점은 ① 외식(外飾)에만 기울어 정신이 경조부박(輕佻浮薄)하여지는 것 ② 경제상 금전이 많이 소모되는 것 ③ 심신이 정태(靜怠)해지는 것 ④ 풍기문란(風紀紊亂) ⑤ 의복이 화려하면 다른 일체가 따라서 화려해지는 것 ⑥ 화려하지 못한 사람과 간격이 생겨 교화상 막대한 지장이 있게 되는 것 등이니라.

그러므로 우리 공부인은 ① 의복은 원래 예를 위하고 한서(寒暑)를 피하려 함이 목적이므로 너무 화려한 의복은 입으려 하지 말며 ② 이 계(戒)를 받기 전에 이미 장만한 의복은 그대로 입을지라도 역시 대중 생활과 교화상에 부적당한 것은 될 수 있는 대로 대체 또는 염색(染色)하여 입는 것이 마땅하며 ③ 의복은 될 수 있는 대로 청결하고 단정하게 입는다는 것을 잊어서는 아니 되나니라."

(5) 정당하지 못한 벗을 좇아 놀지 말며

"품행이 좋지 못한 동무들과 가까이 놀지 말라는 것이니, 정당하지 못한 동무의 예는 ① 본회(本會) 삼십 계문을 거침없이 범계(犯戒)하는 자 ② 신심과 공부심이 없이 자행자지(自行自止)의 생활을 하는 자 ③ 사장(師長)과 존장인(尊長人)에 대하여 존경함을 알지 못하는 자 ④ 기타 다른 사람에게 나쁜 영향을 미치게 하는 언행을 하는 자 등이니라.

그 해점은 ① 나쁜 물이 들어서 자신의 품행이 부정해지는 것 ② 착한 친구와 멀리 떼어놓게 되는 것 ③ 신심과 공부심이 말살되고 ④ 신용이 타락되며 ⑤ 자신을 망치고 타인까지 해하게 되는 것 ⑥ 가정과 사회의 배척을 받게 되는 것 ⑦ 죄악의 심연(深淵)에서 방황하게 되는 것 ⑧ 향상과 진보가 없게 되는 것이니라.

그러므로 우리 공부인은 ① 고언(古諺)에 '근주자적(近朱者赤)이요 근묵자흑(近墨者黑)이라.'는 말씀과 같이, 보통 사람들은 동무의 선악 품성에 따라 그와 같이 되어 버리나니, 그러므로 될 수 있는 대로 나쁜 친구를 멀리하고 착한 친구를 친근(親近)하며 ② 동무는 각인(各人)에게 반공부(半工夫)를 시켜주나니, 신심과 공부심이 두터운 동무를 가리어 교제하며 ③ 자력을 얻은 사람으로서 중인(衆人)의 제도를 위하여 악우(惡友)를 가까이함은 범계가 되지 않으나 자력이 없는 자로서 무모히 악우와 상종함은 범계가 되며 ④ 비록 자력은 얻지 못한 자라도 내가 먼저 악우를 찾아 더불지 말 것이요, 또한 나에게 친근하게 함을 악우라 하여 배척하지 말지니, 이 뜻을 잘 알아서 아무리 악우일지라도 나를 찾아올 때는 나의 심중으로만 물들지 않도록 주의만 할 것이요, 조금이라도 응대를 소홀히 하여 저편의 심정을 상(傷)하는 일이 없도록 성심껏 응대할 것을 잊어서는 아니 되나니라."

(6) 두 사람이 아울러 말하지 말며

"상대편의 말이 끝나기 전에 말하지 말라는 것이니, 두 사람이 아울러 말하는 경우는 ① 공부 시간이나 회의에서 언권(言權)을 얻지 아니하고 남의 말이 끝나기 전에 이야기하는 것 ② 시비를 가리게 될 때 분심(忿心)에만 끌려 남의 말을 중단시키고 제 말만 하는 것 ③ 재판소에서 승론(昇論) 시에 언권을 얻지 아니하고 같이 말하는 것 ④ 회의·좌담·강연 등에 사담(私談)을 하여 옆 사람들로 하여금 그 이야기를 알아듣지 못하게 하는 것 등이니라.

그 해점은 ① 인격 상실 ② 상대자와 서로 의사(意思)를 통하지 못하게 되는 것 ③ 제삼자(第三者)로 하여금 무슨 말인지 알아듣지 못하게 하는 것 ④ 오해와 투쟁의 원인 ⑤ 질서 문란 ⑥ 타인의 감정을 상하게 하여 미움을 받는 것 등으로 결국 이러한 과보로 후생에 귀머거리가 될 수 있나니라.

그러므로 우리 공부인은 ① 언어는 원래 상대방에게 나의 의사를 전하고 내가 상대자의 의사를 듣는 것이니 무슨 말이든지 하게 될 때 차례를 기다려 순서 있게 말하여야 하며 ② 양인병설(兩人竝舌)은 유치한 아이들이나 주정꾼이나 교양 없는 부녀자나 무지한 싸움배들이 우김질할 때 많이 범계하게 되는 것이라, 조금이라도 교양 있는 자로서는 절대 삼가야 하며 ③ 내가 먼저 말을 시작하였는데 저 사람이 반언(反言)을 하여 양인양설(兩人兩說)이 될 때는 저편이 범계가 되고 나는 범계가 되지 않으며 ④ 역이나 대합실이나 차 중이나 기타 여러 사람들이 집합한 장소에서 이야기하는 것은 범계가 되지 않을 경우도 있으나 상대방과 동시에 말하면 범계가 되나니라."

(7) 신용 없지 말며

"자기가 하겠다고 말하여 놓고 실행하지 않거나, 하지 않겠다고 말은 하여 놓고 그 일을 행하는 것은 신용이 없는 일이요, 또는 거짓말을 하는 것은 신용이 없는 것이니 다음과 같은 일이 없도록 하라는 것이니라.

신용 없는 예는 ① 어느 곳에 같이 동행하기로 약속하고 그때 가지 않는 것 ② 금전을 차용하고 기일이 되었으나 아무 말도 없이 갚지 않는 것 ③ 다시는 쟁투하지 않겠다고 언약하여 놓고 싸우는 것 ④ 본인이 그릇을 깨트려 놓고 절대로 부인을 하는 것 ⑤ 종일 놀고도 종일 공부하였다고 말하는 것 등이니라.

그 해점은 ① 향상과 진보가 없는 것 ② 거짓 사람이 되는 것 ③ 중인의 배척물이 되는 것 ④ 농민으로 말하면 소작권을 얻을 수 없는 것 ⑤ 상인으로 말하면 물건이 잘 팔리지 않는 것 ⑥ 회사나 관청에 취직

하기 어려운 것 ⑦ 긴급한 경우를 당하여도 아무도 도와주는 사람이 없는 것 ⑧ 지도자는 그 지위를 상실하게 되는 것 등이니라.

신용은 생명과 같고 금전이나 자식보다 더 귀하나니, 그러므로 우리 공부인은 ① 사람은 신(信)으로써 사는 것이므로 한 번 하기로 한 것과 안 하기로 한 것은 반드시 실행하도록 할 것이며 ② 예로부터 위인 달사나 성공한 사람들은 거짓이 없으니 절대로 거짓말을 하지 않도록 습관을 길들일 것이며 ③ 비록 약속을 한 일이라 할지라도 그 후 그 일이 부당한 줄을 깨달을 때는 행하지 않음이 또한 옳으며 이는 범계가 되지 않나니라. ④ 또한 정당한 방편으로써 거짓말을 하는 것은 범계가 아니니, 예를 들어 한 사람이 강도에게 쫓겨 나에게 와서 숨었을 때 강도가 와서 그 사람을 찾을지라도 그릇 가르쳐 주는 것은 범계가 되지 않나니라."

(8) 비단같이 꾸미는 말을 하지 말며

"심중에는 불의한 야심을 가지고서 자기의 욕망을 채우기 위하여 겉으로만 좋게 꾸며대는 말을 하지 말라는 것이니, 기어(綺語)의 예는 ① 불량배들이 순진한 부호 자제들을 감언이설로 꼬여 내는 것이며 ② 금전이나 물품을 편취(騙取)하기 위하여 좋은 말을 꾸며내어 욕심을 채우는 것이며 ③ 순진한 여자들을 꼬여 내기 위하여 갖은 수단을 동원하는 것이며 ④ 회원들에 대하여 불의한 사심을 가지고 그것을 달성하기 위하여 수단적으로 말을 지어내는 것 등이니라.

그 해점은 ① 양심 말살 ② 신용 타락 ③ 중인의 배척물 ④ 외형적으로도 거짓 사람이 되어 버리는 것 ⑤ 타인의 전정을 그릇 인도하는 것 등으로 결국 후생에는 하천(下賤)하게 수생하나니라.

그러므로 우리 공부인은 ① 기어는 원래 정직한 사람들의 할 바가 아니요 하류 계급에서 쓰는 호오(好惡)의 수단이라, 수도인으로서는 더욱 엄계함을 요하며 ② 심중에는 반갑지 아니 하나 표면으로 꾸며 반가이 응대하는 것은 기어의 범계가 아닐 수 있으나 마음속에 없는 것을 부자연스럽게 과하게 찬예(讚譽)하는 것은 범계가 되나니 ③ 말은 될 수 있는 대로 적게 하고, 정직한 말만을 하는 습관을 길들이는 것이 옳으니라."

(9) 연고 없이 때아닌 때 잠자지 말며

"특별한 이유 없이 정해 놓은 수면시간 외에 잠을 자지 말라는 것이니 연고 있는 수면은 ① 밤차를 타고 와서 수면이 부족할 때 ② 병자의 간호로 밤에 잠을 자지 못하였을 때 ③ 제사 등의 일로 밤에 잠을 자지 못하였을 때 ④ 정신 과로로 잠깐 정신을 쉬기 위하여 잠잘 때 ⑤ 과로로 잠깐 육신을 쉬기 위하여 잠자는 것 등이니라.

연고 없는 수면은 ① 게을러서 잠자는 것 ② 타약(惰弱)하거나 또는 할 일이 없어서 낮잠을 자는 것이니라.

그 해점은 ① 심신이 타약해지는 것 ② 정신이 흐려지는 것 ③ 육체가 약해지는 것 ④ 여름철에는 뇌염 등에 걸리는 것 ⑤ 살림이 묵게 되는 것 ⑥ 만사에 희망과 정성이 없어지는 것 ⑦ 공부나 사업을 성취하기 어려운 것 ⑧ 귀중한 시간을 소모해 버리는 것 ⑨ 가정·사회에 배척물이 되는 것 등으로 결국 후생에는 축생으로 수생하게 되나니라.

그러므로 우리 공부인은 ① 공부나 사업에 할 일이 산적하나니 때 아닌 수면은 절대 하지 않도록 할 것이며 ② 공자님께서도 낮잠을 자는 제자를 꾸짖으시며 '낮잠을 자는 것은 썩은 나무와 같아서 그 썩은 나무는 결코 조각하지 못하나니, 이 세상에 아무 쓸모가 없는 것이다.' 라고 경책(警責)하셨나니라.

공부인으로서 이 점 더욱 명심함을 요하며 ③ 사람이 죽으면 원 없이 오래 잠을 자게 되나니 살아생전에 좀 더 활동하여야 할 것이니라. ④ 앉아서 잠깐 조는 것은 범계가 아니니라."

(10) 예 아닌 노래 부르고 춤추는 자리에 좇아 놀지 말라

"예에 부당한 노래 부르고 춤추는 장소에 가서 놀지 말라는 것이니, 예에 마땅한 가무석(歌舞席)이란 ① 조부모의 회갑 또는 기타 경축일에 예기(藝妓)를 불러 가무를 시키고 노는 것 ② 불가피한 연회의 초청을 받아 가무석에 참석하게 되는 것 ③ 총부 또는 선방에서 여흥을 하고 노는 것 ④ 본회의 기념 또는 경축일에 가무를 하고 노는 것 ⑤ 정당한 영화·연극·음악회 등에 참석하는 것 ⑥ 가무를 직업으로 가져서 매일 가무하게 되는 것 등이니라.

예에 마땅하지 않은 가무석(歌舞席)은 ① 고급 요리점 또는 청루(靑樓)에 가서 가무를 하고 노는 것 ② 방탕한 마음으로 예기(藝妓)들을 청하여서 노는 것 ③ 관극(觀劇)을 즐겨하여 정도에 지나치게 극장 출입을 하는 것 ④ 조부모의 회갑 또는 경축일이라 할지라도 정도에 지나치게 노는 것 ⑤ 본회의 경축일이라 할지라도 수도인의 본분에 지나치는 것 등이니라.

그러므로 우리 공부인은 예(禮)에 마땅한 자리는 부득이 놀지라도 예 아닌 가무석은 엄금함을 요하나니 이 계는 인생 타락의 초보라, 유혹을 받기 쉬운 비례(非禮)한 일시지락(日時之樂)은 영원한 고(苦)를 불러오고, 정당한 일시지고(一時之苦)는 영원한 낙을 불러온다는 진리를 알아서 처음은 괴로울지라도 항상 정당한 일에 취미를 붙이도록 노력하지 않으면 안 될 것이니라.

그 해점은 ① 심성(心性) 방탕 ② 금전 소모 ③ 시간 소비 ④ 악우(惡友)와 친근 ⑤ 도심(道心) 말살 ⑥ 신용 타락 ⑦ 도적의 원인 등이 되나니라."

법마상전급(法魔相戰級) 십계문(十戒文)
(1) 아만심을 내지 말며
"아만심(我慢心)은 아(我)로부터 누구를 물론하고 자기에게 권리와 재산과 지식 등이 있으면 그로 인하여 남을 멸시하려는 생각이 일어나는 것을 이름하나니라.

남을 무시하려는 생각이 날 때 벌써 그의 행동은 겉으로 나타날 것이니, 이것을 보는 입장에서는 더욱 그 사람이 보잘것없는 인격이 될 것이요, 그래서 그 사람은 자연히 벗이 없을 것이며, 벗이 없음에 따라 외로운 사람이 될 것이니라.

그래서 아무리 좋은 법이 있다고 할지라도 내 것으로 만들지 못할 것이요, 이에 따라 진취가 없을 것이며, 진취가 없음으로써 국(局)이 커지지 못할 것이라, 결국 그 안에서 짓는 것은 죄요, 남는 것은 악도(惡道)이니라.

또는 지식이 조금씩 늘어감으로써 아만심(我慢心)을 낼 수 있으니 이런 자는 위대한 인격을 이룰 수 없나니라.

우리 불가(佛家)에서는 공부의 첫째가 굴기하심(屈己下心)이요, 무아주의(無我主義)라, 이 아만심을 내고 보면 본 목적에 위반일 뿐만 아니라, 이 아만심은 죄악의 근원이니라.

　우리는 심리 중에 항상 법(法)과 마(魔)를 반조하여 아만심이 주장하면 마가 승하는 것이니 법으로써 대치(對治)하여 죄악의 근본을 두드려 부수어야 할 것이니라.

　그래서 먼저 아만심을 없애기로 하면 ① 항상 부족을 느끼고 ② 체공관(体空觀)을 하면 아만심이 스스로 없어질 것이라, 우리는 첫째도 둘째도 불제자가 되기로 하면 먼저 아만심을 항복 받아야 할 것이니라."

(2) 두 아내를 거느리지 말며

"양처(兩妻)가 되는 것은 남자로서 한 부인을 두고 첩을 둔다든지, 여자로서 본처가 있는데 첩으로 가는 것은 양처범계(兩妻犯戒)이니, 이것은 천지의 진리가 아니니라. 이 우주도 천과 지의 둘이요, 이치도 음과 양이며, 사람도 남자와 여자라, 세 사람이 산다는 것은 이치가 아니니라.

　그 해점은 ① 가정불화의 근본이요 ② 자손에게 못 당할 일을 시키며 ③ 재산이 분산되고 ④ 여자 양인(兩人)끼리 원수를 맺게 되는 등 그 폐해가 크나니라.

　그러나 남녀를 물론하고 본 회원이 되기 전이나 계문을 받기 전에 얻었다든지, 또는 부인이 질병이 있다든지 기타 부득이한 연고로 인하여 그 가정을 유지하지 못할 때 본 회원들의 양해를 얻어서 하는 것은 범계가 아니니라."

(3) 연고 없이 사육(四肉)을 먹지 말며

"사육은 네발 달린 짐승으로 연고 없이 이러한 짐승을 먹지 말라는 것이니, 연고가 있어서 사육을 먹는 예는 ① 질병 혹은 채독(采毒)을 제(除)하기 위하여 약용으로 ② 허약한 신체를 보(補)하기 위하여 ③ 손님이 되어 대접을 받을 때 등이니라.

연고 없이 사육을 먹는 예는 구미(口味)를 취하기 위하여 먹는 것이니 구미를 취하여 먹는다면 이 사육은 음식에서 제일 가는 물건이기 때문에 한 번 먹으면 자꾸 먹고 싶나니라.

수도인으로서 사육을 먹는다면 ① 수입은 없고 지출만 있게 되어 결국 지출할 돈이 없게 되어 돈 버는데 정신을 빼앗겨 공부를 못 할 것이요 ② 근본 정신인 자비손상(慈悲損傷)이 되나니 사육의 맛을 알고 보면 노루가 뛰어가는 것만을 보아도 고기 생각이 날 것이요, 그러면 살생할 마음이 일어날 것이니라. ③ 축생은 욕정(欲情)으로 된 것이라, 그것이 악살(惡殺)을 당할 때 악기(惡氣)를 품고 죽었을 것이므로 그 고기를 먹고 보면 혹시 병이 생길 수 있을 뿐만 아니라, 또는 그 기름이 탁하여 정신이 탁해지고 살기가 등등하기 때문에 자비가 소멸할 것이니라. 정신을 수양하는 사람으로서는 차마 못 먹을 것이니라."

(4) 나태(懶怠)하지 말며

"나태라 하는 것은 매사에 하기 싫은 게으른 마음을 이름인 바 즉시 하여야 할 것을 하지 않는 것을 말함이니라. 그래서 매사에 불성공(不成功)을 가져오나니라.

직업에 나태한 사람은 생활에 곤란할 것이요, 공부에 나태한 사람은 진보가 없을 것이라, 그러므로 육신의 나태는 빈천의 초보(初步)이며, 정신의 나태는 축생의 초보이니라.

육신 생활에도 정성이 없으면 불성공이거늘, 항차 정신 생활에 태만하여서는 악도에 타락함이 분명한 까닭에 이 계문을 주신 것이니라."

(5) 한 입으로 두말하지 말며

"무슨 말이든 해 놓고 안 했다고 하는 것을 이름이니, 이것은 정직한 사람이나 수도인은 결코 범해서는 안 될 것이니라.

그러나 ① 경망한 자 ② 다언자(多言者) ③ 이기주의자(利己主義者) ④ 책임을 회피하는 자 등이 범하는 것이니라.

꼭 한다고 해 놓고 안 하는 이와 같은 행동을 하고 보면 어디를 가든지 배척물이요, 사람의 축에 들지 못할 것이니라.

대저 사람의 입은 하나이며 혀도 하나라, 그러므로 말도 한 말만 해야 우리 인생의 본분이니라.

고어(古語)에 수구여병(守口如瓶)이라는 말씀이 있으며, 장부일언(丈夫一言)이 중천금(重千金)이라는 말씀이 있나니, 수도자로서 더욱 그 말의 절개를 지켜야 할 것이니라.

그러나 양설(兩說)을 하고 보면 ① 인격 손실 ② 신용 타락 ③ 내생에 타인에게 속임을 당할 것이며 ④ 양설보(兩舌報)와 같이 뱀이 되는 중보(重報)를 받게 되나니 삼갈지니라."

(6) 망녕된 말을 하지 말며

"망어(妄語)는 격외(格外)에 하는 말을 이름이니 어떠한 사람이 망녕(妄佞)된 말을 많이 하게 되는가. ① 부주의한 사람 ② 시비가 불분명한 사람 등이니 예를 들어 밥 먹을 때에 변소 이야기를 한다든지 ③ 광고(廣告)치 못할 것을 누설한다든지 ④ 찬성 안 할 자리에 결단코 찬성한다든지 하는 등이니 이와 같이 하고 보면 구시화문(口是禍門)이라, 최악에는 무서운 원수를 맺을 수도 있나니라.

이러한 까닭에 망어의 결과는 ① 인격 손상 ② 무신용 ③ 중죄악 등을 짓게 되나니, 정언(正言) 진언(眞言)은 할지언정 격외의 언어는 삼갈 것이니라."

(7) 시기심(猜忌心)을 내지 말며

"시기심이라 함은 타인이 잘 되는 것과 자기 관계자가 제삼자를 사랑할 때 보기 싫어하고 듣기 싫어하는 것을 이름인 바, 이 마음이 심하면 공연히 그 사람에게 미운 생각이 나고 어느 방면으로든지 그 사람을 깎아 내리며, 혹 잘못이 있으면 노발(露發)시키는 데까지 이르게 되나니 인생의 가장 결함인 동시에 개인·가정·사회·국가를 물론하고 파동(波動)을 일으키게 하는 아주 흉악한 마음이니라.

이 시기심의 폐해는 일일이 거론할 수 없으나 이 시기심은 공부인으로서는 결코 가져서는 안 될 것이니라.

우리 수도인은 이 악독한 마음을 제거하고 선량한 본심을 회복하자는 것이 그 목적이니, 이러한 불의심을 가질 때에는 본 목적에 위반이요, 결국 자기의 손해이며, 나아가 인간의 불상사를 장만하나니라.

그러므로 어떤 경우에 그러한 심리가 비친다고 할지라도 즉시 물리치고 보면 범계가 아닐지니, 만일 심중에 그냥 머물게 하고 그 지배를 받는다거나 그러한 언행을 하면 범계라, 대저 시기심이란 인생의 악독한 극약이라 이를 물리침에는 용단력이 더욱 필요하나니라."

(8) 탐심(貪心)을 내지 말며

"이 탐심은 즉 욕심을 이름이니, 이 탐심은 만악(萬惡)의 근본이라, 사람 사람이 죄악을 쌓는 근본을 추구하여 보면 이 탐심으로부터 비롯하나니라.

무릇, 이 30계문이 모두 이 탐심으로부터 일어나나니 곧 죄악의 근본이요 모체라, 살생 하나만 하더라도 자기의 욕망을 채우기 위하여서 하는 것이니라.

탐심의 형상을 들어 말하자면 개가 물건을 대하기 전에는 서로 장난하고 재미있게 놀다가도 명태 대가리를 하나 던져 주면 힘센 놈이 저 혼자 먹으려고 싸우게 되는 것처럼, 사람도 좋은 물건을 보면 욕심(慾心)이 일어나는 것이 꼭 이와 같아서 이 세상에서 제일 빈천한 자는 탐심이 많은 중생이니라.

그러므로 옛 말씀에 '지족자(知足者)는 수빈이부(雖貧而富)나 부족자(不足者)는 수부이빈(雖富而貧)이라.' 하였나니 이 탐심은 죄의 구렁으로 들어가는 수레이니라.

그러나 혹자는 탐심을 없앤다고 하여 나태한 자가 있으니, 이러한 공부인은 도수 화상(桃水和尙)의 도를 배우며 지족(知足)을 바로 새길지라, 나태에 지족하는 것은 망신(亡身)이니라.

또 탐심이 많으면 아귀보(餓鬼報)를 받아 사람이 되면 빈천보이요, 축생이 되면 구렁이 보를 받게 되는 무서운 과보가 있는 까닭에 금계하신 것이니라.

이 탐심은 불중(佛衆)의 두 길에서 이기느냐 지느냐 하는 갈림판이니, 매일 일기를 점검할 때 심중으로 세 차례 이상 마음이 일어나는 것도 범계요, 실지 실행을 하였으면 완전한 범계이니라."

(9) 진심(嗔心)을 내지 말며

"진심이라 하는 것은 화를 내는 것이니, 어느 경우에 화를 내는 것인가. 타인에게 잘 못한다는 말을 들을 때나 모든 일이 내 마음대로 되지 않을 때 진심이 많이 일어나게 되나니, 이 진심 중생은 의리도 모르고 예의염치도 불고하며 전도(顚倒)의 행동을 하는 까닭에 어디로 가든지 환영을 못 받나니라.

그러므로 가장 가까운 부모·형제·처자에게도 배척이요, 사회의 어느 회집소(會集所)에서도 물론 말할 것도 없나니, 그래서 이것이 이른바 심중지옥(心中地獄)이니라.

더욱, 우리 수도자로서 진심을 낸다면 수승화강(水昇火降)이 잘 되지 아니하여 정신이 산란해지며 그 형상의 얼굴이 붉어져서 인격과 지도력을 상실하게 되나니라. 그러기 때문에 보살육도(菩薩六度)의 하나인 인욕(忍辱)은 무엇이나 참으라는 것이니라.

이 진심은 혜광을 덮는 묵운(墨雲)이라, 진심이 성하면 예의염치를 가리고 자행자지(自行自止)하는 것은 자성혜(自性慧)를 가린 것이니라. 삼대력을 득(得)하자는 목적에서 진심을 낸다면 행동으로나 수양상으로나 연구상으로나 막대한 장해가 되므로 진심을 내지 말라고 하였나니라.

참는 방법으로 말하면 예수님의 격언에 '화가 나면 물을 입에 머금고 있으라.' 하셨고, 또 어떤 불교의 신자가 진심을 참는 방법을 물으니, 스님이 '그놈을 잡아 오너라.' 한즉 그 신자가 말하기를 '아무것도 없습니다.' 하자, '본래 없던 것이 어느 곳에서 진심이 일어났는가.' 하였다 하나니, 진심이 일어날 때는 본래 공한 자리를 비춰보면 이 진심을 참을 수 있어서 결국 본래의 목적을 달성할 것이요, 참지 않으면 중생을 면하지 못할 것이니라.

진심 중생은 후생에 지옥보를 받나니 이와 같은 중죄는 짓지 말 것이니라."

(10) 치심(痴心)을 내지 말라

"치심은 무명(無明)이라 하나니, 불견성자(不見性者)는 대소유무(大小有無)와 시비이해(是非利害)에 어두운 자이기에 치심을 내지 않을 수 없나니라. 그러면 사람이 꼭 몰라서만 치심을 내는가. 그렇지 않나니, 대개는 알고서도 치심을 내기에 우(愚)와 구별하나니라.

모르는 자는 물론이거니와 유식자는 좀 안다는 것이 있어서 그로 인하여 진보할 줄을 모르며, 또는 불합리한 차별에 끌려서 응당 배울 것도 안 배우는 등 이러한 것이 치심이니라.

또 무권자(無權者)가 권리 있는 체, 무재자(無財者)가 재산 있는 체, 무식자가 지식 있는 체하는 등 이러한 자들은 진보가 없고 점점 어두워지나니라. 그래서 남에게 잘 보이려 했던 것이 벌써 상대방에게는 어리석어 보이는 것이니라.

이 치심으로 인하여 일체 시비를 알지 못하게 되는 까닭에 만악(萬惡)을 짓게 되나니, 이러한 무명심(無明心)으로 살아감으로써 결국 축생보를 받게 되나니라.

맹구우목(盲龜遇木)·천재난우(千載難遇)의 인간 몸을 받아 불법(佛法)의 대도 회상에 참예한 우리 수도인으로서 악도(惡道)에 떨어져 어찌할 것인가, 명심하고 명심할지어다."

12. 솔성요론(率性要論)

"솔성(率性)이란 성품(性稟)을 거느리는 요긴한 길이니, 성품을 어떻게 거느릴 것이며 성품이란 무엇인가.

성품, 곧 우주 만물 허공 법계가 하나라는 것으로, 이 하나도 없는 자리, 분별이 없는 자리, 언어도(言語道)가 끊어지고 심행처(心行處)가 멸한 자리, 불변하고 여여자연한 자리가 성품의 본체(本體)이요, 과거·현재·미래에 영겁으로 나열해 있는 일체만물(一切萬物)이 성품의 묘용(妙用)이며 무비성품(無非性稟)이니라.

솔성(率性)이란 성품을 거느린다고 하였으니 어떻게 거느릴 것인가. 사람이 들어 만물을 거느리고 육근(六根)은 무엇이 들어 거느리는가. 곧 마음이 들어 거느리나니, 그렇다면 이 분별심(分別心)은 또 무엇이 거느리는가. 바로 무분별심(無分別心)이 거느리나니라.

솔성은 삼학을 닦는 것이라 좌선할 때나 경전을 들 때나 사심 잡념이 없이 오로지 거기에만 일념이 되는 것은 솔성이며, 취사(取捨)하더라도 증애의 차별과 분별심이 없이 공적영지(空寂靈知)를 그대로 쓰면 솔성이니라. 마부가 말을 거느린다는 것은 말이 곡물 밭에 들어가면 못 들어가게 하고 못 먹게 하는 것을 말하나니, 그와 같이 사람에 있어서 이 분별심은 말과 같고, 무분별심은 마부와 같나니 이 분별마(分別馬)를 임의운전(任意運轉)하여야 마부인 무분별심이 분별마를 잘 거느린다고 할 것이니라.

또는 장군이 병대(兵隊)를 거느리는 것과 같나니 우리의 본래 성품 자리는 원만구족하고 지공무사한 자리라, 그것을 쓸 때도 가리를 잘 타서 공적영지로 쓰는 것이 솔성을 잘한다고 할 것이니라.

그러나 육근을 내 마음대로 하지 못하고 육근에 끌려서 하면 잘못 거느린 것이요, 또한 한 걸음 더 나아가서 인연과 사물에 끌려서 일을 하는 것은 잘못 거느리는 것이니라.

또한 만물에 육근이 응하여 분별심에 끌리지 않고 마음대로 하면 솔성을 잘 하였다고 할 것이니, 정(定)은 좌선이나 염불을 할 때 잡념이 일어나지 않도록 잘 달래어 무분별심대로 하는 것이요, 혜(慧)는 경전 시간에 딴생각하게 되면 지혜가 어두워지므로 먼저 머릿속부터 소제(掃除)하고 듣는 것이며, 계(戒)는 일을 처결(處決)하되 증애의 분별, 이해의 분별 등 일체 분별(一切分別)이 일어나면 이를 억제하여 지공무사하게 처리하는 것이 솔성을 잘하는 것이니라.

솔성의 체(體)는 삼학공부요 무시선이며, 용(用)은 육근이 만물을 거느리는 것이라, 성품의 성질을 성악설[性惡說: 荀子], 성선설[性善說: 孟子], 성선악혼동설[性善惡混同說: 告子], 성삼품설[性三稟說: 韓退之] 등으로 말하고 있으나 우리 '불법연구회'에서는 정즉무선무악(靜則無善無惡)하고 동즉능선능악(動則能善能惡)이라 하여 마치 중마(中馬)가 가만히 있으면 어디로 갈지 모르나 동(動)한즉 동서남북이 갈리는 것과 같나니라."

(1) 사람만 믿지 말고 그 법을 믿을 것이요

"믿음[信]이란 나무의 뿌리에 비유되나니, 나무의 생명과 무성(茂盛)함이 오직 그 근본인 뿌리에 달린 것과 같나니라. 우리 인생도 역시 생활상에서나 또는 부처를 공부하는 입장에서는 더욱 이 믿음이 있어야 성과를 기약할 수 있을 것이라, 이러한 까닭에 고인(古人)께서 '믿음은 성공의 어머니라.' 하시었나니라.

만일 믿음이 부족하면 부처를 이룰 수 없을 뿐만 아니라 인생에서나 공부할 때 마음에 위안처가 없어서 쓸쓸하고 비감(悲感)에 젖지 않을 수 없나니라.

저 농부가 찌는 듯한 폭양(曝陽)에 땀을 흘리며 노동하는 것도 거기에 처자의 재미, 즉 가정에 재미가 있기에 고(苦)를 느끼지 않고 활동하며 노력하는 것처럼, 수도인들도 남모르게 도를 닦는 재미가 있을 때는 천하 없는 역난(逆難)을 만난다고 할지라도 거기에 조금도 눈물바람은 안 할 것이요, 오히려 인격 형성의 호기라 할 것이니라.

경성의 어떤 사람이 웃으며 재미있게 지내는 것을 보면 '무엇이 재미있어서 저렇듯 웃고 사는가.' 하는 이가 있는가 하면, '세상사 다 귀찮고 죽지 못한 목숨 어찌할 수 없어 산다.'라고 하는 이가 있으니 이 사람은 심락(心樂)이 없기 때문이니라.

공부하는 사람들이 이러한 마음을 가졌다면 옳지 않나니, 용솟음치는 심락이 있어야만 어떠한 일도 성공하며 경계를 당할 때마다 지체 없이 나아갈 것이니라.

그러면 심락은 어디서 나오는가. 믿음에도 세 가지가 있으니 상·중·하로 대별할 수 있나니라.

첫째, 석가모니(釋迦牟尼) 부처님과 종사주(宗師主)에 대한 신앙, 즉 역겁난우(歷劫難遇)요, 맹구우목(盲龜遇木)인 종사주님을 만났다고 내 마음에 기꺼움이 나는 믿음은 하등신(下等信)이요,

둘째, 종사주님을 생각하여 우러나는 낙보다는 밝혀 놓으신 법을 보고 명예·권리·재산을 얻는 것 이상으로 낙을 느끼는 것은 중등신(中等信)이며,

셋째, 부처님의 법도 역시 자기 밖에 있어 타력(他力)을 벗어나지 못하나니, 닦을 때나 배울 때는 필요하나 그렇지 못할 때는 낙망이라, 오직 우리가 도를 위하여 자신이 곧 '부처가 되리라.' 하여 여여불성(如如佛性)을 믿으며 심락(心樂)을 얻을 때 상등신(上等信)이 되나니라.

중·하(中下)의 믿음은 자신을 믿는 준비에 불과하며, 더욱 이 법신불인 우주 만상에 대해서 자타(自他)가 병진하는 믿음을 가져야만 원만도(圓滿道)라, 종사주님의 정법 만난 것에 재미를 붙이면서도 자신 수행에 재미를 붙여야만 상등의 솔성을 한다고 하리라.

중생의 심정은 갑이 을에 대하여 불신하면 자기는 전혀 알지도 못하면서 무조건 그 사람의 말조차 믿지 않을 때가 많나니, 우리는 이러한 경우에 그 사람에 대하여 설혹 믿지 않을 수 있으나 그 말만은 믿어야 할 것이니라. 성현의 말씀에 '사람이 변변하면 그 말조차도 믿지 말라.' 하시었으나 우리는 강연을 들을 때 혹 변변할지라도 그 말만은 취하여야 하나니라. 이것 역시 솔성을 잘하는 것이니라."

(2) 열 사람의 법을 응하여 제일 좋은 법을 믿을 것이요

"보통 사람들은 상점에 가서 컵이나 옷감, 또는 일용품을 살 때 가르치지 않아도 간택(揀擇)하며, 집이나 논·밭을 살 때에도 마찬가지니라. 그러나 보통 사람들은 이와 같이 물질적으로는 다 잘 고르지마는 공부하는 법에 있어서는 잘 고르지 못하나니라.

과거와 현재를 물론하고 성현(聖賢) 불불조사(佛佛祖師)가 출현하여 공부의 길을 천 갈래, 만 갈래로 내놓으셨으니, 우리는 그중 제일 좋은 법으로 믿어야 하나니라.

종교 생활을 안 하면 모르되 이왕에 하려면 간택을 잘해야 할 것이니 만일 잘못하면 불행이 따르게 되나니라. 예컨대 염불종에 들어가면 일평생 염불선(念佛禪)만 할 것이라, 이러한 편벽된 수행보다는 삼학병진(三學竝進)의 우리 법을 알아서 잘 가려 믿어야 할 것이니라.

또한 종교를 잘 가려 선택했으나 공부하려면 그것 역시 간택이 필요하나니, 어떤 사람은 피상적 공부에만 전심전력하고, 어떤 사람은 심리적 공부, 즉 자심(自心)의 수양인 정(定)·혜(慧)·계(戒)를 닦아 가는 데만 전심전력 하나니, 우리 공부인은 이 두 사람 중 누가 더 나은가를 연구하여 옳고 빠르고 좋은 공부길을 잡아야만 성공할 것이니라. 우리는 절대로 무심히 들어가지 말 것이니라.

또는 가정·사회·국가·세계를 다스리는 데에도 자신에게 만족지심(滿足之心)을 갖지 말고, 눈과 귀를 열어 잘 보고 잘 들으며, 또 모르면 물어서 행하여야 솔성을 잘하는 것이니라."

(3) 사생(四生) 중 사람이 된 이상에는 배우기를 좋아할 것이요

"사생은 곧 태(胎)·란(卵)·습(濕)·화(化)를 말하는 것이니 첫째, 태(胎)는 사족지물(四足之物)을 말하고 둘째, 난(卵)은 조어지류(鳥魚之類)를 말하며 셋째, 습(濕)은 충류(蟲類)를 말하고 넷째, 화(化)는 화생지물(化生之物)을 말하는 것으로 모두 동(動)하는 유정물(有情物)이니라.

그러나 사생 중 최령한 것은 사람이라, 배운다는 것은 동물 세계에는 없는 것이요, 오직 사람만이 가진 독특한 점이니라. 현대 과학 공부에 있어서는 인지가 발달함에 따라 교육열이 열렬하여 학교 등에서 배우는 데에 온갖 운동을 다 하고 있으나 도덕 공부에는 얼마만 한 열의가 있는가.

그러므로 현대의 과학 공부에 대해서 배우기를 좋아하라고 하는 것이 아니요 도덕과 종교 공부에 관하여 공부 열이 나지 않으므로, 인도정의를 배우는 각성이 적고 미흡하므로 이를 힘써 배우라는 것이니라.

하늘에는 천도(天道), 땅에는 지도(地道), 축생(畜生)에는 축생의 길, 사람에는 인도(人道)가 있나니, 사람에게 육신이 밟아야 할 길이 있는 것과 같이 항차 인간의 진정한 정신적 길이 없으리오. 우리는 마음의 길, 즉 인도 정의를 배워야 하나니 만일 그것을 배우지 않으면 최령한 인생의 가치가 무엇이며, 인면수심(人面獸心)을 어찌 벗어날 것인가.

제군들은 장차 무엇을 배울 것인가. 바로 교강(敎綱) 9조를 배워라. 오늘날 과학 공부로 얻게 되는 학식·권리·명예·재산으로써는 요란하고 어리석고 그른 마음을 무란(無亂)·무치(無痴)·무비(無非)하게 할 수 없을 것이니라.

또한 인과보응과 불생불멸의 이치를 배우고, 천언만론(千言萬論)을 실행하는 것을 배우고, 원망스러운 일을 감사심으로 돌리는 것을 배워 행하는 등 만물지중 최령한 가치의 배움을 놓지 않아야 솔성을 잘한다고 하리라.

또는 비공부인들은 지식·명예·탐재산(貪財産)으로 인하여 죄를 더 짓게 되나니 우리 공부인은 이것을 이용하여 복을 짓는 법을 배워야 하나니라."

(4) 지식 있는 사람이 지식 있다 함으로써 그 배움을 놓지 말 것이요

"대저 지식은 아는 것이니, 보통 사람들은 지식이 많을수록, 들어갈수록 두뇌가 꽉 차 더 들어가지를 않아서 지식이 없어질 근본을 가지고 있나니라. 그래서 서양 철학자 소크라테스가 말하기를 '나에게 지식이 있다고 타인이 칭하나 나는 오직 불식(不識)이라는 것만을 아노라.' 하시었나니 참으로 철인(哲人)의 말씀이니라.

달이 차면 기울어지고 그릇에 물이 차면 넘쳐흐르는 것처럼 사람도 지식이 가득 차면 더 이상 들어갈 수 없는 까닭에 호대(浩大)한 지식을 가질 수 없나니라. 세계 사성(四聖)의 한 분인 소크라테스도 스스로를 불식자(不識者)라 하였는바 항차 범부인 우리에 있어서랴.

우리는 조금 아는 것에 만족지심(滿足之心)을 갖지 말고, 불식(不識)을 발견하여 인격 구성에 더욱 큰 노력을 하여야 할 것이니라.

이러한 까닭에 그릇이 작으면 들어가는 물건도 작은 법이라 우리는 태평양과 같은 심기(心器)를 만들어야 광범한 지식을 얻을 수 있으니, 곧 종지에는 물이 조금만 들어가도 차지만 저 태평양은 물을 아무리 부어도 넘치는 법이 없지 않은가.

우리는 이 진리를 알아 마음의 그릇을 넓히는 동시에 천지를 뱃속에 집어넣을지라도 배가 고프다 할 만큼 일심리(一心理) 하는 데에 힘써 배워라. 상당한 선도인(善道人)이라 할지라도 과학과 도학에서 타인보다 나으면 배울 생각이 나지 않나니, 이것은 아는 데에 향상이 없음이라, 우리는 더욱 이 도학에 뜻을 두었으니 설사 남보다 더 아는 것이 있다고 할지라도 항상 부족지심(不足之心)을 가져야만 아는 데에도 향상이 있고, 더욱 솔성을 잘한다고 하리라."

(5) 주색 낭유(酒色浪遊)하지 말고, 그 시간에 진리를 연구할 것이요

"우인(愚人)은 시간의 소비에 애를 쓰고, 지인(智人)은 시간의 이용에 애를 쓰나니, 인생은 부(富)와 귀(貴)를 막론하고 사·농·공·상(士農工商) 간에 직업을 가지고 있는 까닭에 직업에 충실할 때는 천하없는 귀인(貴人)일지라도 주색 낭유를 하지 않아야 하나니라.

이러한 주색 낭유는 오직 일을 다 마친 휴식시(休息時)에나 또는 무직업자가 하게 되는바 주색 낭유에 끌려서 하는 자, 혹은 피로한 정신을 풀려고 소창을 겸하게 되는 자가 많나니, 우리 수도인은 어떻게 해야 할 것인가.

시간도 곧 성품이라, 성품을 잘 거느리려면 무엇보다 진리 연구에 몰두해야 하나니, 우인(愚人)은 시간을 죽이고 지인(智人)은 시간을 살리게 되므로 우리는 어떻게 시간을 살릴 것인가.

우리의 인생 생활에 꼭 필요하고 배우지 아니하고는 안될 것이라 할지라도 분망 중에는 또한 못 배울 것이니, 이러한 것은 반드시 필기하였다가 그 노는 시간을 이용하여 배워야 하나니라. 주부로서 김치 담는 법, 살림하는 법이라든가 또는 혹 인생 생활에 대해서 더 의심이 없다면, 『정전』도 읽어보고 뜻도 생각하여 보며 저술도 하여보고 화두를 들어 연구도 하여보아야 할 것이니라.

어떻든지 우리 공부인은 심·언·신(心··言·身)을 공부 삼고 또는 그것으로써 진리를 행할 뿐 조금도 비진리적인 행동을 하지 않으며, 이렇게 일생을 진리로써 일관하는 것이 곧 공부인의 사명이요, 솔성을 잘하였다 하리라."

(6) 한 편에 착(着)하지 아니할 것이요

"착(着)은 선악임에도 불구하고 떠나지 못하고 옮기지 못하는 마음이라, 그래서 착은 사도(邪道)의 지명신(指命神)이라고까지 하나니라. 대저 비공부인들도 착을 없애려 하거니와 우리 공부인은 이 착이 있음으로써 공부에 무한한 장해(障害)가 있을 것이라, 이 애착·탐착·원착에 걸려 어느 때에 정진할 수 있을 것인가.

우리가 공부할 때 이 착(着)의 잡아당기는 마음이 생기면 돈단파석(頓斷破石)을 할지언정 점단여온(漸斷如蘊)은 하지 말지니, 이 착심에도 외적(外的) 착심과 내적(內的) 착심이 있나니라.

외적 착심은 오욕(五慾)에 끌려 범계하게 되면 오욕계의 노예가 되어 인간이 아니요, 욕망덩어리일 뿐이니라. 우리 공부인도 외교를 할 때에 술·담배를 결단코 안 한다든지, 혹 아플 때도 뚝 끊어야 외착(外着)이 없는 것이니라.

내적 착심은 곧 마음의 울타리가 있음이라, 만일 마음의 이 울타리를 벗어나지 못하고 보면 공부인으로서는 실패라고 아니할 수 없나니라.

곧 좌선에 국집(局執)이 되면 행주좌와(行住坐臥)에 좌선만 하려고 하여 사업은 전혀 외시(外視)하며, 화두(話頭)에 국집하면 또 화두에, 착염불(着念佛)을 하면 또 염불에, 문학 공부에 국집하면 또 여기에 집착하는 등, 이렇게 될 때 어느 때에 원만한 대도를 성취하리오.

일상의 일들은 보통 사람들도 열심히 하는 것 같으나 공부인들과 차이가 있는 것은 착(着)의 유무이니, 곧 보통 사람들은 착으로 일을 함으로써 동일한 일심일지라도 호리유차(毫釐有差)에 천지현격(天地懸隔)이니라. 그러나 공부인들은 무착(無着)으로써 행할 뿐이라, 어떠한 까닭인가.

보통 사람들은 재산이나 권리가 있어서 생활하다가 이것을 다 잃었을 때 같은 일심으로 하였으되 그 주착심(住着心)을 버리지 못하고 고통스러워할 것이나, 공부인들은 일심으로 전심전력하되 그 재산·권리·명예를 잃을지라도 인연이 다하여 없어지는 것으로 알아 미련심이 없고 흔연하나니라.

이러한 이유는 일이든 공부이든 착심으로 할진대 원망과 불만을 품게 되나 무착심(無着心)일 경우에는 어떠한 원망과 불만이 없기 때문이니라.

종사주(宗師主)님께서 촛농을 대롱에다 넣어서 초를 만들어 사용하시면서 그 촛농까지도 버리지 않으셨고, 그 조그마한 것에도 피가 나게 아끼시었으며, 이 '불법연구회' 살림을 아끼실 때 범부의 눈에 지나칠 정도로 아끼셨으나 열반에 당해서는 아무런 미련과 착이 없으셨기에 헌신짝같이 버리셨나니, 우리 공부인은 어떻게든지 희망일무소득(希望一無所得)이 불법의 최상임을 알아서 어떠한 것에도 착을 두지 않아야만 솔성을 잘 하였다 하리라."

(7) 모든 사물을 접응할 때에 공경심을 놓지 말고, 탐한 욕심이 나거든 사자와 같이 무서워 할 것이요

"보통 사람들은 어려서부터 모든 사람, 곧 부모나 사형(師兄), 웃어른을 공경하라고 가르치는 까닭에 사람 공경할 줄을 알지만, 진일보하여 동물이나 사물에까지 공경하지는 않나니라.

우리는 보통 사람들과는 다른, 불제자들로서 없는 정성, 있는 정성을 다하여 일체 만물을 공경함이 옳나니, 한 가정에서 제일 어른인 분을 공경하는 것처럼, 항차 불제자인 우리가 부처님을 어찌 경홀(輕忽)히 여길 수 있으랴. 우리의 부처님은 시방세계 우주 만물 허공 법계 전체라, 불제자로서 부처님을 대할 때에 어찌 공경치 않으리오.

우리가 석가여래나, 부모나, 형제나, 동포나 다 진리불이요 진불(眞佛)인 것을 알지 못하고 경홀히 한다면 아직 참으로 부처님을 위함이 아니니라.

그러면 어떠한 까닭으로 공경하라 하는가. 죄복의 근원은 하나님과 등상불이 아니요, 만물의 불경과 공경으로 말미암은 것이라, 불공즉죄래(不恭卽罪來)하고 공즉복래(恭卽福來)이니라.

불제자인 우리는 종조지모(從朝至暮)에 행주좌와(行住坐臥) 24시간

동안 공경(恭敬) 두 글자(二字)로 일관하여야만 솔성을 잘한다고 하리라.

'탐한 욕심이 나거든 사자와 같이 무서워하라.' 하신 것은 우리 범부(凡夫)들이 저 일본의 순사(巡査)를 무서워할 줄 아는 것처럼 나 자신에게 적심(賊心)이 일어날 때도 그렇게 무서워하라는 것이니라. 그러나 사자는 이 한 몸, 이 일생의 육신만이 인륙(刃戮)을 받으나 이 탐심은 영생을 통해 악도 타락(惡道墮落)의 근본이 되나니, 그러므로 우리 공부인들은 사자 이상으로 탐심을 무서워하는 것이 솔성을 잘한다고 하리라."

(8) 일일 시시(日日時時)로 자기가 자기를 가르칠 것이요

"매일매일 그때그때에 자기가 자기를 가르치자는 것이니, 가르치는 데에도 상·중·하의 차별이 있고, 배우는 데에도 상·중·하가 있나니라.

배우는 데에 있어서 하등은 책이나 언어로 배우는 것이요, 중등은 조금 더 고준(高峻)하게 말로 배우는 것이 아니라 천지 만물을 대할 때마다 인과의 이치와 불생불멸의 이치를 배우는 것이며, 상등은 자신의 성품을 보아서 원래가 선악 염정이 없는 구경의 진리를 배우나니라.

가르치는 데에 있어서 하등은 문자와 언어로써 가르치는 것이요, 중등은 몸소 실행하여 가르치나니라. 즉 진·탐심(嗔·貪心)을 극복하고 참는 것을 보여주나니, 예를 들어 어떤 도인이 처음에 설법하려고 어떤 신도(信徒) 댁을 방문한바 현관에서 몇 시간을 기다려도 문을 열어 주지 않자, 진심(嗔心)을 내고 환사(還寺)를 하려 하자 그때야 현관문이 열리고 들어오시라고 하지 않는가. 그런데 응접실에서 또다시 그 신도가 나오기를 몇 시간 동안 기다리게 되자 그만 화가 천동(天動) 같이 일어나 밖으로 뛰쳐나가자, 신도가 따라 나오며 하는 말이 '스님은 무엇을 가르치십니까.' 하지 않는가.

중등은 일체의 행동에서 무언지교(無言之敎)를 이름하나니라.

상등은 글로나 말로나 실행에 있어서 정신과 육신이 서로 다른 만큼 어떠한 가식이 있을 수 있으나 참 가르침이란 사심 없는 순일무잡(純一無雜)한 마음으로, 바른 마음으로 가르치는 것이니라.

달마 대사의 면벽구년(面壁九年)이 최상교야(最上敎也)라, 이와 같이 스스로 배우고 가르치는 방법은 무엇인가.

첫째, 평소에 수양 있는 사람을 보면 자신도 수양이 있도록 배우고 가르치며, 또 심지(心地)가 요란할 때는 원래의 자성(自性)에 대조하여 그 요란한 마음을 다스리나니, 즉 무분별심(無分別心)이 분별심을 가르치나니라.

둘째, 문자나 삼라만상을 보아서 암흑한 정신에 광명을 주어 스스로 혜(慧)를 밝게 하고, 또는 우주의 대소유무와 인간의 시비이해를 배워 가르치나니라.

셋째, 의(義)로운 일에 용렬지심(勇烈之心)이 일어나지 않을 때는 죽기로써 행하는 것을 배워 대의에 살도록 스스로를 가르쳐야 하나니, 이렇게 한다면 솔성을 잘한다고 하리라."

(9) 무슨 일이든지 잘못된 일이 있고 보면 남을 원망하지 말고 자기를 살필 것이요

"원망생활을 감사생활로 돌리자는 것이니 저 자신을 살피어 그 잘못한 원인을 타인에게 미루지 말라는 것이니라.

그러나 범부들은 잘못된 일이 있을 때, 타인에게 돌리며 누구 때문에 이렇게 되었다고 원망을 하나니 이것은 부지이치(不知理致)라, 우치심(愚痴心)으로 인한 것이니라.

일을 그르치고 남에게 그 원인을 돌리는 것은 진리가 허락하지 않나니라. 천지 만물이나 사람이나 인연과(因緣果)의 법칙으로 돌고 도나니 무슨 일이든지 성과(成果)하는 것은 종자가 있기 때문이라, 종자가 없이 연(緣) 하나로써 열매를 맺는 수가 없나니라. 곧 인(因)은 반드시 나에게 있고 연(緣)은 남에게 있나니, 내인(內因)과 외연(外緣)의 법칙인 이 진리만 안다면 설혹 악과(惡果), 즉 일이 잘못된다고 하더라도 그 원인이 나에게 있음을 깨달아 원망하지 않을 것이니라.

이러한 인연과의 이치를 깨달아 남을 원망하지 않고 먼저 자신을 살핀다면 솔성을 잘 한다고 하리라."

(10) 다른 사람의 그릇된 일을 견문하여 자기의 그름은 깨칠지언정 그 그름을 드러내지 말 것이요

"은악양선(隱惡揚善)은 성인(聖人)의 심정이요, 선은악양(善隱惡揚)은 범인(凡人)의 심정이니라. 인간 세속에서 남의 잘못되는 일이 없고 보면 재미가 없어서 살지 못할 것이니, 어떠한 까닭인가. 곧 범부에게 있어서 음식은 육신의 위안물이요, 타인과(他人過)는 입의 위안물이 되어 있기 때문이니라.

그리하여 귀중한 시간과 존엄한 정신과 신성한 입까지 더럽히게 되어 이에 따라 쟁투가 생기고 또한 신용도 잃게 되나니라.

대저, 남의 그름을 보고 좋아하며 사방에 말하고 자신의 그름을 깨치지 못하면 그 사람의 전정진보(前程進步)는 볼 것이 없을 뿐 아니라, 한갓 동물처럼 일생을 송과(送過)하게 될 것이니라. 그러나 남의 허물을 보았으되 보지 않고, 자기의 그름을 깨우친다면 적어도 나는 그와 같은 그름을 행하지 않을 것이니라.

우리의 유공심자(有公心者)가 무공심자(無公心者)를 볼 때 증심(憎心)이 일어나고, 널리 그 잘못을 징벌하고자 하는 것이 보통이나, 우리 공부인은 그것을 보감(寶鑑) 삼아 스승으로 삼을지언정 시비하여 말하지 말지니라.

진리는 자(自)와 타(他)가 서로 근원적으로 통하여 타해(他害)가 곧 자해(自害)라, 이와 같이 진리가 바뀐다는 것을 알아 자리(自利)로써나 도덕적으로나 드러내지 않는 것이 솔성을 잘한다고 하리라."

(11) 다른 사람의 잘된 일을 견문하여 세상에다 포양하며 그 잘된 일을 잊어버리지 말 것이요

"보통 사람들의 심정은 남의 잘된 일을 보면 시기심을 낼지언정 세상에 포양(布揚)하는 것은 둘째로 하나니 그뿐인가, 그 잘된 일을 방해하고 도리어 못 되는 것을 보려고 하나니라. 경성의 어떤 사람은 자기의 아이가 죽자, 친척이나 이웃 사람들이 온갖 위로를 해주어도 눈물로 세월을 지내다가 얼마 후 그 뒷집 아이가 죽자, 그것을 보고 희색이 만면하였다고 하나니, 이것이 소인의 심성이요 중생의 마음이니라.

그러나 부처님의 마음은 오직 대자대비뿐이라, 만일 다른 사람이 잘하면 함께 기뻐하고, 반대로 고통에 처하면 함께 슬퍼하나니라.

우리는 구업(口業)을 짓되 이왕이면 남의 잘된 것을 말하고 세상 사람들에게 널리 발표하여 그와 같은 사람들이 더욱 많이 나오게 하여 세상에 유익을 주게 하며, 또한 나 자신도 그것을 보감 삼아 그 일을 잊어버리지 말아야 할 것이니라.

우리 불제자들은 남이 잘하는 것이 곧 내가 잘하는 것과 같다는 이치를 아는 동시에 언제나 수희공덕(隨喜功德)을 쌓아서 이 마음을 갖춘 사람이 더욱 큰 복을 짓도록 세상에 포양하고 잊어버리지 않을 때 솔성을 잘한다고 하리라.”

(12) 정당한 일이거든 내 일을 생각하여 남의 세정을 알아줄 것이요
“우리 인간은 얼굴과 성질이 다 각기 다르나 그 감정만큼은 세계 모든 사람이 다 같은 것이니 서러우면 울고, 좋으면 기뻐하는 등 웃고 우는 것은 다 같나니라.

그러므로 다른 사람이 나의 세정을 몰라줄 때 가장 괴로운 것이니, 내 일을 생각하여 남의 세정을 잘 알아주는 것이 솔성을 잘한다고 하리라.”

(13) 정당한 일이거든 아무리 하기 싫어도 죽기로써 할 것이요
“세상 살아가는데 심지가 약한 범부에게 있어서는 아무리 그 일이 정당사(正當事)라 할지라도 중도 폐지 않기가 쉽지 않나니 이렇듯 중도 폐지를 할 것 같으면 만사불성(萬事不成)이니라.

우리는 정당사이거든 아무리 하기 싫다 하더라도 생사쯤은 이마 위에 붙여 놓고 한다는 각오가 있어야 할지니, 예를 들어 정신수양에 있어서 하루 또는 이삼일 정도는 좌선과 염불을 계속하다가 점차 핑계가 많아져서 혹 앓아서, 혹 일을 많이 하여서, 혹 간밤에 잠을 자지 못하여 좌선과 염불 등을 못한다는 등 이런저런 이유가 생길 때 죽기로써 그 유혹의 마음을 물리치라는 뜻이니라. 그러나 보통 비공부인들의 십분의 구는 심지가 약하여 굳은 결심이 아니면 어렵나니라.

공심을 가지고 사는 것이 옳으며, 의뢰생활(依賴生活)을 하지 않는 것이 옳으며, 원망생활 않는 것이 옳으며, 타인의 허물을 밝히지 않는 것이 옳은 줄 범연히 알면서도 행하지 못하는 일이 그 얼마나 많은가. 아무리 공부가 좋고 복덕을 짓는 것이 옳은 일이라 할지라도 마음먹은 대로 실행하기가 쉬운가.

계행(戒行)을 지키는 것이 공부인의 기본적인 자세라 하지만 목숨조차 걸며 지키기는 어렵나니, 우리 공부인이 정당한 일이거든 흥결렬지심(興決烈之心)을 가져 공부와 사업하는 데 매진할 때 솔성을 잘한다고 하리라."

(14) 부당한 일이거든 아무리 하고 싶어도 죽기로써 아니 할 것이요

"그때 그 자리에 맞지 않는 일이거든 아무리 하고 싶어도 이 목숨을 바칠지언정 아니하여야 하나니라. 범부의 심성은 차라리 부당한 일을 행하여 죽어도 괜찮다는 마음은 가질지언정 부당한 일을 행하지 않고 죽어야겠다는 마음은 갖지 않나니라.

우리 수도자들은, 더욱 성품을 거느리는 입장에서는 부당한 일, 즉 의(義)에 맞지 않는 일, 의 아닌 물질에 욕심이 일어날 때는 죽음으로 참회하고 속죄한다든지 또는 죽기로써 행하지 않아야 솔성을 잘한다고 하리라."

(15) 다른 사람의 원 없는 데에는 무슨 일이든지 권하지 말고 자기 할 일만 할 것이요

"소승(小乘)은 자기 하나만 위하려는 자리주의자(自利主義者)이요, 대승(大乘)은 이타주의자(利他主義者)이니, 우리는 어떠한 형편에 처하였든지 대승정신(大乘精神)을 가져야 하나니라.

곧, 자미득도선도타(自未得度先度他)의 정신을 갖는 것이 남을 위한 것이라, 부처님께서 사홍사원(四弘誓願)의 첫 구절에 밝힌 것처럼 중생들을 먼저 건지려는 서원으로 일체의 오욕 번뇌를 끊고, 무상의 불도(佛道)를 배우는 등 불도에 귀의(歸依)한 자는 어떠한 처지에서든 남을 위하는 정신을 가져야 하나니, 나 혼자 성불하리라는 것은 불도의 정신에 어긋난 행위이니라.

그러므로 우리는 남을 위해서 이 공부·이 사업을 하라고 권하되 이것은 한 달, 두 달 하는 게 아니라 힘닿는 대로, 죽는 날까지 법을 펴 나가야 하나니라. 그리고 아무리 언어로써 권하여도 듣지 않는다고 하여 그 인연을 끊지 말라. 여기에 권하지 말라는 것은 말로 권하지 말라는 것이요, 정신으로는 권하여야 하나니라. 곧 정신으로는 그 인연을 끊지 않고 몸으로써 자기의 밟아갈 바 길을 걸어가는 것이니라.

또 자기 할 일만 하라는 것은 내가 할 일을 실천궁행(實踐躬行)하여 감동하도록 끝까지 실행하여 그 사람을 악도에서 건져내는 것이라, 이러한 사람이 솔성을 잘하는 공부인이니라.

예로써 재산을 모으는 방법이나 농사짓는 방법, 남의 세정을 알아주어 감사한 마음이나 고마운 마음을 갖게 하는 방법, 또는 정당지사(正當之事)라면 가령 모르는 것이 있을 때 내 일을 생각하여 힘 미치는 데까지 가르치고, 마음의 위안을 받지 못할 때 내 일을 생각하여 안심을 주며, 괴로운 일을 당했을 때 내 일을 생각하여 도와주며, 물질적으로 곤궁에 처했을 때 또한 도움을 주게 되면, 감사심(感謝心)이 안 나올 수 없지만 중생심(衆生心)인지라 도리어 당연히 알고 더욱 의타심이 생기기도 하나니, 이때에는 어떻게 해야 하는가. 타력을 수고롭게 생각하지 않고 받는 것을 좋아할지라도 정당한 사이거든 힘과 지식을 다하여 돌보아주는 것이 솔성을 잘한다고 하리라.

그러나 부당사(不當事), 즉 노름하는데 곤궁하다 하여 돈을 빌려준다든지, 자력이 있음에도 불구하고 의지하려고 할 때 세정을 돌보아준다든지 하는 등의 일은 그 사람이나 자신에게도 도움이 되지 못할 뿐만 아니라 악도를 걷게 되는 길이라 결단코 끊어야 하나니라."

(16) 어떠한 원을 발하여 그 원을 이루고자 하거든 보고 듣는 대로 원하는데 대조하여 연마할 것이니라

"최초의 5분간, 아니 1분이 제일 중요하나니 우리도 이 끝 구절의 공부를 잘해야 하나니라.

어떠한 원이라는 것은 사·농·공·상 간 부자가 된다든지, 큰 상점을 경영한다든지, 공부나 사업 간에 크고 작은 원이 있겠으나 그 원을 이루고자 하는 이는 보고 듣는 대로 까닭 있는 생활을 하라는 것이니라. 만일 까닭 있는 마음이 없으면 공복고심(空腹高心)이라, 집을 잘 짓고자 할 때에도 타인의 집을 범연히 보지 않고 까닭 있게 보며, 그에 관련된 말을 들을 때에도 범연히 듣지 않고 까닭 있게 들으며, 가정의 살림도 역시 그렇게 하나니, 일체 만사의 원(願) 하나를 세웠다면 그때그때 까닭 있게 지내야만 결국 이룰 수 있나니라.

지방 교무가 유명한 교무가 되려면 타지방 순시를 하여 법신불 장식이라든지, 소제(掃除)·교화(敎化)·설교·상담 등 교화에 필요한 온갖 것들을 까닭 있게 보고 들으며, 성불의 원(願), 곧 공부도 한번 잘 해보려는 원을 가졌을진대 다른 공부인들의 수양·지혜·계행을 잘 살피어 어떤 점은 못 하고 어떤 점은 잘하는가를 연구하여, 보고 듣는 대로 까닭 있게 정진하고 갖추면 결국 유명한 교무가 되나니라.

유명한 퉁소꾼이 온천에 제자를 데리고 여행을 갔나니, 어느 곳에서 그렇게 잘 불지 못하는 퉁소 소리가 흘러나오자 가는 길을 멈추고 두 시간이나 서서 그 소리를 듣고 있거늘, 제자가 이상히 여기어 여쭙자, 선생이 말하기를 '대체로 나보다 못하나 그 두 시간 중 한순간만큼은 내가 불지 못하는 부분이 있었나니, 나는 그 사람만이 불 수 있는 점을 지금 듣고 배웠노라.' 하였다는 이야기가 있나니라. 유명한 퉁소꾼도 나만 못한 자에게 배우고 원(願)을 따라 대조하였기에 명퉁소가 되었나니, 하물며 항차 성불의 원을 세운 우리로서 어찌 보고 듣는데 범연히 하랴.

　우리 공부인도 시일의 장단이 있음에도 불구하고 공부의 정도에 심천(深淺)과 승렬(勝劣)이 없을 수 없나니, 만일 내가 도저히 따르지 못할 경지가 있으나 반드시 갖추고자 한다면 그 일에 대하여 견문을 까닭 있게 하고, 정성껏 연마하여야 솔성을 잘한다고 하리라."

증보판

정산종사탄생100주년기념수필법설집
鼎山宗師 法說

초판인쇄 2000년 7월 2일
초판발행 2000년 7월 12일
재판인쇄 2000년 8월 21일
재판발행 2000년 8월 26일
증보판인쇄 2025년 10월 10일
증보판발행 2025년 10월 20일

엮은이	오선명(대환)
펴낸이	주성균(영삼)
책임편집	천지은
디자인	김지혜
펴낸곳	원불교출판사
출판등록	1980년 4월 25일(제1980-000001호)
주소	54536 전북특별자치도 익산시 익산대로 501
전화	063)854-0784
팩스	063)852-0784
홈페이지	www.wonbook.co.kr
인쇄	문덕인쇄

ISBN 978-89-8076-441-9(03200)
값 25,000원

이 책은 저작권법에 따라 무단 전재와 복제를 금합니다.
엮은이와의 협의에 따라 인지는 붙이지 않습니다.
잘못된 책은 교환해 드립니다.